D1669963

Kilger · Einführung in die Kostenrechnung

Einführung in die Kostenrechnung

Dr. Wolfgang Kilger

o. Professor der Betriebswirtschaftslehre
an der Universität des Saarlandes

Zweite, durchgesehene Auflage

Kilger, Wolfgang:
Einführung in die Kostenrechnung / Wolfgang Kilger. – 2., durchges. Aufl. –
Wiesbaden: Gabler, 1980.
ISBN 3 409 21068 7
1. Aufl. im Westdt. Verl., Opladen.

1. Auflage 1976
2. Auflage 1980

© 1980 Betriebswirtschaftlicher Verlag Dr. Th. Gabler, GmbH, Wiesbaden
Umschlaggestaltung: Horst Koblitz, Wiesbaden
Gesamtherstellung: IVD – Industrie- und Verlagsdruck GmbH, Walluf b. Wiesbaden
Alle Rechte vorbehalten. Auch die fotomechanische Vervielfältigung des Werkes (Fotokopie, Mikrokopie) oder von Teilen daraus bedarf der vorherigen Zustimmung des Verlages.
Printed in Germany

ISBN 3 409 21068 7

Vorwort

Das vorliegende Buch soll dem Leser eine systematische Einführung in die Kosten- und Leistungsrechnung geben, die dem neuesten wissenschaftlichen Erkenntnisstand entspricht und zugleich die Anforderungen der betrieblichen Praxis an das innerbetriebliche Rechnungswesen berücksichtigt.

Die Bedeutung der Kosten- und Leistungsrechnung als Planungs- und Kontrollinstrument der Geschäftsleitung wird heute von Wissenschaftlern und Praktikern gleichermaßen anerkannt. Nur Betriebe, die über ein gut ausgebautes innerbetriebliches Rechnungswesen verfügen, sind in der Lage, ihre Kostenwirtschaftlichkeit laufend zu kontrollieren und beim Aufbau der betrieblichen Planung richtige Entscheidungen zu treffen.

Kenntnisse auf dem Gebiet der Kosten- und Leistungsrechnung sind nicht nur für den Betriebswirt und Kaufmann des Verwaltungsbereichs erforderlich, sondern auch für die im Verkaufsbereich tätigen Mitarbeiter, da gerade die Anwendung neuerer Verfahren zur Verkaufssteuerung mit Hilfe von Deckungsbeiträgen einen fundierten Einblick in den Aufbau der Kosten- und Leistungsrechnung voraussetzen. Auch Techniker und Ingenieure, die den Produktionsbereich der Unternehmung leiten, planen und kontrollieren, sollten den Aufbau und die Arbeitsweise des innerbetrieblichen Rechnungswesens kennen und lernen, kostenorientiert zu denken.

Das vorliegende Buch ist daher nicht nur für die Studierenden der Betriebswirtschaftslehre an Universitäten und Fachhochschulen und für die unmittelbar im Bereich des Rechnungswesens tätigen Praktiker, sondern auch für den betriebswirtschaftlich interessierten Techniker und Verkäufer geschrieben.

Die Entwicklung der Kosten- und Leistungsrechnung setzte etwa um die Jahrhundertwende ein und führte weder in der wirtschaftlichen Praxis noch in der betriebswirtschaftlichen Lehre unmittelbar zu einem einheitlichen System. Es entstanden vielmehr mehrere Entwicklungsformen oder Systeme der Kostenrechnung, die auch heute in der Praxis noch weit verbreitet sind. Der Verfasser vertritt zwar die Ansicht, daß die Grenzplankosten- und Deckungsbeitragsrechnung die Aufgaben der Kosten- und Leistungsrechnung am besten erfüllen kann, dennoch werden im vorliegenden Buch auch die traditionellen Verfahren der Kostenrechnung, so z. B. die Ist- und Normalkostenrechnung ausführlich behandelt.

Das vorliegende Buch kann als Teil einer umfassenden Kosten- und Leistungsrechnung aufgefaßt werden. Es bildet die Grundlage für das vom Verfasser erstmalig 1961 veröffentlichte und inzwischen in 6. Auflage erschienenen Buch: „Flexible Plankostenrechnung", in dem die Grenzplankosten- und Deckungsbeitragsrechnung in detaillierter Form dargestellt wird.

Da es bereits zahlreiche Kurzdarstellungen der Kosten- und Leistungsrechnung gibt, hielt der Verfasser eine Darstellung der Kosten- und Leistungsrechnung für erforderlich, die alle wichtigen Detailprobleme behandelt und es dem Leser daher ermöglicht, das erarbeitete Wissen in der Praxis wirklich anzuwenden. In allen Teilen des Buches werden die Probleme und Verfahren der Kosten- und Leistungsrechnung zunächst beschrieben und anschließend durch praxisnahe Zahlenbeispiele verdeutlicht. Das umfangreiche Sachregister soll es dem Leser ermöglichen, sich kurzfristig über einzelne Probleme und Verfahren der Kosten- und Leistungsrechnung zu informieren.

Der Aufbau der Kosten- und Leistungsrechnung wird stark von betriebsindividuellen Gegebenheiten geprägt und ist in den einzelnen Branchen recht unterschiedlich. Das vorliegende Buch orientiert sich zwar primär an den Belangen industrieller Betriebe, die Grundprobleme der Kosten- und Leistungsrechnung und die meisten kostenrechnerischen Verfahren gelten aber analog auch für die Unternehmungen anderer Wirtschaftszweige.

Im ersten Kapitel des Buches wird die Kosten- und Leistungsrechnung als Teilgebiet des betrieblichen Rechnungswesens dargestellt. Hierbei werden die Grundbegriffe des betrieblichen Rechnungswesens und die kostentheoretischen Grundlagen der Kostenrechnung behandelt. Das zweite Kapitel gibt einen Überblick über die Entwicklungsformen und Systeme der Kostenrechnung. Der Aufbau und die Leistungsfähigkeit von Ist-, Normal- und Plankostenrechnung werden kritisch miteinander verglichen. Dieser Überblick wurde an den Anfang gestellt, da das Kostenrechnungssystem den Aufbau und die Arbeitsweise aller Teilbereiche der Kosten- und Leistungsrechnung wesentlich beeinflußt.

Das relativ umfangreiche dritte Kapitel ist der Kostenartenrechnung gewidmet. Hier werden die Grundsätze für die Einteilung und Kontierung der Kostenarten behandelt und die Erfassung aller Kostenarten detailliert beschrieben. Besondere Teilkapitel beschäftigen sich mit der Erfassung und Verrechnung der Material-, Personal- und Betriebsmittelkosten.

Im vierten Kapitel wird die Kostenstellenrechnung behandelt. Da sich hier die unterschiedlichen Systeme der Kostenrechnung besonders stark auswirken, werden die Kostenstellenrechnung in einer Istkostenrechnung, einer Normalkostenrechnung und einer Plankostenrechnung gesondert dargestellt. Der Aufbau und die Arbeitsweise der Kostenstellenrechnung werden durch praxisnahe Zahlenbeispiele ergänzt.

Das fünfte Kapitel schildert ausführlich die Kalkulation. Hier werden zunächst die Aufgaben der Kalkulation diskutiert und anschließend die Kalkulationsverfahren wiedergegeben.

Das sechste Kapitel gibt eine Einführung in die Aufgaben und den Aufbau der kurzfristigen Erfolgsrechnung. Die kurzfristige Erfolgsrechnung wird zunächst als Planungsrechnung und anschließend als Kontrollrechnung behandelt. In diesem Kapitel geht der Verfasser ausführlich auf das Rechnen mit Deckungsbeiträgen ein. Im siebten Kapitel wird gezeigt, wie die Kosten- und Leistungsrechnung mit der Finanzbuchhaltung abzustimmen ist.

Bei der Behandlung der Teilgebiete der Kosten- und Leistungsrechnung, die in zunehmendem Maße organisatorisch mit Hilfe der Datenverarbeitung durchgeführt werden, geht der Verfasser kurz auf die sich dadurch ergebenden Probleme ein.

Der Verfasser dankt den Geschäftsleitungen aller Unternehmungen, die ihm

Einblick in ihr innerbetriebliches Rechnungswesen gewährt haben und ihm hierdurch eine praxisnahe Darstellung dieses Gebietes ermöglichten. Insbesondere aber dankt der Verfasser seinen Mitarbeitern am Industrieseminar der Universität des Saarlandes. Dieser Dank gilt vor allem Herrn Dipl.-Kfm. K. Hagen, der das gesamte Manuskript durchgearbeitet und mit dem Verfasser diskutiert hat. Herr Assistenzprofessor Dr. H. J. Brink stand dem Verfasser in dankenswerter Weise für Diskussionen zur Verfügung. Herr Dipl.-Kfm. R. Müllendorff hat die Zahlenbeispiele nachgerechnet, die Abbildungen gezeichnet und das Literaturverzeichnis erstellt. Besonderer Dank gebührt meiner Sekretärin, Frau Ch. Engel, für das sorgfältige Schreiben des Manuskriptes. Meinen Assistenten, den Herren Dipl.-Kfm. R. Engelmann, Dipl.-Kfm. H. Meyer, Dipl.-Kfm. D. Nehlsen und Dipl.-Kfm. E. Queissner danke ich dafür, daß sie Teile des Manuskriptes kritisch durchgesehen und an der Korrektur der Druckfahnen mitgewirkt haben.

Für die *zweite Auflage* wurden einige Textstellen verdeutlicht und Druckfehler korrigiert.

Saarbrücken, 1975/1980 WOLFGANG KILGER

Inhaltsverzeichnis

1. Die Kostenrechnung als Teilgebiet des betrieblichen Rechnungswesens

11. Die Funktionsbereiche der Unternehmung und ihre Kontrolle durch das betriebliche Rechnungswesen

111. Die Funktionsbereiche der Unternehmung

(1) Die *Aufgabe einer Unternehmung* besteht in der Produktion und dem Absatz von Wirtschaftsgütern. Zur Erfüllung dieser Aufgabe werden Produktionsfaktoren eingesetzt, die man nach E. Gutenberg in Elementarfaktoren und den dispositiven Faktor unterteilt.[1] Die Elementarfaktoren, zu denen die eingesetzten Betriebsmittel, menschliche Arbeitsleistungen, Werkstoffe und Dienstleistungen zählen, werden im Produktions- und Kombinationsprozeß einer Unternehmung in die für den Absatzmarkt bestimmten Wirtschaftsgüter umgewandelt. Die Planung, Lenkung und Kontrolle des gesamten Betriebsgeschehens obliegt der Betriebs- oder Geschäftsleitung, deren dispositive Arbeitsleistungen E. Gutenberg als den dispositiven Faktor bezeichnet.

In der Übersicht 1 haben wir die wichtigsten Funktionsbereiche eines Industriebetriebes und ihre Verbindungen mit der Außenwelt in Form eines vereinfachten Schemas dargestellt.[2] Die Funktionsbereiche nichtindustrieller Unternehmungen lassen sich in ähnlicher Weise darstellen.

Wie die Übersicht 1 erkennen läßt, fließt durch einen Industriebetrieb von den Beschaffungsmärkten in Richtung Absatzmärkte ein *Güterstrom*. Zu den Beschaffungsmärkten zählen alle Märkte, von denen ein Industriebetrieb Produktionsfaktoren bezieht. Hierzu zählen die Märkte für Betriebsmittel, Roh-, Hilfs- und Betriebsstoffe, zugekaufte Teile, Energie, Dienstleistungen und der Arbeitsmarkt. Den Strom der zugehenden Faktormengen wollen wir als *Beschaffungs- oder Zugangsstrom* bezeichnen. Gelegentlich kommt es vor, daß Produktionsfaktoren in Form von Retouren an die Beschaffungsmärkte zurückgesandt werden, da sie z. B. bestimmten Qualitätsanforderungen nicht genügen; diese Fälle haben wir aber aus Vereinfachungsgründen in der Übersicht 1 nicht berücksichtigt. Die zugehenden Produktionsfaktoren werden entweder zunächst gelagert oder sofort dem Kombinationsprozeß als Verbrauchsmengen zugeführt. Die meisten Roh-, Hilfs- und Betriebsstoffe sowie fremdbezogene Teile werden vom Einkauf in größeren Bestellmengen geordert, damit Rabatte in Anspruch genommen und optimale

1 Vgl. *E. Gutenberg*, Grundlagen der Betriebswirtschaftslehre, Erster Band, Die Produktion, 18. Aufl., Berlin, Heidelberg, New York 1971, S. 2, 11 ff. und 131 ff.

2 Ein ähnliches Schema verwendet *W. Lücke*, Finanzplanung und Finanzkontrolle in der Industrie, Wiesbaden 1965; vgl. Abb. 1 auf S. 14.

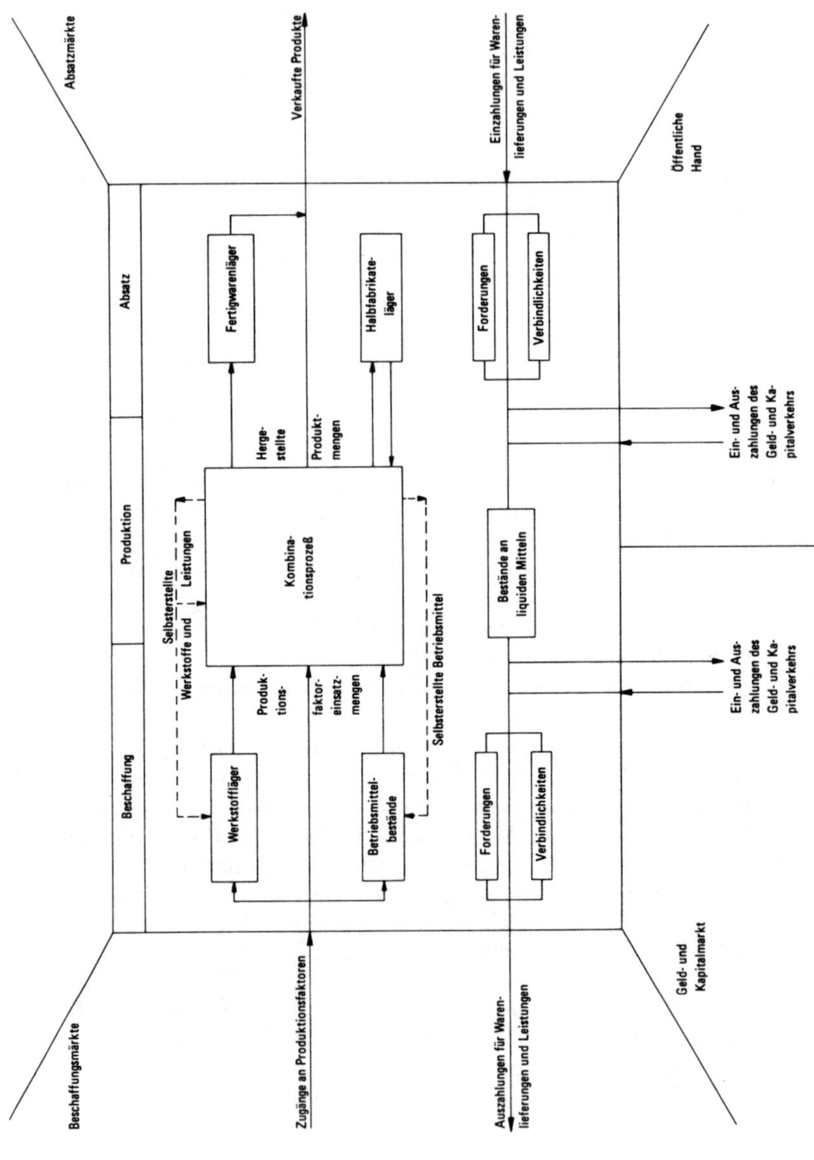

Übersicht 1: Die Funktionsbereiche eines Industriebetriebes und ihre Verbindung mit der Außenwelt

Beschaffungskosten realisiert werden können. Hierdurch entstehen in einem Industriebetrieb Werkstoffläger, die sich im Zeitablauf durch Abgänge verringern und in bestimmten Abständen durch Zugänge wieder aufgestockt werden. Auch der Einsatz von Betriebsmitteln, wozu insbesondere Gebäude, Maschinen und maschinelle Anlagen zählen, führt zur Bildung von Beständen. Die Betriebsmittel werden zwar bei ihrer Beschaffung direkt den vorgesehenen Einsatzorten zugeführt, als Faktorverbrauch ist aber erst der im Zeitablauf eintretende Betriebsmittelverschleiß anzusehen. Da Betriebsmittel langfristig nutzbare Produktionsfaktoren sind, verteilt sich ihr Verschleiß auf längere Nutzungsdauern. Zwischen dem Beschaffungs- und dem Liquidationszeitpunkt eines Betriebsmittels entstehen daher Betriebsmittelbestände. Alle nicht lagerfähigen Produktionsfaktoren, wozu insbesondere Arbeits-, Dienst- und Transportleistungen zählen, werden sofort im Zeitpunkt ihrer Beschaffung im Produktionsprozeß eingesetzt, so daß für sie Lagerbestände entfallen.

Die Werkstoffverbrauchsmengen, der Betriebsmittelverschleiß und die nicht lagerfähigen Produktionsfaktoren gehen als *Einsatz- oder Verbrauchsstrom* in den industriellen Kombinationsprozeß ein, wo sie zu Produktmengen transformiert werden. Der Einsatz- oder Verbrauchsstrom der Produktionsfaktoren wird durch den Kombinationsprozeß in einen *Ausbringungs- oder Produktstrom* umgeformt. Die Übersicht 1 zeigt, daß der Ausbringungs- oder Produktstrom vor allem aus den hergestellten Produktmengen besteht, wobei sich fertige Endprodukte und Halbfabrikate unterscheiden lassen. Die Halbfabrikate werden zwischenzeitlich gelagert, um später im Kombinationsprozeß zu Fertigfabrikaten weiterverarbeitet zu werden. Die Fertigfabrikate werden entweder sofort nach ihrer Fertigstellung an die Absatzmärkte ausgeliefert oder zuvor gelagert. Erstellt ein Industriebetrieb für seine Kunden auch Dienstleistungen, so gehen diese unmittelbar an die Abnehmer. Wie die Übersicht 1 erkennen läßt, gehören zum Ausbringungs- oder Produktstrom eines Industriebetriebes neben den fertigen Endprodukten und den Halbfabrikaten auch selbsterstellte Werkstoffe, Leistungen und Betriebsmittel. Selbsterstellte Werkstoffe fließen an die Werkstoffläger zurück und selbsterstellte Betriebsmittel werden den Betriebsmittelbeständen zugeführt. Zu den selbsterstellten Leistungen industrieller Betriebe gehören z. B. selbsterstellte Energie, die Leistungen eigener Reparatur- und Instandhaltungsabteilungen und die Transportleistungen eigener Transporteinrichtungen. Da diese Leistungen nicht lagerfähig sind, gehen sie sofort wieder in den Kombinationsprozeß ein.

(2) In entgegengesetzter Richtung zum Güterstrom fließt durch einen Industriebetrieb ein *Geld- oder Zahlungsmittelstrom.* Die von den Beschaffungsmärkten bezogenen Produktionsfaktoren müssen bezahlt werden und für die verkauften Produktmengen gehen Zahlungsmittel von den Absatzmärkten ein. Hierbei liegen in den meisten Fällen die Liefertermine zeitlich vor den zugehörigen Zahlungsterminen. Es können aber auch Vorauszahlungen geleistet werden. Durch die zeitliche Phasenverschiebung zwischen Güter- und Geldstrom entstehen Verbindlichkeiten und Forderungen. Bezieht z. B. ein Industriebetrieb Produktionsfaktoren, die erst später bezahlt werden, so nimmt er einen Lieferantenkredit in Anspruch. Leistet er dagegen eine Vorauszahlung, so entsteht eine Forderung auf Lieferung der Waren oder Rückzahlung des Betrages. Liefert ein Industriebetrieb Güter an einen Kunden und zahlt

dieser nicht sofort, so entsteht eine Forderung. Leistet dagegen ein Kunde eine Vorauszahlung, so entsteht eine Verbindlichkeit, d. h. der Betrieb muß die Waren zu einem späteren Zeitpunkt liefern oder den Geldbetrag zurückzahlen. In der Übersicht 1 haben wir Retouren und Rückzahlungen aus Vereinfachungsgründen nicht berücksichtigt. Zur Abwicklung des Zahlungsverkehrs muß ein Industriebetrieb in gewissem Umfang Bestände an liquiden Mitteln unterhalten, wozu Barmittel und sofort fällige Guthaben bei Kreditinstituten zählen.

Wie Übersicht 1 weiterhin zeigt, finden zwischen einem Industriebetrieb und der öffentlichen Hand ebenfalls Zahlungsvorgänge statt. Bei den *Auszahlungen an die öffentliche Hand* lassen sich zwei Gruppen unterscheiden. Bezieht ein Industriebetrieb Wirtschaftsgüter von einem Betrieb, der sich im Eigentum der öffentlichen Hand befindet, z. B. von einem staatlichen Energieversorgungs- oder Verkehrsbetrieb, oder nimmt er gebührenpflichtige Leistungen von Behörden in Anspruch, so unterscheiden sich solche Geschäftsvorfälle nicht vom Bezug sonstiger Produktionsfaktoren. Wir wollen daher die betreffenden staatlichen Betriebe oder Behörden in der Übersicht 1 den Beschaffungsmärkten zuordnen. Darüber hinaus belastet der Staat jeden Industriebetrieb mit diversen Steuern. Den Auszahlungen für Steuern entsprechen keine zurechenbare staatliche Leistungen. Einige Steuerarten haben aber Steuerbemessungsgrundlagen, die sich unmittelbar oder mittelbar aus dem Einsatz von Produktionsfaktoren ableiten lassen. Eine unmittelbare Zuordnung zu Produktionsfaktoren ist bei bestimmten Steuern, z. B. der Kraftfahrzeugsteuer und der Grundsteuer gegeben. Bei manchen Steuerarten, so z. B. bei der Gewerbekapital- und der Vermögensteuer wird die Steuerbemessungsgrundlage aus den in einer Unternehmung gebundenen Beständen abgeleitet. Soweit diese Bestände auf den Kombinationsprozeß zurückzuführen sind, lassen sich daher diese Steuern mittelbar dem Kombinationsprozeß zuordnen. Diese Möglichkeit besteht nicht mehr, wenn die Bemessungsgrundlage einer Steuer vom erwirtschafteten monetären Überschuß des Produktionsprozesses (Reinertrag) ausgeht, wie das z. B. bei der Gewerbeertrag- und der Körperschaftsteuer der Fall ist. Eine weitere wichtige Steuerart ist die Mehrwertsteuer. Die Mehrwertsteuerschuld eines Industriebetriebes läßt sich aus dem Wert der verkauften Güter und Dienstleistungen ableiten. Da sie jedoch den Abnehmern direkt in Rechnung gestellt wird und die auf die Zugänge an Produktionsfaktoren entfallende Mehrwertsteuer als Vorsteuer abgesetzt werden darf, kann man die Mehrwertsteuer als „durchlaufenden Posten" ansehen, der mit dem Betriebsgeschehen eines Industriebetriebes nichts zu tun hat.

Bei den *Einzahlungen, die ein Industriebetrieb von staatlichen Stellen erhält* kann es sich z. B. um direkte Subventionen, Stillegungsprämien, Exportvergütungen oder Steuerrückzahlungen handeln. Werden Güter und Dienstleistungen an staatliche Stellen geliefert, so werden die hieraus resultierenden Einzahlungen wie Zahlungen von den Absatzmärkten behandelt.

In Übersicht 1 sind letztlich die Zahlungsvorgänge zwischen einem Industriebetrieb und den Geld- und Kapitalmärkten aufgezeigt. Bei den *Einzahlungen von den Geld- und Kapitalmärkten* handelt es sich um zur Verfügung gestelltes Fremd- oder Eigenkapital. Als *Auszahlungen an die Geld- und Kapitalmärkte* fallen Tilgungsraten und Zinszahlungen für Fremdkapital sowie Gewinnausschüttungen und Rückzahlungen an Eigenkapitalgeber an.

Bei unseren bisherigen Ausführungen haben wir unterstellt, daß nur *Geschäftsvorfälle* auftreten, *die den eigentlichen Betriebsaufgaben entsprechen.* Darüber hinaus können aber auch Geschäftsvorfälle anfallen, für die das nicht der Fall ist. Unterhält z.B. ein Industriebetrieb betriebsfremde Einrichtungen wie Mietshäuser, landwirtschaftliche Nebenbetriebe usw., beteiligt er sich an anderen Unternehmungen, oder werden außerordentliche Ereignisse wirksam, wie z.B. Kriegs-, Unwetter- und Feuerschäden, so wollen wir die hieraus resultierenden Geschäftsvorfälle als (in bezug auf den eigentlichen Betriebsprozeß) *neutrale Geschäftsvorfälle* bezeichnen. Sie führen zu neutralen Verbrauchsmengen und möglicherweise auch zur Erstellung neutraler Leistungen.

(3) Das gesamte Betriebsgeschehen, das wir mit Hilfe der Übersicht 1 vereinfacht dargestellt haben, ist am *Prinzip der Wirtschaftlichkeit* auszurichten.[3] Diese Forderung gilt unabhängig von der Art des Wirtschaftssystems, in dem ein Betrieb arbeitet. Nach dem Prinzip der Wirtschaftlichkeit ist der Einsatz der Produktionsfaktoren so zu steuern, daß entweder mit bestimmten Einsatzmengen eine maximale Ausbringung an Gütern oder eine vorgegebene Gütermenge mit einem minimalen Einsatz von Produktionsfaktoren erreicht wird. In marktwirtschaftlich orientierten Wirtschaftssystemen ist dem Wirtschaftlichkeitsprinzip das *erwerbswirtschaftliche Prinzip* als dominierende Zielsetzung der Unternehmung übergeordnet.[4] Hiernach ist die Tätigkeit einer Unternehmung so zu steuern, daß eine monetäre Zielgröße, z.B. der Gewinn oder die Rentabilität, maximiert wird. Dem erwerbswirtschaftlichen Prinzip können Nebenziele, z.B. bestimmte Wachstumsziele oder die Forderung auf Erhaltung der Arbeitsplätze zugeordnet werden. Weiterhin muß die Lenkung einer Unternehmung so erfolgen, daß das *finanzielle Gleichgewicht* gewahrt bleibt. Hiernach sind alle Geschäftsvorfälle ausgeschlossen, die zu irgendeinem Zeitpunkt zur Zahlungsunfähigkeit führen.

Die wirtschaftliche und auf eine bestimmte Zielsetzung ausgerichtete Führung einer Unternehmung ist allenfalls in kleinen Handwerksbetrieben durch unmittelbare Überwachung durch den Meister möglich. In allen größeren Unternehmungen, wozu die Mehrzahl der Industriebetriebe zählt, erfordern dagegen der Umfang und die Unübersichtlichkeit des Betriebsgeschehens den Einsatz des *betrieblichen Rechnungswesens* als Führungsinstrument.[5]

3 Vgl. hierzu *E. Gutenberg*, Grundlagen . . . , Erster Band, a.a.O., S. 475.

4 Vgl. hierzu *E. Gutenberg*, Grundlagen . . . , Erster Band, a.a.O., S. 464 ff.; im übrigen vgl. die ausführliche Diskussion über betriebliche Zielsetzungen in der Literatur, so z. B. bei *E. Heinen*, Das Zielsystem der Unternehmung, Wiesbaden 1966, auf die wir hier im einzelnen nicht eingehen wollen.

5 In Deutschland hat insbesondere *E. Schmalenbach* bereits sehr früh auf die Bedeutung des betrieblichen Rechnungswesens als Kontrollinstrument der Unternehmungsleitung hingewiesen, so z. B. anläßlich eines Vortrags vor Vertretern der Saarwirtschaft am 30. November 1928: „Aber in Betrieben, die so groß und unübersichtlich sind, daß sie mit Okularinspektion nicht mehr zu beherrschen sind, tritt an die Stelle der Augen und Ohren das Papier, die Aufschreibung, die Zahl. Und so wird das Rechnungswesen zu einem wesentlichen Verwaltungsorgan", vgl. *E. Schmalenbach*, Die fixen Kosten und ihre Wirkungen, Saar-Wirtschaftszeitung, 33. Jg., Völklingen 1928, S. 886. Im übrigen vgl. *W. Kilger*, Schmalenbachs Beitrag zur Kostenlehre, ZfbF 1973, S. 522 ff.

112. Die Teilgebiete des betrieblichen Rechnungswesens und ihre Aufgaben

(1) Das betriebliche Rechnungswesen hat als Führungsinstrument der Unternehmung so mannigfaltige Aufgaben zu erfüllen, daß eine präzise Definition und eine systematische Gliederung sehr schwierig ist. Aufgrund eines Erlasses des Reichswirtschaftsministeriums von 1937, der Richtlinien zur Organisation der Buchhaltung enthält, wird dem betrieblichen Rechnungswesen als generelle Aufgabe die „ziffernmäßige Erfassung der betrieblichen Vorgänge" zugeordnet.[6] Diese allgemeine Definition wurde insbesondere von E. Schneider und E. Kosiol präzisiert. E. Schneider verwendet die Bezeichnung Rechnungswesen als Oberbegriff für alle Registrierungen und Berechnungen (Kalküle), die in einer Unternehmung mit dem Ziel vorgenommen werden, a) ein zahlenmäßiges Bild des tatsächlichen Geschehens, b) eine zahlenmäßige Grundlage für die Dispositionen für die Leitung zu gewinnen.[7] E. Kosiol definiert das betriebliche Rechnungswesen als ein System von Zahlen, durch das die realen Vorgänge des Wirtschaftsgeschehens abgebildet werden, die sich rechnerisch ausdrücken lassen und die geeignet sind, die Wirklichkeit des Unternehmungsprozesses in ihren für den betrachteten Zusammenhang charakteristischen Zügen inhaltsgetreu wiederzugeben.[8] Mit diesen allgemeinen Definitionen hat sich in neuerer Zeit H. K. Weber kritisch auseinandergesetzt. Er weist insbesondere darauf hin, daß die älteren Definitionen des betrieblichen Rechnungswesens leicht den Eindruck erwecken können, daß sich das Rechnungswesen nur mit Geschäftsvorfällen der Vergangenheit befaßt. Als Führungsinstrument muß es aber gerade auch zukünftige Geschäftsvorfälle planen und deren Wirkungen auf den Unternehmungsprozeß analysieren. H. K. Weber schlägt daher die folgende Definition vor[9]:

„Betriebswirtschaftliches Rechnungswesen	=	System zur Ermittlung, Darstellung und Auswertung von Zahlen über die gegenwärtigen und zukünftigen wirtschaftlichen Tatbestände und Vorgänge im Betrieb sowie die gegenwärtigen und zukünftigen wirtschaftlichen Beziehungen des Betriebes zu seiner Umwelt."

(2) Die Übersicht 1 zeigt, daß man die Geschäftsvorfälle einer Unternehmung in *Geschäftsvorfälle zwischen der Unternehmung und der Außenwelt* und *innerbe-*

6 Vgl. *H. K. Weber*, Betriebswirtschaftliches Rechnungswesen, München 1974, S. 3, und die dort angegebene Literatur.

7 Vgl. *E. Schneider*, Industrielles Rechnungswesen, 5. Aufl., Tübingen 1969, S. 1.

8 Vgl. *E. Kosiol*, Zur Theorie und Systematik des Rechnungswesen, in: Analysen zur Unternehmenstheorie, Festschrift für L. L. Illetschko, hrsg. von *K. Lechner*, Berlin 1972, S. 113 ff. und insbesondere S. 133. Im übrigen vgl. zur Einteilung und den Gliederungsvorschlägen des betrieblichen Rechnungswesens: *K. F. Bussmann*, Industrielles Rechnungswesen, Stuttgart 1963, S. 3; *H. J. Drumm*, Entscheidungsorientiertes Rechnungswesen, ZfbF 1972, S. 121 ff.; *W. Kilger*, Betriebliches Rechnungswesen, in: Allgemeine Betriebswirtschaftslehre in programmierter Form, hrsg. von *H. Jacob*, Wiesbaden 1969, S. 837 ff.; *M. R. Lehmann*, Industrie-Kalkulation, 5. Aufl., Stuttgart 1964, S. 17 ff.; *D. Schneider*, Die wirtschaftliche Nutzungsdauer von Anlagengütern als Bestimmungsgrund der Abschreibungen, Köln und Opladen 1961, S. 4 ff.; *K. Weber*, Betriebswirtschaftliches Rechnungswesen, a.a.O., S. 3 ff. Hier findet der Leser eine kritische Analyse der Systematik des Rechnungswesens und einen Überblick über die Gliederungsvorschläge in der Literatur; *G. Wöhe*, Einführung in die Allgemeine Betriebswirtschaftslehre, 11. Aufl., München 1973, S. 677 ff.

9 Vgl. *H. K. Weber*, Betriebswirtschaftliches Rechnungswesen, a.a.O., S. 5.

triebliche Geschäftsvorfälle unterteilen kann. E. Schneider hat daher eine Trennung in das a) *externe betriebliche Rechnungswesen* und das b) *interne betriebliche Rechnungswesen* vorgeschlagen.[10] Wie wir später zeigen werden, hat sich diese Zweiteilung bei der organisatorischen Durchführung des betrieblichen Rechnungswesens in der Praxis zwar weitgehend durchgesetzt, für eine wissenschaftlich vertretbare Gliederung der Aufgaben des betrieblichen Rechnungswesens ist sie aber ungeeignet. Hierzu ist es, wie insbesondere H. K. Weber gezeigt hat, erforderlich, von einer *systematischen Gliederung der Güter- und Zahlungsströme der betrieblichen Funktionsbereiche* auszugehen.[11]

Wie die Übersicht 1 erkennen läßt, lösen die für das betriebliche Rechnungswesen relevanten Geschäftsvorfälle Mengen- und Zahlungsströme aus. Die Komponenten dieser Ströme werden als *Strömungsgrößen* bezeichnet. Ihnen entspricht die Dimension DM/Zeiteinheit oder Mengeneinheiten/Zeiteinheit. Typische Strömungsgrößen sind z.B. die während eines Monats angefallenen Ein- oder Auszahlungen und der Rohstoffverbrauch eines Monats. Unsere Ausführungen in Kapitel 111 haben gezeigt, daß die zeitlichen Phasenverschiebungen von Strömungsgrößen in der Unternehmung zur Bildung von Beständen führen; diese werden als *Bestandsgrößen* bezeichnet. Ihnen entspricht die Dimension DM oder Mengeneinheiten an einem bestimmten Zeitpunkt (Stichtag), z.B. am jeweils letzten Tag eines Monats oder am 31. 12. eines Jahres. Typische Beispiele für Bestandsgrößen sind der Kassenbestand, Bestände auf Bankkonten, Werkstoffbestände, Betriebsmittelbestände, Bestände an Forderungen und Verbindlichkeiten.

Durch das betriebliche Rechnungswesen werden alle Geschäftsvorfälle belegmäßig erfaßt, zweckentsprechend weiterverrechnet und systematisch ausgewertet, die Strömungs- oder Bestandsgrößen verändern.

Insgesamt lassen sich *vier Paare von Strömungsgrößen* unterscheiden, die wir im Kapitel 12 gegeneinander abgrenzen werden. Zeitliche Phasenverschiebungen dieser Strömungsgrößen führen jeweils zu bestimmten Bestandsgrößen:

a) *Auszahlungen und Einzahlungen.* Auszahlungen werden definiert als der Abfluß von Bar- oder Buchgeld; sie ,,stellen Minderungen des Kassenbestandes oder die Abnahme sofort fälliger Guthaben bei Kreditinstituten dar."[12] Entsprechend werden Einzahlungen definiert als der Zufluß von Bar- oder Buchgeld; sie stellen Zunahmen des Kassenbestandes oder sofort fälliger Guthaben bei Kreditinstituten dar. Wie die Übersicht 1 erkennen läßt finden Aus- und Einzahlungen zwischen der Unternehmung einerseits sowie den Beschaffungsmärkten, den Absatzmärkten, der öffentlichen Hand und den Geld- und Kapitalmärkten andererseits statt.

b) *Beschaffungswert* und *Erlös (= Umsatz).* Bewertet man in Übersicht 1 die während einer Periode zugegangenen Produktionsfaktoren, so erhält man eine Größe, die wir als Beschaffungswert bezeichnen wollen. In der betriebswirtschaftlichen Literatur wird hierfür häufig die Bezeichnung Ausgabe verwendet.[13] Wir halten jedoch diese Bezeichnung für ungeeignet, da in der betrieblichen Praxis die Bezeichnungen Auszahlungen und Ausgabe synonym verwendet werden. Bewertet man die an die Absatzmärkte gelieferten Produkte und Leistungen mit ihren

10 Vgl. *E. Schneider*, Industrielles Rechnungswesen, a.a.O., S. 8 und S. 22.
11 Vgl. *H. K. Weber*, Betriebswirtschaftliches Rechnungswesen, a.a.O., S. 11 f.
12 Vgl. *W. Lücke*, Finanzplanung . . . , a.a.O., S. 17.
13 Vgl. *W. Lücke*, Finanzplanung . . . , a.a.O., S. 18.

Marktpreisen, so erhält man eine Größe, die synonym als Erlös oder Umsatz bezeichnet wird. In der betriebswirtschaftlichen Literatur wird hierfür häufig die Bezeichnung Einnahme verwendet, die wir jedoch aus den gleichen Gründen für unzweckmäßig halten, wie die Bezeichnung Ausgabe. Phasenverschiebungen zwischen Auszahlungen und Beschaffungswerten einer Periode führen zu Beständen an Forderungen oder Verbindlichkeiten gegenüber Lieferanten. Phasenverschiebungen zwischen Einzahlungen und Erlösen führen zu Beständen an Forderungen oder Verbindlichkeiten gegenüber Kunden.

c) *Aufwand und Ertrag.* Als Aufwand wird der während einer Periode angefallene bewertete Verbrauch an Wirtschaftsgütern bezeichnet. Hierbei ist es unerheblich, ob die Verbrauchsmengen für den eigentlichen Betriebszweck oder für neutrale Geschäftsvorfälle angefallen sind. Entsprechend definiert man als Ertrag den während einer Periode erwirtschafteten Bruttowertzuwachs, d.h. den durch die Erstellung und den Verkauf von Wirtschaftsgütern erwirtschafteten Wertzuwachs ohne Berücksichtigung der hierfür angefallenen Verbrauchsmengen. Auch beim Ertrag ist es unerheblich, ob der Wertzuwachs aus dem eigentlichen Betriebszweck oder aus neutralen Geschäftsvorfällen resultiert. Phasenverschiebungen zwischen dem Beschaffungswert und dem Aufwand führen vor allem zu Bestandsveränderungen lagerfähiger Wirtschaftsgüter, so. z.B. von Werkstoffen und Betriebsmitteln; Phasenverschiebungen zwischen Umsatz und Ertrag führen vor allem zu Bestandsveränderungen der Halb- und Fertigfabrikate.[14]

d) *Kosten* und *Leistung (= Betriebsertrag).* Als Kosten wollen wir den bewerteten Verbrauch an Produktionsfaktoren bezeichnen, der für den eigentlichen Betriebszweck anfällt, d.h. für die Erstellung und den Absatz der im Produktionsprogramm einer Unternehmung vorgesehenen Wirtschaftsgüter sowie für die Aufrechterhaltung der hierfür erforderlichen Kapazitäten.[15] Entsprechend ist die Leistung, die synonym auch als Betriebsertrag bezeichnet wird, gleich dem Wertzuwachs durch die während einer Periode hergestellten und abgesetzten Produktmengen. Die Kosten unterscheiden sich vom Aufwand erstens um den bewerteten Verbrauch für neutrale Geschäftsvorfälle und zweitens um einige Korrekturbeträge der Kostenrechnung, auf die wir im einzelnen jedoch erst in Kapitel 121 eingehen werden. Die Leistung oder der Betriebsertrag unterscheidet sich vom Gesamtertrag um Erträge, die aus neutralen Geschäftsvorfällen resultieren.

Aufgrund eines Vorschlages von E. Kosiol hat H. K. Weber das betriebliche Rechnungswesen nach dem *Sachinhalt der Rechnung* in folgende Teilgebiete gegliedert[16]:

a) Ein- und Auszahlungsrechnung;
b) Beschaffungswert- und Erlösrechnung;
c) Aufwand- und Ertragsrechung;
d) Kosten- und Leistungsrechnung.

14 Wie wir in den Kapiteln 121. und 122. im einzelnen zeigen werden, stimmt bei nicht lagerfähigen Produktionsfaktoren der Beschaffungswert mit dem Aufwand und der Ertrag mit dem Umsatz überein. Hier können die obengenannten Phasenverschiebungen die Bildung sog. aktiver oder passiver Rechnungsabgrenzungsposten erfordern.

15 Im übrigen vgl. unsere Ausführungen zum Kostenbegriff in Kapitel 121.

16 Vgl. *H. K. Weber*, Betriebswirtschaftliches Rechnungswesen, a.a.O., S. 11–14. Statt der Bezeichnung „Beschaffungswert- und Erlösrechnung" verwendet H. K. Weber die Bezeichnung „Einnahmen-Ausgabenrechnung".

Jedes dieser Teilgebiete besteht aus einer *Bewegungsrechnung* und aus der zugehörigen *Bestandsrechnung.* Weiterhin kann jedes Teilgebiet als eine *interne Rechnungslegung* oder als eine *externe Rechnungslegung* durchgeführt werden. Interne Rechnungen führt die Unternehmung von sich aus durch, um der Geschäftsleitung entsprechende Informationen zur Verfügung zu stellen. Externe Rechnungslegungen dagegen erfolgen aufgrund allgemeiner Rechtspflichten; hierzu gehören insbesondere die Erstellung des handels- und des steuerrechtlichen Jahresabschlusses.

In Anlehnung an einen Vorschlag von H. K. Weber haben wir in der Übersicht 2 die Teilgebiete des Rechnungswesens nach dem Sachinhalt der Rechnung gegliedert.

Die *Ein- und Auszahlungsrechnung* hat als Bewegungsrechnung insbesondere die Aufgabe der Finanz- und Liquiditätsplanung, der als nachträgliche Rechnung die Finanz- und Liquiditätskontrolle entspricht. Auch die Planung und Kontrolle von Investitionen erfordert die Analyse von Ein- und Auszahlungsströmen.[17] Als Bestandsrechnung dient die Ein- und Auszahlungsrechnung zur Planung und Kontrolle der Zahlungsmittel-, Kredit- und Kapitalbestände, deren Salden am Jahresende in der Jahresschlußbilanz ausgewiesen werden.

Die *Beschaffungswert- und Erlösrechnung* dient als Bewegungsrechnung auf der Beschaffungsseite zur Planung und Kontrolle des Einkaufs einschließlich der Kontrolle der eingehenden Lieferantenrechnungen. Auf der Absatzseite dient sie zur Planung und Kontrolle der Erlöse, die sich in die Planung der Absatzmengen und der Verkaufspreise zerlegen läßt. Als Grundlage der nachträglichen Bewegungsrechnung der Erlöse dient die Fakturierung der ausgehenden Rechnungen. Als Bestandsrechnung dient die Beschaffungswert- und Erlösrechnung auf der Beschaffungsseite zur Planung und Kontrolle der Lieferantenkredite und der Faktorbestände. Die Salden der Lieferantenkredit- und der Faktorbestandskonten gehen am Jahresende in die Bilanz ein. Auf der Absatzseite dient die Beschaffungswert- und Erlösrechnung zur Planung und Kontrolle der Debitoren und der Halb- und Fertigfabrikatebestände. Auch diese Bestandspositionen gehen am Jahresende in die Aktivbestände der Jahresschlußbilanz ein.

Die *Aufwand- und Ertragsrechnung* dient als Bewegungsrechnung insbesondere zur Ermittlung der Gewinn- und Verlustrechnung des Jahresabschlusses. Sie wird in den meisten Fällen nur als nachträgliche Dokumentationsrechnung durchgeführt. Es besteht aber auch die Möglichkeit, die Gewinn- und Verlustrechnung des Jahresabschlusses im voraus zu planen. Als Bestandsrechnung entspricht der Aufwand- und Ertragsrechnung die Erstellung der Jahresschlußbilanz, die in den meisten Fällen nur als nachträgliche Vermögens- und Kapitalrechnung durchgeführt wird. Führt man die Vermögens- und Kapitalrechnung im voraus durch, so entstehen Planbilanzen.[18]

Die *Kosten- und Leistungsrechnung* hat als Bewegungsrechnung folgende Aufgaben zu erfüllen.[19] Sie dient erstens zur Planung der erwarteten Kosten, der nachträg-

17 Vgl. hierzu die einschlägige Literatur zur Investitionsrechnung, z.B. *H. Hax*, Investitionstheorie, Würzburg und Wien 1970; *P. Swoboda*, Investition und Finanzierung, Göttingen 1971; *D. Schneider*, Investition und Finanzierung, 3. Aufl., Opladen 1974.

18 Zum Aufbau von Planbilanzen vgl. *W. Lücke* und *H. Hautz*, Bilanzen aus Zukunftswerten, Wiesbaden 1973.

19 Im einzelnen werden wir auf die Aufgaben der Kostenrechnung auf den Seiten 13 ff. eingehen.

Sachinhalt der Rechnung	Interne Rechnungslegung der Unternehmung		Externe Rechnungslegung aufgrund allgemeiner Rechtspflichten	Zuständige Abteilung
	Vorschau- oder Planungsrechnung	Nachträgliche Kontroll- oder Dokumentationsrechnung		
Ein- und Auszahlungsrechnung:				
Bewegungsrechnung	Finanz- und Liquiditätsplanung Investitionsplanung	Finanz- und Liquiditätskontrolle Investitionskontrolle		Finanzbuchhaltung/Planung Planung
Bestandsrechnung	Planung der Zahlungsmittel-, Kredit- und Kapitalbestände	Kontrolle der Zahlungsmittel-, Kredit- und Kapitalbestände	Zahlungsmittel-, Kredit- und Kapitalbestände in der Bilanz	Finanzbuchhaltung
Beschaffungswert- und Erlösrechnung:				
Bewegungsrechnung	Beschaffungsplanung Erlösplanung	Rechnungs- und Einkaufskontrolle Fakturierung/Erlöskontrolle		Einkauf/Planung Absatz/Planung
Bestandsrechnung	Planung der Lieferantenkredite Planung der Faktorbestände Planung der Debitoren Planung der Halb- und Fertigfabrikatebestände	Kontrolle der Lieferantenkredite Kontrolle der Faktorbestände Kontrolle der Debitoren Kontrolle der Halb- und Fertigfabrikatebestände	Lieferantenkreditbestände i. d. Bilanz Faktorbestände in der Bilanz Debitorenbestände in der Bilanz Halb- und Fertigfabrikatebestände in der Bilanz	{ Einkauf/Planung/ Finanzbuchhaltung { Absatz/Planung/ Finanzbuchhaltung
Aufwand- und Ertragsrechnung:				
Bewegungsrechnung	Geplante Gewinn- und Verlustrechnung des Jahresabschlusses		Gewinn- und Verlustrechnung des Jahresabschlusses	Finanzbuchhaltung
Bestandsrechnung	Planbilanz (= geplante Vermögens- und Kapitalrechnung)		Jahresschlußbilanz (= nachträgliche Vermögens- und Kapitalrechnung) Sonderbilanzen	Finanzbuchhaltung Finanzbuchhaltung
Kosten- und Leistungsrechnung:				
Bewegungsrechnung	Kostenplanung Leistungsplanung (= Planung von Erlösen und Bestandsveränderungen der Halb- und Fertigfabrikate) Erfolgsplanung	Erfassung und Kontrolle d. Istkosten Erfassung und Kontrolle d. Istleistung (= Isterlöse und Istbestandsveränderungen der Halb- und Fertigfabrikate) Erfolgskontrolle (= kurzfristige Erfolgsrechnung)		Kostenrechnung } Kostenrechnung/Absatz/ Produktion/Planung Kostenrechnung/Absatz-/ Planung
Bestandsrechnung	Planung des betriebsnotwendigen Vermögens	Kontrolle des betriebsnotwendigen Vermögens		

Übersicht 2: Gliederung des betrieblichen Rechnungswesens nach dem Sachinhalt der Rechnung

lich eine Erfassung und Kontrolle der Istkosten entspricht. Zweitens erfolgt eine Leistungsplanung, die von den Planerlösen der Erlösplanung ausgeht und diese um geplante Bestandsveränderungen der Halb- und Fertigfabrikate ergänzt. Der Leistungsplanung steht als nachträgliche Kontrollrechnung die Erfassung und Kontrolle der Istleistung gegenüber. Die dritte Aufgabe der Kosten- und Leistungsrechnung als Bewegungsrechnung besteht in der Planung und Kontrolle des kurzfristigen Periodenerfolgs, den man erhält, wenn man die Leistung um die zugehörigen Kosten vermindert. Als Bestandsrechnung dient die Kosten- und Leistungsrechnung insbesondere zur Erfassung der für die Ermittlung der Leistung erforderlichen Halb- und Fertigfabrikatebestände. Darüber hinaus dient sie zur Planung und Kontrolle des betriebsnotwendigen Vermögens, worunter diejenigen Vermögenspositionen zu verstehen sind, die dem eigentlichen Betriebszweck dienen.

In der letzten Spalte der Übersicht 2 haben wir angegeben, welche betrieblichen Abteilungen für die einzelnen Bewegungs- und Bestandsrechnungen zuständig sind bzw. an ihrer Durchführung mitwirken. Hierzu zählen vor allem die *Finanzbuchhaltung*, die *Kostenrechnung* und die *betriebliche Planung*. Im weiteren Sinne läßt sich ohne Zweifel auch die betriebliche Planung als ein Teilgebiet des betrieblichen Rechnungswesens auffassen, insbesondere wenn sie als eine Planungsrechnung durchgeführt wird. In der Praxis wird die betriebliche Planung aber meistens organisatorisch und sachlich vom Rechnungswesen abgegrenzt. Lediglich einige spezifische Teilgebiete der Planung, deren Durchführung entweder der Finanzbuchhaltung oder der Kostenrechnung zugeordnet wird, zählen demnach zum betrieblichen Rechnungswesen. Dies sind insbesondere die Finanzplanung, die Kostenplanung und die Planung des kurzfristigen Periodenerfolgs. Im übrigen wird die betriebliche Gesamtplanung von einer eigenständigen Planungsabteilung durchgeführt und koordiniert, die nicht zum Bereich des Rechnungswesens gezählt wird.[20]

(3) Gliedert man die betriebliche Planung als gesonderten Bereich aus, so läßt sich das betriebliche Rechnungswesen organisatorisch in die beiden großen Teilgebiete *Finanzbuchhaltung* und *Kostenrechnung* gliedern. Diesen Teilgebieten wird meistens als dritter Bereich die *Betriebsstatistik* angegliedert. Welche Aufgaben diese drei *organisatorischen Teilgebiete des betrieblichen Rechnungswesens* zu erfüllen haben und welche Beziehungen zwischen ihnen bestehen, zeigt die Übersicht 3.

Die *Finanzbuchhaltung*, oft auch Geschäftsbuchhaltung genannt. erfaßt vorwiegend die Geschäftsvorfälle zwischen der Unternehmung und der Außenwelt, d. h. den Beschaffungsmärkten, den Absatzmärkten, den Kapitalmärkten und dem

20 Zu den Aufgaben und Teilgebieten der betrieblichen Planung vgl. *W. Kilger*, Optimale Produktions- und Absatzplanung, Opladen 1973, S. 15 ff. und die dort angegebene Literatur. Im Gegensatz dazu gibt es auch Autoren, welche die betriebliche Planung als Teilgebiet des Rechnungswesens sehen. Vgl. z. B. *K. Mellerowicz*, Planung und Plankostenrechnung, Bd. I, Betriebliche Planung, 2. Aufl., Freiburg 1970, S. 608 ff.; *S. Adamowsky*, Die Organisation des Rechnungswesens, in: Organisation, TFB-Handbuchreihe, Erster Band, hrsg. von *E. Schnaufer* und *K. Agthe*, Berlin, Baden-Baden 1961, S. 848.

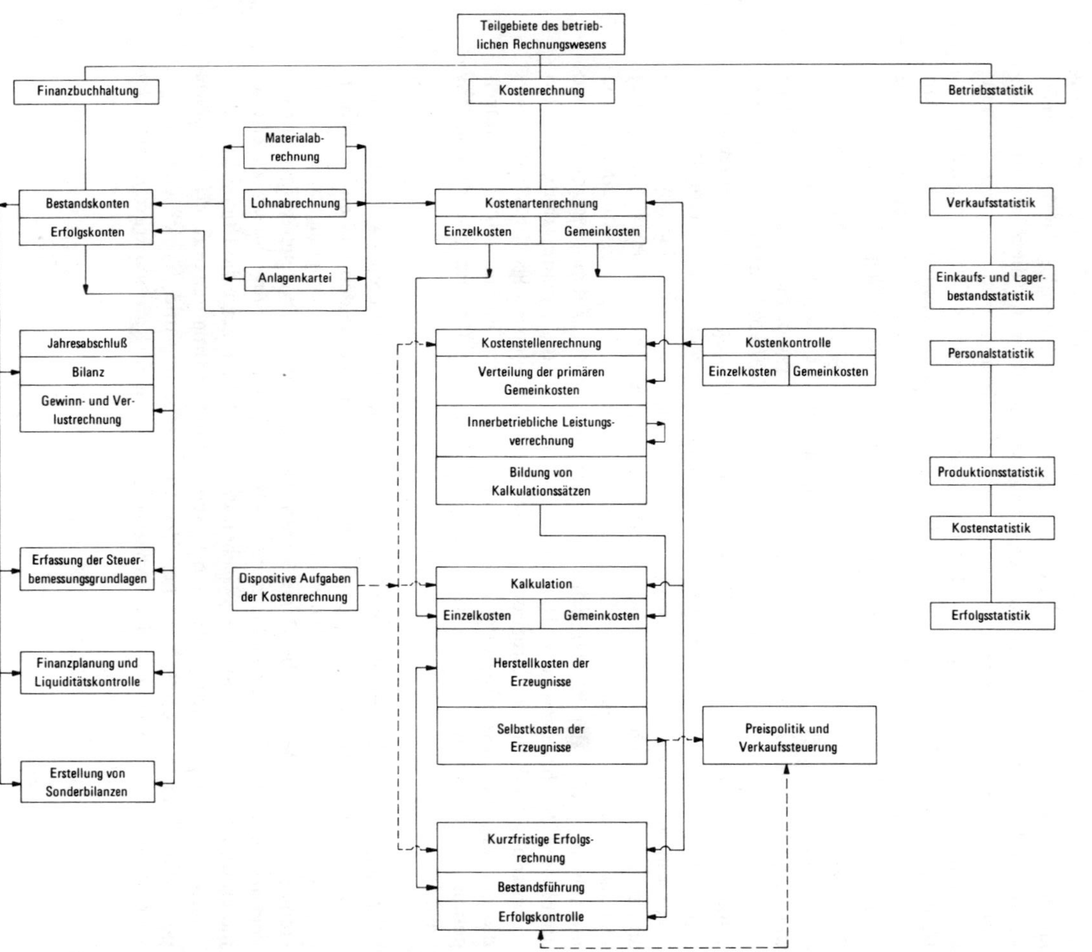

Übersicht 3: Gliederung des betrieblichen Rechnungswesens nach Funktionsbereichen

Staat. Sie verbucht diese Geschäftsvorfälle im *Kontensystem der doppelten Buchführung*, wobei Bestands- und Erfolgskonten unterschieden werden.[21]

Zu den laufenden Aufgaben der Finanzbuchhaltung zählt vor allem die Erstellung des *handelsrechtlich vorgeschriebenen Jahresabschlusses*, der aus der Jahresschlußbilanz, der Gewinn- und Verlustrechnung und bei Aktiengesellschaften zusätzlich aus dem Geschäftsbericht besteht. Die *Bilanz* resultiert aus den Abschlußsalden der Bestandskonten. Sie enthält auf der Aktivseite die zum Bilanzstichtag vorhandenen Vermögenspositionen der Unternehmung, z.B. Grundstücke, Gebäude, Anlagen, Maschinen, Warenbestände, Forderungen und liquide Mittel. Diesen werden auf der Passivseite die zum Bilanzstichtag erfaßten Kapitalpositionen, unterteilt nach Eigen- und Fremdkapital, gegenübergestellt. Auf der Aktivseite wird die Bilanzsumme nach der Mittelverwendung und auf der Passivseite nach der Mittelherkunft gegliedert. Die *Gewinn- und Verlustrechnung* ergibt sich aus den Abschlußsalden der Erfolgskonten. Durch sie wird der Periodengewinn oder -verlust einer Unternehmung als Saldo aus dem Gesamtertrag und dem Gesamtaufwand ermittelt. Der Gewinn wird in der Bilanz als Zu- oder Abnahme des Eigenkapitals ausgewiesen.

Der Jahresabschluß der Finanzbuchhaltung dient zugleich dazu, die *Bemessungsgrundlagen für die Steuern* einer Unternehmung zu ermitteln. In Kapitalgesellschaften, die ihre Handelsbilanzen veröffentlichen müssen, werden hierfür gesonderte *Steuerbilanzen* erstellt. Nicht publizitätspflichtige Unternehmungen dagegen begnügen sich in der Regel mit *einem* Jahresabschluß, der zugleich den steuerrechtlichen Bilanzierungsvorschriften entspricht.

Treten im Leben einer Unternehmung besondere Ereignisse ein, z.B. eine Fusion, das Ausscheiden von Gesellschaftern, ein Vergleich mit Gläubigern oder der Konkursfall, so ist es die Aufgabe der Finanzbuchhaltung, hierfür *Sonderbilanzen*, z.B. Fusions-, Auseinandersetzungs-, Vergleichs- oder Konkursbilanzen (meistens als Vergleichs- oder Konkursstatus bezeichnet), zu erstellen.

In Beteiligungskonzernen werden die Bilanzen der Tochtergesellschaften mit der Bilanz der Muttergesellschaft zu *konsolidierten Konzernbilanzen* zusammengefaßt.

Eine weitere laufende Aufgabe der Finanzbuchhaltung ist meistens die *Finanzplanung und Liquiditätskontrolle.*[22] Hierdurch werden alle Zahlungsvorgänge erfaßt und unter Berücksichtigung der gegebenen Finanzierungsmöglichkeiten und Kreditspielräume so gesteuert, daß das finanzielle Gleichgewicht der Unternehmung erhalten bleibt. Alle Geschäftsvorfälle, die zu irgendeinem Zeitpunkt zur Zahlungsunfähigkeit führen, werden durch die Finanzplanung ausgeschlossen.

Die *Kostenrechnung*, oft auch als Betriebsabrechnung bezeichnet, erfaßt vorwiegend die Geschäftsvorfälle innerhalb der Unternehmung. Ihre Hauptaufgabe besteht darin, den bewerteten Verbrauch an Produktionsfaktoren und die Umwandlung der eingesetzten Produktionsfaktoren in die vom Betrieb hergestellten und verkauften

21 Vgl. hierzu die zahlreichen Einführungen in das System der doppelten Buchführung, z. B. *E. Dauenhauer*, Einführung in die Buchführung, 2. Aufl., Braunschweig 1968; *W. Engelhardt, H. Raffée,* Grundzüge der doppelten Buchhaltung, 2. Aufl., Wiesbaden 1971; *H. Falterbaum*, Buchführung und Bilanz, 4. Aufl., Achim bei Bremen 1969; *H. Schmidt*, Buchführung und Steuerbilanz, Wiesbaden 1974.

22 Diese Aufgabe wird in größeren Unternehmungen häufig einer besonderen Finanzabteilung zugeordnet.

Produktmengen rechnerisch festzuhalten.[23] Im Mittelpunkt der Kostenrechnung stehen alle Geschäftsvorfälle, die im Zusammenhang mit dem betrieblichen Kombinationsprozeß anfallen. Für die Planung, Verrechnung und Kontrolle dieser Geschäftsvorfälle ist das System der doppelten Buchhaltung zu schwerfällig und zu unübersichtlich. Hierin liegt der Grund dafür, daß sich im Laufe der Zeit die Kostenrechnung neben der Finanzbuchhaltung als eigenständiger Zweig des betrieblichen Rechnungswesens herausgebildet hat. Die Kostenrechnung wird heute fast nur noch in statistisch-tabellarischer Form durchgeführt.

Als *ursprüngliche Teilgebiete der Kostenrechnung* sind die Kostenartenrechnung, die Kostenstellenrechnung und die Kalkulation (letztere wird auch als Kostenträgerstückrechnung bezeichnet) anzusehen. Diese drei Teilgebiete haben sich bereits sehr früh herausgebildet und werden spätestens seit dem Erlaß der Kostenrechnungsgrundsätze vom 16. Januar 1939 als unerläßliche Bausteine einer ordentlichen Kostenrechnung angesehen.[24] Die Durchführung einer Kostenarten-, Kostenstellen- und Kostenträgerstückrechnung reicht aber nicht aus, wenn die Kostenrechnung der Geschäftsleitung als Führungs- und Kontrollinstrument dienen soll. Im Zuge der späteren Entwicklung entstanden daher als *neuere Teilgebiete der Kostenrechnung* die Kostenkontrolle, die kurzfristige Erfolgsrechnung, die auch als Kostenträgerzeitrechnung oder als Betriebsergebnisrechnung bezeichnet wird, und die dispositiven Aufgaben der Kostenrechnung.

Die *Kostenartenrechnung* hat die Aufgabe, den mengenmäßigen Verbrauch an Produktionsfaktoren zu erfassen, zu bewerten und anzugeben, wie der bewertete Verbrauch weiter zu verrechnen ist. In der Kostenartenrechnung werden die Gesamtkosten jeweils für bestimmte Abrechnungsperioden erfaßt und hierbei nach Kostenarten gegliedert. Als Abrechnungsperioden werden meistens die Kalendermonate verwendet, weil hierbei die wenigsten Abgrenzungsprobleme auftreten. Nach der Art ihrer Weiterverrechnung werden die Kostenarten in Einzel- und Gemeinkosten unterteilt.[25] Die *Einzelkosten* werden direkt auf betriebliche Leistungseinheiten verrechnet und daher von der Kostenartenrechnung unmittelbar in die Kalkulation übernommen. Die *Gemeinkosten* dagegen werden zuvor in der Kostenstellen-

23 Zu den Aufgaben der Kostenrechnung vgl. vor allem *F. Henzel*, Die Kostenrechnung, 4. Aufl., Essen 1964, S. 13 ff.; *H. Jost*, Kosten- und Leistungsrechnung, Wiesbaden 1974, S. 19 ff.; *W. Kilger*, Betriebliches Rechnungswesen, a.a.O., S. 837 ff.; *E. Kosiol*, Kostenrechnung, Wiesbaden 1964, S. 61 ff.; *E. Schmalenbach*, Selbstkostenrechnung und Preispolitik, 6. Aufl., Leipzig 1934, S. 119 ff.; *E. Schmalenbach*, Kostenrechnung und Preispolitik, 8. Aufl., bearbeitet von *E. Bauer*, Köln und Opladen 1963, S. 15 ff.; *H. K. Weber*, Betriebliches Rechnungswesen, München 1974, S. 148 ff.

24 In den Kostenrechnungsgrundsätzen vom 16. Januar 1939 heißt es unter Abschnitt 3 B: „Zur Erreichung der Ziele der Kostenrechnung sollen die Kosten erfaßt und gegliedert werden nach:
1. Kostenarten;
2. Kostenstellen;
3. Kostenträgern.
Dementsprechend umfaßt die Kostenrechnung 3 Grundformen:
Kostenartenrechnung;
Kostenstellenrechnung;
Kostenträgerrechnung".

25 Die Begriffe „Einzelkosten" und „Gemeinkosten" übernahm bereits E. Schmalenbach aus dem „Grundplan des Reichskuratoriums für Wirtschaftlichkeit"; vgl. *E. Schmalenbach*, Selbstkostenrechnung . . . , a.a.O., S. 5 und S. 184.

rechnung denjenigen betrieblichen Teilbereichen zugeordnet, durch die sie verursacht worden sind. Erst dann werden sie mit Hilfe von Kalkulationssätzen den betrieblichen Leistungseinheiten zugerechnet.

Zur Durchführung der *Kostenstellenrechnung* wird die Unternehmung in betriebliche Teilbereiche eingeteilt, für deren Kosten ein Abteilungsleiter oder Meister verantwortlich ist. Solche selbständig abgerechneten betrieblichen Teilbereiche werden als *Kostenstellen* bezeichnet. Die Gesamtheit der Kostenstellen einer Unternehmung läßt sich in zwei Gruppen unterteilen. Als *Hauptkostenstellen*, auch primäre Kostenstellen genannt, bezeichnet man alle betrieblichen Teilbereiche, deren Kosten auf betriebliche Leistungseinheiten weiterverrechnet werden, die unmittelbar oder nach weiteren Arbeitsgängen für die Absatzmärkte der Unternehmung bestimmt sind. Als *Hilfskostenstellen*, auch Nebenkostenstellen oder sekundäre Kostenstellen genannt, werden alle betrieblichen Teilbereiche bezeichnet, die Leistungseinheiten herstellen, welche für den Verbrauch in anderen Kostenstellen bestimmt sind; diese Leistungseinheiten werden als *innerbetriebliche Leistungen* bezeichnet. Typische Beispiele hierfür sind Reparatur- und Instandhaltungsarbeiten eigener Werkstätten, selbsterstellte Energie und Transportleistungen eigener Transportabteilungen. *Die Kostenstellenrechnung hat drei Aufgaben zu erfüllen.* Erstens werden in der Kostenstellenrechnung die nach Kostenarten gegliederten Gemeinkosten einer Abrechnungsperiode denjenigen Kostenstellen belastet, die für ihre Entstehung verantwortlich sind. Die von der Kostenartenrechnung übernommenen Kosten werden als *primäre Kosten* bezeichnet. Zweitens sind in der Kostenstellenrechnung die Kosten der Hilfskostenstellen auf diejenigen Kostenstellen weiterzuverrechnen, die innerbetriebliche Leistungen verbraucht haben. Diese Aufgabe wird als *innerbetriebliche Leistungsverrechnung* bezeichnet. Im Zuge der innerbetrieblichen Leistungsverrechnung treten neben die primären Gemeinkosten neue Kostenarten, die man als *sekundäre Kosten* bezeichnet. Hierbei handelt es sich um diejenigen Kosten, die den Kostenstellen für die Inanspruchnahme innerbetrieblicher Leistungen belastet werden. Nach Durchführung der innerbetrieblichen Leistungsverrechnung ist die Summe der sekundären Kosten der Hilfskostenstellen auf die Hauptkostenstellen weiterverrechnet.[26] Die dritte Aufgabe der Kostenstellenrechnung besteht in der *Bildung von Kalkulationssätzen* für die Hauptkostenstellen. Hierzu wird die Summe der primären und sekundären Gemeinkosten jeder Hauptkostenstelle auf eine bestimmte Kalkulationsbezugsgröße, z. B. die hergestellte Produktmenge, geleistete Maschinenstunden, das durchgesetzte Materialgewicht usw. bezogen. Mit Hilfe der Kalkulationssätze werden die Gemeinkosten in der Kalkulation auf die für den Markt bestimmten Leistungseinheiten weiterverrechnet.

Die Aufgabe der *Kalkulation*, auch Kostenträgerstückrechnung genannt, besteht darin, für alle Wirtschaftsgüter, die eine Unternehmung herstellt und verkauft, die auf eine Auftrags- oder Produkteinheit entfallenden Stückkosten zu ermitteln. Diese Kosten werden als die *Selbstkosten pro Kostenträgereinheit* bezeichnet. Sie setzen sich aus den *Herstellkosten*, den *Verwaltungskosten* und den *Vertriebskosten* zusammen. Die Einzelkosten gehen direkt von der Kostenartenrechnung in die Kalkulation ein, die Gemeinkosten dagegen mit Hilfe der in der Kostenstellenrechnung er-

26 Wir werden später sehen, daß das strenggenommen nur in einer sog. Istkostenrechnung gilt. Vgl. hierzu unsere Ausführungen in Kapitel 2.

mittelten Kalkulationssätze. Die Selbstkosten der Kostenträger dienen als Grundlage der Preispolitik, der Verkaufssteuerung und der kurzfristigen Erfolgsrechnung. In marktwirtschaftlich orientierten Wirtschaftssystemen können aber Verkaufspreise nicht „kalkuliert", d.h. allein aus Kostendaten abgeleitet werden, wenn man von Sonderfällen, so z.B. öffentlichen Aufträgen, absieht. Wieweit die Verkaufspreise über oder unter den kalkulierten Selbstkosten liegen sollen, läßt sich nur aufgrund von Marktdaten entscheiden.

Die *Kostenkontrolle* dient dazu, die Wirtschaftlichkeit der Kostenverursachung zu überwachen.[27] Hierfür müssen die angefallenen Kosten einer Abrechnungsperiode vergleichbaren Maßkosten gegenübergestellt werden. Da die angefallenen Kosten als Istkosten und die vergleichbaren Maßkosten als Sollkosten bezeichnet werden, wird für die Kostenkontrolle häufig auch die Bezeichnung *Soll-Ist-Kostenvergleich* verwendet. Die Kostenkontrolle erfolgt differenziert nach Kostenstellen und Kostenarten, wobei die gleiche Kostenstelleneinteilung, wie in der Kostenstellenrechnung zugrunde gelegt wird; sie kann daher als eine weitere Ausbaustufe der Kostenstellenrechnung aufgefaßt werden. Zu beachten ist aber, daß nicht nur die über Kostenstellen abzurechnenden Gemeinkosten, sondern auch die in den einzelnen Kostenstellen entstandenen Einzelkosten in die Kostenkontrolle einbezogen werden müssen.

Die *kurzfristige Erfolgsrechnung*, auch Kostenträgerzeitrechnung oder Betriebsergebnisrechnung genannt, dient dazu, den Periodenerfolg einer Unternehmung monatlich oder für noch kürzere Abrechnungsperioden zu ermitteln und dabei die Erfolgsbeiträge der einzelnen Produktarten oder Produktgruppen auszuweisen.[28] Die Gewinn- und Verlustrechnung der Finanzbuchhaltung kann diese Aufgabe nicht erfüllen, da sie die auf die einzelnen Produktarten oder Produktgruppen entfallenden Kosten nicht erkennen läßt und sich für eine kurzfristige Durchführung nicht eignet. Sie wird in den meisten Unternehmungen nur einmal jährlich erstellt, für eine wirksame Erfolgskontrolle ist ein Jahr aber zu lang. Ungünstige Einflüsse auf die Gewinnentwicklung muß die Geschäftsleitung schneller erkennen. Als Abrechnungsperioden der kurzfristigen Erfolgsrechnung werden meistens die Kalendermonate verwendet. In der kurzfristigen Erfolgsrechnung werden die während einer Abrechnungsperiode verkauften Erzeugnisse mit den Selbstkosten und die den Halb- oder Fertigwarenbeständen zugeführten Produktmengen mit Herstellkosten bewertet, die in der Kalkulation ermittelt worden sind. Ohne Vorschaltung der Kalkulation läßt sich eine aussagefähige Erfolgsrechnung nicht durchführen.

Die *dispositiven Aufgaben der Kostenrechnung* bestehen darin, alle Kostendaten zur Verfügung zu stellen, die für Entscheidungen beim Aufbau der betrieblichen Planung erforderlich sind.[29] Wegen der mannigfaltigen Möglichkeiten, die den Un-

27 Bereits E. Schmalenbach hat die Kontrolle der Kostenwirtschaftlichkeit als eine der wichtigsten Aufgaben der Kostenrechnung angesehen, vgl. *E. Schmalenbach*, Selbstkostenrechnung . . . , a.a.O., S. 120.

28 E. Schmalenbach ordnete dem innerbetrieblichen Rechnungswesen die kurzfristige Erfolgsrechnung als wichtiges Teilgebiet zu: „Eine genaue und pünktliche monatliche Erfolgsrechnung ist bei den heutigen Ansprüchen an die Wendigkeit der Betriebe und Betriebsleiter unerläßlich." Vgl. *E. Schmalenbach*, Der Kontenrahmen, 4. Aufl., Leipzig 1935, S. 6.

29 Es ist wiederum E. Schmalenbach gewesen, der die dipositiven Aufgaben der Kostenrechnung als erster hervorgehoben hat. Er hat die dispositiven Aufgaben der Kostenrechnung so eindeutig in den Mittelpunkt seiner wissenschaftlichen Arbeiten gestellt, daß seine

ternehmungen durch die Entwicklung des Operations Research und der elektronischen Datenverarbeitung eröffnet worden sind, hat die Bedeutung der dispositiven Aufgaben der Kostenrechnung seit den fünfziger Jahren ständig zugenommen. Eine Kostenrechnung, die dispositive Aufgaben erfüllen soll, muß so aufgebaut sein, daß sich jederzeit die für Planungsprobleme *relevanten Kosten* ermitteln lassen. Hierunter versteht man diejenigen Kosten, die von den Handlungsparametern eines Entscheidungsproblems abhängig sind; Kosten, die durch eine Entscheidung nicht beeinflußt werden, zählen nicht zu den relevanten Kosten. Relevante Kosten müssen stets geplante Kosten sein.[30] Bei den dispositiven Aufgaben der Kostenrechnung handelt es sich nicht um ein organisatorisch selbständiges Teilgebiet der Kostenrechnung, sondern um eine Aufgabenstellung, die von allen Teilgebieten der Kostenrechnung gemeinsam erfüllt werden muß. Diese sind so zu gestalten, daß sie jederzeit und ohne komplizierte Sonderrechnungen die Ermittlung der relevanten Kosten ermöglichen. Dies gilt insbesondere für die Kostenstellenrechnung, die Kalkulation und die kurzfristige Erfolgsrechnung.

Für die drei großen Produktionsfaktorgruppen Werkstoffe, Arbeitskräfte und Betriebsmittel haben sich im betrieblichen Rechnungswesen drei spezielle Teilgebiete herausgebildet, die organisatorisch der Finanzbuchhaltung, der Kostenrechnung oder sogar anderen Funktionsbereichen der Unternehmung zugeordnet werden können. Hierbei handelt es sich um die Materialabrechnung, die Lohn- und Gehaltsabrechnung und die Anlagenkartei oder Betriebsmittelabrechnung[31].

Die *Materialabrechnung*, auch Lagerbuchhaltung genannt, hat die Aufgabe, für alle Werkstoffe, z. B. für Rohstoffe, zugekaufte Teile, Hilfsstoffe, Betriebsstoffe, Ersatzteile usw., Bestandskarten zu führen und den bewerteten Verbrauch, d. h. die Materialkosten zu ermitteln. Die Werkstoffbestände werden zugleich für die Bestandskontrolle und die Bilanzierung benötigt und sind daher auch für die Finanzbuchhaltung von Bedeutung. Die Erfassung der Werkstoffkosten gehört zum Aufgabenbereich der Kostenartenrechnung, aber die Werkstoffkosten gehen zugleich als Aufwand in die Gewinn- und Verlustrechnung der Finanzbuchhaltung ein. Sie werden hier aber nicht so detailliert gegliedert wie es die Zwecke der Kostenrechnung erfordern. Die Materialabrechnung sollte entweder der Abteilung Kosten- und Betriebsabrechnung oder dem Einkaufs- und Materialbereich unterstellt werden.

Die *Lohn- und Gehaltsabrechnung*, auch Lohnbuchhaltung genannt, dient zur Ermittlung der Bruttoarbeitsentgelte, der Nettoarbeitsentgelte und der Sozialauf-

Kostenlehre als Beginn einer entscheidungsorientierten Betriebswirtschaftslehre angesehen werden kann. Vgl. hierzu *W. Kilger*, Schmalenbachs Beitrag zur Kostenlehre, a.a.O., S. 533 ff. und die dort angegebene Literatur. In der neueren Literatur hat insbesondere H. Hax darauf hingewiesen, daß es der „Hauptzweck der Kostenrechnung ist, Informationen für betriebliche Dispositionen zu liefern, vor allem ist man bei der Beschaffung der Ausgangsdaten für Entscheidungsmodelle auf die Kostenrechnung angewiesen." Vgl. *H. Hax*, Bewertungsprobleme bei der Formulierung von Zielfunktionen für Entscheidungsmodelle, ZfbF 1967, S. 752.

30 Zum Begriff der relevanten Kosten vgl. *W. Kilger*, Flexible Plankostenrechnung, 6. Aufl., Opladen 1974, S. 160 ff. und die dort angegebene Literatur. In der angloamerikanischen Literatur werden relevante Kosten als „relevant costs" und nicht relevante Kosten als „sunk costs" bezeichnet.

31 E. Kosiol bezeichnet diese Teilgebiete des betrieblichen Rechnungswesens als „vorgelagerte Hilfsrechnungen (Nebenbuchhaltungen)", vgl. *E. Kosiol*, Kostenrechnung und Kalkulation, 2. Aufl., Berlin, New York 1972, S. 101 ff.

wendungen. Die Bruttoarbeitsentgelte und die von der Unternehmung zu tragenden Sozialaufwendungen werden in der Kostenartenrechnung als Personalkosten erfaßt und weiterverrechnet. Sie gehen zugleich als Aufwand in die Gewinn- und Verlustrechnung der Finanzbuchhaltung ein. Vermindert man die Bruttoarbeitsentgelte um die von den Arbeitnehmern zu tragenden Sozialabgaben und Steuern, so erhält man die Nettoarbeitsentgelte, die an die Arbeiter und Angestellten auszuzahlen sind. Die Lohn- und Gehaltsabrechnung wird entweder der Finanzbuchhaltung oder dem Personalbereich unterstellt.

In der *Anlagenkartei* wird für jedes Betriebsmittel eine Karteikarte angelegt, in die der Anschaffungswert (bzw. bei selbsterstellten Anlagen die Herstellungskosten), der Einsatzort und die technischen Daten des Betriebsmittels eingetragen werden. Die Anlagenkartei bildet die Grundlage für die Erfassung und Verrechnung der durch die Betriebsmittelnutzung verursachten Kosten. Die detaillierte Erfassung und Weiterverrechnung dieser Kosten ist in erster Linie eine Aufgabe der Kostenartenrechnung. In weniger detaillierter Form wird die Betriebsmittelnutzung aber auch als Aufwand in der Gewinn- und Verlustrechnung der Finanzbuchhaltung erfaßt. Weiterhin werden in der Finanzbuchhaltung Betriebsmittelbestandskonten geführt, denen die Anlagenkartei als Grundlage dienen kann. Die Anlagenkartei wird in den meisten Unternehmungen der Kosten- oder Betriebsabrechnung, in manchen Fällen aber auch dem technischen Bereich unterstellt.

Vom Standpunkt der Kostenrechnung sind die Materialabrechnung, die Lohn- und Gehaltsabrechnung sowie die Anlagenkartei Teilgebiete der Kostenartenrechnung, die der Erfassung wichtiger Kostenarten dienen.

Das dritte Teilgebiet des betrieblichen Rechnungswesens, die *Betriebsstatistik* ist im Gegensatz zur Finanzbuchhaltung und zur Kostenrechnung kein geschlossenes Abrechnungssystem.[32] In der Betriebsstatistik werden vielmehr Zahlen und Daten statistisch ausgewertet, die bereits in den übrigen Teilgebieten des betrieblichen Rechnungswesens erfaßt worden sind. Die Auswertung besteht in der Regel in der Analyse von statistischen Zeitreihen und Häufigkeitsverteilungen. Die wichtigsten Aufgabenbereiche der Betriebsstatistik sind die Verkaufs-, die Einkaufs-, die Personal-, die Produktions-, die Kosten- und die Erfolgsstatistik. In der Verkaufsstatistik werden die Verkaufspreise, die Absatzmengen, die Umsätze und die Fertigwarenbestände statistisch ausgewertet. Hierbei erfolgt häufig eine Differenzierung nach Produktgruppen und Absatzgebieten. Viele Daten kann die Verkaufsstatistik der kurzfristigen Erfolgsrechnung entnehmen. Im Einkaufs- und Materialbereich werden Zeitreihen für Werkstoffpreise und die Veränderungen der Bestände statistisch erfaßt. Die Aufgabe der Personalstatistik besteht in der statistischen Erfassung und Auswertung der Belegschaftszahlen, der Lohn- und Gehaltsentwicklung, des Krankenstandes und der Personalfluktuation. Die erforderlichen Daten lassen sich zum großen Teil aus den Unterlagen der Lohn- und Gehaltsabrechnung gewinnen. In der Produktionsstatistik werden die Produktionsmengen, der Ausschuß, die Beschäftigungsgrade der Fertigungsstellen und die Halbfabrikatebestände statistisch ausgewertet. Die Kostenstatistik dient in erster Linie zur statistischen Erfassung und Auswertung von Veränderungen der Kostenhöhe und -zusammensetzung. Sie knüpft an die Ergebnisse der Kostenstellenrechnung und

32 Zu den Aufgaben der Betriebsstatistik vgl. *G. Wöhe*, Einführung in die Allgemeine Betriebswirtschaftslehre, a.a.O., S. 951 ff.

der Kalkulation an. In der Erfolgsstatistik schließlich werden die Ergebnisse der Gewinn- und Verlustrechnung und der kurzfristigen Erfolgsrechnung statistisch aufbereitet. Werden in einer Branche zwischenbetriebliche Vergleiche durchgeführt, so gehört es zu den Aufgaben der Betriebsstatistik, die hierfür erforderlichen Daten zur Verfügung zu stellen. Die Durchführung solcher Betriebsvergleiche wird meistens Wirtschaftsverbänden, Unternehmensberatern oder Wirtschaftsprüfern übertragen. Die Aufgaben der Betriebsstatistik können entweder einer speziellen statistischen Abteilung übertragen oder von denjenigen Abteilungen durchgeführt werden, die für die Erfassung der betreffenden Zahlen und Daten zuständig sind.

In vielen Unternehmungen werden heute die meisten Aufgaben der Kostenrechnung und der Betriebsstatistik mit Hilfe von *elektronischen Datenverarbeitungsanlagen* durchgeführt. Dies gilt auch für Teile der Finanzbuchhaltung, so z. B. für die Führung von Kunden- und Lieferantenkonten. Dennoch ist die elektronische Datenverarbeitung nicht als Teilgebiet, sondern nur als ausführendes Organ des betrieblichen Rechnungswesens anzusehen. Hierfür spricht auch die Tatsache, daß der elektronischen Datenverarbeitung meistens auch Arbeiten übertragen werden, die nicht zu den Aufgaben des Betrieblichen Rechnungswesens gehören, so z. B. die Auftragsdisposition und Terminsteuerung, die Durchführung technischer Berechnungen und die Lösung komplizierter Planungsprobleme. Es darf aber nicht verkannt werden, daß die Erfordernisse der elektronischen Datenverarbeitung heute auf die organisatorische Gestaltung vieler Teilgebiete des betrieblichen Rechnungswesens, insbesondere aber der Kostenrechnung, einen entscheidenden Einfluß ausüben.

12. Die Grundbegriffe des betrieblichen Rechnungswesens

121. Die Abgrenzung zwischen Auszahlungen, Beschaffungswert, Aufwand und Kosten

(1) Wie unsere Ausführungen in Kapitel 111. gezeigt haben, verläßt die Unternehmung ein laufender Auszahlungsstrom in Richtung auf die Beschaffungsmärkte, die Geld- und Kapitalmärkte und die öffentliche Hand.

Betrachtet man die gesamte Lebenszeit einer Unternehmung von der Gründung bis zur Liquidation, so müssen bei einer solchen *Totalbetrachtung* die insgesamt an die Beschaffungsmärkte geleisteten Auszahlungen mit dem bewerteten Verbrauch an Wirtschaftsgütern übereinstimmen. Addiert man hierzu die Zinszahlungen an die Geld- und Kapitalmärkte und die Summe der an den Staat für Kostensteuern[33] geleisteten Auszahlungen, so erhält man eine Größe, die als Negativkomponente des Totalerfolgs einer Unternehmung aufgefaßt werden kann, da sie alle erfolgswirksamen Auszahlungen enthält. Da die Gesamtlebenszeit einer Unternehmung nur in seltenen Fällen so kurz ist, daß sie als Kontrollzeitraum in Frage kommt, erfordert die Kontrolle mit Hilfe des Rechnungswesens eine *Periodenbetrachtung*. In den einzelnen Teilperioden, z. B. Jahren, Quartalen oder Monaten, sind aber die Auszahlungen für die von den Beschaffungsmärkten bezogenen Wirtschaftsgüter und für

33 Als Kostensteuern werden diejenigen Steuern bezeichnet, die in der Kostenrechnung als Kostenarten erfaßt werden. Auf die Frage, welche Steuern hierzu zählen, werden wir im einzelnen in Kapitel 35. unter Absatz (4) eingehen.

Kostensteuern nicht zur Erfolgsmessung geeignet, weil Bestandsbildungen erfolgen und Phasenverschiebungen zwischen den Warenzugängen und den Zahlungsausgängen wirksam werden. Im betrieblichen Rechnungswesen grenzt man daher die Auszahlungen von den Strömungsgrößen Beschaffungswert, Aufwand und Kosten ab.[34]

In der Abb. 1 haben wir die *Abgrenzung zwischen Auszahlungen, Beschaffungswert und Aufwand für lagerfähige Wirtschaftsgüter* wiedergegeben. Auszahlungsbeträge, denen während einer Periode nicht zugleich Beschaffungswerte entsprechen (a), können entweder Vorauszahlungen für spätere Lieferungen oder nachträglich geleistete Zahlungen für bereits in einer früheren Periode erhaltene Güter sein. Im ersten Fall entsteht eine Forderung der Unternehmung an einen Lieferanten auf spätere Lieferung oder Rückzahlung des Betrages. Im zweiten Fall erlischt in Höhe des Auszahlungsbetrages eine Verbindlichkeit gegenüber einem Lieferanten, die im Zeitpunkt der Lieferung entstanden ist. Beschaffungswerten, denen während einer

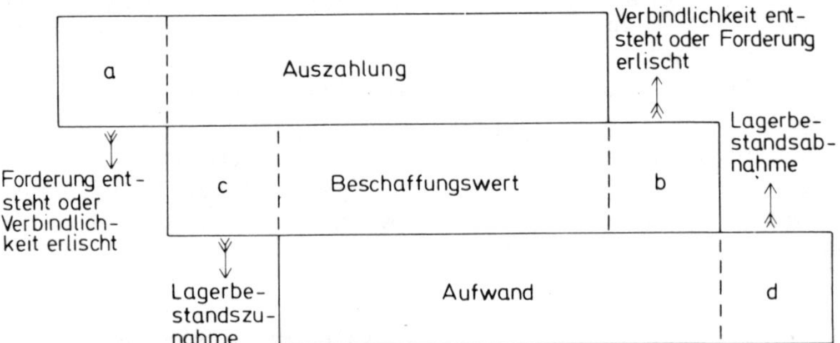

Abb. 1: Abgrenzung zwischen Auszahlungen, Beschaffungswert und Aufwand für lagerfähige Güter

34 Die Abgrenzung der Strömungsgrößen ist durch E. Schmalenbach in das betriebliche Rechnungswesen eingeführt worden. In seiner Lehre von der dynamischen Bilanz hat er gezeigt, daß diese Abgrenzung zu Bilanzpositionen führt: „Hierbei wird die Verbindung zur dynamischen Bilanztheorie deutlich, nach der die Bilanz lediglich ein Abgrenzungskonto ist, das noch nicht erfolgswirksam gewordene Geschäftsvorfälle von der Gewinn- und Verlustrechnung fernhält". Vgl. *E. Schmalenbach*, Dynamische Bilanz, 12. Aufl., Köln und Opladen 1956, S. 36 ff. Seit Schmalenbach wird die Abgrenzung der Strömungsgrößen in fast allen Einführungen in das betriebliche Rechnungswesen wiedergegeben. Zur Abgrenzung zwischen Auszahlungen, Beschaffungswert, Aufwand und Kosten wollen wir uns auf die folgenden Literaturhinweise beschränken: Vgl. *K. F. Bussmann*, Industrielles Rechnungswesen, a.a.O., S. 27 ff.; *K. Chmielewicz*, Betriebliches Rechnungswesen, Bd. 2, Erfolgsrechnung, Hamburg 1973, S. 14 ff.; *J. Greifzu*, Das Rechnungswesen, 12. Aufl., Hamburg 1971, S. 327 ff.; *E. Heinen*, Betriebswirtschaftliche Kostenlehre, Kostentheorie und Kostenentscheidungen, 3. Aufl., Wiesbaden 1970, S. 91 ff. sowie insbesondere die Abb. 2 auf S. 100; *F. Henzel*, Die Kostenrechnung, a.a.O., S. 25 ff.; *H. Jost*, Kosten- und Leistungsrechnung, a.a.O., S. 22 ff.; *W. Kilger*, Kurzfristige Erfolgsrechnung, Wiesbaden 1962, S. 9 ff.; *E. Kosiol*, Kostenrechnung und Kalkulation, a.a.O., S. 92 ff.; *S. Menrad*, Der Kostenbegriff, Berlin 1965, S. 16 ff.; *K. Mellerowicz*, Kosten und Kostenrechnung, Bd. 2, 1. Teil, 4. Aufl., Berlin 1966, S. 43 ff.; *E. Schmalenbach*, Selbstkostenrechnung und Preispolitik, a.a.O., S. 115 ff.; *E. Schmalenbach*, Kostenrechnung und Preispolitik, a.a.O., S. 6 ff.; *H. K. Weber*, Betriebswirtschaftliches Rechnungswesen, a.a.O., S. 155 ff.; *G. Wöbe*, Einführung in die Allgemeine Betriebswirtschaftslehre, a.a.O., S. 685 ff.

Periode keine Auszahlungen entsprechen (b), können entweder Warenlieferungen sein, die bereits im voraus bezahlt wurden, oder Warenlieferungen, für die ein Zahlungsziel in Anspruch genommen wird. Im ersten Fall erlischt eine Forderung gegenüber einem Lieferanten. Im zweiten Fall dagegen entsteht eine Verbindlichkeit bzw. ein Lieferantenkredit.

Werden in einer Periode mehr Wirtschaftsgüter bezogen als verbraucht, ist also der Beschaffungswert größter als der Aufwand (c), so entsteht eine wertmäßige Lagerbestandszunahme. Wird dagegen in einer Periode mehr verbraucht als bezogen, so muß der Mehrverbrauch zwangsläufig zu einer wertmäßigen Lagerbestandsabnahme führen (d).

Die in Abb. 1 dargestellte Abgrenzung ist typisch für Werkstoffe und Betriebsmittel. Die im Zuge der Abgrenzung wirksam werdenden Bestandsveränderungen werden auf Bestandskonten der Finanzbuchhaltung erfaßt, der Aufwand wird dem Gewinn- und Verlustkonto belastet. Werden z. B. einer Unternehmung während einer Periode Werkstoffe im Wert von 240 000 DM geliefert, wovon nur die Hälfte bezahlt und ein Drittel verbraucht wird, so werden folgende Buchungen erforderlich:

Werkstoffbestandskonto

AB	100 000	Abgang	80 000
Zugang	240 000	EB	260 000
	340 000		340 000

Werkstoffaufwandskonto

Aufwand	80 000	GuV	80 000
	80 000		80 000

Bankkonto

AB	300 000	Abgang	120 000
		EB	180 000
	300 000		300 000

Lieferantenkreditkonto

EB	170 000	AB	50 000
		Zugang	120 000
	170 000		170 000

AB = Anfangsbestand
EB = Endbestand

Im obigen Beispiel beträgt die Auszahlung 120 000 DM. Ihr steht ein Beschaffungswert in Höhe von 240 000 DM gegenüber, so daß eine Zunahme des Lieferantenkredits von b = 120 000 DM entsteht. Der Werkstoffaufwand der Periode beträgt 80 000 DM, infolgedessen nimmt der Lagerbestand um c = 160 000 DM zu.

Bei *nicht lagerfähigen Wirtschaftsgütern*, wozu insbesondere Arbeits-, Dienstleistungen und Energie zählen, muß in jeder Periode der Beschaffungswert mit dem Aufwand übereinstimmen, so daß hier eine Abgrenzung gegenüber dem Zahlungsverkehr ausreicht. Diese Abgrenzung haben wir in Abb. 2 dargestellt.

Erfolgt die Zahlung im voraus, so spricht man von einer *transitorischen Abgrenzung,* da Teilbeträge für zukünftige Perioden gespeichert werden. Nimmt die Unternehmung dagegen Leistungen in Anspruch, die erst später bezahlt werden, so liegt eine *antizipative Abgrenzung* des Aufwandes vor, da Aufwandspositionen zeitlich vor dem Zahlungsverkehr berücksichtigt werden. Auszahlungsbeträge, denen während einer Periode kein Aufwand entspricht (a), können entweder Vorauszahlungen für spätere Leistungen oder nachträgliche Zahlungen für bereits früher in Anspruch genommene Leistungen sein. Im ersten Fall entsteht als Abgrenzungs-

Antizipatives Passivum entsteht oder transitorisches Aktivum erlischt

a | Auszahlung

Beschaffungswert | b

Aufwand | b

Transitorisches Aktivum entsteht oder antizipatives Passivum erlischt

Abb. 2: Abgrenzung zwischen Auszahlungen, Beschaffungswert und Aufwand für nicht lagerfähige Güter

posten ein transitorisches Aktivum, im zweiten Fall erlischt ein antizipatives Passivum, das als Abgrenzungsposten in einer früheren Periode gebildet wurde. Aufwandspositionen, denen während einer Periode keine Auszahlungen entsprechen (b), können entweder Leistungen sein, die bereits in einer früheren Periode bezahlt wurden, oder solche, die erst später bezahlt werden. Im ersten Fall erlischt ein transitorisches Aktivum, das zum Zwecke der Abgrenzung früher gebildet wurde. Im zweiten Fall entsteht als Abgrenzungsposten ein antizipatives Passivum.[35]

Als Beispiel für eine transitorische Abgrenzung wollen wir die Prämie für eine Feuerversicherung betrachten. Die Jahresprämie beträgt 60 000 DM und wird im Januar bezahlt, Wählt man die Monate eines Jahres als Abrechnungsperioden, so entfälle auf jeden Monat ein Aufwand für Feuerversicherung in Höhe von 5 000 DM. Im Januar wird ein transitorisches Aktivum von 55 000 DM gebildet, von dem monatlich 5 000 DM zu Lasten des Aufwandskontos abgebucht werden:

Transitorische Aktiva					Versicherungsaufwand			
Bank (Jan.)	60 000	Jan.	5 000	→	Jan.	5 000	GuV (Dez.)	60 000
		Febr.	5 000	→	Febr.	5 000		
		März	5 000	→	März	5 000		
		:	:		:	:		
		Dez.	5 000	→	Dez.	5 000		
	60 000		60 000			60 000		60 000

Ein Beispiel für eine antizipative Abgrenzung liegt vor, wenn 36 000 DM Beitrag zum Arbeitgeberverband erst im Dezember bezahlt werden, die Verbandsleitung aber aufwandsmäßig monatlichen Abrechnungsperioden anzulasten ist. In jedem Monat wird ein antizipatives Passivum in Höhe von 3 000 DM gebildet und das

35 Hierbei ist zu beachten, daß nach dem AktG 1965 § 152 Abs. 9 antizipative Passiva als „sonstige Verbindlichkeiten" und antizipative Aktiva als „sonstige Forderungen" auszuweisen sind.

Aufwandskonto mit dem gleichen Betrag belastet. Im Dezember führt die Zahlung zum Erlöschen der antizipativen Passiva:

Antizipative Passiva					Beitragsaufw. Arbeitgeberverband			
Bank (Dez.)	36 000	Jan.	3 000	⟶	Jan.	3 000	GuV (Dez.)	36 000
		Febr.	3 000	⟶	Febr.	3 000		
		März	3 000	⟶	März	3 000		
		⋮	⋮		⋮	⋮		
		Dez.	3 000	⟶	Dez.	3 000		
	36 000		36 000			36 000		36 000

Nach der Abgrenzung der Bestandsveränderungen und Zahlungsvorgänge ist der Gesamtaufwand einer Periode bekannt. Die Unterschiede zwischen Auszahlungen, Beschaffungswerten und Aufwand sind um so größer, je kürzere Perioden gewählt werden und umgekehrt. In der Totalbetrachtung stimmen alle drei Größen überein.

(2) Für die Zwecke der Finanzbuchhaltung reicht der Aufwand als Negativkomponente des Periodenerfolgs aus, die Aufgaben der Kostenrechnung erfordern aber einige weitere Abgrenzungen, bei denen *der Aufwand von den Kosten abgegrenzt* wird.

In der Betriebswirtschaftslehre werden heute insbesondere zwei *Kostenbegriffe* unterschieden, und zwar der wertmäßige und der pagatorische Kostenbegriff.[36]

Die Vertreter des *wertmäßigen Kostenbegriffs*, der im wesentlichen auf E. Schmalenbach zurückzuführen ist, definieren Kosten als den bewerteten Verbrauch von Produktionsfaktoren für die Herstellung und den Absatz der betrieblichen Erzeugnisse und die Aufrechterhaltung der hierfür erforderlichen Kapazitäten. Hiernach haben die Kosten ein Mengengerüst, das aus Verbrauchsmengen oder -zeiten besteht, und mit Preisen oder Lohnsätzen zu bewerten ist. In vielen Fällen stimmen zwar die Wertansätze mit den effektiv zu zahlenden Marktpreisen und Lohnsätzen überein, die Vertreter des wertmäßigen Kostenbegriffs lassen aber je nach dem Rechnungszweck auch andere Wertansätze zu. Insbesondere werden knappe Produktionsfaktoren zusätzlich mit sogenannten *Opportunitätskosten*

36 Der Kostenbegriff gehört nach E. Heinen zu den ,,vielseitigsten und schwierigsten Grundbegriffen der betriebswirtschaftlichen Theorie und der Rechnungspraxis". Vgl. *E. Heinen*, Betriebswirtschaftliche Kostenlehre, a.a.O., S. 41 ff. E. Heinen weist darauf hin, daß es z.Z. immer noch keinen allgemein anerkannten Kostenbegriff gibt. Diese Ansicht vertritt auch *D. Adam*, Entscheidungsorientierte Kostenbewertung, Wiesbaden 1970, S. 18. Bei D. Adam findet man eine ausführliche Analyse des wertmäßigen und des pagatorischen Kostenbegriffes. Im übrigen vgl. zur Diskussion über den Kostenbegriff *H. Koch*, Grundprobleme der Kostenrechnung, Köln und Opladen 1966, S. 9 ff., und *S. Menrad*, Der Kostenbegriff, a.a.O.
Neben pagatorischem und wertmäßigem Kostenbegriff wird in der betriebswirtschaftlichen Literatur noch der realwirtschaftliche Kostenbegriff unterschieden, dem allerdings heute nur wenig Bedeutung zukommt. Vgl. *E. Schneider*, Industrielles Rechnungswesen, a.a.O., S. 5 und S. 38.

bewertet.[37] Hierunter wird der Nutzenentgang bzw. die Gewinneinbuße verstanden, die daraus resultiert, daß man eine Einheit eines knappen Produktionsfaktors einer bestimmten Verwendung zuführt und sie dadurch einer anderen Verwendungsmöglichkeit entzieht. Durch die Verwendung derartiger Opportunitätskosten wird der Kostenbegriff entscheidungsorientiert, löst sich aber zugleich von den Auszahlungen für Produktionsfaktoren.[38]

Die Vertreter des *pagatorischen Kostenbegriffs,* wozu vor allem H. Koch zählt, leiten die Kosten grundsätzlich aus den Auszahlungen ab; pagatorische Kosten sind „rein beschaffungsmarktorientiert" und sehen die Anschaffungsauszahlungen als allein richtige Wertansätze an.[39] Opportunitätskosten werden von ihnen nicht als Kosten, sondern als Gewinnbestandteile angesehen.

Wie D. Adam nachgewiesen hat, ist die wertmäßige Kostenkonzeption „umfassender konzipiert" und daher insbesondere für die dispositiven Aufgaben der Kostenrechnung besser geeignet.[40] Für die Praxis der Kostenrechnung spielt die Unterscheidung in wertmäßige und pagatorische Kosten nur eine untergeordnete Rolle, da für fast alle Kostenarten beide Konzeptionen zu den gleichen Beträgen führen.

Bei der Abgrenzung des Aufwands von den Kosten sind *zwei Abgrenzungsstufen* zu unterscheiden.

Erstens werden von den Kosten diejenigen Aufwandspositionen abgegrenzt, die auf neutrale Geschäftsvorfälle zurückzuführen sind. Dieser Aufwand wird als *neutraler Aufwand* bezeichnet, er kann aus betriebsfremden, außerordentlichen und periodenfremden Aufwandspositionen bestehen. Betriebsfremder Aufwand resultiert aus dem Verbrauch von Wirtschaftsgütern für betriebsfremde Einrichtungen, z. B. für Gebäude, die betriebsfremden Zwecken dienen, landwirtschaftliche Nebenbetriebe oder karitative Einrichtungen, bei denen es sich nicht um betriebliche Sozialeinrichtungen handelt. Bei außerordentlichen Aufwandspositionen handelt es sich um Wertverminderungen, die auf nicht regelmäßig mit dem Betriebszweck zusammenhängende Ereignisse zurückzuführen sind. Hierzu zählen z. B. Kriegs-, Feuer-, Sturm- und Diebstahlschäden, sowie Buchverluste beim Verkauf von Betriebsmitteln. Ein typisches Beispiel periodenfremden Aufwands sind Kostensteuern, die aufgrund einer Betriebsprüfung für vergangene Perioden nachträglich zu entrichten sind.

37 Zum Begriff der Opportunitätskosten vgl. *D. Adam*, Entscheidungsorientierte Kostenbewertung, a.a.O., S. 35 ff. Wie D. Adam zeigt, wurde der Begriff „Opportunity Costs" bereits 1894 von Green in die wirtschaftswissenschaftliche Literatur eingeführt. E. Schmalenbach hat hierfür die Bezeichnungen „Betriebswert" und „optimale Geltungszahl" verwendet. K. Mellerowicz bezeichnet sie als „reale Kosten" und E. Schneider als „Als-Ob-Kosten". Zum Begriff der Opportunitätskosten vgl. auch *W. Kilger*, Flexible Plankostenrechnung, a.a.O., S. 163 f., 644 ff. und 700 ff.

38 H. Hax weist darauf hin, daß es zweckmäßig ist, Kosten allgemein als „die Wertminderungen des Entscheidungsfeldes, die mit Aktivitäten verbunden sind" zu bezeichnen, weil bei dieser Bezeichnung auch solche Erfolgsauswirkungen mit eingeschlossen werden, die nicht mit einem Güter- oder Leistungsverbrauch verbunden sind. Vgl. *H. Hax*, Bewertungsprobleme . . . , a.a.O., S. 752 f.

39 Vgl. *H. Koch*, Grundprobleme . . . , a.a.O., S. 9 ff., und die Ausführungen zum Kostenbegriff von H. Koch bei *D. Adam*, Entscheidungsorientierte Kostenbewertung, a.a.O., S. 28 ff.

40 Vgl. *D. Adam*, Entscheidungsorientierte Kostenbewertung, a.a.O., S. 34.

Die Abgrenzung des neutralen Aufwands wird entweder im Kontensystem der Finanzbuchhaltung (Klasse 2 des Kontenrahmens) oder in der Kostenartenrechnung durchgeführt. Vermindert man den gesamten Aufwand einer Periode um den neutralen Aufwand, so bleibt der sogenannnte *Zweckaufwand* übrig, d. h. derjenige Teil, der aus den eigentlichen Betriebsaufgaben entstanden ist.

Der Zweckaufwand hat zwar weitgehend Kostencharakter, dennoch ist in vielen Fällen eine zweite Abgrenzungsstufe erforderlich, die man als die *kalkulatorische Abgrenzung* der Kosten bezeichnet. Diese Abgrenzung wird notwendig, wenn in der Finanzbuchhaltung Aufwandspositionen in anderer Höhe verrechnet werden als es den Zwecken der Kostenrechnung entspricht. Wie in Abb. 3 erkennen läßt, werden solche Aufwandspositionen nicht als Kosten verrechnet und in der Kostenrechnung durch entsprechende *kalkulatorische Kostenarten* ersetzt. E. Kosiol hat diese Kosten als „Anderskosten" bezeichnet.[41] Die Unterschiede zwischen dem nicht als Kosten verrechneten Zweckaufwand und den ihnen entsprechenden kalkulatorischen Kostenarten resultieren häufig aus unterschiedlichen Wertansätzen. Weiterhin können in der Kostenrechnung Kostenarten erforderlich sein,

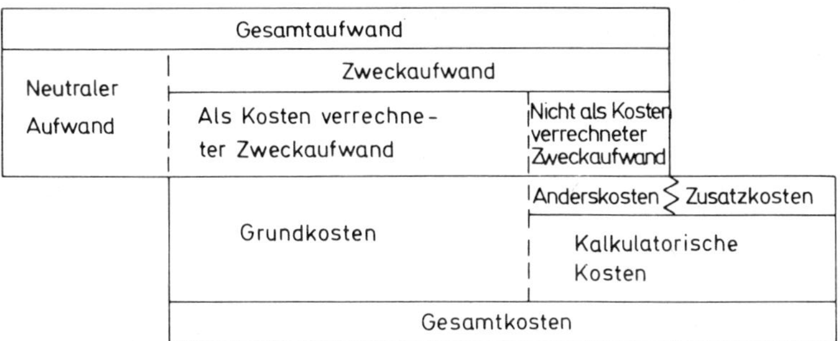

Abb. 3: Abgrenzung der Kosten vom Aufwand

die nicht zu Auszahlungen führen, und daher in der Finanzbuchhaltung nicht als Aufwand anfallen. Hierbei handelt es sich meistens um Opportunitätskosten. In solchen Fällen enthält die Kostenrechnung Kostenarten, die zusätzlich zum Zweckaufwand der Finanzbuchhaltung anfallen. Diese kalkulatorischen Kostenarten wurden daher von E. Schmalenbach als *Zusatzkosten* bezeichnet.[42] Führt man für den als Kosten verrechneten Zweckaufwand die Bezeichnung *Grundkosten* ein, so bilden die Grundkosten und die kalkulatorischen Kosten zusammen die Gesamtkosten, wie die Abb. 3 erkennen läßt.

(3) Wir wollen nunmehr die wichtigsten *kalkulatorischen Kostenarten* betrachten, die bei der Abgrenzung zwischen Kosten und Aufwand auftreten können.

41 Vgl. *E. Kosiol*, Kalkulatorische Buchhaltung (Betriebsbuchhaltung), 5. Aufl., Wiesbaden 1953, S. 89 ff., wo die Abgrenzung zwischen Kosten und Aufwand ausführlich beschrieben wird.

42 Vgl. *E. Kosiol*, Kalkulatorische Buchhaltung, a.a.O., S. 93 f.

Der Verschleiß von Betriebsmitteln wird im Rechnungswesen durch *Abschreibungen* berücksichtigt.[43] Wird z. B. eine Maschine im Werte von 200 000 DM angeschafft und zehn Jahre lang genutzt, so müssen diese 200 000 DM in irgendeiner Form auf die Teilperioden der Nutzung verteilt werden. Die Finanzbuchhaltung richtet sich bei der Abschreibungsberechnung nach handels- und steuerrechtlichen Vorschriften, sie berücksichtigt steuerlich zulässige Sonderabschreibungen und ordnet im Rahmen der zulässigen Ermessensspielräume die Abschreibungsberechnung der Bilanzpolitik unter. In der Kostenrechnung dagegen versucht man, die Abschreibungen so zu berechnen, daß die Teilperioden mit Abschreibungsbeträgen belastet werden, die möglichst genau dem Verschleiß entsprechen. Beide Teilgebiete des Rechnungswesens verwenden daher häufig unterschiedliche Abschreibungsverfahren. Weiterhin können sich die zugrundegelegten Wertansätze und die Nutzungsdauern voneinander unterscheiden. Die von der Finanzbuchhaltung ermittelten Abschreibungsbeträge werden als *Buch-* oder *Bilanzabschreibungen* bezeichnet; in der Steuerbilanz spricht man von Absetzungen für Abnutzung (= AfA). Sie werden in der Kostenrechnung als nicht als Kosten verrechneter Zweckaufwand eliminiert. An ihre Stelle treten die Abschreibungsbeträge der Kostenrechnung, die als *kalkulatorische Abschreibungen* bezeichnet werden.

Eine weitere Aufwands- bzw. Kostenart, die eine kalkulatorische Abgrenzung erfordert, sind die *Zinsen*[44]. In der Finanzbuchhaltung werden nur die *effektiv gezahlten Fremdkapitalzinsen* als Aufwand berücksichtigt. Sie werden häufig auch als *Buchzinsen* bezeichnet. Die meisten Kostenrechner vertreten dagegen die Ansicht, daß in der Kostenrechnung nicht nur für das Fremdkapital, sondern auch für das Eigenkapital Zinsen zu berücksichtigen sind. Vergleicht man z. B. zwei Unternehmungen, die beide ein Gesamtkapital in Höhe von 30 Mio. DM einsetzen, von denen aber eine nur 5 Mio. DM und die andere 15 Mio. DM Fremdkapital in Anspruch nimmt, so ist die erste bei einem Fremdkapitalzinssatz von 10 % p. a. mit 500 000 DM und die zweite mit 1 500 000 DM Fremdkapitalzinsen pro Jahr belastet.

Kostenrechnerisch ist dieser Unterschied nicht gerechtfertigt, denn die Unternehmung mit 5 Mio. DM Fremdkapital muß 10 Mio. DM mehr Eigenkapital einsetzen, das hierdurch anderen Anlagemöglichkeiten entzogen wird. Der durch den Eigenkapitaleinsatz verursachte Nutzenentgang muß daher in der Kostenrechnung berücksichtigt werden. Kosten, die nicht auf einen echten Güterverzehr, sondern auf Nutzenentgang zurückzuführen sind, bezeichnet man als Opportunitätskosten.

Die Vertreter des wertmäßigen Kostenbegriffs machen daher geltend, daß eine Unternehmung erst dann einen Gewinn erzielt hat, wenn das eingesetzte Eigenkapital mindestens so viel Zinsen erwirtschaftet, wie bei einer langfristigen Anlage auf dem Kapitalmarkt erzielbar sein würden. Sie schlagen daher vor, in der Kostenrechnung die effektiv gezahlten Fremdkapitalzinsen als nicht verrechneten Zweckaufwand wegzulassen und dafür *kalkulatorische Zinsen* auf das Gesamtkapital zu berechnen.

43 Im einzelnen werden wir die Erfassung und Verrechnung kalkulatorischer Abschreibungen in Kapitel 342. behandeln.

44 Im einzelnen vgl. zur Erfassung und Verrechnung kalkulatorischer Zinsen unsere Ausführungen in Kapitel 343.

Werden in einer Unternehmung nicht betriebsnotwendige Vermögenswerte eingesetzt, so sind diese bei der Berechnung der kalkulatorischen Zinsen nicht zu berücksichtigen.[45] Zu beachten ist, daß es sich bei den kalkulatorischen Zinsen auf das Eigenkapital um Opportunitätskosten handelt, auf die eine Unternehmung notfalls verzichten kann. Die Vertreter des pagatorischen Kostenbegriffs erkennen nur Fremdkapitalzinsen als Kosten an, sie bezeichnen kalkulatorisch berechnete Zinsen auf das Eigenkapital als „Gewinnbestandteile".[46]

Als weitere kalkulatorische Kostenart wird in vielen Unternehmungen der sogenannte *kalkulatorische Unternehmerlohn* berücksichtigt.[47] Dies ist in Einzelfirmen oder Personalgesellschaften erforderlich, in denen Inhaber leitende Funktionen ausüben, ohne hierfür feste Gehälter zu beziehen. Vergleicht man eine Einzelfirma, in welcher der Unternehmer als kaufmännischer Geschäftsführer tätig ist, mit einer Aktiengesellschaft gleicher Größe und Struktur, so fällt in der Aktiengesellschaft ein Geschäftsführergehalt einschließlich der zugehörigen Personalnebenkosten in Höhe von z. B. 120 000,– DM pro Jahr an, in der Einzelfirma dagegen nicht. Hierdurch wird die kalkulatorische Vergleichbarkeit beider Unternehmungen gestört. Im übrigen kann man sich auf den Standpunkt stellen, daß die Einzelfirma erst dann einen „Gewinn erzielt" hat, wenn neben den übrigen Kosten auch ein Betrag in Höhe eines Geschäftsführergehalts verdient worden ist. Aus diesen Gründen werden in Einzelfirmen und Personalgesellschaften für mitarbeitende Inhaber oder Gesellschafter kalkulatorische Unternehmerlöhne angesetzt, die den Gehältern für vergleichbare leitende Angestellte entsprechen. Kalkulatorische Unternehmerlöhne lassen sich als Opportunitätskosten interpretieren, sofern für einen Inhaber oder Gesellschafter die potentielle Möglichkeit besteht, eine entsprechende Tätigkeit in einer fremden Firma auszuüben. Sie sind reine Zusatzkosten, denen in der Finanzbuchhaltung kein Zweckaufwand gegenübersteht.

Weiterhin werden zu den kalkulatorischen Kostenarten häufig die *kalkulatorischen Wagniskosten* gezählt.[48] Hierbei handelt es sich nicht etwa um den Versuch, das allgemeine Unternehmerwagnis kalkulatorisch zu berücksichtigen, denn dieses ist als Äquivalent für die mit der Unternehmertätigkeit verbundenen Gewinnchancen aufzufassen und daher nicht kalkulierbar. Die kalkulatorischen Wagniskosten dienen vielmehr zur kostenmäßigen Erfassung leistungsbedingter Einzelwagnisse, wozu z. B. Gewährleistungsrisiken infolge von Garantievereinbarungen sowie produktionsbedingte Explosions-, Abwässer- und Bergschäden zählen. Die Höhe solcher Schäden und ihre zeitliche Verteilung sind unbestimmt. Der Aufwand für produktionsbedingte Einzelwagnisse wird in der Finanzbuchhaltung meistens anders bestimmt als in der Kostenrechnung. In der Finanzbuchhaltung versucht man, die auf ein Jahr entfallenden effektiven Beträge im voraus vorsichtig zu schätzen und hierfür entsprechende Rückstellungen zu bilden. Der Kostenrechner dagegen bemüht sich, die Wagniskosten nach Möglichkeit in eine kausale Beziehung

45 Zu den nicht betriebsnotwendigen Vermögenswerten zählen z. B. unbebaute Grundstücke und Aktiva, die betriebsfremden Zwecken dienen.

46 Diese Ansicht hat insbesondere H. Seischab vertreten. Vgl. *H. Seischab*, Demontage des Gewinns durch unzulässige Ausweitung des Kostenbegriffs, ZfB 1952, S. 27. Im übrigen vgl. zu den Problemen der kalkulatorischen Zinsen unsere Ausführungen in Kapitel 343.

47 Im einzelnen werden wir den kalkulatorischen Unternehmerlohn in Kapitel 35. behandeln.

48 Die kalkulatorischen Wagniskosten werden wir in Kapitel 35. ausführlich behandeln.

zur Produktionshöhe oder zur Absatzmenge zu setzen, so z. B., indem Erfahrungssätze für Garantieschäden pro Erzeugniseinheit oder für Bergschäden pro geförderte Tonne Kohle festgesetzt werden. In der Kostenrechnung wird der Wagnisaufwand der Finanzbuchhaltung als nicht verrechneter Zweckaufwand weggelassen und durch die kalkulatorischen Wagniskosten ersetzt.

Die bisher behandelten kalkulatorischen Kostenarten werden in fast allen Unternehmungen verrechnet. Darüber hinaus können in besonderen Fällen *spezielle kalkulatorische Kostenarten* erforderlich werden. Hierzu wollen wir das folgende Beispiel betrachten. Ein Industriebetrieb ist aus Gründen, die hier nicht im einzelnen erörtert werden sollen, in zwei Rechtsformen aufgelöst worden, und zwar in eine Kommanditgesellschaft und in eine GmbH. Der KG wird das gesamte Anlagevermögen, also die Grundstücke, Gebäude, Maschinen und Einrichtungsgegenstände des Industriebetriebs zugeordnet. Die GmbH verfügt über keine eigenen Betriebsmittel, sondern nur über Umlaufvermögen. Sie pachtet die Betriebsmittel für einen jährlichen Pachtbetrag in Höhe von 1,5 Mio. DM bei der KG. Für die Finanzbuchhaltung der GmbH ist dieser Betrag Zweckaufwand. Kalkulatorisch betrachtet aber setzt er sich aus denjenigen Kostenarten zusammen, die in der GmbH zusätzlich anfallen würden, wenn die Betriebsmittel ihr Eigentum wären und dem Gewinn, der von der GmbH in die KG transferiert wird:

	DM
Kalkulatorische Abschreibungen	546 000,–
Kalkulatorische Zinsen auf das Anlagevermögen	347 000,–
Kalkulatorische Grundsteuer	9 500,–
Kalkulatorische Gewerbekapitalsteuer	21 500,–
Kalkulatorische Gewerbeertragsteuer	28 000,–
Kalkulatorische Vermögensteuer	42 000,–
Summe Kalkulatorische Kosten	994 000,–
Pachtgewinn	506 000,–
Pacht	1 500 000,–

In die Kostenrechnung der GmbH werden die obigen kalkulatorischen Kostenarten übernommen. Der Pachtbetrag wird statt dessen als nicht als Kosten verrechneter Zweckaufwand in der Finanzbuchhaltung verrechnet. Im Beispiel ist die Summe der kalkulatorischen Kostenarten um den Pachtgewinn niedriger als der zugehörige Zweckaufwand.

122. Die Abgrenzung zwischen Einzahlungen, Erlösen, Erträgen und Leistungen

(1) Wie unsere Ausführungen in Kapitel 111 gezeigt haben, erhält eine Unternehmung von den Absatzmärkten regelmäßig Einzahlungen für gelieferte Waren und Leistungen. Weiterhin fließen ihr Einzahlungen von den Geld- und Kapitalmärkten im Falle von Subventionen oder Steuerrückzahlungen auch von der öffentlichen Hand zu.

In der *Totalbetrachtung* müssen die insgesamt von den Absatzmärkten erhaltenen Einzahlungen mit den zu Verkaufspreisen bewerteten Gütern und Dienstleistungen übereinstimmen, welche die Unternehmung während ihrer Lebenszeit insgesamt an die Absatzmärkte geliefert hat. Addiert man hierzu Zinszahlungen für Kapitalanlagen und eventuelle Subventionszahlungen des Staates, so erhält man eine Größe, die als Positivkomponente des Totalerfolgs einer Unternehmung aufgefaßt werden kann, da sie alle erfolgswirksamen Einzahlungen erhält. Bei einer *Periodenbetrachtung* sind aber die Einzahlungen ebensowenig für die Erfolgsbestimmung geeignet wie die Auszahlungen, weil Bestandsbildungen und Phasenverschiebungen zwischen Warenlieferungen und Zahlungseingängen wirksam werden. Im betrieblichen Rechnungswesen grenzt man daher die Strömungsgrößen Einzahlungen, Erlös, Ertrag und Leistung gegeneinander ab.[49]

Als *Umsatz* oder *Erlös* wird der Nettomarktwert der während einer Periode abgesetzten Wirtschaftsgüter bezeichnet. Den Nettomarktpreis eines Wirtschaftsgutes erhält man, indem man den Verkaufspreis einschließlich der darin enthaltenen Mehrwertsteuer um die Mehrwertsteuer und sämtliche Erlösschmälerungen vermindert. Verkauft eine Unternehmung $j = 1, \ldots, n$ Produktarten, bezeichnen wir die Absatzmengen einer Periode mit x_{Aj} und die Nettoverkaufspreise pro Produkteinheit mit p_j, so läßt sich der Umsatz oder Erlös mit Hilfe folgender Formel bestimmen:

$$U = \sum_{j=1}^{n} x_{Aj} \, p_j \tag{1}$$

Hierzu kommen noch eventuelle Erlöse aus neutralen Geschäftsvorfällen. Wie die Abb. 4 erkennen läßt, brauchen die Umsätze der Teilperioden nicht mit den Einzahlungen übereinzustimmen. Einzahlungsbeträge, denen während einer Periode keine Umsätze entsprechen (a), können entweder Vorauszahlungen für spätere Lieferungen oder nachträglich geleistete Zahlungen für Wirtschaftsgüter sein, die bereits früher geliefert wurden. Im ersten Fall entsteht eine Verbindlichkeit gegenüber dem Kunden auf Lieferung oder auf Rückzahlung des Betrages. Im zweiten Fall erlischt eine Forderung gegenüber einem Kunden, die im Zeitpunkt der Lieferung entstanden ist. Erlösen, denen während einer Periode keine Einzahlungen entsprechen (b), können entweder Lieferungen sein, die bereits im voraus bezahlt wurden, oder Lieferungen, für die der Käufer ein Zahlungsziel in Anspruch nimmt. Im ersten Fall erlischt eine Verbindlichkeit, im zweiten Fall entsteht eine Forderung gegenüber einem Kunden.

(2) Der Umsatz oder Erlös einer Periode ist nur unter der Voraussetzung als Positivkomponente des Periodenerfolgs anzusehen, daß die umgesetzten Wirtschaftsgüter in der gleichen Periode produziert worden sind. Da diese Voraussetzung meistens nicht erfüllt ist, ist eine weitere Abgrenzung erforderlich. Hierzu dient der *Ertrag*.

49 Auch diese Abgrenzung ist von E. Schmalenbach in das betriebliche Rechnungswesen eingeführt worden und wird seitdem in allen Einführungen in das betriebliche Rechnungswesen dargestellt. Wir wollen uns auf die folgenden Literaturhinweise beschränken: Vgl. *K. F. Bussmann*, Industrielles Rechnungswesen, a.a.O., S. 36 ff.; *W. Kilger*, Kurzfristige Erfolgsrechnung, a.a.O., S. 11 ff.; *E. Kosiol*, Kostenrechnung und Kalkulation, a.a.O., S. 97 ff.; *M. R. Lehmann*, Industrie-Kalkulation, a.a.O., S. 60 ff.; *E. Schmalenbach*, Kostenrechnung und Preispolitik, a.a.O., S. 11 ff.; *H. G. Weber*, Betriebswirtschaftliches Rechnungswesen, a.a.O., S. 160 ff.; *G. Wöhe*, Einführung in die Allgemeine Betriebswirtschaftslehre, a.a.O., S. 685 ff.

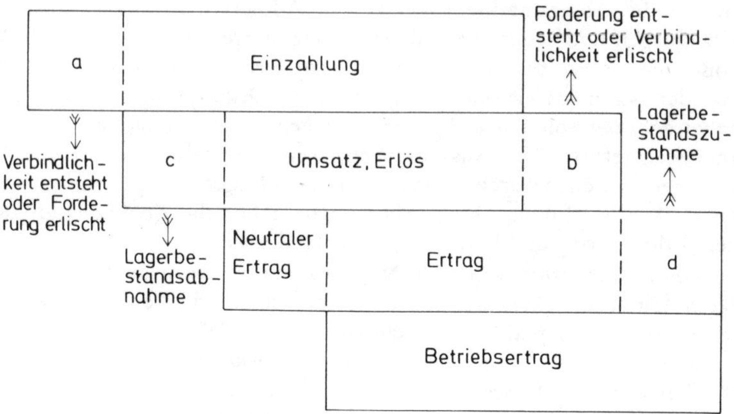

Abb. 4: Abgrenzung des Umsatzes und des Ertrages von den Einzahlungen

Als Ertrag einer Periode wird der um die zu Herstell- bzw. Herstellungskosten[50] bewerteten Bestandsveränderungen der Halb- und Fertigerzeugnisse korrigierte Umsatz bezeichnet. Er entspricht dem während einer Periode erwirtschafteten Bruttowertzuwachs, d. h. dem durch Produktion und Absatz von Wirtschaftsgütern entstandenen Wertzuwachs ohne Berücksichtigung des hierfür aufgewendeten Verbrauchs an Produktionsfaktoren. Zur Verdeutlichung des Ertragsbegriffs wollen wir folgende Fälle betrachten.[51]

Werden in einer Periode alle hergestellten Produktmengen x_{Pj} verkauft, stimmen also die x_{Pj} mit den Absatzmengen x_{Aj} überein, so ist der Ertrag E gleich dem Umsatz U, denn die verkauften Produktmengen sind mit ihren erzielten Verkaufspreisen p_j zu bewerten:

$$E = \sum_{j=1}^{n} x_{Aj} p_j = \sum_{j=1}^{n} x_{pj} p_j = U \tag{2}$$

Dieser Fall gilt immer für nicht lagerfähige Produkte, z. B. für Dienstleistungen oder Energie.

Werden in einer Periode die Produktmengen x_{Pj} hergestellt und wird während dieser Periode nichts verkauft, so erhöhen diese Produktmengen die Lagerbestände. Der Umsatz dieser Periode ist gleich Null, trotzdem hat die Unternehmung durch die Herstellung von Gütern einen Wertzuwachs erwirtschaftet. Die hergestellten aber noch nicht verkauften Produkte dürfen aber noch nicht zu ihren Verkaufspreisen bewertet werden, sofern diese über den zur Herstellung erforderlichen Stückkosten liegen, weil sonst in den Lagerbeständen noch nicht realisierte Gewinne ausge-

50 Die Unterscheidung von Herstellkosten und Herstellungskosten werden wir im einzelnen in Kapitel 5121. durchführen. Obgleich das Niederstwertprinzip nur für die Bilanzierung und damit externe Bewertungszwecke gilt, sind wir der Ansicht, daß es im Sinne einer ordnungsgemäßen Kosten- und Erfolgsrechnung analog angewendet werden muß.

51 Hierbei werden neutrale Umsätze aus Vereinfachungsgründen vernachlässigt.

wiesen werden. Das würde aber dem aus dem Prinzip der kaufmännischen Vorsicht abgeleiteten *Realisationsprinzip* widersprechen. Hiernach dürfen Gewinne und Verluste erst dann ausgewiesen werden, wenn sie durch den Umsatzprozeß in Erscheinung getreten sind. Das *Niederstwertprinzip* schränkt jedoch das Realisationsprinzip wie folgt ein. Liegen die Verkaufspreise unter den Herstell- bzw. Herstellungskosten, so sind diese für die Bestandsbewertung zu verwenden, da erkennbare Verluste im Gegensatz zu voraussehbaren Gewinnen bei der Bewertung zu berücksichtigen sind. Diese unterschiedliche Behandlung voraussichtlicher Gewinne und Verluste wird als *Imparitätsprinzip* bezeichnet.[52]

Nehmen wir zur Vereinfachung an, daß es sich bei allen hergestellten Produktmengen um Fertigerzeugnisse handelt, und bezeichnen wir die Herstell- bzw. Herstellungskosten pro Stück mit k_{Hj}, so erhalten wir für den Periodenertrag folgenden Ausdruck:

(3) $$E = \sum_{j=1}^{n} x_{Pj} k_{Hj} \quad \text{wenn } p_j \leq k_{Hj}, \text{ so tritt } p_j \text{ an die Stelle von } k_{Hj}$$

Der Ertrag stimmt in diesem Fall also mit dem zu Herstell- bzw. Herstellungskosten bzw. zu niedrigeren Verkaufspreisen bewerteten Lagerbestandszunahmen überein. Vertriebskosten und Kosten der allgemeinen kaufmännischen Verwaltung dürfen nicht in die Wertansätze der Bestände einbezogen werden.

Sind neben Fertigerzeugnissen auch Halbfabrikate hergestellt worden, so sind diese mit denjenigen Herstell- bzw. Herstellungskosten zu bewerten, die ihrem Reifegrad entsprechen bzw. mit entsprechend reduzierten Verkaufspreisen, sofern die Verkaufspreise der Fertigerzeugnisse niedriger als die Herstell- bzw. Herstellungskosten sind.

Die Frage, wie die Herstell- bzw. Herstellungskosten kalkulatorisch zu bestimmen sind, wollen wir zunächst offen lassen. Es sei aber bereits hier darauf hingewiesen, daß es Verfahren der Kostenrechnung bzw. der kurzfristigen Erfolgsrechnung gibt, bei denen die vollen Herstellkosten einschließlich anteiliger fixer Kosten als Wertansätze verwendet werden, und andere, bei denen die Bewertung nur zu proportionalen Herstellkosten, d. h. ohne Berücksichtigung anteiliger fixer Kosten erfolgt.

Unterscheiden sich in einer Periode die produzierten Mengen und die Absatzmengen, so sind die produzierten Mengen bei der Ertragsberechnung mit den Herstell- bzw. Herstellungskosten zu bewerten und die abgesetzten Mengen mit den Differenzen aus den Verkaufspreisen und den Herstellkosten, da im Zeitpunkt des Umsatzes die erhöhte Bewertung zu Verkaufspreisen zulässig wird. Auch hier gilt allerdings das Niederstwertprinzip. Als Ertragsformel erhält man:

(4) $$E = \sum_{j=1}^{n} x_{Pj} k_{Hj} + \sum_{j=1}^{n} x_{Aj} (p_j - k_{Hj})$$

52 Zum Realisations-, Niederstwert- und Imparitätsprinzip vgl. *G. Wöhe*, Einführung in die Allgemeine Betriebswirtschaftslehre, a.a.O., S. 731 f. und im übrigen die einschlägige Literatur über Bilanzen und Bilanzierung.

Hieraus folgt:

(5) $$E = \sum_{j=1}^{n} x_{Aj} p_j + \sum_{j=1}^{n} (x_{Pj} - x_{Aj}) k_{Hj}$$

Für die Gleichungen (4) und (5) gilt: wenn $p_j \leq k_{Hj}$, so tritt p_j an die Stelle von k_{Hj}. Unsere Ausführungen über die Bewertung von Halbfabrikaten und die Wahlmöglichkeit zwischen der Bewertung zu vollen und zu proportionalen Herstellkosten gelten entsprechend. Die Gleichung (5) läßt erkennen, daß für $x_{Aj} = x_{Pj}$ der Ertrag mit dem Umsatz übereinstimmt. Treten Lagerbestandszunahmen ein, gilt also $x_{Pj} > x_{Aj}$, so liegt der Ertrag über dem Umsatz. Im Falle von Lagerbestandsabnahmen, also für $x_{Pj} < x_{Aj}$ dagegen ist der Umsatz größer als der Ertrag. Vergleiche hierzu die Fälle (c) und (d) in der Abb. 4.

Bei nicht aktivierungsfähigen Leistungen, für die nicht in jeder Periode Erlöse berechnet werden, sind die gleichen transitorischen und antizipativen Abgrenzungen mit Hilfe von Rechnungsabgrenzungsposten erforderlich, wie wir sie für die Abgrenzung des Aufwandes von den Auszahlungen in Kapitel 121. beschrieben haben.

(3) Für die Zwecke der Finanzbuchhaltung reicht der Ertrag als Positivkomponente des Periodenerfolgs aus, die Aufgaben der Kostenrechnung und der kurzfristigen Erfolgsrechnung erfordern aber noch eine Eliminierung derjenigen Ertragspositionen, die auf neutrale Geschäftsvorfälle zurückzuführen sind. Diese Ertragspositionen werden als *neutrale Erträge* bezeichnet. Neutrale Erträge können aus betriebsfremden, außerordentlichen und periodenfremden Geschäftsvorfällen entstehen. Betriebsfremde Erträge resultieren aus Erlösen betriebsfremder Einrichtungen, z. B. aus Miethäusern (die keine Werkswohnungen sind), landwirtschaftlichen Nebenbetrieben, Beteiligungen an anderen Unternehmungen usw. Bei außerordentlichen Ertragspositionen handelt es sich um Wertzuwächse, die auf nicht regelmäßig mit dem Betriebszweck zusammenhängende Ereignisse zurückzuführen sind. Hierzu zählen Schadensfallvergütungen von Versicherungen, Buchgewinne aus dem Verkauf von Anlagen usw. Ein typisches Beispiel für periodenfremde Erträge sind zurückerstattete Steuern.

Die Abgrenzung der neutralen Erträge wird entweder im Kontensystem der Finanzbuchhaltung (Klasse 2 des Kontenrahmens) oder in der Kostenrechnung vor Durchführung der kurzfristigen Erfolgsrechnung durchgeführt. Vermindert man den gesamten Ertrag einer Periode um den neutralen Ertrag, so bleibt die *Leistung* oder der *Betriebsertrag* übrig, d. h. derjenige Ertrag, der aus den eigentlichen betrieblichen Aufgaben resultiert.

123. Die Grundgleichung des Periodenerfolgs

(1) Wie unsere Ausführungen in den Kapiteln 121. und 122. gezeigt haben, ist bei einer Totalbetrachtung die Summe der erfolgswirksamen Auszahlungen als Negativkomponente und die Summe der erfolgswirksamen Einzahlungen als Positivkomponente des Totalerfolgs anzusehen. Bezeichnen wir die Auszahlungen der einzelnen Teilperioden (z. B. Jahre) mit AZ_t, die Einzahlungen der einzelnen Teilperioden

mit EZ_t und unterstellen wir eine Lebenszeit der Unternehmung von t = 1, . . . , T Teilperioden, so erhalten wir für den *Totalerfolg* folgenden Ausdruck:

$$G = \sum_{t=1}^{T} (EZ_t - AZ_t) \tag{6}$$

Der Totalerfolg ist eine rein theoretische Größe, da er erst nach der Liquidation bestimmt werden kann, und bereits während der Laufzeit einer Unternehmung eine ständige Erfolgskontrolle erforderlich ist. Im übrigen wird vom Gesetzgeber ein periodischer Erfolgsausweis gefordert.

(2) Für die jährliche Erfolgskontrolle der Finanzbuchhaltung und die kurzfristige Erfolgsrechnung der Betriebsabrechnung sind daher nicht die Ein- und Auszahlungen, sondern die abgegrenzten Erträge und Aufwendungen bzw. Leistungen und Kosten maßgebend.[54]

Der *Gesamterfolg* einer Unternehmung, oft auch als *Unternehmenserfolg* bezeichnet, wird in der Gewinn- und Verlustrechnung der Finanzbuchhaltung wie folgt ausgewiesen:

(7) Unternehmungserfolg = Ertrag ./. Aufwand.

Eliminiert man die neutralen Erträge und Aufwendungen, so wird hierdurch der Unternehmungserfolg in den *Leistungs-* oder den *Betriebserfolg* und den *neutralen Erfolg* zerlegt:

(8) Unternehmungserfolg = (Leistung ./. Zweckaufwand)
+ (neutraler Ertrag ./. neutraler Aufwand)

(9) Unternehmungserfolg = Leistungserfolg
+ neutraler Erfolg

Ersetzt man weiterhin den Zweckaufwand durch die Kosten, so wird der Unternehmungserfolg in drei Komponenten zerlegt:

(10) Unternehmungserfolg = (Leistungen ./. Kosten)
+ (neutraler Ertrag ./. neutraler Aufwand)
+ (kalkulatorische Kosten ./. nicht als Kosten verrechneter Zweckaufwand)

(11) Unternehmungserfolg = Leistungserfolg der Kostenrechnung
+ neutraler Erfolg
+ Abstimmungsdifferenz zwischen Finanzbuchhaltung und Kostenrechnung

Der Leistungserfolg der Kostenrechnung bildet die Grundlage der kurzfristigen Erfolgsrechnung. Im Gegensatz zum Unternehmungserfolg der Finanzbuchhaltung

53 Zu den Grundgleichungen des Periodenerfolgs vgl. *W. Kilger*, Kurzfristige Erfolgsrechnung, a.a.O., S. 16 ff. Die Bezeichnungen Betriebsertrag und Betriebserfolg haben wir inzwischen durch die Bezeichnungen Leistung und Leistungserfolg ersetzt.

wird der Leistungserfolg in der kurzfristigen Erfolgsrechnung nicht nur einmal jährlich, sondern monatlich ermittelt. Drückt man die Leistung als den Umsatz und die zu Herstell- bzw. Herstellungskosten bewerteten Lagerbestandsveränderungen aus, so erhält man unter Beachtung des Niederstwertprinzips für den *Leistungserfolg der Kostenrechnung* folgenden Ausdruck:

(12) Leistungserfolg der Kostenrechnung = Umsatz + Lagerbestandsveränderungen bewertet zu Herstellkosten ./. Kosten

Für die Leistung gilt die Gleichung (5). Bezeichnen wir die während einer Periode entstandenen Verbrauchsmengen der Produktionsfaktoren mit r_ν, die Faktorpreise mit q_ν und unterstellen wir, daß $\nu = 1, \ldots, z$ Faktor- bzw. Kostenarten eingesetzt werden, so läßt sich der Leistungserfolg der Kostenrechnung, den wir als G bezeichnen wollen, wie folgt ausdrücken:

$$G = \sum_{j=1}^{n} [x_{Aj} p_j + (x_{Pj} - x_{Aj}) k_{Hj}] - \sum_{\nu=1}^{z} r_\nu q_\nu \tag{13}$$

Zu beachten ist hierbei wiederum das Niederstwertprinzip. In Erfolgsgleichung (13) werden den nach Produktarten gegliederten Leistungen die nach Faktor- oder Kostenarten gegliederten Gesamtkosten gegenübergestellt.

13. Kostentheoretische Grundlagen der Kostenrechnung

131. Die Abhängigkeit der Kosten von der Beschäftigung bei gegebenen Kapazitäten und Verfahren

(1) Die Ergebnisse der Kostenrechnung hängen von den Gesetzmäßigkeiten ab, nach denen sich die Kosten einer Unternehmung verändern. Jeder Kostenrechner sollte daher diese Gesetzmäßigkeiten kennen und beim Aufbau der Kostenrechnung sowie der Auswertung ihrer Ergebnisse berücksichtigen. Insbesondere neuere Verfahren der Kostenrechnung erfordern produktions- und kostentheoretische Grundkenntnisse. In Deutschland hat vor allem die Kostenlehre E. Schmalenbachs eine enge Verbindung zwischen der Kostenrechnung und der Kostentheorie begründet.[54] Es kann hier nicht unsere Aufgabe sein, die betriebswirtschaftliche Produktions- und Kostentheorie ausführlich zu behandeln; diesbezüglich sei auf die einschlägige Literatur verwiesen.[55] Wir wollen uns vielmehr auf die Behandlung der wichtigsten Tatbestände und Grundbegriffe der Kostentheorie beschränken.

54 Zu den kostentheoretischen Ansatzpunkten Schmalenbachs und ihrer Bedeutung für die Kostenrechnung vgl. *W. Kilger*, Schmalenbachs Beitrag zur Kostenlehre, a.a.O., S. 528 ff. und die dort angegebene Literatur.

55 Vgl. *E. Gutenberg*, Grundlagen der Betriebswirtschaftslehre, a.a.O., S. 298 ff. und insbesondere S. 348–394; *D. Adam*, Produktions- und Kostentheorie bei Beschäftigungsgradänderungen, Tübingen 1974; *E. Heinen*, Betriebswirtschaftliche Kostenlehre, Kostentheorie und Kostenentscheidungen, a.a.O.; *W. Kilger*, Produktions- und Kostentheorie, Wiesbaden 1958; *W. Krelle*, Produktionstheorie, Tübingen 1969; *W. Lücke*, Produktions- und Kostentheorie, Würzburg und Wien 1969; *D. B. Pressmar*, Kosten- und Leistungsanalyse im Industriebetrieb, Wiesbaden 1971; *M. Schweitzer* und *H. U. Küpper*, Produktions- und Kostentheorie der Unternehmung, Hamburg 1974; *W. Wittmann*, Produktionstheorie, Berlin, Heidelberg, New York 1968.

Wie unsere Ausführungen in Kapitel 121. gezeigt haben, sind Kosten der bewertete Verbrauch von Produktionsfaktoren. Sie lassen sich also in Faktorverbrauchsmengen und Faktorpreise zerlegen. Die Faktorpreise einschließlich der Lohnsätze sind *exogene Kostenbestimmungsfaktoren*, d. h. sie hängen von außerbetrieblichen Einflüssen ab. Die Faktorverbrauchsmengen dagegen sind *endogene Kostenbestimmungsfaktoren*, da sie durch Entscheidungen innerhalb der Unternehmung verursacht werden. Die wichtigsten innerbetrieblichen Kostenbestimmungsfaktoren sind die *Kapazität*, die *Verfahrenstechnik* und die *Beschäftigung*. Die Kapazitäten der betrieblichen Teilbereiche und die eingesetzten Verfahren lassen sich nur für längere Zeiträume verändern. Setzt man gegebene Kapazitäten und Verfahren voraus, so spricht man daher von einer *kurzfristigen Kostenbetrachtung*. Bezieht man die Kostenwirkungen von Kapazitäts- und Verfahrensänderungen in die Analyse ein, so spricht man dagegen von einer *langfristigen Kostenbetrachtung*. Im ersten Fall sind nur die beschäftigungsabhängigen Kosten variabel und die kapazitätsdeterminierten Kosten fix, bei der langfristigen Kostenbetrachtung können sich alle Kosten verändern. Die Aufgaben der Kostenrechnung erfordern primär die kurzfristige Kostenbetrachtung, d. h. sie ist eine Rechnung auf der Basis vorhandener Kapazitäten und Verfahren. Dennoch muß der Kostenrechner auch die Einflüsse langfristiger Anpassungsmaßnahmen auf die Kostenstruktur kennen, weil die Kostenrechnung in gewissen Abständen an diese angepaßt werden muß.

Die Kostenbestimmungsfaktoren Beschäftigung und Kapazität lassen sich nur in Ausnahmefällen für die Gesamtunternehmung messen. In den meisten Industriebetrieben kann sowohl die Beschäftigung als auch die Kapazität jeweils nur für bestimmte Teilbereiche, so z. B. für bestimmte Fertigungsstellen, deren Produktionsbeiträge nicht zu unterschiedlich sind, quantifiziert werden.

Die *Beschäftigung*, auch *Ausbringung* oder *Umfang der Leistungserstellung* genannt, läßt sich in Einproduktunternehmungen unmittelbar durch die Produktmengeneinheiten messen.[56] In Mehrproduktunternehmungen dagegen müssen die Mengen unterschiedlicher Produktarten mit Hilfe von Gewichtungsfaktoren gleichnamig gemacht werden, deren Höhe der Kostenverursachung der Produktarten entspricht. Solche Gewichtungsfaktoren bezeichnet man als *Bezugsgrößen der Kostenverursachung*. Werden in einem betrieblichen Teilbereich von den Produktarten $j = 1, \ldots, n$ die Mengen x_j bearbeitet und läßt sich die Kostenverursachung mit Hilfe der Bezugsgrößen b_j erfassen, so gilt für die Beschäftigung dieser Stelle folgende Bestimmungsgleichung:

$$(14) \qquad B = \sum_{j=1}^{n} b_j x_j$$

In vielen Fällen lassen sich Fertigungs- oder Maschinenzeiten als Bezugsgrößen verwenden, so daß den Größen b_j die Dimension [Min/Stück] und der Größe B die Dimension [Min/Monat] zuzuordnen ist. Häufig sind aber auch Durchsatzgewichte, Längen-, Flächen- oder Hohlmaße als Bezugsgrößen geeignet. In Deutschland hat insbesondere K. Rummel die Maßgrößen der Kostenverursachung systematisch

56 In der angloamerikanischen Literatur wird die Beschäftigung oder Ausbringung als „volume“ bezeichnet.

analysiert.[57] Gelingt es in einem betrieblicne Teilbereich den Einfluß der Auftragszusammensetzung auf die Kostenverursachung mit *einer* Bezugsgröße richtig zu erfassen, so wollen wir von *homogener Kostenverursachung* sprechen. Es gibt aber Fälle, in denen gleichzeitig mehrere Einflußgrößen auf die Kosten einwirken, so z. B. Maschinenzeiten und Durchsatzgewichte, Rüstzeiten für das Einrichten von Maschinen und Fertigungszeiten, oder Maschinenzeiten und Fertigungszeiten der Arbeiter. Verhalten sich diese Einflußgrößen proportional zueinander, d. h. sind ihre Relationen bei allen Produktarten gleich, so gilt das von K. Rummel formulierte „Gesetz von der Austauschbarkeit der Maßgrößen", wonach jede der betreffenden Maßgrößen als Bezugsgröße geeignet ist. Ist dagegen die Proportionalitätsprämisse nicht erfüllt, so sind mehrere Bezugsgrößen erforderlich, um den Einfluß der Auftragszusammensetzung auf die Kostenverursachung richtig erfassen zu können. Solche Fälle wollen wir als *heterogene Kostenverursachung* bezeichnen.[58]

Die *Kapazität* eines betrieblichen Teilbereichs wird definiert als die maximale Beschäftigung, die dieser Teilbereich während eines bestimmten Zeitraumes realisieren kann. Sie wird durch die Anzahl der vorhandenen Betriebsmittel und Arbeitskräfte bestimmt.[59] Weiterhin ist zu beachten, daß die Kapazität auch von der Intensität, d. h. der Ausbringungsgeschwindigkeit eines Produktionsprozesses abhängig ist. Wird diese z. B. von 100 Stück/Std auf 110 Stück/Std erhöht, so nimmt bei gleicher Maschinenzahl und unverändertem Arbeitseinsatz auch die Kapazität um 10 % zu. Wir wollen annehmen, daß in einem betrieblichen Teilbereich N gleichartige Betriebsmittel eingesetzt werden und während einer Periode Arbeitskräfte zur Realisierung von S Schichten mit 8 Stunden Arbeitszeit zur Verfügung stehen. Unter dieser Voraussetzung ist der Teilbereich während der Periode $N \cdot S \cdot 480$ Minuten einsatzbereit. Rechnet man damit, daß infolge von Wartungs-, Störungs- und Rüstzeiten nur während μ % der Einsatzzeit produziert werden kann und die Intensität λ Bezugsgrößeneinheiten pro Einheit der Fertigungszeit beträgt, so läßt sich die Kapazität wie folgt berechnen:

$$\text{Kapazität} = N\,S\,480\,\frac{\mu}{100}\,\lambda \tag{15}$$

Stehen z. B. 15 Maschinen und Arbeitskräfte zur Realisierung von 44 Schichten pro Monat und Maschine zur Verfügung, beträgt der Fertigungszeitgrad $\mu = 95$ % und die Intensität $\lambda = 5$ kg/Min, so hat die betreffende Stelle eine Kapazität von $15 \times 44 \times 480 \times 0{,}95 \times 5 = 1\,504\,800$ kg/Monat. Langfristig kann diese Kapazität durch Erhöhung der Maschinenzahl, kurzfristig durch zusätzliche Schichten, den Einsatz von Überstunden eine Erhöhung des Fertigungszeitgrades oder die Erhöhung der Intensität vergrößert werden.

Die *Verfahrenstechnik* eines betrieblichen Teilbereichs wird durch die technischen Eigenschaften der eingesetzten Betriebsmittel determiniert. Hierbei sind insbesondere unterschiedliche Mechanisierungsgrade zu unterscheiden. Die Ver-

57 Vgl. *K. Rummel*, Einheitliche Kostenrechnung, 3. Aufl., Düsseldorf 1967, insbesondere S. 93 ff.

58 Zur homogenen und heterogenen Kostenverursachung vgl. *W. Kilger*, Flexible Plankostenrechnung, a.a.O., S. 332 ff.

59 Zur Kapazitätsberechnung vgl. *W. Kilger*, Optimale Produktions- und Absatzplanung, a.a.O., S. 47–51.

fahrenstechnik beeinflußt sowohl die kapazitätsdeterminierten als auch die beschäftigungsabhängigen Kosten einer Unternehmung.

(2) Nehmen wir an, daß in einem betrieblichen Teilbereich die Kapazität und die Verfahrenstechnik konstant sind, so hängen seine Kosten nur von der Beschäftigung ab. Die produktions- und kostentheoretischen Analysen E. Gutenbergs haben gezeigt, daß für die meisten industriellen Teilbereiche *lineare Gesamtkostenverläufe* gelten.[60] Diese Tatsache ist darauf zurückzuführen, daß sich die meisten Industriebetriebe an veränderte Produktmengen durch Variation der Fertigungszeit bei unveränderten Prozeß- und Verfahrensbedingungen anpassen. Diese Art der Beschäftigungsorganisation bezeichnet E. Gutenberg als *zeitliche Anpassung*. Erfolgt die zeitliche Anpassung ohne den Einsatz von Überstunden, so verursacht jede zusätzliche Ausbringungs- oder Bezugsgrößeneinheit die gleichen Kosten, so daß der Gesamtkostenverlauf linear sein muß.

Bezeichnen wir die fixen Kosten mit K_F, die variablen Stückkosten pro Bezugsgrößeneinheit mit d und die Beschäftigung mit B, so erhalten wir als Funktionsgesetz eines linearen Gesamtkostenverlaufs folgende Gleichung[61] :

$$K(B) = K_F + dB \tag{16}$$

Hierbei sind die variablen Stückkosten d konstant. In Einproduktunternehmungen kann B durch die Produktmenge x ersetzt werden, in Mehrproduktunternehmungen dagegen wird B mit Hilfe der Gleichung (14) aus den Produktmengen abgeleitet.

Die Kosten einer zusätzlichen Beschäftigungseinheit werden als *Grenzkosten* bezeichnet. Die Grenzkosten pro Bezugsgrößeneinheit erhält man, indem man die Gesamtkostenfunktion K(B) nach b differenziert:

$$K'(B) = \frac{dK(B)}{dB} = d \tag{17}$$

Im Falle linearer Gesamtkostenverläufe sind die Grenzkosten konstant. Geometrisch betrachtet geben sie den Anstieg der Gesamtkostenfunktion an.

Die durchschnittlich auf eine Beschäftigungseinheit entfallenden variablen Kosten werden als *variable Durchschnittskosten* bezeichnet. Dividiert man in der Gleichung (16) die gesamten variablen Kosten dB durch B, so erkennt man, daß bei linearen Gesamtkosten auch die variablen Durchschnittskosten konstant sind und mit den Grenzkosten übereinstimmen.

Dividiert man die Gesamtkosten K(B) durch die Beschäftigung B, so erhält man die *gesamten Durchschnittskosten*, auch *Vollkosten pro Bezugsgrößeneinheit* genannt, die wir als h(B) bezeichnen wollen:

$$h(B) = \frac{K_F}{B} + d \tag{18}$$

Die Gleichung (18) läßt erkennen, daß der Vollkostensatz h(B) mit steigender Beschäftigung hyperbelförmig abnimmt und sich asymptotisch den variablen Durch-

60 Vgl. *E. Gutenberg*, Grundlagen . . . , Erster Band, a.a.O., 371 ff.

61 Wir bezeichnen die variablen Stückkosten pro Bezugsgrößeneinheiten mit d und nicht mit k, wie das sonst in der kostentheoretischen Literatur üblich ist, weil wir das Kurzzeichen k für die Stückkosten der betrieblichen Produkte und Leistungen verwenden werden. Vgl. hierzu die Kalkulationsformeln in Kapitel 52.

schnittskosten nähert. Dieser Effekt ist für die Ergebnisse der Kostenrechnung, insbesondere der Kalkulation, von entscheidender Bedeutung. Er wurde zuerst von E. Schmalenbach systematisch untersucht und wird seitdem als *Fixkostendegression* bezeichnet.[62] Bereits 1899 hat E. Schmalenbach auf die Gefahren hingewiesen, die insbesondere in hochmechanisierten Industriebetrieben mit großen Fixkostenblöcken aus der Fixkostendegression resultieren.[63] Nur wenn es solchen Betrieben gelingt, ihre Kapazitäten beschäftigungsmäßig gut auszulasten, können sie mit wirtschaftlichen Stückkosten produzieren. Im Falle der Unterbeschäftigung dagegen steigen die Vollkosten so stark, daß eine Kostendeckung durch die Erlöse immer schwieriger wird.

In der Tabelle 1 haben wir das Beispiel eines linearen Gesamtkostenverlaufs wiedergegeben, dem folgendes Funktionsgesetz zugrunde liegt:

$$K = 25\,000 + 16\ B \tag{19}$$

Tabelle 1: Beispiel eines linearen Gesamtkostenverlaufs

Beschäftigung	Periodenkosten [DM/Monat]			Stückkosten [DM/Std]		
[Std./Monat]	Gesamt	Variabel	Fix	Gesamt	Variabel	Fix
250	29 000	4 000	25 000	116,–	16,–	100,–
500	33 000	8 000	25 000	66,–	16,–	50,–
750	37 000	12 000	25 000	49,33	16,–	33,33
1 000	41 000	16 000	25 000	41,–	16,–	25,–
1 250	45 000	20 000	25 000	36,–	16,–	20,–
1 500	49 000	24 000	25 000	32,67	16,–	16,67
1 750	53 000	28 000	25 000	30,29	16,–	14,29
2 000	57 000	32 000	25 000	28,50	16,–	12,50
2 250	61 000	36 000	25 000	27,11	16,–	11,11
2 500	65 000	40 000	25 000	26,–	16,–	10,–
2 750	69 000	44 000	25 000	25,09	16,–	9,09
3 000	73 000	48 000	25 000	24,33	16,–	8,33
3 250	77 000	52 000	25 000	23,69	16,–	7,69
3 500	81 000	56 000	25 000	23,14	16,–	7,14

Die Beschäftigung wird in diesem Beispiel in Fertigungsstunden gemessen, als Betrachtungszeitraum wurde ein Monat gewählt. In Abb. 5 und 6 haben wir die zugehörigen Kostenverläufe graphisch dargestellt.

Werden bei Erreichen der Kapazitätsgrenzen Überstunden eingesetzt, so steigt der variable Durchschnittskostensatz infolge der zu zahlenden Mehrarbeitszuschläge. Nehmen wir an, daß der variable Durchschnittskostensatz des obigen Beispiels 8 DM/Std. Lohnkosten enthält, so gelten für Überstunden, die mit 25 %igen Zuschlägen zu vergüten sind, variable Durchschnittskosten von $16 + 0{,}25 \times 8 = 18$ DM/Std.

62 Vgl. *W. Kilger*, Schmalenbachs Beitrag zur Kostenlehre, a.a.O., S. 525 ff. und die dort angegebene Literatur.

63 Vgl. *E. Schmalenbach*, Buchführung und Kalkulation im Fabrikgeschäft, unveränderter Nachdruck aus der Deutschen Metallindustriezeitung, 15. Jg., 1899, Leipzig 1928.

Für 50%ige Überstundenzuschläge erhält man entsprechen 20 DM/Std. Beim Einsatz von Mehrarbeiten nimmt der Anstieg der linearen Gesamtkostenfunktion zu, d. h. sie erhält jeweils einen Knick. Die Grenzkosten steigen stufenförmig.

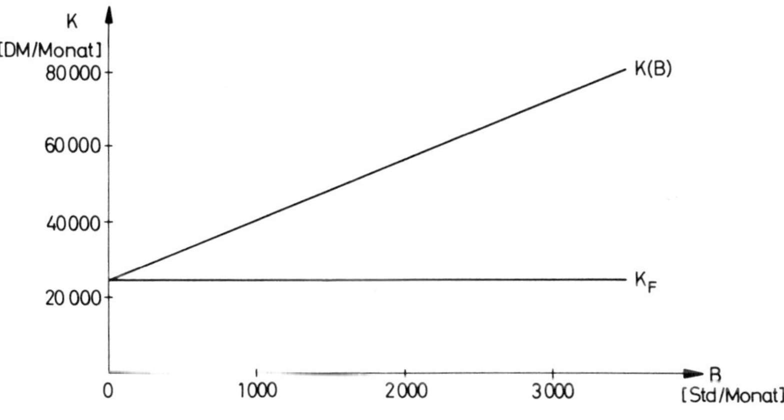

Abb. 5: Linearer Gesamtkostenverlauf

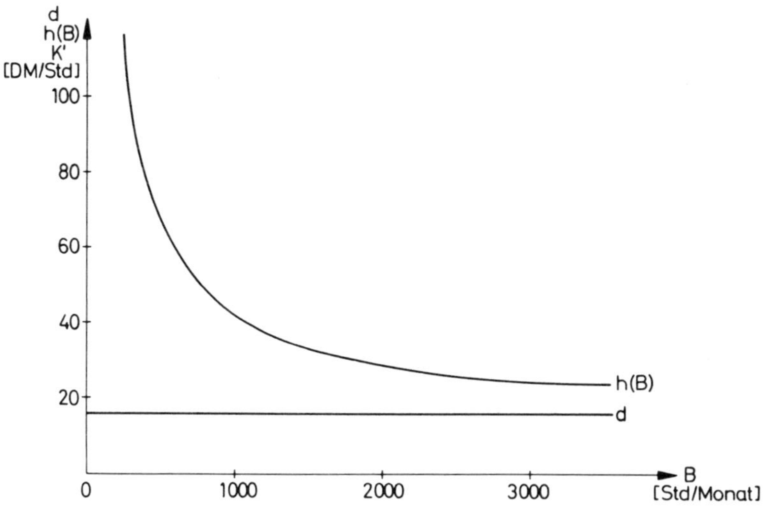

Abb. 6: Stückkostenverläufe bei linearem Gesamtkostenverlauf

Tabelle 1 und Abb. 6 zeigen deutlich die starke Fixkostendegression.

(3) In Ausnahmefällen können in Industriebetrieben auch nichtlineare Gesamtkostenverläufe auftreten. Früher wurden solche Kostenverläufe als typisch für industrielle Produktionsprozesse angesehen. E. Gutenberg hat aber nachgewiesen, daß sie nur auftreten, wenn zugleich mit der Beschäftigung Verfahrens- oder Prozeßbedingungen und damit die Faktorverbrauchsmengen pro Einheit der Ausbringung

verändert werden.[64] Dies ist z. B. der Fall bei industriellen Anlagen, deren Produktionsprozeß nicht, oder nur mit erheblichen Mehrkosten zeitlich unterbrochen werden kann. Soll hier die Ausbringung verändert werden, so ist das nicht durch zeitliche Anpassung, sondern nur durch eine Veränderung der Intensität möglich. E. Gutenberg bezeichnet diese Art der Beschäftigungsvariation als *intensitätsmäßige Anpassung.*

Kann eine Fertigungsstelle ihre Ausbringung nur durch intensitätsmäßige Anpassungsprozesse verändern, so wollen wir von *rein intensitätsmäßiger Anpassung* sprechen. Mit Hilfe der Theorie der Verbrauchsfunktionen von E. Gutenberg, auf die wir hier im einzelnen nicht eingehen wollen, läßt sich nachweisen, daß für Teilbereiche mit rein intensitätsmäßiger Anpassung S-förmige gekrümmte Gesamtkostenverläufe gelten, die sich durch ein Polynom dritten Grades approximieren lassen. Bezeichnen wir die (konstante) Fertigungszeit einer Teilperiode mit T und die Intensität mit λ, so gilt für die Gesamtkostenfunktion folgende Gleichung:

$$K(\lambda) = K_F + (\overline{c}_1 \lambda^3 + \overline{c}_2 \lambda^2 + \overline{c}_3 \lambda)\, T \tag{20}$$

Die Größen $\overline{c}_1$, $\overline{c}_2$ und $\overline{c}_3$ sind Konstante, die durch die technischen Daten des Produktionsprozesses determiniert sind. Der Ausdruck in der runden Klammer gibt die variablen Kosten pro Fertigungsstunde in Abhängigkeit von der Intensität an. Hieraus ergeben sich durch Multiplikation mit der Fertigungszeit T die gesamten variablen Kosten. Bei konstanter Fertigungszeit und variabler Intensität gilt für die Ausbringung B:

$$B = \lambda T \tag{21}$$

Ersetzt man in Gleichung (20) λ durch $\frac{B}{T}$, so erhält man die Gesamtkosten in Abhängigkeit von B:

$$K(B) = K_F + \frac{\overline{c}_1}{T^2} B^3 + \frac{\overline{c}_2}{T} B^2 + \overline{c}_3 B \tag{22}$$

Führen wir für die konstanten Koeffizienten die Kurzzeichen c_1, c_2 und c_3 ein, so erhalten wir:

$$K(B) = K_F + c_1 B^3 + c_2 B^2 + c_3 B \tag{23}$$

Durch Differentiation nach B erhält man die zugehörigen Grenzkosten:

$$K'(B) = \frac{dK(B)}{dB} = 3c_1 B^2 + 2c_2 B + c_3 \tag{24}$$

Diese Funktion hat einen U-förmigen Verlauf. Für

$$K''(B) = \frac{d^2K(B)}{dB^2} = 6c_1 B + 2c_2 = 0 \tag{25}$$

oder für

$$B = -\frac{c_2}{3c_1} \tag{26}$$

64 Vgl. *E. Gutenberg*, Grundlagen . . . , Erster Band, a.a.O., S. 361 ff.

erreicht die Grenzkostenfunktion ein Minimum, da $K'''(B) > 0$ sein muß. Für die variablen Durchschnittskosten gilt:

(27) $$d(B) = c_1 B^2 + c_2 B + c_3$$

Die variablen Durchschnittskosten verlaufen ebenfalls U-förmig und erreichen ein Minimum für:

(28) $$d'(B) = 2c_1 B + c_2 = 0$$

Da $d''(B) > 0$ sein muß. Für das Minimum gilt folgende Beschäftigung:

(29) $$B = -\frac{c_2}{2c_1}$$

Die optimale Intensität ist daher $-\frac{c_2}{2c_1 T}$

In Tabelle 2 haben wir das Beispiel eines S-förmigen Gesamtkostenverlaufes wiedergegeben, dem folgende Funktionen zugrundeliegen:

(30) $$K(\lambda) = 5\,000 + (0{,}005\lambda^3 - 0{,}14\lambda^2 + 2{,}16\lambda)\,500$$

(31) $$B = \lambda\,500$$

(32) $$K(B) = 5\,000 + \frac{0{,}005\,B^3}{250\,000} - \frac{0{,}14\,B^2}{500} + 2{,}16\,B$$

Die Intensität wird in [kg/Std.] und die Beschäftigung in [kg/Monat] gemessen.

Tabelle 2: Beispiel eines S-förmigen Gesamtkostenverlaufs

Beschäftigung [kg/Monat]	Periodenkosten [DM/Monat] Gesamt	Variabel	Fix	Stückkosten [DM/kg] Gesamt	Variabel	Fix	Grenzkosten [DM/kg]
500	6 013	1 013	5 000	12,03	2,03	10,–	1,89
1 000	6 900	1 900	5 000	6,90	1,90	5,–	1,66
1 500	7 678	2 678	5 000	5,12	1,79	3,33	1,45
2 000	8 360	3 360	5 000	4,18	1,68	2,50	1,28
2 500	8 963	3 963	5 000	3,59	1,59	2,–	1,13
3 000	9 500	4 500	5 000	3,17	1,50	1,67	1,02
3 500	9 988	4 988	5 000	2,85	1,43	1,43	0,93
4 000	10 440	5 440	5 000	2,61	1,36	1,25	0,88
4 500	10 873	5 873	5 000	2,42	1,31	1,11	0,85
5 000	11 300	6 300	5 000	2,26	1,26	1,–	0,86
5 500	11 738	6 738	5 000	2,13	1,23	0,91	0,89
6 000	12 200	7 200	5 000	2,03	1,20	0,83	0,96
6 500	12 703	7 703	5 000	1,95	1,19	0,77	1,05
7 000	13 260	8 260	5 000	1,89	1,18	0,71	1,18
7 500	13 888	8 888	5 000	1,85	1,19	0,67	1,33
8 000	14 600	9 600	5 000	1,83	1,20	0,63	1,52
8 500	15 413	10 413	5 000	1,81	1,23	0,59	1,73
9 000	16 340	11 340	5 000	1,82	1,26	0,56	1,98
9 500	17 398	12 398	5 000	1,83	1,31	0,53	2,25
10 000	18 600	13 600	5 000	1,86	1,36	0,50	2,56
10 500	19 963	14 963	5 000	1,90	1,43	0,48	2,89
11 000	21 500	16 500	5 000	1,95	1,50	0,45	3,26

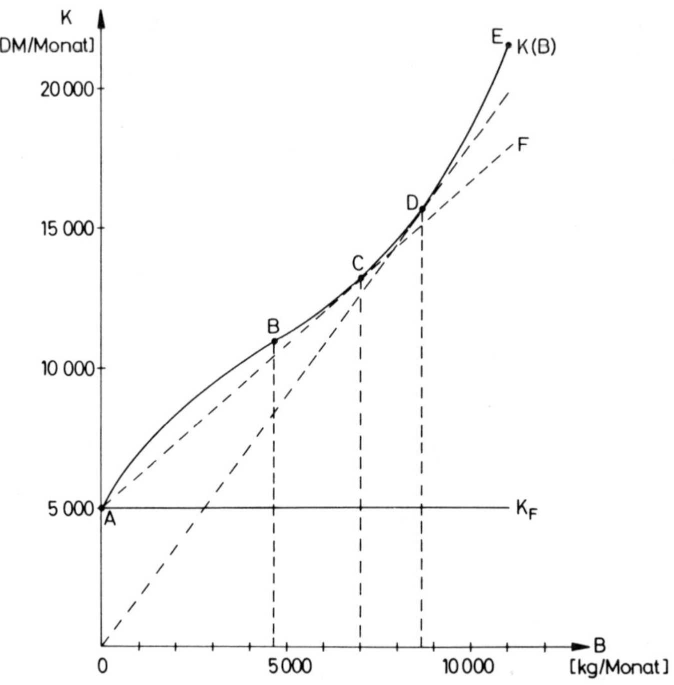

Abb. 7: S-förmiger Gesamtkostenverlauf

In den Abb. 7 und 8 haben wir die zugehörigen Kostenverläufe graphisch dargestellt. Die Gesamtkostenfunktion hat bei einer Beschäftigung von 4 667 kg/Monat einen Wendepunkt, die Grenzkostenfunktion erreicht bei dieser Beschäftigung ihr Minimum. Das Minimum der variablen Durchschnittskosten d(B) liegt bei B = 7 000 kg/Monat, die gesamten Durchschnittskosten h(B) erreichen erst bei B = 8 665 kg/Monat ihren niedrigsten Wert. Die Grenzkostenkurve $K'(B)$ schneidet die Kurve der variablen Durchschnittskosten und die Kurve der gesamten Durchschnittskosten jeweils in deren Minimum. Dies ist darauf zurückzuführen, daß die Durchschnittskosten solange fallen müssen, wie die Grenzkosten, d. h. die Kosten der jeweils letzten Bezugsgrößeneinheit, unter den Durchschnittskosten liegen. Im umgekehrten Fall müssen die Durchschnittskosten steigen.

Im Gegensatz zu linearen Gesamtkostenverläufen sind bei S-förmigen Gesamtkostenverläufen die Bezeichnungen „*Kostendegression*“ und „*degressive Kosten*“ nicht mehr eindeutig. E. Schmalenbach hatte ursprünglich den Begriff der Kostendegression wie folgt definiert: „Degressive Gesamtkosten sind dadurch gekennzeichnet, daß die gesamten Kosten mit steigendem Beschäftigungsgrad zwar steigen, daß aber die Steigung geringer ist, als die Steigerung der Produktion.“[65] Dieser Definition entspricht die folgende Ungleichung:

$$\frac{\Delta K}{K} < \frac{\Delta B}{B} \tag{33}$$

65 Vgl. *E. Schmalenbach*, Selbstkostenrechnung und Preispolitik, a.a.O., S. 37. Diese Definition findet man bereits in E. Schmalenbachs ersten Aufsatz, vgl. Buchführung und Kalkulation im Fabrikgeschäft, a.a.O., S. 8.

Die linke Seite gibt die relative Kostenänderung und die rechte Seite die relative Veränderung der Ausbringung an. Multipliziert man beide Seiten mit $\frac{K}{\Delta B}$, so erhält man:

(34) $$\frac{\Delta K}{\Delta B} < \frac{K}{B}$$

Für sehr kleine Ausbringungsvariationen (Infinitesimalbetrachtung) wird hieraus:

(35) $$\frac{dK}{dB} < \frac{K}{B}$$

Nach E. Schmalenbachs Definition besteht das Merkmal der Kostendegression also darin, daß die Grenzkosten niedriger als die Durchschnittskosten sind. Die Voraussetzung ist erfüllt, solange die gesamten Durchschnittskosten fallen, also in Abb. 7 und 8 für die Kurvenabschnitte A B C D. E. Schmalenbachs Degressionskriterium orientiert sich am Vollkostensatz eines betrieblichen Teilbereichs. Ein anderes Degressionskriterium wurde von A. Walther vorgeschlagen, der vom Verlauf der Grenzkosten ausgeht und nur den Bereich fallender Grenzkosten, also den Kurven-

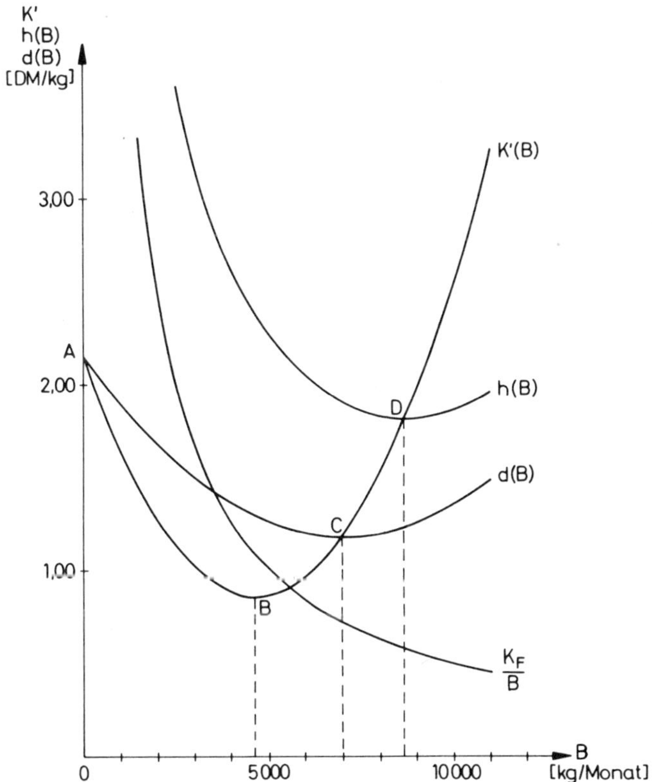

Abb. 8: Stückkostenverläufe bei S-förmigem Gesamtkostenverlauf

abschnitt A B als degressiv bezeichnet.[66] Dieses Kriterium hat den Vorteil, daß die Gesamtkostenfunktion durch den Punkt B in einen konkaven und einen konvexen Bereich zerlegt wird, da dieser Punkt dem Wendepunkt entspricht. Die Tangente im Wendepunkt zerlegt die Gesamtkostenfunktion in zwei Abschnitte, von denen der erste unterhalb und der zweite oberhalb der Tangente liegt. Eine dritte Möglichkeit besteht darin, den Kurvenabschnitt A C als degressiv zu bezeichnen, da bis zum Punkt C die variablen Durchschnittskosten fallen. Wie die Tangente A F in Abb. 7 erkennen läßt, zerlegt der Punkt C die Gesamtkostenkurve in zwei Abschnitte, die beide über derjenigen Gesamtkostenkurve liegen, die bei zeitlicher Anpassung mit optimaler Intensität erreichbar sein würde; denn das ist die Gerade A C F. Wir halten diesen Degressionsbegriff für den zweckmäßigsten, glauben aber, daß alle drei Degressionsbegriffe für bestimmte Zwecke von Bedeutung sind. Bei der Verwendung des Degressionsbegriffes sollte man hinzufügen, ob man sich an den gesamten Durchschnittskosten, an den Grenzkosten oder an den variablen Durchschnittskosten orientiert.

Für die Bezeichnungen „*Kostenprogression*" und „*progressive Kosten*" gelten unsere Ausführungen über die Degression analog. E. Schmalenbach hat hierunter nur den Bereich der steigenden gesamten Durchschnittskosten verstanden, A. Walther dagegen den Bereich steigender Grenzkosten. Nach der dritten Definition beginnt die Phase der Progression rechts vom Minimum der variablen Durchschnittskosten.

Der S-förmige Gesamtkostenverlauf tritt in Industriebetrieben nur relativ selten auf, da in den meisten Fällen eine zeitliche Anpassung möglich ist. Ausnahmen sind kontinuierlich produzierende Großanlagen wie z. B. Hochöfen, Kokereien oder Schwefelsäurefabriken.

Wird bei zeitlicher Anpassung die Kapazitätsgrenze erreicht, so muß der Betrieb entweder auf eine weitere Erhöhung der Ausbringung verzichten, oder die Intensität erhöhen. Diese Form der Beschäftigungsänderung wollen wir als *zeitlich-intensitätsmäßige Anpassung* bezeichnen. Bei zeitlich-intensitätsmäßiger Anpassung verläuft die Gesamtkostenkurve bis zu der bei optimaler Intensität maximal realisierbaren Ausbringung linear und für höhere Ausbringungen konvex steigend. Im Beispiel der Abb. 7 entspricht dieser Form der Anpassung als Gesamtkostenverlauf die Gerade AC und das gekrümmte Kurvenstück CDE. Bis zum Punkt C sind die Grenzkosten konstant, und zwar gleich dem Minimum der variablen Durchschnittskosten. Bei höheren Ausbringungsmengen steigen sowohl die Grenzkosten als auch die variablen Durchschnittskosten.

(4) Ein weiterer wichtiger Kostenbestimmungsfaktor ist die *Serien-*, *Partie-*, *Los-* oder *Auftragsgröße*. In vielen Betriebsabteilungen fallen Kosten an, die zwar zur Kategorie der beschäftigungsabhängigen Kosten gehören, aber nicht unmittelbar durch die Herstellung von Produktmengen verursacht werden, sondern dadurch, daß sie Leistungspotentiale schaffen, die jeweils für die Produktion einer bestimmten Anzahl von Leistungseinheiten ausreichen. Solche Kosten bezeichnet man als *auflagefixe Kosten*. Ein wichtiges Beispiel hierfür sind Rüstvorgänge in Industriebetrieben mit Serienproduktion. In solchen Betrieben verursacht die Umstellung der Betriebsmittel von einer Produktart auf eine andere *Rüstkosten*, deren Höhe

66 Vgl. *A. Walther*, Einführung in die Wirtschaftslehre der Unternehmung, Band 1: Der Betrieb, Zürich 1947, S. 290 ff.

von der Seriengröße unabhängig ist. Bezeichnet man die auflagefixen Rüstkosten mit K_R, die Seriengröße mit s und die variablen Herstellkosten pro Stück (ohne Rüstkosten) mit k_{vH}, so erkennt mán, daß die variablen Stückkosten bei Serienproduktion hyperbelförmig fallen:

(36) $$k_v(s) = \frac{K_R}{s} + k_{vH}$$

Dieser Effekt wird als *Auflagendegression* bezeichnet. Er hat mit der Degressionswirkung der kapazitätsdeterminierten fixen Kosten nichts zu tun. Werden bei Serienproduktion kleine Serien aufgelegt, so wird infolge der Auflagendegression die Kostenstruktur ungünstig. Hierbei ist allerdings zu beachten, daß mit zunehmenden Seriengrößen die Lagerkosten steigen, worauf wir hier aber im einzelnen nicht eingehen wollen.[67] Auflagendegressionen werden nicht nur im Produktionsbereich wirksam. Auch bei der Beschaffung von Roh-, Hilfs- und Betriebsstoffen fallen sog. *bestellfixe Kosten* an, d. h. Kosten, die pro Bestellung konstant sind, und deren Höhe unabhängig vom Umfang der Bestellung ist. Analog entstehen im Vertriebsbereich *auftragsfixe Kosten* für die Bearbeitung von Kundenaufträgen und in der Arbeitsvorbereitung für die Disposition von Produktionsaufträgen.

Zur Verdeutlichung der Auflagendegression wollen wir das folgende Zahlenbeispiel betrachten. In einer Fertigungsstelle fallen 2 000 DM/Monat fixe Kosten an, die Auflage einer Serie verursacht 250 DM/Serie auflagefixe Kosten und die proportionalen Herstellkosten (ohne Rüstkosten) betragen 0,33 DM/Stück. Es sollen x Stück/Monat hergestellt werden. In Abhängigkeit von der Ausbringung x und der Seriengröße s gilt daher folgende Gesamtkostenfunktion:

(37) $$K(x, s) = 2\,000 + \frac{x}{s}\,250 + 0{,}33\,x$$

Der Faktor $\frac{x}{s}$ gibt die *Auflegungshäufigkeit* an. Werden im obigen Beispiel 2 Serien zu 3 000 Stück aufgelegt, so betragen die Gesamtkosten 4 480 DM/Monat; bei 6 Serien zu 1 000 Stück würden dagegen Gesamtkosten in Höhe von 5 480 DM/ Monat anfallen. Diese beiden Fälle haben wir in Abb. 9 durch die Kostenkurven $K_1(x)$ und $K_2(x)$ graphisch dargestellt.

In Fertigungsstellen mit Serienproduktion ist es zweckmäßig, die Kosteneinflußgrößen Auflegungshäufigkeit ($v = \frac{x}{s}$) und Ausbringung x getrennt zu betrachten. Hierdurch erhält man für die variablen Kosten zwei voneinander unabhängige Kostenkurven, wie wir das für das obige Zahlenbeispiel in Abb. 10 a und 10 b dargestellt haben. Zu beachten ist, daß die kapazitätsdeterminierten fixen Kosten K_F zu beiden Kostenkurven gemeinsam gehören. Im Mehrproduktfall tritt an die Stelle der Auflegungshäufigkeit die Bezugsgröße Rüstzeit und an die Stelle der Ausbringung x die Bezugsgröße Fertigungs- oder Ausführungszeit. Die Auflösung in Teilfunktionen hat den Vorteil, daß für beliebige Seriengrößen die variablen Kosten erkennbar sind.

In Abb. 11 haben wir die Stückkosten nach Gleichung (36) grpahisch dargestellt. Die Abbildung läßt erkennen, daß bei kleinen Serien die Auflagendegression zu relativ hohen variablen Stückkosten führt.

67 Im einzelnen vgl. zu den seriengrößenabhängigen Kosten, *W. Kilger*, Optimale Produktions- und Absatzplanung, a.a.O., S. 383 ff.

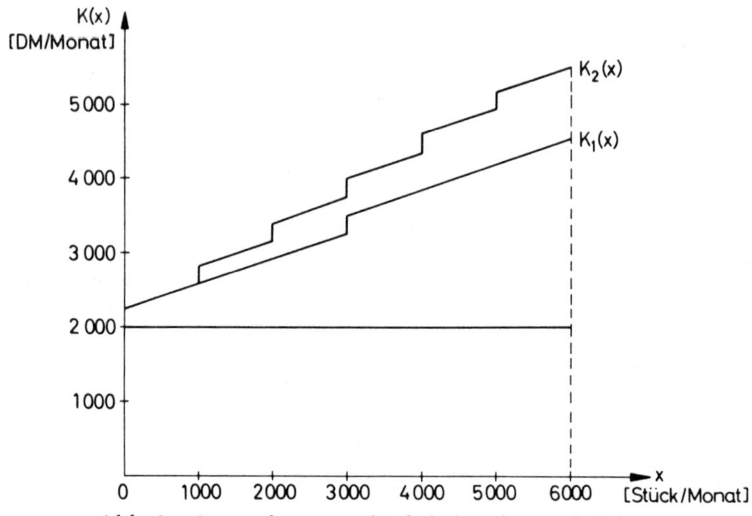

Abb. 9: Gesamtkostenverläufe bei Serienproduktion

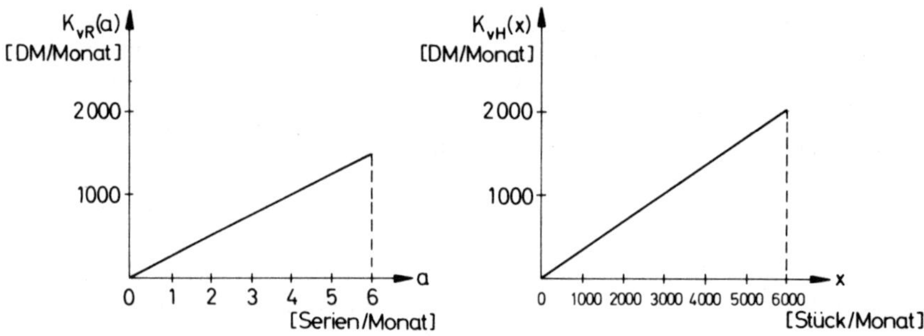

Abb. 10: Zerlegung der variablen Gesamtkosten bei Serienproduktion

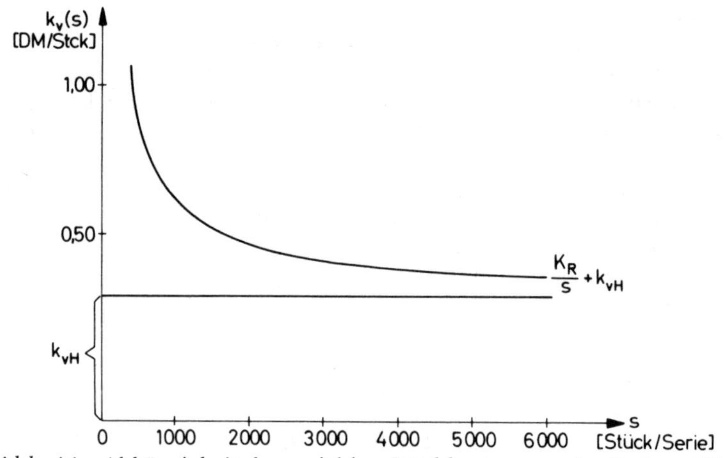

Abb. 11: Abhängigkeit der variablen Stückkosten von der Seriengröße

In der betrieblichen Praxis verursacht die Berücksichtigung von Auflagendegressionen in der Kalkulation erhebliche Schwierigkeiten, jedoch beeinflußt dieser Kostenbestimmungsfaktor in vielen Fällen die Kostenhöhe so stark, daß er nicht vernachlässigt werden darf.

132. Die Abhängigkeit der Kosten von Kapazitäts- und Verfahrensänderungen

(1) Obwohl die laufende Kostenrechnung eine kurzfristige Rechnung ist, die von gegebenen Kapazitäten und Verfahren ausgeht, muß sie in bestimmten Abständen an zwischenzeitlich vorgenommene Kapazitäts- und Verfahrensänderungen angepaßt werden. Jeder Kostenrechner sollte daher auch die Einflüsse langfristiger Anpassungsmaßnahmen auf die Kosten kennen.

Ist ein betrieblicher Teilbereich vollbeschäftigt, so können Beschäftigungserhöhungen nur realisiert werden, nachdem *Kapazitätserhöhungen* durchgeführt wurden. Ob und inwieweit eine Kapazitätserhöhung wirtschaftlich ist, kann nicht mit Hilfe von Kostenvergleichsrechnungen entschieden werden, sondern nur mit Hilfe der auf Ein- und Auszahlungsströmen basierenden Investitionsrechnung. Hierauf kann jedoch in diesem Buch nicht näher eingegangen werden. Wir wollen uns vielmehr darauf beschränken, den Einfluß von Kapazitätserhöhungen auf den Kostenverlauf zu betrachten.

Nach E. Gutenberg lassen sich multiple und mutative Kapazitätserhöhungen unterscheiden.[68]

Das charakteristische Merkmal einer *multiplen Kapazitätserhöhung* besteht darin, daß die Kapazität eines betrieblichen Teilbereichs bei unveränderter Verfahrenstechnik erhöht wird, so z. B. durch die Anschaffung zusätzlicher Betriebsmittel technologisch gleicher Art. Meistens werden zugleich zusätzliche Arbeitskräfte eingestellt. Durch multiple Anpassungsprozesse ändert sich der Anstieg der variablen Kosten nicht, es sei denn, daß im Zeitablauf generelle Kostenerhöhungen eingetreten sind. Multiple Anpassungsprozesse führen zu sprunghaften Veränderungen der fixen Kosten. Die fixen Kosten werden daher auch als *sprungfixe oder intervallfixe Kosten* bezeichnet. Die Höhe eines Kostensprunges gibt an, welche zusätzlichen fixen Kosten eine Betriebsmitteleinheit oder eine Einheit eines anderen Potentialfaktors verursacht. Die zusätzliche Kapazität, die infolge einer Anpassungsmaßnahme geschaffen wird, ist die Intervallbreite des Kostensprunges. Die gesamten Durchschnittskosten fallen zwar hyperbelförmig, sie weisen aber an den Sprungstellen der fixen Kosten Unstetigkeitsstellen auf.

In Abb. 12 haben wir den Kosteneinfluß eines multiplen Anpassungsprozesses graphisch dargestellt, bei dem die Ausgangskapazität von 5 000 Bezugsgrößeneinheiten pro Monat zweimal um weitere 5 000 Bezugsgrößeneinheiten pro Monat erhöht wird. Die fixen Kosten steigen jeweils um 2 000 DM/Monat. Die beiden Anpassungsprozesse führen dazu, daß im Zeitablauf die Gesamtkostenfunktion $K_1(B)$ erst durch die Funktion $K_2(B)$ und später durch die Funktion $K_3(B)$ ersetzt wird. Wie Abb. 13 erkennen läßt, gelten für die drei Kapazitätsausbaustufen die Durchschnittskostenkurven $h_1(B)$, $h_2(B)$ und $h_3(B)$. Diese Kurven nähern sich asymptotisch den variablen Durchschnittskosten, die infolge der Linearität der Gesamt-

68 Vgl. *E. Gutenberg*, Grundlagen . . . , Erster Band, a.a.O., S. 421 ff.

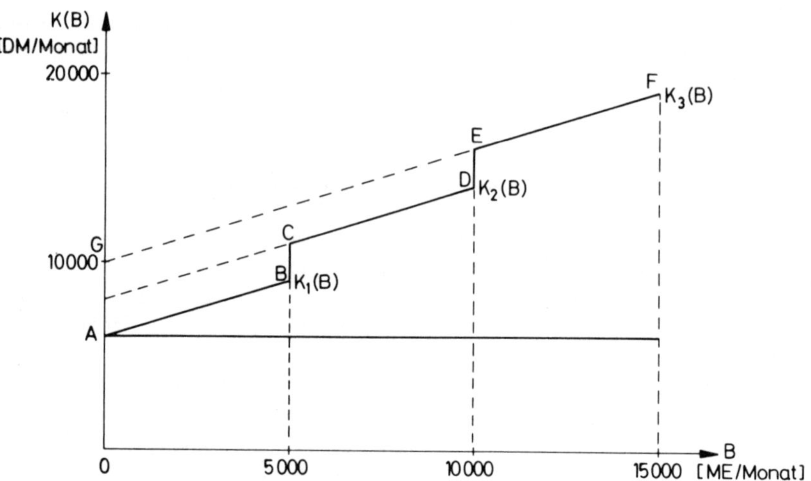

Abb. 12: Gesamtkostenverläufe bei multipler Kapazitätserweiterung

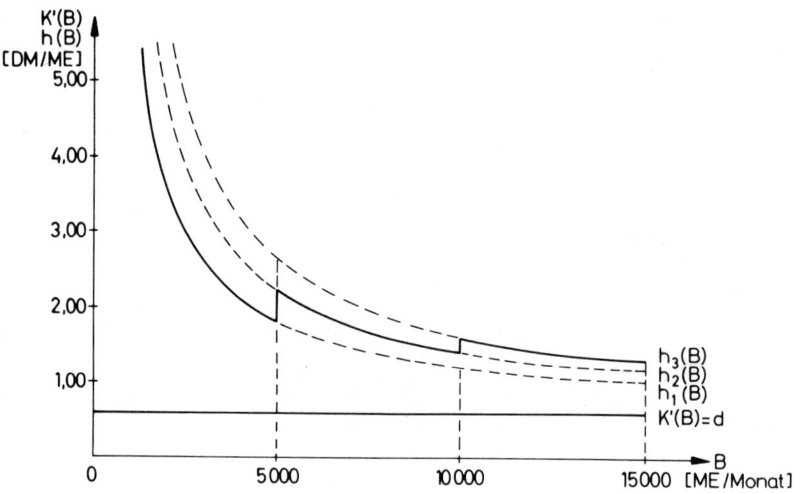

Abb. 13: Stückkostenverläufe bei multipler Kapazitätserweiterung

kostenverläufe mit den Grenzkosten d übereinstimmen. Erst mit einer bestimmten Mindestbeschäftigung führt eine Kapazitätserweiterung zu niedrigeren Durchschnittskosten. Bezeichnen wir die zusätzlichen fixen Kosten eines multiplen Anpassungsprozesses mit ΔK_F, die Ausgangskapazität mit B_1 und die zusätzliche Kapazität mit ΔB, so läßt sich diejenige Beschäftigung, bei der die gesamten Durchschnittskosten nach Durchführung der Kapazitätserhöhung gerade mit den gesamten

Durchschnittskosten bei Vollbeschäftigung der Ausgangskapazität übereinstimmen, aus folgender Gleichung ableiten:

(38) $$\frac{K_F}{B_1} + d = \frac{K_F + \Delta K_F}{B_1 + \Delta B} + d$$

Hieraus folgt:

(39) $$\Delta B = \frac{\Delta K_F}{K_F} B_1$$

Die kritische Beschäftigung ist nach Gleichung (39) dann erreicht, wenn die prozentuale Beschäftigungszunahme mit der prozentualen Erhöhung der fixen Kosten übereinstimmt. Im Beispiel der Abb. 12 und 13 wird durch die erste Kapazitätserweiterung eine Zunahme der fixen Kosten von $\frac{2\,000\text{ DM}}{6\,000\text{ DM}} = 33{,}33\,\%$ verursacht. Die Beschäftigung muß daher mindestens um 5 000 X 0,333 = 1 667 ME/Monat zunehmen, wenn die gesamten Durchschnittskosten sinken sollen.

In der betrieblichen Praxis verlaufen die Kostensprünge meistens nicht so regelmäßig, wie wir das in Abb. 12 und 13 angenommen haben. Je nach Art und Umfang eines Anpassungsprozesses können größere oder kleinere Sprünge aufeinander folgen.

Nach Durchführung einer multiplen Kapazitätserhöhung gilt für die gesamte Beschäftigungsskala die neue Kostenkurve. In unserem Beispiel gilt auch für die Beschäftigung unter 10 000 oder 5 000/ME Monat die Verlängerung der Geraden $K_3(B)$ bis zur Ordinate und keineswegs der gebrochene Linienzug A B C D E F. Dies wäre nur dann der Fall, wenn Kapazitätserhöhungen kurzfristig rückgängig gemacht und die fixen Kosten entsprechend reduziert werden könnten.

(2) Das charakteristische Merkmal einer *mutativen Kapazitätserhöhung* besteht darin, daß neben der Kapazität auch die Verfahrenstechnik verändert wird. Häufig besteht diese Änderung in einer Erhöhung des Mechanisierungsgrades, so z. B. wenn halbautomatische Betriebsmittel durch vollautomatische Anlagen ersetzt werden. Das neue Verfahren hat in der Regel höhere fixe Kosten und niedrigere variable Durchschnittskosten. Das Verfahren mit den höheren fixen Kosten führt dann erst von einer bestimmten Beschäftigung an zu geringeren Gesamtkosten. Setzt man die Gesamtkostenfunktionen zweier Verfahren einander gleich und löst man nach der Beschäftigung B auf, so erhält man die sog. *kritische Beschäftigung*, d. h. diejenige Beschäftigung, die überschritten werden muß, damit das fixkostenintensivere Verfahren kostengünstiger arbeitet:

(40) $$K_{F1} + d_1 B = K_{F2} + d_2 B$$

woraus für die kritische Beschäftigung folgt:

(41) $$B_{k1/2} = \frac{K_{F2} - K_{F1}}{d_1 - d_2}$$

Im Beispiel der Abb. 14 haben wir die Kostenkurven für drei Verfahren dargestellt, denen folgende Gesamtkostenfunktionen zugrunde liegen:

$$K_1(B) = 2\,000 + 5\text{ B}$$

$$K_2(B) = 4\,000 + 2{,}5\text{ B}$$

$$K_3(B) = 5\,500 + 1{,}25\text{ B}$$

Als kritische Beschäftigungen erhält man nach Gleichung (41):

$$B_{k1/2} = \frac{4\,000 - 2\,000}{5 - 2{,}5} = 800 \text{ [ME/Monat]}$$

$$B_{k2/3} = \frac{5\,500 - 4\,000}{2{,}5 - 1{,}25} = 1\,200 \text{ [ME/Monat]}$$

Die in Abb. 15 dargestellten Stückkostenkurven zeigen deutlich, daß Verfahren mit höheren fixen Kosten infolge der Fixkostendegression erst bei entsprechend größeren Beschäftigungen kostengünstiger arbeiten.

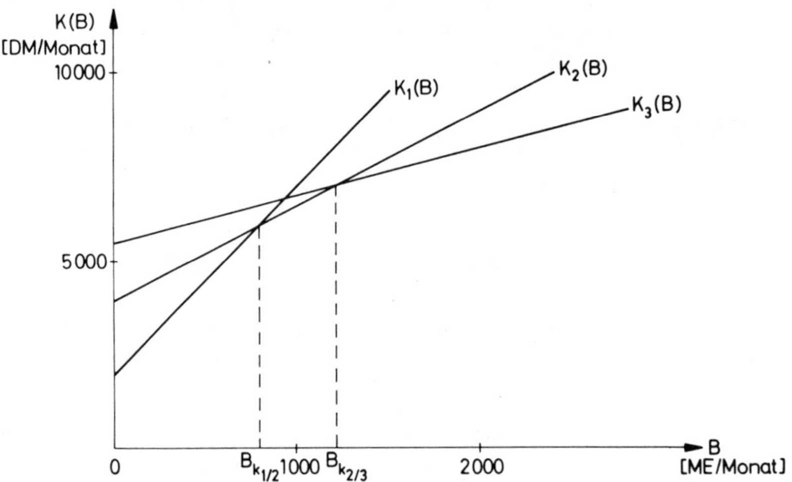

Abb. 14: Gesamtkostenverläufe bei mutativer Kapazitätserweiterung

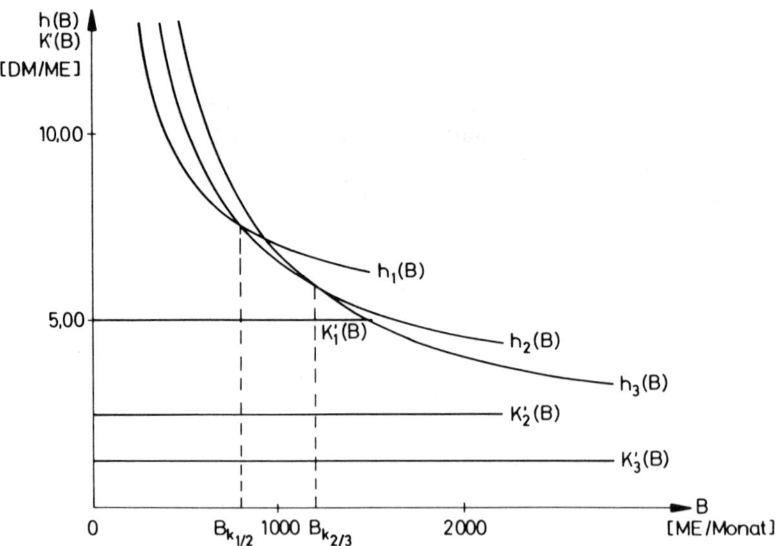

Abb. 15: Stückkostenverläufe bei mutativer Kapazitätserweiterung

(3) Bei steigender Beschäftigung erreicht ein betrieblicher Teilbereich schließlich seine Kapazitätsgrenze, so daß eine höhere Ausbringung erst nach Durchführung einer Kapazitätserweiterung realisiert werden kann. Die für die Planung verantwortlichen Stellen werden daher von sich aus entsprechende Investitions- und Einstellungsanträge stellen müssen, um die erhöhten Produktmengen herstellen zu können. Bei rückläufiger Beschäftigung dagegen besteht kein automatischer Zwang zu Kapazitätsverringerungen; denn niedrigere Beschäftigungen lassen sich auch bei zu großen Kapazitäten und mit ungeeigneten Verfahren realisieren. Werden bei rückläufiger Beschäftigung aus irgendwelchen Gründen kostensenkende Anpassungsprozesse unterlassen, so führt das zu einer Überhöhung der Kosten, die als *Kostenremanenz* bezeichnet wird.[69] Ob und inwieweit remanente Kosten durch Kapazitätsverringerungen oder dem Übergang zu weniger mechanisierten Verfahren abgebaut werden sollen, kann nicht durch einfache Kostenvergleichsrechnungen sondern nur mit Hilfe von Stillegungskriterien der Investitionsrechnung entschieden werden, da es sich hier um langfristige Entscheidungen handelt.[70] Folgende Gründe können für die Unterlassung kostensenkender Anpassungsprozesse bei rückläufiger Beschäftigung maßgebend sein. Erstens können arbeitsrechtliche Bestimmungen oder vertragliche Bindungen die Unternehmensleitung daran hindern, Arbeitskräfte vor Ablauf bestimmter Kündigungsfristen zu entlassen. Zweitens werden erforderliche Entlassungen häufig aus sozialen Gründen so lange wie möglich hinausgezögert. Drittens kommt es vor, daß die Wirtschaftlichkeitskriterien der Investitionsrechnung gegen den Abbau von Teilkapazitäten sprechen. Dies pflegt insbesondere der Fall zu sein, wenn für spätere Perioden wieder ein Anstieg der Beschäftigung erwartet wird. Viertens schließlich gibt es Fälle, in denen die Abbaufähigkeit der Kosten unterbeschäftigter Kapazitäten von den zuständigen Stellen im Betrieb nicht erkannt wird. Dies kommt insbesondere in Teilbereichen vor, deren produktive Beiträge sich nur schwer quantifizieren lassen. Typische Beispiele hierfür sind der Reparatur- und Instandhaltungsbereich, die Fertigungsdisposition sowie die Abteilungen des Verwaltungs- und Vertriebsbereichs. Hier findet man daher oft Versteckte remanente Kosten.

Auch bei Kapazitätsverringerungen lassen sich die multiple und die mutative Form der Anpassung unterscheiden. Wie die Abb. 12 erkennen läßt, bestehen im Falle der multiplen Anpassung die remanenten Kosten in den abbaufähigen Fixkostenblöcken der Fläche A B C D E G. Wird dagegen eine mutative Kapazitätsverringerung unterlassen, so werden die remanenten fixen Kosten z. T. durch geringere variable Kosten kompensiert. Im Beispiel der Abb. 14 werden durch den Übergang von Verfahren 3 zu Verfahren 2 zwar die fixen Kosten um 1 500 DM/Monat gesenkt, dafür steigen aber die variablen Durchschnittskosten von 1,25 DM/ME auf 2,50 DM/ME.

Es ist nicht zuletzt die Aufgabe einer guten Kostenrechnung, remanente Kosten rechtzeitig zu erkennen, ihren Einfluß auf den Erfolg einer Untersuchung aufzuzeigen und die Überprüfung ihrer Abbaufähigkeit zu veranlassen.

69 Zur Kostenremanenz vgl. *W. Kilger*, Produktions- und Kostentheorie, a.a.O., S. 102.

70 Zur Beeinflussung der fixen Kosten durch unternehmerische Entscheidungen vgl. insbesondere *F. Süverkrüp*, Die Abbaufähigkeit fixer Kosten, Berlin 1968, S. 94 ff. und S. 197 ff.

133. Vorleistungskosten als dritte Kostenkategorie

(1) In vielen Industriebetrieben fallen Kosten an, die sich weder den kapazitätsdeterminierten fixen Kosten noch den ausbringungsabhängigen variablen Kosten eindeutig zuordnen lassen. Das charakteristische Merkmal dieser Kosten besteht darin, daß mit ihrer Hilfe im voraus Leistungspotentiale für spätere Perioden geschaffen werden, welche die Voraussetzung dafür bilden, daß bestimmte Produktions- und Absatzmengen realisiert werden können. Wir wollen solche Kostenarten daher als *Vorleistungskosten* bezeichnen. M. Knayer kennzeichnet diese Kosten wie folgt: „Ihr Zweck ist es, die Stellung des Unternehmens zu halten, auszubauen, zu verbessern, und zwar durch taktische Maßnahmen." Er nennt daher diese Kosten „taktische Kosten".[71] Von den fixen Kosten unterscheiden sich die Vorleistungskosten dadurch, daß mit ihrer Hilfe keine Kapazitäten geschaffen werden, sondern zeitungebundene Nutzungspotentiale. Mit Recht weist M. Knayer darauf hin, daß die Höhe der Vorleistungskosten kurzfristig leichter verändert werden kann als die Höhe der fixen Kosten: „Ein Federstrich, ein Vorstands- oder Aufsichtsratsbeschluß kann einen guten Teil davon alsbald zum Verschwinden bringen", oder diese Kosten sprunghaft erhöhen.[72] Andererseits haben die Vorleistungskosten nach der Entscheidung über die Durchführung der betreffenden Maßnahmen genausowenig eine funktionale Beziehung zur späteren Nutzung wie die fixen Kosten. Dennoch glauben wir, daß es gerechtfertigt ist, die Vorleistungskosten als eine dritte Kostenkategorie anzusehen.

(2) Typische *Beispiele für Vorleistungskosten* sind Erschließungskosten in Gewinnungsbetrieben, Forschungs- und Entwicklungskosten, Kosten für Werbung und Öffentlichkeitsarbeit, Kosten für die Weiterbildung von Mitarbeitern und Kosten für organisatorische Verbesserungen. Theoretisch lassen sich die meisten Maßnahmen, aus denen Vorleistungskosten resultieren, als immaterielle Investitionen auffassen.

Wird z. B. im Steinkohlenbergbau ein neues Kohlefeld erschlossen, so bestehen die hierfür anfallenden Kosten zwar aus fixen Bereitschaftskosten und Kosten, die sich abraumproportional verhalten, in bezug auf die spätere Förderung nehmen diese Kosten aber eine Sonderstellung ein. Bei der Entscheidung, ob ein neues Kohlefeld erschlossen werden soll oder nicht, wird man zwar die hierfür erforderlichen Vorleistungskosten in Beziehung zur möglichen Gesamtförderung setzen, nach Durchführung der Erschließung haben die Vorleistungskosten aber keine funktionale Beziehung zu den späteren Fördermengen mehr; für Dispositionen über die Fördermenge sind sie dann nicht mehr relevant. Die Erschließungskosten sind weder Grenzkosten oder variable Durchschnittskosten der laufenden Produktion noch kalenderzeitproportionale Bereitschaftskosten.

Eine ähnliche Sonderstellung nehmen die Forschungs- und Entwicklungskosten eines Industriebetriebes ein. Wird z. B. durch einen Forschungs- oder Entwicklungsauftrag ein neues Produkt entwickelt, so ist hierdurch die potentielle Möglichkeit geschaffen, dieses Produkt in das Produktionsprogramm aufzunehmen und die

71 Vgl. *M. Knayer*, Taktische Kosten, eine neue Kostengruppe, Kostenrechnungspraxis 1971, S. 19 ff.

72 Vgl. *M. Knayer*, Taktische Kosten . . . , a.a.O., S. 19.

während der Lebenszeit dieses Produktes realisierbare Gesamtabsatzmenge zu verkaufen. Sind für einen Forschungs- oder Entwicklungsauftrag z. B. 600 000 DM (zurechenbare) Kosten angefallen und wird die Gesamtabsatzmenge auf 50 000 Stück geschätzt, so entfallen rein statistisch auf eine Mengeneinheit 12 DM Forschungs- und Entwicklungskosten. Bei diesen Kosten handelt es sich aber keineswegs um Grenz- oder variable Durchschnittskosten, denn nach Abschluß des Forschungs- und Entwicklungsauftrags sind diese Kosten für Dispositionen über das Produktions- und Verkaufsprogramm nicht mehr relevant.

In gleicher Weise lassen sich die Kosten für spezielle Werbefeldzüge als Vorleistungskosten auffassen. Durch sie sollen in späteren Perioden akquisitorische Potentiale geschaffen werden, die den Verkauf bestimmter Produktmengen ermöglichen.

Die Vorleistungskosten haben im Laufe der Zeit in vielen Industriebetrieben immer mehr zugenommen. In der Kostenrechnung treten bei der Erfassung, Kontrolle und kalkulatorischen Weiterverrechnung der Vorleistungskosten spezifische Probleme auf, die jedoch bisher nur unzureichend untersucht worden sind.

2. Die Entwicklungsformen der Kostenrechnung

21. Die Istkostenrechnung

(1) Seit um die Jahrhundertwende die Kostenrechnung als selbständiges Teilgebiet des betrieblichen Rechnungswesens entstand, wurden unterschiedliche Formen oder Systeme der Kostenrechnung entwickelt. Dieser Entwicklungsprozeß verfolgte in erster Linie das Ziel, die Erfüllung der kostenrechnerischen Aufgaben zu verbessern; einige Phasen dieses Entwicklungsprozesses dienten aber auch dazu, die laufende Abrechnung zu vereinfachen. Da die Teilgebiete der Kostenrechnung, insbesondere die Kostenstellen- und die Kostenträgerrechnung, wesentlich durch die unterschiedlichen Formen oder Systeme der Kostenrechnung beeinflußt werden, wollen wir zunächst einen Überblick über die wichtigsten Entwicklungsformen der Kostenrechnung geben, und erst dann die Teilgebiete der Kostenrechnung im einzelnen behandeln.[1]

(2) Die älteste Form der Kostenrechnung wird heute als *Istkostenrechnung* bezeichnet.[2] Ihr charakteristisches Merkmal besteht darin, daß nur die effektiv angefallenen Kosten, d. h. die *Istkosten* erfaßt und verrechnet werden. Bezeichnet man die effektiven Faktorverbrauchsmengen[3] einer Abrechnungsperiode mit $r^{(i)}$, die effektiv gezahlten Faktorpreise, wozu auch die Lohnsätze und Gehälter zählen, mit $q^{(i)}$ und werden $\nu = 1, \ldots, z$ Faktorarten eingesetzt, so gilt für die gesamten Istkosten einer Abrechnungsperiode folgende allgemeine Bestimmungsgleichung:

$$K^{(i)} = \sum_{\nu=1}^{z} r_\nu^{(i)} q_\nu^{(i)} \tag{42}$$

Allerdings hat es schon immer einige Kostenarten gegeben, für die sich keine Istverbrauchsmengen, sondern nur geschätzte Planverbrauchsmengen angeben lassen.

1 Die Entwicklungsformen der Kostenrechnung haben wir an anderer Stelle ausführlicher dargestellt. Vgl. *W. Kilger*, Flexible Plankostenrechnung, 6. Aufl., Opladen 1974, S. 25–124.

2 Zu den Ausgestaltungsformen der Istkostenrechnung vgl. *W. Kilger*, Flexible Plankostenrechnung, a.a.O., S. 27–35.

3 Der Begriff Faktorverbrauchsmenge wird hier sehr weit gefaßt. Neben Verbrauchsmengen für Material und sonstigen Sachgütern, den Arbeitszeiten, Verbrauchseinheiten für Dienst-, Transport- und Energieleistungen wollen wir hierunter auch die Bemessungsgrundlagen von Kostenarten verstehen, für die von vornherein kein eindeutiges Mengengerüst erkennbar ist, so z. B. Bemessungsgrundlagen für Gebühren, Beiträge, Kostensteuern, Versicherungsprämien usw. Auch einer Reparatur, die in dieser Form nur einmal ausgeführt wird, läßt sich die Verbrauchsmenge 1 zuordnen.

Hierzu zählen z. B. die kalkulatorischen Abschreibungen, da ihrer Berechnung geplante Nutzungsdauern zugrunde liegen. Das gleiche gilt für Kostenarten, die durch eine antizipative zeitliche Abgrenzung erfaßt werden müssen, wobei die Bemessungsgrundlage noch nicht genau feststeht, so daß sie geschätzt werden muß. Dies ist z. B. bei umsatzabhängigen Beiträgen und einigen Kostensteuern der Fall. Sieht man aber von solchen Fällen ab, in denen die Kostenerfassung den Kostenrechner zur Verwendung geschätzter, normalisierter oder geplanter Kostendaten zwingt, werden in einer Istkostenrechnung ausschließlich effektiv angefallene Kosten verrechnet. Da die Bewertung der Faktorverbrauchsmengen zu Istpreisen erfolgt, liegt einer Istkostenrechnung streng genommen der pagatorische Kostenbegriff zugrunde. In der Praxis findet man aber häufig Istkostenrechnungen, bei denen einige Faktormengen mit Hilfe von Zeit- oder Wiederbeschaffungspreisen bewertet werden und bei denen die Istkosten durch kalkulatorische Kostenarten ergänzt werden, die ihrer Art nach Opportunitätskosten sind.

Die *Hauptzielsetzung der Istkostenrechnung* ist die *Nachkalkulation* der betrieblichen Aufträge und Erzeugnisse. Im Mittelpunkt der Istkostenrechnung steht daher die Frage, wieviele Kosten effektiv auf die einzelnen Aufträge und Produkteinheiten entfallen sind. Nach dem *Kostenüberwälzungsprinzip* werden alle Kostenarten entweder direkt als Einzelkosten oder indirekt als Gemeinkosten (d. h. über die Kostenstellenrechnung) in jeder Abrechnungsperiode den Kostenträgern zugerechnet. Kostenabweichungen fallen in einer Istkostenrechnung nicht an.

(3) Die *Istkostenrechnung* ist heute als ein veraltetes Verfahren der Kostenrechnung anzusehen, da sie *rechnerisch schwerfällig* ist und die *kostenrechnerischen Aufgaben nur unzureichend erfüllt*. Die laufende Durchführung einer Istkostenrechnung erfordert die Bewertung aller Materialverbrauchsmengen zu Istpreisdurchschnitten. Da diese monatlich neu gebildet werden müssen, wird hierdurch die Materialkostenerfassung erschwert und zeitlich verzögert. Weiterhin resultiert aus dem Kostenüberwälzungsprinzip die Notwendigkeit, in der Kostenstellenrechnung für jede Abrechnungsperiode neue Istkostensätze für innerbetriebliche Leistungen und neue Kalkulationssätze für alle Hauptkostenstellen zu bilden. Hierdurch wird die laufende Durchführung der Kostenstellenrechnung rechnerisch schwerfällig und zeitaufwendig. Bei Einsatz von Datenverarbeitungsanlagen fällt dieser Einwand jedoch weniger ins Gewicht.

Kritisch zu beurteilen ist auch die Zielsetzung der Istkostenrechnung. Die laufende Nachkalkulation aller Kostenträger ist lediglich in Betrieben mit Auftrags- bzw. Einzelfertigung erforderlich. In Betrieben, deren Produktionsprogramm aus standardisierten Erzeugnissen besteht, ist sie dagegen wenig aussagefähig und daher entbehrlich. Bei Auftrags- bzw. Einzelfertigung kann man auf die Nachkalkulation nicht verzichten, weil sich jede Kostenträgereinheit von den übrigen Kostenträgern unterscheidet und aus den Nachkalkulationen der einzelnen Auftragsgruppen Kostendaten für die Vorkalkulation zukünftiger Aufträge abgeleitet werden müssen. Bei standardisierten Erzeugnissen aber wird dem Markt für einen bestimmten Zeitraum, in der Regel für ein Jahr oder z. B. eine Sommer- bzw. Winterkollektionslaufzeit, ein bestimmtes Produktionsprogramm angeboten, wobei für alle Produktarten im voraus Listenpreise festgelegt werden. Die Erzeugnisse werden vom Lager verkauft und während eines Jahres laufend oder in bestimmten Abständen produziert. Hierbei sind ihre Selbstkosten in der Regel oszillativen Schwankungen unterworfen, die sich im Zeitablauf ausgleichen. Aus diesem Grunde ist eine laufende Nachkalkulation der Selbstkosten der einzelnen Erzeugnisse wenig sinnvoll. Es genügt die Ermittlung vorkalkulierter Selbstkosten in Form von Normal- oder Plankosten und eine nach Erzeugnisgruppen differenzierte Verrechnung von Kostenabweichungen.

Ein besonders schwerwiegender Mangel der Istkostenrechnung besteht darin, daß sie weder für eine Kontrolle der Kostenwirtschaftlichkeit noch zur Erfüllung der dispositiven Aufgaben der Kostenrechnung geeignet ist. Für die Kostenkontrolle fehlen Vergleichskosten in Form von Plan-, Soll- oder Richtkosten. Die dispositiven Aufgaben sind zukunftsgerichtet und erfordern daher geplante Kosten, die in einer Istkostenrechnung nicht zur Verfügung stehen. Weiterhin fehlt in einer Istkostenrechnung die Aufteilung in fixe und proportionale Kosten, so daß der Beschäftigungseinfluß dispositiver Maßnahmen nicht transparent gemacht werden kann. Eine hierfür geeignete Kostenauflösung ist nur bei Durchführung einer Kostenplanung möglich.

In reiner Form ist die Istkostenrechnung in der betrieblichen Praxis nur selten praktiziert worden. Viele Betriebe vereinfachten die Materialabrechnung von vornherein durch die Verwendung fester Verrechnungspreise, wodurch Preisabweichungen entstanden und das Kostenüberwälzungsprinzip durchbrochen wurde. Weiterhin führte die Arbeitswissenschaft bereits um die Jahrhundertwende zur Einführung von Akkordlohnsystemen, wodurch die Fertigungslöhne im Grunde bereits zu „Plankosten“ wurden. Auch für das Einzelmaterial wurden schon relativ früh „Vorgaben“ festgelegt. Auf diese Weise entstanden Mischformen der Kostenrechnung, die zwar überwiegend Istkostenrechnungen waren, aber bereits Elemente späterer Entwicklungsformen enthielten.

22. Die Normalkostenrechnung

(1) Die rechnerische Schwerfälligkeit der Istkostenrechnung löste in vielen Betrieben eine Weiterentwicklung der Kostenrechnung aus, die zu einer Vereinfachung der laufenden Abrechnung führte. Hierzu zählt die bereits erwähnte Einführung fester Verrechnungspreise für Roh-, Hilfs- und Betriebsstoffe, wodurch die arbeitsaufwendige Bildung gewogener Istpreisdurchschnitte in der Materialabrechnung vermieden wurde. Als Festpreise wurden Durschnittspreise der Vergangenheit verwendet. Der nächste Schritt der Vereinfachung bestand darin, daß man in der Kostenstellenrechnung darauf verzichtete, monatliche Istkostensätze für innerbetriebliche Leistungen und die Leistungen der Hauptkostenstellen zu bilden. Statt dessen rechnete man alle Kostenstellen mit Hilfe von „Normalkostensätzen“ ab, die aus den Istkosten und Beschäftigungen vergangener Perioden als Mittelwerte abgeleitet wurden. Eine Kostenrechnung, bei der für die Abrechnung der Kostenstellen solche Normalkostensätze verwendet werden, bezeichnet man als *Normalkostenrechnung.*[4] Das typische Merkmal der Normalkostenrechnung besteht darin, daß die im Zeitablauf schwankenden Istkostensätze durch konstante Normal-

4 Zu den Ausgestaltungsformen der Normalkostenrechnung vgl. *W. Kilger*, Flexible Plankostenrechnung, a.a.O., S. 36–52.

kostensätze ersetzt werden. Hierdurch wird das Kostenüberwälzungsprinzip aufgegeben, so daß auf den Kostenstellen Kostenabweichungen entstehen, die man als *Unter- bzw. Überdeckungen* bezeichnet:

(43) Unter- bzw. Überdeckung = Istkosten ./. Normalkosten

Die *Normalkosten* einer Kostenstelle erhält man, indem man die Istbeschäftigung dieser Kostenstelle mit dem Normalkostensatz multipliziert:

(44) Normalkosten = Istbeschäftigung × Normalkostensatz

Sind die Normalkosten kleiner als die Istkosten, so entsteht eine *Unterdeckung*, im umgekehrten Fall eine *Überdeckung*. In die Kostenträgerrechnung gehen nur die Normalkosten ein, die Unter- bzw. Überdeckungen werden entweder monatlich oder erst am Jahresende in die kurzfristige Erfolgsrechnung ausgebucht.

Werden bei der Bildung von Normalkostensätzen keine Korrekturen der Istdaten vorgenommen, also reine Istkostendurchschnitte errechnet, so werden sie als *statische Mittelwerte* bezeichnet. Bei Durchführung solcher Korrekturen spricht man dagegen von *aktualisierten Mittelwerten*. Je mehr man bei den Korrekturen zukünftig erwartete Kosteneinflüsse berücksichtigt, desto weiter nähert sich die Normalkostenrechnung der Plankostenrechnung.

Der Hauptvorteil der Normalkostenrechnung ist die Vereinfachung der Kostenstellenrechnung und der Kalkulation. Dieser Vorteil hat dazu geführt, daß die Normalkostenrechnung in der Praxis weit verbreitet ist. Für die Kostenkontrolle ist die Normalkostenrechnung aus den gleichen Gründen ungeeignet wie die Istkostenrechnung. Aus den Unter- bzw. Überdeckungen lassen sich keine Rückschlüsse auf die Kostenwirtschaftlichkeit ziehen, da sich in ihnen alle Kostenbestimmungsfaktoren global auswirken. Die dispositiven Aufgaben erfüllt die Normalkostenrechnung ebenfalls nicht, da auch hier geplante Kosten fehlen.

23. Die Plankostenrechnung

231. Die Plankostenrechnung auf Vollkostenbasis

(1) Das charakteristische Merkmal einer *Plankostenrechnung* besteht darin, daß unabhängig von den Istkosten vergangener Perioden für bestimmte Planungszeiträume geplante Kosten festgelegt werden. Diese Kosten werden als *Plan-*, *Standard-*, *Richt-*, *Vorgabe-* oder *Budgetkosten* bezeichnet. In Deutschland wird überwiegend die Bezeichnung Plankosten verwendet; die Bezeichnung Standardkosten wurde von dem englischen Ausdruck "standard costs" abgeleitet. Bezeichnet man die geplanten Faktorverbrauchsmengen einer Abrechnungsperiode mit $r^{(p)}$, die geplanten Faktorpreise (einschließlich der Lohnsätze und Gehälter) mit $q^{(p)}$ und werden $\nu = 1, \ldots, z$ Faktorarten eingesetzt, so gilt für die gesamten Plankosten einer Planungsperiode:

(45) $$K^{(p)} = \sum_{\nu=1}^{z} r_\nu^{(p)} q_\nu^{(p)}$$

Die *Einzelkosten* werden zunächst für jede einzelne Erzeugniseinheit geplant, durch Multiplikation mit den geplanten Stückzahlen erhält man die gesamten Planeinzelkosten der Planungsperiode. Die *Gemeinkosten* werden nach Kostenarten und Kostenstellen differenziert geplant. Hierzu wird für jede Kostenstelle eine bestimmte *Planbeschäftigung* festgelegt. Neben den Plankosten fallen in einer Unternehmung stets auch die Istkosten an; der Unterschied zwischen den Istkosten und den Plankosten wird als *gesamte Kostenabweichung* bezeichnet:

$$\Delta K = K^{(i)} - K^{(p)} \tag{46}$$

Durch eine laufende *Kostenanalyse* wird die gesamte Kostenabweichung in zahlreiche *spezielle Kostenabweichungen*, z. B. Preisabweichungen, Lohnsatzabweichungen, Einzelmaterialverbrauchsabweichungen und Kostenstellenabweichungen aufgelöst.

(2) Die Anfänge der Plankostenrechnung gehen bereits auf das erste Jahrzehnt dieses Jahrhunderts zurück.[5] In dieser Zeit erhielt die Kostenrechnung starke Impulse von der *wissenschaftlichen Betriebsführung (Arbeitswissenschaft)*. Durch dieses Gebiet, als dessen prominentester Vertreter F. W. Taylor gilt, wurde der Begriff des „standards" für menschliche Arbeitsleistungen geschaffen und mit Hilfe von Standard- oder Vorgabezeiten der Übergang vom Zeit- zum Leistungslohn vollzogen. Es lag nahe, den Standardbegriff und die arbeitswissenschaftlichen Techniken auch auf die übrigen Produktionsfaktoren zu übertragen. Das bedeutete aber nichts anderes, als den betrieblichen Teilbereichen "standard costs" als Sollkosten vorzugeben und daran ihre Kostenwirtschaftlichkeit zu messen. Dieses Ziel wurde in der Zeit von der Jahrhundertwende bis zu den zwanziger Jahren in den USA und England von vielen Arbeitswissenschaftlern intensiv verfolgt und führte zur Entstehung des *"standard cost accounting"*, wie in den angelsächsischen Ländern die Plankostenrechnung genannt wird. Die amerikanische Standardkostenrechnung hat die spätere Entwicklung der Plankostenrechnung in Deutschland stark beeinflußt.

In den zwanziger Jahren erhielt die Kostenrechnung weitere Impulse in Richtung auf eine Weiterentwicklung zur Plankostenrechnung durch den *intensiven Ausbau der betrieblichen Planung*. Die wirtschaftliche Unsicherheit in der Zeit nach dem ersten Weltkrieg hatte in vielen Unternehmungen eine starke Tendenz ausgelöst, durch Planung Chancen besser wahrnehmen und Risiken leichter erkennen zu können. Ausgehend von den USA ging eine „internationale Planungswelle" durch die Industriestaaten. Damals wurden bereits alle wichtigen Grundsätze der Planung festgelegt und das System der betrieblichen Teilpläne entwickelt. Zugleich wurden die Ergebnisse der Planung den verantwortlichen Stellen als "budgets" vorgegeben. Die beim Aufbau der betrieblichen Planung zu treffenden Entscheidungen und die Ausrichtung der Planung auf die Zielgröße Gewinn setzten die Ermittlung von Plankosten voraus, so daß in vielen Betrieben parallel zum Ausbau der Planung Standard- oder Plankostenrechnungen entstanden. In der deutschen Literatur wurden die Begriffe „geplante Kosten" und „Plankosten" erstmalig im Jahre 1925

5 Zu den Entwicklungsformen der Plankostenrechnung vgl. *W. Kilger*, Flexible Plankostenrechnung, a.a.O., S. 53–119.

von M. R. Lehmann verwendet.[6] In der Zeit von 1933 bis 1945 wurde die Weiterentwicklung der Kostenrechnung zur Plankostenrechnung unterbrochen, weil die Bildung von Selbstkostenpreisen (LSÖ) aus Istkosten in den Mittelpunkt der Kostenrechnung rückte. Sie setzte nach dem zweiten Weltkrieg aber verstärkt wieder ein und hält bis heute an.

(3) Die Plankostenrechnung war zunächst in gleicher Weise eine Vollkostenrechnung wie die Ist- und die Normalkostenrechnung. Werden in die geplanten Kalkulationssätze neben den proportionalen auch die fixen Kosten einbezogen, so spricht man von einer auf *Vollkosten basierenden Plankostenrechnung*.

Die ersten Formen der auf Vollkosten basierenden Plankostenrechnung werden als *starre Plankostenrechnung* bezeichnet, da in diesem Kostenrechnungssystem die für bestimmte Planbeschäftigungen ermittelten Plankosten in der laufenden Abrechnung nicht an Beschäftigungsschwankungen angepaßt werden. Nehmen wir an, daß in einer Kostenstelle eine Planbeschäftigung von 3 200 Ftg. Std./Monat festgelegt und Plankosten in Höhe von 67 200 DM/Monat ermittelt werden, so beträgt der geplante Vollkostensatz 67 200 : 3 200 = 21 DM/Ftg. Std. bzw. 0,35 DM/Ftg. Min. Wird in einem bestimmten Monat eine Istbeschäftigung von 2 400 Ftg. Std./Monat realisiert, so werden 2 400 × 21 = 50 400 DM/Monat Plankosten kalkulatorisch verrechnet. Bei Istkosten in Höhe von 60 907 DM/Monat entsteht daher in der Kostenstelle eine Kostenabweichung von 10 507 DM/Monat. In der Abb. 16 haben wir die Entstehung dieser Abweichung graphisch dargestellt. Da in einer starren Plankostenrechnung

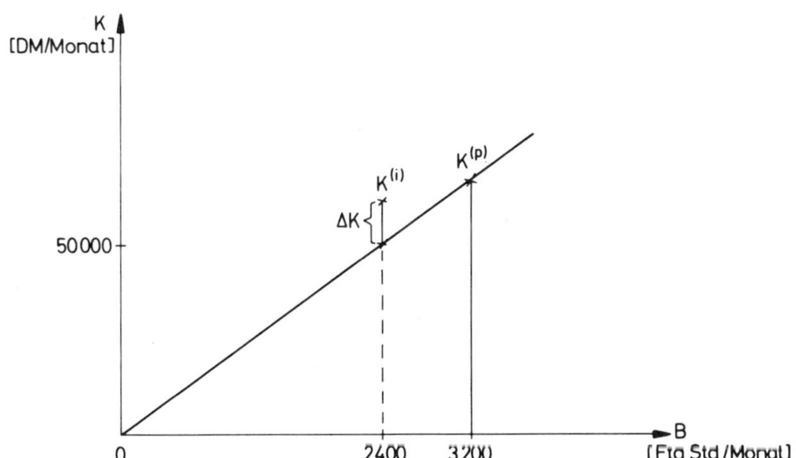

Abb. 16: Beispiel für die Entstehung einer Kostenabweichung in der starren Plankostenrechnung

die Plankosten $K^{(p)}$ nicht an die Istbeschäftigung $B^{(i)}$ angepaßt werden, ist sie für die Zwecke der Kostenkontrolle nicht geeignet. Den Istkosten lassen sich keine geplanten Kosten gegenüberstellen, die sich auf die gleiche Beschäftigung beziehen.

6 Vgl. *M. R. Lehmann*, Die industrielle Kalkulation, 1. Aufl., Berlin, Wien 1925, S. 86 ff.

Um diesen Mangel zu beheben, wurde die starre Plankostenrechnung schon relativ früh zur *flexiblen Plankostenrechnung* weiterentwickelt. Hierunter versteht man eine Plankostenrechnung, bei der die Plankosten monatlich an die Istbeschäftigung der Kostenstellen angepaßt werden. Voraussetzung hierfür ist, daß die Plankosten $K^{(p)}$ bereits bei der Kostenplanung in fixe und proportionale Plankosten ($K_F^{(p)}$ und $K_P^{(p)}$), unterteilt werden. Bei dieser *planmäßigen Kostenauflösung* werden diejenigen Plankosten den fixen Kosten zugeordnet, die auch dann noch anfallen sollen, wenn bei unveränderter Betriebsbereitschaft die Beschäftigung auf Null sinkt. Wandelt man die proportionalen Plankosten im Verhältnis der Istbeschäftigung zur Planbeschäftigung ab, so erhält man die *Sollkosten der Istbeschäftigung*:

$$K^{(s)} = K_F^{(p)} + K_P^{(p)} \frac{B^{(i)}}{B^{(p)}} \tag{47}$$

Man erhält die Sollkosten auch dadurch, daß man die proportionalen Plankosten pro Bezugsgrößeneinheit $d^{(p)} = K_P^{(p)}/B^{(p)}$ mit der Istbeschäftigung multipliziert und hierzu die fixen Plankosten addiert:

$$K^{(s)} = K_F^{(p)} + d^{(p)} B^{(i)} \tag{48}$$

Vergleicht man die Istkosten einer Kostenstelle mit den zugehörigen Sollkosten, so erhält man die sog. *Verbrauchsabweichung* ΔV:

$$\Delta V = K^{(i)} - K^{(s)} \tag{49}$$

Die Verbrauchsabweichungen werden für alle Kostenstellen monatlich und nach Kostenarten differenziert ermittelt. Die laufende Erfassung und Analyse der Verbrauchsabweichungen wird als *Kostenkontrolle* oder als *Soll-Ist-Kostenvergleich* bezeichnet.

Subtrahiert man von den Sollkosten der Istbeschäftigung die kalkulatorisch verrechneten Plankosten, so erhält man die *Beschäftigungsabweichung* ΔB:

$$\Delta B = K_F^{(p)} + d^{(p)} B^{(i)} - h^{(p)} B^{(i)} \tag{50}$$

Da sich der Vollkostensatz $h^{(p)}$ in den proportionalen Kostensatz $d^{(p)}$ und die fixen Kosten pro Bezugsgrößeneinheit $k_f^{(p)}$ zerlegen läßt, kann man hierfür schreiben:

$$\Delta B = K_F^{(p)} + d^{(p)} B^{(i)} - d^{(p)} B^{(i)} - k_F^{(p)} B^{(i)} \tag{51}$$

Erweitert man $k_F^{(p)} B^{(i)}$ zu $k_F^{(p)} B^{(p)} \frac{B^{(i)}}{B^{(p)}}$ und ersetzt man $k_F^{(p)} B^{(p)}$ durch die fixen Kosten $K_F^{(p)}$, so erhält man:

$$\Delta B = K_F^{(p)} \left(1 - \frac{B^{(i)}}{B^{(p)}}\right) \tag{52}$$

Nach Gleichung (52) ist die Beschäftigungsabweichung gleich dem Anteil der fixen Kosten, den man erhält, wenn man von 1 den Beschäftigungsgrad subtrahiert. Bei 90 % Beschäftigung erhält man 10 %, bei 80 % Beschäftigung 20 % usw. der geplanten fixen Kosten als Beschäftigungsabweichung. Bei Unterbeschäftigung hat die Beschäftigungsabweichung ein positives Vorzeichen, d. h. es werden nicht alle fixen Kosten auf die Kostenträger verrechnet. Bei Überbeschäftigung dagegen entstehen negative Beschäftigungsabweichungen, da zu viele fixe Kosten kalkulatorisch verrechnet worden sind. Die Beschäftigungsabweichung läßt sich auch wie folgt ausdrücken. Klammert man aus Gleichung (52) $B^{(i)}$ aus, so erhält man:

$$\Delta B = K_F^{(p)} \left(\frac{1}{B^{(i)}} - \frac{1}{B^{(p)}} \right) B^{(i)} \tag{53}$$

Hierfür kann man schreiben:

$$\Delta B = [k_F^{(p)} (B^{(i)}) - k_F^{(p)} (B^{(p)})]\ B^{(i)} \tag{54}$$

Die Gleichung (54) läßt erkennen, daß die Beschäftigungsabweichung als „Kalkulationsfehler" der Fixkostenverrechnung interpretiert werden kann. Statt der bei einer bestimmten Istbeschäftigung auf eine Beschäftigungseinheit entfallenden fixen Kosten $k_F^{(p)} (B^{(i)})$ werden die der Planbeschäftigung entsprechenden fixen Kosten $k_F^{(p)} (B^{(p)})$ verrechnet. In einer Istkostenrechnung fallen keine Beschäftigungsabweichungen an, da die Kalkulationssätze monatlich an die Beschäftigungsschwankungen angepaßt werden. In einer Normalkostenrechnung gehen die Beschäftigungsabweichungen in die Unter- bzw. Überdeckungen ein.

In einer Kostenstelle möge die planmäßige Kostenauflösung zu dem Ergebnis führen, daß von den geplanten Kosten in Höhe von 67 200 DM/Monat insgesamt 21 120 DM/Monat fixe Kosten und 46 080 DM/Monat proportionale Kosten sind. Die Planbeschäftigung beträgt 3 200 Ftg. Std./Monat. Als proportionalen Kostensatz erhält man daher 46 080 : 3 200 = 14,40 DM/Ftg. Std. oder 0,24 DM/ Ftg. Min. Die Sollkostenfunktion $K^{(s)} = 21\,120 + 14{,}40\ B^{(i)}$ haben wir in Abb. 17 graphisch dargestellt. In einer auf Vollkosten basierenden flexiblen Plankostenrechnung dient die Auflösung in fixe und proportionale Kosten lediglich dazu, die Sollkosten an die jeweilige Istbeschäftigung anzupassen. In der Kalkulation wird der gleiche Vollkostensatz verrechnet wie in der starren Plankostenrechnung, im Beispiel also 21 DM/Ftg. Std. In Abb. 17 gibt die durch den Nullpunkt verlaufende Gerade die kalkulatorisch *verrechneten Plankosten* an. Der Abstand zwischen verrechneten Plankosten und Sollkostenfunktion ist gleich der Beschäftigungsabweichung. Sind bei einer Istbeschäftigung von 2 400 Ftg. Std./Monat 60 907 DM/ Monat Istkosten angefallen, so erhält man folgende *Verbrauchsabweichung*:

$$\Delta V = 60\,907 - (21\,120 + 14{,}40 \times 2\,400)$$

$$\Delta V = 60\,907 - 55\,680 = 5\,227 \text{ DM/Monat}$$

Die *Beschäftigungsabweichung* beträgt:

$$\Delta B = 21\,120 \left(1 - \frac{2\,400}{3\,200}\right)$$

$$\Delta B = 21\,120 \times 0{,}25 = 5\,280 \text{ DM/Monat}$$

Dividiert man die Sollkosten der Istbeschäftigung in Höhe von 55 680 DM/Monat durch die Istbeschäftigung in Höhe von 2 400 Ftg. Std./Monat, so erhält man

23,20 DM/Ftg. Std. Mit Hilfe dieses Satzes läßt sich die *Beschäftigungsabweichung* wie folgt ermitteln:

$$\Delta B = (23{,}20 - 21)\ 2\,400$$

$$\Delta B = 2{,}20 \times 2\,400 = 5\,280 \text{ DM/Monat}$$

In der Abb. 18 haben wir die Kosten pro Beschäftigungseinheit graphisch dargestellt. In unserem Beispiel ist der Kalkulationssatz bei 2 400 Ftg. Std./Monat um 2,20 DM/Ftg. Std. höher als im Falle der Planbeschäftigung von 3 200 Ftg. Std./Monat.

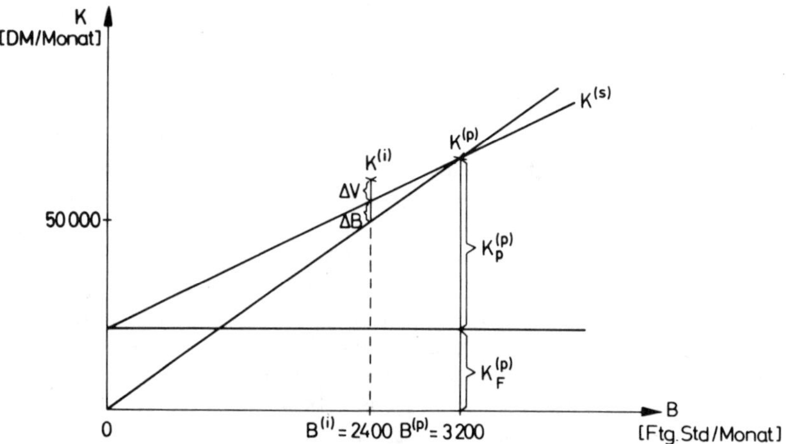

Abb. 17: Beispiel für die Sollkostenfunktion und die Ermittlung von Kostenabweichungen in einer auf Vollkosten basierenden flexiblen Plankostenrechnung

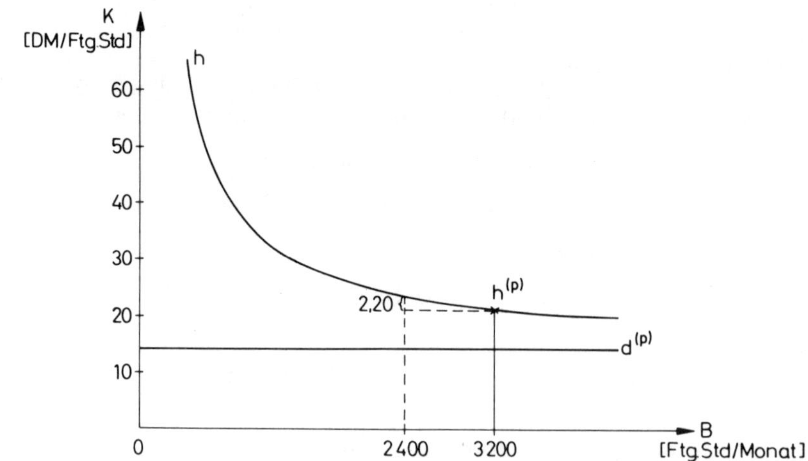

Abb. 18: Beispiel für den Verlauf des Vollkostensatzes in einer auf Vollkosten basierenden flexiblen Plankostenrechnung.

Addiert man die Verbrauchsabweichung und die Beschäftigungsabweichung, so erhält man die Kostenabweichung der starren Plankostenrechnung in Höhe von 10 507 DM/Monat.

(4) Im Gegensatz zur starren Plankostenrechnung erfüllt die auf Vollkosten basierende flexible Plankostenrechnung die *Aufgabe der Kostenkontrolle* gut. Die nach Kostenarten und Kostenstellen ermittelten Verbrauchsabweichungen müssen zwar in einigen Fällen um spezielle Gemeinkostenabweichungen ergänzt und von Abweichungsbestandteilen gereinigt werden, die von den Kostenstellenleitern nicht zu verantworten sind, solche Ergänzungen lassen sich aber ohne Schwierigkeiten durchführen.

Die *dispositiven Aufgaben der Kostenrechnung* erfüllt die auf Vollkosten basierende flexible Plankostenrechnung dagegen nur mangelhaft. Im Gegensatz zur starren Plankostenrechnung werden zwar die Plankosten in fixe und proportionale Bestandteile zerlegt, diese Aufteilung dient aber nur der Anpassung der Kostenvorgabe an Beschäftigungsschwankungen für die laufende Kostenkontrolle. In die Kalkulationssätze werden wie in jeder anderen Vollkostenrechnung fixe Kosten einbezogen. Diese *künstliche Proportionalisierung der fixen Kosten* führt zu *Fehlentscheidungen beim Aufbau der betrieblichen Planung*. Dies wollen wir mit Hilfe der beiden folgenden Beispiele verdeutlichen.

Die Arbeitsvorbereitung industrieller Betriebe muß beim Aufbau der Arbeitsablaufplanung oft *zwischen mehreren vorhandenen Maschinentypen oder Verfahren wählen*, die gleichermaßen für die Durchführung eines bestimmten Arbeitsganges in Frage kommen. Sie vergleicht hierzu die Fertigungskosten der Alternativen miteinander, die man erhält, indem man die Fertigungszeiten pro Erzeugniseinheit mit den Kostensätzen pro Zeiteinheit multipliziert. In einer Vollkostenrechnung stehen hierfür nur Vollkostensätze zur Verfügung. Die Verwendung von Vollkostensätzen ist aber falsch, weil die fixen Kosten der vorhandenen Maschinengruppen oder Verfahren von der Auftragsverteilung unabhängig sind. Sie trägt die gefährliche Tendenz in die Arbeitsablaufsteuerung, solchen Maschinen oder Verfahren Aufträge zuzuteilen, die infolge niedriger Mechanisierungsgrade relativ wenig fixe Kosten, dafür aber hohe proportionale Kosten pro Fertigungsstunde verursachen und die häufig bereits gut ausgelastet sind. Dafür werden stärker mechanisierte, fixkostenintensive

Tabelle 3: Lösung eines Verfahrenswahlproblems mit Hilfe von Vollkosten

Produktart	Verfahren 1			Verfahren 2		
	[Min/Stck]	[DM/Min]	[DM/Stck]	[Min/Stck]	[DM/Min]	[DM/Stck]
1	10	0,60	6,–	13	0,40	5,20
2	15	0,60	9,–	20	0,40	8,–

Tabelle 4: Lösung eines Verfahrenswahlproblems mit Hilfe von Grenzkosten

Produktart	Verfahren 1			Verfahren 2		
	[Min/Stck]	[DM/Min]	[DM/Stck]	[Min/Stck]	[DM/Min]	[DM/Stck]
1	10	0,38	3,80	13	0,30	3,90
2	15	0,38	5,70	20	0,30	6,–

bzw. bereits unterbeschäftigte Maschinen oder Verfahren geringer beschäftigt. Die Verfahrenswahl mit Hilfe von Vollkosten führt zu vermeidbaren Mehrkosten, wie das in den Tabellen 3 und 4 wiedergegebene Zahlenbeispiel erkennen läßt.

Bei Vollkostenrechnung sind beide Produktarten dem Verfahren 2 zuzuteilen, die entscheidungsrelevanten Grenzkosten sind aber bei Verfahren 1 niedriger. Nehmen wir an, daß von der Produktart 1 während der Planungsperiode 3.000 Stück und von der Produktart 2 5.000 Stück herzustellen sind, so würde eine Steuerung mit Hilfe der Vollkostensätze zu folgenden vermeidbaren Mehrkosten führen:

Produktart 1 : 3 000 Stück × 0,10 DM/Stck. = 300 DM
Produktart 2 : 5 000 Stück × 0,30 DM/Stck. = 1 500 DM
Mehrkosten = 1 800 DM

Einschränkend ist zwar darauf hinzuweisen, daß die Steuerung nach den niedrigsten Grenzkosten nur dann zur optimalen Lösung von Verfahrenswahlproblemen führt, wenn keine Engpässe wirksam werden. In Engpaßsituationen sind komplizierte Entscheidungsmodelle erforderlich, die aber als Kostendaten ebenfalls Grenzkosten und keineswegs Vollkosten erfordern.

Besonders deutlich werden die Mängel der auf Vollkosten basierenden flexiblen Plankostenrechnung bei dem Versuch, die Ergebnisse der kurzfristigen Erfolgsrechnung für die Zwecke der *Verkaufssteuerung* auszuwerten. In einer auf Vollkosten basierenden Erfolgsrechnung werden den Erlösen der Erzeugnisarten die zugehörigen Selbstkosten einschließlich der proportionalisierten fixen Kosten gegenübergestellt; die Differenz beider Größen wird als *Vollkostenerfolg* bezeichnet. Für Erzeugnisse, deren Erlöse die vollen Selbstkosten nicht decken, werden negative Vollkostenerfolge, d. h. Vollkostenverluste ausgewiesen. Werden z. B. von einer Produktart 6 400 Stück zu 20 DM/Stck. verkauft und betragen die nach dem Vollkostenprinzip ermittelten Selbstkosten 22,50 DM/Stck., so führt die Erfolgsrechnung zu einem Erfolg in Höhe von 6 400 (20–22,50) = ./. 16 000 DM. In der betrieblichen Praxis werden solche „Verlustartikel" häufig ersatzlos aus dem Sortiment gestrichen, in der Annahme, daß dadurch der Gesamtgewinn um 16 000 DM zunimmt. Dieser Schluß ist aber falsch; denn nur die Erlöse, nicht aber auch die Selbstkosten verhalten sich proportional zu den Verkaufsmengen, da die letzteren künstlich proportionalisierte fixe Kosten enthalten. Verfügt eine Unternehmung nur über die nach dem Vollkostenprinzip ermittelten Selbstkosten, so kann die Geschäftsleitung nicht erkennen, wie der Gewinn durch die Streichung eines „Verlustartikels" wirklich beeinflußt wird. Hierzu muß man die proportionalen Selbstkosten kennen. Nehmen wir an, daß die proportionalen Selbstkosten im obigen Beispiel 18,– DM/Stck. betragen, so führt die Streichung des Artikels zu einer Erlösverminderung von 6 400 × 20 = 128 000 DM der nur eine Kostensenkung von 6 400 × 18 = 115 200 DM gegenübersteht. Der Gesamtgewinn würde daher nicht zunehmen, sondern sich um 12 800 DM verringern, wenn der Artikel aus dem Sortiment gestrichen wird. Man kann diese Tatsache auch so interpretieren, daß die obige Produktart mit 6 400 (20–18) = 12 800 DM zur Deckung der fixen Kosten beiträgt. Die Differenz aus dem Erlös und den proportionalen Selbstkosten wird daher als *Deckungsbeitrag* oder *Grenzkostenergebnis* bezeichnet. Da in einer auf Vollkosten basierenden flexiblen Plankostenrechnung die proportionalen Selbstkosten nicht bekannt sind, stehen für die Verkaufssteuerung auch keine Deckungsbeiträge zur Verfügung, so daß sich die gewinnmaximale Zusammensetzung des Produktionsprogramms nicht bestimmen läßt. Weiterhin kann ein Betrieb mit Vollkostenrechnung die *Preisuntergrenzen* seiner Erzeugnisse nicht bestimmen, da diese entweder gleich den proportionalen Selbstkosten sind oder ihre Ermittlung zumindest deren Kenntnis voraussetzt.

Die Kritik an der auf Vollkosten basierenden flexiblen Plankostenrechnung läßt sich dahingehend zusammenfassen, daß bei dieser Form der Kostenrechnung infolge der für sie typischen Fixkostenverrechnung die für den Aufbau der betrieblichen Planung relevanten Kosten nicht zur Verfügung stehen.

232. Die Plankostenrechnung auf Grenzkostenbasis (Grenzplankostenrechnung)

(1) Die Mängel der auf Vollkosten basierenden Plankostenrechnung bei der Erfüllung dispositiver Aufgaben haben dazu geführt, daß Formen der Plankostenrechnung entstanden, bei denen keine fixen Kosten in die Verrechnungssätze für innerbetriebliche Leistungen und die Kalkulationssätze der Hauptkostenstellen einbezogen werden, sondern nur die nach dem Verursachungsprinzip zurechenbaren proportionalen Kosten. In Deutschland wird eine solche Kostenrechnung heute als *Grenzplankostenrechnung, Proportionalkostenrechnung, Teilkostenrechnung* oder *Deckungsbeitragsrechnung* bezeichnet. In den USA wird die Bezeichnung "*direct costing*" verwendet, in Großbritannien nennt man eine solche Kostenrechnung "*marginal costing*"[7].

Die Bezeichnung *Grenzplankostenrechnung* bringt zum Ausdruck, daß nur die Grenzkosten in die Kalkulation der betrieblichen Erzeugnisse einbezogen werden, das gleiche gilt für die englische Bezeichnung "*marginal costing*". Da in der Plankostenrechnung lineare Sollkostenfunktionen vorausgesetzt werden, sind die Grenzkosten der Grenzplankostenrechnung von der Beschäftigung unabhängig und mit den variablen Durchschnittskosten identisch. Die Bezeichnung *Proportionalkostenrechnung* deutet an, daß nur die zur Beschäftigung proportionalen Kosten auf die Erzeugnisse verrechnet werden. Der Ausdruck *Teilkostenrechnung* ist als Gegenbegriff zur Bezeichnung Vollkostenrechnung aufzufassen; er drückt aus, daß nur „Teile der Gesamtkosten", z. B. die proportionalen Kosten, in die Kalkulation einbezogen werden. Die amerikanische Bezeichnung "*direct costing*" soll zum Ausdruck bringen, daß nur Kosten auf die betrieblichen Erzeugnisse verrechnet werden, die sich beschäftigungsabhängig verhalten, also „direkt" durch Beschäftigungsschwankungen beeinflußt werden. In Deutschland wird heute immer häufiger die Bezeichnung *Deckungsbeitragsrechnung* verwendet, weil eines der Hauptziele der Grenzplankostenrechnung die Verkaufssteuerung mit Hilfe von Deckungsbeiträgen ist. Da jedoch das Rechnen mit Deckungsbeiträgen einerseits eine Grenzplankostenrechnung voraussetzt, andererseits aber bereits zur kurzfristigen Erfolgsrechnung und zur Absatzplanung gehört, halten wir zur Kennzeichnung einer Plankostenrechnung, in der den betrieblichen Produkten keine fixen Kosten zugerechnet werden, die Bezeichnung Grenzplankostenrechnung für zweckmäßiger.

7 Zur Entwicklung der Grenzplankostenrechnung vgl. *W. Kilger*, Flexible Plankostenrechnung, a.a.O., S. 98–119.

(2) In der deutschen Literatur zur Kostenrechnung hat es schon sehr früh Ansätze für die Weiterentwicklung der Kostenrechnung zu einer Grenzplankostenrechnung gegeben. Es ist vor allem *E. Schmalenbach* gewesen, der durch seine Veröffentlichungen der Kostenrechnung den Weg zur Grenzkostenrechnung gewiesen hat.[8] Bereits 1899 veröffentlichte er einen Aufsatz, in dem das Fixkostenproblem als Zentralproblem der Kostenrechnung herausgestellt wird. E. Schmalenbach erkannte schon damals, daß sich die fixen Kosten den betrieblichen Erzeugnissen nicht nach dem Verursachungsprinzip zurechnen lassen und forderte die „Ausgliederung der Fixkosten in Kalkulation und Preispolitik". In seinen späteren Veröffentlichungen hat E. Schmalenbach diesen Gedanken weiter präzisiert und der Kostenrechnung den Weg zur Grenzkostenrechnung und dem Rechnen mit Deckungsbeiträgen gewiesen. Für die Anwendung in der betrieblichen Praxis kam jedoch E. Schmalenbachs Kostenlehre zu früh. Die meisten Kostenfachleute hielten zu Schmalenbachs Zeit unbeirrt am Vollkostenprinzip fest und betrachteten die Ausgliederung der fixen Kosten in Kalkulation und Preispolitik für undurchführbar und gefährlich. Dennoch ist E. Schmalenbach das Verdienst zuzusprechen, das theoretische Fundament für den späteren Übergang zur Grenzkostenrechnung geschaffen zu haben.

Als weiterer Wegbereiter der Grenzkostenrechnung in Deutschland ist *K. Rummel* anzusehen. Er hat bereits in den dreißiger Jahren systematisch die Gesetzmäßigkeiten einer richtigen kalkulatorischen Verrechnung der Kosten untersucht.[9] Ähnlich wie E. Schmalenbach kam er hierbei zu dem Ergebnis, daß sich die fixen Kosten nicht nach dem Verursachungs- oder Proportionalitätsprinzip auf die betrieblichen Erzeugnisse verrechnen lassen. K. Rummel erkannte, daß die fixen Kosten durch die für bestimmte Zeiträume zur Verfügung gestellten Kapazitäten verursacht werden und bezeichnete sie als „kalenderzeitproportional". Er forderte, die fixen Kosten nicht in die Kalkulationen einzubeziehen, sondern sie als „Kostenblock" monatlich in das Betriebsergebnis auszubuchen; eine solche Kostenrechnung bezeichnete er daher als „Blockkostenrechnung". Auch die Veröffentlichungen von K. Rummel erschienen in einer Zeit, in der die Praxis noch nicht reif für den Übergang zur Grenzkostenrechnung war.

Weder E. Schmalenbach noch K. Rummel hatten erkannt, daß eine Grenzkostenrechnung stets zugleich auch eine Plankostenrechnung sein muß, da nur im Rahmen einer Kostenplanung eine sinnvolle Aufteilung in fixe und proportionale Kosten möglich ist. Wahrscheinlich ist das auch einer der Gründe dafür, daß sich ihre Gedanken zunächst in der Praxis nicht durchsetzen konnte. Erst nachdem in den fünfziger Jahren der Plankostengedanke wieder aufgegriffen wurde und zahlreiche Unternehmungen flexible Plankostenrechnungen auf Vollkostenbasis eingeführt hatten, war die Zeit reif für den Übergang zur Grenzplankostenrechnung. Es ist das Verdienst von *H. G. Plaut,* in deutschen Firmen erstmalig geschlossene Systeme der flexiblen Plankostenrechnung eingeführt zu haben, bei denen keine fixen Kosten in die Kalkulation einbezogen werden. Er hat hierfür die Bezeichnung Grenzplankostenrechnung vorgeschlagen.[10] Als Unternehmensberater hatte

8 Vgl. *W. Kilger*, Schmalenbachs Beitrag zur Kostenlehre, S. 525 und die dort angegebene Literatur.

9 Vgl. *K. Rummel*, Einheitliche Kostenrechnung, 3. Aufl., Düsseldorf 1967.

10 Vgl. *H. G. Plaut*, Die Grenz-Plankostenrechnung, ZfB 1953, S. 347 ff. u. S. 403 ff.; *H. G. Plaut*, Die Grenz-Plankostenrechnung, ZfB 1955, S. 25 ff.; *H. G. Plaut*, Unternehmenssteuerung mit Hilfe der Voll- oder Grenzplankostenrechnung, ZfB 1961, S. 460 ff.

H. G. Plaut die Schwächen der auf Vollkosten basierenden flexiblen Plankostenrechnung bei der Verkaufssteuerung und der Lösung von Verfahrenswahlproblemen im Fertigungsbereich erkannt. Mit der Einführung der Grenzplankostenrechnung entwickelte H. G. Plaut die kurzfristige Erfolgsrechnung gleichzeitig zur *Deckungsbeitragsrechnung* weiter.

Eine spezielle Form der Deckungsbeitragsrechnung, die vor allem für Unternehmungen mit Kuppelproduktion geeignet ist, wurde von *P. Riebel* entwickelt.[11]

Der in den fünfziger Jahren einsetzende Übergang zur Grenzplankostenrechnung in Deutschland hat *Impulse durch das amerikanische "direct costing"* erhalten. Als Begründer dieses Verfahrens gilt in den USA *J. N. Harris*, der als Controller eines Chemiebetriebes bereits 1934 zum Grenzkostenprinzip überging, um die Fehler der Vollkostenrechnung zu vermeiden. Sein 1936 veröffentlichter Aufsatz: "What Did We Earn Last Month?" läßt erkennen, daß es in den USA insbesondere die Probleme der Erfolgsanalyse und der Gewinnplanung gewesen sind, die zum Rechnen mit Grenzkosten und Deckungsbeiträgen geführt haben.[12] Unabhängig von J. N. Harris und fast zur gleichen Zeit fand G. C. Harrison, einer der führenden Vertreter der Standardkostenrechnung in den USA, den Weg zum "direct costing". Er veröffentlichte seine Erfahrungen 1937 unter dem Titel: "New Wine Old Bottles. Why Most Profit-Statements Are Wrong". Auch diese Veröffentlichung ließ deutlich werden, daß man eine aussagefähige kurzfristige Erfolgsrechnung nur erhält, wenn man die fixen Kosten nicht auf die betrieblichen Erzeugnisse verrechnet. In der amerikanischen Literatur wird als Vorteil des "direct costing" hervorgehoben, daß durch dieses Verfahren die funktionalen Beziehungen zwischen Kosten, Umsatz und Gewinn (= "cost-volume-profit relationships") transparent werden, so daß Fehlentscheidungen der Produktions- und Absatzplanung vermieden werden können. Die Deckungsbeiträge werden in den USA als "contribution margin", "marginal income", "profit contribution", "variable gross margin" bezeichnet.

Ähnlich wie in Deutschland die Arbeiten von E. Schmalenbach und K. Rummel eilten auch in den USA die Vorschläge von J. N. Harris und G. C. Harrison ihrer Zeit voraus. Erst etwa 20 Jahre später begann sich der Grenzkostengedanke in der amerikanischen Praxis durchzusetzen. Hierbei wurde die Entwicklung durch die Forschungskomitees, Diskussionsgruppen und Veröffentlichungen der *National Association of Accountants* (NAA) in New York gefördert. Die Forschungsberichte der NAA von 1953 und 1961 geben erstmalig eine geschlossene Darstellung des amerikanischen "direct costing"[13]. Sie lassen erkennen, daß dieses Verfahren weitgehend mit der deutschen Grenzplankostenrechnung übereinstimmt.

(3) Der *Aufbau der Grenzplankostenrechnung* entspricht dem der auf Vollkosten basierenden flexiblen Plankostenrechnung. Die nach Kostenstellen und Kostenarten differenzierte Kostenplanung wird genau so durchgeführt. Der einzige und zugleich entscheidende Unterschied besteht darin, daß weder in die Verrechnungssätze für innerbetriebliche Leistungen noch in die Kalkulationssätze der Haupt-

11 Vgl. *P. Riebel*, Einzelkosten- und Deckungsbeitragsrechnung, Opladen 1972.

12 Vgl. *J. N. Harris*, What Did We Earn Last Month? N.A.C.A.-Bulletin 1936.

13 Vgl. N.A.C.A.-Bulletin 1953 (4), No. 23, Section 3, S. 1079 ff. und NAA-Research Report 37, Current Application of Direct Costing, New York 1961.

kostenstellen fixe Kosten einbezogen werden. Damit gehen in die Kalkulationen nur proportionale Kosten ein. Die fixen Kosten bleiben zunächst auf den Kostenstellen stehen und werden monatlich in die kurzfristige Erfolgsrechnung ausgebucht.

Auch der lfd. Soll-Ist-Kostenvergleich wird in der Grenzplankostenrechnung genauso durchgeführt, wie in der auf Vollkosten basierenden flexiblen Plankostenrechnung. Da in die Kalkulationen nur proportionale Kosten einbezogen werden, stimmen in einer Grenzplankostenrechnung die verrechneten Plankosten mit den proportionalen Sollkosten überein, so daß die Beschäftigungsabweichungen entfallen.

Die kurzfristige Erfolgsrechnung wird in einer Unternehmung, die mit einer Grenzplankostenrechnung arbeitet, in Form einer Deckungsbeitragsrechnung durchgeführt. Die nach Erzeugnissen oder Erzeugnisgruppen differenzierten Verkaufserlöse werden um die proportionalen Selbstkosten der verkauften Erzeugnisse vermindert. Hierdurch erhält man den nach Erzeugnissen oder Erzeugnisgruppen differenzierten Gesamtdeckungsbeitrag einer Periode. Vermindert man den Gesamtdeckungsbeitrag um die Summe der fixen Kosten, so erhält man den Gesamterfolg.

Zusammenfassend ist hervorzuheben, daß die Grenzplankostenrechnung z. Z. als das fortschrittlichste Verfahren der Kostenrechnung anzusehen ist. Sie ist sowohl zur laufenden Kontrolle der Kostenwirtschaftlichkeit als auch für die dispositiven Aufgaben der Kostenrechnung hervorragend geeignet.

Viele Betriebe wollen die Vorteile der Grenzplankostenrechnung nutzen, parallel zu den Grenzkostenkalkulationen aber auch Vollkostenkalkulationen erstellen. Ergänzende Vollkostenkalkulationen sind insbesondere für Betriebe erforderlich, die öffentliche Aufträge nach LSP zu Selbstkostenerstattungspreisen abrechnen, oder Konzernberichte auf Vollkostenbasis erstellen müssen. Weiterhin erfordert die steuerliche Bewertung der Halb- und Fertigfabrikatebestände die Kenntnis der vollen Herstellungskosten. Für dispositive Aufgaben sind aber stets die Grenzkosten relevant.

3. Die Kostenartenrechnung

31. Grundsätze für die Einteilung und Kontierung der Kostenarten

(1) Die *Aufgabe der Kostenartenrechnung* besteht darin, die während einer Abrechnungsperiode angefallenen Istkosten belegmäßig zu erfassen und dabei anzugeben, wie die einzelnen Kostenartenbeträge im System der Kostenrechnung weiterzuverrechnen sind. Die Kostenartenrechnung ist als Grundlage der gesamten Kostenrechnung anzusehen. Erfassungs- und Kontierungsfehler der Kostenartenrechnung führen zwangsläufig zu falschen Ergebnissen in den übrigen Teilgebieten der Kostenrechnung, so z. B. in der Kalkulation und der Kostenkontrolle.

Die richtige Erfassung und Kontierung der Kosten setzt eine zweckentsprechende *Kostenarteneinteilung* voraus. Jede Kostenart wird durch eine *Kostenartennummer* und durch eine *Kostenartenbezeichnung* gekennzeichnet. Ähnliche Kostenarten werden zu Kostenartengruppen zusammengefaßt. Die Kostenarten sind so zu bilden, daß für jeden Kostenartenbeleg jeweils nur eine bestimmte Kostenart in Frage kommt. Unklare und mehrdeutige Kostenartenbezeichnungen sind so weit als möglich zu vermeiden. Wegen der Vielschichtigkeit des industriellen Faktoreinsatzes lassen sich aber völlig eindeutige Kostenartenbezeichnungen nur annähernd erreichen und strittige Kontierungsfälle sich nie ganz ausschließen. Dieser Mangel wird dadurch behoben, daß man die Kostenarteneinteilung durch eine *Kontierungsvorschrift* ergänzt, in der Regeln angegeben werden und mit Hilfe von Beispielen erklärt wird, wie die Zuordnung zu den einzelnen Kostenarten zu erfolgen hat.

Bei der Bildung von Kostenarten lassen sich folgende *Einteilungskriterien* unterscheiden.[1] Erstens kann man sich bei der Bildung von Kostenarten an der Art der verbrauchten oder eingesetzten Produktionsfaktoren orientieren. Hierbei entsprechen den Produktionsfaktoren Werkstoffe, menschliche Arbeitsleistungen und Betriebsmittel z. B. die Kostenartenbezeichnungen Materialkosten, Löhne bzw. Gehälter und Abschreibungen. Zweitens kann man bei der Kostenartenbildung von kostenstellenorientierten Kriterien ausgehen, also berücksichtigen, in welcher Kostenstelle ein bestimmter Kostenartenbetrag angefallen ist. Drittens kann man als Einteilungskriterium die Kostenträgerart wählen, d. h. davon ausgehen, für welches Produkt oder für welchen Auftrag die Kosten entstanden sind.

Grundsätzlich muß bei der Kostenarteneinteilung die *faktororientierte Unterteilung als Haupteinteilungsmerkmal* gewählt werden. Bei einer voll ausgebauten Kostenrechnung reicht diese Unterteilung vollständig aus, da ja in der anschließenden Kostenstellen- und Kostenträgerrechnung ohnehin gezeigt wird, auf welche

1 Zur Bildung von Kostenarten vgl. insbesondere die grundlegende Arbeit von *H. Norden*, Saubere Kostenarten, Der praktische Betriebswirt 1940, S. 578 ff.

Kostenstellen und auf welche Kostenträger die einzelnen Kostenbeträge entfallen. Kostenstellen- und kostenträgerorientierte Einteilungskriterien sind zwar als Ergänzungen der produktionsfaktororientierten Kostenarteneinteilung zulässig, wobei aber die letztere das vorherrschende Merkmal bleiben muß, so wie in den folgenden beiden Beispielen:

Hilfslöhne für Materiallager
Hilfslöhne für Transport
Hilfslöhne für Fertigung
Hilfslöhne für Versand

Fertigungsmaterial für Produktgruppe A
Fertigungsmaterial für Produktgruppe B
Fertigungsmaterial für Produktgruppe C
Fertigungsmaterial für Reparaturaufträge.

Man sollte solche Ergänzungen aber weitgehend vermeiden, weil sie die Anzahl der Kostenarten unnötig erhöhen, ohne die Ergebnisse der Kostenrechnung zu verbessern.

Werden kostenstellen- oder kostenträgerorientierte Einteilungskriterien als Haupteinteilungsmerkmale gewählt, so entstehen „unsaubere" oder „gemischte Kostenarten", durch welche die Kostenartenrechnung unübersichtlich und fehleranfällig wird.[2] Typische Beispiele gemischter Kostenarten sind „Raumkosten", „Schlossereikosten", „Versandkosten" und „Kosten für Werkaufträge". Diese Kosten enthalten Personalkosten, Hilfs- und Betriebsstoffkosten, Abschreibungen und sonstige Kostenarten, die von den zugehörigen faktorbezogenen Kostenarten abgezogen und in die gemischten Kosten einbezogen werden. Gemischte Kostenarten findet man häufig in Betrieben, die noch nicht über eine voll ausgebaute Kostenrechnung verfügen, und in der die Finanzbuchhaltung versucht, spezielle Aufgaben der Kostenstellen- oder Kostenträgerrechnung durch Umbuchung von Kostenarten zu lösen. Bei der Einführung einer Kostenrechnung sind die gemischten Kostenarten zu beseitigen.

(2) Eine einheitliche, für alle Industriebetriebe zweckmäßige Kostenarteneinteilung gibt es nicht, weil die Produktionsfaktorgruppen in den verschiedenen Branchen von unterschiedlicher Bedeutung sind und sich in ihrer Zusammensetzung z. T. erheblich voneinander unterscheiden. Für viele Industriebetriebe kann aber die in Übersicht 4 angegebene Kostengliederung als Grundlage ihrer *Kostenarteneinteilung* dienen. Diese Gliederung lehnt sich an die Kostenartengliederung des Gemeinschaftskontenplans der Industrie an, die von uns geringfügig verändert und ergänzt wurde.[3]

2 Auf die Gefahren „unsauberer Kostenarten" hat bereits *H. Norden*, Saubere Kostenarten, a.a.O., S. 582 hingewiesen. Vgl. zur Forderung „reiner Kostenarten" auch *F. Henzel*, Die Kostenrechnung, 4. Aufl., Essen 1964, S. 45.

3 Vgl. Gemeinschaftsrichtlinien für die Buchführung (G.R.B.). In: Grundsätze und Gemeinschafts-Richtlinien für das Rechnungswesen, bearbeitet von *G. Dirks*, hrsg. vom BDI, Frankfurt 1951.

Übersicht 4: Beispiel einer Kostenarteneinteilung

40/41 Material

4001 Einsatzmaterialart A
4002 Einsatzmaterialart B
⋮
4009 Einsatzmaterialart Z

4011 Klein- und Normteile
4012 Fremdbezogene Einzelteile
4013 Auswärtige Bearbeitung
⋮
4019 Handelsware

4121 Hilfsstoffe
4122 Betriebsstoffe (ohne Brennstoffe und Energie)
4123 Werkzeuge und Geräte
⋮
4129 Material für innerbetriebliche Leistungen

4191 Verpackungsmaterial

42 Brennstoffe und Energie

4201 Feste Brenn- und Treibstoffe
4202 Flüssige Brenn- und Treibstoffe
4203 Gasförmige Brenn- und Treibstoffe

4211 Fremdbezogene elektrische Energie
4212 Fremdbezogene Wärmeenergie
⋮
4219 Fremdbezogenes Wasser

43 Löhne und Gehälter

4301 Fertigungslöhne
4302 Löhne für innerbetriebliche Leistungen
⋮
4309 Zusatzlöhne für Akkordarbeiter

4311 Hilfslöhne für Vorarbeiter
4312 Hilfslöhne für Transport- und Lagerarbeiten
4313 Hilfslöhne für Reinigungsarbeiten
⋮
4319 Sonstige Hilfslöhne
4321 Lohnzulagen
4322 Mehrarbeitszuschläge für Arbeiter

4351 Gehälter
4361 Gehaltszulagen
4362 Mehrarbeitszuschläge für Angestellte

44 Personalnebenleistungen

4401 Gesetzliche Sozialabgaben für Arbeiter
4402 Gesetzliche Sozialabgaben für Angestellte
⋮
4409 Freiwillige Sozialabgaben

45 Reparaturen, Instandhaltungen, sonstige technische Leistungen

4501 Reparatur- und Instandhaltungsleistungen für Grundstücke und Gebäude
4502 Reparatur- und Instandhaltungsleistungen für Maschinen und Anlagen
4503 Reparatur- und Instandhaltungsleistungen für Betriebseinrichtungen
4504 Reparatur- und Instandhaltungsleistungen für Verwaltungseinrichtungen

4511 Fremde Forschungsleistungen
4512 Fremde Entwicklungsleistungen
4513 Fremde Konstruktionsleistungen
⋮
4519 Sonstige fremde technische Leistungen
4591 Ausschuß und Nacharbeit

46 Kostensteuern, Gebühren, Beiträge und Versicherungsprämien

4601 Grundsteuer
4602 Kraftfahrzeugsteuer
4603 Gewerbekapitalsteuer
4604 Gewerbeertragsteuer
4605 Lohnsummensteuer
4606 Vermögensteuer
⋮
4609 Sonstige Kostensteuern

4611 Gebühren und Abgaben (ohne Postgebühren)
4621 Beitrag für Industrie- und Handelskammer
4622 Beitrag für Arbeitgeberverband
4623 Beitrag für Fachverband
⋮
4629 Sonstige Beiträge

4631 Kraftfahrzeugversicherung
4632 Feuerversicherung
4633 Betriebshaftpflichtversicherung
4634 Betriebsunterbrechungsversicherung
⋮
4639 Sonstige Versicherungsleistungen

47 Mieten, Verkehrs-, Büro-, Werbekosten und dergleichen

4701 Raummieten
4702 Mieten für Maschinen und Anlagen

4709 Sonstige Mieten

4711 Postgebühren
4712 Büromaterial, Drucksachen
4713 Bücher und Zeitschriften

4721 Personentransport
4722 Reisespesen und Übernachtungskosten
4723 Bewirtungs- und Repräsentationskosten

⋮

4729 Fremder Gütertransport

4741 Beratungsleistungen

4751 Aufsichtsratkosten

4781 Werbemittel A
4782 Werbemittel B

⋮

4789 Werbemittel Z

4791 Vertreterkosten (Provisionen)

48 Kalkulatorische Kosten

4801 Kalkulatorische Abschreibungen
4802 Kalkulatorische Zinsen auf das Anlagevermögen
4803 Kalkulatorische Zinsen auf das Umlaufvermögen
4804 Kalkulatorischer Unternehmerlohn
4805 Kalkulatorische Wagnisse

⋮

4808 Kalkulatorische Sozialkosten für Arbeiter
4809 Kalkulatorische Sozialkosten für Angestellte

49 Kosten der innerbetrieblichen Leistungsverrechnung (sekundäre Kostenarten)

4901 Raumkosten

4911 Stromkosten
4912 Dampfkosten
4913 Gaskosten
4914 Preßluftkosten
4915 Wasserkosten

4921 Kosten der Sozialstellen

4931 Kosten der Schlosserei
4932 Kosten der Elektrikerwerkstatt

⋮

4939 Kosten sonstiger Werkstätten

4971 Kosten der Transportstellen

4991 Kosten der Leitungsstellen

Die Kostenartengruppen 40 und 41 enthalten die Werkstoffkosten, die in der Praxis meistens als *Materialkosten* bezeichnet werden. Ihre Belege werden durch die Materialabrechnung erfaßt. Die Kosten für auswärtige Bearbeitung, d. h. für vergebene Lohnaufträge, gehören eigentlich nicht zu den Materialkosten, es ist aber zweckmäßig, sie abrechnungstechnisch wie fremdbezogene Teile zu behandeln, da die Vergabe von Lohnarbeit wirtschaftlich ein ähnlicher Vorgang wie der Fremdbezug von Teilen ist.

Den *Brennstoff- und Energiekosten* wird in der Übersicht 4 eine gesonderte Kostenartengruppe zugeordnet, weil der Energieverbrauch in vielen Industriebetrieben ein wesentlicher Kostenfaktor ist. Die Brennstoffkosten werden durch die Materialabrechnung erfaßt, für die Kostenerfassung der fremdbezogenen Energie bilden die Abrechnungen der Energieversorgungsbetriebe die Grundlage.

Die Kostenartengruppe 43 enthält die *Löhne und Gehälter* einschließlich aller Lohn- und Gehaltszulagen, aber ohne Sozialabgaben. Die Erfassung der Löhne und Gehälter erfolgt in der Lohn- und Gehaltsabrechnung mit Hilfe von Lohnscheinen und Gehaltslisten.

In der Kostenartenklasse 44 werden die Kosten aller *Personalnebenleistungen* zusammengefaßt, wozu neben den gesetzlichen Sozialabgaben auch alle freiwilligen Sozialleistungen, wie z. B. Kosten für Ausbildungsbeihilfen, Lehrgänge, Jubiläen, Trauerfälle, Betriebsfeiern usw. gehören. In vielen Betrieben werden die freiwiligen Sozialabgaben weitgehend nach Unterkostenarten gegliedert. Die gesetzlichen

Sozialabgaben werden ebenfalls durch die Lohn- und Gehaltsabrechnungen erfaßt, für die Erfassung der freiwilligen Sozialabgaben ist in den meisten Fällen die Finanzbuchhaltung zuständig. Die Kostenartenklasse 44 enthält keine Kosten für betriebliche Sozialeinrichtungen, da es sich hierbei um sekundäre Kosten handelt, die erst in der Kostenstellenrechnung erfaßt werden.

Die in Gruppe 45 angegebenen Kosten für *Reparaturen, Instandhaltungen und sonstige technische Leistungen* werden durch spezielle Abrechnungsstellen der technischen Hilfsbetriebe bzw. des Forschungs- und Entwicklungsbereichs erfaßt. In kleineren Betrieben ist hierfür meistens ein spezieller Sachbearbeiter der Betriebsabrechnung zuständig. Streng genommen sollte die Gruppe 45 nur primäre Kosten enthalten, d. h. Kosten für Leistungen außerbetrieblicher Stellen, von denen der Betrieb Fremdrechnungen erhält. Da aber bei vielen Reparatur- und Instandhaltungsarbeiten außerbetriebliche Fachleute und eigene Handwerker zusammenarbeiten, und je nach der Beschäftigungslage der eigenen Hilfsbetriebe mehr eigene oder mehr fremde Handwerker eingesetzt werden, hat es sich in der Praxis als zweckmäßig erwiesen, in der Kostenartengruppe 45 primäre und sekundäre Kostenarten zusammen zu verrechnen. Dies geschieht mit Hilfe von *Werksauftragsnummern* für Reparaturen, Instandhaltungsarbeiten oder sonstige technische Leistungen. Auf diese Werksauftragsnummern werden folgende Kosten kontiert:

1. Material- und Ersatzteilkosten lt. Materialabrechnung;
2. Fremdrechnungen für Reparatur- und Instandhaltungsleistungen;
3. Fertigungsstunden eigener Handwerker bewertet mit den in der Kostenstellenrechnung ermittelten Kostensätzen.

Die Positionen 1 und 2 enthalten ausschließlich primäre Kostenarten, die Position 3 dagegen besteht aus sekundären Kostenarten. Die Kosten abgeschlossener Werksauftragsnummern für Reparatur- und Instandhaltungsleistungen werden den Kostenarten 4 501 bis 4 504 zugeordnet. In Übersicht 4 sind für Forschungs-, Entwicklungs- und Konstruktionsleistungen nur Fremdleistungen vorgesehen. Wirken auch in diesen Bereichen eigene und fremde Stellen zusammen, so läßt sich die gleiche Abrechnungstechnik mit Hilfe von Auftragsnummern wie bei den Reparatur- und Instandhaltungsleistungen anwenden, wobei ebenfalls primäre und sekundäre Kostenarten zusammen ausgewiesen werden. Als letzte Kostenart enthält die Klasse 45 die Kosten für Ausschuß und Nacharbeit. Diese Kosten werden mit Hilfe von Ausschuß- und Nacharbeitsbelegen erfaßt, die von Leitungs- oder Kontrollstellen des Fertigungsbereichs ausgestellt werden. Sie enthalten neben Materialkosten auch Fertigungskosten, die sich nur mit Hilfe der Kostenstellenrechnung ermitteln lassen. Auch hier werden also primäre und sekundäre Kosten zusammen verrechnet.

Die Kostenartengruppe 46 enthält *Kostensteuern, Gebühren, Beiträge und Versicherungsprämien*. Die Kostenartenbelege dieser Kostenarten lassen sich aus Bemessungsgrundlagen erstellen, die zum größten Teil von der Finanzbuchhaltung zur Verfügung gestellt werden, so z. B. die Bemessungsgrundlagen für Kostensteuern, Verbandsbeiträge und Versicherungsprämien.

In der Kostenartengruppe 47 werden alle *Mieten, Verkehrs-, Büro- und Werbekosten* erfaßt. Diese Kostenarten entstehen zum größten Teil in den Kostenstellen des Verwaltungs- und Vertriebsbereichs. Ihre belegmäßige Erfassung und Kontierung obliegt in den meisten Betrieben der Finanzbuchhaltung.

Die Kostenartengruppe 48 beinhaltet die *kalkulatorischen Kosten*, die zur Abgrenzung des nicht als Kosten verrechneten Zweckaufwands der Finanzbuchhaltung und deren Ergänzung durch Zusatzkosten dienen.[4] Neben den bereits in Kapitel 121 erörterten kalkulatorischen Kostenarten enthält die Übersicht 4 kalkulatorische Sozialkosten für Arbeiter und Angestellte. Diese Kostenarten enthalten die primären Personalnebenkosten der Kostengruppe 44 und die in der Kostenstellenrechnung erfaßten Kosten der Sozialkostenstellen. Sie dienen insbesondere zum Ausgleich zeitlicher Belastungsschwankungen der Urlaubs- und Feiertagslöhne, wie unsere Ausführungen in Kapitel 333 im einzelnen noch zeigen werden. Die Erfassung und Kontierung der kalkulatorischen Kostenarten wird von der Betriebsabrechnung durchgeführt.

In der Kostenartengruppe 49 werden alle *sekundären Kostenarten* zusammengefaßt, die in der Kostenstellenrechnung als *Kosten der innerbetrieblichen Leistungsverrechnung* entstehen. Die Gruppe 49 ist strenggenommen kein Bestandteil der Kostenartenrechnung mehr, sondern gehört bereits zur Kostenstellenrechnung. Zu beachten ist aber, daß einige sekundäre Kostenarten, so z. B. die Kosten der Sozialstellen und die Kosten der Hilfsbetriebe in andere Kostenartengruppen eingehen, die sich aus primären und sekundären Kosten zusammensetzen.

In der Übersicht 4 beginnen alle Kostenartennummern mit einer 4, weil die am Gemeinschaftskontenrahmen orientierten Industriekontenrahmen in der Kontenklasse 4 der Finanzbuchhaltung die Kostenartenkonten enthalten. Auf den Kostenartenbelegen der Betriebsabrechnung kann die 4 weggelassen werden, da die übrigen drei Ziffern zur Kennzeichnung der Kostenarten ausreichen.

(3) Neben der Kostenartennummer und der Kostenartenbezeichnung muß jeder Kostenbeleg erkennen lassen, durch welchen Geschäftsvorfall der betreffende Kostenbetrag verursacht worden ist, und wie er im System der Kostenrechnung weiterverrechnet werden soll. Kostenarten, deren Entstehung unmittelbar auf die Produktion oder den Absatz betrieblicher Produkte oder Aufträge zurückgeführt werden kann, werden als *Einzelkosten* verrechnet; die betreffenden Kostenartenbelege werden durch Produkt-, Artikel-, oder Auftragsnummern gekennzeichnet. Alle übrigen Kostenarten werden als *Gemeinkosten* verrechnet, auf den Belegen dieser Kostenarten werden die Kostenstellennummern derjenigen Abteilungen vermerkt, in denen die betreffenden Kostenbeträge angefallen sind.

Alle Kostenartenbelege einer Abrechnungsperiode werden in der Betriebsabrechnung gesammelt und entweder manuell oder mit Hilfe von Datenverarbeitungsanlagen in der Kostenstellen- und der Kostenträgerrechnung weiterverrechnet. Beim Einsatz von Datenverarbeitungsanlagen werden als Kostenartenbelege unmittelbar maschinenlesbare Datenträger verwendet.

Für die Kontierung und Weiterverrechnung der in der Kostenartenrechnung erfaßten Kostenbeträge gelten folgende *Grundsätze*.

Es sollten *möglichst viele Kosten als Einzelkosten verrechnet werden,* da hierdurch die Genauigkeit der Kostenrechnung erhöht wird. Alle Stoffe und Teile, die unmittelbar in betriebliche Produkte oder Aufträge eingehen, sind als *Einzelmaterialkosten* zu verrechnen. Desgleichen lassen sich alle Fertigungslöhne, die

4 Vgl. hierzu unsere Ausführungen zur Abgrenzung zwischen Aufwand und Kosten in Kapitel 121.

für die unmittelbare Verrichtung von Arbeiten an bestimmten Produkten oder Aufträgen angefallen sind, als *Einzellohnkosten* verrechnen. Dies gilt insbesondere für die Akkordlöhne. Verwendet man allerdings die den Fertigungslöhnen zugrundeliegenden Fertigungszeiten als Bezugsgrößen für die Weiterverrechnung der Fertigungsgemeinkosten, so können die Fertigungslöhne auch über die Fertigungskostenstellen abgerechnet werden, ohne daß hierdurch die Kalkulationsgenauigkeit beeinträchtigt wird. Von dieser Möglichkeit macht man insbesondere in der Plankostenrechnung Gebrauch. In vielen Fällen lassen sich spezielle Werkzeuge, Modelle oder Lizenzgebühren bestimmten Produktarten oder Aufträgen direkt zurechnen; sie werden dann als *Sondereinzelkosten der Fertigung* verrechnet. Bei manchen chemischen Prozessen können auch Energiekosten als Sondereinzelkosten der Fertigung verrechnet werden. Im Vertriebsbereich werden die Kosten für Verpackungsmaterial, Vertreterprovisionen und Frachten als *Sondereinzelkosten des Vertriebs* verrechnet.

Werden Kostenarten, die man bestimmten Produkten oder Aufträgen direkt zuordnen könnte, zur Vereinfachung der Kalkulation über Kostenstellen abgerechnet, so bezeichnet man sie als *unechte Gemeinkosten*. Unechte Gemeinkosten sollten weitgehend vermieden werden; sie kommen nur für geringfügige Kostenarten in Frage, so z. B. für manche Hilfsstoffe.

(4) Als *Grundprinzip für die richtige Kontierung und Weiterverrechnung der Kosten* wird heute von den meisten Kostenfachleuten das *Verursachungsprinzip* angesehen, das durch K. Rummel und E. Schmalenbach in die Kostenrechnung eingeführt wurde. Hiernach sind die Kostenarten nur solchen Kontierungseinheiten zuzuordnen, durch welche die betreffenden Faktorverbrauchsmengen „verursacht" worden sind. In der Praxis hat die Anwendung dieses Prinzips nie zu ernsthaften Verständnisschwierigkeiten geführt, wissenschaftliche Untersuchungen haben aber deutlich werden lassen, daß die Bezeichnung Verursachungsprinzip im Grunde nicht ausdrückt, was die meisten Kostenfachleute darunter verstehen.[5]

Das Verursachungsprinzip ist häufig als *Kausalprinzip* interpretiert worden. Hiernach müßte eine Ursache-Wirkungs-Beziehung zwischen der Leistungserstellung und dem Verbrauch von Produktionsfaktoren bestehen. Werden Entscheidungen getroffen, daß bestimmte Leistungen produziert werden sollen, so führen diese Entscheidungen zwar zwangsläufig zu entsprechenden Kosten, dennoch besteht die oben genannten Ursache-Wirkungs-Beziehung nicht. Als *Ursachen* sind vielmehr die *Entscheidungen* anzusehen; Kostenentstehung einerseits und die Produktion andererseits sind funktionalverbundene Wirkungen bestimmter Entscheidungen. Wenn in der Literatur und der betrieblichen Praxis auf das Verursachungsprinzip Bezug genom-

5 Das Verursachungsprinzip, gelegentlich auch als Proportionalitätsprinzip bezeichnet, ist insbesondere durch die bahnbrechenden Arbeiten von *K. Rummel* zum Grundprinzip der laufenden Kostenrechnung geworden. Vgl. *K. Rummel*, Einheitliche Kostenrechnung, 3. Aufl., Düsseldorf 1967, S. 115 ff. Auch die Arbeiten von *E. Schmalenbach* lassen erkennen, daß er das Verursachungsprinzip als Grundprinzip der laufenden Kostenrechnung angesehen hat. Im übrigen vgl. zur Diskussion über das Verursachungsprinzip *W. Kilger*, Flexible Plankostenrechnung, 6. Aufl., Opladen 1974, S. 329 ff. Zur Kritik am Verursachungsprinzip vgl. *P. Riebel*, Die Fragwürdigkeit des Verursachungsprinzips im Rechnungswesen, in: Rechnungswesen und Betriebswirtschaftspolitik, hrsg. v. *M. Layer* und *H. Strebel*, Berlin 1969, S. 49 ff.; *H. K. Weber*, Fixe und variable Kosten, Göttingen 1972, S. 14 ff., und *H. H. Weber*, Betriebliches Rechnungswesen, München 1974, S. 216 ff.

men wird, sind mehrheitlich diese funktionalen Verknüpfungen (nicht kausaler Art) gemeint, die für die Zurechnung von Kosten auf Leistungen eine zentrale Bedeutung haben.

Von einigen Autoren, sowie z. B. von E. Kosiol, wird das Verursachungsprinzip als *Finalprinzip* interpretiert und daher als „*Kosteneinwirkungsprinzip*" bezeichnet.[6] Hierbei handelt es sich aber nur um eine rein logische Umkehrung des Kausalprinzips. Während beim Kausalprinzip die Erstellung von Leistungen als Ursache interpretiert wird, ist sie nach dem Finalprinzip als Wirkung des Faktoreinsatzes zu interpretieren. Die Kritik am Kausalprinzip gilt daher für das Finalprinzip analog.

Nachdem sich weder die kausale noch die finale Interpretation des Verursachungsprinzips als wissenschaftstheoretisch haltbar erwiesen hat, ist von P. Riebel die Bezeichnung „*Identitätsprinzip*" vorgeschlagen worden.[7] Hiernach sind die Kosten stets so zuzurechnen, daß „der Wertverzehr auf dieselbe Disposition zurückgeführt werden kann, wie die Existenz des jeweiligen Kalkulationsobjektes". Dieser Interpretation des für eine entscheidungsorientierte Kostenrechnung relevanten Grundprinzips stimmen wir inhaltlich zu, glauben aber nicht, daß es notwendig ist, die weit verbreitete Bezeichnung Verursachungsprinzip durch eine andere zu ersetzen, denn man kann diesen Begriff durchaus im Sinne des Identitätsprinzips interpretieren. Hiernach ordnet man Kosten nur solchen Kalkulationsobjekten zu, bei denen der Faktorverbrauch *und* die Entstehung des Kalkulationsobjektes durch die *gleiche* Entscheidung verursacht werden und aufgrund der realisierten Produktionsbedingungen funktional voneinander abhängig sind. Dieser Tatbestand läßt sich auch durch die Bezeichnung Relevanz- oder Funktionalprinzip ausdrücken; eingebürgerte Begriffe der Kostenrechnung sollten aber durch neue Bezeichnungen nur ersetzt werden, wenn hierzu eine zwingende Notwendigkeit besteht.

P. Riebel schlägt vor, die Kostenartenrechnung zu einer umfassenden Grundrechnung auszubauen, in der alle Kostenartenbeträge nach dem Identitätsprinzip bestimmten Kontierungseinheiten zugerechnet werden, die er als „Bezugsgrößen" bezeichnet.[8] Hierbei braucht es sich keineswegs nur um Kostenstellen oder Kostenträger im üblichen Sinne zu handeln, sondern jeder beliebige Vorgang, der Kosten verursacht, kann mit seinen speziellen Kosten belastet werden. In Bezug auf die nach dem Identitätsprinzip gewählten Bezugsgrößen sind nach P. Riebel alle Kostenarten „relative Einzelkosten". Dieser Einzelkostenbegriff weicht von der üblichen Unterteilung in Einzel- und Gemeinkosten ab.[9] Die Grundrechnung soll eine universell auswertbare Zusammenstellung relativer Einzelkosten sein, die durch ihre Kombinationsmöglichkeiten den schnellen Aufbau von Sonderrechnungen für verschiedene Fragestellungen ermöglicht. Die meisten dieser Aufgaben lassen sich aber zweck-

6 Vgl. *E. Kosiol*, Kostenrechnung und Kalkulation, 2. Aufl., Berlin, New York 1972, S. 29 ff.

7 Vgl. *P. Riebel*, Einzelkosten- und Deckungsbeitragsrechnung, Opladen 1972, S. 86 und 272.

8 Vgl. *P. Riebel*, Einzelkosten- und Deckungsbeitragsrechnung, a.a.O., S. 135 ff.

9 Der von Riebel verwendete Einzelkostenbegriff hat sich in der betrieblichen Praxis nicht durchgesetzt. K. Mellerowicz weist mit Recht darauf hin, daß der Begriff Einzelkosten in Theorie und Praxis als „kostenträgerbezogener Begriff" verwendet wird. Er kritisiert die Terminologie Riebels wie folgt: „Grundsätzlich läßt sich gegen Riebels Begriffsbildung einwenden, daß Begriffe, die in Theorie und Praxis eingeführt sind, nicht verändert werden sollten." „Die von ihm vorgenommene Erweiterung der Begriffe: Einzelkosten, variable und fixe Kosten, ist der Klärung kostenrechnerischer Probleme sicherlich nicht dienlich." Vgl. *K. Mellerowicz*, Neuzeitliche Kalkulationsverfahren, 5. Aufl., Freiburg 1972, S. 182.

mäßiger mit der traditionellen Dreiteilung der Kostenrechnung in Kostenarten-, Kostenstellen- und Kostenträgerrechnung erfüllen, sofern diese Teilgebiete nach modernen Grundsätzen ausgebaut werden.

Dem Verursachungs-, Kosteneinwirkungs- und Identitätsprinzip entspricht die gemeinsame Grundforderung, daß bei der Verrechnung von Kosten willkürliche Zurechnungen z. B. schlüsselmäßige Verteilungen zu vermeiden sind. Wie unsere Ausführungen in Kapitel 232 gezeigt haben, führt die konsequente Anwendung dieser Prinzipien zur Grenzkosten- und Deckungsbeitragsrechnung. Es gibt aber Aufgaben der Kostenrechnung, so z. B. die Bewertung der Halb- und Fertigfabrikatebestände für die Bilanz, die Kalkulation von Kuppelprodukten und die Selbstkostenpreiskalkulation öffentlicher Aufträge nach LSP, die auch eine Verrechnung nicht kausal zurechenbarer Kosten erfordern.[10] In diesen Fällen wird in der betrieblichen Praxis das *Prinzip der statistischen Durchschnittsbildung* angewandt.[11]

Dieses Prinzip läßt in seiner allgemeinen Formulierung einen breiten Interpretationsspielraum zu, da es keine konkreten Aussagen über die der Durchschnittsbildung zugrunde zu legenden Bezugsgrößen enthält. In den meisten Fällen wird dieses Prinzip in der Weise angewandt, daß die fixen Kosten zusammen mit den variablen Kosten auf Bezugsgrößen bezogen werden, die im Grunde nur für die letzteren gelten. Verschiedene Autoren haben versucht, das Prinzip der statistischen Durchschnittsbildung zu konkretisieren. So fordert z. B. H. Koch, das „*Leistungsentsprechungsprinzip*" als Grundprinzip der Vollkostenrechnung.[12] Weiterhin schlägt K. Käfer ein allgemeines „*Kostenbegründungsprinzip*" vor, nach dem auch nicht leistungsproportionale Kosten auf die betrieblichen Erzeugnisse verrechnet werden können.[13] Liegen für die betrieblichen Erzeugnisse Marktpreise fest, so wird häufig versucht, die fixen Kosten den betrieblichen Erzeugnissen nach dem „*Tragfähigkeits- oder Kostendeckungsprinzip*" zuzurechnen.[14] Dieses Verfahren wird insbesondere bei Kuppelproduktion angewendet, da sich hier auch die proportionalen Kosten nicht nach dem Verursachungsprinzip einzelnen Kuppelprodukten zurechnen lassen.[15]

Von einigen Kostenfachleuten wird gefordert, bei der Erfassung der Kostenarten in der Kostenartenrechnung *ausgabewirksame* und *nicht ausgabewirksame* (bzw.

10 LSP = Leitsätze für die Preisermittlung aufgrund von Selbstkosten. Diese Leitsätze gelten nach der Anlage zur Verordnung PR Nr. 30/53 vom 21. November 1953, veröffentlicht im Bundesanzeiger Nr. 244 vom 18. Dezember 1953 für Aufträge öffentlicher Auftraggeber, für die sich keine Marktpreise bilden lassen. Da nach diesen Leitsätzen die Preise aus den Kosten abgeleitet werden, müssen die Kosten auch Fixkostenbestandteile enthalten.

11 Vgl. hierzu *W. Kilger*, Die Verrechnung von Material-, Verwaltungs- und Vertriebsgemeinkosten in Kalkulationen zur Bestimmung von Selbstkostenpreisen für Aufträge mit atypischer Kostenstruktur, ZfB 1969, S. 477 ff.

12 Vgl. *H. Koch*, Grundprobleme der Kostenrechnung, Köln und Opladen 1966, S. 63 ff. Bereits M. R. Lehmann hat ein „kalkulatorisches Denken in Mittel-Zweck-Beziehungen" gefordert, das zu „optimalen Vollkosten" führen soll. Vgl. *M. R. Lehmann*, Die Problematik der Preispolitik auf Grenzkosten- und Vollkostenbasis, ZfB 1950, S. 338.

13 Vgl. *K. Käfer*, Standardkostenrechnung, 2. Aufl., Zürich und Stuttgart 1964, S. 35.

14 Zum Tragfähigkeits- oder Kostendeckungsprinzip vgl. *W. Kilger*, Flexible Plankostenrechnung, a.a.O., S. 330 und die dort angegebene Literatur.

15 Vgl. hierzu unsere Ausführungen über die Verwendung von Marktpreisäquivalenzziffern bei der Kalkulation von Kuppelprodukten in Kapitel 531.

nicht kurzfristig ausgabewirksame) *Kostenarten* zu unterscheiden.[16] Hierdurch lassen sich zwar wichtige Daten zur Finanzplanung und Liquiditätskontrolle gewinnen, man würde die Kostenrechnung aber überfordern, wenn man ihr zusätzlich die Kontrolle der finanziellen Sphäre der Unternehmung zuordnet.[17] Hierfür ist eine gesonderte, nach Kurzperioden differenzierte Ein- und Auszahlungsrechnung erforderlich. Die für die Kostenrechnung typische Gliederung nach Kostenstellen und Kostenträgern ist für die Finanzplanung und Liquiditätskontrolle unbrauchbar; denn nicht einzelne Kostenstellen oder Kostenträger werden illiquide, sondern die Gesamtunternehmung, wenn das finanzielle Gleichgewicht gestört wird.

Eine Unterteilung der Gemeinkosten in *fixe* und *variable Kosten* kann in der Kostenartenrechnung noch nicht vorgenommen werden. Die Abhängigkeit der Kosten von der Beschäftigung läßt sich vielmehr erst in der Kostenstellenrechnung beurteilen, da die Kategorien fix und variabel stets nur in bezug auf die Beschäftigungsmaßstäbe einzelner Kostenstellen und nicht für die Unternehmung als Ganzes gelten. Hierbei können sich die gleichen Kostenarten in verschiedenen Kostenstellen durchaus unterschiedlich verhalten. Hilfslöhne können z. B. in einer Kostenstelle fixe Kosten sein und in anderen Kostenstellen ganz oder teilweise zu den variablen Kosten gehören. Weiterhin kommt es häufig vor, daß bei der innerbetrieblichen Leistungsverrechnung variable Kosten sekundärer Stellen auf den empfangenden Stellen zu fixen Kosten werden. So sind z. B. die Fertigungslöhne der Kostenstelle Schlosserei in bezug auf die geleistete Stundenzahl dieser Stelle proportionale Kosten. Auf den Kostenstellen, die Leistungen der Schlosserei beanspruchen, wird aber ein Teil der Schlossereikosten den fixen Kosten zugeordnet, da ein Teil der Leistungen auf beschäftigungsunabhängige Wartungsarbeiten entfällt.

32. Die Erfassung und Verrechnung der Materialkosten

321. Die Erfassung der Materialverbrauchsmengen

(1) Die *Materialabrechnung* hat folgende *Teilaufgaben* zu erfüllen:[18]

a) Erfassung der mengenmäßigen Materialbewegungen, d. h. der Zu- und Abgänge,
b) Ermittlung und Kontrolle der mengenmäßigen Materialbestände,
c) Bewertung der Materialverbrauchsmengen, d. h. Ermittlung der Materialkosten,
d) Bewertung der Materialbestände,
e) Weiterverrechnung und Kontrolle der Materialkosten.

16 Eine Aufspaltung in ausgabewirksame und nichtausgabewirksame Kosten empfehlen z. B. folgende Autoren: *K. Agthe*, Stufenweise Fixkostendeckung im System des Direct Costing, ZfB 1959, S. 410; *H. Hax*, Preisuntergrenzen im Ein- und Mehrproduktbetrieb, ZfhF 1961, S. 424 ff.; *F. Henzel*, Die Kostenrechnung, a.a.O., S. 240; *H. Langen*, Gedanken zu einer betriebswirtschaftlichen Dispositionsrechnung, Mitteilungen der Gesellschaft der Freunde der Wirtschaftshochschule Mannheim e.V., 1965, Nr. 2, S. 30; *P. Riebel*, Einzelkosten- und Deckungsbeitragsrechnung, a.a.O., S. 46 f.

17 Diese Ansicht vertritt auch *K. Käfer*, Standardkostenrechnung, a.a.O., S. 492 u. 493.

18 Vgl. hierzu *E. Grochla*, Grundlagen der Materialwirtschaft, 2. Aufl., Wiesbaden 1973, S. 154 ff.; *W. Kalveram*, Industrielles Rechnungswesen, 6. Aufl., Wiesbaden 1968, S. 239 ff.; *K. Mellerowicz*, Kosten- und Kostenrechnung, Band 2/1. Teil, 4. Aufl., Berlin 1966, S. 178 ff.

Zwischen diesen Teilaufgaben bestehen interdependente Beziehungen. Die richtige Erfassung der mengenmäßigen Materialbewegungen bildet die Grundlage für die Bestandsführung und die Ermittlung der Materialkosten. Für die Zwecke der Kostenrechnung sind in erster Linie die Erfassung, Bewertung und Weiterverrechnung der Materialverbrauchsmengen von Bedeutung. Diese Teilaufgaben der Materialabrechnung sind Bestandteil der Kostenartenrechnung.

Für die Zwecke der Materialabrechnung ist es erforderlich, alle Materialarten, die in einer Unternehmung eingesetzt werden, systematisch zu ordnen, und jeder Materialart eine *Materialartenbezeichnung* und eine *Materialnummer* zuzuordnen. Der *Materialnummernschlüssel* wird häufig so aufgebaut, daß die erste Ziffer die Materialhauptgruppe, und die beiden folgenden Ziffern Materialuntergruppen kennzeichnen. Die übrigen Ziffern dienen zur laufenden Numerierung. Hierfür reichen in vielen Betrieben zwei Ziffern aus, so daß man einen fünfstelligen Materialnummernschlüssel erhält.[19] Neben den Materialartenbezeichnungen werden allen Materialnummern Dimensionsangaben zugeordnet, die erkennen lassen, welche Maßgrößen (z. B. Stück, kg, t, ltr., m^2, m^3 usw.) zur Bestandsführung und Verbrauchserfassung verwendet werden sollen.

(2) Für die *Erfassung der Materialverbrauchsmengen* gibt es mehrere *Verfahren*, die wir im folgenden kurz darstellen wollen.[20]

Das einfachste Verfahren ist die *Materialverbrauchsmengen-Erfassung ohne Bestandsführung*. Hierbei wird auf eine bestandsmäßige Abgrenzung verzichtet und die Zugangsmenge einer Abrechnungsperiode als Verbrauchsmenge angesehen. Dieses Verfahren wird oft in den Finanzbuchhaltungen kleiner Betriebe angewandt, so z. B. für die Hilfs- und Betriebsstoffe, bei denen damit gerechnet werden kann, daß die jährlichen Einkaufsmengen in etwa mit den jährlichen Verbrauchsmengen übereinstimmen. Für die Kostenrechnung ist dieses Verfahren meistens zu ungenau. Da die Kostenrechnung monatlich durchgeführt wird, stimmen die Zugangsmengen nur selten mit den Verbrauchsmengen überein. Es gibt aber Materialarten, die nur selten oder einmal für den sofortigen Verbrauch und für einen bestimmten Verwendungszweck beschafft werden, so daß infolge ihrer geringen Umschlagshäufigkeit weder eine Lagerung noch eine Bestandsführung erforderlich ist. Nur für solche Materialarten ist die Verbrauchsmengen-Erfassung ohne Bestandsführung zulässig. Sie werden nicht in den Materialnummernschlüssel einbezogen. Der Einkauf ordnet jeder Eingangsrechnung unmittelbar die dem Verwendungszweck entsprechende Auftrags- oder Kostenstellennummer zu. In der Praxis werden solche Materialarten häufig als „Werkmaterial" bezeichnet und hierdurch vom „Lagermaterial" begrifflich abgegrenzt, das eine Führung von Lagerbeständen erfordert.

Nach dem *Inventurverfahren*, auch *Befundrechnung* genannt, werden die Materialverbrauchsmengen retrograd aus den Bestandsveränderungen abgeleitet:

Materialverbrauchsmenge = Anfangsbestand + Zugang ./. Endbestand.

Die Anfangs- und Endbestände der Abrechnungsperioden müssen durch *Stichtagsinventuren*, d. h. durch Zählen, Messen, Wiegen usw. ermittelt werden. Die Zugänge

19 Vgl. als Beispiel eines fünfstelligen Materialnummernschlüssels *W. Kilger*, Flexible Plankostenrechnung, a.a.O., S. 186.

20 Vgl. *E. Grochla*, Grundlagen der Materialwirtschaft, a.a.O., S. 164 ff.

erhält man mit Hilfe der Liefer- oder Wareneingangsscheine. Ein großer Nachteil des Verfahrens besteht darin, daß monatliche Inventuren sehr arbeitsaufwendig sind. Weiterhin können weder Lagerverluste transparent gemacht werden, noch lassen sich die Materialverbrauchsmengen ohne zusätzliche Angaben den Kostenstellen und Kostenträgern zuordnen. Daher besteht keine Möglichkeit zum Erkennen von Unwirtschaftlichkeiten des Materialverbrauchs. Das Inventurverfahren entspricht somit nicht den Anforderungen einer ordnungsgemäßen Kostenrechnung.

Beim *retrograden Verfahren*, auch *Rückrechnung* genannt, „geht man von den Anteilen der Materialarten an den fertigen Erzeugnissen aus und berechnet rückwärts schreitend unter Berücksichtigung eines Zuschlages für Abfall und Ausschuß den Materialverbrauch".[21] Bezeichnen wir die Materialverbrauchsmenge einer Abrechnungsperiode mit M, die Materialart mit dem Index ν, die erzeugten Produktmengen mit x, die Produktart mit dem Index j und die Planmaterialverbrauchsmenge pro Produkteinheit (einschließlich eines Zuschlages für Abfall und Ausschuß) mit $m_{\nu}^{(p)}$, so lassen sich die Verbrauchsmengen der Materialarten $\nu = 1, \ldots, z_m$ nach dem retrograden Verfahren wie folgt bestimmen:[22]

$$(55) \qquad M_{\nu} = \sum_{j=1}^{n} m_{\nu j}^{(p)} x_j \qquad (\nu = 1, \ldots, z_m)$$

Das retrograde Verfahren ist relativ einfach und hat den Vorteil, daß der Materialverbrauch von vornherein nach Produktarten differenziert wird. Kritisch ist allerdings zu beurteilen, daß dieses Verfahren keine Ist-, sondern Sollverbrauchsmengen erfaßt; die Istverbrauchsmengen können hiervon z. T. erheblich abweichen. „Relativ genaue Ergebnisse liefert dieses Methode vor allem für chemische Prozesse, bei denen die zu erzielende Reaktion bestimmte Materialanteile notwendig macht, und bei Massen- bzw. Serienfertigung mit erprobten Erfahrungssätzen der Materialanteile".[23] In den meisten Industriebetrieben sind aber die Materialkosten ein so bedeutsamer Kostenfaktor, daß man für die Zwecke der Nachkalkulation und der Kostenkontrolle auf eine Erfassung der Istmaterialverbrauchsmengen nicht verzichten kann; denn bereits geringfügige Abweichungen von den Sollmaterialkosten können kalkulatorisch ins Gewicht fallen. Auch das retrograde Verfahren entspricht daher in den meisten Industriebetrieben nicht den Anforderungen einer ordnungsgemäßen Kostenrechnung.

Das beste und zuverlässigste Verfahren der Materialabrechnung ist die *Erfassung der Materialverbrauchsmengen mit Hilfe von Materialentnahme-Belegen.* Dieses Verfahren wird auch als *Fortschreibung oder Skontration* bezeichnet und muß von allen Unternehmungen angewendet werden, die mit einer funktionsfähigen Kostenrechnung arbeiten wollen. Lediglich für das nicht gelagerte Werksmaterial kommt die Materialverbrauchsmengen-Erfassung ohne Bestandsführung in Frage. Alle ge-

21 Vgl. *E. Grochla*, Grundlagen der Materialwirtschaft, a.a.O., S. 165.

22 Die Gleichung (55) stimmt mit den Gleichungen überein, mit denen in einer Plankostenrechnung die Soll-Einzelmaterialkosten ermittelt werden. Vgl. hierzu *W. Kilger*, Flexible Plankostenrechnung, a.a.O., S. 235. Bei Gemeinkostenmaterial muß das retrograde Verfahren in der Weise erweitert werden, daß die Verbrauchsmengen aus den Bezugsgrößen der verbrauchenden Stellen abgeleitet werden. Auf die Wiedergabe einer entsprechenden Gleichung haben wir jedoch verzichtet.

23 Vgl. *E. Grochla*, Grundlagen der Materialwirtschaft, a.a.O., S. 165.

lagerten Roh-, Hilfs-, Betriebsstoffe und Teile dagegen sind über Materialbestandskonten abzurechnen. Für jede Materialentnahme wird ein *Materialentnahme-Beleg* ausgestellt, der mindestens folgende Angaben enthält:

Materialartenbezeichnung
Materialnummer
Kennzeichnung des Lagerortes
Verbrauchsmenge
Preis pro Mengeneinheit
Betrag (= Verbrauchsmenge x Preis)
Kontierungsangaben
 Kostenstellen-Nr./Kostenarten-Nr
 (bei Gemeinkostenmaterial)
 Auftrags- oder Artikel-Nr.
 (bei Einzelmaterial der Fertigung)
 Werksauftrags-Nr.
 (bei Reparaturmaterial und Ersatzteilen)
Ausgabevermerke
 Datum
 Name
Quittung des Empfängers (Unterschrift)
Buchungsvermerke
 Datum
 Name

Die Kontierungsangaben zeigen, wie der betreffende Materialkostenbetrag im System der Kostenrechnung weiterzuverrechnen ist; für jeden Materialentnahmeschein ist jeweils nur eine der drei Angaben relevant.

In der *Einzel-* und *Kleinserienfertigung* werden die für einen Fertigungsauftrag erforderlichen Einzelmaterialmengen aus den Stücklisten abgeleitet. Hierbei werden zunächst Plan- oder Sollmengen festgelegt, die bei planmäßiger Ausführung des Auftrages und bei wirtschaftlichem Materialverbrauch zu erwarten sind. Werden später Zusatzmengen infolge von Konstruktionsänderungen, Kundenwünschen, Materialfehlern oder erhöhtem Ausschuß erforderlich, so werden die hierfür ausgestellten Materialentnahmescheine gesondert gekennzeichnet, so z. B. durch den roten Aufdruck „Mehr- oder Minderverbrauch".

In Betrieben mit *Massen-, Sorten- und Großserienproduktion* werden die durch Materialentnahmescheine zu erfassenden Einzelmaterialmengen durch die Arbeitsvorbereitung gemäß der geplanten Produktmengen und des Planverbrauchs pro Produkteinheit ausgestellt; Mehrverbrauchsmengen werden von den Fertigungsstellen nachgefordert, Minderverbrauchsmengen werden den Lagerbeständen wieder gutgeschrieben.

Die Materialentnahmescheine für *Reparaturmaterial und Ersatzteile* werden von den Hilfsbetrieben ausgestellt, die Materialentnahmescheine für Gemeinkostenmaterial von den Meistern und Abteilungsleitern, die für die betreffende Kostenstelle verantwortlich sind.

Die *Durchführung der Materialabrechnung* kann *manuell* oder mit Hilfe der *Datenverarbeitung* erfolgen. Bei manueller Durchführung werden Materialentnahmescheine verwendet, die dem in Übersicht 5 dargestellten Beispiel entsprechen.

Firmenbezeichnung **Materialentnahmeschein**		Ausstellvermerke: Datum: *6.6.74*	Name: *Meier*	Kostenstellen-/Kostenarten-Nr.: Auftrags-/Artikel-Nr.: *307 428* Werkauftrags-Nr.:		
Zeilen-Nr.	Materialarten-Bezeichnung	Material-Nr.	Mengeneinheit	Ausgegebene Menge	Preis pro Mengeneinheit	Kostenbetrag
1	*Zugfedern*	*66 743*	*Stück*	*1 000*	*0,50*	*500,–*
2	*Dichtungen*	*66 815*	*Stück*	*2 000*	*0,10*	*200,–*
3						
4						
5	Summe					*700,–*
Ausgabevermerke: Datum: *7.6.74*	Name: *Schulz*	Lager-Nr.: *14*	Empfänger: *Müller*	Lagerkartei gebucht: Datum: *28.6.74*	Name: *Meyer*	

Übersicht 5: Beispiel eines Materialentnahmescheins

In den meisten Industriebetrieben wird aber heute die Materialabrechnung mit Hilfe der Datenverarbeitung durchgeführt. Hierbei sind mehrere Verfahren gebräuchlich, die wir jedoch hier nicht im einzelnen behandeln können.[24] Am zweckmäßigsten dürfte für viele Industriebetriebe die Verwendung von *Zeichenlochkarten als Lagerfachkarten* sein. Diese Lochkarten werden zur Erfassung sämtlicher Materialbewegungen, also neben den Abgängen zum Zwecke des Verbrauchs auch für Zugänge, Retouren, Umbuchungen usw. verwendet. Sie sind für die Datenverarbeitung dadurch vorbereitet, daß die Materialnummer, die Materialbezeichnung, der Lagerort, die Mengeneinheit und die laufende Ordnungsnummer vorgestanzt und lochschriftübersetzt sind.[25]

Die belegmäßige Erfassung hat neben ihrer Genauigkeit den weiteren Vorteil, daß am Ende einer Abrechnungsperiode *keine Stichtagsinventuren* erforderlich sind. Die gesetzlich vorgeschriebenen Bestandsaufnahmen können als *permanente Inventuren* durchgeführt werden. Hierbei wird für jede Materialposition einmal jährlich eine körperliche Inventur zu einem beliebigen Zeitpunkt vorgenommen. Die festgestellten Istbestände lassen sich mit den rechnerischen Beständen der Materialabrechnung vergleichen, die wie folgt bestimmt werden:

Rechnerischer Endbestand = rechnerischer Anfangsbestand + Zugänge ./. Abgänge

Hierbei können *Inventurdifferenzen* auftreten, deren Ursachen zu ergründen sind.

322. Die Bewertung der Materialverbrauchsmengen

3221. Verfahren der Istpreisbewertung

(1) Nachdem die Materialverbrauchsmengen erfaßt sind, besteht die nächste Aufgabe der Materialabrechnung darin, sie mit den *Materialpreisen pro Mengeneinheit*

24 Vgl. hierzu *H. G. Plaut, H. Müller, W. Medicke,* Grenzplankostenrechnung und Datenverarbeitung, 3. Aufl., München 1973, S. 67 ff.

25 Vgl. *H. G. Plaut, H. Müller, W. Medicke,* Grenzplankostenrechnung und Datenverarbeitung, a.a.O., S. 69.

zu bewerten. Hierbei ist zunächst festzulegen, welche Preis- und Kostenbestandteile bei der Bewertung berücksichtigt werden sollen. Am zweckmäßigsten ist der *Einstandspreis frei Lager,* der folgende Komponenten enthält:[26]

Listenpreis		110,50 DM
./. 18 % Rabatt	./.	19,89 DM
Zwischensumme		90,61 DM
./. 3 % Skonto	./.	2,72 DM
Rechnungspreis, netto		87,89 DM
+ 11 % Mehrwertsteuer		9,67 DM
Endsumme		97,56 DM

Neben den Einstandspreisen kann man auch innerbetriebliche Beschaffungs- und Lagerkosten in die Wertansätze der Materialabrechnung einbeziehen. Diese Bewertungsverfahren haben sich aber in der Praxis nicht bewährt.

Der *Einkaufspreis* ist gleich dem Verkaufspreis des Lieferanten ohne Berücksichtigung der Mehrwertsteuer vermindert um Rabatte und sonstige Preisnachlässe. Skonti werden nicht abgezogen, da sie keine echten Preiskorrekturen sind. Sie werden von den Lieferanten gewährt, wenn die Käufer die eingeräumten Zahlungsziele nicht in Anspruch nehmen. Den Lieferantenskonti stehen daher die den zugehörigen Liquiditätseinbußen entsprechenden erhöhten Aufwandszinsen oder verminderten Ertragszinsen der Käufer gegenüber. Wir empfehlen daher, die Skonti von den Kosten abzugrenzen.

Für einen Pkw-Reifen möge z. B. gemäß der Lieferantenrechnung folgende Aufstellung gelten:

Tabelle 5: Beispiel für die Berechnung des Einkaufspreises

Einkaufspreis (Netto-Rechnungspreis abzügl. Rabatte)
+ Außerbetriebliche Beschaffungskosten für Transport
+ Außerbetriebliche Beschaffungskosten für Versicherung
+ Sonstige außerbetriebliche Beschaffungsnebenkosten
Einstandspreis frei Lager

Der Einkaufspreis beträgt in diesem Beispiel 90,61 DM.

Außerbetriebliche Beschaffungsnebenkosten werden bei der Materialbewertung nur dann berücksichtigt, wenn sie dem Käufer in Rechnung gestellt werden. Enthält eine per Bahn, Lkw oder Schiff zugehende Materialsendung mehrere Materialarten, so müssen die gemeinsam berechneten Beschaffungsnebenkosten den einzelnen Materialarten anteilmäßig belastet werden.

26 Zum Inhalt von Materialverrechnungspreisen vgl. *W. Kilger,* Flexible Plankostenrechnung, a.a.O., S. 169 ff.

(2) Bei der Bewertung der Materialverbrauchsmengen muß man die Bewertung für die laufende Betriebsabrechnung und die Bewertung für spezielle Aufgaben der Kostenrechnung, z. B. Sonderkalkulationen, unterscheiden.[27] Die Bewertung in der laufenden Abrechnung hängt davon ab, ob ein Betrieb mit einer Ist-, Normal- oder Plankostenrechnung arbeitet.

Der Istkostenrechnung entspricht die *Istpreisbewertung*, für die folgende Verfahren entwickelt worden sind:

1. Partieweise Istpreisbewertung
2. Bewertung zu Istpreisdurchschnitten
   21. mit permanenter Durchschnittspreisbildung
   22. mit periodischer Durchschnittspreisbildung
3. Selektive Istpreisbewertung
   31. Lifo-Verfahren
   32. Fifo-Verfahren
   33. Hifo-Verfahren.

Das charakteristische Merkmal aller Verfahren der Istpreisbewertung besteht darin, daß sie bei der Bewertung von Ist-Einstandspreisen ausgehen.

Bei der *partieweisen Istpreisbewertung* werden alle Materialzugänge mit unterschiedlichen Ist-Einstandspreisen gesondert abgerechnet. Im Beispiel der Übersicht 6 liegen zu Beginn der Abrechnungsperiode 5 300 ME auf Lager, die sich aus drei Partien mit unterschiedlichen Einstandspreisen zusammensetzen.[28] Zwei weitere

S	Materialbestandskonto		H
Anfangsbestände:		Abgänge:	
1. 1 500 ME à 5,20 DM/ME	7 800,–	1. 1 500 ME à 5,20 DM/ME	7 800,–
2. 2 000 ME à 5,35 DM/ME	10 700,–	1 500 ME à 5,35 DM/ME	8 025,–
3. 1 800 ME à 5,45 DM/ME	9 810,–	3 000 ME	
Zugänge:		2. 500 ME à 5,35 DM/ME	2 675,–
4. 3 000 ME à 5,50 DM/ME	16 500,–	3. 1 800 ME à 5,45 DM/ME	9 810,–
5. 4 000 ME à 5,70 DM/ME	22 800,–	2 000 ME à 5,50 DM/ME	11 000,–
		3 800 ME	
		Endbestände:	
		4. 1 000 ME à 5,50 DM/ME	5 500,–
		5. 4 000 ME à 5,70 DM/ME	22 800,–
	67 610,–		67 610,–

Übersicht 6: Beispiel zur partieweisen Istpreisbewertung

27 Mit Recht weist E. Heinen darauf hin, daß spezielle Planungsaufgaben jeweils auch besondere Wertansätze erfordern: „Die Theorie der Kostenwerte muß von einer gegebenen Zielfunktion der Betriebswirtschaft ausgehen. Es gibt keine absolut gültigen Kostenwerte. Jeder Kostenwert ist unter Bezugnahme auf eine ganz bestimmte Zielfunktion definiert." Vgl. *E. Heinen*, Betriebswirtschaftliche Kostenlehre, 3. Aufl., Wiesbaden 1970, S. 313. In der laufenden Kostenrechnung werden entweder Ist-, Normal- oder Planpreise zur Bewertung der Materialverbrauchsmengen verwendet.

28 Wir haben in der Übersicht 6 die Materialbestandsführung in Kontenform dargestellt. Bei Durchführung der Materialabrechnung mit Hilfe der EDV erfolgt sie dagegen häufig in Form einer tabellarischen Darstellung.

Partien werden während der Abrechnungsperiode zugekauft. Die drei Verbrauchsmengen in Höhe von 3 000, 500 und 3 800 ME werden mit den Ist-Einstandspreisen derjenigen Partien bewertet, denen sie entnommen worden sind. So wird z. B. die erste Verbrauchsmenge von 3 000 ME je zur Hälfte den Partien 1 und 2 entnommen.

Die parteiweise Istpreisbewertung hat den Vorteil, daß sich allen Verbrauchsmengen die effektiv für sie gezahlten Einstandspreise zurechnen lassen. Sie entspricht daher den Prinzipien der Istkostenrechnung am besten. Für die praktische Durchführung ist sie aber in den meisten Fällen viel zu aufwendig oder sogar undurchführbar, so daß sie in der betrieblichen Praxis nur selten angewendet wird.

Bei der *Istpreisbewertung mit permanenter Durchschnittspreisbildung* werden nach jedem Materialzugang neue Istpreisdurchschnitte gebildet. Im Beispiel der Übersicht 7, deren Daten mit denen der Übersicht 6 übereinstimmen, beträgt der gewogene Durchschnittspreis der Anfangsbestände 5,3415 DM/ME. Der erste Abgang erfolgt vor den beiden Zugängen und wird daher ebenfalls zu diesem Preis bewertet. Der zweite Abgang erfolgt nach dem ersten Zugang, für ihn wird der gewogene Durchschnittspreis wie folgt berechnet:

28 310,– DM	5 300 ME		
+ 16 500,– DM	+ 3 000 ME		
./. 16 024,– DM	./. 3 000 ME		
28 786,– DM	: 5 300 ME	=	5,4313 DM/ME

Der dritte Abgang erfolgt nach dem zweiten Zugang, der Durchschnittspreis wird folgendermaßen gebildet:

28 786,– DM	5 300 ME		
+ 22 800,– DM	+ 4 000 ME		
./. 2 715,65 DM	./. 500 ME		
48 870,35 DM	: 8 800 ME	=	5,5534 DM/ME

Dieser Durchschnittspreis gilt auch für den Endbestand, da keine weiteren Zu- und Abgänge erfolgen. Die laufende Neuberechnung der Durchschnittspreise ist insbesondere für Materialarten mit häufigen Materialbewegungen sehr arbeitsaufwendig.

S	Materialbestandskonto		H
Anfangsbestand:		Abgänge:	
5 300 ME à 5,3415 DM/ME	28 310,–	1. 3 000 ME à 5,3415 DM/ME	16 024,50
Zugänge:			
1. 3 000 ME à 5,50 DM/ME	16 500,–	2. 500 ME à 5,4313 DM/ME	2 715,65
2. 4 000 ME à 5,70 DM/ME	22 800,–	3. 3 800 ME à 5,5534 DM/ME	21 102,92
		Endbestand:	
		5 000 ME à 5,5534 DM/ME	27 766,93
	67 610,–		67 610,–

Übersicht 7: Beispiel zur Istpreisbewertung mit permanenter Durchschnittsbildung

Viele Betriebe ziehen daher die *Istpreisbewertung mit periodischer Durchschnittspreisbildung* vor. Hierbei werden die Durchschnittspreise nicht nach jedem Materialzugang, sondern nur einmal am Ende jeder Abrechnungsperiode gebildet. Im Beispiel der Übersicht 8, deren Daten mit denen der Übersichten 6 und 7 übereinstimmen, erhält man als Istpreisdurchschnitt der Abrechnungsperiode 67 610 DM : 12 300 ME = 5,4967 DM/ME. Mit diesem Preis werden alle Verbrauchsmengen der Abrechnungsperiode, d. h. insgesamt 7 300 ME bewertet. Auch für den Endbestand von 5 000 ME wird dieser Preis angesetzt. Die geringfügige Abweichung des so bewerteten Endbestandes vom Saldo des Bestandskontos ist auf Rundungsfehler zurückzuführen.

S	Materialbestandskonto		H
Anfangsbestand:		Abgänge:	
5 300 ME à 5,3415 DM/ME	28 310,–	1. 3 000 ME	
Zugänge:		2. 500 ME	
1. 3 000 ME à 5,50 DM/ME	16 500,–	3. 3 800 ME	
2. 4 000 ME à 5,70 DM/ME	22 800,–	7 300 ME à 5,4967 DM/ME	40 125,91
		Endbestand:	
		5 000 ME à 5,4967 DM/ME	27 484,09
	67 610,–		67 610,–

Übersicht 8: Beispiel zur Istpreisbewertung mit periodischer Durschnittsbildung

Vom Standpunkt des Arbeitsaufwands ist die periodische Durchschnittsbildung das für die betriebliche Praxis am besten geeignete Verfahren der Istpreisbewertung. Ein gemeinsamer Vorteil der bisher beschriebenen Verfahren der Istpreisbewertung besteht darin, daß die mit ihrer Hilfe errechneten Endbestände der Materialbestandskonten den handels- und steuerlichen Bewertungsvorschriften entsprechen, sofern nach dem Niederstwertprinzip nicht niedrigere Tageswerte anzusetzen sind.

Bei der Durchschnittspreisbewertung werden die Materialbestandskonten zu durchschnittlichen Einstandspreisen entlastet. Bei den Verfahren der *selektiven Istpreisbewertung* wird dagegen jeweils eine bestimmte Reihenfolge festgelegt, in der die Istpreise bei der Bewertung von Materialverbrauchsmengen zu berücksichtigen sind.[29]

Beim *Lifo-Verfahren* (lifo = last in, first out) werden die Materialverbrauchsmengen so bewertet, als ob die letzten Zugangsmengen jeweils zuerst vom Lager entnommen werden. Die Bestandsbewertung erfolgt daher zu den Einstandspreisen der zuerst beschafften, noch am Lager vorhandenen Materialmengen. Bei steigenden Preisen hat das Lifo-Verfahren den Vorteil, daß die Bestände zu den niedrigsten Einstandspreisen bewertet werden. Das Lifo-Verfahren kann für jeden einzelnen Abgang (= *permanentes Lifo*), oder jeweils für alle Abgänge einer Abrechnungsperiode gemeinsam (= *Perioden-Lifo*) angewendet werden.

Beim *Fifo-Verfahren* (fifo = first in, first out) werden die Materialverbrauchsmengen so bewertet, als ob sie in der Reihenfolge ihres Zugangs vom Lager ent-

29 Zu den selektiven Verfahren der Istpreisbewertung vgl. *G. Wöhe*, Bilanzierung und Bilanzpolitik, München 1971, S. 355 ff.

nommen werden. Die Bestandsbewertung erfolgt daher stets zu den Preisen der letzten Zugänge. Das Fifo-Verfahren ist bei sinkenden Preisen insofern vorteilhaft, weil die zu hohen Einstandspreisen bewerteten Bestände so schnell wie möglich abgebaut werden.

Beim *Hifo-Verfahren* (hifo = highest in, first out) werden die Materialverbrauchsmengen so bewertet, als ob jeweils die am teuersten eingekauften Mengen zuerst dem Lager entnommen werden. Bei permanent steigenden Preisen stimmt das Hifo-Verfahren mit dem Lifo-Verfahren, bei permanent sinkenden Preisen mit dem Fifo-Verfahren überein. Das Hifo-Verfahren kommt daher nur für Materialarten mit schwankenden Preisen in Frage.[30] Wie das Lifo-Verfahren kann auch das Hifo-Verfahren für jeden einzelnen Abgang (= *permanentes Hifo*), oder jeweils für alle Abgänge einer Abrechnungsperiode gemeinsam (= *Perioden-Hifo*) angewendet werden.

Die selektiven Verfahren der Istpreisbewertung haben den Nachteil, daß sie nach dem geltenden deutschen Einkommensteuerrecht nicht zulässig sind, „sofern die Methoden zu einer Fiktion über die zeitliche Verbrauchsfolge führen, die den tatsächlichen Verhältnissen nicht entspricht".[31] Nur wenn der Betrieb die einem Verfahren der selektiven Istpreisbewertung zugrundeliegende Verbrauchsfolge nachweisen kann, ist das betreffende Verfahren steuerlich zulässig, sofern die Bestandswerte nicht gegen das Niederstwertprinzip verstoßen. Ein solcher Nachweis ist aber sehr arbeitsaufwendig. Wird er nicht geführt, so müssen für die Bewertung in der Steuerbilanz gewogene Istpreisdurchschnitte verwendet werden, wobei ebenfalls das Niederstwertprinzip zu beachten ist.

Handelsrechtlich sind die Verfahren der selektiven Istpreisbewertung nach Ansicht vieler Autoren generell zulässig. Durch das Niederstwertprinzip ist eine Überbewertung der Bestände ausgeschlossen, so daß sich die Frage der Zulässigkeit lediglich auf die Fälle konzentriert, in denen die Verfahren der selektiven Istpreisbewertung zu Wertansätzen führen, die unter den Tageswerten am Bilanzstichtag liegen.[32] Nach Ansicht von Adler – Düring – Schmalz und mehreren anderen Autoren braucht nach dem Aktiengesetz die unterstellte Verbrauchsfolge nicht mit der tatsächlichen Verbrauchsfolge übereinzustimmen. Mißbräuche, die den Grundsätzen ordnungsmäßiger Buchführung nicht entsprechen, sind allerdings unzulässig. Hierzu zählen nach G. Wöhe auch Fälle, in denen die Verfahren der selektiven Istpreisbewertung zu einer Bewertung der Endbestände führen, „die sich erheblich nach unten entfernt hat", „da ein sicherer Einblick in die Vermögens- und Ertragslage nicht mehr gewährleistet ist."[33]

Die Verfahren der selektiven Istpreisbewertung sind für die Bestandsbewertung in der Jahresabschlußbilanz entwickelt worden, den Aufgaben der Kostenrechnung werden sie nicht gerecht.

Den Grundsätzen der Istkostenrechnung, deren Hauptziel die Nachkalkulation der betrieblichen Produkte und Aufträge ist, entspricht die Bewertung zu Istpreisen am besten. Für die übrigen Aufgaben der Kostenrechnung sind dagegen die Verfahren der Istpreisbewertung nicht geeignet. Die dispositiven Aufgaben der Kosten-

30 Vgl. *G. Wöhe*, Bilanzierung . . . , a.a.O., S. 368.
31 Vgl. *G. Wöhe*, Bilanzierung . . . , a.a.O., S. 364.
32 Vgl. *G. Wöhe*, Bilanzierung . . . , a.a.O., S. 365 und die dort angegebene Literatur.
33 Vgl. *G. Wöhe*, Bilanzierung . . . , a.a.O., S. 358.

rechnung erfordern geplante Wiederbeschaffungspreise, für die Kostenkontrolle sind feste Verrechnungspreise erforderlich. Damit können die externen Preisbewegungen vor Durchführung des Soll-Ist-Kostenvergleichs eliminiert werden, denn die Kostenstellenleiter sind nur für die Verbrauchsmengen und nicht für Preisschwankungen verantwortlich.

3222. Verfahren der Planpreisbewertung

(1) Als Hauptmangel der Istpreisbewertung wurde in der betrieblichen Praxis zunächst der rechentechnische Aufwand empfunden, der mit der Bildung durchschnittlicher oder selektiver Istpreise verbunden ist. Viele Betriebe gingen daher schon sehr früh dazu über, in der Materialabrechnung *Festpreise* zu verwenden. Hierbei handelt es sich um geschätzte oder geplante Einstandspreise, die für eine bestimmte Anzahl von Abrechnungsperioden konstant gehalten und ohne Rücksicht auf die Schwankungen der Istpreise als Wertansätze der Materialabrechnung verwendet werden. In Betrieben mit einer Normalkostenrechnung werden durchschnittliche Istpreise der Vergangenheit als Festpreise verwendet, häufig erfolgt aber bereits hier eine Anpassung der Istpreisdurchschnitte an zukünftig erwartete Preisbewegungen.

Mit dem Übergang zur Plankostenrechnung wurden die Festpreise durch *Planpreise* ersetzt.[34] Für die Zwecke der Kostenkontrolle ist zwar die Höhe der Festpreise von untergeordneter Bedeutung, denn durch sie werden störende Preisschwankungen vom Soll-Ist-Kostenvergleich ferngehalten, die dispositiven Aufgaben der Kostenrechnung erfordern aber die Verwendung *entscheidungsorientierter Planpreise*. Die Bildung solcher Preise zählte lange Zeit zu den schwierigsten Problemen der Kostenrechnung, wobei insbesondere die folgenden beiden Fragen diskutiert wurden.[35]

Erstens ist die Frage zu klären, ob es Fälle gibt, in denen in die *Planmaterialpreise Opportunitätskosten einzubeziehen sind.* Bereits E. Schmalenbach hat dieses Problem ausführlich untersucht und dabei folgende Bewertungsnormen festgelegt. Lassen sich beliebige Materialmengen frei beschaffen, so reichen Marktpreise für die Bewertung der Materialverbrauchsmengen aus. Ist dagegen die Beschaffung „gehemmt", so daß die verfügbaren Materialmengen beim Aufbau der betrieblichen Planung restriktiv wirken, so sind nach E. Schmalenbach die Marktpreise um Opportunitätskosten zu erhöhen.[36] Hierunter ist der auf eine Mengeneinheit des knappen Materials bezogene Deckungsbeitrag derjenigen Produktart zu verstehen, die infolge des knappen Materials gerade noch in das Produktionsprogramm aufgenommen werden kann. Erzielt diese Produktart z. B. einen Verkaufspreis von 48,– DM/Stück, betragen die Grenzselbstkosten (ohne Berück-

34 Zur Verwendung geplanter Verrechnungspreise in der Plankostenrechnung vgl. *W. Kilger*, Flexible Plankostenrechnung, a.a.O., S. 185 ff. und die dort angegebene Literatur.

35 Zur Bildung entscheidungsorientierter Verrechnungspreise vgl. *D. Adam*, Entscheidungsorientierte Kostenbewertung, Wiesbaden 1970 und *E. Heinen*, Betriebswirtschaftliche Kostenlehre, a.a.O., S. 309 ff.

36 Vgl. *E. Schmalenbach*, Selbstkostenrechnung und Preispolitik, 6. Aufl., Leipzig 1934, S. 16 f. und *E. Schmalenbach*, Pretiale Wirtschaftslenkung, Band 1: Die optimale Geltungszahl, Bremen 1948, S. 66. Schmalenbach verwendet die Bezeichnung Opportunitätskosten noch nicht, sondern spricht statt dessen von „Nutzen".

sichtigung von Opportunitätskosten) 36,– DM/Stück und liegt der Materialverbrauch des knappen Materials bei 4 kg/Stück, so erhält man einen Opportunitätskostensatz von (48–36) : 4 = 3,– DM/kg. Beträgt der Marktpreis des Materials 4,50 DM/kg, so wäre nach E. Schmalenbach ein entscheidungsorientierter Preis in Höhe von 7,50 DM/kg anzusetzen. Wie insbesondere die grundlegenden Arbeiten von D. Adam gezeigt haben, ist aber auch bei knappem Material eine Einbeziehung von Opportunitätskosten in die Planpreise nicht erforderlich, wenn man beim Aufbau der betrieblichen Planung simultane Entscheidungsmodelle verwendet, bei denen alle alternativen Verwendungsmöglichkeiten berücksichtigt werden.[37]

Zweitens muß bei der Bildung von Planmaterialpreisen die Frage geklärt werden, *wie in der Kostenrechnung Preisschwankungen zu berücksichtigen sind.* Dieses Problem wurde früher vorwiegend unter dem Aspekt erörtert, ob und in welcher Weise durch eine entsprechende Bewertung des Faktorverbrauchs die *Substanzerhaltung* der Unternehmung gesichert werden kann. Insbesondere *F. Schmidt* hat diese Frage ausführlich untersucht und vorgeschlagen, alle Faktorverbrauchsmengen zu den *„Tagesbeschaffungswerten des Umsatztages"* zu bewerten, um Substanzverluste infolge ausgeschütteter Scheingewinne zu vermeiden.[38] Seitdem wurde das Problem der Substanzerhaltung immer wieder untersucht und hierbei mehrere Varianten der Substanzerhaltung unterschieden, auf die wir jedoch im einzelnen nicht eingehen wollen.[39] Für uns ist lediglich von Bedeutung, daß die neuere Diskussion zu dem Ergebnis geführt hat, daß die Substanzerhaltung kein selbständiges Unternehmensziel, sondern eine Komponente der langfristigen Gewinnmaximierung ist.[40] Hieraus folgt, daß diejenigen Wertansätze, die zur langfristigen Gewinnmaximierung führen, zugleich dem Ziel der Substanzerhaltung am besten entsprechen. Wie D. Adam gezeigt hat, werden die von F. Schmidt vorgeschlagenen Tagespreise des Umsatztages der Gewinnmaximierung und damit zugleich der Substanzerhaltung nur gerecht, wenn die effektiven Wiederbeschaffungstermine auf die Umsatzzeitpunkte entfallen; divergieren diese Zeitpunkte, so muß es bei isolierter Planung der einzelnen Perioden zu Fehldispositionen kommen.[41] Zielkonform ist in diesen Fällen nur die Bewertung zum *Tagespreis des Wiederbeschaffungszeitpunktes.* Da jedoch der zukünftige Beschaffungszeitpunkt vorher meistens nicht bekannt ist, und sich die Preisentwicklung nicht so genau im voraus planen läßt, daß sich Planpreise einzelner zukünftiger Beschaffungszeitpunkte angeben lassen, kommen die Tagespreise der Wiederbeschaffungszeitpunkte für die praktische Anwendung nicht in Frage. Auch F. Schmidt hat sie als Wertansätze abgelehnt.[42]

37 Vgl. *D. Adam*, Entscheidungsorientierte Kostenbewertung, a.a.O., S. 45 ff. und *E. Heinen*, Betriebswirtschaftliche Kostenlehre, a.a.O., S. 314. Beide Verfasser vertreten die Ansicht, daß die Optimierung eine Zielfunktion voraussetzt, die nicht bereits Opportunitätskosten enthält. Diese These gilt keineswegs nur für die Bewertung von Material sondern, generell für alle Produktionsfaktoren.

38 Vgl. *F. Schmidt*, Die organische Tageswertbilanz, Nachdruck der 3. Auflage, Wiesbaden 1951, S. 73, sowie *F. Schmidt*, Der Wiederbeschaffungspreis des Umsatztages in Kalkulation und Volkswirtschaft, Berlin 1923.

39 Vgl. hierzu insbesondere *K. Hax*, Die Substanzerhaltung der Betriebe, Köln und Opladen 1957 und *D. Adam*, Entscheidungsorientierte Kostenbewertung, a.a.O., S. 129 ff.

40 Vgl. *D. Adam*, Entscheidungsorientierte Kostenbewertung, a.a.O., S. 135.

41 Vgl. *D. Adam*, Entscheidungsorientierte Kostenbewertung, a.a.O., S. 150.

42 Vgl. *F. Schmidt*, Die organische Tageswertbilanz, a.a.O., S. 73.

In der Plankostenrechnung hat man die oben aufgezeigten Schwierigkeiten dadurch überwunden, daß man als *Planpreise die für bestimmte Planungszeiträume erwarteten durchschnittlichen Wiederbeschaffungspreise* ansetzt. Für Industriebetriebe, die Entscheidungen über ihre Verkaufspreise und die Zusammensetzung ihres Produktionsprogramms jeweils im Rahmen einer Jahresplanung treffen, und deren Materialpreise während eines Jahres nicht zu großen Schwankungen unterworfen sind, reicht es meistens aus, jahresbezogene Planpreise zu bilden. Bei starken Preisschwankungen, wie sie z. B. bei NE-Metallen und verschiedenen Naturrohstoffen auftreten, erfordern die dispositiven Aufgaben aber neben den jahresbezogenen Planpreisen häufig auch Planpreise, die sich auf kürzere Planungsperioden beziehen, und die im Extremfall sogar mit den geplanten Wiederbeschaffungspreisen zu bestimmten Beschaffungszeitpunkten übereinstimmen können. Auch in diesen Fällen werden aber in der laufenden Abrechnung meistens jahresbezogene Planpreise verwendet und die dispositiven Rechnungen mit Tagespreisen als Sonderrechnungen durchgeführt.

Die Bewertung der Materialverbrauchsmengen mit Fest- oder Planpreisen führt zu einer Durchbrechung des Kostenüberwälzungsprinzips der Istkostenrechnung. Neben die zu Fest- oder Planpreisen bewerteten Materialverbrauchsmengen treten *Preisabweichungen*, die gesondert erfaßt und weiterverrechnet werden müssen.

(2) Die *Ermittlung geplanter Verrechnungspreise* erfolgt am genauesten mit Hilfe der statistischen Auswertung von Istpreis-Zeitreihen vergangener Perioden, so z. B. dem Verfahren der gleitenden Durchschnittsbildung oder der Trendberechnung nach der Methode der kleinsten Quadrate.[43] Die statistisch ermittelten Entwicklungstendenzen der Preise müssen jeweils für die Planungsperiode extrapoliert werden. Statistische Verfahren der Planpreisermittlung erfordern einen relativ großen Arbeitsaufwand, so daß sie in der betrieblichen Praxis nur für die wichtigsten Materialarten in Frage kommen. Für die übrigen Materialarten schätzt der Einkauf die Planpreise aufgrund der letzten Preisangebote und der vermuteten Preisentwicklung. Nach jeweils 1 bis 2 Jahren werden die Planpreise neu festgelegt.

Zur Vereinfachung der praktischen Durchführung der Materialabrechnung ist es üblich, für die Bildung von Planpreisen Abrundungsregeln festzulegen, so z. B. „Preise von 1 bis 10 DM sind auf volle 0,10 DM abzurunden" usw.

(3) Für die *Durchführung der Materialabrechnung mit Hilfe von Planpreisen* sind verschiedene Verfahren entwickelt worden, die wir an anderer Stelle ausführlich dargestellt haben.[44] In der betrieblichen Praxis werden meistens sowohl die Materialbestände als auch die Materialverbrauchsmengen mit Plan-Einstandspreisen bewertet und die Preisabweichungen bereits beim Materialzugang erfaßt. Dieses Verfahren haben wir in Übersicht 9 dargestellt, wobei wir von den gleichen Daten ausgegangen sind, die bei den Beispielen zur Istpreisbewertung in den Übersichten 6 bis 8 zugrunde gelegt wurden.[45]

43 Die Methoden zur Ermittlung geplanter Verrechnungspreise haben wir an anderer Stelle ausführlich dargestellt. Vgl. *W. Kilger*, Flexible Plankostenrechnung, a.a.O., S. 188 ff.

44 Vgl. *W. Kilger*, Flexible Plankostenrechnung, a.a.O., S. 197 ff.

45 Auch in Übersicht 9 haben wir die Darstellungsform des Kontos gewählt. Wird die Materialabrechnung nicht im System der doppelten Buchführung durchgeführt, so ist die Kontoform durch die tabellarische Darstellung zu ersetzen. An die Stelle der Sollbuchungen treten positive und an die Stelle der Habenbuchungen negative Beträge.

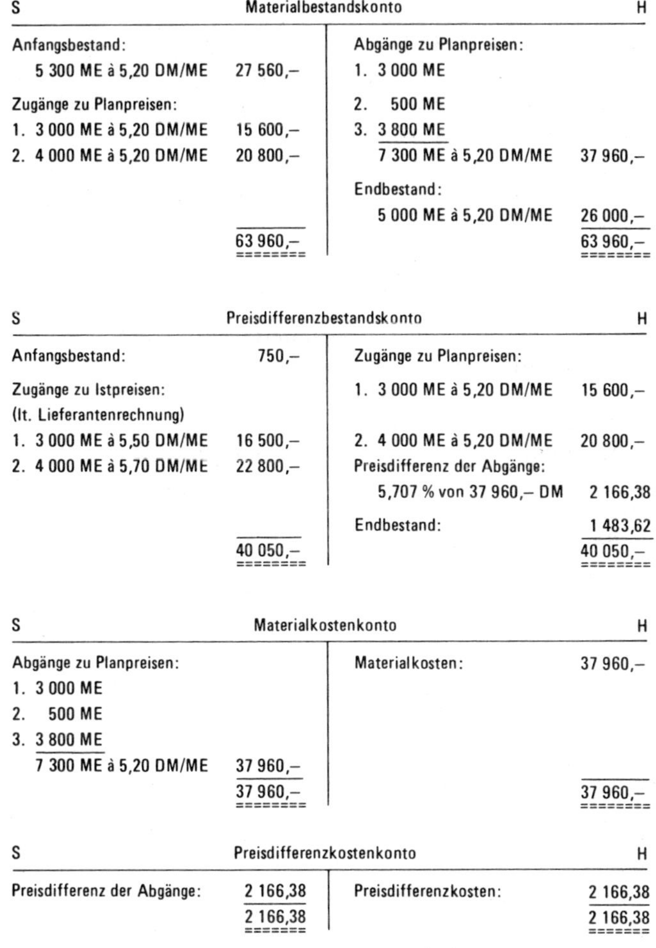

S	Materialbestandskonto		H
Anfangsbestand:		Abgänge zu Planpreisen:	
5 300 ME à 5,20 DM/ME	27 560,–	1. 3 000 ME	
Zugänge zu Planpreisen:		2. 500 ME	
1. 3 000 ME à 5,20 DM/ME	15 600,–	3. 3 800 ME	
2. 4 000 ME à 5,20 DM/ME	20 800,–	7 300 ME à 5,20 DM/ME	37 960,–
		Endbestand:	
		5 000 ME à 5,20 DM/ME	26 000,–
	63 960,–		63 960,–

S	Preisdifferenzbestandskonto		H
Anfangsbestand:	750,–	Zugänge zu Planpreisen:	
Zugänge zu Istpreisen:		1. 3 000 ME à 5,20 DM/ME	15 600,–
(lt. Lieferantenrechnung)			
1. 3 000 ME à 5,50 DM/ME	16 500,–	2. 4 000 ME à 5,20 DM/ME	20 800,–
2. 4 000 ME à 5,70 DM/ME	22 800,–	Preisdifferenz der Abgänge:	
		5,707 % von 37 960,– DM	2 166,38
		Endbestand:	1 483,62
	40 050,–		40 050,–

S	Materialkostenkonto		H
Abgänge zu Planpreisen:		Materialkosten:	37 960,–
1. 3 000 ME			
2. 500 ME			
3. 3 800 ME			
7 300 ME à 5,20 DM/ME	37 960,–		
	37 960,–		37 960,–

S	Preisdifferenzkostenkonto		H
Preisdifferenz der Abgänge:	2 166,38	Preisdifferenzkosten:	2 166,38
	2 166,38		2 166,38

Übersicht 9: Beispiel zur Planpreisbewertung

Die Bestände und alle Materialbewegungen des *Materialbestandskontos* werden mit dem Planpreis bewertet, der im Beispiel 5,20 DM/ME beträgt. Die den Lieferantenrechnungen entsprechenden Zugänge zu Istpreisen werden der Sollseite des *Preisdifferenzbestandskontos* belastet; die Gegenbuchungen erfolgen auf der Habenseite des Lieferantenkontos. Der Anfangsbestand des Preisdifferenzbestandskontos entspricht der auf den Anfangsbestand des Materialbestandskontos entfallenden Preisdifferenz; er beträgt im Beispiel 750,– DM. Auf der Habenseite des Preisdifferenzbestandskontos werden die auf den Planpreis umgewerteten Zugänge verbucht; die Gegenbuchung erfolgt im Soll des Materialbestandskontos. Die zum Planpreis bewerteten Abgänge werden dem Materialbestandskonto gutgeschrieben und dem *Materialkostenkonto* belastet. Der Saldo des Materialbestandskontos entspricht den zum Planpreis bewerteten Materialkosten der

Abrechnungsperiode, sie betragen im Beispiel 37 960,– DM. Saldiert man auf dem Preisdifferenzbestandskonto die dem Anfangsbestand und den Zugängen entsprechenden Preisabweichungen, so erhält man folgenden Vorsaldo: (750 + 16 500 + 22 800 – 15 600 – 20 800) = 3 650,– DM). Dem *Vorsaldo des Preisdifferenzbestandskontos* entspricht die Summe aus dem zum Planpreis bewerteten Anfangsbestand und den zum Planpreis bewerteten Zugängen des Materialbestandskontos. Setzt man beide Größen zueinander in Beziehung, so erhält man den *Preisdifferenzprozentsatz:*

$$\frac{3\,650 \text{ DM}}{63\,960 \text{ DM}} \times 100 = 5{,}707 \,\%.$$

Mit diesem Prozentsatz werden die zum Planpreis bewerteten Materialkosten in Höhe von 37 960,– DM multipliziert. Hierbei erhält man die den Verbrauchsmengen entsprechende Preisabweichung in Höhe von 37 960 × 0,05707 = 2 166,38 DM. Diese wird vom Preisdifferenzbestandskonto auf das *Preisdifferenzkostenkonto* umgebucht. Als Saldo verbleibt auf dem Preisdifferenzbestandskonto die dem Endbestand des Materialbestandskontos entsprechende Preisdifferenz, die im Beispiel 1 483,62 DM beträgt. Faßt man die Salden des Materialbestandskontos und des Preisdifferenzbestandskontos zusammen, so erhält man den gleichen Saldo wie bei der Istpreisbewertung mit periodischer Durchschnittsbildung. Die Saldensumme in Übersicht 9 beträgt 27 483,62 DM; sie unterscheidet sich nur um eine Abrundungsdifferenz in Höhe von 0,47 DM vom Endbestand in Übersicht 8. Die Planpreisbewertung ist daher in gleicher Weise für die Zwecke der Bilanzierung geeignet wie die Istpreisbewertung mit periodischer Durchschnittsbildung.

In Betrieben, die ihre Materialabrechnung maschinell durchführen, wird die Ermittlung der Preisabweichungen der Datenverarbeitung übertragen.[46] Hierbei werden aber nur für wenige wichtige Materialarten positionsweise Preisabweichungen ermittelt. Die meisten Materialarten werden zu Materialgruppen mit gleichgerichteten Preisbewegungen zusammengefaßt. Um Fehler bei der Ermittlung der Preisabweichungen zu vermeiden, ist darauf zu achten, daß die auf dem Materialbestandskonto gebuchten Zugänge genau den im Soll des Preisdifferenzbestandskontos aus den Lieferantenrechnungen abgeleiteten Zugängen entsprechen. Dies ist häufig nicht der Fall, da die Rechnungen erst zeitlich nach den Materialzugängen eintreffen. Werden dem Preisdifferenzbestandskonto zu Planpreisen bewertete Zugänge gutgeschrieben, ohne daß die zugehörigen Lieferantenrechnungen bereits verbucht sind, so entstehen fehlerhafte Preisdifferenzen. Um das zu verhindern, müssen die Zugänge, für die noch keine Rechnungen eingetroffen sind, besonders erfaßt und vor der Bildung der Preisdifferenzprozentsätze eliminiert werden.

Gegenüber der Istpreisbewertung hat die Planpreisbewertung wesentliche *Vorteile.* Sie ist rechentechnisch einfacher, da die laufende oder periodische Berechnung gewogener Istpreisdurchschnitte entfällt, mit ihrer Hilfe lassen sich Materialpreisschwankungen von der Kostenkontrolle fernhalten und die dispositiven Aufgaben der Kostenrechnung besser erfüllen. Ein *Nachteil* der Planpreisbewertung besteht darin, daß eine auftrags- oder produktbezogene Nachkalkulation der den

46 Vgl. *H. G. Plaut, H. Müller, W. Medicke*, Grenzplankostenrechnung und Datenverarbeitung, a.a.O., S. 74.

Istpreisen entsprechenden Materialkosten nur möglich ist, wenn die Preisabweichungen der Abgangsmengen nachträglich auftrags- oder produktweise verrechnet werden.

323. Die Verrechnung der Materialkosten

(1) Wie die belegmäßig erfaßten und bewerteten Istmaterialverbrauchsmengen im System der Kostenrechnung weiterverrechnet werden, hängt davon ab, ob ein Betrieb mit einer Ist-, Normal- oder Plankostenrechnung arbeitet.

In einer *Istkostenrechnung* werden die Istmaterialkosten jeder Abrechnungsperiode nach dem Überwälzungsprinzip auf die Kostenträger weiterverrechnet. Die Isteinzelmaterialkosten der Fertigung werden gemäß der auf den Materialentnahmescheinen angegebenen Auftrags- oder Artikelnummer direkt den Kostenträgern zugerechnet, die Istkosten des Gemeinkostenmaterials dagegen laufen zunächst durch die Kostenstellenrechnung. Da hier in jeder Abrechnungsperiode Istkalkulationssätze gebildet werden, gehen auch sie in voller Höhe auf die Kostenträger. In einer Istkostenrechnung ist es aus zwei Gründen nicht möglich, die Wirtschaftlichkeit des Materialeinsatzes zu kontrollieren. Erstens werden Marktpreisschwankungen nicht eliminiert und zweitens fehlen Sollmaterialkosten, die zur Beurteilung des Istmaterialverbrauchs dienen könnten.

(2) Bei Anwendung einer *Normalkostenrechnung* werden für den Einzelmaterialverbrauch Normalverbrauchsmengen pro Auftrag oder Produktmengeneinheit festgelegt, die aus Erfahrungswerten der Vergangenheit abgeleitet sind.[47] Die Bewertung der Normalverbrauchsmengen erfolgt mit Hilfe fester Verrechnungspreise, bei denen es sich um Istpreisdurchschnitte vergangener Perioden oder bereits um Planpreise handeln kann. Den betrieblichen Aufträgen und Produktarten werden in einer Normalkostenrechnung stets nur die *Normal-Einzelmaterialkosten* belastet, die Abweichungen gegenüber den Ist-Einzelmaterialkosten werden als *Unter- und Überdeckungen* erfaßt. Bezeichnen wir die Ist-Einzelmaterialkosten einer Abrechnungsperiode mit $K_m^{(i)}$, die Normal-Einzelmaterialmenge pro Kostenträgereinheit mit $m^{(n)}$, den Verrechnungspreis pro Materialmengeneinheit mit $q^{(n)}$, die Anzahl der hergestellten Produktmengeneinheiten mit $x^{(i)}$, den Materialartenindex mit $\nu = 1, \ldots, z_m$ und den Produktartenindex mit $j = 1, \ldots, n$, so erhalten wir für die Über- oder Unterdeckung einer Einzelmaterialart ν folgenden Ausdruck:

$$\Delta K_{m\nu} = K_{m\nu}^{(i)} - \sum_{j=1}^{n} m_{\nu j}^{(n)} q_{\nu}^{(n)} x_j^{(i)} \qquad (\nu = 1, \ldots, z_m) \tag{56}$$

Die Unter- und Überdeckungen der Einzelmaterialkosten werden zusammen mit den Einzelmaterialpreisabweichungen auf statistischen Konten der Betriebsabrechnung gespeichert und meistens erst am Jahresende in die Erfolgsrechnung ausgebucht. Inwieweit die Unter- und Überdeckungen der Einzelmaterialkosten zur

47 Dies gilt allerdings nur bei einer „reinen" Normalkostenrechnung, bei der das Prinzip der normalisierten Kosten auch für die Einzelmaterialkosten angewandt wird. In der Praxis findet man jedoch oft Mischformen, bei denen normalisierte Kostensätze nur für die Verrechnung der Gemeinkosten verwendet werden und bei denen man die Einzelmaterialkosten entweder nach dem Istkosten- oder nach dem Plankostenprinzip abrechnet.

Kontrolle der Kostenwirtschaftlichkeit geeignet sind, hängt von der Ermittlung der Normal-Einzelmaterialverbrauchsmengen ab. Je mehr sich diese von den Durchschnittswerten der Vergangenheit lösen und durch exakte Planungsverfahren ermittelt werden, desto besser sind sie zur Kostenkontrolle geeignet. In vielen Betrieben findet man Mischformen der Kostenrechnung, bei denen die Einzelmaterialkosten bereits wie in einer Plankostenrechnung geplant und kontrolliert werden, während zur Verrechnung der Gemeinkosten noch Normalkostenverrechnungssätze dienen.

Die *Istverbrauchsmengen für Gemeinkostenmaterial* werden in einer Normalkostenrechnung meistens mit festen Verrechnungspreisen bewertet. Im übrigen werden sie in gleicher Weise den verursachenden Kostenstellen belastet, wie in einer Istkostenrechnung. Da aber zur Weiterverrechnung in der Kostenträgerrechnung normalisierte Gemeinkostenverrechnungssätze verwendet werden, gehen in die Kalkulationen nur die den Normalkostensätzen entsprechenden Kosten des Gemeinkostenmaterials ein. Gesonderte Unter- und Überdeckungen der Kosten für Gemeinkostenmaterial werden in einer Normalkostenrechnung nicht ausgewiesen, sie gehen in die globalen Unter- und Überdeckungen der Kostenstellen ein. Eine Kontrolle des Gemeinkostenmaterials ist deshalb in einer Normalkostenrechnung nicht möglich.

(3) In einer *Plankostenrechnung* wird der Einzelmaterialverbrauch pro Auftrag oder Produktmengeneinheit exakt geplant. Bei standardisierten Produkten kann die Planung der Einzelmaterialmengen für eine Planungsperiode (= meistens ein Jahr) im voraus erfolgen, bei Einzel- und Auftragsfertigung dagegen erst parallel zur Auftragsabwicklung, da die hierfür erforderlichen Konstruktionszeichnungen und Stücklisten erst nach Auftragseingang erstellt werden können.

Für die Planung des Einzelmaterialverbrauchs läßt sich kein allgemeingültiges Schema angeben, da hierzu die Art des Materialverbrauchs der Produkte zu unterschiedlich ist. In vielen Fällen kann man aber so vorgehen, daß man zunächst den Nettoeinzelmaterialverbrauch plant und anschließend Planprozentsätze für Abfallmengen festlegt, mit deren Hilfe sich dann die Bruttoplaneinzelmaterialmengen ermitteln lassen.[48] Die Bewertung erfolgt zu Planpreisen. Den betrieblichen Aufträgen und Produktarten werden in einer Plankostenrechnung zunächst nur die *Plan-Einzelmaterialkosten* belastet. Die in der Materialabrechnung belegmäßig erfaßten und mit Planpreisen bewerteten Ist-Einzelmaterialmengen gehen in den *Soll-Ist-Kostenvergleich für Einzelmaterial* ein und werden dort mit den Soll-Einzelmaterialkosten verglichen. Diese erhält man durch Multiplikation der hergestellten Stückzahlen mit den Plan-Einzelmaterialkosten pro Einheit. Als Differenz erhält man die *Einzelmaterial-Verbrauchsabweichungen* einer Abrechnungsperiode, die sich nach Produkt- und Materialarten differenziert erfassen lassen. Ersetzen wir bei den in Gleichung (56) verwendeten Kurzzeichen den Index (n) durch den Index (p) für geplante Größen, so erhalten wir für die Einzelmaterial-Verbrauchsabweichung einer Produktart j und einer Materialart ν folgenden Ausdruck:

$$(57) \qquad \Delta K_{m\nu j} = M_{\nu j}^{(i)} q_{\nu}^{(p)} - m_{\nu j}^{(p)} q_{\nu}^{(p)} x_j^{(i)} \qquad \begin{matrix} (\nu = 1, \ldots, z_m) \\ (j = 1, \ldots, n) \end{matrix}$$

48 Den theoretischen Aufbau der Einzelmaterialkostenplanung haben wir an anderer Stelle ausführlich dargestellt. Vgl. *W. Kilger*, Flexible Plankostenrechnung, a.a.O., S. 299 ff.

Die Einzelmaterial-Verbrauchsabweichungen werden durch eine besondere *Abweichungsanalyse* auf ihre Entstehungsursachen zurückgeführt. Hierbei lassen sich Abweichungen infolge außerplanmäßiger Produktgestaltung, Abweichungen infolge außerplanmäßiger Mischungszusammensetzungen, Abweichungen infolge außerplanmäßiger Materialeigenschaften und Abweichungen infolge innerbetrieblicher Unwirtschaftlichkeiten unterscheiden.[49] Die Einzelmaterial-Verbrauchsabweichungen werden in der Auftrags- und Einzelfertigung bei der Nachkalkulation den Aufträgen zugerechnet. In Industriebetrieben mit standardisierten Produkten werden sie in der kurzfristigen Erfolgsrechnung zusammen mit den Einzelmaterialpreisabweichungen den einzelnen Produktarten oder Produktgruppen zugerechnet.

Die *Istverbrauchsmengen für Gemeinkostenmaterial* werden in einer Plankostenrechnung mit Planpreisen bewertet und den verursachenden Kostenstellen belastet. Dort werden sie im Soll-Ist-Kostenvergleich mit den zugehörigen Sollkosten verglichen, wobei Gemeinkostenmaterial-Verbrauchsabweichungen ausgewiesen werden, die Rückschlüsse auf die Wirtschaftlichkeit des Gemeinkostenmaterialverbrauchs zulassen.

33. Die Erfassung und Verrechnung der Personalkosten

331. Die Erfassung und Verrechnung der Lohnkosten

(1) Die Erfassung und Kontierung der *Lohnkosten* gehört zu den *Aufgaben der Lohnabrechnung,* die sich wie folgt gliedern lassen:[50]

a) Bruttolohnabrechnung
b) Nettolohnabrechnung
c) Lohnverteilung
d) Sonstige Aufgaben der Lohnabrechnung

Durch die *Bruttolohnabrechnung* werden für alle Arbeiter die ihnen für eine Abrechnungsperiode zustehenden Bruttolöhne ermittelt. Diese setzen sich in den meisten Industriebetrieben aus folgenden *Bruttolohnarten* zusammen:

Bruttolohn = Tariflohn
+ gesetzlicher Soziallohn
+ übertarifliche Lohnzulagen
+ Leistungsprämien
+ sonstige Prämien
+ Zusatzlöhne
+ Zuschläge für Überstunden, Sonntags-Feiertags- und Nachtarbeit

49 Vgl. hierzu *W. Kilger*, Flexible Plankostenrechnung, a.a.O., S. 236 ff.

50 Zur Erfassung und Verrechnung der Lohnkosten vgl. *W. Kalveram*, Industrielles Rechnungswesen, a.a.O., S. 245 ff.; *K. Mellerowicz*, Kosten und Kostenrechnung, a.a.O., S. 204 ff.; *C. Nürnberger*, Stichwort Lohn- und Gehaltsabrechnung, in: Handwörterbuch des Rechnungswesens, hrsg. von *E. Kosiol*, Stuttgart 1970, Sp. 1054.

Hiervon werden die *gesetzlichen Soziallöhne*, d. h. die Urlaubs- und Feiertagslöhne, zeitlich abgegrenzt und zusammen mit den gesetzlichen und freiwilligen Sozialabgaben verrechnet.

In der *Nettolohnabrechnung* werden die Bruttolöhne der Arbeiter um die gesetzlich vorgeschriebenen Abzüge vermindert. Die Abzüge bestehen aus den vom Arbeitgeber einzubehaltenden Lohn- und Kirchensteuern sowie den Beiträgen zur Sozialversicherung. Der Nettolohn eines Arbeiters läßt sich daher wie folgt berechnen:

Nettolohn = Bruttolohn
./. Lohnsteuer
./. Kirchensteuer
./. Krankenversicherungsbeitrag
./. Rentenversicherungsbeitrag
./. Arbeitslosenversicherungsbeitrag

Zur Ermittlung der an die Arbeiter *auszuzahlenden Beträge* werden die Nettolöhne um persönliche Abzüge, wie z. B. Vorschüsse, Mieten, Essensgelder, in Rechnung gestellte Sachbezüge usw., vermindert.

Früher wurden die Brutto- und die Nettolohnabrechnungen in fast allen Betrieben wöchentlich durchgeführt. Bei *wöchentlicher Lohnabrechnung* ist eine zeitliche Abgrenzung gegenüber der Kostenrechnung erforderlich, da diese monatlich abrechnet. Die Löhne der über einen Monat zeitlich hinausragenden Wochen müssen antizipativ oder transitorisch abgegrenzt werden. Heute sind die meisten Betriebe zur *monatlichen Lohnabrechnung* übergegangen, so daß das Abgrenzungsproblem entfällt.

Die Aufgabe der *Lohnverteilung* besteht darin, die Bruttolöhne (ohne den gesetzlichen Soziallohn) denjenigen Aufträgen, Produktarten oder Kostenstellen zuzurechnen, durch die sie verursacht worden sind. Hier erfolgt also die Kontierung der Bruttolöhne auf Auftrags- oder Kostenstellennummern. Die Bruttolohnerfassung und die Lohnverteilung lassen sich als Bestandteile der Kostenartenrechnung auffassen, die Nettolohnabrechnung dagegen erfüllt Aufgaben, die für die Kostenrechnung ohne Bedeutung sind.

Zu den *sonstigen Aufgaben der Lohnabrechnung* gehören alle lohn- und leistungsstatistischen Auswertungen, sowie die Errechnung von Zeitbezugsgrößen für die Kostenstellenrechnung.

Die Erfassung und Verrechnung der Löhne wird *heute meistens nicht mehr manuell* sondern mit *Hilfe von Datenverarbeitungsanlagen* durchgeführt. Der relativ große Beleganfall und die Vielzahl der erforderlichen Rechenoperationen sprechen an sich für eine maschinelle Lohnabrechnung. Wegen der Mannigfaltigkeit betrieblicher Lohnformen und der großen Anzahl betriebsinterner Besonderheiten bei der Bruttolohnerfassung gilt aber die maschinelle Lohnabrechnung als eine „sehr kritische lochkartenmaschinelle Aufgabe", die „gründliche Vorarbeiten, umfassende Analysen und eine behutsame Einführungsplanung"[51] erfordern. Die Hauptprobleme liegen in der Datenerfassung. Darüber hinaus stellt die Lohnabrechnung besondere qualitative Anforderungen:[52] „Lohnabrechnungen müssen in

51 Vgl. *H. G. Plaut, H. Müller, W. Medicke*, Grenzplankostenrechnung und Datenverarbeitung, a.a.O., S. 87.

52 Vgl. *H. G. Plaut, H. Müller, W. Medicke*, Grenzplankostenrechnung und Datenverarbeitung, a.a.O., S. 87.

erster Linie *richtig*, d. h. rechnerisch ausnahmslos unangreifbar sein, sie sind streng *termingebunden*, weisen im allgemeinen einen innerhalb der Abrechnungsperiode ungleichen *Beleganfall* auf, der trotz aller Termin- und Kapazitätsschwierigkeiten von der Locherei gemeistert werden muß, und erhalten die Daten von einer *Vielzahl betrieblicher Stellen*".

Plaut – Müller – Medicke unterscheiden mehrere Grundformen der maschinellen Lohnabrechnung, die sich „vornehmlich im methodischen Aufbau und in der Erfassung der personen- und leistungsbezogenen Bruttoinformationen" voneinander unterscheiden, „während die Nettolohnerrechnung und die Darstellung von Brutto- und Nettolohn einander gleichen".[53]

(2) Wir wollen uns darauf beschränken, die wichtigsten *Grundlagen der Bruttolohnabrechnung* zu behandeln, die jeder Kostenrechner kennen muß, da die Bruttolöhne als Kostenarten in die Kostenrechnung eingehen. Hierzu zählen insbesondere die *Verfahren zur belegmäßigen Erfassung der zu vergütenden Arbeitszeiten* und sonstiger Bemessungsgrundlagen der Lohnzahlung. Im einzelnen wollen wir die Erfassung folgender *Bruttolohnarten* unterscheiden.

Bei *Arbeiten im Zeitlohn* werden den Arbeitern die *effektiv geleisteten Arbeitsstunden* vergütet, die mit Hilfe von *Zeitlohnscheinen* erfaßt werden. Im Bereich der Fertigung werden Zeitlohnscheine meistens von Werkstattschreibern ausgestellt und von den Meistern abgezeichnet. Sie enthalten mindestens folgende Angaben:

Lohnartenbezeichnung
Art der Tätigkeit
Name des Arbeiters
Arbeiter-Nr
Anzahl der geleisteten Stunden
Lohngruppe
Lohn pro Stunde
Lohnbetrag (= geleistete Stunde x DM/Std.)
Kontierungsangaben
  Kostenstellen-Nr. (bei allen Löhnen)
  Kostenarten-Nr. (bei allen über Kostenstellen abgerechneten Löhnen)
  Auftrags- oder Artikel-Nr. (bei Einzellöhnen der Fertigung)
  Werksauftrags-Nr. (bei Einzellöhnen der Hilfsbetriebe)
Ausstellungsvermerke
  Datum
  Name des Ausstellers
  Unterschrift des Meisters
Lohnrechnungsvermerke
  Datum
  Name
Lohnbuchungsvermerke
  Datum
  Name

53 Vgl. *H. G. Plaut, H. Müller, W. Medicke*, Grenzplankostenrechnung und Datenverarbeitung, a.a.O., S. 87 und 88.

Die meisten Zeitlohnscheine enthalten einen *Kontrollabriß*, den der ausführende Arbeiter erhält. Hierin werden der Name und die Nummer des Arbeiters, der Monat, die geleisteten Stunden und der Lohnbetrag noch einmal angegeben.

In der Übersicht 10 haben wir als Beispiel einen Zeitlohnschein für Fertigungslöhne wiedergegeben. Bei maschineller Bruttolohnerfassung werden statt der Lohnscheine häufig Zeichenlochkarten verwendet.

Firmenname	Ausführende:	Zu belasten:	*Firmenname*
Fertigungslohnschein Nur für Ko-Stellen die nicht im Akkord arbeiten!	Kostenstelle: *Stückfärberei* Name: *Meier* Arbeiter-Nr.: *5 167*	Kostenstelle: *531* Kostenart: Partie/Auftrag-Nr.: *22 387*	**Fertigungslohnschein-Abriß**

Angaben über Tätigkeit und Ausbringung in m, kg oder ähnlich	Lohngruppe	Geleistete Stunden	Stundenlohn	Lohnbetrag DM	Pf.	
						Monat: *Mai 74*
Tätigkeit: *Partie 22 387 Färben*		*6,5*	*7,20*	*46*	*80*	Arbeiter-Nr.: *5 167* Name: *Meier*
Ausbringung: *60 m*						Geleistete Stunden: *6,5*
für bez. Urlaub u. bez. Arbeitsausfall (Soziallohn) besonderen Beleg!						

Lohnschein ausgestellt:	Unterschrift des Meisters	Lohn gerechnet:	Lohnbüro:	Lohnbetrag:
Datum: *9.5* Name: *Fritz*	*Schulz*	Datum: *9.5* Name: *Fritz*	Datum: *16.5.* Name: *Becker*	DM Pf. *46* *80*

Übersicht 10: Beispiel eines Zeitlohnscheines für Fertigungslöhne

Bezeichnen wir die von einem im Zeitlohn arbeitenden Arbeiter während einer Abrechnungsperiode in einer Kostenstelle insgesamt geleisteten Istarbeitsstunden mit $T^{(i)}$, den Lohnsatz pro Stunde mit l, den Index der Kostenstellen mit i, die Anzahl der Kostenstellen mit m und die Arbeiternummer mit η, so läßt sich der für die Abrechnungsperiode dem Arbeiter zu vergütende Bruttolohnbetrag wie folgt berechnen:

$$K_{L\eta} = \sum_{i=1}^{m} T_{i\eta}^{(i)} \, l_{i\eta} \tag{58}$$

Die Einsatzzeiten $T_{i\eta}^{(i)}$ erhält man, indem man die Zeitlohnscheine nach Kostenstellennummern ordnet und die darin angegebenen Stunden addiert. Mit Hilfe der folgenden Kontrollrechnung sollte die Abwesenheitszeit jedes Arbeiters mit den vergüteten Zeitlohnstunden abgestimmt werden:

$$\text{Anwesenheitszeit lt. Stechkarte ./. nicht entlohnte Pausen} = \sum_{i=1}^{m} T_{i\eta}^{(i)} \tag{59}$$

Stimmt diese Gleichung nicht, so müssen die Zeitlohnscheine überprüft werden.

Bei *Arbeiten im Akkord* werden den Arbeitern nicht die effektiv geleisteten Arbeitszeiten, sondern die den bearbeiteten Stückzahlen entsprechenden *Vorgabezeiten* vergütet. Die Erfassung der den bearbeiteten Stückzahlen entsprechenden Vorgabezeiten und die Berechnung der zugehörigen Lohnbeträge erfolgt mit Hilfe von *Akkordlohnscheinen*. Akkordarbeit wird vorwiegend im Fertigungsbereich industrieller Betriebe geleistet. Die Akkordlohnscheine werden entweder von den Werkstattschreibern der Meisterbereichsstellen ausgestellt oder unmittelbar von der Arbeitsvorbereitung den Fertigungsaufträgen beigefügt.

Die *Vorgabezeiten* müssen für jede Produktart und jeden Arbeitsgang gesondert ermittelt werden. Hierfür sind spezielle *Zeitstudienabteilungen* zuständig. Die Vorgabezeitermittlung kann mit Hilfe analytischer oder synthetischer Verfahren erfolgen.[54] Bei den *analytischen Verfahren*, wozu z. B. das REFA- und das Bedaux-Verfahren zählen, geht die Vorgabezeitermittlung von gemessenen Istzeiten aus, die mit Hilfe geschätzter Leistungsgrade in Vorgabezeiten umgerechnet werden. Bei den *synthetischen Verfahren* werden die Vorgabezeiten aus vorbestimmten Zeiten bestimmter „Elementarbewegungen" zusammengesetzt; hierzu zählen z. B. das Workfactor- und das MTM-Verfahren.

Die für einen Fertigungsauftrag, so z. B. für die Bearbeitung einer Serie an einer bestimmten Maschine, insgesamt zugemessene Vorgabezeit wird nach REFA als *Auftragszeit* bezeichnet; sie setzt sich aus der *Rüstzeit* und der *Ausführungszeit* zusammen.[55] Die Rüstzeit enthält alle Teilzeiten, die der Vorbereitung der auszuführenden Arbeit insbesondere zur Einrichtung der verwendeten Betriebsmittel und deren Rückversetzung in den ursprünglichen Zustand dienen. Ihre Höhe ist normalerweise von der bearbeiteten Stückzahl (= Serien- oder Partiegröße) unabhängig. Die Ausführungszeit enthält alle Teilzeiten, die durch die auszuführende Arbeit verursacht werden. Sie ist proportional zur Serien- oder Partiegröße. Da die Serien- oder Partiegrößen sich im Zeitablauf verändern, wird durch die Zeitstudienabteilung die jeweils auf eine Produktmengeneinheit entfallende Ausführungszeit festgelegt, die nach REFA als *Zeit je Einheit* bezeichnet wird. Bezeichnen wir die Rüstzeit mit $t_r^{(p)}$, die Zeit je Einheit mit $t_e^{(p)}$ und die Serien- oder Partiegröße mit s, so erhalten wir für die Auftragszeit t_a folgende Grundgleichung:

$$t_a^{(p)} = t_r^{(p)} + t_e^{(p)} s \tag{60}$$

Die Akkordlohnscheine enthalten nahezu die gleichen Angaben, die wir für Zeitlohnscheine aufgeführt haben.[56] Der wichtigste Unterschied besteht darin, daß die Position „Anzahl der geleisteten Stunden" entfällt und an ihre Stelle diejenigen

54 Im einzelnen können wir auf die Verfahren der Vorgabezeitermittlung hier nicht eingehen, sondern müssen auf die umfangreiche arbeitswissenschaftliche Literatur verweisen. Vgl. z. B. REFA, Methodenlehre des Arbeitsstudiums, Teil 2, Datenermittlung, München 1971 und *H. J. Brink, P. Fabry*, Die Planung von Arbeitszeiten unter besonderer Berücksichtigung der Systeme vorbestimmter Zeiten, Wiesbaden 1974.

55 Vgl. REFA, Methodenlehre . . . , Teil 2, a.a.O., S. 42 ff.

56 Zur vergleichenden Betrachtung von Zeit- und Akkordlohnformen vgl. *E. Kosiol*, Leistungsgerechte Entlohnung, 2. Aufl., Wiesbaden 1962, S. 55 ff.

Angaben treten, die zur Berechnung der Auftragszeit nach Gleichung (60) erforderlich sind:

Rüstzeit
Ausführungszeit je Einheit (= Stückzeit)
Bearbeitete Stückzahl
Auftragszeit

Da die Vorgabezeiten meistens in Minuten angegeben werden, wird in den Akkordlohnscheinen der Stundenlohnsatz durch den sog. *Minutenfaktor* ersetzt. Den Minutenfaktor erhält man, indem man den Tariflohn l um den Akkordzuschlag a erhöht und durch 60 dividiert:

$$\text{(61)} \qquad \text{Minutenfaktor} = \frac{l\,(1 + \frac{a}{100})}{60}$$

Die Akkordzuschläge liegen heute etwa zwischen 3 % und 5 %. Die Tariflohnsätze l sind nach Lohngruppen differenziert.

In vielen Betrieben werden Akkordscheine mit *laufenden Kontrollnummern* versehen, um Manipulationen zu erschweren.

Firmenname	Angaben zum Auftrag:			Zu belasten:			Firmenname
Fertigungslohnschein für Akkordarbeit	Gegenstand: *Lagerdeckel*			Kostenstelle *417*			**Fertigungslohnschein-Abriß**
	Zeichnungs-Nr.: *52 763*			Kostenart: *4301*			
Lfd. Nr.: 3 755	Termin: *30.8.*			Auftrags-Nr.: *712 890*			Lfd. Nr.: 3 755
Bezeichnung des Arbeitsganges	Vorgesehene Stückzahl	Lohn-Gruppe	Rüstzeit	Minuten-Faktor	Rüst-Lohnbetrag DM	Pf	Monat: *Juni 74*
5,9 Ø Loch bohren, abflachen und Gewinde schneiden	*400*	*V*	*24*	*0,15*	*3*	*60*	Arbeiter-Nr.: *2 819*
	Abgelieferte gute Stück	Zeit je Einheit	Ausführungszeit	Minuten-Faktor	Stück-Lohnbetrag DM	Pf	Name: *Meyer*
	400	*2,5*	*1 000*	*0,15*	*150*	*–*	
Lohnschein ausgestellt: Datum: *17.6.* Name: *Becker*	Lohn gerechnet: Datum: *17.6.* Name: *Becker*		Lohnbüro: Datum: *25.6.* Name: *Fritz*		Unterschrift des Meisters: *Schulz*		

Gute Stück	*400*
Rüst-Lohnbetrag	*3,60*
Stück-Lohnbetrag	*150,–*

Übersicht 11: Beispiel eines Akkordlohnscheines für den Fertigungsbereich einer Maschinenfabrik

In der Übersicht 11 haben wir als Beispiel den Akkordlohnschein einer Maschinenfabrik wiedergegeben. Im Beispiel wurden 400 Stück bearbeitet. Die Rüstzeit beträgt 24 Min./Serie und die Ausführungszeit 2,5 Min./Stück. Bei einem Minutenfaktor von 0,15 DM/Min. erhält man 3,60 DM Rüstlohn und 150,– DM Stücklohn.

Bei maschineller Erfassung der Bruttolöhne werden die Akkordlohnscheine häufig durch *Lohn-Verbundlochkarten* ersetzt.

Um den Bruttoakkordlohn, den ein Akkordarbeiter während einer Abrechnungsperiode verdient, formelmäßig bestimmen zu können, wollen wir folgende Kurzzeichen einführen:

K_L = Bruttolohn [DM pro Abrechnungsperiode]
η = Arbeiternummer
i = Kostenstellen-Nr.
m = Anzahl Kostenstellen
j = Artikel-Nr.
n = Anzahl Auftrags- oder Produktarten
$v^{(i)}$ = Anzahl Serien pro Abrechnungsperiode
$t_r^{(p)}$ = Rüstzeit [Min./Serie]
$x_p^{(i)}$ = abgelieferte Stückzahl pro Abrechnungsperiode
$t_e^{(p)}$ = Ausführungszeit je Einheit [Min./Stck.]
l = Tariflohn [DM/Std.]
a = Akkordzuschlag [%]

Mit Hilfe dieser Kurzzeichen erhält man für $K_{L\eta}$ folgende Bestimmungsgleichung:

$$(62) \qquad K_{L\eta} = \sum_{i=1}^{m} \sum_{j=1}^{n} \left[v_{ij\eta}^{(i)} \, t_{rij}^{(p)} + x_{Pij\eta}^{(i)} \, t_{eij}^{(p)} \right] \frac{l_{i\eta} \left(1 + \frac{a}{100}\right)}{60}$$

In Gleichung (62) wird unterstellt, daß für die Rüstzeit und die Ausführungszeit der gleiche Minutenfaktor gilt. Ist diese Voraussetzung nicht erfüllt, so müssen die beiden Zeiten mit gesonderten Minutenfaktoren bewertet werden. Wird der Arbeiter nur in einer Kostenstelle eingesetzt, so entfallen das erste Summenzeichen und der Kostenstellenindex i.

Die Doppelsumme über die eckige Klammer der Gleichung (62) gibt die Vorgabeminuten an, die der Arbeiter insgesamt während der Abrechnungsperiode erarbeitet hat. Dividiert man die Gesamt-Vorgabeminuten durch die Ist-Arbeitszeit $T_\eta^{(i)}$ während der der Arbeiter im Akkord gearbeitet hat, so erhält man den *durchschnittlichen Zeit- oder Leistungsgrad* des Arbeiters, den wir als $\lambda_{\phi\eta}$ bezeichnen wollen:

$$(63) \qquad \lambda_{\phi\eta} + \frac{\sum_{i=1}^{m} \sum_{j=1}^{n} \left[v_{ij\eta}^{(i)} \, t_{rij}^{(p)} + x_{Pij\eta}^{(i)} \, t_{eij}^{(p)} \right]}{T_\eta^{(i)}}$$

Für $T_\eta^{(i)}$ gilt folgende Bestimmungsgleichung:

$$(64) \qquad T_\eta^{(i)} = \left[\begin{array}{l} \text{Anwesenheits-} \\ \text{zeit lt. Stech-} \\ \text{karte des Arbeiters} \\ \eta \text{ in Stunden} \end{array} \;./.\; \begin{array}{l} \text{nicht entlohnte} \\ \text{Pausenzeiten in} \\ \text{Stunden} \end{array} \;./.\; \begin{array}{l} \text{Zeitlohnstun-} \\ \text{den des Arbei-} \\ \text{ters } \eta \end{array} \right] 60 \, \frac{\text{Min.}}{\text{Std.}}$$

In vielen Betrieben erhalten die Arbeiter *Prämienlöhne*, hierbei kann es sich um Mengenleistungs-, Ersparnis-, Qualitäts-, Termin- und sonstige Prämien handeln.[57]

57 Zu den verschiedenen Prämienlohnformen vgl. *E. Kosiol*, Leistungsgerechte Entlohnung, a.a.O., S. 125 ff.

Mengenleistungsprämien stellen Mischformen aus dem Zeitlohn und dem Akkordlohn dar, bei denen den Arbeitern einerseits bestimmte Mindestlöhne garantiert, andererseits aber ihre Mehrleistungen nur teilweise zugerechnet werden. Die übrigen Prämienlöhne gehen jeweils von bestimmten Bemessungsgrundlagen aus, aus denen die Lohnhöhe rechnerisch abgeleitet wird. Prämienlöhne sind so vielgestaltig und basieren z. T. auf so komplizierten Berechnungsverfahren, daß wir sie hier nicht im einzelnen behandeln können. Für die kostenartenmäßige Erfassung und Verrechnung der Prämienlöhne ist lediglich von Bedeutung, daß die ihnen zugrunde liegenden Lohnscheine die gleichen Kontierungsangaben wie Zeit- oder Akkordlohnscheine enthalten.

Von den Prämienlöhnen abzugrenzen sind *Lohnzulagen*. Sie unterscheiden sich von den Prämienlöhnen dadurch, daß sie nicht auf exakten Bemessungsgrundlagen beruhen, sondern mehr oder weniger subjektiv festgelegt werden. Kostenrechnerisch sind sie wie innerbetriebliche Zuschläge auf die tariflichen Stundenlöhne bzw. die Minutenfaktoren zu behandeln.

Treten bei Akkordarbeit Ereignisse ein, die einen Akkordarbeiter ohne sein Verschulden an der vollen Entfaltung seiner Leistungsfähigkeit hindern, so werden ihm für die betreffende Zeitdauer *Zusatzlöhne* vergütet. Die häufigsten Gründe für die Gewährung von Zusatzlöhnen sind außerplanmäßige Produktgestaltung, außerplanmäßige Materialeigenschaften (z. B. stärkere Toleranzen bei Gußstücken), Stillstandszeiten infolge von Maschinenschäden, Unterbrechung der Materialzufuhr, das Anlernen von Mitarbeitern und fehlerhafte Akkordvorgaben.[58] Zusatzlöhne werden mit Hilfe von besonderen *Zusatzlohnscheinen* erfaßt, die der Meister oder die Arbeitsvorbereitung ausstellen. Sie sind ähnlich wie Zeitlohnscheine aufgebaut, enthalten aber Raum für eine kurze Begründung, welche die Ursache des Zusatzlohnes erkennen läßt. Die Bewertung der Zusatzlohnstunden erfolgt mit dem durchschnittlichen Akkordstundenverdienst der Vorperiode, den man durch Multiplikation des Minutenfaktors mit 60 und dem nach Gleichung (63) ermittelten durchschnittlichen Zeit- oder Leistungsgrad erhält.

Letztlich gehören zu den Bruttolöhnen *Zuschläge für Überstunden, Sonntags-, Feiertags- und Nachtarbeit.* Diese Zuschläge werden durch besondere *Mehrarbeitszeitbelege* erfaßt, die von den verantwortlichen Meistern oder Abteilungsleitern zu unterschreiben sind. Die Höhe der Zuschläge ist in den Tarifverträgen festgelegt. In den meisten Betrieben werden z. B. für die ersten 6 Überstunden pro Woche 25 % und für alle weiteren Überstunden 50 % des Bruttolohnes als Zulage gezahlt. Für regelmäßige Nachtarbeit werden 10 %, bei unregelmäßiger Nachtarbeit 50 % vergütet. Für Sonntagsarbeit werden 50 %, für Arbeiten an normalen gesetzlichen Feiertagen 100 % und an besonderen gesetzlichen Feiertagen sogar 150 % gewährt. Bei Zeitlohn werden die Mehrarbeitszuschläge jeweils auf die Stundenlohnsätze bezogen, bei Akkordlohn wird der durchschnittliche Stundenverdienst der Vorperiode als Grundlage gewählt.

(3) Wie die mit Hilfe der Bruttolohnabrechnung erfaßten *Lohnkosten im System der Kostenrechnung weiterverrechnet* werden, wird durch die Art der verwendeten Kostenrechnung beeinflußt.

58 Zur Erfassung und Verrechnung von Zusatzlöhnen vgl. *W. Kilger*, Flexible Plankostenrechnung, a.a.O., S. 289 f.

In einer *Istkostenrechnung* werden die Lohnkosten jeder Abrechnungsperiode nach dem Überwälzungsprinzip auf die Kostenträger weiterverrechnet. Die Einzellöhne werden gemäß den auf den Lohnscheinen angegebenen Auftrags- oder Artikelnummern den Kostenträgern direkt zugerechnet. In der Kostenstellenrechnung werden sie lediglich „unter dem Strich" ausgewiesen und bei Anwendung der Lohnzuschlagskalkulation als Verrechnungsgrundlage für die Fertigungsgemeinkosten verwendet. Alle übrigen Bruttolohnarten werden als Gemeinkosten den auf den Lohnbelegen vermerkten Kostenstellen belastet. Da in der Kostenstellenrechnung für jede Abrechnungsperiode Ist-Kalkulationssätze gebildet werden, gehen auch diese Lohnkosten in voller Höhe auf die Kostenträger.

In einer *Normalkostenrechnung* werden die Bruttolöhne genau so verrechnet wie in einer Istkostenrechnung. Da aber zur Weiterverrechnung in der Kostenträgerrechnung normalisierte Gemeinkostenverrechnungssätze verwendet werden, gehen in die Kalkulationen nur die den Normalkostensätzen entsprechenden Gemeinkostenlöhne ein.

Die *Akkordlöhne* stellen in einer Ist- oder Normalkostenrechnung atypische Kostenarten dar, weil sie auf geplanten Vorgabezeiten basieren, und insofern bereits Plankosten sind. Zugleich sind sie aber auch Istkosten, da abgesehen von Zusatzlöhnen und Mehrarbeitszuschlägen, bei Akkordarbeiten stets nur die den erarbeiteten Vorgabeminuten entsprechenden Löhne vergütet werden. Kostenabweichungen können daher bei Akkordlöhnen nicht aus Zeitabweichungen sondern lediglich aus Lohnerhöhungen resultieren.

In einer *Plankostenrechnung* können die Einzellöhne in gleicher Weise direkt auf die Kostenträger verrechnet werden, wie in einer Ist- oder Normalkostenrechnung. In allen Kostenstellen, bei denen die Bezugsgrößenwahl zu dem Ergebnis führt, daß die den Einzellöhnen zugrunde liegenden Fertigungszeiten eine geeignete Maßgröße für die kalkulatorische Verrechnung ihrer Gemeinkosten sind, können die Einzellöhne aber auch über die Kostenstellenrechnung abgerechnet werden, ohne daß hierdurch die Kalkulationsgenauigkeit beeinträchtigt wird.[59] Diese Voraussetzung ist für die Kostenstellen der Betriebshandwerker und für viele Fertigungsstellen erfüllt. Für die letzteren gilt das auch dann, wenn zwar Maschinenlaufzeiten als Bezugsgrößen gewählt werden, sich die Fertigungslohnzeiten aber zu diesen in etwa proportional verhalten. Die kostenstellenweise Abrechnung der Fertigungslöhne hat den Vorteil, daß sich die Fertigungslöhne in den Soll-Ist-Kostenvergleich der Kostenstellenrechnung einbeziehen lassen und sie in den Kalkulationen mit den Fertigungsgemeinkosten zusammen verrechnet werden können.

Für Fertigungslöhne, die im Akkord vergütet werden, lassen sich die Sollvorgaben der Fertigungsstellen mit Hilfe der Vorgabezeiten unmittelbar aus den geplanten Produktmengen ableiten. Bei Akkordlöhnen stimmen die Istkosten stets mit den Sollkosten überein, sofern sich die Lohnsätze nicht verändert haben. In Fertigungsstellen, deren Arbeiten bei im Zeitablauf nicht konstanten Produktionsbedingungen ausgeführt werden, lassen sich keine Vorgabezeiten ermitteln,

59 An sich besteht auch bei einer Ist- oder Normalkostenrechnung die Möglichkeit, die Einzellöhne der Fertigung über die Kostenstellen zu verrechnen und entsprechend genaue Zeitbezugsgrößen zu verwenden. In der Praxis wird von dieser Möglichkeit aber nur selten Gebrauch gemacht, weil in einer Ist- oder Normalkostenrechnung meistens das Verfahren der Lohnzuschlagskalkulation angewendet wird. Vgl. hierzu unsere Ausführungen in Kapitel 523.

die als Grundlage für Akkordlöhne geeignet sind. Solche Arbeiten müssen im Zeitlohn vergütet werden. Dennoch werden in einer Plankostenrechnung auch für sie Plan- oder Standardarbeitszeiten festgelegt, weil diese für den Aufbau der Plankalkulation und die Durchführung des Soll-Ist-Kostenvergleichs erforderlich sind.[60] Im Soll-Ist-Kostenvergleich werden die Zeitlöhne (= Istkosten) mit den Löhnen verglichen, die den Standardzeiten entsprechen (= Sollkosten). Bezeichnen wir die vergüteten Istarbeitsstunden einer Kostenstelle mit $T^{(i)}$, die produzierten Stückzahlen mit $x_P^{(i)}$, den Produktartenindex mit j = 1, . . . , n, die Standardzeiten pro Produkteinheit (= Minuten pro Stück) mit $t^{(p)}$ und den Lohnsatz pro Stunde mit l, so erhalten wir die folgende *Lohnkostenabweichung*:[61]

$$\Delta K_L = \left[T^{(i)} - \sum_{j=1}^{n} t_j^{(p)} x_{Pj}^{(i)} \right] l \tag{65}$$

Die *Istkostenbeträge für Hilfslöhne, Zusatzlöhne und Mehrarbeitszulagen* werden stets den verursachenden Kostenstellen belastet. Dort werden sie im Soll-Ist-Kostenvergleich mit den zugehörigen Sollkosten verglichen, wobei Abweichungen ausgewiesen werden, die Rückschlüsse auf die Wirtschaftlichkeit des Arbeitseinsatzes zulassen.

Werden während eines Jahres keine Lohnerhöhungen wirksam, so stimmen die Istlohnsätze mit den Planlohnsätzen überein. Ist diese Voraussetzung nicht erfüllt, so müssen die aus den Lohnerhöhungen resultierenden *Tarifabweichungen* in einer Plankostenrechnung aus den gleichen Gründen wie Preisabweichungen eliminiert werden. Hierfür lassen sich zwei Verfahren anwenden.[62]

Erstens kann man eine *doppelte Lohnabrechnung* durchführen, bei der die geleisteten Arbeitszeiten sowohl mit den jeweils zu zahlenden als auch mit den geplanten Lohnsätzen bewertet werden. Hierbei ist die Eliminierung der Tarifabweichung Bestandteil der Lohnabrechnung. Wegen des rechnerischen Mehraufwands kommt die doppelte Lohnabrechnung meistens nur für Betriebe in Frage, die ihre Lohnabrechnung maschinell durchführen. Der Vorteil dieses Verfahrens liegt darin, daß alle individuellen Lohnsatzveränderungen erfaßt werden können.

Zweitens kann man die Tarifabweichungen mit Hilfe von globalen oder nach Betriebsbereichen differenzierten *Korrekturprozentsätzen* erfassen. Sind z. B. die Löhne gegenüber der Planung um 8 % gestiegen, so erhält man einen Korrekturprozentsatz von $\frac{8}{108} \times 100 = 7{,}408$ %. Betragen die Istlöhne einer Kostenstelle 12 458,– DM, so läßt sich die zugehörige Tarifabweichung wie folgt ermitteln: 12 458 × 0,07408 = 922,89 DM. Dieses Verfahren wird in der Praxis häufig angewendet. Es führt insbesondere zu guten Ergebnissen, wenn sich die prozentualen Lohnerhöhungen in den einzelnen Lohngruppen nicht wesentlich voneinander unterscheiden.

Werden beim Aufbau der Kostenplanung zukünftige Lohnerhöhungen antizipiert, so müssen in der Zeit bis zum Wirksamwerden der Lohnerhöhung negative Tarifabweichungen eliminiert werden.

60 Vgl. *W. Kilger*, Flexible Plankostenrechnung, a.a.O., S. 292 f.
61 Vgl. *W. Kilger*, Flexible Plankostenrechnung, a.a.O., S. 294.
62 Vgl. hierzu *W. Kilger*, Flexible Plankostenrechnung, a.a.O., S. 221 ff.

332. Die Erfassung und Verrechnung der Gehaltskosten

(1) Die Erfassung und Kontierung der *Gehaltskosten* gehört zu den *Aufgaben der Gehaltsabrechnung,* die sich ähnlich wie die Lohnabrechnung in folgende Teilgebiete gliedern läßt:

a) Bruttogehaltsabrechnung
b) Nettogehaltsabrechnung
c) Gehaltsverteilung

Die *Bruttogehaltsabrechnung* ist relativ einfach, weil sich die tariflich oder vertraglich vereinbarten Bruttogehälter unmittelbar den Personalstammkarten der Angestellten entnehmen lassen, ohne daß hierbei leistungsabhängige Daten berücksichtigt zu werden brauchen. Neben den Gehältern werden durch die Bruttogehaltsabrechnung eventuelle Zulagen, z. B. Prämien, Provisionen und Mehrarbeitszuschläge erfaßt. Hierfür werden spezielle Belege ausgestellt. Wie in der Bruttolohnabrechnung werden auch in der Bruttogehaltsabrechnung keine Sozialabgaben berücksichtigt.

In der *Nettogehaltsabrechnung* werden die Bruttogehälter um die gesetzlich vorgeschriebenen Abzüge, z. B. die Lohnsteuern, die Kirchensteuern, die Beiträge zur Sozialversicherung usw. vermindert. Zieht man von den Nettogehältern eventuelle persönliche Abzüge ab, so erhält man die auszuzahlenden Beträge. Die Gehaltszahlung erfolgt in fast allen Betrieben bargeldlos.

(2) Die Bruttogehälter werden in einer *Gehalts-Verteilungsliste* zusammengefaßt, die erkennen läßt, in welchen Kostenstellen die Angestellten eingesetzt worden sind. Arbeitet ein Gehaltsempfänger während einer Abrechnungsperiode gleichzeitig für mehrere Stellen, betreut z. B. der Einkäufer gleichzeitig das Materiallager, so wird sein Gehalt prozentual aufgeteilt. Hierbei sollen die Aufteilungsprozentsätze der Relation der zeitlichen Arbeitsbelastung möglichst genau entsprechen; ist diese saisonalen oder zufallsabhängigen Schwankungen unterworfen, so sollte man bei der Bildung der Prozentsätze von der durchschnittlichen Arbeitsaufteilung eines längeren Zeitraumes, etwa eines Jahres ausgehen. Im Fertigungsbereich erfordert die Kalkulationsgenauigkeit oft eine stark differenzierte Kostenstellenunterteilung, so daß die Meister häufig mehrere Kostenstellen gleichzeitig betreuen. Hier umgeht man die prozentuale Aufteilung der Gehälter aber dadurch, daß man den betreffenden Fertigungsstellen Meisterbereichsstellen vorschaltet, und auf diese die Meistergehälter kontiert.[63]

In vielen Betrieben muß bei der *Gehaltsaufteilung* darauf geachtet werden, daß keine Einzelgehälter bekannt werden, weil diese geheim gehalten werden sollen, um „personelle Schwierigkeiten" zu vermeiden. Dies erreicht man, indem den Kostenstellen jeweils nur die Gehaltssummen belastet werden.

Die Gehaltsabrechnung wird *manuell durchgeführt* oder der *Datenverarbeitung* übertragen. Die maschinelle Gehaltsabrechnung ist relativ einfach, da die Beleg-

63 Vgl. hierzu unsere Ausführungen zur Kostenstelleneinteilung in Kapitel 41.

mengen gering sind und die Bruttogehaltsermittlung „nur Stamminformationen und kaum leistungsabhängige Daten" erfordert.[64]

(3) In allen Formen der Kostenrechnung werden den Kostenstellen monatlich die Istgehälter belastet. In einer *Istkostenrechnung* werden die Istgehälter in jeder Abrechnungsperiode auf die Kostenträger weiterverrechnet, in einer *Normalkostenrechnung*, gehen dagegen nur die in den normalisierten Kalkulationssätzen enthaltenen Gehaltsbestandteile in die Kostenträgerrechnung ein. In der *Plankostenrechnung* werden den Kostenstellen geplante Gehaltskosten vorgegeben, die im Soll-Ist-Kostenvergleich mit den Istgehältern verglichen werden. Hierbei wird der Einfluß von Tariferhöhungen in gleicher Weise durch Tarifabweichungen eliminiert, wie wir das im Kapitel 331 für die Lohnkosten beschrieben haben. Abweichungen der Gehaltskosten können daher nur aus Personalbestandsveränderungen resultieren.

333. Die Erfassung und Verrechnung der Sozialkosten

(1) Die vom Betrieb zu tragenden *Sozialkosten* bestehen aus den gesetzlichen und den freiwilligen Sozialabgaben. Die freiwilligen Sozialabgaben fallen entweder unmittelbar als primäre, oder für betriebliche Sozialeinrichtungen als sekundäre Sozialkosten an.

Die gesetzlichen Sozialaufwendungen, wozu insbesondere die Urlaubs- und Feiertagslöhne und die Beiträge zur Sozialversicherung (= Kranken-, Renten- und Arbeitslosenversicherung) zählen, werden zweckmäßigerweise von der Lohn- und Gehaltsbuchhaltung erfaßt, da hier bei der Nettolohn- bzw. Nettogehaltsabrechnung bereits die entsprechenden Arbeitnehmerbeträge berechnet werden müssen. Die Arbeitgeber- und die Arbeitnehmerbeträge werden an die Finanzbuchhaltung zur Abrechnung mit den Sozialversicherungsträgern weitergeleitet. In die Kostenrechnung gehen nur die Arbeitgeberanteile ein, da die Arbeitnehmeranteile bereits in den Bruttolöhnen und -gehältern enthalten sind.

Die *primären freiwilligen Sozialabgaben*, wozu z. B. Fahrgelderstattungen, Ausbildungsbeihilfen, zusätzliche Pensionen und Renten sowie Aufwendungen für Betriebsfeiern, Jubiläen oder Trauerfälle gehören, werden zweckmäßigerweise in der Finanzbuchhaltung belegmäßig erfaßt und monatlich an die Betriebsbuchhaltung weitergeleitet.

Die Kosten für *betriebliche Sozialeinrichtungen*, wozu neben allgemeinen Sozialeinrichtungen (= Garderoben, Aufenthaltsräume, Duschanlagen usw.) z. B. Betriebsratsbüros, Kantinen, Werksbüchereien und Werkswohnungen zählen, lassen sich erst mit Hilfe der Kostenstellenrechnung erfassen.[65]

(2) Die *Istbeträge der Sozialkosten* sind *jahreszeitlich bedingten oder zufallsabhängigen Schwankungen* unterworfen. Jahreszeitliche Einflüsse wirken sich insbesondere auf die Urlaubs- und Feiertagslöhne aus. In Tabelle 6 haben wir die Kalen-

64 Vgl. *H. G. Plaut, H. Müller, W. Medicke*, Grenzplankostenrechnung und Datenverarbeitung, a.a.O., S. 96 f.

65 Vgl. hierzu unsere Ausführungen über die innerbetriebliche Leistungsverrechnung in den Kapiteln 432 und 452.

dertage des Jahres 1974 auf Arbeitstage, Samstage und Sonntage, soziallohnpflichtige Feiertage und (insgesamt 21) Urlaubstage aufgeteilt. Ohne Krankentage und bei konstantem Stundenverdienst erhält man die in der letzten Spalte der Tabelle 6 angegebenen Belastungsprozentsätze, die sich im Zeitablauf erheblich verändern. Am höchsten sind sie in der Urlaubszeit und in Monaten mit vielen Feiertagen. In vier Monaten fallen überhaupt keine Soziallöhne an. Der durchschnittliche Belastungsprozentsatz des Jahres beträgt 14,5 %. Würden 11 Krankentage anfallen, so erhöht sich der Durchschnittsprozentsatz auf 15,2 %.

Tabelle 6: Beispiel für die zeitlichen Schwankungen der Belastung durch Urlaubs- und Feiertagslöhne

Monat	Kalendertage	Samstage und Sonntage	Arbeitstage	Feiertage	Urlaubstage	Urlaubs- und Feiertage	
						absolut	in % der Arbeitstage
Januar	31	8	22	1		1	4,5
Februar	28	8	20				
März	31	10	21				
April	30	8	20	2		2	10,0
Mai	31	8	21	2		2	9,5
Juni	30	10	16	2		2	11,1
Juli	31	8	13		10	10	76,9
August	31	9	10	1	11	12	120,0
September	30	9	21				
Oktober	31	8	23				
November	30	9	19	2		2	10,5
Dezember	31	9	20	2		2	10,0
Summe	365	104	228	12	21	33	14,5
Krankentage			./. 11				
Summe			217	12	21	33	15,2

Auch bei den freiwilligen Sozialkosten werden jahreszeitlich bedingte oder zufallsabhängige Unterschiede wirksam. So finden z. B. Betriebsferien jeweils zu bestimmten Zeiten statt und Fortbildungsbeihilfen fallen überwiegend im Frühjahr und im Herbst an.

(3) Den Grundsätzen der *Istkostenrechnung* mag es am besten entsprechen, in der Kostenartenrechnung jeweils die Istbeträge der Sozialkosten zu erfassen und weiterzuverrechnen. Mindestens für die Urlaubs- und Feiertagslöhne dürfte diese Art der Verrechnung aber problematisch sein; denn die durch sie verursachten monatlichen Belastungsunterschiede führen zu nicht vertretbaren Schwankungen der Kalkulationsergebnisse.[66] Viele Betriebe haben daher die Sozialkosten bereits in der Istkostenrechnung zeitlich abgegrenzt.

Auf jeden Fall erfolgt eine zeitliche Abgrenzung der Sozialkosten in einer *Normalkostenrechnung*, wobei normalisierte Durchschnittsprozentsätze für die Verrechnung der Sozialkosten gebildet werden. Die abrechnungstechnische Durch-

66 Die zeitliche Abgrenzung der Urlaubs- und Feiertagslöhne ist daher in der betrieblichen Praxis bereits seit längerer Zeit üblich. Vgl. hierzu *A. Müller*, Grundzüge der industriellen Kosten- und Leistungserfolgsrechnung, Köln und Opladen 1955, S. 58.

führung ist hierbei ähnlich wie in einer Plankostenrechnung, so daß wir sie nicht im einzelnen beschreiben wollen.

In einer *Plankostenrechnung* werden *kalkulatorische Verrechnungssätze für die Sozialkosten* geplant, die neben den gesetzlichen Sozialkosten und den primären freiwilligen Sozialkosten auch die Kosten der betrieblichen Sozialeinrichtungen enthalten.[67]

Im Beispiel der Übersicht 12 werden lohnbezogene Sozialkosten, gehaltsbezogene Sozialkosten sowie für Lohn- und Gehaltsempfänger gemeinsam zu verrechnende

I.	Lohnbezogene Sozialkosten	
	Basis: Geplante Bruttolohnsumme o. Soziallöhne 1974	rd. 2 435 000,– DM/Jahr
	1. Soziallöhne	370 120,– DM = 15,2 %
	2. Gesetzlicher Sozialaufwand	396 905,– DM = 16,3 %
	3. Lohnfortzahlung	204 540,– DM = 8,4 %
	4. Weihnachtsgeld und Tantieme	119 315,– DM = 4,9 %
	5. Tarifliche Vermögensbildung	53 570,– DM = 2,2 %
		1 144 450,– DM = 47,0 %
II.	Gehaltsbezogene Sozialkosten	
	Basis: Geplante Bruttogehaltssumme 1974	rd. 1 624 000,– DM/Jahr
	1. Gesetzlicher Sozialaufwand	157 528,– DM = 9,7 %
	2. Urlaubsgeld	42 224,– DM = 2,6 %
	3. Pensionen und Renten	16 240,– DM = 1,0 %
	4. Weihnachtsgeld und Tantieme	68 208,– DM = 4,2 %
	5. Tarifliche Vermögensbildung	24 360,– DM = 1,5 %
		308 560,– DM = 19,0 %
III.	Lohn- und gehaltsbezogene Sozialkosten	
	Basis: Geplante Bruttolohn- und Gehaltssumme 1974	rd. 4 059 000,– DM/Jahr
	1. Fahrgelder	28 413,– DM = 0,7 %
	2. Unfallversicherungen	60 885,– DM = 1,5 %
	3. Zuschüsse zum Kantinenessen	16 236,– DM = 0,4 %
	36 080 Essen × (1,75 ./. 2,20) DM/Essen	
	4. Sonstige freiwillige Sozialkosten	40 590,– DM = 1,0 %
	5. Sozialkostenstellen	
	Ko. St. 202 Sozialdienst u. Betriebsvertretung	28 416,– DM = 0,7 %
	2 368,– DM/Monat × 12	
	Ko. St. 203 Kantine	28 416,– DM = 0,7 %
	2 368,– DM/Monat × 12	202 956,– DM = 5,0 %
IV.	Zusammenfassung	
	1. Verrechnungssatz auf Lohn	47 % + 5 % = 52 %
	2. Verrechnungssatz auf Gehalt	19 % + 5 % = 24 %

Übersicht 12: Beispiel zur Planung kalkulatorischer Verrechnungssätze für Sozialkosten

67 Vgl. *W. Kilger*, Flexible Plankostenrechnung, a.a.O., S. 431–435.

Sozialkosten unterschieden. Im Zuge der Kostenplanung werden die jährliche Bruttolohnsumme, die jährliche Bruttogehaltssumme und die jährliche Plankostenbeträge der Sozialkostenarten festgelegt. Bezieht man die Sozialkosten auf die zugehörige Bezugsgrundlage, so erhält man die jährliche Durchschnittsbelastung in Prozent. In Übersicht 12 entsprechen z. B. den Bruttolöhnen in Höhe von 2 435 000 DM insgesamt 1 144 450 DM Sozialkosten, so daß man einen Belastungsprozentsatz von 47,0 % erhält. Zu den lohn- und gehaltsbezogenen Sozialkosten gehören auch die Kosten der Sozialkostenstellen. Da deren Plankosten zunächst pro Monat ermittelt werden, wurden sie in Übersicht 12 mit 12 multipliziert. Unter IV werden die unter I, II und III ermittelten Prozentsätze zusammengefaßt. Als Verrechnungssatz für die Bruttolöhne erhalten wir 52 %, als Verrechnungssatz für Angestellte dagegen nur 24 %. Mit diesen kalkulatorischen Verrechnungssätzen der Sozialkosten werden sowohl die geplanten als auch die effektiv anfallenden Bruttolöhne und Gehälter multipliziert. Hierdurch erhält man die Plan-, Soll- und Istbeträge der kalkulatorischen Sozialkosten, für die in Übersicht 4 die Kostenarten 4 808 und 4 809 vorgesehen sind. Werden z. B. einer Kostenstelle durch die Kostenplanung 28 450 DM Fertigungslöhne vorgegeben, so entfällt auf sie ein Plankostenbetrag von 0,52 X 28 450 = 14 794 DM für kalkulatorische Sozialkosten. Im monatlichen Soll-Ist-Kostenvergleich werden beide Beträge an die jeweilige Istbeschäftigung angepaßt; bei 80 % enthält man 22 760 DM Fertigungslöhne und 11 835 DM Sozialkosten. Fallen als Istkosten 24 515 DM Fertigungslöhne an, so werden der Kostenstelle im Ist 0,52 X 24 515 = 12 748 DM kalkulatorische Sozialkosten belastet.

Werden die Sozialkosten in der oben beschriebenen Art kalkulatorisch verrechnet, so dürfen die monatlich anfallenden Istbeträge in der Kostenartenrechnung nicht erfaßt werden. Sie werden in der Finanzbuchhaltung den Kosten der Kostenartenklasse 44 belastet und in der Betriebsabrechnung auf statistisch geführten Ab-

Tabelle 7: Beispiel für die kalkulatorische Abgrenzung der Urlaubs- und Feiertagslöhne

Monat	Ist-Soziallöhne	Ist-Bruttolöhne	Der Kostenstellenrechnung belastete Soziallöhne	Abweichung
Januar	16 526	262 837	39 951	−23 425
Februar	2 542	215 526	32 760	−30 218
März	33 814	236 553	35 956	− 2 142
April	25 424	223 411	33 958	− 8 534
Mai	27 966	241 810	36 755	− 8 789
Juni	26 695	207 641	31 561	− 4 866
Juli	111 866	175 587	26 689	+ 85 177
August	100 933	162 314	24 672	+ 76 261
September	8 898	223 411	33 958	−25 060
Oktober	5 084	262 900	39 961	−34 877
November	29 238	218 155	33 160	− 3 922
Dezember	30 509	228 668	34 758	− 4 249
Summe	419 495	2 658 813	404 139	15 356

grenzungskonten gespeichert. Später werden den Istkosten die in der Kostenstellenrechnung verrechneten Sozialkostenarten gegenübergestellt. Am Jahresende wird der Gesamtsaldo in die Erfolgsrechnung ausgebucht. In der Tabelle 7 haben wir ein solches Abgrenzungskonto für die Soziallöhne wiedergegeben. Entsprechende Konten werden auch für alle übrigen primären Sozialkostenarten geführt. Die den Kostenstellen als „Istkosten" belasteten Soziallöhne erhält man durch Multiplikation der Ist-Bruttolöhne der Abrechnungsperiode mit dem der betreffenden Sozialkostenart entsprechendem Prozentsatz lt. Übersicht 12, der für die Soziallöhne 15,2 % beträgt. Im Beispiel der Tabelle 7 liegen die Ist-Soziallöhne nur in den Urlaubsmonaten Juli und August über den verrechneten Soziallöhnen. Insgesamt ist eine Überschreitung von 15 356 DM eingetreten.

Werden im Falle von Lohn- und Gehaltserhöhungen Tarifabweichungen eliminiert, so müssen auch die zugehörigen Abweichungen der Sozialkosten gesondert erfaßt werden.

34. Die Erfassung und Verrechnung der Betriebsmittelkosten

341. Die Anlagenkartei

(1) Zu den *Betriebsmittelkosten* zählen in der Kostenrechnung die unmittelbar durch den Einsatz von Gebäuden, Maschinen, maschinellen Anlagen, Transportmitteln, Einrichtungsgegenständen usw. verursachten *Abschreibungen, Zinsen, Reparatur- und Instandhaltungskosten*. Als Grundlage für die Erfassung der Betriebsmittelkosten dient die Anlagenkartei, in der die Daten sämtlicher Gegenstände des Anlagevermögens zusammengefaßt werden. Für jedes Betriebsmittel, das nicht zu den geringwertigen Wirtschaftsgütern zählt, wird im Zeitpunkt der Anschaffung eine Karteikarte angelegt; geringwertige Gegenstände des Anlagevermögens werden auf Gruppenkarten zusammengefaßt. Die Führung der Anlagenkartei wird entweder der Betriebsabrechnung oder einer speziellen Abteilung „Anlagenwirtschaft" im technischen Bereich übertragen.

(2) Die *Anlagenkarteikarten* enthalten alle bereits im Zeitpunkt der Anschaffung feststellbaren Daten und Angaben zur Abschreibungsberechnung. Meistens werden für Maschinen, Anlagen und sonstige bewegliche Gegenstände des Anlagevermögens andere Karteikarten verwendet als für die Gebäude. Die Karteikarten für bewegliche Anlagegegenstände enthalten mindestens folgende Angaben:

Bezeichnung
Baumuster, Typ
Fabrikate-Nr.
Hersteller
Lieferfirma
Rechnungs-Nr.
Konto-Nr. der Finanzbuchhaltung
Inventar oder Gruppen-Nr.

Kostenstellen-Nr.
Datum der Inbetriebnahme
Anschaffungswert (aufgegliedert nach Positionen)
Kalkulatorische Nutzungsdauer (bei planmäßigem Zweischichtbetrieb)
Abschreibungsprozentsatz für Handelsbilanz
AfA-Prozentsatz
Allgemeine Maschinendaten und Leistungsangaben
Anmerkungen (z. B. über größere Reparatur- und Instandhaltungsarbeiten)
Tageswert
Restbuchwert } nach Nutzungsjahren differenziert
Kalk. Abschreibungen

In der Übersicht 13 haben wir als Beispiel die Anlagenkarteikarte für eine Fertigungsmaschine wiedergegeben. Die Karteikarten für Gebäude unterscheiden sich hiervon vor allem in den technischen Angaben sowie durch spezielle Grundbuch- und Steuerdaten.

Für die Kontierung der Betriebsmittelkosten enthält jede Karteikarte der Anlagenkartei die Nummer der Kostenstelle, in der das betreffende Betriebsmittel eingesetzt wird. Ändert sich der Einsatzort eines Betriebsmittels durch Verlegung in eine andere Kostenstelle oder wird ein Betriebsmittel verkauft bzw. verschrottet, so sollte auf einem speziellen Formular eine *Anlagen-Veränderungsmeldung* erfolgen. Hiervon bleibt eine Ausführung beim Aussteller, weitere Ausführungen werden an die technische Leitung, die Anlagenkartei und die Finanzbuchhaltung geleitet.

Nur wenn die Anlagenkartei jeweils auf dem letzten Stand gebracht wird, ist eine richtige Kontierung der Betriebsmittelkosten, insbesondere der kalkulatorischen Abschreibungen und Zinsen, möglich.

Firmenbezeichnung **Anlagenkartei für Maschinen**	Bez.: *Flexodruckmaschine* Nr.: *415*	Inv. Nr.: *4516* Gr. Nr.: –
	Kostenstelle	Inventar-oder Gruppen-Nr.
Maschinendaten und Leistungsangaben	Anschaffungswert	DM
Bezeichnung: *Flexodruckmaschinen*	*Maschine*	*722 375*
Baumuster o. Typ: *Olympia 800* Fabrikate–Nr.:	*Viskositätsregler*	*23 455*
Hersteller: *Windmöller & Hölscher*	*Seitenkantensteuerung*	*14 390*
Lieferfirma: *dito.*	*Elektronische Rapportüberwachung*	*15 165*
Rechnungs-Nr.: *7398* Konto-Nr.: *051*	*Beobachtungsgeräte*	*17 380*
Leistungs-Angaben: *200 m/Min*	*Fundamente*	*5 620*
Kw-Anschlußwerte: *55 Kw* Wärmeverbr.: *250 · 10^3 kcal*	*Montagekosten*	*8 900*
Anmerkungen:	Summe	*807 285*
	Datum d. Inbetriebnahme	*5.1.74*
	Nutzungsdauer (Jahre)	*10*
	Afa-Prozentsatz	*10 %*

Übersicht 13a: Beispiel einer Anlagenkarteikarte (Vorderseite)

Jahr	Tageswert DM	Buchwert DM	Kalkulatorische Abschreibung DM/Jahr
Anschaffungszeitpunkt	*807 285*	*807 285*	–
1974	*807 285*	*706 374*	*100 911*

Übersicht 13b: Beispiel einer Anlagenkarteikarte (Rückseite)

342. Die Erfassung und Verrechnung kalkulatorischer Abschreibungen

3421. Grundlagen der Abschreibungsberechnung

(1) Die *kalkulatorischen Abschreibungen* sind das kostenmäßige Äquivalent für den Wertverzehr langfristig nutzbarer Produktionsfaktoren. Dieser Wertverzehr kann durch folgende *Abschreibungsursachen* ausgelöst werden.

Der Wertverzehr von Betriebsmitteln wird zum großen Teil durch *Gebrauchsverschleiß* verursacht. Dadurch, daß eine Maschine, Anlage oder Transporteinrichtung im industriellen Produktionsprozeß eingesetzt wird, unterliegt sie der Abnutzung und einem ständigen Prozeß der Entwertung, welcher letztlich zur Unbrauchbarkeit führt. Der Gebrauchsverschleiß ist von den geleisteten Betriebs- oder Laufstunden und damit von der Beschäftigung eines Betriebsmittels abhängig. Die beweglichen Teile eines Betriebsmittels, z. B. Antriebsaggregate, Getriebe, rotierende Teile usw., sind dem Gebrauchsverschleiß stärker ausgesetzt, als unbewegliche Teile. Durch Reparatur- und Instandhaltungsarbeiten, insbesondere durch den Einbau neuer Ersatzteile, kann man dem Gebrauchsverschleiß entgegenwirken und die Lebensdauer von Betriebsmitteln fast beliebig verlängern. Zwischen Abschreibungen und Reparatur- und Instandhaltungskosten bestehen daher interdependente Beziehungen.

Eine weitere wichtige Ursache für den Wertverzehr von Betriebsmitteln ist der *Zeitverschleiß*. Die Wirkung des Zeitverschleißes ist von den geleisteten Betriebs- oder Laufstunden und damit von der Beschäftigung eines Betriebsmittels unabhängig; sie tritt im Ablauf der Kalenderzeit ein, ohne von der Beschäftigung beeinflußt zu werden. Der Zeitverschleiß kann durch mehrere Faktoren ausgelöst werden. Am häufigsten treten folgende Arten des Zeitverschleißes auf:

1. Zeitverschleiß durch Korrosions- und Witterungseinflüsse sowie durch Materialermüdung
2. Zeitverschleiß infolge wegfallender Produktionsmöglichkeiten
3. Zeitverschleiß infolge technisch-wirtschaftlichen Veraltens

Korrosions- und Witterungseinflüssen sind insbesondere Anlagen im Freien ausgesetzt, so z. B. Gleisanlagen, Kräne, Verladeeinrichtungen usw. Starke Korrosionswirkungen treten aber häufig auch an Betriebsmitteln der chemischen Industrie auf, die korrosionsfördernden Dämpfen ausgesetzt sind. Durch Reparatur- und Instandhaltungsarbeiten, insbesondere durch Schutzanstriche und den Einbau neuer Ersatzteile, kann man dem Zeitverschleiß durch Korrosions- und Witterungseinflüsse entgegenwirken.

Der *Zeitverschleiß infolge wegfallender Produktionsmöglichkeiten* wird z. B. wirksam, wenn ein Spezialaggregat nur für ein modeabhängiges Produkt verwendbar ist, das nur während einer relativ kurzen Zeitspanne verkauft werden kann. Ein ähnlicher Grund wäre eine zeitlich begrenzte Produktionskonzession.

Der *Zeitverschleiß infolge technisch-wirtschaftlichen Veraltens* wird wirksam, wenn der technische Fortschritt neue Betriebsmittel hervorgebracht hat, die wirtschaftlicher als die bisher eingesetzten Betriebsmittel arbeiten, so daß diese vor Ablauf ihrer technischen Nutzungsdauer ersetzt werden müssen. In welchen Fällen und zu welchen Zeitpunkten solche Ersatzinvestitionen vorteilhaft sind, läßt sich nur mit Hilfe von Investitionsrechnungen bestimmen.[68]

Es gibt nur wenige Fälle, in denen der Wertverzehr eines Betriebsmittels entweder nur durch Gebrauchs- oder nur durch Zeitverschleiß verursacht wird. Meistens wirken beide Abschreibungsursachen gleichzeitig und sind nur schwer voneinander zu isolieren.

In Gewinnungsbetrieben tritt als spezielle Abschreibungsursache der *Wertverzehr infolge Substanzverringerung* auf, da sich der Wert der abbaufähigen Rohstoffvorräte proportional zum Abbau vermindert.

Die auf *Katastrophenverschleiß* zurückzuführenden Abschreibungen haben keinen Kostencharakter; sie werden in der Finanzbuchhaltung berücksichtigt, aber von der Kostenartenrechnung als nicht als Kosten verrechneter Zweckaufwand abgegrenzt.

Die *Abschreibungsursachen* bestimmen zugleich mit dem Wertverzehr die *Nutzungsdauer*, während der ein Gegenstand des Anlagevermögens im Betrieb eingesetzt wird. Wird bei einem Betriebsmittel nur Gebrauchsverschleiß wirksam, so kann es bis zur *technischen Maximalnutzungsdauer* eingesetzt werden. Meistens zwingen aber auch in diesem Fall im Zeitablauf progressive Reparatur- und Instandhaltungskosten den Betrieb zu einem vorzeitigen Ersatz, so daß eine kürzere *wirt-*

68 Vgl. hierzu die Literatur über Investitionstheorie und Investitionsrechnung, z. B. *H. Hax*, Investitionstheorie, Würzburg und Wien 1970; *P. Swoboda*, Investition und Finanzierung, Göttingen 1971; *D. Schneider*, Investition und Finanzierung, 3. Aufl., Opladen 1974.

schaftliche Nutzungsdauer realisiert wird.[69] Dies ist immer der Fall, wenn Zeitverschleiß infolge wegfallender Produktionsmöglichkeiten oder technisch-wirtschaftlichen Veraltens die Nutzungsmöglichkeiten vorzeitig begrenzt. Theoretisch lassen sich die wirtschaftlichen Nutzungsdauern der Gegenstände des Anlagevermögens mit Hilfe der Investitionsrechnung bestimmen. Wegen der Unsicherheit der hierfür erforderlichen Daten und komplizierter Zurechnungsprobleme ist man aber in der betrieblichen Praxis darauf angewiesen, die Nutzungsdauern aufgrund von Erfahrungswerten zu schätzen.

(2) Vor der Berechnung kalkulatorischer Abschreibungen ist die Frage zu klären, *wie ein Gegenstand des Anlagevermögens für die Zwecke der Abschreibungsberechnung zu bewerten ist.* Nach dem geltenden Handels- und Steuerrecht sind die Anschaffungs- oder Herstellungskosten als Wertansätze und damit auch als Bemessungsgrundlagen der Abschreibungsberechnung vorgeschrieben.[70] Wird ein Betriebsmittel von außen bezogen, so fallen meistens folgende Anschaffungskosten an:

(66) A = Maschinenpreis ./. Rabatt
+ Beschaffungsnebenkosten (z. B. Frachten, Versicherungs- und Verpackungskosten)
+ Montage- und Installationskosten

Die Mehrwertsteuer gehört nicht zu den Anschaffungskosten, da sie als Vorsteuer abgezogen werden kann. Dagegen ist eine Investitionssteuer (= Selbstverbrauchssteuer) zu berücksichtigen. Wird ein Gegenstand des Anlagevermögens im Betrieb selbst erstellt, so treten an die Stelle der Anschaffungskosten die mit Hilfe der Kalkulation ermittelten Herstell- bzw. Herstellungskosten.

Kann damit gerechnet werden, daß am Ende der Nutzungsdauer ein Verkaufserlös erzielt wird, der höher ist als die Kosten der Außerbetriebnahme und Verkaufskosten, so darf nach dem Handelsrecht die Bemessungsgrundlage der Abschreibungen um den *Nettoliquidationserlös* vermindert werden.[71] Der Nettoliquidationserlös läßt sich wie folgt bestimmen:

(67) L = Verkaufspreis ./. Demontagekosten ./. Transportkosten
./. Verkaufskosten

Nach dem Handels- und Steuerrecht dürfen die effektiv gezahlten bzw. angefallenen Anschaffungs- oder Herstell- bzw. Herstellungskosten auch dann nicht erhöht werden, wenn die *Preise für die Wirtschaftsgüter inzwischen gestiegen* sind. Auch die Verfechter des pagatorischen Kostenbegriffs beziehen nur effektiv zu Auszahlungen gewordene Beträge in die Bemessungsgrundlagen der Abschreibungsberech-

69 Zur Berechnung wirtschaftlicher Nutzungsdauern vgl. vor allem *D. Schneider*, Die wirtschaftliche Nutzungsdauer von Anlagegütern als Bestimmungsgrund der Abschreibungen, Köln und Opladen 1961 und *A. Moxter*, Zur Bestimmung der optimalen Nutzungsdauer von Anlagegegenständen, in: Produktionstheorie und Produktionsplanung, Festschrift zum 65. Geburtstag von K. Hax, Köln und Opladen 1966, S. 75 ff., und *G. Wöhe*, Bilanzierung und Bilanzpolitik, a.a.O., S. 306 ff.

70 Vgl. AktG 1965 § 153 Abs. 1 sowie *G. Wöhe*, Bilanzierung . . . , a.a.O., S. 299 ff.

71 Vgl. *G. Wöhe*, Bilanzierung . . . , a.a.O., S. 311. Steuerrechtlich ist der Ansatz von Nettoliquidationserlösen nur in Ausnahmefällen zulässig.

nung ein. Bedenkt man aber, daß Betriebsmittel und sonstige Gegenstände des Anlagevermögens langfristig, oftmals mehrere Jahrzehnte, in einer Unternehmung eingesetzt werden, und daß während dieser Zeit die Preise für diese Anlagen erheblich steigen, so wird deutlich, daß Abschreibungen auf der Basis effektiver Anschaffungs- oder Herstellkosten, den Zwecken der Kostenrechnung nicht gerecht werden können.

Wie sehr sich die Betriebsmittelpreise im Zeitablauf erhöhen, verdeutlichen z. B. die *Maschinenpreis-Indizes für Drehbänke*, die wir in Tabelle 8 wiedergegeben haben.[72] Das Preisniveau von 1962 wurde gleich 100 % gesetzt. In der Abb. 19 haben wir die Zeitreihe der Maschinenpreisindizes graphisch dargestellt. Ähnliche

Tabelle 8: Maschinenpreisindizes für Drehbänke

Jahr	1964	1965	1966	1967	1968	1969	1970	1971	1972	1973
Index	104,2	107,5	112,0	113,6	108,0	115,7	129,3	146,0	157,7	165,0

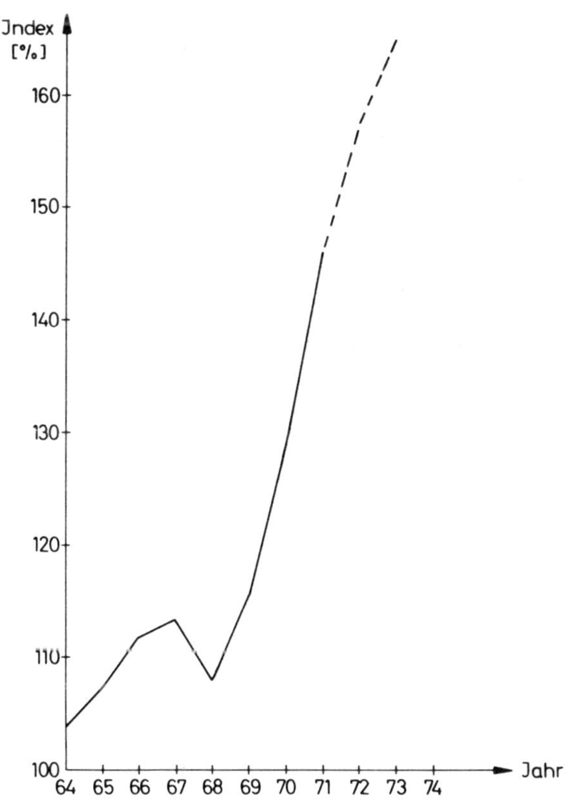

Abb. 19: Zeitreihe der Maschinenpreisindizes für Drehbänke

72 Vgl. Statistisches Jahrbuch für die Bundesrepublik Deutschland 1971 und 1972, S. 431 und 444. Die Werte für 1972 und 1973 wurden von uns geschätzt.

Preissteigerungen sind bei fast allen Betriebsmitteln zu verzeichnen; die Baukostenindizes stiegen noch stärker.

Für die Preisschwankungen der Gegenstände des Anlagevermögens gelten unsere Ausführungen zum Problem der Substanzerhaltung in Kapitel 3222 analog. Auch für sie gilt die These, daß die Zielsetzung der Substanzerhaltung als eine Komponente der langfristigen Gewinnmaximierung aufzufassen ist. Demnach würde es theoretisch richtig sein, der Abschreibungsberechnung die Tagespreise des Wiederbeschaffungszeitpunktes zugrunde zu legen. Hiergegen sprechen aber drei Gründe. Erstens sind die Ersatzzeitpunkte von Anlagen noch unsicherer als die Wiederbeschaffungszeitpunkte der Gegenstände des Umlaufvermögens. Zweitens liegen die Ersatzzeitpunkte der Gegenstände des Anlagevermögens so weit in der Zukunft, daß realistische Schätzungen der zu erwartenden Wiederbeschaffungspreise nicht möglich sind. Drittens würden die Tagespreise der Wiederbeschaffungszeitpunkte nur unter der Voraussetzung die richtigen Wertansätze sein, daß die lfd. Abrechnung eine langfristige Planungsrechnung ist, deren Planungszeitraum länger als die Nutzungsdauern der Gegenstände des Anlagevermögens ist. Eine solche Planungsrechnung müßte ähnlich wie eine Investitionsrechnung auf Ein- und Auszahlungsströmen basieren und alle Entscheidungsprobleme des Planungszeitraums simultan lösen. Für die praktische Anwendung ist aber eine solche langfristige Planungsrechnung nicht geeignet. In der betrieblichen Praxis ist es wegen der Unsicherheit der Daten und aufgrund der Schwierigkeiten der Informationsbeschaffung unmöglich, die laufend zu treffenden Entscheidungen über Verfahrenswahlprobleme im Fertigungsbereich, die Steuerung der Verkaufstätigkeit und andere kurzfristige Entscheidungsprobleme in eine langfristige Planungsrechnung zu integrieren. Gerade dieser Tatsache verdankt die Kosten- und Leistungsrechnung ihre große Bedeutung für die betriebliche Praxis. Aus der Tatsache aber, daß die Kostenrechnung keine langfristige Planungsrechnung ist, sondern eine kurzfristige Rechnung auf der Basis vorhandener Kapazitäten, folgt, daß für sie die Tagespreise der Wiederbeschaffungszeitpunkte *nicht* die richtigen Wertansätze für die Abschreibungsberechnung sein können; denn durch sie würde ein weit in der Zukunft liegendes Preisniveau die Kosten in Zeiträumen beeinflussen, in denen die erzielbaren Erlöse diesem Preisniveau noch nicht entsprechen. Hieraus folgt, daß die Abschreibungen in der laufenden Kostenrechnung der langfristigen Gewinnmaximierung und damit der Substanzerhaltung nicht entsprechen können. Die Abschreibungen sind vielmehr so zu bemessen, daß ihre Höhe jeweils dem Preisniveau der laufenden jährlichen Planungs- bzw. Abrechnungsperiode entspricht. Bereits F. Schmidt forderte daher als Bemessungsgrundlagen der Abschreibungen die „Tagesbeschaffungswerte des Umsatztages".[73] Da sich aber die Preise für Betriebsmittel und sonstige Gegenstände des Anlagevermögens innerhalb eines Jahres normalerweise nur wenig verändern, reicht es für die Belange der Praxis aus, die *durchschnittlichen Tagespreise des lfd. Rechnungsjahres* als Grundlage der Abschreibungsberechnung zu verwenden. Diese lassen sich leicht mit Hilfe der Preisindizes der amtlichen Statistik ermitteln.

73 Bereits *F. Schmidt* erkannte die Notwendigkeit der zeitlichen Übereinstimmung von Kosten- und Erlösniveau bei der Abschreibungsbemessung: „Es muß der Zeitpunkt sein, in dem der Umsatz vollzogen wird, weil nur in diesem Zeitpunkte zwei Werte des gleichen Preisniveaus einander gegenüberstehen, ...", vgl. Die organische Tageswertbilanz, a.a.O., S. 188.

Bezeichnen wir den Preisindex des Anschaffungsjahres mit q_A und den Preisindex eines Rechnungsjahres t mit q_t, so gibt der Quotient q_t/q_A den *Tageswertfaktor* an, mit dem der Anschaffungswert A multipliziert werden muß, damit man den *Tageswert* des Rechnungsjahres t erhält:

$$Z_t = A \frac{q_t}{q_A} \tag{68}$$

Entsprechend müssen auch die Nettoliquidationswerte an Veränderungen des Preisniveaus angepaßt werden.

In der Tabelle 9 haben wir die Tageswerte für eine Drehbank berechnet, die im Jahre 1964 für 35 000,– DM angeschafft wurde. Die Tageswertfaktoren entsprechen den Maschinenpreisindizes in Tabelle 8. Beträgt die Nutzungsdauer 10 Jahre und werden gleich große jährliche Abschreibungsbeträge gebildet, so erhält man die in der letzten Spalte der Tabelle 9 angegebenen Beträge. Die Summe der Abschreibungen in Höhe von 42 286 DM reicht nicht aus, um die gleiche Maschine 1973 wiederzubeschaffen. Hierzu ist vielmehr eine „Substanzerhaltungsrücklage" von 55 405 ./. 42 286 = 13 119 DM erforderlich. Die Tageswertabschreibung stellt lediglich sicher, daß in jedem Jahr die Höhe der kalkulatorischen Abschreibungen jeweils dem Preisniveau der Betriebsmittel dieses Jahres entspricht.

Tabelle 9: Beispiel einer Tageswertberechnung für eine Drehbank

Jahr	Tageswertfaktor	Tageswert	Jährlicher Abschreibungsbetrag
1964	1,000	35 000	3 500
1965	1,032	36 120	3 612
1966	1,075	37 625	3 763
1967	1,090	38 150	3 815
1968	1,036	36 260	3 626
1969	1,110	38 850	3 885
1970	1,241	43 435	4 344
1971	1,401	49 035	4 904
1972	1,513	52 955	5 296
1973	1,583	55 405	5 541
Summe			42 286

Da der technische Fortschritt zu einer ständigen Verbesserung vieler Betriebsmittel führt, sind erhöhte Preise oftmals nicht nur auf generelle Erhöhungen des Preisniveaus, sondern zugleich auf eine verbesserte Leistungsfähigkeit der Betriebsmittel, z. B. auf eine erhöhte Laufgeschwindigkeit, zurückzuführen. Es ist in diesen Fällen nicht richtig, auch den der Leistungsverbesserung entsprechenden Teil der Preiserhöhung in die Bemessungsgrundlage der Abschreibungen einzubeziehen, da nur die kalkulatorische Verrechnung vorhandener Betriebsmittel Ziel der kalkulatorischen Abschreibungen sein kann.[74]

74 Vgl. hierzu *W. Kilger*, Flexible Plankostenrechnung, a.a.O., S. 184.

Bezeichnen wir die Leistung des vorhandenen Betriebsmittels mit λ_A und die Leistung eines verbesserten Betriebsmittels im Rechnungsjahr t mit λ_t, so läßt sich der um *die prozentuale Leistungszunahme* $(\lambda_t - \lambda_A)/\lambda_t$ *bereinigte Tageswert* wie folgt bestimmen:[75]

(69) $$Z_t = A \frac{q_t}{q_A} \left(1 - \frac{\lambda_t - \lambda_A}{\lambda_t}\right)$$

Hierfür kann man auch schreiben:

(70) $$Z_t = A \frac{q_t}{q_A} \frac{\lambda_A}{\lambda_t}$$

Wurde z. B. ein Automat mit einer Ausstoßgeschwindigkeit von 200 m/Min. vor drei Jahren für 580 000 DM angeschafft und wird heute ein verbesserter Automat mit einer Leistung von 250 m/Min. für 783 000 DM angeboten, so beträgt der unbereinigte Tageswertfaktor 783 000 : 580 000 = 1,35 und der Faktor zur Korrektur der Leistungszunahme 200 : 250 = 0,80. Als leistungsbereinigten Tageswert erhalten wir daher:

580 000 × 1,35 × 0,80 = 626 400 DM

Der isolierte Preiseinfluß beträgt somit nur

$$\frac{626\,400 \text{ ./. } 580\,000}{580\,000} \times 100 = 8\,\%$$

Der Mehrpreis von insgesamt 203 000 DM läßt sich in folgende Komponenten zerlegen:

Isolierter Preiseinfluß:	580 000 × 0,08 =	46 400 DM
Isolierter Leistungseinfluß:	580 000 × 0,25 =	145 000 DM
Preiskomponente des Leistungseinflusses:	145 000 × 0,08 =	11 600 DM
		203 000 DM

In die kalkulatorischen Abschreibungen geht nur der isolierte Preiseinfluß ein.

(3) Da die der Abschreibungsberechnung zugrundeliegenden Nutzungsdauern von vielen unvorsehbaren Einflußgrößen abhängen, kommt es in der betrieblichen Praxis immer wieder vor, daß die geschätzten Nutzungsdauern von den realisierten Einsatzzeiten abweichen. Hierbei sind zwei Fälle zu unterscheiden.

Scheidet ein Gegenstand des Anlagevermögens vor Ablauf der geschätzten Nutzungsdauer aus dem Betrieb aus, so werden für ihn in der Kostenrechnung vom Zeitpunkt des Ausscheidens an keine Abschreibungen mehr verrechnet. Ein eventueller Restbuchwert in der Finanzbuchhaltung wird als außerordentlicher Aufwand der Gewinn- und Verlustrechnung belastet. Ihnen können außerordentliche Erträge in Höhe realisierter Nettoliquidationserlöse gegenüberstehen.

75 Solange sich der technische Fortschritt auf die Erhöhung der Leistungsgeschwindigkeiten von Betriebsmitteln konzentrierte, bereitete die Eliminierung der Leistungszunahme keine Schwierigkeiten. Diese treten aber dann auf, wenn die Leistungsfähigkeit eines Betriebsmittels qualitativ verbessert wird, so z. B. durch den Einbau elektronischer Steuerungselemente.

Wird ein Gegenstand des Anlagevermögens nach Ablauf der geschätzten Nutzungsdauer weiter eingesetzt, so sind der betreffenden Kostenstelle auch weiterhin kalkulatorische Abschreibungen zu belasten, obwohl der Gegenstand bereits „voll abgeschrieben" wurde. Hierbei wird die Nutzungsdauer aber korrigiert. Wurde sie z. B. bisher auf 10 Jahre geschätzt, und rechnet man nunmehr mit 5 weiteren Jahren, so werden in Zukunft bei der Abschreibungsberechnung 15 Jahre angesetzt. Die Weiterbelastung kalkulatorischer Abschreibung für bereits abgeschriebene Gegenstände des Anlagevermögens läßt sich damit begründen, daß die Kostenrechnung keine mehrperiodige sondern eine einperiodige Rechnung ist, bei der es darauf ankommt, jede Abrechnungsperiode isoliert mit möglichst realistischen Betriebsmittelkosten zu belasten.

3422. Die Abschreibungsverfahren

34221. Die lineare Abschreibung

(1) Unter der *linearen Abschreibung*, auch konstante Abschreibung genannt, versteht man ein Abschreibungsverfahren, bei dem die abzuschreibenden Beträge gleichmäßig auf die Nutzungsdauer verteilt werden.

Geht man davon aus, daß die wirtschaftliche Nutzungsdauer eines Betriebsmittels t_N Jahre beträgt, und werden bei der Abschreibungsberechnung keine Preiserhöhungen berücksichtigt, so erhält man folgende *jährliche Abschreibungsbeträge*:

(71) $$K_{At} = \frac{A - L}{t_N} \qquad (t = 1, \ldots, t_N)$$

In der monatlichen Kostenartenrechnung wird dieser Betrag durch 12 dividiert. Die nach Gleichung (71) ermittelten Abschreibungsbeträge sind im Zeitablauf konstant, die Restbuchwerte der Anlagenkartei bzw. der Finanzbuchhaltung vermindern sich daher in jedem Jahr um den gleichen Betrag:

(72) $$R_t = A - \frac{A - L}{t_N} t \qquad (t = 1, \ldots, t_N)$$

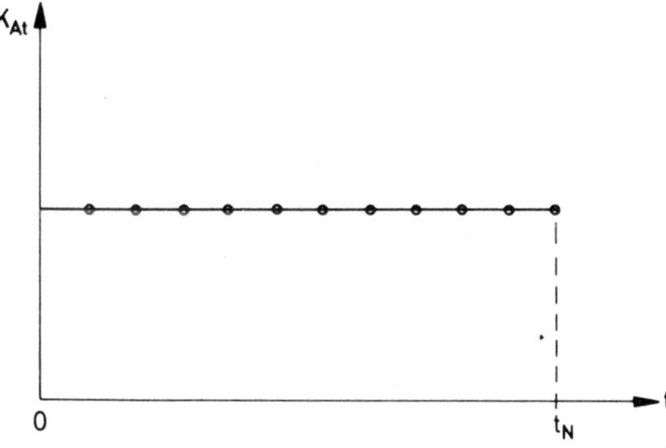

Abb. 20: Zeitreihe der Abschreibungsbeträge bei linearer Abschreibung

Am Ende der Nutzungsdauer, also für $t = t_N$, wird der Restbuchwert zum Nettoliquidationserlös L. In der Abb. 20 haben wir die Zeitreihe der Abschreibungsbeträge und in Abb. 21 die zeitliche Entwicklung der Restbuchwerte graphisch dargestellt.

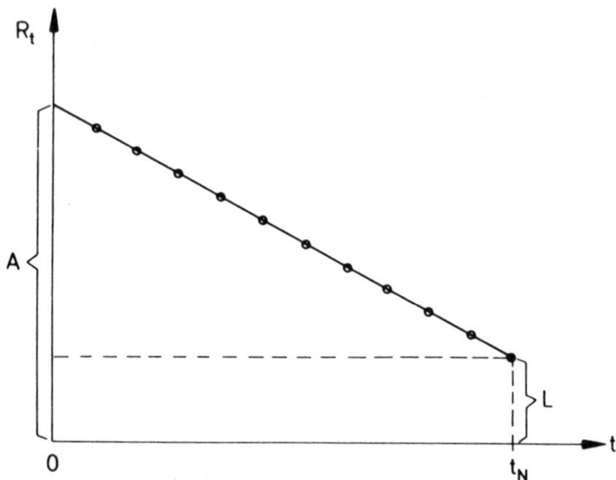

Abb. 21: Zeitreihe der Restbuchwerte bei linearer Abschreibung

In der Praxis wird der Nettoliquidationserlös oft Null gesetzt, da die geschätzten Verkaufserlöse alter Betriebsmittel in vielen Fällen in etwa den voraussichtlichen Abbruchkosten entsprechen.

Die lineare Abschreibung hat den Vorteil, daß sie einfach zu berechnen ist und nach § 7 Abs. 1 EStG auch dem steuerlichen Jahresabschluß zugrunde gelegt werden kann.[76] Als *Nachteil* ist anzusehen, daß bei der linearen Abschreibung die Abhängigkeit des Gebrauchsverschleißes von der Beschäftigung nicht berücksichtigt wird und der zeitliche Verlauf der Restbuchwerte in den meisten Fällen über dem zeitlichen Verlauf der potentiellen Veräußerungserlöse liegt, da diese degressiv abnehmen. Weiterhin nehmen in vielen Fällen die Reparatur- und Instandhaltungskosten im Zeitablauf progressiv zu, so daß bei konstanten Abschreibungsbeträgen die Betriebsmittelkosten insgesamt steigen, was von manchen Kostenfachleuten als Nachteil empfunden wird. Man kann sich aber auch auf den Standpunkt stellen, daß dieser Erhöhung der Betriebsmittelkosten der Realität entspricht und ältere Betriebsmittel durchaus mit höheren Kosten belastet werden sollten.

(2) Wie unsere Ausführungen in Kapitel 3421 gezeigt haben, entspricht es den Aufgaben der Kostenrechnung besser, wenn im Falle von Preisänderungen nicht die Anschaffungs- oder Herstellungskosten, sondern die Tageswerte als Bemessungsgrundlagen der kalkulatorischen Abschreibungen herangezogen werden. Setzt

76 Zu den Vor- und Nachteilen der linearen Abschreibung vgl. *G. Wöhe*, Einführung in die Allgemeine Betriebswirtschaftslehre, 11. Aufl., München 1973, S. 750; *G. Wöhe*, Bilanzierung und Bilanzpolitik, a.a.O., S. 312 ff. und *K. Banse*, Stichwort Abschreibung, in: Handwörterbuch des Rechnungswesens, hrsg. v. *E. Kosiol*, Stuttgart 1970, Sp. 35 ff.

man den bereinigten Tageswert nach Gleichung (70) in Gleichung (71) ein, so erhält man folgende *jährliche Abschreibungsbeträge*:

$$K_{At} = \frac{A\left[\frac{q_t}{q_A}\frac{\lambda_A}{\lambda_t}\right] - L_t}{t_N} \qquad (t = 1, \ldots, t_N) \tag{73}$$

Hierbei werden die Liquidationserlöse unter Berücksichtigung der Preisentwicklung für die Abschreibungsperioden t jeweils neu geschätzt.

Ist der Nettoliquidationserlös L_t gleich Null, so lassen sich die Abschreibungsbeträge der Folgejahre aus dem Abschreibungsbetrag des ersten Jahres durch Multiplikation mit $\frac{q_t}{q_A}\frac{\lambda_A}{\lambda_t}$ errechnen. In den meisten Fällen reicht es aus, daß die Abschreibungen jährlich einmal an die Veränderung der Tageswerte angepaßt werden; dann erhält man die monatlichen Abschreibungsbeträge, indem man die nach Gleichung (73) errechneten Jahresbeträge durch 12 dividiert. Bei starken Preisveränderungen kann die Anpassung an die Tageswerte auch in kürzeren Abständen erfolgen.

Werden die Abschreibungen an die Tageswerte angepaßt, so erhält man weder konstante Abschreibungsbeträge noch linear fallende Restbuchwerte. Diese Tatsache resultiert aber nur aus den Preiseinflüssen, für das „Mengengerüst der Abschreibungsberechnung" gilt nach wie vor die Linearität.

(3) In der Tabelle 10 haben wir ein *Zahlenbeispiel* zur linearen Abschreibung wiedergegeben. Beim Beispiel liegen die gleichen Daten zugrunde wie der Tageswertermittlung in Tabelle 9 auf Seite 117.

Tabelle 10: Beispiel zur linearen Abschreibung

Jahr	Anschaffungswert-Abschreibung		Tageswert-Abschreibung	
	Abschreibung	Restbuchwert	Abschreibung	Restbuchwert
1964	3 500	31 500	3 500	31 500
1965	3 500	28 000	3 612	27 888
1966	3 500	24 500	3 763	24 125
1967	3 500	21 000	3 815	20 310
1968	3 500	17 500	3 626	16 684
1969	3 500	14 000	3 885	12 799
1970	3 500	10 500	4 344	8 455
1971	3 500	7 000	4 904	3 551
1972	3 500	3 500	5 296	–
1973	3 500	–	5 541	

Der Nettoliquidationserlös wird mit Null angesetzt. Während die Anschaffungswert-Abschreibung zu konstanten jährlichen Abschreibungsbeträgen in Höhe von 3 500 DM und linear fallenden Restbuchwerten führen, steigen bei der Tageswert-Abschreibung die jährlichen Abschreibungsbeträge entsprechend der Preiserhöhungen mit Ausnahme des Rezessionsjahres 1967 progressiv an, was zu degressiv fallenden Restbuchwerten führt. Das Betriebsmittel ist bereits ein Jahr früher „abgeschrieben".

34222. Die degressive Abschreibung

(1) Unter der *degressiven Abschreibung* versteht man Abschreibungsverfahren, bei denen die jährlichen Abschreibungsbeträge im Zeitablauf abnehmen.[77] Zu Beginn der Nutzungszeit ist die Abschreibungsbelastung am größten, in den letzten Jahren werden dagegen nur relativ niedrige Abschreibungsbeträge verrechnet. Bei degressiven Abschreibungsverfahren nehmen die Restbuchwerte nicht linear, sondern ebenfalls degressiv ab. Nach der Art der Degression unterscheidet man zwei Verfahren der degressiven Abschreibung.

Bei der *arithmetisch-degressiven Abschreibung,* auch *digitale Abschreibung* genannt, verringern sich die Abschreibungsbeträge in jedem Jahr um den gleichen Betrag. Beträgt die wirtschaftliche Nutzungsdauer t_N Jahre, so muß daher der Abschreibungsbetrag im ersten Jahr t_N mal so groß sein wie der Abschreibungsbetrag im letzten Jahr. Bezeichnen wir den Degressionsbetrag, um den sich die jährlichen Abschreibungsbeträge verringern, als ΔK_A, so gilt für die Abschreibungsberechnung die in Tabelle 11 angegebene Staffel:

Tabelle 11: Abschreibungsberechnung nach dem arithmetisch-degressiven Abschreibungsverfahren

Jahr	1	2	.... $t_N - 1$	t_N
Abschreibung	$t_N \Delta K_A$	$(t_N - 1)\,\Delta K_A$	.... $2\,\Delta K_A$	ΔK_A

Werden keine Preiserhöhungen berücksichtigt, so muß die Summe der jährlichen Abschreibungsbeträge mit den Anschaffungs- oder Herstellungskosten A bezüglich eines eventuellen Nettoliquidationserlöses L übereinstimmen:

$$A - L = \sum_{t=1}^{t_N} t\,\Delta K_A \tag{74}$$

Da die Summe aller Zahlen von 1 bis t_N gleich $\frac{t_N\,(t_N + 1)}{2}$ ist, kann man für Gleichung (74) schreiben:

$$A - L = \Delta K_A \frac{t_N\,(t_N + 1)}{2} \tag{75}$$

Für den Degressionsbetrag ΔK_A gilt daher die folgende Bestimmungsgleichung:

$$\Delta K_A = \frac{2\,(A - L)}{t_N\,(t_N + 1)} \tag{76}$$

77 Zur degressiven Abschreibung vgl. *G. Wöbe*, Einführung ..., a.a.O., S. 751 ff. und *G. Wöbe*, Bilanzierung ..., a.a.O., S. 314 ff.

Nach Tabelle 11 erhält man für die arithmetisch-degressive Abschreibung folgende Jahresbeträge:

$$K_{At} = \frac{2(A-L)}{t_N(t_N+1)} [t_N - t + 1] \qquad (t = 1, \ldots, t_N) \tag{77}$$

In der monatlichen Kostenrechnung werden die mit Hilfe der Gleichung (77) ermittelten Beträge durch 12 dividiert, d. h. der Degressionseffekt wird nur jährlich berücksichtigt.

Die jährlichen Abschreibungsbeträge K_{At} fallen im Zeitablauf linear, die Restbuchwerte nehmen degressiv ab; für sie gilt folgende Bestimmungsgleichung:

$$R_t = A - \frac{2(A-L)}{t_N(t_N+1)} \sum_{\tau=1}^{t} [t_N - \tau + 1] \qquad (t = 1, \ldots, t_N) \tag{78}$$

Berücksichtigt man, daß für $t = t_N$ der Summenausdruck in Gleichung (78) gleich der Summe aller Zahlen von 1 bis t_N sein muß, so erkennt man, daß am Ende der Nutzungsdauer der Restbuchwert mit dem Nettoliquidationserlös übereinstimmt.

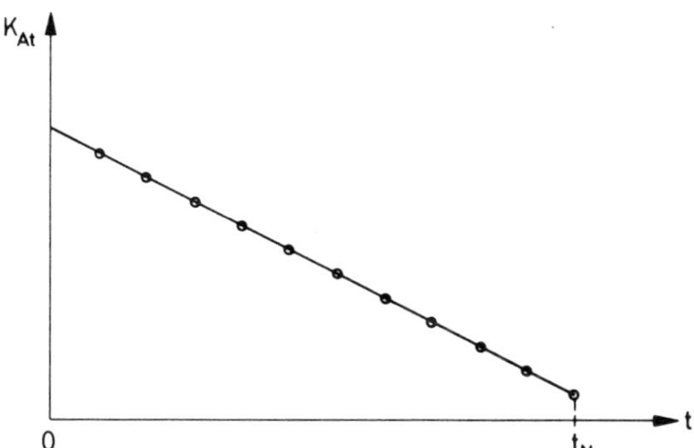

Abb. 22: Zeitreihe der Abschreibungsbeträge bei arithmetisch-degressiver Abschreibung

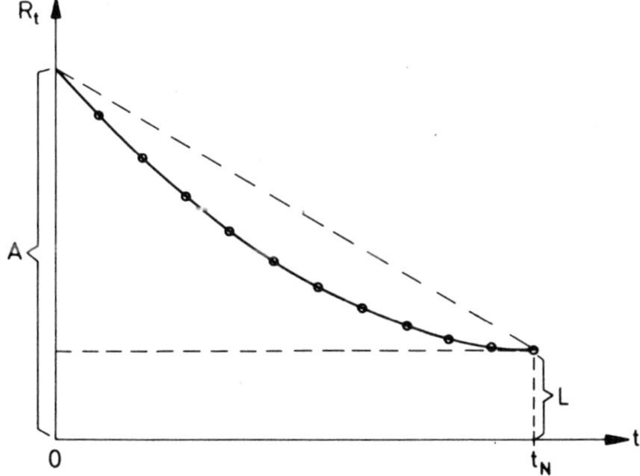

Abb. 23: Zeitreihe der Restbuchwerte bei arithmetisch-degressiver Abschreibung

In Abb. 22 haben wir die Zeitreihe der Abschreibungsbeträge und in Abb. 23 die Zeitreihe der Restbuchwerte graphisch dargestellt.

(2) Bei der *geometrisch-degressiven Abschreibung*, auch *Buchwertabschreibung* genannt, werden die jährlichen Abschreibungsbeträge ermittelt, indem jeweils der Restbuchwert des Vorjahres mit einem gleichbleibenden Abschreibungsprozentsatz multipliziert wird. Bezeichnet man den Abschreibungsprozentsatz mit γ, so gilt für die jährlichen Abschreibungsbeträge ohne Berücksichtigung von Preissteigerungen:

$$(79) \qquad K_{At} = \frac{\gamma}{100} R_{t-1} \qquad (t = 1, \ldots, t_N)$$

Im ersten Jahr wird vom Anschaffungswert abgeschrieben ($R_0 = A$). Für die Restbuchwerte gilt die in Tabelle 12 angegebene Staffel.

Tabelle 12: Restbuchwertberechnung nach dem geometrisch degressiven Abschreibungsverfahren

Jahr	Restbuchwerte		
1	$R_1 = A - A\frac{\gamma}{100}$		$= A(1 - \frac{\gamma}{100})^1$
2	$R_2 = A(1 - \frac{\gamma}{100})^1$	$- A(1 - \frac{\gamma}{100})^1 \frac{\gamma}{100}$	$= A(1 - \frac{\gamma}{100})^2$
3	$R_3 = A(1 - \frac{\gamma}{100})^2$	$- A(1 - \frac{\gamma}{100})^2 \frac{\gamma}{100}$	$= A(1 - \frac{\gamma}{100})^3$
⋮	⋮ ⋮		⋮
t	$R_t = A(1 - \frac{\gamma}{100})^{t-1}$	$- A(1 - \frac{\gamma}{100})^{t-1} \frac{\gamma}{100}$	$= A(1 - \frac{\gamma}{100})^t$
⋮	⋮ ⋮		⋮
t_N	$R_{tN} = A(1 - \frac{\gamma}{100})^{t_N-1}$	$- A(1 - \frac{\gamma}{100})^{t_N-1} \frac{\gamma}{100}$	$= A(1 - \frac{\gamma}{100})^{t_N}$

Da der Restbuchwert des Jahres t_N mit dem Nettoliquidationserlös L übereinstimmen muß, gilt für den Abschreibungsprozentsatz folgende Bestimmungsgleichung:

$$(80) \qquad L = A\left(1 - \frac{\gamma}{100}\right)^{t_N}$$

Nach γ aufgelöst erhält man hieraus:

$$(81) \qquad \gamma = \left(1 - \sqrt[t_N]{\frac{L}{A}}\right) 100$$

Setzt man den in Tabelle 12 ermittelten Formelausdruck für den Restwert in Gleichung (79) ein, so erhält man:

$$(82) \qquad K_{At} = \frac{\gamma}{100} A \left(1 - \frac{\gamma}{100}\right)^{t-1} \qquad (t = 1, \ldots, t_N)$$

Hierfür kann man aber schreiben:

$$(83) \qquad K_{At} = K_{At-1} \left(1 - \frac{\gamma}{100}\right) \qquad (t = 1, \ldots, t_N)$$

Die geometrisch-degressiven Abschreibungsbeträge lassen sich daher auch in der Weise ermitteln, daß man den Abschreibungsbetrag des Vorjahres mit dem Faktor $(1 - \frac{\gamma}{100})$ multipliziert.

In Abb. 24 haben wir die Zeitreihe der Abschreibungsbeträge und in Abb. 25 die Zeitreihe der Restbuchwerte graphisch dargestellt, beide Kurven verlaufen degressiv.

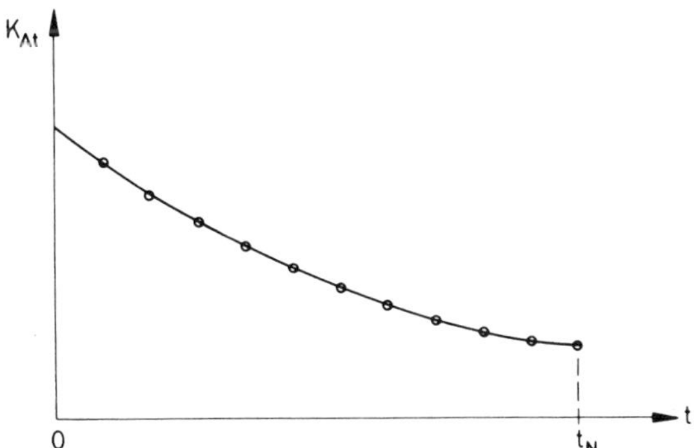

Abb. 24: Zeitreihe der Abschreibungsbeträge bei der geometrisch-degressiven Abschreibung

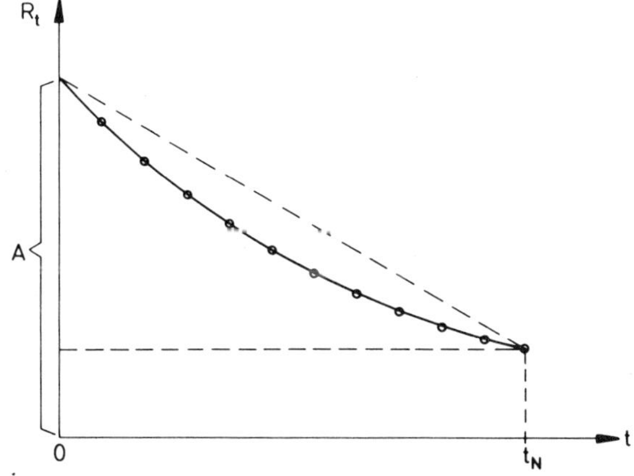

Abb. 25: Zeitreihe der Restbuchwerte bei der geometrisch-degressiven Abschreibung

Ein charakteristisches Merkmal der geometrisch-degressiven Abschreibung besteht darin, daß dic Anwendung der Gleichung (81) einen positiven Nettoliquidationserlös voraussetzt. Wie die Gleichung (81) erkennen läßt, gilt für L = 0 ein Abschreibungsprozentsatz von $\gamma = 100\ \%$, d. h. nur eine Sofortabschreibung im ersten Jahr könnte zu einem Restbuchwert von Null führen. Wie die von E. Littmann entnommene Tabelle 13 erkennen läßt, erfordert die geometrisch-degressive Abschreibung bei niedrigen Nettoliquidationserlösen und kurzen Nutzungsdauern sehr hohe Abschreibungsprozentsätze.[78] Für ein Betriebsmittel mit einer wirtschaftlichen

Tabelle 13: Abhängigkeit der Abschreibungsprozentsätze der geometrisch-degressiven Abschreibung von den Nettoliquidationserlösen und den Nutzungsdauern

Nettoliquidationserlös in % der Anschaffungskosten	bei wirtschaftlicher Nutzungsdauer in Jahren							
	5	10	12	15	20	25	30	40
1	60,19	36,90	31,87	26,44	20,57	16,82	14,23	10,88
2	54,27	32,38	27,82	22,96	17,77	14,49	12,23	9,32
3	50,41	29,58	25,34	20,85	16,08	13,09	11,03	8,39
4	47,47	27,52	23,53	19,31	14,87	12,08	10,17	7,73
5	45,07	25,89	22,09	18,10	13,91	11,29	9,50	7,22
6	43,03	24,52	20,90	17,10	13,12	10,64	8,95	6,79
7	41,25	23,35	19,88	16,24	12,45	10,09	8,48	6,43
8	39,66	22,32	18,98	15,50	11,86	9,61	8,07	6,12
9	38,22	21,40	18,18	14,83	11,34	9,18	7,71	5,84
10	36,90	20,57	17,46	14,23	10,87	8,80	7,39	5,59

Nutzungsdauer von 5 Jahren, deren Nettoliquidationserlös 1 % des Anschaffungswertes beträgt, müßte z. B. ein Abschreibungsprozentsatz von 60,19 % angesetzt werden. So hohe Abschreibungsprozentsätze und die ihnen entsprechende starke Belastung der ersten Nutzungsjahre sind aber – abgesehen von ihrer steuerlichen Unzulässigkeit – „auch bei sehr risikobelasteten Wirtschaftsgütern" in der Regel betriebswirtschaftlich nicht gerechtfertigt.[79] G. Wöhe schlägt vor, die Degression dadurch zu mildern, „daß man zur Berechnung des Abschreibungsprozentsatzes den Anschaffungskosten des abzuschreibenden Wirtschaftsgutes einen *fiktiven Restwert* hinzufügt, auf den dann der Gesamtwert abgeschrieben wird".[80] Führen wir hierfür das Kurzzeichen L_F ein, so wird aus Gleichung (81):

$$\gamma = \left(1 - \sqrt[t_N]{\frac{L + L_F}{A + L_F}}\right) 100 \tag{84}$$

Diese Gleichung gilt auch, wenn kein positiver Nettoliquidationserlös erzielt wird, also L = 0 ist.

78 Vgl. *E. Littmann*, Das Einkommensteuerrecht, 9. Aufl., Stuttgart 1969, S. 883 sowie *G. Wöhe*, Bilanzierung . . . , a.a.O., S. 318.

79 Vgl. *G. Wöhe*, Bilanzierung . . . , a.a.O., S. 318.

80 Vgl. *G. Wöhe*, Bilanzierung . . . , a.a.O., S. 319 und 320.

Eine andere Möglichkeit, die Degression zu mildern, besteht darin, daß man den Abschreibungsprozentsatz unabhängig von Gleichung (81) bzw. (84) so wählt, daß er der gewünschten Degressionswirkung entspricht, und den verbleibenden Restwert des letzten Jahres gleichmäßig auf die jährlichen Abschreibungsbeträge verteilt.

(3) In Tabelle 14 haben wir die degressiven Abschreibungen für eine Drehbank mit einem Anschaffungswert von 35 000,– DM und einer wirtschaftlichen Nutzungsdauer von 10 Jahren berechnet; der Nettoliquidationserlös beträgt Null.

Der Degressionsbetrag für die arithmetisch-degressive Abschreibung beträgt 35 000 : 55 = 636,36 DM. Für die geometrisch-degressive Abschreibung läßt sich kein Abschreibungsprozentsatz berechnen, weil der Nettoliquidationserlös gleich Null ist. Wir haben daher alternativ mit 15 %, 20 %, 30 % und 40 % gerechnet. Die Tabelle 14 läßt erkennen, daß nur bei 40 % ein Restbuchwert übrigbleibt, der infolge seiner geringen Höhe vernachläßigt werden kann. Dafür werden bei 40 % aber im ersten Jahr 100 mal so viel Abschreibungen berechnet, wie im letzten Jahr, was sicherlich betriebswirtschaftlich nicht vertretbar ist. Wählt man einen niedrigeren Abschreibungsprozentsatz, z. B. 20 %, so sollten die jährlichen Abschreibungsbeträge um einen Zuschlag erhöht werden, der zur kalkulatorischen Verrechnung der verbleibenden Restbuchwerte führt. Im Beispiel der Tabelle 14 bleiben bei 20 % 3 758 DM übrig, denen eine Summe der (unkorrigierten) Abschreibungen von 31 242 DM gegenübersteht. Der Korrekturzuschlag beträgt daher 3 758 : 31 242 = 12,03 %.

(4) Bei der *kritischen Beurteilung* der degressiven Abschreibungen muß man berücksichtigen, daß diese vorwiegend *für die Zwecke des handels- und des steuerlichen Jahresabschlusses* entwickelt worden sind.[81] Es gilt heute als unumstritten, daß die degressiven Abschreibungen hier ihre Berechtigung haben. Für die Bilanzierung gilt das Prinzip der kaufmännischen Vorsicht und die Abschreibungsursachen, insbesondere die Wirkung des Zeitverschleißes infolge technisch wirtschaftlichen Veraltens sind derart unsicher, daß höhere Abschreibungsquoten in den ersten Jahren durchaus ihre Berechtigung haben.

Steuerrechtlich ist die *geometrisch-degressive Abschreibung* heute für alle beweglichen Wirtschaftsgüter des Anlagevermögens nach § 7 Abs. 2 EStG 1958 zulässig.[82] Zu beachten ist allerdings, daß sie aus konjunkturpolitischen Gründen vorübergehend ausgesetzt werden kann.[83] Weiterhin gelten nach § 7 Abs. 2 EStG die folgenden beiden Bedingungen, durch welche die Degressionswirkung begrenzt wird. Erstens darf der Abschreibungsprozentsatz nicht höher sein als das 2,5-fache des Prozentsatzes, der sich bei linearer Abschreibung ergibt, zweitens wurden 25 % als absolute Obergrenze festgelegt:

$$\gamma \leq \frac{250}{t_N}; \quad \gamma \leq 25\% \qquad (85)$$

81 Vgl. *H. Albach*, Die degressive Abschreibung, Wiesbaden 1967; *G. Wöhe*, Bilanzierung . . . , a.a.O., S. 315 ff., und *K. Banse*, Abschreibung, a.a.O., Sp. 35 ff.

82 Vgl. *G. Wöhe*, Bilanzierung . . . , a.a.O., S. 320 ff.

83 Vgl. § 51 Abs. 2 EStG gemäß des Gesetzes zur Förderung der Stabilität und des Wachstums der Wirtschaft vom 8.6.1967, BGBl. I, S. 582.

Tabelle 14: Beispiel zur degressiven Abschreibung

Jahr	Arithmetisch-degressive Abschreibung		Geometrisch-degressive Abschreibung							
			15 %		20 %		30 %		40 %	
	Abschreibung	Restbuchwert	Abschreibung	Restbuchwert	Abschreibung	Restbuchwert	Abschreibung	Restbuchwert	Abschreibung	Restbuchwert
1964	6 364	28 636	5 250	29 750	7 000	28 000	10 500	24 500	14 000	21 000
1965	5 727	22 909	4 463	25 287	5 600	22 400	7 350	17 150	8 400	12 600
1966	5 091	17 818	3 793	21 494	4 480	17 920	5 145	12 005	5 040	7 560
1967	4 455	13 363	3 224	18 270	3 584	14 336	3 602	8 403	3 024	4 536
1968	3 818	9 545	2 741	15 529	2 867	11 469	2 521	5 882	1 814	2 722
1969	3 182	6 363	2 329	13 200	2 294	9 175	1 765	4 117	1 089	1 633
1970	2 545	3 818	1 980	11 220	1 835	7 340	1 235	2 882	653	980
1971	1 909	1 909	1 683	9 537	1 468	5 872	865	2 017	392	588
1972	1 273	636	1 431	8 106	1 174	4 698	605	1 412	235	353
1973	636	–	1 216	6 890	940	3 758	424	988	141	212

Wie die mathematische Formulierung dieser Bedingungen erkennen läßt, wird die absolute Obergrenze von 25 % nur bei Wirtschaftsgütern wirksam, deren wirtschaftliche Nutzungsdauer unter 10 Jahren liegt. Sie führt bei solchen Wirtschaftsgütern zu so hohen Restbuchwerten, daß für sie die Buchwertabschreibung praktisch nicht in Frage kommt.[84] Steuer- und handelsrechtlich ist es zulässig, von der geometrisch degressiven zur linearen Abschreibung überzugehen.

Auch die *arithmetisch-degressive Abschreibung* ist nach § 7 Abs. 2 Satz 3 EStG in Verbindung mit § 11 a EStDV steuerlich zulässig, sofern die folgenden beiden Bedingungen erfüllt sind.[85] Erstens darf sich im ersten Jahr kein höherer Abschreibungsbetrag ergeben als bei Anwendung der geometrisch-degressiven Abschreibung unter Berücksichtigung der Kriterien (85). Zweitens darf die Abschreibungssumme der ersten drei Jahre nicht größer sein als die Abschreibungssumme, die sich für die ersten drei Jahre nach der geometrisch-degressiven Abschreibung ergibt. Praktisch hat die arithmetisch-degressive Abschreibung heute keine Bedeutung mehr, „da sie erst bei mehr als zwanzigjähriger Nutzungsdauer angewendet werden kann".[86]

Wir wollen uns nunmehr der Frage zuwenden, ob die Verfahren der degressiven Abschreibung für die *Zwecke der Kostenrechnung* geeignet sind. Die kalkulatorischen Abschreibungen der Kostenrechnung sollen den wirksam werdenden Abschreibungsursachen so weit als möglich entsprechen. Das ist mit Hilfe degressiver Abschreibungen aber lediglich in Fällen möglich, in denen der Zeitverschleiß überwiegt und sich in den ersten Jahren besonders stark auswirkt. Der beschäftigungsabhängige Gebrauchsverschleiß läßt sich mit Hilfe degressiver Abschreibungen noch schlechter erfassen als durch die lineare Abschreibung, es sei denn die Beschäftigung nimmt im Zeitablauf wirklich degressiv ab, wie das bei Spezialaggregaten für modische Produktarten der Fall sein kann. Als gewisser Vorteil degressiver Abschreibungen wird von manchen Kostenfachleuten die Tatsache angesehen, daß im Zeitablauf steigende Reparatur- und Instandhaltungskosten und eine Verringerung der Leistungsfähigkeit durch degressive Abschreibungsbeträge teilweise kompensiert werden. Dieser Vorteil sollte aber nicht überbewertet werden, da sich der Degressionseffekt nur schwer mit der zeitlichen Progression der Reparatur- und Instandhaltungskosten bzw. der abnehmenden Leistungsfähigkeit abstimmen läßt.

Wir sind bisher davon ausgegangen, daß bei den Verfahren der degressiven Abschreibung die nominellen Anschaffungskosten zugrundegelegt werden, so wie es den handels- und steuerrichtlichen Bestimmungen entspricht. Wendet man aber diese Verfahren zur Berechnung kalkulatorischer Abschreibungen an, so müssen auch bei ihnen die *Einflüsse steigender Betriebsmittelpreise* berücksichtigt werden. Bei der *arithmetisch-degressiven Abschreibung* kann das einfach in der Weise geschehen, daß man in Gleichung (77) die Differenz (A – L) durch $\left[A \frac{q_t}{q_A} \frac{\lambda_A}{\lambda_t} - L_t\right]$ ersetzt. Bei der *geometrisch-degressiven Abschreibung* ist eine Anpassung an die Tageswerte erheblich schwieriger. Hier müssen streng genommen in jedem Jahr neue Abschreibungsprozentsätze gebildet werden, die den jeweiligen Tageswerten

84 Vgl. hierzu *G. Wöhe*, Bilanzierung . . . , a.a.O., S. 323, der diesen Tatbestand durch Beispiele belegt.

85 Vgl. *G. Wöhe*, Bilanzierung . . . , a.a.O., S. 326.

86 Vgl. *G. Wöhe*, Bilanzierung . . . , a.a.O., S. 326 ff.

entsprechen, und mit diesen sind die Buchwertstaffeln von Anfang an neu durchzurechnen, bis man den Abschreibungsbetrag des laufenden Jahres erhält. Näherungsweise läßt sich der Preiseinfluß aber in der Weise berücksichtigen, daß man die mit Hilfe der nominellen Anschaffungskosten ermittelten Abschreibungen mit den Korrekturfaktoren $\frac{q_t}{q_A} \frac{\lambda_A}{\lambda_t}$ multipliziert.

34223. Die beschäftigungsabhängige Abschreibung

(1) Das charakteristische Merkmal der *beschäftigungsabhängigen Abschreibung* besteht darin, daß bei der Abschreibungsberechnung der Beschäftigungseinfluß bzw. der Umfang der Leistungsinanspruchnahme berücksichtigt wird. Sie wird daher auch als *Abschreibung nach der Leistung und Inanspruchnahme* bezeichnet. In Deutschland hat insbesonder K. Rummel vorgeschlagen, die kalkulatorischen Abschreibungen beschäftigungsabhängig zu gestalten.[87]

Am einfachsten ist die Berechnung beschäftigungsabhängiger Abschreibungen, wenn als Abschreibungsursache nur Gebrauchsverschleiß oder Substanzverminderung wirksam wird. Unter dieser Voraussetzung kann man wie folgt vorgehen.[88] Zunächst werden die maximal realisierbaren Beschäftigungs- oder Nutzungseinheiten ermittelt, wobei es sich z. B. um Laufstunden, gefahrene Kilometer oder abbaufähige Kubikmeter eines Rohstoffes handeln kann. Dividiert man den abzuschreibenden Betrag durch die maximal realisierbaren Beschäftigungs- oder Nutzungseinheiten, die wir als B* bezeichnen wollen, so erhält man den auf eine Beschäftigungs- oder Nutzungseinheit entfallenden Abschreibungsbetrag. In einer Abrechnungsperiode, der b_t Beschäftigungs- oder Nutzungseinheiten anfallen, sind daher folgende Abschreibungen zu verrechnen:

(86) $$K_{At} = \frac{A - L}{B^*} b_t \qquad (t = 1, \ldots, t_N)$$

Bei diesem Abschreibungsverfahren ist die Schätzung einer bestimmten Nutzungsdauer nicht erforderlich, die realisierbare Nutzungsdauer t_N ist lediglich durch B* begrenzt, da folgende Restriktion gilt:

(87) $$B^* \geq \sum_{t=1}^{t_N} b_t$$

Die Gleichung (86) läßt sich sowohl jährlich als auch monatlich anwenden. Die mit ihrer Hilfe ermittelten kalkulatorischen Abschreibungen sind rein proportionale Kosten. Da jedoch bei den meisten Betriebsmitteln neben dem Gebrauchsverschleiß auch der Zeitverschleiß wirksam ist, kann die Gleichung (86) in der betrieblichen Praxis nur selten angewendet werden. Typische Anwendungsfälle sind abzuschreibende Rohstoffvorkommen in Gewinnungsbetrieben, deren Wert sich proportional zum Abbau vermindert.

(2) Wird ein Gegenstand des Anlagevermögens zugleich durch Gebrauchs- und Zeitverschleiß entwertet, so ist eine Auflösung der kalkulatorischen Abschreibungen

87 Vgl. *K. Rummel*, Proportionale Abschreibung, Archiv für das Eisenhüttenwesen 1937/38.
88 Vgl. *G. Wöhe*, Bilanzierung . . . , a.a.O., S. 329 ff.

in fixe und proportionale Bestandteile notwendig. Man bezeichnet die beschäftigungsabhängige Abschreibung dann auch als *gebrochene Abschreibung.* Theoretisch exakt läßt sich das Problem der Kostenauflösung für die Abschreibungen nur im Rahmen einer langfristigen Planungsrechnung lösen. Da eine solche Rechnung nicht operabel ist, muß man sich in der Praxis mit folgender Näherungslösung begnügen.[89] Man schätzt unabhängig voneinander diejenige Nutzungsdauer, die unter der Voraussetzung realisiert werden könnte, daß nur der Gebrauchsverschleiß wirksam würde sowie diejenige Nutzungsdauer, die realisierbar wäre, wenn nur der Zeitverschleiß die Entwertung verursachen würde. Die erste wollen wir als *Nutzungsdauer des Gebrauchsverschleißes* bezeichnen und für sie das Kurzzeichen t_{NG} verwenden. Entsprechend wird die zweite die *Nutzungsdauer des Zeitverschleißes* genannt und für sie das Kurzzeichen t_{NZ} eingeführt. Die getrennte Schätzung dieser beiden Nutzungsdauern ist zwar eine Abstraktion, da in Wirklichkeit beide Abschreibungsursachen gleichzeitig wirksam werden, dennoch läßt sie sich in der Praxis mit genügender Genauigkeit durchführen. Bei der Nutzungsdauer des Gebrauchsverschleißes muß man von einer planmäßig zu erwartenden Beschäftigung, z. B. von einem vollbeschäftigten Zweischichtbetrieb, ausgehen, da unterschiedlichen durchschnittlichen Beschäftigungsgraden verschieden lange Nutzungsdauern des Gebrauchsverschleißes entsprechen.

Bei der Abschreibungsberechnung lassen sich zwei Fälle unterscheiden. Im ersten Fall ist die Nutzungsdauer des Gebrauchsverschleißes kleiner als die Nutzungsdauer des Zeitverschleißes. Dieser Fall tritt vor allem bei technisch ausgereiften Betriebsmitteln auf, die nur geringen Korrosionseinflüssen ausgesetzt sind und bei denen es sich nicht um Spezialaggregate für kurzlebige, modische Produktarten handelt. Mit Hilfe der Nutzungsdauern t_{NZ} und t_{NG} lassen sich unabhängig voneinander folgende Abschreibungsbeträge errechnen:

$$K_{AZ} = \frac{A - L}{t_{NZ}} \tag{88}$$

$$K_{AG} = \frac{A - L}{t_{NG}} \tag{89}$$

Da $t_{NG} < t_{NZ}$ ist, muß $K_{AZ} < K_{AG}$ sein. Der größere Abschreibungsbetrag wird als Gesamtabschreibung einer Abrechnungsperiode festgesetzt. Ihr wird der durch den Zeitverschleiß verursachte Betrag K_{AZ} als Fixkostenbestandteil zugeordnet. Als proportionale Abschreibung bleibt daher der Differenzbetrag $K_{AG} - K_{AZ}$

89 Vgl. *W. Kilger*, Flexible Plankostenrechnung, a.a.O., S. 401 ff. und *D. Schneider*, Kostentheorie und verursachungsgemäße Kostenrechnung, ZfhF 1961, S. 700 ff. Das Problem der Ermittlung entscheidungsorientierter Abschreibungen hat A. Mahlert im Rahmen einer Dissertation untersucht. Hierbei werden entscheidungsrelevante Abschreibungen aus dem Einfluß abgeleitet, den Nutzungsentscheidungen von Betriebsmitteln auf die langfristigen Rahmenpläne der Unternehmung ausüben, so z. B. auf den Investitionsplan, den Reparatur- und Instandhaltungsplan und den Absatzplan. Dieser Einfluß ist aber nur mit Hilfe von Entscheidungshypothesen zu erfassen. Für die praktische Anwendung kommt die von Mahlert aufgezeigte Abschreibungsberechnung z.Z. noch nicht in Frage, da es in den meisten Betrieben nicht möglich sein wird, den Einfluß auf die langfristigen Rahmenpläne zu quantifizieren. Vgl. *A. Mahlert*, Die Abschreibungen in der entscheidungsorientierten Kostenrechnung, Diss. Saarbrücken 1975.

übrig; sie gilt für die geplante Durchschnittsbeschäftigung $B^{(p)}$. Für eine Abrechnungsperiode, deren Beschäftigung $B_t^{(i)}$ beträgt, erhält man daher folgenden Abschreibungsbetrag:

$$K_{At} = \frac{A-L}{t_{NZ}} + \left[\frac{A-L}{t_{NG}} - \frac{A-L}{t_{NZ}}\right] \frac{B_t^{(i)}}{B^{(p)}} \qquad (t = 1, \ldots, t_N) \tag{90}$$

Klammert man den abzuschreibenden Betrag A − L aus, so vereinfacht sich die Gleichung (90) wie folgt:

$$K_{At} = (A-L)\left[\frac{1}{t_{NZ}} + \frac{t_{NZ} - t_{NG}}{t_{NG}\; t_{NZ}} \frac{B_t^{(i)}}{B^{(p)}}\right] \qquad (t = 1, \ldots, t_N) \tag{91}$$

In der lfd. Kostenrechnung werden die Gleichungen (90) und (91) auf monatliche Abrechnungsperioden bezogen, hierzu müssen die Nutzungszeiten in Monaten angegeben werden.

Die Nutzungsdauer t_N liegt nur dann von vornherein fest, wenn die geplante Durchschnittsbeschäftigung $B^{(p)}$ in allen Teilperioden wirklich eingehalten wird; in diesem Fall stimmt sie mit der Nutzungsdauer des Gebrauchsverschleißes überein. Bei Unterbeschäftigung liegt t_N über t_{NG}, bei Überbeschäftigung ist sie geringer. Setzt man in der Gleichung (91) $B_t^{(i)} = B^{(p)}$, so erhält man die gleichen Abschreibungsbeträge, wie sie sich nach Gleichung (71) für die lineare Abschreibung ergeben.

Im zweiten Fall ist die Nutzungsdauer des Gebrauchsverschleißes größer als die Nutzungsdauer des Zeitverschleißes. Dies gilt z. B. für Betriebsmittel, die infolge des technischen Fortschrittes schnell veralten, starken Korrosionseinflüssen ausgesetzt sind, oder bei denen es sich um Spezialaggregate für kurzlebige, modische Artikel handelt. Für $t_{NG} > t_{NZ}$ gilt $K_{AZ} > K_{AG}$. Auch hier wird der größere Abschreibungsbetrag als Gesamtabschreibung einer Abrechnungsperiode zugrunde gelegt. Da der Zeitverschleiß beschäftigungsunabhängig ist, werden in diesem Fall die Gesamtabschreibungen in voller Höhe den fixen Kosten zugeordnet.

(3) *Steuerlich* ist die beschäftigungsabhängige Abschreibung nach § 7 Abs. 1 Satz 3 EStG zulässig, sofern sie sich wirtschaftlich begründen läßt, und sich der auf ein Jahr entfallende Umfang der Leistungsinanspruchnahme durch Messungen oder Aufschreibungen nachweisen läßt.[90] Diese Voraussetzungen sind in der Praxis meistens erfüllt.

Der *Einfluß von Preisveränderungen* läßt sich bei der beschäftigungsabhängigen Abschreibung ohne Schwierigkeiten berücksichtigen, indem man in den Gleichungen (86) und (91) den Nominalbetrag A − L durch den Tageswertbetrag $A \frac{q_t}{q_A} \frac{\lambda_A}{\lambda_t} - L_t$ ersetzt.

Als *Zahlenbeispiel* wollen wir die Abschreibungsberechnung für die gleiche Drehbank wiedergeben, für die wir in Tabelle 10 die lineare Abschreibung und in Tabelle 14 die degressiven Abschreibungsverfahren beschrieben haben. Der Anschaffungswert beträgt 35 000 DM und der Nettoliquidationserlös wird mit Null angegeben.

90 Vgl. hierzu *G. Wöhe*, Bilanzierung . . . , a.a.O., S. 330. Die Ausführungen Wöhes zur rein proportionalen Abschreibung gelten für die gebrochene Abschreibung analog.

Die technische Abteilung setzt die Nutzungsdauer des Gebrauchsverschleißes mit 10 Jahren bzw. 120 Monaten an, wobei eine monatliche Planbeschäftigung von:

$$B^{(p)} = 20 \text{ Arbeitstage} \times 2 \text{ Schichten/Tag} \times 8 \text{ Std./Schicht} \times 0{,}95$$
$$= \underline{\underline{304 \text{ Fertigungs-Std./Monat}}}$$

zugrunde gelegt wird.[91] Die Nutzungsdauer des Zeitverschleißes wird auf 30 Jahre bzw. 360 Monate geschätzt. Diese relativ lange Zeit kann damit begründet werden, daß Drehbänke zu den technisch ausgereiften Betriebsmitteln zählen und nur relativ geringen Alterungseinflüssen ausgesetzt sind. Ohne Berücksichtigung von Preisänderungen erhält man für einen Monat bei Planbeschäftigung folgende Abschreibungsbeträge:

	Gesamtabschreibung	= 35 000 DM : 120 Monate	= 291,67 DM/Monat
./.	fixe Abschreibung	= 35 000 DM : 360 Monate	= 97,22 DM/Monat
=	proportionale Abschreibung		= 194,45 DM/Monat

Auf eine Fertigungsstunde entfallen daher

$$194{,}45 \text{ DM/Monat} : 304 \text{ Ftg. Std./Monat} = \underline{\underline{0{,}64 \text{ DM/Ftg. Std}}}$$

an proportionaler Abschreibung.

Für eine beliebige Beschäftigung von $B_t^{(i)}$ Fertigungsstunden gilt folgende Bestimmungsgleichung zur Berechnung des monatlichen Abschreibungsbetrages:

$$K_{At} = 97{,}22 + 0{,}64\, B_t^{(i)} \tag{92}$$

Bei einer Beschäftigung von 280 Ftg. Std./Monat erhält man z. B. einen Abschreibungsbetrag von 276,42 DM. Werden während eines Jahres 12 × 304 = 3 648 Ftg. Std. geleistet, so erhält man als Jahresbetrag 12 × 97,22 + 0,64 × 3 648 = 3 501,36 DM. Abgesehen von einer geringfügigen Abrundungsdifferenz ist das der gleiche Betrag wie bei linearer Abschreibung. Die Anpassung der Abschreibungsbeträge an die Tageswerte kann in unserem Beispiel einfach in der Weise erfolgen, daß man die monatlichen Abschreibungsbeträge mit dem Tageswertfaktor des betreffenden Jahres multipliziert.

343. Die Erfassung und Verrechnung kalkulatorischer Zinsen

(1) Die *kalkulatorischen Zinsen* sind das kostenmäßige Äquivalent für die Kapitalbindung in einer Unternehmung.

Kalkulatorische Zinsen entfallen nicht nur auf die Betriebsmittel und sonstigen Gegenstände des Anlagevermögens, sondern auch auf das Umlaufvermögen. Da jedoch ein großer Teil der kalkulatorischen Zinsen auf die Betriebsmittelbestände entfällt, wollen wir die Verfahren und Probleme der Erfassung und Verrechnung kalkulatorischer Zinsen bereits an dieser Stelle behandeln.

91 Der Faktor 0,95 gibt an, daß 5 % der Schichtzeit auf „unproduktive" Zeiten, z. B. Reparatur-, Reinigungs- und sonstige Stillstandszeiten, entfallen.

Die Frage, ob und in welcher Weise in der laufenden Kostenrechnung Zinsen zu verrechnen sind, ist bis heute umstritten.[92] Folgende Ansichten stehen einander gegenüber[93]:

1. Weder Fremd- noch Eigenkapitalzinsen werden als Kosten angesehen
2. Nur die Fremdkapitalzinsen werden als Kosten angesehen
3. Zinsen für das gesamte betriebsnotwendige Kapital werden als Kosten angesehen

Die erste Ansicht wird von Kostenfachleuten vertreten, welche die finanzielle Sphäre von der Kostenrechnung scharf abgrenzen wollen und sie ausschließlich der Investitionsrechnung zuordnen.

Die zweite Ansicht ist typisch für die Vertreter des pagatorischen Kostenbegriffes, da diese nur Kosten zulassen, die mit Auszahlungen verbunden sind; die kalkulatorischen Eigenkapitalzinsen können für sie nur Gewinnanteile darstellen.[94] Die meisten Kostenfachleute neigen heute der dritten Ansicht zu, wie bereits unsere Ausführungen in Kapitel 121 gezeigt haben. Verrechnet man aber in der Kostenrechnung kalkulatorische Zinsen auf das gesamte betriebsnotwendige Kapital, so muß man beachten, daß die auf das Eigenkapital entfallenden Zinsbeträge „nicht in der positiven Form" der Auszahlung, sondern lediglich „in der negativen Form des Nutzenentganges" anfallen; also Opportunitätskosten sind.[95]

Die Höhe des *kalkulatorischen Zinssatzes* hat man früher meistens in der Weise bestimmt, daß man vom sog. *„landesüblichen Zinssatz"*, z. B. vom Zinssatz festverzinslicher Wertpapiere, ausging und diesen um einen betrieblichen Risikozuschlag erhöhte. Heute neigt man mehr dazu, bei der Berechnung kalkulatorischer Zinsen den *Kalkulationszinsfuß der Investitionsrechnung* zu verwenden.[96] Theo-

92 Schon *E. Schmalenbach* hat darauf hingewiesen, daß es sich bei den kalkulatorischen Zinsen um eine problematische Kostenart handelt: „Keine andere Kostenart hat Praxis und Theorie ein solches Gefühl der Unsicherheit hinsichtlich der richtigen Behandlung bereitet wir die Zinsen." Vgl. Selbstkostenrechnung und Preispolitik, a.a.O., S. 145.

93 Vgl. *K. Mellerowicz*, Kosten und Kostenrechnung, Band 1, Theorie der Kosten, a.a.O., S. 78 ff. Im übrigen sei in bezug auf die Erfassung und Verrechnung kalkulatorischer Zinsen auf die folgenden Veröffentlichungen verwiesen: *E. Heinen*, Zum Problem des Zinses in der industriellen Kostenrechnung, Köln, Berlin, Bonn, München 1952; *F. Henzel*, Die Kostenrechnung, a.a.O., S. 96 ff.; *W. Kilger*, Flexible Plankostenrechnung, a.a.O., S. 409 ff.; *W. Lücke*, Die kalkulatorischen Zinsen im betrieblichen Rechnungswesen, ZfB 1965, Ergänzungsheft, S. 5; *H. Seischab*, Demontage des Gewinns durch unzulässige Ausweitung des Kostenbegriffs, ZfB 1952, S. 27; *K. Schwantag*, Zins und Kapital in der Kostenrechnung, Berlin 1948; *K. Schwantag*, Zinsen als Kostenfaktor, ZfB 1953, S. 483 ff,; *F. Zeidler*, Betrachtungen über eine Kostenart: Kalkulatorische Zinsen, ZfhF 1949, S. 572 ff.

94 Vgl. *W. Lücke*, Die kalkulatorischen Zinsen . . . , a.a.O., S. 4: „Die pagatorische Kostendefinition, nach der Kosten eine spezifische Auszahlungskategorie sind, muß die nicht mit Auszahlungen verbundenen kalkulatorischen Eigenkapitalzinsen als Kosten ausschalten. Die kalkulatorischen Eigenkapitalzinsen können nur Gewinnanteil darstellen." Vgl. hierzu auch *H. Koch*, Grundprobleme der Kostenrechnung, a.a.O., S. 9 ff. und *H. Seischab*, Demontage des Gewinns . . . , a.a.O., S. 27.

95 Vgl. *K. Mellerowicz*, Kosten und Kostenrechnung, Band 1, a.a.O., S. 78 sowie *W. Kilger*, Flexible Plankostenrechnung, a.a.O., S. 410.

96 Zur Bestimmung des Kalkulationszinsfußes in der Investitionsrechnung vgl. vor allem *A. Moxter*, Die Bestimmung des Kalkulationszinsfußes bei Investitionsentscheidungen, ZfhF 1961, S. 186 ff. und *H. Hax*, Investitionstheorie, a.a.O., S. 55 ff. und S. 76 ff.

retisch exakt läßt sich der Kalkulationszinsfuß aber nur schwer bestimmen, in der Praxis ist man daher auf Schätzungen angewiesen.

Ein schwieriges Problem besteht darin, von welchen *Wertansätzen der Vermögensgegenstände* man bei der Berechnung kalkulatorischer Zinsen ausgehen soll. Die meisten Betriebe verwenden die Buchwerte als Basis der Zinsberechnung. Man kann sich aber auch auf den Standpunkt stellen, daß die Tageswerte als Wertansätze zu wählen sind, da eine Unternehmung im Falle von Preiserhöhungen Kapitalrücklagen bilden muß, wenn sie ihre Substanz erhalten will.

(2) Für die Erfassung und Verrechnung kalkulatorischer Zinsen gibt es zwei Verfahren.

Beim *Globalverfahren* geht man von der Bilanz aus und bereinigt die Vermögensseite um nicht für den Betriebszweck erforderliche Positionen, wie Grundstücksreserven, Wertpapiere, Vermögensgegenstände, die betriebsfremden Zwecken dienen usw. Hierbei erhält man das *betriebsnotwendige Vermögen*. Umstritten ist, ob hiervon das sog. Abzugskapital abzuziehen ist, worunter man alle Kapitalbeträge zählt, die dem Betrieb zinslos zur Verfügung stehen, wie z. B. Kundenanzahlungen oder Lieferantenkredite.[97] Multipliziert man das (um das Abzugskapital verminderte) betriebsnotwendige Vermögen mit dem kalkulatorischen Zinssatz, so erhält man den Gesamtbetrag der kalkulatorischen Zinsen für eine Abrechnungsperiode. Dieser Betrag muß auf die Kostenstellen verteilt werden. Hierzu werden in der Praxis „Kapitalverteilungsschlüssel" verwendet, die der geschätzten durchschnittlichen Kapitalbindung in den Kostenstellen entsprechen sollen; dies gilt insbesondere für Ist- und Normalkostenrechnungen. Die Genauigkeit des Globalverfahrens hängt davon ab, inwieweit die gewählten Verteilungsschlüssel der Kapitalbindung wirklich entsprechen. Dies kann nur dann der Fall sein, wenn die Schlüsselgrößen synthetisch aus den einzelnen Kapitalpositionen der Kostenstellen aufgebaut werden.

Das zweite Verfahren wird als die *positionsweise Erfassung und Verrechnung kalkulatorischer Zinsen bezeichnet.* Hierbei geht man von vornherein von den einzelnen in den Kostenstellen gebundenen Vermögenspositionen aus, wobei Positionen des Umlauf- und Anlagevermögens zu unterscheiden sind. Dieses Verfahren ist typisch für die Plankostenrechnung.

Für die Positionen des Umlaufvermögens, z. B. Roh-, Hilfs- und Betriebsstoffbestände, Halb- und Fertigfabrikatebestände und Debitoren, ist charakteristisch, daß ihre Höhe im Zeitablauf schwankt. Hieraus folgt, daß man von effektiv erfaßten bzw. geplanten Durchschnittsbeständen der Abrechnungsperioden ausgehen muß.[98]

Bei den Vermögenspositionen des Anlagevermögens bildet die Anlagenkartei die Grundlage für die positionsweise Erfassung und Verrechnung kalkulatorischer Zinsen, da diese erkennen läßt, in welchen Kostenstellen die einzelnen Betriebsmittel eingesetzt sind. Ein Problem der Zinsberechnung für Gegenstände des Anlagevermögens resultiert daraus, daß sich die Kapitalbindung infolge des verschleiß-

97 Vgl. hierzu *W. Lücke*, Die kalkulatorischen Zinsen . . . , a.a.O., S. 8–10.

98 Zur Erfassung und Verrechnung kalkulatorischer Zinsen auf das Umlaufvermögen, vgl. unsere Ausführungen auf S. 150 ff. in Kapitel 35.

bedingten Wertverzehrs im Zeitablauf ändert. Zur Berücksichtigung dieses Effektes wurden die beiden folgenden Verfahren entwickelt.[99]

Nach dem *Restwertverfahren* multipliziert man die durchschnittlichen Restwerte der Abrechnungsperioden mit dem kalkulatorischen Zinssatz. Hierbei erhält man die folgenden Beträge:

$$K_{Zt} = \frac{1}{2}\left(R_{t-1} + R_t\right)\frac{i}{100} \qquad (t = 1, \ldots, t_N) \tag{93}$$

In Gleichung (93) gibt i den kalkulatorischen Zinssatz an. Für nicht abschreibungsfähige Positionen, z. B. für Grundstücke, stimmt in Gleichung (93) der durchschnittliche Restwert mit dem Anschaffungs- bzw. Zeitwert überein.

Wie die Abb. 26 für den Fall der linearen Abschreibung (ohne Berücksichtigung von Preisänderungen) erkennen läßt, nimmt bei der Restwertverzinsung die Zinsbelastung im Zeitablauf ab.[100] Kostenstellen, die neue Betriebsmittel einsetzen, werden stärker mit Zinsen belastet als Kostenstellen, die mit älteren Maschinen und Anlagen arbeiten.

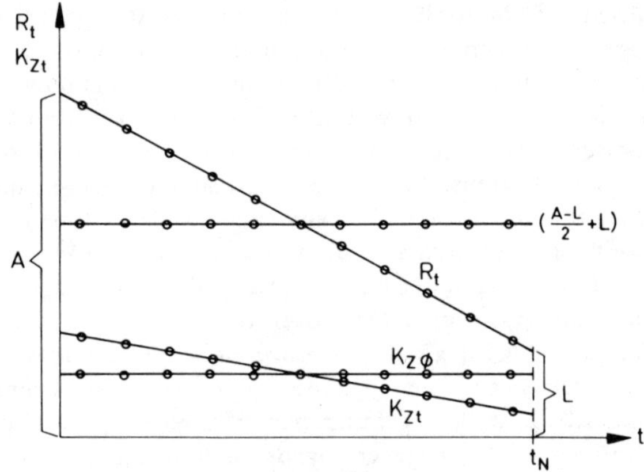

Abb. 26: Beispiel zur Berechnung kalkulatorischer Zinsen

Der Vorteil der Restwertverzinsung besteht darin, daß sie die effektive Kapitalbindung der einzelnen Abrechnungsperioden erfaßt. Dafür müssen aber die Zinsen aller Kostenstellen laufend an die neuen Restwerte angepaßt werden.

Viele Betriebe ziehen daher das *Verfahren der Durchschnittsverzinsung* vor. Hiernach wird das während der gesamten Nutzungszeit durchschnittlich gebundene Kapital verzinst. Bei linearer Abschreibung (ohne Berücksichtigung von Preisänderungen) verringert sich die Kapitalbindung von A im Zeitpunkt 0 bis auf L im Zeitpunkt t_N. Der Nettoliquidationserlös L muß in jedem Jahr verzinst werden, die Differenz A − L dagegen nur zur Hälfte. Als Jahresbetrag erhält man daher:

$$K_{Z\emptyset} = \left[\frac{A-L}{2} + L\right]\frac{i}{100} \tag{94}$$

99 Vgl. hierzu *W. Kilger*, Flexible Plankostenrechnung, a.a.O., S. 412 ff.

100 In Abbildung 26 wurde für die Zinsen ein vergrößerter Maßstab gewählt.

Hierfür kann man schreiben:

(95) $$K_{Z\emptyset} = \frac{A + L}{2} \frac{i}{100}$$

In der monatlichen Kostenrechnung wird 1/12 des Jahresbetrages verrechnet. Die Abb. 26 läßt die Unterschiede zwischen dem Verfahren der Durchschnittsverzinsung und der Restwertverzinsung erkennen. Die Durchschnittsverzinsung läßt sich zwar rechnerisch leichter durchführen, die mit ihrer Hilfe ermittelten Zinsbeträge weichen aber insbesondere in den ersten und den letzten Nutzungsjahren stark von den Zinsen ab, die der effektiven Kapitalbindung entsprechen.

Sollen die kalkulatorischen Zinsen auf das Anlagevermögen an die Preisentwicklung der Betriebsmittel angepaßt werden, so müssen in Gleichung (93) die Restwerte so berechnet werden, daß sie den Tageswerten entsprechen, und in den Gleichungen sind A und L durch $A \frac{q_t}{q_A} \frac{\lambda_A}{\lambda_t}$ und L_t zu ersetzen.

(3) In Tabelle 15 haben wir als *Zahlenbeispiel* die Berechnung kalkulatorischer Zinsen für eine Drehbank wiedergegeben, deren Anschaffungswert 35 000 DM beträgt. Die Nutzungsdauer wird auf 10 Jahre geschätzt, der Nettoliquidationserlös ist gleich Null. Die Tageswerte können der Tabelle 9 auf Seite 117 entnommen werden.

Wird der Preiseinfluß nicht berücksichtigt, so führen die Durchschnitts- und die Restwertverzinsung zur gleichen Gesamtbelastung mit kalkulatorischen Zinsen in Höhe von 17 500,– DM.

Tabelle 15: Beispiel zur Berechnung kalkulatorischer Zinsen

Jahr	Berechnung der durchschnittlichen Restwerte				Kalkulatorische Zinsen			
	Ohne Preiseinfluß		Mit Preiseinfluß		Ohne Preiseinfluß		Mit Preiseinfluß	
	Restwert	∅ Restwert	Restwert	∅ Restwert	Durchschnittsverzinsung	Restwertverzinsung	Durchschnittsverzinsung	Restwertverzinsung
1964	31 500	33 250	31 500	33 250	1 750	3 325	1 750	3 325
1965	28 000	29 750	28 896	30 702	1 750	2 975	1 806	3 070
1966	24 500	26 250	26 338	28 219	1 750	2 625	1 881	2 822
1967	21 000	22 750	22 890	24 798	1 750	2 275	1 908	2 480
1968	17 500	19 250	18 130	19 943	1 750	1 925	1 813	1 994
1969	14 000	15 750	15 540	17 483	17 50	1 575	1 943	1 748
1970	10 500	12 250	13 031	15 202	1 750	1 225	2 172	1 520
1971	7 000	8 750	9 807	12 259	1 750	875	2 452	1 226
1972	3 500	5 250	5 296	7 943	1 750	525	2 648	794
1973	–	1 750		2 770	1 750	175	2 770	277
Summe					17 500	17 500	21 143	19 256

Bei der Durchschnittsverzinsung mit Preiseinfluß werden jeweils die halben Tageswerte verzinst. Für 1969 erhält man z. B. 0,5 × 38 850 × 0,10 = 1943 DM/Jahr kalkulatorische Zinsen. Das Zugrundelegen einer „durchschnittlichen" Kapitalbindung steht aber in einem gewissen Widerspruch zur Berücksichtigung zeitlicher Preisveränderungen, so daß dieses Verfahren nicht zu empfehlen ist.

Die für die Zinsberechnung relevanten Restwerte erhält man leicht, indem man die in Tabelle 9 angegebenen Tageswerte mit folgendem Faktor multipliziert: 1 ./. $1/t_N$ X bisherige Nutzungsdauer. Für das Jahr 1969 erhält man: 1 ./. 6/10 = 40 % bzw. 0,40 X 38 850 = 15 540 DM. Der durchschnittliche Restwert ist jeweils um die halbe Jahresabschreibung höher. Für 1969 erhält man daher 15 540 + 0,5 X 3 885 = 17 483 DM. Die in Tabelle 15 angegebenen Zinsbeträge bei Restwertverzinsung mit Preiseinfluß lassen sich auch in der Weise ermitteln, daß man die Zinsbeträge, die man bei Restwertverzinsung ohne Preiseinfluß erhält, mit den in Tabelle 9 angegebenen Tageswertfaktoren multipliziert.

344. Die Erfassung und Verrechnung von Reparatur- und Instandhaltungskosten

(1) Zu den *Reparatur- und Instandhaltungskosten* zählen alle Kosten, die der Wartung, Überholung und Wiederinstandsetzung von Betriebsmitteln dienen. Bei den Reparaturkosten, auch Instandsetzungskosten genannt, handelt es sich um Kosten, die überwiegend für die Beseitigung bereits eingetretener Schäden und Mängel an Betriebsmitteln anfallen. Kosten für Instandhaltungsleistungen haben dagegen mehr vorbeugenden Charakter; sie sollen die Betriebsmittel einsatzbereit halten und unvorhersehbare Maschinenstörungen weitgehend verhindern. Zu den Instandhaltungsleistungen zählen insbesondere Arbeiten, die der Betriebsmittelpflege dienen, und der vorzeitige Austausch von Ersatzteilen aufgrund von Wartungsplänen.

Von *werterhöhenden Reparatur- und Instandhaltungskosten* spricht man, wenn die betreffenden Leistungen von mehrjähriger Wirkung sind und die Nutzungsdauer eines Betriebsmittels verlängern. Typische Beispiele sind Großreparaturen und die Grundüberholung von Betriebsmitteln. Werterhöhende Reparatur- und Instandhaltungskosten sind zu aktivieren. Sie werden sowohl auf einem Anlagenkonto der Finanzbuchhaltung als auch in der Anlagenkartei der Betriebsabrechnung als Zugang verbucht und während der Nutzungsdauer als Abschreibungen verrechnet. Die meisten kleineren und mittleren Reparatur- und Instandhaltungsarbeiten verursachen lediglich *nicht werterhöhende Reparatur- und Instandhaltungskosten,* die unmittelbar in die Kostenrechnung eingehen, hierbei aber auf mehrere Abrechnungsperioden verteilt werden können.

Reparatur- und Instandhaltungskosten setzten sich aus folgenden Kostenarten zusammen:

1. Kosten für Reparaturmaterial und Ersatzteile
2. Reparatur- und Instandhaltungskosten für Leistungen fremder Betriebe
3. Reparatur- und Instandhaltungskosten für Leistungen eigener Betriebshandwerker

Nur bei den ersten beiden Kostenarten handelt es sich um primäre Kosten, die unmittelbar in der Kostenartenrechnung erfaßt werden. Die Kosten für Reparaturmaterial und Ersatzteile werden mit Hilfe von Entnahmescheinen der Materialabrechnung erfaßt, sofern das Material bzw. die Teile vom Lager entnommen werden. Für fremdbezogene Ersatzteile, die unmittelbar für eine bestimmte Reparatur bezogen und nicht gelagert werden, dienen die Lieferantenrechnungen als

Kostenartenbelege. Auch die Kosten aus Reparatur- und Instandhaltungsleistungen fremder Betriebe werden mit Hilfe von Fremdrechnungen erfaßt. Bei den Reparatur- und Instandhaltungskosten für Leistungen eigener Betriebshandwerker handelt es sich um sekundäre Kosten. Die geleisteten Stunden werden durch die Lohnabrechnung erfaßt und mit Stundensätzen bewertet, die in der Kostenstellenrechnung ermittelt werden.

(2) Für die *Verrechnung der Reparatur- und Instandhaltungskosten* gibt es zwei Möglichkeiten.

Die Kosten für kleinere Reparatur- und Instandhaltungsarbeiten, z. B. mit Gesamtbeträgen unter 500,– DM, werden *sofort den empfangenden Kostenstellen belastet.* Auf den Materialentnahmescheinen, den Fremdrechnungen und den Lohnscheinen der eigenen Handwerker sind die betreffenden Kostenstellennummern anzugeben.

Die Kosten für alle Reparatur- und Instandhaltungsleistungen, deren Kosten einen bestimmten Mindestbetrag, z. B. 500,– DM, überschreiten, sollten dagegen nicht unmittelbar auf Kostenstellen, sondern zunächst *auf Werkauftrags-Nummern verrechnet werden.* Die auftragsweise Verrechnung hat den Vorteil, daß für jeden einzelnen Reparatur- und Instandhaltungsauftrag der angefallene Gesamtbetrag ausgewiesen wird. Größere Reparatur- und Instandhaltungsarbeiten erstrecken sich oft über mehrere Abrechnungsperioden, so daß man ihre Gesamtkosten nicht erkennt, wenn man die angefallenen Kosten monatlich der Kostenstellenrechnung belastet. Weiterhin ermöglicht die auftragsweise Abrechnung den Vergleich mit Kostenvoranschlägen. Für die Aktivierung oder zeitliche Abgrenzung von Reparatur- und Instandhaltungskosten ist die auftragsweise Verrechnung eine notwendige Voraussetzung.

Für die auftragsweise Verrechnung der Reparatur- und Instandhaltungskosten wird ein *Werkauftrags-Nummernschlüssel* eingerichtet, dessen Ziffern meistens so gewählt werden, daß sie erkennen lassen, ob es sich um Reparatur- und Instandhaltungsarbeiten für Gebäude, Maschinen, Transportmittel, oder Lagereinrichtungen usw. handelt und für welche betriebliche Teilbereiche die betreffenden Arbeiten angefallen sind. Auf den Materialentnahmescheinen für Reparaturmaterial und Ersatzteile, den Rechnungen für fremdbezogene Teile oder Leistungen und den Lohnscheinen der eigenen Betriebshandwerker werden die Werkauftrags-Nummern *und* die Nummern der empfangenden Kostenstellen angegeben. Werkaufträge sind *innerbetriebliche Kostenträger.* In der Praxis werden Einzel- und Gruppenaufträge unterschieden.

Einzelaufträge werden für Reparatur- und Instandhaltungsleistungen erteilt, die sich ohne Abgrenzungsschwierigkeiten als Einzelleistungen erfassen und abrechnen lassen. Diese Voraussetzung ist für die Mehrzahl der in Industriebetrieben anfallenden Reparatur- und Instandhaltungsarbeiten erfüllt. Alle für einen Einzelauftrag angefallenen Kosten werden zunächst auf der zugehörigen Auftragsnummer gesammelt. Die Weiterverrechnung erfolgt erst, nachdem der Auftrag abgeschlossen wurde und eine entsprechende Meldung bei der Betriebsabrechnung eingegangen ist. Handelt es sich um eine werterhöhende Reparatur- oder Instandhaltungsleistung, so wird der angefallene Kostenbetrag aktiviert; das gleiche gilt für selbsterstellte Betriebsmittel und Anlagen. Die Kosten aller nicht werterhöhenden Reparatur-

oder Instandhaltungsaufträge werden im Monat der Fertigstellung oder, bei größeren Arbeiten, in mehreren Monatsraten den empfangenden Kostenstellen belastet. Die Werkauftragsnummern für Einzelaufträge werden in der Betriebsabrechnung wie „statistische Bestandskosten" geführt. Hierbei werden die Kosten für Reparaturmaterial und Ersatzteile, die Kosten für fremde Lieferungen und Leistungen und die Kosten eigener Betriebshandwerker gesondert ausgewiesen. Die Bestandsveränderungen der noch nicht abgerechneten Einzelaufträge werden monatlich kontrolliert, wie es das in Tabelle 16 wiedergegebene Beispiel verdeutlicht.

Tabelle 16: Beispiel für die bestandsmäßige Kontrolle noch nicht abgerechneter Werkaufträge

Noch nicht abgerechnete Werksaufträge Monat: Juli 1974	Reparaturmaterial und Ersatzteile	Fremdlieferungen und -leistungen	Kosten eigener Betriebshandwerker	Summe
Anfangsbestand	87 721	68 532	117 875	274 128
Zugänge	39 798	37 311	47 261	124 370
Abgänge	58 762	40 294	68 836	167 892
Endbestand	68 757	65 549	96 300	230 606
Bestandsveränderung in % der Anfangsbestände	./. 21,6	./. 4,4	./. 18,3	./. 15,9

Gruppenaufträge (Daueraufträge) werden für Reparatur- und Instandhaltungsleistungen erteilt, die ständig wiederkehren und nur schwer voneinander abgegrenzt werden können. Ein typisches Beispiel hierfür ist die Reparatur von Elektromotoren. In vielen Kostenstellen industrieller Betriebe wird eine große Anzahl von Elektromotoren eingesetzt. Um unnötige Wartezeiten zu vermeiden, werden in Schadensfällen die Motore gegen andere ausgetauscht; die schadhaften Motoren werden erst später repariert und dann für andere Maschinen verwendet. Daher lassen sich die Einzelreparaturen nur schwer erfassen und abrechnungstechnisch voneinander abgrenzen. Aus diesem Grund werden die Kosten solcher Leistungen bestimmten Daueraufträgen belastet. Diese unterscheiden sich von den Einzelaufträgen dadurch, daß ihre Kosten monatlich in die Kostenstellenrechnung ausgebucht werden; Bestände fallen für sie nicht an.

Die auftragsweise Abrechnung von Reparatur- und Instandhaltungsleistungen findet man in allen Systemen der Kostenrechnung. In Betrieben mit einer *Istkostenrechnung* werden das Reparaturmaterial und die Ersatzteile mit Istpreisen bewertet, in der *Normalkostenrechnung* und der *Plankostenrechnung* dagegen werden feste Verrechnungspreise verwendet. Je nach dem angewendeten System der Kostenrechnung werden die geleisteten Stunden der eigenen Betriebshandwerker mit Ist-, Normal- oder Plankostensätzen bewertet. In einer Grenzplankostenrechnung erfolgt die Bewertung der Handwerkerleistungen zu Grenzkostensätzen; die fixen Kosten der Hilfsbetriebe werden den Werksaufträgen bzw. Kostenstellen nicht belastet.[101] In einer Istkostenrechnung werden die primären und die sekundären

101 Dies gilt jedoch nur für die reine Grenzplankostenrechnung. Wie wir in Kapitel 4523 zeigen, werden jedoch Grenzplankostenrechnungen häufig durch parallel durchgeführte Vollkostenrechnungen ergänzt. Hierbei werden die fixen Kosten der Hilfsbetriebe nachträglich auf die Werksaufträge bzw. Kostenstellen verteilt.

Reparatur- und Instandhaltungskosten in der Kostenstellenrechnung meistens getrennt ausgewiesen, weil hierdurch die Abstimmung der innerbetrieblichen Leistungsverrechnung erleichtert wird. In einer Normal- oder Plankostenrechnung dagegen werden in der Regel alle Reparatur- und Instandhaltungskosten als eine Kostenart ausgewiesen, weil hier die Leistungen der Betriebshandwerker mit festen Verrechnungssätzen bewertet werden. Bei einer Plankostenrechnung werden für alle Kostenstellen Planvorgaben der Reparatur- und Instandhaltungskosten festgelegt, die im Soll-Ist-Kostenvergleich an die Istbeschäftigung angepaßt und mit den zugehörigen Istkosten verglichen werden. Da jedoch Reparatur- und Instandhaltungsleistungen oft stoßweise anfallen, lassen die im Soll-Ist-Kostenvergleich ermittelten Abweichungen nur Rückschlüsse auf die Kostenwirtschaftlichkeit zu, wenn man sie nicht nur monatlich, sondern für mehrere Abrechnungsperioden kumuliert betrachtet.

(3) Die *praktische Durchführung* der Erfassung und Verrechnung der Reparatur- und Instandhaltungskosten kann manuell oder mit Hilfe der Datenverarbeitung erfolgen.

Bei *manueller Durchführung* werden in der Betriebsabrechnung die für Reparatur- und Instandhaltungsleistungen angefallenen Belege gesammelt und entweder sofort auf Kostenstellen kontiert oder Werkauftragsnummern belastet. Die Werkauftragsnummern werden in Form von Karteikarten geführt, die mindestens folgende Angaben enthalten:

- Auftragsbeschreibung
- Zeitangaben
  - Datum der Antragstellung
  - Datum des Arbeitsbeginns
  - Datum der Fertigstellung
  - Angabe der lfd. Abrechnungsperiode
  - Angabe des Verrechnungsmonats
- Kontierungsangaben:
  - Auftrags-Nr.
  - Kostenstelle
  - Kostenart
- Kostenangaben
  - Kostenarten-Nr.
  - Beleg-Nr.
  - Kostenartenbezeichnung
  - Menge/Zeit
  - Preis/Kostensatz
  - Betrag
- Kontrollvermerke, Datum, Name:
  - Überprüft
  - Abgestimmt mit Lohnaufschreibung
  - In Kostenrechnung verrechnet

In der Übersicht 14 haben wir das Beispiel einer Karteikarte für die Abrechnung von Werkaufträgen wiedergegeben. Da es sich um eine relativ kleine Reparatur handelt, genügt eine Karte. Der Auftrag kann im Verursachungsmonat abgeschlossen

Firmenbezeichnung **Auftrags-abrechnung**	Auftragsbeschreibung: *Getriebereparatur Masch. Nr. 4513*	Beantragt: *6.5.* Begonnen: *7.5* Lfd. Monat: *Mai* Beendet: *10.5.*	Auftrags-Nr.: *85 441* Blatt Zahl: *1* Kostenstelle: *412* Kostenart: *4 502*

Kostenart	Beleg-Nr.	Kostenarten-Bezeichnung	ME	Verbrauch	DM/ME	Betrag
4302	*3722/4511*	*Ftg. Std. Reparaturwerkstatt*	*Std.*	*4,5*	*22,40*	*100,80*
4302	*3745/4511*	*Ftg. Std. Reparaturwerkstatt*	*Std.*	*3,0*	*22,40*	*67,20*
4129	*431 411*	*Gelenkbolzen*	*Stck.*	*2*	*6,20*	*12,40*
4129	*452 780*	*Schrauben*	*Stck.*	*6*	*3,50*	*21,–*
4129	*452 915*	*Muttern*	*Stck.*	*6*	*2,15*	*12,90*
4129	*452 920*	*Scheiben*	*Stck.*	*6*	*0,20*	*1,20*
4519	*17 439*	*Rechnung Fa. Getriebebau GmbH, Hanau*				*375,40*

Gesamtabstimmung:				
	Summe	Reparatur-Mat. u. Ersatzteile	Fremd-Rechnungen	Fertigungskosten
Lfd. Monat	*590,90*	*47,50*	*375,40*	*168,–*
Vor-Monat				
Gesamt	*590,90*	*47,50*	*375,40*	*168,–*

Summe lfd. Monat:	*590,90*
Verrechnet in Monat: *Mai*	*590,90*
Verrechnet in Monat:	
Verrechnet in Monat:	
Gesamt	*590,90*

Voranschlag: /	Überprüft:	Abgestimmt mit Lohnaufschreibung:	In Kostenrechnung verrechnet:
Datum:	Datum: *17.5.*	Datum: *17.5.*	Datum: *20.5.*
Name:	Name: *Schulz*	Name: *Meyer*	Name: *Becker*

Übersicht 14: Beispiel einer Karteikarte für die manuelle Abrechnung von Werkaufträgen

FIRMA BETR. OBERSTADT	**AUFTRAGSABRECHNUNG** EINZELAUFTRAG GR 16 REP ANTRIEB MASCH 3	Zeitraum FEB	Anzahl Blätter 1	Abschl. Kontierung Kostenart Kostenst. 4450 6243
		Auftragseröffng. JAN		Auftragsnummer 91234

Kosten-art	KM	Kontierung	Kostenarten-Bezeichnung	Mengen (Stunden)	ME	PE	Festpreis (Kostensatz)	Betrag
4111	F	3116 #2384	FTG-STD MECH WERKSTATT	5,0	STD	1	18,80	94,00
4111	F	3116 #2491	FTG-STD MECH WERKSTATT	6,0	STD	1	18,80	112,80
4111	F	3118 #1283	FTG-STD SCHWEISSER	3,0	STD	1	23,20	69,60
4444	M	111829	LAGER 306212J	2,0	STK	1	35,80	71,60
4449	M	251210	RITZEL	1,0	STK	1	16,20	16,30
4449	M	250310	GELENKBOLZEN	2,0	STK	1	5,10	10,20
4449	M	300112	SCHRAUBEN	4,0	STK	1	3,18	12,72
444R	M	301201	MUTTERN	4,0	STK	1	1,19	4,76
4449	M	301211	BEILAGSCHEIBEN	4,0	STK	1	0,15	0,60
4457	R	11719	FA.WENDEL KG MUENCHEN 8					44,91
4457	R	22811	ANTRIEBSMOTOR KPL					213,26
					SU.LFD.MO			650,75 *

GESAMTABSTIMMUNG

	FTG-LOHN	MAT.V.LG	FREMDRE.	VA/FTGKO	TA/FTGKO	PD/MAT	SU.ABW.	RUNDUNG	SU.M.ABW.
Lfd. Monat	277	117	258	12	7	6	25	0,50-	677*
Vortr.	318	121	18	14	55	7	26	0,74	483*
Gesamt	595	238	276	26	12	13	51	0,24	1160*

DECKUNG

	VORGABE	AUFGEL	UNT-SCHR	IN %
	2000	1160	840	42 %

KM: F = L-Leistungen, M = Material, R = Rechnungen, U = Umbuchungen

Übersicht 15: Beispiel für die maschinelle Abrechnung von Werkaufträgen

und weiterverrechnet werden; der Gesamtbetrag wird nicht auf mehrere Monate verteilt. In der Lohnbuchhaltung wird überprüft, ob die dem Werkauftrag belasteten Fertigungsstunden mit den Lohnscheinen übereinstimmen. Die Angaben unter „Gesamtabstimmung" dienen zur Bestandsführung noch nicht abgerechneter Werkaufträge. Da im Beispiel der Verursachungsmonat mit dem Verrechnungsmonat übereinstimmt, verändert der Auftrag den Bestand nicht.

Bei *maschineller Durchführung* werden die Daten der Reparatur- und Instandhaltungsleistungen auf Datenträger übertragen oder durch andere maschinell durchgeführte Teilgebiete des innerbetrieblichen Rechnungswesens, z. B. die Material- oder Lohnabrechnung, erfaßt.[102] Die Konten für auftragsweise abgerechnete Reparatur- und Instandhaltungsarbeiten werden maschinell gerechnet und ausgedruckt. In der Übersicht 15 haben wir das Beispiel einer maschinellen Auftragsabrechnung wiedergegeben, das bei Plaut – Müller – Medicke entnommen wurde.[103] Das gleiche Formular wird auch für zusammenfassende Darstellungen je Auftragsnummernkreis und je Auftragsgruppe zur Ermittlung des Auftragsbestandes und zur Durchführung der Auftragsabstimmung ausgedruckt.

35. Die Erfassung und Verrechnung sonstiger Kostenarten

(1) Die bisher behandelten Kostenarten werden durch die Materialabrechnung, die Lohn- bzw. Gehaltsabrechnung, die Anlagenrechnung oder die Abrechnung von Reparatur- und Instandhaltungsleistungen erfaßt und kontiert. Für die in diesem Kapitel zusammengefaßten Kostenarten dagegen gibt es derartige „vorgelagerte Hilfsrechnungen" nicht. Ihre belegmäßige Erfassung und Kontierung erfolgt entweder in der Finanzbuchhaltung oder in der Betriebsabrechnung. In Betrieben, deren Kostenstellen- und Kostenträgerrechnung maschinell durchgeführt wird, werden die Daten der Einzelbelege auf maschinell lesbare Datenträger (z. B. Lochkarten oder Lochstreifen) übernommen, maschinell sortiert und in der Ordnung: Kostenart, Beleg-Nummer als Belegnachweis tabelliert.[104] Hierbei werden die den Kostenstellen bzw. Auftragsnummern belasteten Kostenartenbeträge formal mit den Abstimmwerten der Finanzbuchhaltung oder der Betriebsabrechnung abgestimmt.

(2) Eine für den *Fertigungsbereich* industrieller Betriebe wichtige Kostenart sind die *Werkzeugkosten.* Hierzu zählen die Kosten für Handwerkszeuge, Meßwerkzeuge und Maschinenwerkzeuge, wie z. B. Drehstähle, Bohrer, Fräser, Sägeblätter usw. Die meisten Werkzeuge werden in größeren Bestellmengen bezogen und vor ihrem Einsatz in der *Werkzeugausgabe* gelagert. Ihre Erfassung und Kontierung erfolgt mit Hilfe von *Werkzeugausgabescheinen*, ähnlich wie wir das für den Materialver-

102 Zur maschinellen Abrechnung der Kosten für Reparaturen und Instandhaltungen vgl. *H. G. Plaut, H. Müller, W. Medicke,* Grenzplankostenrechnung und Datenverarbeitung, a.a.O., S. 99 ff.

103 Vgl. *H. G. Plaut, H. Müller, W. Medicke,* Grenzplankostenrechnung und Datenverarbeitung, a.a.O., Abb. 2a auf S. 107.

104 Vgl. *H. G. Plaut, H. Müller, W. Medicke,* Grenzplankostenrechnung und Datenverarbeitung, a.a.O., S. 97 ff.

brauch beschrieben haben. Häufig benötigte Werkzeuge werden in einer Plankostenrechnung in das Planpreissystem einbezogen. Werden Spezialwerkzeuge direkt von auswärts bezogen, so dienen die betreffenden Lieferantenrechnungen als Beleg. Werden Werkzeuge nicht dauernd, sondern jeweils nur bei Bedarf in einer Fertigungsstelle eingesetzt und dann an die Werkzeugausgabe zurückgegeben, so bereitet die Verrechnung der Werkzeugkosten Schwierigkeiten. In Ist- und Normalkostenrechnungen hilft man sich in diesen Fällen meistens indem man diese Kosten mit Hilfe geschätzter Verteilungsschlüssel auf die Fertigungsstellen „umlegt". In einer Plankostenrechnung geht man dagegen so vor, daß man solche Werkzeugkosten kalkulatorisch abrechnet. Die Istkosten werden nicht den verbrauchenden Kostenstellen, sondern einer *Standardauftragsnummer* belastet. Den Kostenstellen werden ihre Sollwerkzeugkosten zugleich als Istkosten belastet, die Sollwerkzeugkosten werden der zugehörigen Standardauftragsnummer gutgeschrieben. Auf diese Weise wird der Soll-Ist-Kostenvergleich zwar von den Kostenstellen auf die Standardauftragsnummer verlagert, die in der Betriebsabrechnung als statistisches Konto geführt wird, dafür entfallen aber Kontierungsschwierigkeiten und schlüsselmäßige Umlagen.

Ähnlich wie manche Werkzeuge lassen sich meistens auch die Istkosten für sog. „umlaufendes Betriebsmaterial" wie z. B. Transportbehälter, Spulen, Hülsen usw., die dem Transport zwischen den Fertigungsstellen dienen oder zwischen diesen zirkulieren, belegmäßig einzelnen Stellen zurechnen. In Ist- und Normalkostenrechnungen wird auch in diesen Fällen eine schlüsselmäßige Umlage durchgeführt, während man in der Plankostenrechnung die Kontierungsschwierigkeiten mit Hilfe von Standardauftragsnummern umgeht.

In den meisten Industriebetrieben fallen *fehlerhafte Produkte* an, wobei zwei Fälle zu unterscheiden sind. Lassen sich diese Produkte auf den Absatzmärkten veräußern, wenn auch nur zu herabgesetzten Preisen, so spricht man von *zweiter Wahl* oder *wertverminderter Ware*. Fehlerhafte Produkte dieser Art werden in der Kostenrechnung wie normale Kostenträger behandelt, sie führen in der Erfolgsrechnung allerdings zu verminderten Erlösen. Lassen sich fehlerhafte Produkte nicht verwerten, so bezeichnet man sie als *Ausschuß*. In vielen Fällen läßt sich Ausschuß aber durch zusätzliche Arbeitsgänge, die man als *Nacharbeit* bezeichnet, in brauchbare Produkte umwandeln. Im Gegensatz zur zweiten Wahl oder wertverminderter Ware müssen Ausschuß und Nacharbeit in der Kostenrechnung berücksichtigt werden. Hierfür gibt es mehrere Möglichkeiten.[105]

In Betrieben mit Massen- und Sortenproduktion, z. B. in der Textilindustrie, der Porzellanindustrie, der chemischen Industrie und Betrieben der Eisen- und Stahlindustrie, werden Ausschußmengen und sonstige mengenmäßige Produktionsverluste nicht in der Kostenartenrechnung erfaßt, sondern erst in der Kalkulation mit Hilfe von *Einsatzfaktoren* bzw. *Ausbeuteprozentsätzen berücksichtigt.* Hierauf werden wir in Kapitel 52 im einzelnen eingehen. In Betrieben mit Serien- und Einzelproduktion, so z. B. im Maschinenbau, Kraftfahrzeugbau, Apparatebau und in der Elektroindustrie, werden die *Ausschuß- und Nacharbeitskosten belegmäßig erfaßt.* Wird ein Einzelstück oder eine Serie durch die Zwischen- oder Endkontrolle

105 Vgl. hierzu *W. Kilger* Flexible Plankostenrechnung, a.a.O., S. 305 ff.

als Ausschuß erkannt, so wird ein *Ausschußbeleg* erstellt, der mindestens folgende Angaben enthält:

Artikelbezeichnung
Artikelnummer
Seriennummer
Fehlerhafte Stückzahl
Ausschuß-Ursache
Verantwortliche Kostenstelle
Bisher angefallene Kosten:
  Materialkosten
  Materialgemeinkosten
  Fertigungslöhne
  Fertigungsgemeinkosten
Kontrollvermerk:
  Name
  Datum

Durch die Betriebsabrechnung werden die bisher angefallenen Kosten des Ausschusses ermittelt. Besteht die Möglichkeit, den Ausschuß durch Nacharbeit in verwertbare Produkte umzuwandeln, so tritt an die Stelle des Ausschußbelegs ein *Nacharbeitsbeleg,* der die Nacharbeitskosten enthält. Für die *Weiterverrechnung der Ausschuß- und Nacharbeitskosten* gibt es zwei Möglichkeiten. Erstens können die Ausschuß- und Nacharbeitskosten als *Sondereinzelkosten der Fertigung* verrechnet werden. Dies geschieht meistens in der Weise, daß man die während einer Abrechnungsperiode angefallenen Ausschuß- und Nacharbeitskosten prozentual auf die Herstellkosten der betreffenden Produktgruppe bezieht und sie in den Kalkulationen durch entsprechende Zuschläge berücksichtigt. Zweitens können die Ausschuß- und Nacharbeitskosten *über die Kostenstellenrechnung verrechnet* werden. In diesem Fall werden die Istkosten der Ausschuß- und Nacharbeitsbelege denjenigen Kostenstellen belastet, die den Ausschuß verursacht haben. Damit gehen sie in die Kalkulationssätze dieser Stellen ein. In der Plankostenrechnung werden für nicht vermeidbaren Ausschuß Planvorgaben festgelegt und im Soll-Ist-Kostenvergleich mit den Istkosten für Ausschuß und Nacharbeit verglichen.

(3) Die *Kosten für fremdbezogene Brennstoffe und Energie* werden durch Fremdrechnungen, z. B. von Energieversorgungsbetrieben oder Brennstoffhändlern erfaßt, sofern es sich nicht um Stoffe handelt, die vor ihrem Verbrauch gelagert werden. Für gelagerte Brennstoffe werden in gleicher Weise Materialentnahmescheine zur Kostenerfassung verwendet, wie wir das in Kapitel 32 für die Roh-, Hilfs- und Betriebsstoffe beschrieben haben.

Fremdbezogene Energie, wozu neben Elektrizität, Dampf und Gas auch fremdbezogenes Wasser zählt, wird meistens in vielen oder sogar allen Kostenstellen industrieller Betriebe verbraucht. Die Verteilung erfolgt mit Hilfe innerbetrieblicher Verteilungsnetze, deren Kosten auf speziellen *Energieverteilungsstellen* gesammelt werden. Diesen Stellen werden die Kosten für fremdbezogene Energie belastet. Eine Direktbelastung der verbrauchenden Kostenstellen sollte nur in Sonderfällen erfolgen. Wird fremdbezogenes Gas z. B. nur in einer Kostenstelle verbraucht, so kann man dieser Stelle die Gaskosten direkt belasten. Viele Industriebetriebe erzeugen Elektrizität und Dampf in eigenen *Energieversorgungsstellen*. Die hierfür erforderlichen Brennstoffkosten werden zusammen mit den übrigen, für den Betrieb dieser Stellen anfallenden Kostenarten diesen Stellen belastet. Die Kosten der Energieverteilungs- bzw. Energieversorgungsstellen werden in der innerbetrieblichen Leistungsverrechnung als sekundäre Kostenarten auf die energieverbrauchenden Stellen weiterverrechnet.[106]

(4) Zu den *Kostensteuern* zählen alle vom Betrieb zu zahlenden Steuern mit Ausnahme der Körperschaftssteuer und der Mehrwertsteuer, sofern ihre Bemessungsgrundlagen nicht aus betriebsfremden Einrichtungen, nicht betriebsnotwendigen Vermögenswerten oder neutralen Erträgen resultieren;[107] die hieraus resultierenden Steuerbeträge sind als neutraler Aufwand von den Kosten abzugrenzen. Die Körperschaftssteuer wird in der betrieblichen Praxis als ,,Gewinnverwendung" angesehen und daher üblicherweise nicht in die Kosten einbezogen, obwohl sich ihr Kostencharakter theoretisch begründen läßt.[108] Die Mehrwertsteuer ist für den Betrieb ein ,,durchlaufender Posten", der seine Kosten nicht erhöht.

Die Erfassung der Kostensteuern ist Aufgabe der Finanzbuchhaltung, da sie für die Berechnung der Steuerbemessungsgrundlagen und die Zahlung der Steuern verantwortlich ist. Die effektiven Beträge der Kostensteuern lassen sich für die meisten Steuerarten erst nach dem Jahresende ermitteln, in der Kostenrechnung müssen aber bereits in jeder monatlichen Abrechnungsperiode Kostensteuern verrechnet werden. Man geht daher so vor, daß in der Finanzbuchhaltung die Jahresbeträge der noch nicht festliegenden Kostensteuern im voraus geschätzt und als Monatsraten in die Kostenartenrechnung übernommen werden. Die geschätzten Beträge müssen nicht mit den zu leistenden Vorauszahlungen übereinstimmen. Die Monatsbeträge der Kostensteuern werden in der Kostenstellenrechnung denjenigen Kostenstellen belastet, denen sich die betreffenden Steuerbemessungsgrundlagen zurechnen lassen.

Relativ einfach ist die Kontierung der *Kraftfahrzeugsteuern*. Die Kosten betriebseigener Personen- und Lastkraftwagen werden meistens auf speziellen Transportkostenstellen gesammelt; diesen werden dann auch die ihrem Kraftfahrzeugbestand entsprechenden Kraftfahrzeugsteuern belastet. Werden Kraftfahrzeuge

106 Vgl. hierzu unsere Ausführungen über die innerbetriebliche Leistungsverrechnung in Kapitel 432 und 452.

107 Zur Frage des Kostencharakters der Steuern vgl. *G. Wöhe*, Betriebswirtschaftliche Steuerlehre, Band I, 3. Aufl., München 1972, S. 409 sowie *G. Wöhe*, Betriebswirtschaftliche Steuerlehre, Band II, 2. Halbband, 2. Aufl., Berlin und Frankfurt 1965, S. 33 ff. Wöhe vertritt folgende Ansicht: ,,Grundsätzlich sind alle Steuern mit Ausnahme der Einkommensteuer, Kirchensteuer und Vermögensteuer der Einzelunternehmer und Personengesellschafter Aufwand." Steuerbeträge, die nicht aus dem eigentlichen Betriebszweck resultieren, sind jedoch als neutraler Aufwand abzugrenzen. Vgl. *G. Wöhe*, Betriebswirtschaftliche Steuerlehre, Band I, a.a.O., S. 409 und S. 410.

108 So sieht z. B. G. Wöhe die Körperschaftsteuer als Kostensteuer an, da sie ,,vom wirtschaftlichen Standpunkt den Charakter einer Objektsteuer hat, denn sie besteuert den Reinertrag (und nicht das Einkommen!) des Betriebes." Vgl. *G. Wöhe*, Betriebswirtschaftliche Steuerlehre, Band I, a.a.O., S. 409. Im übrigen vgl. zu diesem Problem *G. Wöhe*, Betriebswirtschaftliche Steuerlehre, Band II, a.a.O., S. 41 ff. und die dort angegebene Literatur.

ausschließlich in bestimmten Kostenstellen eingesetzt, so können deren Kosten einschließlich der Kraftfahrzeugsteuern diesen Kostenstellen unmittelbar belastet werden.

Die *Grundsteuer* wird den Raum- und Gebäudekostenstellen gemäß der Einheitswerte belastet. Hierbei sind Grundsteuerbeträge, die auf nicht bebaute, ungenutzte Grundstücke entfallen, als neutraler Aufwand abzugrenzen.

Die *Vermögenssteuer* ist nur von Kapitalgesellschaften zu entrichten, Bemessungsgrundlage ist das Gesamtvermögen unter Berücksichtigung von Freibeträgen. In Einzelfirmen und Personengesellschaften ist die auf das Betriebsvermögen entfallende Vermögenssteuer dagegen von den Inhabern zu entrichten, dennoch kann sie in der Kostenrechnung als kalkulatorische Kostenart berücksichtigt werden. Vermögenssteuerbeträge, die auf nicht betriebsnotwendige Vermögenspositionen entfallen, werden als neutraler Aufwand abgegrenzt. Streng genommen müssen in der Kostenrechnung alle Kostenstellen mit anteiligen Vermögenssteuerbeträgen belastet werden, in denen Betriebsvermögen gebunden wird. Eine so differenzierte Verrechnung der Vermögensteuer lohnt sich aber meistens nicht, insbesondere wenn man bedenkt, daß die Vermögensteuer zu den fixen Kosten zählt. Man beschränkt sich daher darauf, nur bestimmte Leitungs- und Bereichsstellen mit Vermögensteuern zu belasten. Hierbei dient das in den von ihnen betreuten Stellen eingesetzte Betriebsvermögen als Bemessungsgrundlage.

Die *Gewerbesteuer* besteht aus der Gewerbekapitalsteuer, der Gewerbeertragssteuer und der Lohnsummensteuer. Sie ist eine Realsteuer, die das Objekt Gewerbebetrieb besteuert. Daher haben nicht nur die Gewerbekapital- und die Lohnsummensteuer, sondern auch die Gewerbeertragssteuer Kostencharakter, obwohl letztere von der Gewinnhöhe abhängig ist.[109] Auch bei der Gewerbesteuer sind die nicht aus dem eigentlichen Betriebszweck resultierenden Teile als neutraler Aufwand abzugrenzen.

Bemessungsgrundlage der *Gewerbekapitalsteuer* ist das Gewerbekapital, das aus den steuerlichen Einheitswerten der in einer Unternehmung eingesetzten Vermögensgegenstände unter Berücksichtigung von Hinzurechnungen und Kürzungen abgeleitet wird. Für die Verrechnung der Gewerbekapitalsteuer in der Kostenrechnung gelten unsere Ausführungen über die Vermögensteuer entsprechend.

Die Bemessungsgrundlage für die *Gewerbeertragssteuer* ist der Gewerbeertrag, der sich aus dem steuerlichen Jahresgewinn durch Hinzurechnungen und Kürzungen ableiten läßt. Wegen ihrer Gewinnabhängigkeit ist die verursachungsgemäße Verrechnung der Gewerbeertragssteuer schwierig. Am besten würde es dem Verursachungsprinzip entsprechen, wenn man die Gewerbeertragssteuer kalkulatorisch als Sondereinzelkosten des Vetriebs verrechnen und sie den einzelnen Produktarten gemäß ihrer Gewinnbeiträge zumessen würde. Dieses Verfahren ist aber rechnerisch kompliziert und würde bei konsequenter Durchführung dazu führen, daß man Verlustartikeln in den Kalkulationen „Gutschriften für ersparte Gewerbeertragssteuern" anrechnen müßte. In der Praxis wählt man daher einen einfacheren Weg, indem man den monatlichen Gesamtbetrag der Gewerbeertragssteuer der Kostenstelle „Vertriebsleitung" oder einer „Sammelkostenstelle des Vertriebsbereichs" belastet. Auf diese Weise geht die Gewerbeertragssteuer in die Vertriebs-

109 Zum Kostencharakter der Realsteuern vgl. insbesondere *G. Wöhe*, Betriebswirtschaftliche Steuerlehre, Band II, a.a.O., S. 53 ff.

gemeinkostenzuschläge ein. Bei der Bildung dieser Sätze läßt sich die unterschiedliche Gewinnhöhe der Kostenträgergruppen berücksichtigen, so daß die Gewerbeertragssteuer wenigstens den Kostenträgergruppen mit genügender Genauigkeit belastet werden kann.

Die dritte Erhebungsform der Gewerbesteuer ist die *Lohnsummensteuer*, sie wird nicht von allen Gemeinden erhoben. Die Besteuerungsgrundlage ist die monatliche Lohn- und Gehaltssumme, so daß es am zweckmäßigsten ist, die Lohnsummensteuer in der Kostenrechnung als prozentualen Zuschlag auf die Lohn- und Gehaltskosten zu verrechnen. Dies kann mit Hilfe einer gesonderten Kostenart „Lohnsummensteuer" geschehen. Einfacher aber ist es, die Lohnsummensteuer in die kalkulatorischen Sozialkosten-Verrechnungssätze einzubeziehen, die wir in Kapitel 333 beschrieben haben. Diese sollten dann aber in „Verrechnungssätze für Personalnebenkosten" umbenannt werden, da die Lohnsummensteuer nicht zu den Sozialkosten zählt.

(5) Neben den Kostensteuern enthält die Kostenartengruppe 46 *Gebühren, Beiträge* und *Versicherungsprämien.*

Die meisten *Gebühren* fallen für die „Unternehmung als Ganzes" an, so z. B. Berichtskosten, Gebühren der Abschlußprüfung, Gebühren des Bundeskartellamtes usw. Sie werden daher der Kostenstelle „Kaufmännische Leitung" oder einer „Sammelkostenstelle des Verwaltungsbereiches" belastet. Spezielle Gebühren, wie z. B. Patentgebühren, werden dagegen den verursachenden Kostenstellen oder Kostenträgern belastet.

Ähnlich wie die Gebühren werden *Beiträge*, z. B. an Industrie- und Handelskammern, Arbeitgeberverbände und spezielle Fachverbände, verrechnet. Von ihnen fällt der überwiegende Teil für die Gesamtunternehmung an und wird daher der Kostenstelle „Kaufmännische Leitung" oder einer „Sammelkostenstelle des Verwaltungsbereichs" belastet.

Von den *Versicherungskosten* lassen sich die *Prämien der Kraftfahrzeugversicherung* am einfachsten kontieren. Sie werden jeweils den Kostenstellen belastet, denen die betreffenden Fahrzeuge zugeordnet worden sind, also vorwiegend den Kostenstellen „PKW-Dienst" und „LKW-Dienst". Die Prämien für die *Betriebshaftpflicht-* und die *Betriebsunterbrechungs-Versicherung* gehören zu denjenigen Kostenarten, die das „Unternehmen als Ganzes" betreffen. Sie werden daher der Kostenstelle „Kaufmännische Leitung" oder einer „Sammelkostenstelle des Verwaltungsbereichs" belastet. Die Prämien für *Einbruch-, Sturmschäden- und Wasserschäden-Versicherung* kontiert man am besten auf die Raumkostenstellen. Relativ kompliziert ist die verursachungsgemäße Kontierung und Verrechnung der *Prämien für die Feuerversicherung.* Am genauesten würde es sein, daß man die in den einzelnen Kostenstellen gegen Feuer versicherten Vermögenswerte ermittelt und sie mit den zugehörigen Prämiensätzen multipliziert. Als Grundlage hierfür können die Inventarzusammenstellungen für die Versicherungsgesellschaften dienen. Da bei diesem Verfahren auf die einzelnen Kostenstellen aber oft nur geringfügige Beträge entfallen und im übrigen die Prämien für die Feuerversicherung zu den fixen Kosten zählen, genügt für die Belange der Praxis meistens eine bereichsweise Verrechnung der Feuerversicherungskosten. Hierbei werden die auf Gebäude entfallenden Prämien den Raumstellen belastet. Die anteiligen Prämien für Maschinen,

Einrichtungsgegenstände und Halbfabrikatebestände werden auf Meisterbereichs- oder Betriebsleitungsstellen gesammelt. Die Feuerversicherungsprämien für Roh-, Hilfs- und Betriebsstoffbestände werden den verantwortlichen Lagerkostenstellen des Beschaffungsbereichs belastet. Entsprechend werden die Prämien für die Fertigwarenbestände auf die verantwortlichen Lagerkostenstellen des Vertriebsbereiches kontiert. Auch die anteiligen Prämien für Lagereinrichtungen werden den Lagerstellen belastet. Für die Verwaltungs- und Vertriebsstellen lohnt sich in der Regel eine differenzierte Verrechnung der Feuerversicherungsprämien nicht, die Anteile der hier eingesetzten Einrichtungsgegenstände sollten auf den Kostenstellen „Kaufmännische Leitung" und „Vertriebsleitung" gesammelt werden.

(6) Die Kostenartengruppe 47 enthält neben den Mieten vor allem Gemeinkosten, die in Verwaltungs- und Vertriebsstellen verursacht werden.

Mieten für Gebäude, Räume, Maschinen und Anlagen lassen sich ohne Schwierigkeiten den Stellen zuordnen, in denen die gemieteten Gegenstände eingesetzt werden.

Die *Kosten für Telefongespräche, Telegramme, Fernschreiben und Briefe* sollten nach Möglichkeit den verursachenden Kostenstellen belastet werden. Hierzu sind entsprechende belegmäßige Aufzeichnungen erforderlich. Zur Vereinfachung kann man die Belastungen auf bestimmten Bereichs- oder Leitungsstellen konzentrieren. Hierdurch werden aber die Kontrollmöglichkeiten eingeschränkt.

Die *Kosten für Büromaterial und Drucksachen* lassen sich am genauesten mit Hilfe von Entnahmescheinen erfassen und den verursachenden Kostenstellen zurechnen. Hierzu sollten diese Kosten in die Materialabrechnung einbezogen werden. Vereinfachte Verfahren bestehen darin, daß man die Fremdrechnungen für Büromaterial und Drucksachen im Monat ihres Einganges soweit als möglich den verursachenden Stellen direkt zuordnet und die restlichen Kosten mit Hilfe geschätzter prozentualer Anteile verteilt.

Auch die *Kosten für Bücher und Fachzeitschriften* sollten den verursachenden Kostenstellen unmittelbar belastet werden. Hierbei tritt aber die Schwierigkeit auf, daß Zeitschriften und Bücher häufig von mehreren Kostenstellen nacheinander gelesen werden. In solchen Fällen sollte man die Kosten auf übergeordnete Bereichs- oder Leitungsstellen konzentrieren.

Die Kontierung von *Reise-, Bewirtungs- und Repräsentationskosten* läßt sich meistens ohne besondere Schwierigkeiten aus den zugrundeliegenden Belegen ersehen. Reisekostenabrechnungen und Bewirtungsbelege müssen von den verantwortlichen Betriebsangehörigen begründet werden, so daß erkennbar wird, für welche Zwecke und damit für welche Kostenstellen die betreffenden Beträge angefallen sind.

Beratungshonorare können für alle Bereiche einer Unternehmung anfallen. Dienen sie den Zwecken der „Unternehmung als Ganzes", wie das z. B. bei den Honoraren für Steuerberater, Wirtschaftsprüfer und Organisationsberater der Fall ist, so werden sie der Kostenstelle „Kaufmännische Leitung" oder einer „Sammelkostenstelle des Verwaltungsbereiches" belastet. Spezielle Beratungshonorare, z. B. für Beratungen auf dem Gebiet des Lohnwesens, der Fertigungssteuerung, der Fertigungstechnik, der Absatzplanung und der Werbung werden auf die verantwortlichen Leitungsstellen kontiert.

Die *Kosten für Werbemittel* lassen sich als Sondereinzelkosten des Vertriebs bestimmten Kostenträgern direkt zuordnen, sofern die Werbemittel für spezielle Erzeugnisse eingesetzt werden, meistens werden sie aber auf der Kostenstelle „Werbung" gesammelt und erst mit Hilfe der Vertriebsgemeinkostenzuschläge auf die Kostenträger weiterverrechnet.

Die *Verkaufsprovisionen* werden stets als Sondereinzelkosten des Vertriebs verrechnet. Sie werden in den meisten Industriebetrieben prozentual auf die Verkaufserlöse bezogen; in den Kalkulationen multipliziert man die effektiven oder geplanten Verkaufspreise mit den Provisionsprozentsätzen um die auf die einzelnen Kalkulationseinheiten entfallenden Beträge zu erhalten. Besser würde es sein, die Verkaufsprovisionen auf die erzielten Deckungsbeiträge zu beziehen, da die Vertriebstätigkeit nicht die „Umsatzerzielung um jeden Preis", sondern die Gewinnerzielung zum Ziel haben soll. Schwierigkeiten bereitet hierbei aber die Tatsache, daß es oft nicht zweckmäßig ist, den Vertretern die Grenzkosten und die Deckungsbeiträge der einzelnen Erzeugnisse bekanntzugeben. Diese Schwierigkeiten lassen sich umgehen, indem man nach „Deckungsbeitragsklassen" differenzierte Prozentsätze auf den Umsatz verwendet.

Auch die *Verpackungsmaterialkosten* werden in dem meisten Industriebetrieben als Sondereinzelkosten des Vertriebs verrechnet. Ihre Erfassung erfolgt zweckmäßigerweise durch die Materialabrechnung. Auf den Materialentnahmescheinen werden die Nummern der Aufträge oder Produktarten angegeben, für die Verpackungsmaterial verbraucht worden ist.

(7) Als *kalkulatorische Kostenarten* haben wir die kalkulatorischen Sozialkosten, die kalkulatorischen Abschreibungen und die kalkulatorischen Zinsen für Gegenstände des Anlagevermögens bereits in den Kapiteln 333, 342 und 343 behandelt. Wir wollen uns nunmehr noch folgenden kalkulatorischen Kostenarten zuwenden.

Für die *kalkulatorischen Zinsen auf das Umlaufvermögen* gelten unsere allgemeinen Ausführungen zu den Problemen der Verrechnung kalkulatorischer Zinsen in Kapitel 343. Die Erfassung des gebundenen Kapitals und die Belastung der Kostenstellen mit kalkulatorischen Zinsen bereitet aber beim Umlaufvermögen erheblich größere Schwierigkeiten als beim Anlagevermögen, da sich die Vermögenswerte des Umlaufvermögens viel schneller „umschlagen". Bei der Erfassung und kostenstellenweisen Verrechnung der kalkulatorischen Zinsen auf das Umlaufvermögen sind folgende Vermögenspositionen zu berücksichtigen[110]:

1. Roh-, Hilfs- und Betriebsstoffbestände
2. Ersatzteilbestände
3. Bestände an Handelswaren
4. Halbfabrikatebestände
5. Fertigfabrikatebestände
6. Debitorenbestände
7. Liquide Mittel

110 Zur Kontierung kalkulatorischer Zinsen vgl. *F. Henzel*, Die Kostenrechnung, a.a.O., und insbesondere *F. Zeidler*, Betrachtungen über eine Kostenart: Kalkulatorische Zinsen, a.a.O., S. 557 ff. Hier findet der Leser eine systematische Untersuchung der Verrechnungsmöglichkeiten der kalkulatorischen Zinsen des Umlaufvermögens.

Für diese Positionen müssen monatlich die durchschnittlichen Istbestände erfaßt und mit dem kalkulatorischen Zinssatz multipliziert werden. Die kalkulatorischen Zinsen für Roh-, Hilfs- und Betriebsstoffbestände, für Ersatzteile und Heizstoffe werden den entsprechenden Lagerkostenstellen belastet. Halbfabrikatebestände fallen in fast allen Fertigungsstellen und in Zwischenlägern des Fertigungsbereichs an. Für ihre Höhe sind die zuständigen Leitungsstellen verantwortlich. Da es in den meisten Industriebetrieben sehr schwer ist, die Istbestände der Halbfabrikate differenziert nach Kostenstellen zu erfassen und im übrigen die Zinsbelastung in den einzelnen Stellen kaum ins Gewicht fallen würde, beschränkt man sich in der Praxis häufig darauf, die kalkulatorischen Zinsen für Halbfabrikate auf den verantwortlichen Leitungsstellen des Fertigungsbereichs zu konzentrieren. Die kalkulatorischen Zinsen für Fertigwarenbestände werden den Fertigwarenlägern belastet; für sie ist der Verkauf verantwortlich. Die kalkulatorischen Zinsen für die Debitoren werden entweder den zuständigen Verkaufsstellen oder der Finanzbuchhaltung belastet; der letzteren deshalb, weil ihr das Mahnwesen untersteht. In einer Plankostenrechnung werden für die oben angegebenen Positionen des Umlaufvermögens Planbestände festgelegt, denen Planbeträge kalkulatorischer Zinsen entsprechen.[111] Im Gegensatz zu den kalkulatorischen Zinsen auf das Anlagevermögen, die in voller Höhe zu den fixen Kosten gehören, entfällt bei den kalkulatorischen Zinsen auf das Umlaufvermögen ein relativ großer Anteil auf die proportionalen Kosten[112], da bei wirtschaftlicher Bestandsführung die Bestände an Produktions- und Absatzschwankungen angepaßt werden müssen. Im Soll-Ist-Kostenvergleich werden die den effektiven Beständen entsprechenden kalkulatorischen Zinsen mit den an die Beschäftigung angepaßten Vorgaben verglichen. Da jedoch die Bestände nur mit einem "time lag" an Beschäftigungsschwankungen angepaßt werden können, muß man bei der Abweichungsanalyse stets mehrere Monate betrachten.

Arbeiten in Einzelfirmen oder Personengesellschaften Inhaber oder Gesellschafter in der Geschäftsleitung mit, so ist für ihre Tätigkeit ein entsprechender *kalkulatorischer Unternehmerlohn* zu verrechnen.[113] Die Höhe sollte so bemessen werden, daß sie den Bezügen eines leitenden Angestellten entspricht, der eine vergleichbare Tätigkeit in einer etwa gleichgroßen Firma ausübt. In der Praxis wird heute vielfach noch die zuerst von der seifenverarbeitenden Industrie angewandten „Seifenformel" zur Berechnung kalkulatorischer Unternehmerlöhne verwendet.[114] Hiernach gilt:

$$\text{Unternehmerlohn} = 18\sqrt{\text{Jahresumsatz}} \qquad (96)$$

111 Zur Behandlung der kalkulatorischen Zinsen des Umlaufvermögens in der Plankostenrechnung vgl. *W. Kilger*, Flexible Plankostenrechnung, a.a.O., S. 415 ff.

112 Hierauf hat bereits F. Schmalenbach hingewiesen: „Zu den proportionalen Zinsen sind zu zählen die Zinsen für die über das erwähnte Maß hinaus gehenden Vorräte und Debitoren, abzüglich der Lieferantenschulden" Vgl. Selbstkostenrechnung und Preispolitik a.a.O., S. 147.

113 Vgl. hierzu *E. Gau*, Handbuch der praktischen Betriebsabrechnung, Stuttgart 1965, wo auf S. 119 ff. Formeln zur Berechnung des kalkulatorischen Unternehmerlohns angegeben werden sowie *F. Henzel*, Die Kostenrechnung, a.a.O., S. 100. Die Vertreter des pagatorischen Kostenbegriffs halten die Verrechnung kalkulatorischer Unternehmerlöhne für „problematisch". Vgl. *H. Koch*, Grundprobleme der Kostenrechnung, a.a.O., S. 33.

114 Vgl. hierzu die 2. DVO vom 13. 5. 1940 zur Anordnung über die Regelung der Preise für Seife und Waschmittel.

Wirken in einer Unternehmung mehrere voll tätige Gesellschafter mit, so sollen für 2 Gesellschafter je 75 %, für 3 Gesellschafter je 67 %, für 4 Gesellschafter je 62 % und für mehr als 4 Gesellschafter je 60 % des mit Hilfe der Gleichung (96) errechneten Betrages angesetzt werden. Eine derart schematisierte Berechnung kalkulatorischer Unternehmerlöhne ist aber problematisch. Man sollte sich vielmehr an den jeweiligen branchentypischen Geschäftsführer- und Vorstandsbezügen orientieren. In den meisten Branchen führt die „Seifenformel" heute bei gringen Umsätzen zu viel zu geringen kalkulatorischen Unternehmerlöhnen, in höheren Umsatzklassen werden mit ihrer Hilfe zu große Beträge ausgewiesen. Im Beispiel der Abb. 27 führt die „Seifenformel" nur im Beireich von 50 bis 70 Mio. DM Jahresumsatz zu marktgerechten kalkulatorischen Unternehmerlöhnen. Die Monatsbeträge der kalkulatorischen Unternehmerlöhne werden denjenigen Leitungs- oder Verwaltungskostenstellen belastet, in denen die betreffenden Inhaber oder Gesellschafter tätig sind.

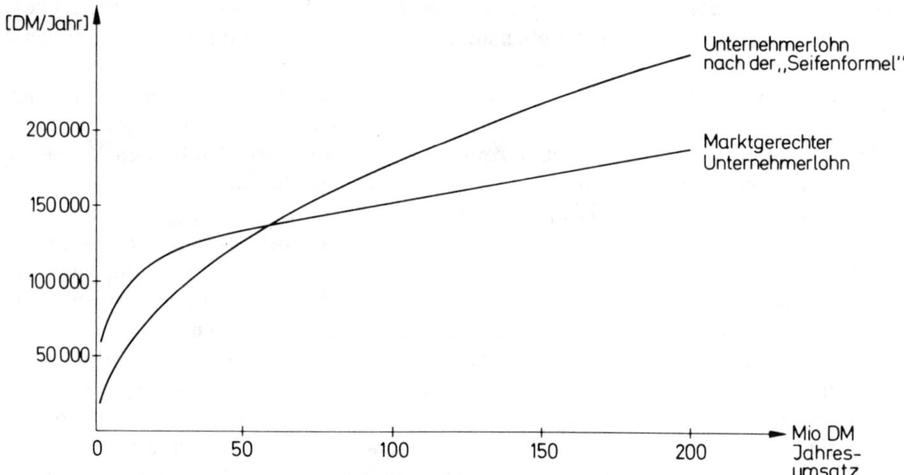

Abb. 27: Beispiel zur Berechnung kalkulatorischer Unternehmerlöhne

Wie bereits unsere Ausführungen in Kapitel 121 gezeigt haben, werden *kalkulatorische Wagniskosten* nur für leistungsbedingte Einzelwagnisse verrechnet, nicht dagegen für das allgemeine Unternehmerrisiko.[115] Weiterhin entfällt der Ansatz kalkulatorischer Wagniskosten für solche Wagnisse oder Risiken, gegen die sich die Unternehmung durch einen Versicherungsvertrag geschützt hat, da hierfür die zu zahlenden Prämienbeträge als Kosten erfaßt werden. Dies gilt z. B. für die Feuerversicherung. Typische leistungsbedingte Einzelwagnisse, für die kalkulatorische

115 Zur Verrechnung kalkulatorischer Wagniskosten vgl. *F. Henzel*, Die Kostenrechnung, a.a.O., S. 101; *W. Kalveram*, Industrielles Rechnungswesen, a.a.O., S. 268 ff.; *K. Mellerowicz*, Kosten und Kostenrechnung, a.a.O., S. 317 ff. sowie *A. Müller*, Grundzüge der industriellen Kosten- und Leistungserfolgsrechnung, a.a.O., S. 115 ff., wo folgende leistungsbedingte Einzelwagnisse unterschieden werden: Lagerwagnis, Ausschußwagnis, Gewährleistungswagnis, Entschädigungswagnis, Katastrophenwagnis, Währungswagnis und Zahlungswagnis.

Wagniskosten in Frage kommen, sind z. B. produktionsbedingte Abwässer-, Luftverschmutzungs- oder Bergschäden, wie sie der Steinkohlenbergbau verursacht. Weiterhin zählen hierzu Gewährleistungsrisiken infolge von Garantievereinbarungen. Da leistungsbedingte Einzelwagnisse zufallsabhängig sind, muß ihre Verrechnung mit Hilfe „normalisierter" oder „standardisierter" Kostenbeträge erfolgen. Hierbei geht man so vor, daß man aufgrund von Erfahrungswerten durchschnittlich zu erwartende Jahreskosten schätzt und sie auf die entsprechenden Leistungseinheiten bezieht. So werden z. B. im Bergbau die kalkulatorischen Kosten für Bergschäden auf eine Tonne geförderter Steinkohle bezogen. In der Uhrenindustrie, der optischen Industrie und artverwandten Branchen werden die kalkulatorischen Kosten zur Deckung eventueller Garantieinanspruchnahmen jeweils für eine produzierte Einheit festgelegt. In der Kalkulation werden die kalkulatorischen Wagniskosten meistens als Sondereinzelkosten der Fertigung ausgewiesen. Die Betriebsabrechnung führt für jede kalkulatorische Wagniskostenart ein statistisches Konto, dem die effektiv angefallenen Kosten belastet und die in der Kostenträgerrechnung verrechneten kalkulatorischen Beträge gutgeschrieben werden. Die Salden werden am Jahresende meistens in die Betriebsergebnisrechnung ausgebucht.

4. Die Kostenstellenrechnung

41. Grundsätze für die Bildung von Kostenstellen

(1) Die Bildung von Kalkulationssätzen und die Durchführung einer wirksamen Kostenkontrolle erfordern die Einteilung einer Unternehmung in Kostenstellen. Als *Kostenstellen* werden Betriebsabteilungen oder betriebliche Teilbereiche bezeichnet, die in der Kostenrechnung als selbständige Kontierungseinheiten abgerechnet werden; ihnen werden Istkosten belastet und ihre Kosten werden mit Hilfe von Kalkulationssätzen weiterverrechnet. *Hilfskostenstellen,* auch sekundäre Kostenstellen genannt, geben ihre Kosten im Zuge der *innerbetrieblichen Leistungsverrechnung* an andere Kostenstellen ab. Die Kosten der *Hauptkostenstellen,* auch primäre Kostenstellen genannt, werden unmittelbar auf die betrieblichen Erzeugnisse weiterverrechnet.

Bei der *Einteilung einer Unternehmung in Kostenstellen* sollten drei *Grundsätze* beachtet werden.[1] Nur eine Kostenstelleneinteilung, die diesen Grundsätzen entspricht, stellt sicher, daß die Kostenstellenrechnung ihre Aufgaben erfüllen kann.

Erstens sind die Kostenstellen so zu bilden, daß es sich um *selbständige Verantwortungsbereiche* handelt. Für jede Kostenstelle muß ein Kostenstellenleiter, z. B. ein Meister oder Abteilungsleiter, verantwortlich sein, der die entstandenen Kosten zu vertreten hat. Wird eine Kostenplanung durchgeführt, so sind die Kostenvorgaben mit den Kostenstellenleitern durchzusprechen und die Kostenpläne von ihnen abzuzeichnen. Nur die Mitwirkung verantwortlicher Kostenstellenleiter gewährleistet die Durchführung eines wirksamen Soll-Ist-Kostenvergleichs. Die Bildung selbständiger Verantwortungsbereiche schließt nicht aus, daß einem Meister oder Abteilungsleiter gleichzeitig mehrere Kostenstellen unterstehen. Unzulässig ist aber, daß sich für eine Kostenstelle mehrere Meister oder Abteilungsleiter gemeinsam verantwortlich fühlen oder letztlich keiner die Verantwortung für die Kostenverursachung übernehmen will. Arbeiten Kostenstellen im Mehrschichtbetrieb, so ist *einem* Meister oder Abteilungsleiter die Kostenverantwortung zu übertragen. Bei der Bildung von Kostenstellen nach dem Verantwortungsprinzip

1 Zu den Aufgaben der Kostenstellenrechnung und zur Einteilung einer Unternehmung in Kostenstellen vgl. *K. F. Bussmann*, Industrielles Rechnungswesen, Stuttgart 1963, S. 56 ff.; *F. Henzel*, Die Kostenrechnung, 4. Aufl., Essen 1964, S. 277 ff.; *H. Jost,* Kosten und Leistungsrechnung, Wiesbaden 1974, S. 73 ff.; *W. Kilger*, Flexible Plankostenrechnung, 6. Aufl., Opladen 1974, S. 323 ff.; *V. Kube*, Die Grenzplankostenrechnung, Wiesbaden 1974, S. 24 ff.; *K. Mellerowicz*, Kosten und Kostenrechnung, Bd. 2, 1. Teil, 5. Aufl., Berlin, New York 1974, S. 378 ff.; *A. Müller*, Grundzüge der industriellen Kosten- und Leistungserfolgsrechnung, Köln und Opladen 1955, S. 173 ff.; *H. Norden*, Der Betriebsabrechnungsbogen, 3. Aufl., Berlin 1949; *E. Schmalenbach*, Kostenrechnung und Preispolitik, 8. Aufl., bearbeitet von *E. Bauer*, Köln und Opladen 1963, S. 350 ff.; *H. M. Schönfeld*, Kostenrechnung, Teil I, 5. Aufl., Stuttgart 1970, S. 52 ff.

kann man sich in den meisten Unternehmungen auf vorhandene Organisationspläne stützen.

Zweitens muß die Bildung von Kostenstellen so erfolgen, daß sich *für alle Kostenstellen Maßgrößen der Kostenverursachung finden lassen.* Solche Maßgrößen, die in der Kostenrechnung meistens als *Bezugsgrößen* bezeichnet werden, sind die notwendige Voraussetzung für den Aufbau einer genauen Kalkulation und die Durchführung einer wirksamen Kostenkontrolle. Die Wahl richtiger Bezugsgrößen ist um so leichter, je feiner man die Kostenstelleneinteilung wählt. Sie gelingt am besten, wenn man Kostenstellen bildet, die aus homogenen Maschinengruppen oder Arbeitsplätzen bestehen.

Drittens soll die Kostenstelleneinteilung so gewählt werden, daß sich *alle Kostenartenbelege ohne Kontierungsschwierigkeiten den verursachenden Kostenstellen zuordnen lassen.* Die Vermeidung von Kontierungsschwierigkeiten ist um so leichter, je gröber man die Kostenstelleneinteilung wählt. Faßt man z. B. alle Maschinengruppen und Arbeitsplätze eines Meisterbereichs zu *einer* Kostenstelle zusammen, so lassen sich das Meistergehalt, der Lohn des Werkstattschreibers, sowie Kosten für Öle, Schmiermittel und Reinigungsmaterial ohne Schwierigkeiten dieser Kostenstelle zuordnen. Zerlegt man dagegen den Meisterbereich in mehrere Kostenstellen, z. B. in mehrere Maschinengruppen mit unterschiedlicher Kostenstruktur, so lassen sich die oben genannten Kostenarten nur mit Schwierigkeiten den einzelnen Kostenstellen eines Meisterbereichs verursachungsgemäß zuordnen.

(2) Unsere Ausführungen haben gezeigt, daß die Wahl geeigneter Bezugsgrößen und die Vermeidung von Kontierungsschwierigkeiten gegenläufige Tendenzen bei der Bildung von Kostenstellen auslösen. Der Idealzustand, d. h. die Bildung von Kostenstellen, die nur homogene Maschinengruppen oder Arbeitsplätze enthalten, läßt sich in der Praxis wegen der damit verbundenen Kontierungsschwierigkeiten meistens nicht verwirklichen. Es gilt daher zwischen der Genauigkeit der Kostenstellenrechnung und den Schwierigkeiten ihrer abrechnungstechnischen Durchführung einen Kompromiß zu finden.

Inwieweit man bei der Bildung von Kostenstellen heterogene Maschinengruppen und Arbeitsplätze zusammenfassen darf, läßt sich exakt nur mit Hilfe einer *Fehlerrechnung* feststellen, welche die Wirkungen dieser Maßnahme in der Kalkulation und im Soll-Ist-Kostenvergleich aufzeigt.

Nehmen wir an, daß zwei funktionsgleiche, in ihrer Kostenverursachung aber unterschiedliche Maschinengruppen daraufhin untersucht werden sollen, ob sie zu einer Kostenstelle zusammengefaßt werden können oder nicht, so ist folgende Vergleichsrechnung durchzuführen. Zunächst sind die Kosten und die erwarteten Beschäftigungen beider Maschinengruppen getrennt voneinander zu planen. Bezeichnen wir die geplanten monatlichen Kosten als $K_1^{(p)}$ und $K_2^{(p)}$ und die Planbeschäftigungen als $B_1^{(p)}$ und $B_2^{(p)}$, so erhält man für den Fall zweier getrennter Kostenstellen die folgenden Kalkulationssätze:

$$(97) \qquad d_1^{(p)} = \frac{K_1^{(p)}}{B_1^{(p)}} \qquad d_2^{(p)} = \frac{K_2^{(p)}}{B_2^{(p)}}$$

Wird die Beschäftigung z. B. in Maschinenstunden gemessen, so erhält man als Kalkulationssätze die Kosten pro Maschinenstunde. In einer Vollkostenrechnung würde man die gesamten Kosten durch die Planbeschäftigungen dividieren und die folgende Vergleichsrechnung mit Hilfe von Vollkostensätzen durchführen. Wegen der künstlichen Proportionalisierung fixer Kosten ist eine solche Rechnung aber fehlerhaft. Wir wollen daher unterstellen, daß es sich bei $K_1^{(p)}$ und $K_2^{(p)}$ um die proportionalen Plankosten der beiden Maschinengruppen handelt. Die Kalkulationssätze $d_1^{(p)}$ und $d_2^{(p)}$ sind daher Proportionalkosten- bzw. Grenzkostensätze. Faßt man die Maschinengruppen 1 und 2 zu *einer* Kostenstelle zusammen, so erhält man folgenden Kalkulationssatz:

(98) $$d_{\emptyset}^{(p)} = \frac{K_1^{(p)} + K_2^{(p)}}{B_1^{(p)} + B_2^{(p)}}$$

Dieser Kalkulationssatz führt gegenüber der differenzierten Kostenstelleneinteilung bei den Produktarten j = 1, . . . , n zu den Kalkulationsfehlern $\Delta k_j^{(p)}$:

(99) $$\Delta k_j^{(p)} = (b_{1j}^{(p)} + b_{2j}^{(p)})\, d_{\emptyset}^{(p)} - b_{1j}^{(p)}\, d_1^{(p)} - b_{2j}^{(p)}\, d_2^{(p)} \qquad (j = 1, \ldots, n)$$

Die Größen $b_{1j}^{(p)}$ und $b_{2j}^{(p)}$ geben an, wieviele Bezugsgrößeneinheiten die Bearbeitung jeweils einer Produkteinheit an den Maschinengruppen 1 und 2 erfordert. Die Gleichung (99) läßt sich ohne Schwierigkeiten für Fälle erweitern, in denen die Zusammenlegung von mehr als zwei Maschinengruppen oder Arbeitsplätzen zu einer Kostenstelle überprüft werden soll.

Die Gleichung (99) läßt erkennen, daß die Kalkulationsfehler $\Delta k_j^{(p)}$ Null sind, wenn eine der beiden folgenden Voraussetzungen erfüllt ist.

Erstens entstehen keine Kalkulationsfehler, wenn die Kostensätze der Maschinengruppen 1 und 2 mit dem gewogenen durchschnittlichen Kostensatz $d_{\emptyset}^{(p)}$ übereinstimmen:

(100) $$d_{\emptyset}^{(p)} = d_1^{(p)} = d_2^{(p)}$$

Die Bedingung (100) kann aber nur erfüllt sein, wenn die Maschinengruppen 1 und 2 in bezug auf ihre Kostenverursachung homogen sind, so daß die Bildung von zwei Kostenstellen von vornherein überflüssig ist.

Zweitens sind die Kalkulationsfehler $\Delta k_j^{(p)}$ Null, wenn folgende Übereinstimmung besteht:

(101) $$\frac{b_{1j}^{(p)}\, d_1 + b_{2j}^{(p)}\, d_2}{b_{1j}^{(p)} + b_{2j}^{(p)}} = \frac{B_1^{(p)}\, d_1^{(p)} + B_2^{(p)}\, d_2^{(p)}}{B_1^{(p)} + B_2^{(p)}} \qquad (j = 1, \ldots, n)$$

Der rechte Ausdruck in Gleichung (101) entspricht $d_{\emptyset}^{(p)}$. Führen wir für die Relation der Planbezugsgrößen $B_1^{(p)}/B_2^{(p)}$ die Hilfsvariable ω ein, so gilt:

(102) $$\frac{b_{1j}^{(p)}\, d_1^{(p)} + b_{2j}^{(p)}\, d_2^{(p)}}{b_{1j}^{(p)} + b_{2j}^{(p)}} = \frac{\omega B_2^{(p)}\, d_1^{(p)} + B_2^{(p)}\, d_2^{(p)}}{B_2^{(p)}\, (\omega + 1)} \qquad (j = 1, \ldots, n)$$

oder

(103) $$\frac{b_{1j}^{(p)}\, d_1^{(p)} + b_{2j}^{(p)}\, d_2^{(p)}}{b_{1j}^{(p)} + b_{2j}^{(p)}} = \frac{\omega d_1^{(p)} + d_2^{(p)}}{\omega + 1} \qquad (j = 1, \ldots, n)$$

Diese Bedingung kann nur erfüllt sein, wenn für alle Produktarten gilt $b_{1j}^{(p)}/b_{2j}^{(p)} = \omega$, d. h. daß sich die Bezugsgrößen pro Stück zueinander verhalten wie die Planbezugsgrößen der beiden Maschinengruppen. In der Praxis ist diese Bedingung z. B. im Falle der Fließfertigung erfüllt. Ist die Taktzeit für alle Produktarten und alle Maschinen oder Arbeitsplätze gleich groß, so ist $\omega = 1$ und es gilt $B_1^{(p)} = B_2^{(p)}$ sowie $b_{1j}^{(p)} = b_{2j}^{(p)}$ für $j = 1, \ldots, n$. Wird für einen Arbeitsgang die doppelte Taktzeit benötigt, so muß der betreffende Arbeitsplatz zweifach in die Fließstrecke aufgenommen werden. Auch in diesem Fall ist die Bedingung (103) erfüllt. Hieraus folgt, daß im Falle der Fließfertigung Maschinengruppen oder Arbeitsplätze mit beliebig unterschiedlicher Kostenverursachung zu einer Kostenstelle zusammengefaßt werden können, ohne daß hierdurch die Genauigkeit der Kalkulation und der Kostenkontrolle beeinträchtigt wird.[2] Liegt keine Fließfertigung vor, so kann die Bedingung (103) nur zufällig oder annähernd erfüllt sein.

Da in der Gleichung (99) der Kostensatz einer Maschinengruppe größer und der Kostensatz der anderen Maschinengruppe kleiner als $d_{\emptyset}^{(p)}$ sein muß, wird der Kalkulationsfehler $\Delta k_j^{(p)}$ am größten, wenn ein Produkt nur von einer der beiden Maschinengruppen bearbeitet wird.

Um beurteilen zu können, ob die Kalkulationsfehler $\Delta k_j^{(p)}$ tragbar sind oder nicht, muß man sie in Beziehung zu den richtig kalkulierten Kosten der betreffenden Arbeitsgänge setzen. Die so errechneten Fehlerprozentsätze lassen aber noch nicht erkennen, wie sich die Kalkulationsfehler in bezug auf die gesamten Herstell- oder Selbstkosten auswirken; hierzu müssen auch die übrigen Bestandteile der Herstell- oder Selbstkosten in die Bezugsbasis einbezogen werden. Bezeichnen wir z. B. die Herstellkosten einschließlich der richtig kalkulierten Fertigungskosten der Maschinengruppen 1 und 2, mit k_{Hj}, so erhalten wir folgende Fehlerprozentsätze:

$$(104) \qquad \beta_j = \frac{\Delta k_j^{(p)}}{b_{1j}^{(p)} d_1^{(p)} + b_{2j}^{(p)} d_2^{(p)}} \times \frac{b_{1j}^{(p)} d_1^{(p)} + b_{2j}^{(p)} d_2^{(p)}}{k_{Ftg\,j}} \qquad (j = 1, \ldots, n)$$

Zur Veranschaulichung der Fehlerrechnung wollen wir das folgende *Zahlenbeispiel* betrachten. Wie die Abb. 28 erkennen läßt, sind in einem Meisterbereich 9 Spitzen-, 8 Revolver- und 6 Karusselldrehbänke eingesetzt. Die Tabelle 17 enthält die zugehörigen Plankosten und Planbeschäftigungen. Die letzten beiden Spalten geben die proportionalen Kostensätze an. Es soll überprüft werden, inwieweit eine Zusammenlegung der Spitzen- und der Revolverdrehbänke in Frage kommt, die Karusselldrehmaschinen dagegen müssen auf jeden Fall als gesonderte Kostenstelle abgerechnet werden.

2 Hierauf hat bereits *A. Müller* hingewiesen: „Arbeitsplätze mit ungleichwertigen Leistungen können in Abweichung von den bisherigen Ausführungen dann zu einer Kostenstelle zusammengefaßt werden, wenn sie arbeitsmäßig so gekoppelt sind, daß alle Erzeugnisse, die den ersten passieren, auch alle anderen im gleichen Tempo und ohne Zwischenlager durchlaufen (Fließbandprinzip)." Vgl. Grundzüge der industriellen Kosten- und Leistungserfolgsrechnung, a.a.O., S. 175. Die neuere Entwicklung der organisierten Fließfertigung hat aber dazu geführt, daß oftmals auch unterschiedliche Erzeugnisse über die gleichen Bänder laufen und hierbei die einzelnen Arbeitsplätze unterschiedlich beanspruchen. In diesen Fällen müssen auch bei Fließfertigung für die einzelnen Maschinengruppen und Arbeitsplätze eines Fließbandes gesonderte Kostensätze gebildet werden.

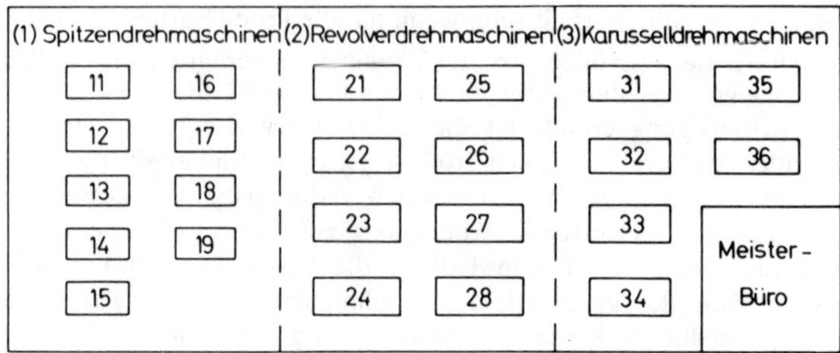

Abb. 28: Beispiel zur Zerlegung eines Meisterbereichs in drei Fertigungsstellen

Tabelle 17: Beispiel zur Zerlegung eines Meisterbereichs in drei Fertigungsstellen (Ausgangsdaten der Kostenplanung)

Maschinen-Gruppe	Geplante Kosten [DM/Monat]			Planbeschäftigung [Ftg.Std./Monat]	Kalkulationssatz	
	Gesamt	Proportional	Fix		[DM/Std.]	[DM/Min.]
1	61 800	46 800	15 000	3 000	15,60	0,260
2	46 750	33 750	13 000	2 500	13,50	0,225
3	50 350	34 770	15 580	1 900	18,30	0,305
1/2	108 550	80 550	28 000	5 500	14,65	0,244
1/2/3	158 900	115 320	43 580	7 400	15,58	0,260

Tabelle 18: Beispiel zur Zerlegung eines Meisterbereichs in drei Fertigungsstellen (Fertigungszeiten)

Produktart	Fertigungszeiten [Min./Stück]				
	1	2	3	1/2	1/2/3
1	15,2		20,6	15,2	35,8
2	20,5		42,0	20,5	62,5
3	8,6	9,5		18,1	18,1
4	7,8		35,2	7,8	43,0
5	12,5	9,5		22,0	22,0
6	10,6	7,4		18,0	18,0

Tabelle 19: Beispiel zur Zerlegung eines Meisterbereichs in drei Fertigungsstellen (Kalkulationsergebnisse)

Produktart	Fertigungskosten der Arbeitsgänge [DM/Stück]				Fertigungskosten der drei Arbeitsgänge zusammen [DM/Stück]			Kalkulationsfehler [DM/Stück]		Herstellkosten [DM/Stück]
	1	2	3	1/2	1 + 2 + 3	1/2 + 3	1/2/3	1/2 + 3	1/2/3	
1	3,95		6,28	3,71	10,23	9,99	9,31	− 0,24	− 0,92	16,15
2	5,33		12,81	5,–	18,14	17,81	16,25	− 0,33	− 1,89	28,20
3	2,24	2,14		4,42	4,38	4,42	4,71	+ 0,04	+ 0,33	8,70
4	2,03		10,74	1,90	12,77	12,64	11,18	− 0,13	− 1,59	18,25
5	3,25	2,14		5,37	5,39	5,37	5,72	− 0,02	+ 0,33	9,75
6	2,76	1,67		4,39	4,43	4,39	4,68	− 0,04	+ 0,25	7,20

Tabelle 20: Beispiel zur Zerlegung eines Meisterbereichs in drei Fertigungsstellen (Fehlerprozentsätze)

Produktart	Kalkulationsfehler in Prozent			
	der Fertigungskosten der Arbeitsgänge 1, 2 und 3		der Herstellkosten	
	1/2 + 3	1/2/3	1/2 + 3	1/2/3
1	−2,3	− 9,0	−1,5	−5,7
2	−1,8	−10,4	−1,2	−6,7
3	+0,9	+ 7,5	+0,5	+3,8
4	−1,0	−12,5	−0,7	−8,7
5	−0,4	+ 6,1	−0,2	+3,4
6	−0,9	+ 5,6	−0,6	+3,5

Die oben beschriebene Fehlerrechnung ist zwar relativ aufwendig, nur mit ihrer Hilfe können aber die kalkulatorischen Wirkungen unterschiedlicher Kostenstelleneinteilungen exakt nachgewiesen werden. Erfahrene Kostenfachleute können in vielen Fällen auch ohne exakte Fehlerrechnungen beurteilen, ob Maschinengruppen oder Arbeitsplätze zu Kostenstellen zusammengefaßt werden dürfen oder nicht, indem sie einige wichtige Kostenarten auf die Bezugsgrößeneinheit beziehen und diese Kennziffern miteinander vergleichen. Die Höhe des gerade noch vertretbaren Fehlerprozentsatzes steht im Ermessen der Geschäftsleitung; sie hängt von der gewünschten Kalkulationsgenauigkeit ab.

Es läßt sich leicht zeigen, daß Kalkulationsfehler infolge einer zu groben Kosteneinteilung zu entsprechenden Fehlern im Soll-Ist-Kostenvergleich einer Plankostenrechnung führen. Werden zwei funktionsgleiche, aber in ihrer Kostenverursachung unterschiedliche Maschinengruppen zu einer Kostenstelle zusammengefaßt, so erhält man nach Gleichung (47) auf Seite 60 folgende Sollkosten der Istbeschäftigung:

$$K_{1/2}^{(s)} = K_{F1}^{(p)} + K_{F2}^{(p)} + \frac{K_{P1}^{(p)} + K_{P2}^{(p)}}{B_1^{(p)} + B_2^{(p)}} (B_1^{(i)} + B_2^{(i)}) \tag{105}$$

Im Falle getrennter Kostenstellen dagegen würden die Sollkostenfunktionen lauten:

$$K_1^{(s)} = K_{F1}^{(p)} + K_{P1}^{(p)} \frac{B_1^{(i)}}{B_1^{(p)}} \tag{106}$$

$$K_2^{(s)} = K_{F2}^{(p)} + K_{P2}^{(p)} \frac{B_2^{(i)}}{B_2^{(p)}} \tag{107}$$

Subtrahiert man die Funktionen (106) und (107) von (105), so erhält man für den Fehler der Sollkostenvorgabe folgenden Ausdruck:

$$\Delta K^{(s)} = \frac{K_{P1}^{(p)} + K_{P2}^{(p)}}{B_1^{(p)} + B_2^{(p)}} (B_1^{(i)} + B_2^{(i)}) - K_{P1}^{(p)} \frac{B_1^{(i)}}{B_1^{(p)}} - K_{P2}^{(p)} \frac{B_2^{(i)}}{B_2^{(p)}} \tag{108}$$

Der Vorgabefehler ist Null, wenn eine der beiden folgenden Voraussetzungen erfüllt ist:

$$(109) \qquad \frac{K_{P1}^{(p)} + K_{P2}^{(p)}}{B_1^{(p)} + B_2^{(p)}} = \frac{K_{P1}^{(p)}}{B_1^{(p)}} = \frac{K_{P2}^{(p)}}{B_2^{(p)}}$$

oder:

$$(110) \qquad B_2^{(p)} = \alpha B_1^{(p)}; \quad B_2^{(i)} = \alpha B_1^{(i)}$$

Die Bedingung (109) stimmt mit (100) überein, d. h. die proportionalen Kostensätze beider Maschinengruppen sind identisch. Die Bedingung (110) entspricht (103); sie kann nur erfüllt sein, wenn in den Maschinengruppen 1 und 2 die Bezugsgrößen pro Stück bei allen Produktarten zueinander die gleiche Relation aufweisen wie die Planbezugsgrößen $B_1^{(p)}$ und $B_2^{(p)}$. Das ist z. B. meistens bei Fließfertigung der Fall.

(3) Erfordern die Genauigkeit der Kalkulation und des Soll-Ist-Kostenvergleichs eine differenzierte Kostenstelleneinteilung, so lassen sich die hieraus resultierenden *Kontierungsschwierigkeiten auf folgende Weise vermindern.*[3]

Erstens besteht die Möglichkeit, bei der jährlichen Kostenplanung weitgehend nach Maschinengruppen oder Arbeitsplätzen zu unterteilen, diese aber in der laufenden Abrechnung zu größeren Einheiten zusammenzufassen. Dieses Verfahren setzt eine Plankostenrechnung voraus und wird als *Kostenplatzrechnung* bezeichnet. Im Beispiel der Abb. 28 würde man für die drei Maschinengruppen getrennte Kosten planen und gesonderte Kalkulationssätze ermitteln. In der lfd. monatlichen Abrechnung wird dann aber der gesamte Meisterbereich als *eine* Kostenstelle abgerechnet, so daß die Kontierungsschwierigkeiten entfallen. Im Soll-Ist-Kostenvergleich werden bei der Kostenplatzrechnung zwar nach Maschinengruppen bzw. Arbeitsplätzen differenzierte Sollkosten ermittelt, diese müssen aber kostenstellenweise zusammengefaßt werden, da die Istkosten nicht nach Maschinengruppen bzw. Arbeitsplätzen aufgeteilt werden können. Ein wesentlicher Nachteil der Kostenplatzrechnung besteht darin, daß im Soll-Ist-Kostenvergleich nicht erkennbar wird, wie die Kostenabweichungen sich auf die Kalkulationssätze der in einer Kostenstelle zusammengefaßten Maschinengruppen bzw. Arbeitsplätze auswirken.

Zweitens kann man die Kontierungsschwierigkeiten durch die *Einrichtung von Bereichsstellen* vermindern. Auch dieses Verfahren wurde für die Plankostenrechnung vorgeschlagen, kann aber auch für andere Systeme der Kostenrechnung angewendet werden. Nach dem Bereichsstellenprinzip werden alle Maschinengruppen und Arbeitsplätze, für die gesonderte Kalkulationssätze gebildet werden, in der laufenden Abrechnung zwar als selbständige Kostenstelle abgerechnet, zur Verminderung der Kontierungsschwierigkeiten ordnet man aber jeweils den zu einem Meister- oder Abteilungsleiterbereich gehörenden Maschinengruppen oder Ar-

3 Vgl. zur Kostenplatzrechnung und zur Einrichtung von Bereichsstellen, *W. Kilger*, Flexible Plankostenrechnung, a.a.O., S. 506 und die dort angegebene Literatur. Das Kostenplatzprinzip wird insbesondere von W. W. Neumayer, H. Diercks und F. Petzold vorgeschlagen, die Bildung von Bereichskostenstellen hat H. G. Plaut in die Plankostenrechnung eingeführt.

beitsplätzen sog. Bereichsstellen zu. Im Beispiel der Abb. 28 werden vier Kostenstellen gebildet, drei Fertigungskostenstellen und eine Meisterbereichsstelle. Den Bereichsstellen werden alle Kostenarten vorgegeben und später im Ist belastet, die sich bei der Istkostenerfassung nur schwer auf die betreuten Kostenstellen verteilen lassen. Die Bereichsstellen sind sekundäre Kostenstellen; ihre Kosten werden bei der innerbetrieblichen Leistungsverrechnung auf die betreuten Kostenstellen weiterverrechnet. Der Nachteil des Bereichsstellenprinzips besteht darin, daß man erheblich mehr Kostenstellen als bei der Kostenplatzrechnung bilden muß. Da aber heute in den meisten Betrieben die Kostenstellenrechnung mit Hilfe der Datenverarbeitung durchgeführt wird, ist die Anzahl der Kostenstellen nur noch von untergeordneter Bedeutung. Im Gegensatz zur Kostenplatzrechnung kann man bei der Einrichtung von Bereichsstellen im Soll-Ist-Kostenvergleich erkennen, wie Kostenabweichungen die Kalkulationssätze beeinflussen.

(4) Die Kostenstelleneinteilung einer Unternehmung ist darüber hinaus von Brancheneinflüssen und sonstigen betrieblichen Besonderheiten abhängig, so daß es unmöglich ist, eine allgemeingültige Kostenstelleneinteilung anzugeben. Die in Übersicht 16 enthaltene Kostenstelleneinteilung ist daher nur als Beispiel anzusehen.

Jede Kostenstelle erhält eine *Kostenstellen-Nummer* und eine *Kostenstellen-Bezeichnung.* Die Kostenstellen-Nummern sind in kleineren Unternehmungen meistens dreistellig, größere Unternehmungen erfordern dagegen mindestens vierstellige Kosten-Nummern. Die erste bzw. die ersten beiden Ziffern der Kostenstellen-Nummern kennzeichnen betriebliche Teilbereiche, die übrigen Ziffern dienen zur laufenden Numerierung. Leitungs- und Bereichsstellen werden häufig dadurch gekennzeichnet, daß man ihnen als letzte Ziffer eine Null zuordnet. In Übersicht 16 haben wir alle Hilfskostenstellen durch einen Stern gekennzeichnet; ihre Kosten werden in der Kostenstellenrechnung zu sekundären Kostenarten.

Im Beispiel der Übersicht 16 enthält die Gruppe 10 die *zentralen technischen Leitungs- und Planungsstellen* sowie die *Kostenstellen des Konstruktions- und Entwicklungsbereichs.* In forschungsintensiven Unternehmungen ist es erforderlich, für die Kostenstellen der Forschungs- und Entwicklungsbereichs eine gesonderte Kostenstellengruppe zu bilden.

In der Gruppe 11 sind die *Raumkostenstellen* zusammengefaßt. Für jedes selbständige Gebäude sollte eine eigene Raumkostenstelle gebildet werden. Auf die Raumkostenstellen werden neben den direkten Gebäudekosten wie Abschreibungen, Zinsen, Reparatur- und Instandhaltungskosten, Gebühren, Abgaben, Kostensteuern und Versicherungsprämien auch die allgemeinen Reinigungskosten, die Kosten der Raumbeheizung und die Lichtstromkosten kontiert.

Bei den *Energiekostenstellen* der Gruppe 12 kann es sich um Energieerzeugungsanlagen handeln, oder um Stellen, die fremdbezogene Energie verteilen. Die Kosten für Verteilungsleitungen bis zu den verbrauchenden Kostenstellen sind den Energiestellen zu belasten.

In Gruppe 13 sind die *Transportkostenstellen* zusammengefaßt. Der innerbetriebliche Transport wird durch Elektrokarren, Gabelstapler oder sonstige Transportfahrzeuge ausgeführt. In größeren Unternehmungen werden mehrere innerbetriebliche Transportstellen erforderlich. Weiterhin werden Krananlagen und spezielle Lastenaufzüge in die Transportkostenstellen einbezogen; kleinere Aufzüge werden

10 Technische Leitung, Konstruktion und Entwicklung
- 100* Technische Leitung
- 101* Technische Planung
- 110* Arbeitsvorbereitung
- 121 Konstruktion und Entwicklung
- 122* Zentrallabor

11 Raumkostenstellen
- 111* Verwaltungsgebäude
- 112* Fabrikgebäude
- 113* Lagergebäude
- 118* Werksbewachung und Feuerschutz
- 119* Raumheizung

12 Energiekostenstellen
- 120* Betriebsleitung Energieversorgung
- 121* Gasversorgung
- 122* Dampfversorgung
- 123* Stromversorgung
- 124* Preßluftversorgung
- 125* Wasserversorgung

13 Transportkostenstellen
- 130* Leitungsstelle Transportbereich
- 131* Innerbetrieblicher Transport
- 132* LKW-Dienst
- 133* PKW-Dienst
- 139* Hofkolonne

14 Sozialkostenstellen
- 141* Sozialdienst, allgemein
- 142* Kantine
- 143* Betriebsrat
- 144* Werksbibliothek
- 145* Werkskindergarten
- 146* Werkswohnungen

20 Kostenstellen der Betriebshandwerker (Hilfsbetriebe)
- 200* Betriebsleitung Hilfsbetriebe
- 201* Betriebsschlosserei
- 202* Betriebselektriker
- 203* Betriebsschreinerei
- 204* Betriebsbautrupp
- 205* Malerwerkstatt

30 Kostenstellen des Einkaufs- und Materialbereichs
- 300 Leitung des Einkaufs- und Materialbereichs
- 301 Rohstofflager I
- 302 Rohstofflager II
- 303 Rohstofflager III
- 304 Lager für fremdbezogene Teile
- 305* Hilfs- und Betriebsstofflager
- 306* Ersatzteillager
- 309 Werkstoffprüflabor

40–70 Kostenstellen des Fertigungsbereichs

40 Fertigungsbereich 4
- 400* Betriebsleitung 4
- 410* Meisterbereichsstelle 41
- 411 : 419 } Fertigungsstellen Meisterbereich 41
- 420* Meisterbereichsstelle 42
- 421 : 429 } Fertigungsstellen Meisterbereich 42
- :
- 490* Meisterbereichsstelle 49
- 491 : 499 } Fertigungsstellen Meisterbereich 49

50 Fertigungsbereich 5 (gegliedert wie 40)

60 Fertigungsbereich 6 (gegliedert wie 40)

70 Fertigungsbereich 7 (gegliedert wie 40)

80 Kostenstellen der kaufmännischen Verwaltung
- 800 Kaufmännische Leitung
- 811 Gesamtplanung
- 812 Finanzplanung und -kontrolle
- 821 Finanzbuchhaltung
- 822 Betriebsabrechnung
- 823 Datenverarbeitung
- 831 Personalabteilung und Lohnabrechnung
- 841 Rechtsabteilung
- 851 Registratur und Poststelle
- 852 Telefonzentrale
- 899 Verwaltung, allgemein

90 Kostenstellen des Verkaufsbereichs
- 900 Verkaufsleitung
- 901 Marktforschung und Absatzplanung
- 902 Werbung
- 911
- 912 : 919 } Verkaufsabteilung, je nach organisatorischer Gliederung des Verkaufsbereichs
- 921
- 922 : 923 } Fertigwarenläger, je nach organisatorischer Gliederung des Lagerbereichs für Fertigerzeugnisse
- 931
- 932 : 939 } Verpackung und Versandkostenstellen, je nach organisatorischer Gliederung des Versandbereichs

Übersicht 16: Beispiel einer Kostenstelleneinteilung

den Raumkostenstellen zugeordnet. Als weitere Außentransportstellen kommen Werksbahnen sowie werkseigene Schiffe und Flugzeuge in Frage. In der Hofkolonne werden Arbeitskräfte zusammengefaßt, die Verladungs- und allgemeine Aufräumungsarbeiten verrichten.

Zu den *Sozialkostenstellen* in Gruppe 14 zählen alle Einrichtungen und Bereiche, die zur Betreuung der Arbeitskräfte dienen. In der Kostenstelle allgemeiner Sozialdienst werden Umkleideräume, Duschanlagen und sonstige allgemeine Sozialeinrichtungen zusammengefaßt.

Die *Kostenstellen der Betriebshandwerker* in Gruppe 20 enthalten alle Hilfsbetriebe, die überwiegend Reparatur- und Instandhaltungsarbeiten verrichten. Neben den allgemeinen Handwerkerstellen zählen hierzu auch Spezialwerkstätten wie z. B. Zylindermachereien in Textilfabriken oder Formstechereien in Tapetenfabriken.

In der Gruppe 30 haben wir die *Kostenstellen des Einkaufs- und Materialbereichs* zusammengefaßt. Je nach der organisatorischen Gliederung der Einkaufstätigkeit und des Lagerwesens können die Kostenstellen dieses Bereichs regional und nach Werkstoffarten gegliedert werden; oft sind beide Gliederungsmerkmale miteinander zu kombinieren.

Am stärksten wirken sich branchentypische und betriebsindividuelle Gegebenheiten bei den *Kostenstellen des Fertigungsbereichs* aus, für die wir im Beispiel der Übersicht 16 die Gruppen 40 bis 70 vorgesehen haben. Jedem der vier Fertigungsbereiche haben wir eine Betriebsleitungsstelle vorangestellt. Hierzu können weitere bereichseigene Leitungsstellen kommen, wie z. B. Arbeitsvorbereitung, Prüfstellen, Werkslaboratorien usw. Die Gliederung der Fertigungsbereiche erfolgte nach dem Bereichsstellenprinzip; jeweils neun Nummern für Fertigungsstellen ist eine Meisterbereichsstelle vorgeschaltet.

Die Gruppe 80 enthält die *Kostenstellen der kaufmännischen Verwaltung.* Ihre Gliederung ist in fast allen Unternehmungen ähnlich. Die Kostenstelle allgemeine Verwaltung dient zur Verrechnung von Kostenarten, welche die Unternehmung als Ganzes belasten, wie z. B. Beiträge zu Fachverbänden, Arbeitgeberverbänden und Industrie- und Handelskammern. Man kann diese Kostenarten aber auch über die Kostenstelle Kaufmännische Leitung verrechnen.

In der Gruppe 90 haben wir die *Kostenstellen des Vertriebsbereichs* zusammengefaßt. Als zentrale Stellen gehören hierzu die Verkaufsleitung und der Bereich des Marketings einschließlich der Verkaufsplanung. Die einzelnen Verkaufsabteilungen, die Fertigwarenläger und der Versand können nach Produktgruppen oder regionalen Merkmalen gegliedert werden, so wie es der organisatorischen Gestaltung des Verkaufsbereichs entspricht.

42. Die Wahl von Bezugsgrößen der Kostenverursachung

(1) Zugleich mit der Kostenstelleneinteilung werden für alle Kostenstellen *Bezugsgrößen der Kostenverursachung* festgelegt, die häufig auch als Maßgrößen der Beschäftigung bezeichnet werden.[4] Die Wahl richtiger Bezugsgrößen ist eine not-

4 Zu den Grundsätzen und Verfahren der Bezugsgrößenwahl vgl. *W. Kilger*, Flexible Plankostenrechnung, a.a.O., S. 327 ff. und die dort angegebene Literatur.

wendige Voraussetzung für den Aufbau genauer Kalkulationen und die Durchführung einer wirksamen Kostenkontrolle. Ideale Bezugsgrößen verhalten sich proportional zu den beschäftigungsabhängigen Kosten der Kostenstellen. Sie werden mit Hilfe *technisch-kostenwirtschaftlicher Analysen* bestimmt, die erkennen lassen, mit Hilfe welcher Maßgrößen die Kostenverursachung am besten gemessen werden kann. Stehen bereinigte Istkosten vergangener Perioden zur Verfügung, so können auch *statistische Methoden,* z. B. die Korrelationsrechnung, zur Bezugsgrößenwahl eingesetzt werden.

Bei der Bezugsgrößenwahl ist darauf zu achten, daß sich die Bezugsgrößen bei der laufenden Abrechnung *als Istbezugsgrößen erfassen lassen müssen.* Führt z. B. die technisch-kostenwirtschaftliche Analyse des Produktionsprozesses in einer Kostenstelle zu dem Ergebnis, daß die Oberflächen der bearbeiteten Produkte die beste Bezugsgröße sind, läßt sich diese Bezugsgröße im Ist aber nur mit unvertretbar großen Schwierigkeiten ermitteln, so ist eine weniger genaue Bezugsgröße, z. B. die Fertigungszeit, zu wählen.

Die *Bezugsgrößen gelten* nach dem Verursachungsprinzip *nur für die proportionalen Kosten.* In einer Grenzkostenrechnung werden daher die Kalkulationssätze gebildet, indem man die proportionalen Kosten durch die zugehörigen Bezugsgrößen dividiert. In Vollkostenrechnungen dagegen bezieht man auch die fixen Kosten auf die Bezugsgrößen, wodurch die fixen Kosten künstlich proportionalisiert werden.

Kostenstellen, in denen nur fixe Kosten anfallen, so z. B. *Raumkostenstellen* und manche Kostenstellen des Verwaltungsbereichs, haben streng genommen keine Bezugsgrößen der Kostenverursachung. Sie sind *Bereitschafts- oder Fixkostenstellen.* Ihre Kosten gehen in Grenzkostenkalkulationen nicht ein. Die Kosten von Raumkostenstellen werden zwar meistens auf die in Quadratmetern gemessenen Nutzflächen bezogen, hierbei handelt es sich aber um eine „statistische Kostenumlage" und nicht um eine Kostenverrechnung, die dem Verursachungsprinzip entspricht.

In der Übersicht 17 haben wir eine *systematische Einteilung der Bezugsgrößen* wiedergegeben. Dieser Einteilung liegen zwar die Erfahrungen in Betrieben mit einer flexiblen Plankostenrechnung zugrunde, sie gilt aber auch für andere Systeme der Kostenrechnung, mit deren Hilfe genaue Kalkulationen aufgebaut werden sollen.

(2) Unter *direkten Bezugsgrößen* versteht man Maßgrößen der Kostenverursachung, die unmittelbar aus den bearbeiteten Produktmengen bzw. erstellten Leistungseinheiten einer Kostenstelle abgeleitet oder während des Produktionsprozesses durch Aufschreibungen oder Messungen erfaßt werden. Direkte Bezugsgrößen lassen sich insbesonders in den *Kostenstellen des Fertigungsbereichs* anwenden, aber auch in Hilfs- und Nebenkostenstellen, deren Leistungen quantifizierbar sind und im Ist erfaßt werden können. Bei der Bezugsgrößenwahl sollte man stets zunächst versuchen, direkte Bezugsgrößen zu finden, da nur sie genaue Maßgrößen der Kostenverursachung sind.

Am einfachsten lassen sich direkte Bezugsgrößen in Kostenstellen finden, die nur eine Produktart bearbeiten bzw. nur eine Leistungsart erstellen, da im *Einproduktfall* die Produkt- bzw. Leistungsmengeneinheiten unmittelbar als Bezugsgröße verwendet werden können. Diese Möglichkeit besteht z. B. in den Fertigungs-

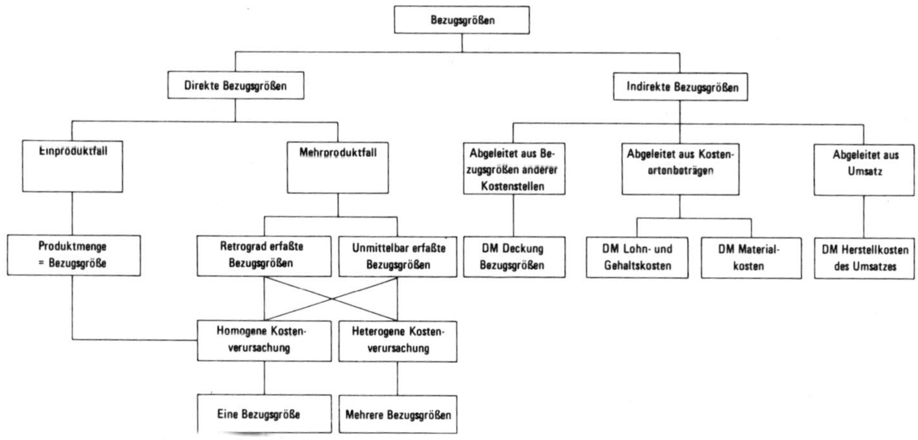

Übersicht 17: Einteilung der Bezugsgrößen

stellen von Betrieben mit Massenproduktion, in Kostenstellen der Energieversorgung sowie in manchen Transportkostenstellen, deren Leistungen homogen sind.

Im *Mehrproduktfall* lassen sich die bearbeiteten Produktmengen bzw. erstellten Leistungseinheiten nicht addieren, da sie sich in ihrer Kostenverursachung voneinander unterscheiden. Sie müssen vielmehr mit Faktoren gewichtet werden, die sich proportional zur Kostenverursachung verhalten. Bezeichnen wir diese Faktoren mit b_j und die bearbeiteten Produktmengen bzw. erstellten Leistungseinheiten mit x_j, so gilt für die Bezugsgröße einer Kostenstelle folgende allgemeine Bestimmungsgleichung:

(111) $$B = \sum_{j=1}^{n} b_j x_j$$

Die Faktoren b_j haben die Dimension „Bezugsgrößeneinheiten pro Produkt- bzw. Leistungsmengeneinheit"; sie werden als Bezugsgrößen pro Mengeneinheit bezeichnet. In den *Fertigungskostenstellen* können in vielen Fällen die Fertigungs- bzw. Maschinenzeiten als Bezugsgrößen gewählt werden. In diesen Fällen sind die Bezugsgrößen pro Mengeneinheit gleich den Bearbeitungszeiten pro Stück. Auch für die *Kostenstellen der Betriebshandwerker* werden fast immer Fertigungszeiten als Bezugsgrößen gewählt. Für die Kostenstellen des Fertigungsbereichs werden häufig auch die Durchsatzgewichte sowie die bearbeiteten Längen, Flächen oder Volumina als Bezugsgrößen verwendet. In diesen Fällen haben die Bezugsgrößen pro Mengeneinheit die Dimension [kg/Stck.], [m/Stck.], [m^2/Stck.] oder [m^3/Stck.].

Im Falle *homogener Kostenverursachung* gelingt es, für eine Kostenstelle jeweils nur *eine* Bezugsgröße zu finden, zu der sich alle beschäftigungsabhängigen Kosten proportional verhalten. Bei *heterogener Kostenverursachung* dagegen sind für eine Kostenstelle mehrere Bezugsgrößen erforderlich. Solche Fälle treten insbesondere im Fertigungsbereich auf. Verhält sich z. B. in einer Fertigungsstelle ein Teil der beschäftigungsabhängigen Kosten zur Fertigungszeit proportional während die übrigen vom Durchsatzgewicht verursacht werden, so müssen nebeneinander die

Bezugsgrößen „Fertigungsstunden" und „kg Durchsatzgewicht" verwendet werden. Ein anderes Beispiel ist ein Drahtwalzwerk, in dem Aluminium- und Kupferdrähte gewalzt werden. Hier verhalten sich zwar die variablen Kosten zeitproportional, für Kupferdrähte liegt die Kostenverursachung pro Zeiteinheit aber höher, so daß die Bezugsgrößen „Fertigungsstunden Aluminiumdraht" und „Fertigungsstunden Kupferdraht" nebeneinander erforderlich sind. In Kostenstellen mit Serienproduktion, in denen längere Rüstzeiten anfallen, um Betriebsmittel von einer Produktart auf eine andere umzustellen, müssen nebeneinander die Bezugsgrößen „Rüststunden" und „Ausführungsstunden" verwendet werden, da während der Rüstzeiten meistens niedrigere Kosten anfallen. In Kostenstellen mit Mehrstellenarbeit verändern sich mit der Auftragszusammensetzung meistens die Bedienungsrelationen, d. h. die Relationen zwischen Arbeitereinsatz- und Maschinenlaufzeiten, so daß nebeneinander die Bezugsgrößen „Fertigungsstunden der Arbeiter" und „Maschinenstunden" heranzuziehen sind. Weitere Beispiele heterogener Kostenverursachung sind chemische Prozesse, in denen die Prozeßbedingungen verändert werden können; hier werden „nach Prozeßbedingungen differenzierte Apparatestunden" als Bezugsgrößen verwendet.

Im Falle heterogener Kostenverursachung dienen die verschiedenen Bezugsgrößen dazu, den Einfluß wechselnder Auftragszusammensetzung auszuschalten. Verändert sich die Auftragszusammensetzung im Zeitablauf nicht, so bestehen zwischen den Bezugsgrößen konstante Relationen. In diesem Fall gilt für sie das „Gesetz von der Austauschbarkeit der Maßgrößen", so daß trotz heterogener Kostenverursachung nur eine Bezugsgröße erforderlich ist.[5] In der Praxis sind Fälle mit konstanter Auftragszusammensetzung aber äußerst selten.

Werden die Bezugsgrößen der Kostenstellen aus den bearbeiteten Produktmengen bzw. den erstellten Leistungseinheiten durch Multiplikation mit den Bezugsgrößen pro Mengeneinheit abgeleitet, so wie es die Gleichung (111) erkennen läßt, bezeichnet man sie als *retrograd erfaßte Bezugsgrößen*. Hierbei ist im Falle heterogener Kostenverursachung die Gleichung (111) für jede Bezugsgröße gesondert anzuwenden. In vielen Fertigungsstellen lassen sich die Bezugsgrößen retrograd erfassen. Werden die Bezugsgrößen durch Aufschreibungen oder Messungen während des Produktionsprozesses erfaßt, so z. B. durch Stundenaufschreibungen der Arbeitskräfte oder Laufzeitmeßgeräte an den Maschinen, so bezeichnet man sie als *unmittelbar erfaßte Bezugsgrößen*. Während retrograd erfaßte Bezugsgrößen strenge funktionale Beziehungen zu den Ausbringungsmengen aufweisen, wirken sich in unmittelbar erfaßten Bezugsgrößen Leistungsgradschwankungen und erhöhte Ausschußmengen aus. Unmittelbar erfaßte Bezugsgrößen werden zwar auch in Fertigungskostenstellen verwendet, insbesondere sind sie aber für die Kostenstellen der Betriebshandwerker erforderlich, deren Beschäftigung sich nur durch Stundenaufschreibungen messen läßt.

(3) Als *indirekte Bezugsgrößen* werden Bezugsgrößen bezeichnet, bei denen keine unmittelbare Beziehung zum Leistungsvolumen und damit zur Kostenverursachung der Kostenstellen besteht. Sie werden auch als Hilfs- oder Verrechnungsbezugsgrößen bezeichnet. Trotz der fehlenden unmittelbaren Beziehung zu den bearbeite-

5 Dieses Gesetz wurde von *K. Rummel* formuliert. Vgl. Einheitliche Kostenrechnung, 3. Aufl., Düsseldorf 1967, S. 2 ff.

ten Produktmengen bzw. erstellten Leistungseinheiten orientieren sich auch die indirekten Bezugsgrößen so weit als möglich am Verursachungsprinzip. Hierdurch unterscheiden sie sich von den „Umlageschlüsseln", wie sie insbesondere bei älteren Verfahren der Vollkostenrechnung Verwendung finden. Indirekte Bezugsgrößen kommen grundsätzlich nur für Kostenstellen in Frage, für die sich entweder keine direkten Bezugsgrößen finden lassen, oder bei denen die laufende Erfassung direkter Bezugsgrößen zu schwierig oder unwirtschaftlich ist. In den meisten Betrieben lassen sich vier *Anwendungsbereiche indirekter Bezugsgrößen* unterscheiden.[6]

Erstens gibt es *indirekte Bezugsgrößen, die sich aus den Bezugsgrößen anderer Kostenstellen ableiten lassen.* Dies gilt z. B. für *Leitungskostenstellen,* wozu Betriebsleitungen, Arbeitsvorbereitungen und Meisterbereichsstellen zählen. Diese Stellen betreuen Fertigungsstellen, ohne daß sich ihre Leistungen quantifizieren lassen. Für die Fertigungsstellen können aber direkte Bezugsgrößen festgelegt werden und sofern in den Leitungsstellen überhaupt proportionale Kosten anfallen, kann eine unmittelbare proportionale Beziehung dieser Kosten zu den direkten Bezugsgrößen der betreuten Stellen unterstellt werden. Hieraus wurde in der Plankostenrechnung die Technik der „DM Deckungsbezugsgrößen" abgeleitet, die wir mit Hilfe des in den Tabelle 21 und 22 wiedergegebenen einfachen Zahlenbeispiels verdeutlichen wollen.

Tabelle 21: Beispiel zur Erklärung einer DM-Deckungsbezugsgröße (Planung) für eine Arbeitsvorbereitung

Belastete Kostenstellen	Planbezugsgrößen		Proportionale Plankosten der Arbeitsvorbereitung	
	Bezeichnung	Menge	[DM/Monat]	[DM/Einheit]
Fertigungsstelle 1	Ftg.Std.	4 000	1 000	0,25
Fertigungsstelle 2	Ftg.Std.	2 700	1 080	0,40
Fertigungsstelle 3	Ftg.Std.	2 000	600	0,30
Fertigungsstelle 4	Ftg.Std.	1 500	300	0,20
Fertigungsstelle 5	Ftg.Std.	3 000	480	0,16
Summe			3 460	

Tabelle 22: Beispiel zur Erklärung einer DM-Deckungsbezugsgröße (Istbezugsgrößen-Erfassung) für eine Arbeitsvorbereitung

Belastete Kostenstellen	Istbezugsgrößen		Proportionale Sollkosten der Arbeitsvorbereitung	
	Bezeichnung	Menge	[DM/Monat]	[DM/Einheit]
Fertigungsstelle 1	Ftg.Std.	4 600	1 150	0,25
Fertigungsstelle 2	Ftg.Std.	3 000	1 200	0,40
Fertigungsstelle 3	Ftg.Std.	1 800	540	0,30
Fertigungsstelle 4	Ftg.Std.	2 000	400	0,20
Fertigungsstelle 5	Ftg.Std.	3 225	516	0,16
Summe			3 806	

6 Vgl. hierzu *W. Kilger,* Flexible Plankostenrechnung, a.a.O., S. 342 ff.

Die geplanten proportionalen Kosten der Kostenstelle Arbeitsvorbereitung betragen 3 460 DM/Monat. Dieser Betrag wird bei Durchführung der Kostenplanung nach dem Verursachungsprinzip auf die in Tabelle 21 angegebenen fünf Fertigungsstellen verteilt. Dividiert man die verteilten Beträge durch die Planbezugsgrößen, so erhält man die Plankosten pro Bezugsgrößeneinheit, z. B. 0,25 DM/Ftg. Std. bei Fertigungsstelle 1. Der Arbeitsvorbereitung werden als geplante Verrechnungsbezugsgröße ,,3 460 DM Deckung Grenzkosten" zugeordnet. Fallen in einem beliebigen Abrechnungsmonat z. B. die in Tabelle 22 angegebenen Istbezugsgrößen in den betreuten Fertigungsstellen an, so multipliziert man diese mit den Plankosten pro Bezugsgrößeneinheit. Auf diese Weise erhält man die proportionalen Sollkosten der Arbeitsvorbereitung, deren Summe im Beispiel der Tabelle 22 3 806 DM/Monat beträgt. Dieser Betrag wird als indirekte Istbezugsgröße der Arbeitsvorbereitung angesehen, der Istbeschäftigungsgrad beträgt daher $\frac{3\,806}{3\,460}$ 100 = 110 %.

Die Technik der „DM Deckungsbezugsgrößen" verwendet man in der Plankostenrechnung häufig auch für *Transport-* und *Energiekostenstellen*, sofern hier keine direkten Bezugsgrößen anwendbar sind. Für die Kostenstellen des Außentransports lassen sich als direkte Bezugsgrößen meistens die gefahrenen Kilometer oder die geleisteten Tonnenkilometer verwenden. Für die Kostenstellen des innerbetrieblichen Transports bereiten direkte Bezugsgrößen aber häufig so große Erfassungsschwierigkeiten, daß die Verwendung von ,,DM Deckungsbezugsgrößen" vorzuziehen ist. Auch für Energiekostenstellen (Strom, Gas, Wasser, Preßluft) wird man direkte Bezugsgrößen, z. B. kWh, kcal oder m^3, vorziehen. Sofern sich aber infolge fehlender Zähler der mengenmäßige Verbrauch in den empfangenden Kostenstellen nicht messen läßt, werden auch für Energiekostenstellen ,,DM Deckungsbezugsgrößen" verwendet.

In Betrieben mit einer Ist- oder Normalkostenrechnung treten an die Stelle der „DM Deckungsbezugsgrößen" meistens *„Umlageschlüssel"*. So werden z. B. die Kosten von Leitungsstellen proportional zu den Fertigungslöhnen, den Abschreibungen oder den Summen aus Fertigungslöhnen und Abschreibungen auf die betreuten Fertigungsstellen „umgelegt". Für die Kosten der Energiekostenstellen dienen z. B. die Anschlußwerte oder die mit den geleisteten Fertigungsstunden multiplizierten Anschlußwerte als Verteilungsschlüssel.

Zweitens wird für die *Sozialkostenstellen* meistens die *Lohn- und Gehaltssumme* als indirekte Bezugsgröße gewählt, da sich für diese Stellen keine operablen direkten Bezugsgrößen finden lassen. Die Lohn- und Gehaltssumme als Verrechnungsbasis der Sozialkosten hat den Vorteil, daß die sekundären und die primären Sozialkosten zusammen verrechnet werden können. Vgl. hierzu das Beispiel in Übersicht 12 auf Seite 108.

Drittens werden indirekte Bezugsgrößen für die *Kostenstellen des Einkaufs- und Materialbereichs* verwendet. Theoretisch sind zwar für diese Kostenstellen direkte Bezugsgrößen denkbar, so z. B. in Einkaufsabteilungen die Anzahl Bestellungen und in Lagerkostenstellen die Lagerbewegungen, die Lagermengen oder die bewerteten Lagermengen, meistens ist die Erfassung solcher Bezugsgrößen im Ist aber zu schwierig. Weiterhin haben diese Bezugsgrößen den Nachteil, daß sie zwar als Maßgrößen der Kostenverursachung nicht aber als Verrechnungsgrundlagen für die Kalkulation geeignet sind. Bestellungen und Lagermengen von Roh-, Hilfs- und Betriebsstoffen können nicht ohne weiteres bestimmten Endprodukten zugerechnet werden, da meistens im Bestell- bzw. Lagerzeitpunkt noch nicht feststeht, für welche Endprodukte die betreffenden Werkstoffe verwendet werden. Für die Kostenstellen des Einkaufs- und Materialbereichs verwendet man daher als „Hilfsbezugsgröße" den bewerteten Materialverbrauch, d. h. die Größe „DM Materialkosten". Diese Größe ist zugleich als kalkulatorische Verrechnungsgrundlage der Gemeinkosten des Einkaufs- und Materialbereichs geeignet. Um eine echte Maßgröße der Kostenverursachung handelt es sich hierbei zwar nicht, verursachen die einzelnen Materialgruppen im Einkaufs- und Materialbereich aber unterschiedlich hohe Kosten, so kann dies dadurch berücksichtigt werden, daß man die Hilfsbezugsgrößen „DM Materialkosten" für jede Materialgruppe gesondert ansetzt, und entsprechend viele Materialgemeinkostenverrechnungssätze bildet.

Viertens werden indirekte Bezugsgrößen für die *Kostenstellen des Verwaltungs- und Vertriebsbereichs* verwendet. Theoretisch sind zwar auch für diese Kostenstellen direkte Bezugsgrößen denkbar, so z. B. Anzahl Buchungen, Anzahl Kalkulationen, Anzahl geschriebene Seiten, Anzahl bearbeiteter Verkaufsaufträge usw., die Erfassungsschwierigkeiten sind hier aber noch größer als im Einkaufs- und Materialbereich. Auch diese Bezugsgrößen sind als Verrechnungsgrundlagen für die Kalkulation nicht geeignet. Für die Kostenstellen des Verwaltungs- und Vertriebsbereichs verwendet man daher in gleicher Weise Hilfsbezugsgrößen wie im Einkaufs- und Materialbereich. Die meisten Betriebe wählen für die Gemeinkosten der Verwaltungs- und Vertriebsstellen die *„DM Herstellkosten des Umsatzes"* als Verrechnungsbasis. Man erhält diese Größe, indem man die verkauften Produktmengen mit den zugehörigen Herstellkosten pro Kalkulationseinheit bewertet. Manche Betriebe, insbesondere solche, deren Produkte sich in ihren Materialanteilen stark voneinander unterscheiden, wählen die *„DM Fertigungskosten des Umsatzes"* als Verrechnungsgrundlage. Beide Größen sind keine echten Maßgrößen der Kostenverursachung, dennoch lassen sich Kostenunterschiede der einzelnen Produktgruppen dadurch berücksichtigen, daß man die „DM Herstellkosten des Umsatzes" bzw. „DM Fertigungskosten des Umsatzes" nach Produktgruppen differenziert und entsprechend viele Verwaltungs- oder Vertriebsgemeinkostenverrechnungssätze bildet. Insbesondere im Vertriebsbereich erfordert der Grundsatz der Kalkulationsgenauigkeit häufig eine weitgehende Differenzierung der Verrechnungssätze.

Besonders schwierig ist die Bezugsgrößenwahl bei den *Kostenstellen des Forschungs- und Entwicklungsbereichs*. Sofern es sich bei diesen Stellen um Bereitschaftstellen handelt, wie das z. B. bei Einrichtungen zum Zwecke der Grundlagenforschung der Fall ist, entfällt das Bezugsgrößenproblem. In vielen Industriebetrieben versucht man, die Leistungen von Forschungs-, Entwicklungs- oder Konstruktionsstellen mit Hilfe von Stundenaufschreibungen zu erfassen. Um echte Maßgrößen der Kostenverursachung handelt es sich hierbei aber meistens nicht. Für eine kalkulatorische Verrechnung der Gemeinkosten des Forschungs- und Entwicklungsbereichs kommen sie nur dann in Frage, wenn sich die geleisteten Stunden bestimmten Produktgruppen nach dem Verursachungsprinzip zuordnen lassen. Ist diese Voraussetzung nicht erfüllt, so werden die Forschungs- und Entwicklungskosten in der Regel in gleicher Weise auf die Hilfsbezugsgröße „DM Herstellkosten des Umsatzes" bezogen, wie wir das für die Verwaltungs- und Vertriebskostenstellen beschrieben haben. Auch hier werden die Verrechnungssätze nach Produktgruppen differenziert.

43. Die Kostenstellenrechnung in einer Istkostenrechnung

431. Der Aufbau des Betriebsabrechnungsbogens in einer Istkostenrechnung

(1) Wie bereits unsere Ausführungen in Kapitel 21 gezeigt haben, dient in einer Istkostenrechnung die Kostenstellenrechnung dazu, die angefallenen Istgemeinkosten nach dem Kostenüberwälzungsprinzip vollständig auf die Hauptkostenstellen und von dort auf die Kostenträger weiterzuverrechnen. Hierzu dient als organisatorisches Hilfsmittel der *Betriebsabrechnungsbogen* (BAB), der horizontal die Kostenstellen und vertikal die Kostenarten enthält. Betriebsabrechnungsbögen finden in der betrieblichen Praxis seit vielen Jahrzehnten Verwendung.[7] Die *Kostenarten* werden je nach ihrer Bedeutung im Betriebsabrechnungsbogen einzeln ausgewiesen oder zu Gruppen zusammengefaßt. Eine Verdichtung zu Gruppen erfolgt insbesondere bei Kostenarten, die von den Kostenstellenleitern nicht beeinflußt werden können, so z. B. bei Steuern, Gebühren und Versicherungsprämien. Bei den im Betriebsabrechnungsbogen ausgewiesenen Kostenarten ist zwischen den primären und den sekundären Kostenarten zu unterscheiden. Die ersteren werden aus der Kostenartenrechnung übernommen, die letzteren dagegen in der Kostenstellenrechnung selbst gebildet, und zwar mit Hilfe der innerbetrieblichen Leistungsverrechnung. Die *Kostenstellen* faßt man im Betriebsabrechnungsbogen zu funktionalen Gruppen zusammen, für die Zwischensummen ausgewiesen werden.

Wir wollen den Aufbau des Betriebsabrechnungsbogens in einer Istkostenrechnung mit Hilfe des in Tabelle 23 wiedergegebenen *Zahlenbeispiels* veranschaulichen.

(2) Das Blatt 1 der Tabelle 23 enthält die *sekundären Kostenstellen,* bei denen zwischen allgemeinen Hilfs- und Nebenkostenstellen und den Leitungskostenstellen des Fertigungsbereichs unterschieden wird. Das Blatt 2 dieser Tabelle dient zur Abrechnung der *primären Kostenstellen,* die nach Material-, Fertigungs-, Verwaltungs- und Vertriebskostenstellen gegliedert werden. Für alle Kostenstellengruppen werden Zwischensummen gebildet.

Die Zeilen 1 bis 17 enthalten die *primären Kostenarten,* die z. T. zu Gruppen zusammengefaßt worden sind. Für jede Kostenart oder Kostenartengruppe ist die *Verteilungsgrundlage* angegeben, mit deren Hilfe die Kosten nach dem Verursachungsprinzip auf die Kostenstellen weiterverrechnet werden. Bei den meisten Kostenarten erfolgt eine belegmäßige Verteilung, d. h. es werden bereits in der Kostenartenrechnung auf den Belegen Kostenstellennummern kontiert. Die in der Praxis zu findende „schlüsselmäßige Verteilung" sollte bei der Verrechnung der primären Kosten weitgehend vermieden werden. Im übrigen können wir hier auf unsere Ausführungen in den Kapiteln 32 bis 35 verweisen, in denen die Kontierung der wichtigsten Kostenarten beschrieben wurde.

Alle in Tabelle 23, Blatt 1, angegebenen Kostenartenbeträge lt. Kostenartenrechnung sind Istkosten mit Ausnahme der kalkulatorischen Sozialkosten in den Zeilen 16 und 17, da diese Kostenarten auch in einer Istkostenrechnung zeitlich abgegrenzt werden, um zu große Belastungsunterschiede in den einzelnen Monaten zu vermeiden.[8] Bei den Verrechnungssätzen von 52,5 % auf Lohn und 25,3 % auf

7 Der Betriebsabrechnungsbogen wurde Ende der zwanziger Jahre durch das RKW entwickelt. Vgl. *F. Henzel*, Die Kostenrechnung, a.a.O., S. 286.

8 Vgl. hierzu unsere Ausführungen in Kapitel 333.

Gehalt handelt es sich nicht um Ist- sondern um Normalkostensätze, so daß bei den Kostenarten 4921 und 4922 das Kostenüberwälzungsprinzip durchbrochen wird. Die oben angegebenen Verrechnungssätze enthalten nur primäre Sozialkosten. Um die Verrechnung der auf die Lohnkosten entfallenden Sozialkosten zu erleichtern, werden in Zeile 5 die Lohnkostenarten zu einer Zwischensumme zusammengefaßt.

In Zeile 18 wird die Summe der primären Kostenarten ausgewiesen, die in unserem Beispiel 976 227 DM beträgt. Hiervon entfallen 194 055 DM auf sekundäre und 782 172 DM auf primäre Kostenstellen.

(3) Die Zeilen 19 bis 28 enthalten die *sekundären Kostenarten,* die erst im Zuge der *innerbetrieblichen Leistungsverrechnung* gebildet werden. Jeder sekundären Kostenart entspricht eine bestimmte sekundäre Kostenstelle. So wird z. B. die Reparaturwerkstatt 201 unter der Kostenart 4931, die Sozialkostenstelle 145 unter der Kostenart 4923 usw. ausgewiesen. Die Kosten der Meisterbereichsstellen wurden in einer Zeile zusammengefaßt, da die Bereichstelle 400 nur die Fertigungsstellen 401 bis 404 und die Bereichsstelle 500 nur die Fertigungsstellen 501 bis 503 betreut.

Für jede sekundäre Kostenart ist angegeben, mit Hilfe welcher *Bezugsgröße* sie auf die leistungsempfangenden Stellen zu verteilen ist. So werden z. B. die Kosten der Reparaturwerkstatt mit Hilfe der geleisteten Fertigungsstunden, die Kosten der Sozialkostenstelle mit Hilfe der belasteten Lohn- und Gehaltsbeträge und die Kosten der Raumkostenstelle aufgrund der bereitgestellten Quadratmeter Nutzfläche weiterverrechnet. Die Stromversorgung wird im Verhältnis der verbrauchten kWh abgerechnet, wobei wir voraussetzen müssen, daß sich der Stromverbrauch in den empfangenden Stellen messen läßt. Ist diese Voraussetzung nicht erfüllt, so werden in einer Istkostenrechnung meistens Verteilungsschlüssel, z. B. die mit den kW-Anschlußwerten gewogenen Fertigungsstunden, verwendet. Für manche sekundäre Kostenstellen ist es zu schwierig oder gar unmöglich, exakte Maßgrößen der Kosteninanspruchnahme zu erfassen. Für sie werden in einer Istkostenrechnung „Verteilungsschlüssel" gebildet, die approximativ dem Verursachungsprinzip entsprechen sollten. Dies gilt insbesondere für innerbetriebliche Transportstellen und die Leitungskostenstellen der Fertigung. Im Beispiel der Tabelle 23 werden für die Kostenstelle Innerbetrieblicher Transport „Verrechnungseinheiten" als Verteilungsgrundlage gewählt. Diese erhält man, indem man die Istbezugsgrößen der empfangenden Stellen mit geplanten Äquivalenzziffern multipliziert, die in etwa der durchschnittlichen Inanspruchnahme innerbetrieblicher Transportleistungen entsprechen. Der PKW-Dienst dagegen wird aufgrund der gefahrenen Kilometer abgerechnet, wobei unterstellt wird, daß sich die verwendeten Wagentypen in ihrer Kostenverursachung nicht wesentlich voneinander unterscheiden.[9] Die Kosten der Technischen Leitung und der beiden Meisterbereichsstellen werden proportional zu der Summe aus den Fertigungslöhnen und den Abschreibungen und die Kosten der Arbeitsvorbereitung proportional zu den Fertigungslöhnen auf die von ihnen betreuten Fertigungsstellen verteilt. Für die Kosten des Hilfs-, Betriebsstoff- und Werkzeuglagers werden die Hilfs-, Betriebsstoff- und Werkzeugkosten als Verteilungsschlüssel gewählt.

9 Ist diese Voraussetzung nicht erfüllt, so müssen entweder mehrere Transportkostenstellen gebildet oder die Transportstelle mit Hilfe mehrerer Bezugsgrößen abgerechnet werden.

Tabelle 23, Blatt 1: Kostenstellenrechnung in einer Istkostenrechnung

Kostenstellenrechnung				Monat:	Jahr:	Allgemeine Hilfs- und Nebenkostenstellen			
						115	125	131	132
Zeilen Nr.	Kostenarten Nr.	Kostenarten Bezeichnung		Verteilungsgrundlage	Beiträge lt. Kostenartenrechnung	Raumkostenstelle	Stromversorgung	Innerbetriebl. Tranport	PKW-Dienst
1	4301–02	Fertigungslöhne		Lohnscheine	282 765				
2	4309	Zusatzlöhne		Zusatzlohnscheine	7 089				
3	4311–19	Hilfslöhne		Hilfslohnscheine	58 943	3 866		7 727	3 510
4	4321–22	Lohnzulagen u. Mehrarbeitsko.		Zulagenscheine	6 997			108	
5	Summe	Lohnkosten			(355 794)	(3 866)		(7 835)	(3 510)
6	4351	Gehälter		Gehaltsliste	149 142	3 032			
7	4121–22	Hilfs- und Betriebsstoffe		Materialentnahmescheine	7 279	232	27	193	238
8	4123–25	Werkzeuge und Geräte		Werkzeugscheine	15 483	120		30	125
9	4501–04	Fremdreparaturkosten		Fremdrechnungen	4 584	1 883		200	620
10	4129	Reparaturmaterialkosten		Materialentnahmescheine	5 405	320	86	205	
11	4201–19	Heiz-, Brennstoffe, Energie		Belege	23 270	350	18 120		2 350
12	4601–39	Steuern, Gebühren, Vers.Prämien		Angaben der Fibu	19 121	5 107			450
13	4711–89	Verschiedene Gemeinkosten		Belege	29 341	250	23	40	45
14	4801	Kalk. Abschreibungen		Anlagenkartei	76 635	7 750	615	210	1 280
15	4802	Kalk. Zinsen		AV Anlagenkartei UV Istbestände	65 648	15 540	360	105	170
16	4921	Kalk. Sozialko. Lohnempfänger		52,5 % auf Lohn	186 792	2 030		4 113	1 843
17	4922	Kalk. Sozialko. Gehaltsempfänger		25,3 % auf Gehalt	37 733	767			
18	Summe	primäre Kostenarten			976 227	41 247	19 231	12 931	10 631
19	4931	Reparaturwerkstatt	201	Fertigungsstunden		877	47	355	
20	4923	Sozialkostenstelle	145	DM Lohn + Gehalt		114		129	58
21	4901	Raumkostenstelle	115	m^2		501	250	438	939
22	4911	Stromversorgung	125	kWh		373		804	
23	4971	Innerbetr. Transport	131	Verrechnungseinheiten					
24	4972	PKW-Dienst	132	km					
25	4991	Technische Leitung	100	Fertigungslohn + Abschreibungen					
26	4992	Arbeitsvorbereitung	110	Fertigungslohn					
27	4993	Hilfs-, Betriebsstoff- und Werkzeuglager	302	DM Hilfs-, Betriebsstoff- und Werkzeugkosten		91	7	57	94
28	4994–95	Meisterbereich I u. II	400 500	Fertigungslohn + Abschreibungen					
29	Summe	sekundäre Kostenarten				1 956	304	1 783	1 091
30	Summe	Kostenarten insgesamt				43 203	19 535	14 714	11 722
31	Istbezugsgrößen					6 900	146 704	45 270	14 200
32	Kalkulationssätze					6,261	0,133	0,325	0,825
33	Bezugsgrößenart					m^2	kWh	VE	km

				Leitungskostenstellen der Fertigung					
145 Sozial-kosten-stelle	201 Repara-turwerk-statt	302 Hilfs-, Betriebs-stoff- u. Werkzeug-lager	Summe der Allgem. Hilfs- u. Neben-kosten-stellen	100 Techn. Leitung	110 Arbeits-vorbe-reitung	400 Meister-bereich I	500 Meister-bereich II	Summe der Leitungs-stellen der Fertigung	Summe der sekundären Kosten-stellen
	8 770		8 770						8 770
3 374		1 984	20 461			5 632	2 322	7 954	28 415
			108						108
(3 374)	(8 770)	(1 984)	(29 339)			(5 632)	(2 322)	(7 954)	(37 293)
	2 332		5 364	19 080	19 504	4 664	2 438	45 686	51 050
65	88	46	889			1 185	433	1 618	2 507
	120		395			30	125	155	550
			2 703		83			83	2 786
56	111	36	814		120	341	348	809	1 623
			20 820						20 820
		245	5 802	4 727				4 727	10 529
325			683	850	305	782	340	2 277	2 960
380	250	100	10 585	220	220	80	60	580	11 165
140	110	942	17 367	2 755	100	30	25	2 910	20 277
1 771	4 604	1 042	15 403			2 957	1 219	4 176	19 579
	590		1 357	4 827	4 935	1 180	617	11 559	12 916
6 111	16 975	4 395	111 521	32 459	25 267	16 881	7 927	82 534	194 055
118	355	47	1 799		237	1 066	948	2 251	4 050
56	183	33	573	315	322	170	79	886	1 459
2 035	1 096	1 377	6 636	877	1 377	470	401	3 125	9 761
	314		1 491		94			94	1 585
				2 641				2 641	2 641
17	54	12	332			313	143	456	788
2 226	2 002	1 469	10 831	3 833	2 030	2 019	1 571	9 453	20 284
8 337	18 977	5 864	122 352	36 292	27 297	18 900	9 498	91 987	214 339
504 936	801	22 762		337 505	273 995	179 450	158 055		
0,0165	23,69	0,2576		0,1075	0,0996	0,1053	0,0601		
DM	Ftg.Std.	DM		DM	DM	DM	DM		

Tabelle 23, Blatt 2: Kostenstellenrechnung in einer Istkostenrechnung

	Materialkostenstellen			Fertigungskostenstellen							
	300	301		401	402	403	404	501	502	503	
Zeilen Nr.	Einkauf	Rohstoff-lager	Summe Material-kosten-stellen	Ftg.Ko. Stelle A	Ftg.Ko. Stelle B	Ftg.Ko. Stelle C	Ftg.Ko. Stelle D	Ftg.Ko. Stelle E	Ftg.Ko. Stelle F	Ftg.Ko. Stelle G	Summe Ftg.Ko. Stelle
1				35 721	41 804	35 604	28 431	23 150	87 561	21 724	273 995
2				219	1 307	140	1 188	248	3 501	486	7 089
3		3 046	3 046	2 020	2 041	3 048	1 552	1 458	3 845	2 036	16 000
4				742	2 178	1 312			2 533		6 765
5		(3 046)	(3 046)	(38 702)	(47 330)	(40 104)	(31 171)	(24 856)	(97 440)	(24 246)	(303 849)
6	7 844	1 060	8 904								
7		21	21	484	330	330	299	2 066	939	185	4 633
8				1 250	2 419	4 789	1 715	850	3 590	320	14 933
9	38		38		420	500			480		1 400
10		67	67	266	726	649	860	384	570	115	3 570
11								2 450			2 450
12		1 072	1 072								
13	420	82	502								
14	60	240	300	6 850	10 400	13 780	6 860	7 820	15 200	2 600	63 510
15	30	5 700	5 730	2 740	4 992	5 512	4 116	3 754	6 080	1 560	28 754
16		1 599	1 599	20 319	24 848	21 055	16 365	13 049	51 156	12 729	159 521
17	1 985	268	2 253								
18	10 377	13 155	23 532	70 611	91 465	86 719	61 386	55 229	175 455	41 755	582 620
19		237	237	711	3 080	2 488	1 848	995	4 739	592	14 453
20	130	68	198	639	781	662	515	410	1 609	400	5 016
21	526	3 976	4 502	2 442	3 256	2 567	1 784	2 974	3 381	2 630	19 034
22		622	622	2 746	2 397	3 526	2 685	868	3 643	1 380	17 245
23		3 686	3 686	1 147	2 271	2 381	1 141	1 130	1 757	1 201	11 028
24	1 651		1 651								
25				4 578	5 613	5 310	3 795	3 330	11 050	2 616	36 292
26				3 559	4 165	3 547	2 833	2 306	8 723	2 164	27 297
27		5	5	447	708	1 319	519	751	1 167	130	5 041
28				4 484	5 498	5 201	3 717	1 861	6 176	1 461	28 398
29	2 307	8 594	10 901	20 753	27 769	27 001	18 837	14 625	42 245	12 574	163 804
30	12 684	21 749	34 433	91 364	119 234	113 720	80 223	69 854	217 700	54 329	746 424
31			405 000	4 410	5 376	4 070	3 510	31 620	5 405	41 040	
32			8,50 %	20,72	22,18	27,94	22,86	2,21	40,28	1,32	
33			DM	Ftg.Std.	Ftg.Std.	Ftg.Std.	Ftg.Std.	kg	Masch.Std.	m^2	

Verwaltungskostenstellen							Vertriebskostenstellen				
800	821	822	823	831	851		900	902	903		
Kfm. Leitung	Finanzbuchhaltung	Betriebsabrechnung	EDV	Personalabteilung	Registratur u. Poststelle	Summe Verwaltungskostenstellen	Vertriebsleitung und Verkauf	Werbung und Marktforschung	Fertigwarenlager, Versand	Summe Vertriebskostenstellen	Summe der primären Kostenstellen
											273 995
											7 089
					1 609	1 609			9 873	9 873	30 528
									124	124	6 889
					(1 609)	(1 609)			(9 997)	(9 997)	(318 501)
14 840	10 812	14 522	14 204	5 300	4 028	63 706	15 624	5 936	3 922	25 482	98 092
									118	118	4 772
											14 933
	65		185		110	360					1 798
									145	145	3 782
											2 450
7 520						7 520					8 492
4 240	1 220	2 072	9 820	85	450	17 887	2 875	5 117		7 992	20 301
250	280	90	280	40	120	1 060	320	40	240	600	65 470
130	5 220	40	170	17	40	5 617	130	10	5 130	5 270	45 371
					845	845			5 248	5 248	167 213
3 755	2 735	3 674	3 593	1 341	1 019	16 117	3 953	1 502	992	6 447	24 817
30 735	20 332	20 398	28 252	6 783	8 221	114 721	22 902	12 605	25 792	61 299	782 172
									237	237	14 927
245	179	240	234	87	93	1 078	258	98	230	586	6 878
1 002	1 127	657	1 002	376	407	4 571	720	282	4 333	5 335	33 442
			83			83					17 950
											14 714
2 394						2 394	4 623	413		5 036	9 081
											36 292
											27 297
									30	30	5 076
											28 398
3 641	1 306	897	1 319	463	500	8 126	5 601	793	4 830	11 224	194 055
34 376	21 638	21 295	29 571	7 246	8 721	122 847	28 503	13 398	30 622	72 523	976 227
						1 297 000				1 297 000	
						9,47 %				5,59 %	
						DM				DM	

Tabelle 24: Verteilung der innerbetrieblichen Leistungen auf sekundäre Kostenstellen

Verteilung der innerbetrieblichen Leistungen			Monat: Jahr:		Belastete Hilfs-, Neben- und Leitungskostenstellen													
					115*	125*	131	132	145*	201*	302*	100	110	400	500			
Zeilen Nr. BAB	Kostenarten Nr.	Kostenarten Bezeichnung		Maßgrößen	Raumkostenstelle	Stromversorgung	Innerbetriebl. Transport	PKW-Dienst	Sozialkostenstelle	Reparaturwerkstatt	Hilfs-, Betriebsstoff- u. Werkzeuglager	Techn. Leitung	Arbeitsvorbereitung	Meisterbereich I	Meisterbereich II	Summe sekundäre Kostenstellen	Summe primäre Kostenstellen	Summe aller Kostenstellen
19	4931	Reparaturwerkstatt	201*	Ftg. Std.	37	2	15		5	15	2		10	45	40	171	630	801
20	4923	Sozialkostenstelle	145*	DM	6 898		7 835	3 510	3 374	11 102	1 984	19 080	19 504	10 296	4 760	88 343	416 593	504 936
21	4901	Raumkostenstelle	115*	m^2	80	40	70	150	325	175	220	140	220	75	64	1 559	5 341	6 900
22	4911	Stromversorgung	125*	kWh	2 800		6 040			2 360			704			11 904	134 800	146 704
23	4971	Innerbetr. Transport	131	VE													45 270	45 270
24	4972	PKW-Dienst	132	km								3 200				3 200	11 000	14 200
25	4991	Technische Leitung	100	DM													337 505	337 505
26	4992	Arbeitsvorbereitung	110	DM													273 995	273 995
27	4993	Hilfs-, Betriebsstoff- und Werkzeuglager	302*	DM	352	27	223	363	65	208	46			1 215	558	3 057	19 705	22 762
28	4994	Meisterbereich I	400	DM													179 450	179 450
	4995	Meisterbereich II	500	DM													158 055	158 055

Die Tabellen 24 und 25 geben an, wie viele Leistungs- oder Schlüsseleinheiten beim innerbetrieblichen Leistungsaustausch von den Kostenstellen in Anspruch genommen werden. Die Fertigungsstunden der Reparaturwerkstatt, die beanspruchten Quadratmeter, der Stromverbrauch und die gefahrenen Kilometer des PKW-Dienstes müssen durch besondere Aufschreibungen erfaßt werden. Die Verrechnungseinheiten der innerbetrieblichen Transportstelle werden mit Hilfe von Äquivalenzziffern aus den Istbezugsgrößen der belieferten Stellen abgeleitet. Diese Ableitung ist in Tabelle 26 wiedergegeben. Die Schlüsseleinheiten aller übrigen Sekundärkostenarten lassen sich unmittelbar aus den primären Kostenarten des Betriebsabrechnungsbogens ableiten.

Durch die innerbetriebliche Leistungsverrechnung, deren Verfahren wir erst in Kapitel 432 beschreiben, werden *Kalkulationssätze pro Einheit der Leistungsmaßgrößen oder Verteilungsschlüssel* gebildet. Diese Verrechnungssätze müssen in einer Istkostenrechnung dem Kostenüberwälzungsprinzip entsprechen, d. h. mit ihrer Hilfe müssen alle Kosten der sekundären Kostenstellen weiterverrechnet werden. Hierbei ist zu berücksichtigen, daß sich die sekundären Kostenstellen gegenseitig mit Leistungen beliefern und zum Teil auch ihre eigenen Leistungen verbrauchen. Man bezeichnet diesen Tatbestand als die *Interdependenz des innerbetrieblichen Leistungsaustauschs.*[10] Die in Tabelle 23, Blatt 1, Zeile 32, angegebenen Kalkulationssätze der Sekundärstellen wurden nach dem Gleichungsverfahren ermittelt, das wir in Kapitel 4321 beschreiben werden. Hiernach wurde z. B. für die Raumkostenstelle ein Kostensatz in Höhe von 6,261 DM/m^2 ermittelt. Multipliziert man hiermit die in Zeile 21 der Tabellen 24 und 25 angegebenen Quadratmeter, so erhält man die Raumkostenbeträge, die den Kostenstellen unter der Kostenart 4901 zu belasten sind. Den sekundären Kostenstellen werden insgesamt 9 761 DM und den primären Kostenstellen insgesamt 33 442 DM Raumkosten belastet; das sind zusammen 43 203 DM. Dieser Betrag stimmt mit der Kostensumme der Raumkostenstelle überein. Entsprechend werden alle übrigen sekundären Kostenarten gebildet. Auch für sie läßt sich der Nachweis führen, daß der Gesamtbetrag der sekundären Kostenart genau der Kostensumme der zugehörigen Kostenstelle entspricht.

Insgesamt entfallen auf die sekundären Kostenstellen 194 055 DM primäre und 20 284 DM sekundäre Kostenarten. Nach Durchführung der innerbetrieblichen Leistungsverrechnung sind die primären Gemeinkosten in Höhe von 194 055 DM auf die Hauptkostenstellen verrechnet, wie die letzte Spalte der Zeile 29 in Tabelle 23, Blatt 2, erkennen läßt, Damit sind die *gesamten Kosten der Abrechnungsperiode* in Höhe von 976 227 DM *auf die primären Kostenstellen weiterverrechnet.* Bei den sekundären Kosten der sekundären Kostenstellen handelt es sich um *doppelt verrechnete Kosten*, weil sie bereits in den primären Kosten der Sekundärstellen enthalten sind und später auf die Primärstellen weiterverrechnet werden.

10 Das Interdependenzproblem hat bereits *E. Schneider* als „Eigentümlichkeit des internen Leistungsverrechnungsproblems" herausgearbeitet. Vgl. Die innerbetriebliche Leistungsverrechnung in der Kostenarten- und Kostenstellenrechnung, ZfhF 1941, S. 258 und S. 259.

Tabelle 25: Verteilung der innerbetrieblichen Leistungen auf primäre Kostenstellen

Verteilung der innerbetrieblichen Leistungen			Monat: Jahr:		Belastete Hauptkostenstellen des Material-,						
					300	301	401	402	403	404	501
Zeilen Nr. BAB	Kostenarten			Maß-größen	Einkauf	Rohstoff-lager	Ftg.Ko. Stelle A	Ftg.Ko. Stelle B	Ftg.Ko. Stelle C	Ftg.Ko. Stelle D	Ftg.Ko. Stelle E
	Nr.	Bezeichnung									
19	4931	Reparaturwerkstatt	201	Ftg.Std.		10	30	130	105	78	42
20	4923	Sozialkostenstelle	145	DM	7 844	4 106	38 702	47 330	40 104	31 171	24 856
21	4901	Raumkostenstelle	115	m^2	84	635	390	520	410	285	475
22	4911	Stromversorgung	125	kWh		4 672	20 624	18 000	26 480	20 160	6 520
23	4971	Innerbetr. Transport	131	VE		11 340	3 528	6 989	7 326	3 510	3 478
24	4972	PKW-Dienst	132	km	2 000						
25	4991	Technische Leitung	100	DM			42 571	52 204	49 384	35 291	30 970
26	4992	Arbeitsvorbereitung	110	DM			35 721	41 804	35 604	28 431	23 150
27	4993	Hilfs-, Betriebsstoff- und Werkzeuglager	302	DM		21	1 734	2 749	5 119	2 014	2 916
28	4994	Meisterbereich I	400	DM			42 571	52 204	49 384	35 291	
	4995	Meisterbereich II	500	DM							30 970

Tabelle 26: Erfassung der Verrechnungseinheiten zur Abrechnung der Kostenstelle Innerbetrieblicher Transport

Empfangende Kostenstelle		Ist-Bezugsgröße	Äquivalenz-ziffer	Verrech-nungs-einheiten
Nr.	Bezeichnung			
301	Rohstofflager	405 000 DM	0,028	11 340
401	Ftg. Kostenstelle A	4 410 Ftg. Std.	0,8	3 528
402	Ftg. Kostenstelle B	5 376 Ftg. Std.	1,3	6 988
403	Ftg. Kostenstelle C	4 070 Ftg. Std.	1,8	7 326
404	Ftg. Kostenstelle D	3 510 Ftg. Std.	1,0	3 510
501	Ftg. Kostenstelle E	31 620 kg	0,11	3 479
502	Ftg. Kostenstelle F	5 405 Masch. Std.	1,0	5 405
503	Ftg. Kostenstelle G	41 040 m^2	0,09	3 694
Summe				45 270

(4) Die letzte Aufgabe des Betriebsabrechnungsbogens besteht darin, *Kalkulationssätze für die Hauptkostenstellen* zu bilden, indem man die gesamten Istkosten der Hauptkostenstellen (Zeile 30) durch die zugehörigen Istbezugsgrößen (Zeile 31) dividiert. In der Tabelle 23, Blatt 2, werden die Kalkulationssätze in Zeile 32 ausgewiesen; die Zeile 33 gibt die Bezugsgrößenart an. Im einzelnen werden wir die Bildung der Kalkulationssätze für die Hauptkostenstellen in Kapitel 433 behandeln.

(5) In einem Betriebsabrechnungsbogen der Istkostenrechnung treten aufgrund des Kostenüberwälzungsprinzips *keine Kostenabweichungen* auf. Die Kalkulationssätze sind Vollkosten- und Istkostensätze zugleich; mit ihrer Hilfe werden die gesamten Istgemeinkosten der Abrechnungsperiode in die Kostenträgerrechnung weiterverrechnet.

tigungs-, Verwaltungs- u. Vertriebsbereichs											
02	503	800	821	822	823	831	851	900	902	903	
tg.Ko. elle	Ftg.Ko. Stelle G	Kfm. Leitung	Finanz-buch-haltung	Betriebs-abrech-nung	EDV	Personal-abteilung	Registra-tur u. Post-stelle	Vertriebs-leitung und Verkauf	Werbung und Marktfor-schung	Fertig-waren-lager, Versand	Summe primäre Stellen
200	25									10	630
7 440	24 246	14 840	10 812	14 522	14 204	5 300	5 637	15 624	5 936	13 919	416 593
540	420	160	180	105	160	60	65	115	45	692	5 341
7 360	10 360				624						134 800
5 405	3 694										45 270
		2 900						5 600	500		11 000
2 761	24 324										337 505
7 561	21 724										273 995
4 529	505									118	19 705
											179 450
2 761	24 324										158 055

Für die Kostenkontrolle ist der Betriebsabrechnungsbogen der Istkostenrechnung *nicht geeignet,* da er nur die zu kontrollierenden Istkosten enthält und keine zum Vergleich benötigten Sollkosten ausweist. Weiterhin sind die Istkosten nicht von Preis- und Lohnsatzschwankungen bereinigt, welche die Kostenstellenleiter nicht zu verantworten haben.

Die Verrechnungssätze für innerbetriebliche Leistungen und sämtliche Kalkulationssätze der Hauptkostenstellen werden in einer Istkostenrechnung in jeder Abrechnungsperiode neu errechnet. Die Schwankungen der Kalkulationssätze werden in vielen Betrieben mit Hilfe einer Zeitreihenanalyse statistisch ausgewertet.

432. *Die Verfahren der innerbetrieblichen Leistungsverrechnung in einer Istkostenrechnung*

4321. Das Gleichungsverfahren

(1) Das Hauptproblem der innerbetrieblichen Leistungsverrechnung besteht darin, die Interdependenz des Leistungsaustausches der sekundären Kostenstellen richtig zu erfassen. Beliefert eine Hilfskostenstelle andere sekundäre Kostenstellen und nimmt sie gleichzeitig von diesen Leistungseinheiten in Anspruch, so läßt sich der Verrechnungssatz jeder Stelle erst bestimmen, wenn man die Verrechnungssätze der übrigen Stellen kennt. Hieraus folgt aber, daß man in einer Istkostenrechnung exakte Verrechnungssätze für innerbetriebliche Leistungen nur simultan bestimmen kann. Hierfür wurde das sog. *Gleichungsverfahren* entwickelt.[11] Bei diesem Ver-

11 Die Verfahren der innerbetrieblichen Leistungsverrechnung sind in der Literatur ausführlich behandelt worden. Hierbei standen insbesondere die Verfahren der Istkostenrechnung im Vordergrund. Das von uns in diesem Kapitel behandelte Gleichungsverfahren wurde erstmalig von E. Schneider ausführlich beschrieben. Vgl. *E. Schneider*, Die innerbetriebliche Leistungsverrechnung . . . , a.a.O., S. 255 ff. insbesondere S. 260 ff. Im übrigen sei auf folgende Literaturstellen verwiesen: *D. Börner*, Stichwort innerbetriebliche Leistungsverrechnung im: Handwörterbuch des Rechnungswesens, hrsg. von *E. Kosiol*,

fahren werden genau so viele lineare Gleichungen gebildet, wie es sekundäre Kostenstellen und zu bestimmende Verrechnungssätze gibt. Die Verrechnungssätze sind die Unbekannten dieses Gleichungssystems.

Zur Ableitung des Gleichungsverfahrens wollen wir die folgenden Kurzzeichen einführen:

K_{Pr} = Summe der primären Kostenarten einer sekundären Kostenstelle [DM/Monat]
K = Summe der primären und sekundären Kostenarten einer sekundären Kostenstelle [DM/Monat]
B = Anzahl der erstellten innerbetrieblichen Leistungseinheiten einer sekundären Kostenstelle [ME/Monat]
r = Anzahl der verbrauchten innerbetrieblichen Leistungseinheiten [ME/Monat]
h = Verrechnungssatz einer sekundären Kostenstelle [DM/ME]
ν, μ = Kostenstellenindizes der sekundären Kostenstellen (die jeweils als leistende und empfangende Stellen auftreten können)
s = Anzahl sekundärer Kostenstellen
($\nu = 1, \ldots, s$)
($\mu = 1, \ldots, s$)

Für die Verrechnungssätze h_ν gelten folgende Bestimmungsgleichungen:

(112) $$h_\nu = \frac{K_\nu}{B_\nu} \qquad (\nu = 1, \ldots, s)$$

oder

(113) $$h_\nu B_\nu = K_\nu \qquad (\nu = 1, \ldots, s)$$

Löst man in den Gleichungen (113) die Gesamtkosten K_ν in die im Betriebsabrechnungsbogen ausgewiesenen primären Kosten $K_{Pr\nu}$ und die sekundären Kostenarten auf, so erhält man:

(114) $$h_\nu B_\nu = K_{Pr\nu} + \sum_{\mu=1}^{s} r_{\nu\mu} h_\mu \qquad (\nu = 1, \ldots, s)$$

Bei $r_{\nu\mu}$ gibt der erste Index die empfangende und der zweite Index die leistende Stelle an. Für $\nu = \mu$ liegt Eigenverbrauch der Kostenstelle ν vor. Zu beachten ist, daß die Hilfs- und Nebenkostenstellen sich nicht nur gegenseitig beliefern, sondern

Stuttgart 1970, Sp. 1017; *K. F. Bussmann*, Industrielles Rechnungswesen, a.a.O., S. 71 ff.; *J. Greifzu*, Das Rechnungswesen, 12. Aufl., Hamburg 1971, S. 503 ff.; *F. Henzel*, Die Kostenrechnung, a.a.O., S. 296 ff.; *H. Jost*, Kosten- und Leistungsrechnung, a.a.O., S. 76 ff.; *W. Kalveram*, Industrielles Rechnungswesen, 6. Aufl., Wiesbaden 1968, S. 273 ff.; *W. Kilger*, Betriebliches Rechnungswesen in: Allgemeine Betriebswirtschaftslehre in programmierter Form, hrsg. von *H. Jacob*, Wiesbaden 1969, S. 871 ff.; *H. Knoblauch*, Die Kostenstellen-Umlageverfahren, ZfhF 1954, S. 327 ff.; *E. Kosiol*, Verrechnung innerbetrieblicher Leistungen, Wiesbaden 1951, S. 12 ff.; *H. Martin*, Die Umlegung der Hilfskostenstellen im Betriebsabrechnungsbogen, ZfhF 1949, S. 227 ff.; *K. Mellerowicz*, Kosten und Kostenrechnung, Bd. 2, 1. Teil, a.a.O., S. 480 ff.; *E. Schmalenbach*, Kostenrechnung und Preispolitik, a.a.O., S. 361 ff.

insbesondere auch die Hauptkostenstellen mit innerbetrieblichen Leistungen versorgen. Bezeichnen wir die Indizes der Hauptkostenstellen mit i und deren Anzahl mit m, so gilt:

$$(115) \qquad B_\nu = \underbrace{\sum_{i=1}^{m} r_{i\nu}}_{\substack{\text{Lieferungen}\\ \text{an primäre}\\ \text{Kosten-}\\ \text{stellen}}} + \underbrace{\sum_{\mu=1}^{s} r_{\nu\mu}}_{\substack{\text{Lieferungen}\\ \text{an sekundäre}\\ \text{Kostenstellen}}} \qquad (\nu = 1, \ldots, s)$$

Das Gleichungssystem (114) läßt sich leicht in die Normalform überführen und mit Hilfe verschiedener Verfahren lösen. Betriebe mit einer Istkostenrechnung sollten die simultane Bestimmung der Verrechnungssätze für innerbetriebliche Leistungen der EDV übertragen.

(2) Wir wollen die Anwendung des Gleichungsverfahrens mit Hilfe des in den Tabellen 23, 24 und 25 wiedergegebenen *Zahlenbeispiels* darstellen. Der Betriebsabrechnungsbogen in Tabelle 23, Blatt 1, enthält in Zeile 18 die Summen der primären Kostenarten $K_{Pr\nu}$, die als Kostanten in die Gleichungen (114) eingehen. Aus der Tabelle 24 können die Verbrauchsmengen $r_{\nu\mu}$ entnommen werden, die auf sekundäre Kostenstellen entfallen. Die Tabelle 25 enthält die Verbrauchsmengen der primären Kostenstellen, die wir in Gleichung (115) als $r_{i\nu}$ bezeichnet haben; sie sind für die Bildung der Verrechnungssätze nicht relevant. Die letzte Spalte der Tabelle 24 gibt die Gesamtmengen der von den Sekundärstellen erstellten Leistungseinheiten an, die in den Gleichungen (114) als B_ν bezeichnet werden.

In unserem Beispiel exisieren 11 sekundäre Kostenstellen, für die Verrechnungssätze bestimmt werden müssen. An sich sind hierfür 11 lineare Gleichungen mit 11 Unbekannten erforderlich. Die Tabelle 24 läßt aber erkennen, daß nur zwischen den fünf mit einem Stern gekennzeichneten Stellen interdependente Beziehungen bestehen, da nur sie sich gegenseitig beliefern. Die innerbetriebliche Transportstelle und die Leitungsstellen der Fertigung beliefern nur Hauptkostenstellen. Der PKW-Dienst beliefert zwar die Technische Leitung, nimmt aber von dieser keine Gegenleistung in Anspruch. In unserem Zahlenbeispiel reicht daher für die innerbetriebliche Leistungsverrechnung ein Gleichungssystem aus, das sich auf die Kostenstellen 115, 125, 145, 201 und 302 beschränkt. Dieses Gleichungssystem lautet wie folgt:

(116)

$$6\,900\, h_{115} = 41\,247 + 80\, h_{115} + 2\,800\, h_{125} + 6\,898\, h_{145} + 37\, h_{201} + 352\, h_{302}$$

$$146\,704\, h_{125} = 19\,231 + 40\, h_{115} + 2\, h_{201} + 27\, h_{302}$$

$$504\,936\, h_{145} = 6\,111 + 325\, h_{115} + 3\,374\, h_{145} + 5\, h_{201} + 65\, h_{302}$$

$$801\, h_{201} = 16\,975 + 175\, h_{115} + 2\,360\, h_{125} + 11\,102\, h_{145} + 15\, h_{201} + 208\, h_{302}$$

$$22\,762\, h_{302} = 4\,395 + 220\, h_{115} + 1\,984\, h_{145} + 2\, h_{201} + 46\, h_{302}$$

Überführt man die Gleichungen (116) in die Einheitsform linearer Gleichungen und in die Matrixschreibweise, so erhält man die Tabelle 27:

Tabelle 27: Matrix zur Bestimmung der Verrechnungssätze für innerbetriebliche Leistungen für das Zahlenbeispiel der Tabelle 23 (Gleichungsverfahren)

Kostenstellen Nr.	Konstante	Koeffizienten der Verrechnungssätze für Kostenstelle				
		115	125	145	201	302
115	−41 247	−6 820	2 800	6 898	37	352
125	−19 231	40	−146 704		2	27
145	− 6 111	325		−501 562	5	65
201	−16 975	175	2 360	11 102	−786	208
302	− 4 395	220		1 984	2	−22 716

Die Lösung dieses Gleichungssystems führt zu den Verrechnungssätzen, die in der Tabelle 23, Blatt 1, für die Kostenstellen 115, 125, 145, 201 und 302 in Zeile 32 angegeben werden. Multipliziert man hiermit die in den Tabellen 24 und 25 enthaltenen Verbrauchsmengen, so erhält man die Beträge, die den Kostenstellen unter den sekundären Kostenarten 4901, 4911, 4923, 4931 und 4993 zu belasten sind. Hiernach liegen die Gesamtkosten aller sekundären Kostenstellen mit Ausnahme der Technischen Leitung fest. Ihre Verrechnungssätze lassen sich bestimmen, indem man die Gesamtkosten durch die zugehörigen Istbezugsgrößen dividiert. Der Technischen Leitung müssen zuvor die Kosten der Kostenstelle PKW-Dienst belastet werden.

Das lineare Gleichungssystem der innerbetrieblichen Leistungsverrechnung läßt sich auch durch folgendes *Sukzessivverfahren* mit genügender Genauigkeit lösen. In einem ersten Rechengang bestimmt man vorläufige Verrechnungssätze, indem man den innerbetrieblichen Leistungsaustausch der Sekundärstellen vernachlässigt, also die primären Kosten durch die erstellten Leistungseinheiten dividiert. Mit diesen vorläufigen Verrechnungssätzen ermittelt man im zweiten Rechengang die sekundären Kostenarten der Sekundärstellen, addiert sie zu den primären Kosten und dividiert die so erhaltenen vorläufigen Gesamtkosten durch die erstellten Leistungseinheiten. Hierdurch erhält man die Verrechnungssätze des zweiten Rechenganges. Dieses Verfahren wiederholt man solange, bis man Verrechnungssätze erhält, bei denen die Gesamtkosten der Sekundärstellen mit den Summen der zugehörigen sekundären Kostenstellen übereinstimmen, bzw. von diesen nur geringfügig abweichen.

(3) Das Gleichungsverfahren hat den Vorteil, daß es zu absolut richtigen Verrechnungssätzen für innerbetriebliche Leistungen führt.[12] In Betrieben mit einer größeren Anzahl sekundärer Kostenstellen, die gegenseitig Leistungen austauschen, wird aber das Gleichungssystem so umfangreich, daß die Lösung praktisch den Einsatz automatischer Datenverarbeitungsanlagen erfordert. Für Betriebe, in denen diese Möglichkeit nicht besteht, wurden Näherungsverfahren entwickelt, die wir in den folgenden beiden Kapiteln darstellen wollen.

12 Absolut richtig ist hier im Sinne einer auf Vollkosten basierenden Istkostenrechnung zu verstehen.

4322. Das Anbauverfahren

(1) Das einfachste Näherungsverfahren der innerbetrieblichen Leistungsverrechnung besteht darin, daß man den gegenseitigen Leistungsaustausch der sekundären Kostenstellen völlig vernachlässigt. Dieses Verfahren wird als das *einstufige Anbauverfahren* bezeichnet.[13] Hiernach werden die Verrechnungssätze für innerbetriebliche Leistungen ermittelt, indem man die primären Kosten der sekundären Kostenstellen durch die insgesamt an die Hauptkostenstellen gelieferten Mengeneinheiten dividiert. Man erhält für die innerbetrieblichen Verrechnungssätze nach dem einstufigen Anbauverfahren folgende Bestimmungsgleichungen:

(117) $$h_\nu = \frac{K_{Pr\nu}}{\sum\limits_{i=1}^{m} r_{i\nu}} = \frac{K_{Pr\nu}}{B_\nu - \sum\limits_{\mu=1}^{s} r_{\nu\mu}} \qquad (\nu = 1, \ldots, s)$$

Beim einstufigen Anbauverfahren werden den sekundären Kostenstellen keine sekundären Kostenarten belastet. Das einstufige Anbauverfahren führt zu Verrechnungssätzen, die je nach Art und Umfang des gegenseitigen Leistungsaustauschs der sekundären Kostenstellen mehr oder weniger stark von den Verrechnungssätzen des Gleichungsverfahrens abweichen. Hierdurch werden auch die Kalkulationssätze der Hauptkostenstellen ungenau.

Eine erweiterte Form des Anbauverfahrens besteht darin, daß man die sekundären Kostenstellen in zwei Gruppen unterteilt und bei der zweiten Gruppe die von der ersten Gruppe empfangenen Leistungen berücksichtigt. Der Leistungsaustausch innerhalb der Gruppen und eventuelle Leistungen der zweiten Gruppe an die erste bleiben dagegen unberücksichtigt. Dieses Verfahren wird als das *zweistufige Anbauverfahren* bezeichnet. Es führt zu besseren Ergebnissen als das einstufige Anbauverfahren.

(2) Im *Zahlenbeispiel* der Tabelle 23 führt das einstufige Anbauverfahren zu den in Tabelle 28 angegebenen Verrechnungssätzen für innerbetriebliche Leistungen. Wie die Tabelle 28 erkennen läßt, liegen die durch das Anbauverfahren ermittelten Verrechnungssätze teils über und teils unter den richtigen Werten des Gleichungsverfahrens, je nachdem ob sich in den Gleichungen (117) die Vernachlässigung der sekundären Kosten im Zähler oder wegfallenden Lieferungen an Sekundärstellen im Nenner stärker auswirkt.

In Tabelle 29 haben wir die Zeilen 18 bis 33 des in Tabelle 23, Blatt 2, dargestellten Betriebsabrechnungsbogens für das Anbauverfahren wiedergegeben. Die erste Zusatzzeile gibt die absoluten und die zweite Zusatzzeile die prozentualen Fehler der Kalkulationssätze an. In unserem Beispiel werden die Kostensätze der Fertigungsstellen zu niedrig, dafür fallen die Zuschlagssätze der Material-, der Verwaltungs- und der Vertriebskostenstellen zu hoch aus. Die Fehler der Kalkulationssätze sind im Beispiel zwar relativ gering, in den meisten Fällen führt das Anbauverfahren aber zu unvertretbar hohen Kalkulationsfehlern.

13 Zu den Bezeichnungen: „einstufiges" und „zweistufiges Anbauverfahren" vgl. *H. Knoblauch*, Die Kostenstellen-Umlageverfahren, . . . a.a.O., S. 328.

Tabelle 28: Bestimmung der Verrechnungssätze für innerbetriebliche Leistungen für das Zahlenbeispiel der Tabelle 23 (Anbauverfahren)

Kostenstelle		Primäre Kosten	Leistungen an primäre Kostenstellen	Verrechnungssatz	Dimension
Nr.	Bezeichnung	[DM/Monat]	[ME/Monat]	[DM/ME]	[ME]
115	Raumkostenstelle	41 247	5 341	7,723	m^2
125	Stromversorgung	19 231	134 800	0,1427	kWh
131	Innerbetrieblicher Transport	12 931	45 270	0,2856	VE
132	PKW-Dienst	10 631	11 000	0,9665	km
145	Sozialkostenstelle	6 111	416 593	0,01467	DM
201	Reparaturversorgung	16 975	630	26,944	Ftg.Std.
302	Hilfs-, Betriebsstoff- u. Werkzeuglager	4 395	19 705	0,223	DM
100	Technische Leitung	32 459	337 505	0,09617	DM
110	Arbeitsvorbereitung	25 267	273 995	0,09222	DM
400	Meisterbereich I	16 881	179 450	0,09407	DM
500	Meisterbereich II	7 927	158 055	0,05015	DM

Tabelle 29: Anwendung des Anbauverfahrens auf das Beispiel der Tabelle 23, Blatt 2 (Zeile 1 bis 18 wie in Tabelle 23, Blatt 2)

	Materialkostenstellen			Fertigungskostenstellen							
	300	301		401	402	403	404	501	502	503	
Zeilen Nr.	Einkauf	Rohstofflager	Summe Materialkostenstellen	Ftg.Ko. Stelle A	Ftg.Ko. Stelle B	Ftg.Ko. Stelle C	Ftg.Ko. Stelle D	Ftg.Ko. Stelle E	Ftg.Ko. Stelle F	Ftg.Ko. Stelle G	Summ Ftg.K Steller
18	10 377	13 155	23 532	70 611	91 465	86 719	61 386	55 229	175 455	41 755	582 6
19		269	269	808	3 503	2 829	2 102	1 132	5 389	674	16 4
20	115	60	175	568	694	588	457	365	1 429	356	4 4
21	649	4 904	5 553	3 012	4 016	3 166	2 201	3 668	4 170	3 244	23 4
22		666	666	2 943	2 568	3 778	2 876	929	3 904	1 478	18 4
23		3 239	3 239	1 008	1 996	2 092	1 003	994	1 544	1 055	9
24	1 933		1 933								
25				4 094	5 021	4 749	3 394	2 979	9 883	2 339	32
26				3 294	3 855	3 283	2 622	2 135	8 075	2 003	25
27		5	5	387	613	1 142	449	650	1 010	113	4
28				4 005	4 911	4 645	3 320	1 553	5 154	1 220	24
29	2 697	9 143	11 840	20 119	27 177	26 272	18 424	14 405	40 558	12 482	159
30	13 074	22 298	35 372	90 730	118 642	112 991	79 810	69 634	216 013	54 237	742
31			405 000	4 410	5 376	4 070	3 510	31 620	5 405	41 040	
32			8,73 %	20,57	22,07	27,76	22,74	2,20	39,97	1,32	
33			DM	Ftg.Std.	Ftg.Std.	Ftg.Std.	Ftg.Std.	kg	Masch.Std.	m^2	
			+ 0,23	− 0,15	− 0,11	− 0,18	− 0,12	− 0,01	− 0,31	± 0	
			+ 2,7 %	− 0,7 %	− 0,5 %	− 0,6 %	− 0,5 %	− 2,2 %	− 0,8 %	± 0 %	

4323. Das Stufenverfahren

(1) Eine verfeinerte Näherungsmethode der innerbetrieblichen Leistungsverrechnung ist das *Stufenverfahren,* auch *Treppenverfahren* genannt. Dieses Verfahren wurde schon 1924 in einem amerikanischen Textbuch der industriellen Kostenrechnung als "step ladder system" beschrieben.[14] Bei Anwendung des Stufenverfahrens rechnet man zuerst eine sekundäre Kostenstelle ab, die keine oder nur geringfügige Leistungsmengen von anderen sekundären Kostenstellen bezieht. Der Verrechnungssatz dieser Stelle wird gebildet, indem man die primären Kosten durch die erstellten Leistungen abzüglich eines eventuellen Eigenverbrauchs dividiert. Als nächste Stelle wird jeweils eine sekundäre Kostenstelle abgerechnet, die möglichst wenig Leistungen von den noch nicht abgerechneten Sekundärstellen bezieht. Hierbei bildet man die Verrechnungspreise, indem man die primären Kosten und die von den bereits abgerechneten Sekundärstellen empfangenen sekundären Kosten durch die erstellten Leistungen abzüglich eines eventuellen Eigenverbrauchs und der an bereits abgerechnete Sekundärstellen gelieferten Mengen dividiert. Mit fortschreitender Abrechnung wird die Berücksichtigung des gegenseitigen Leistungsaustauschs immer genauer; bei der zuletzt abgerechneten Stelle wird nur noch der

14 Vgl. *H. Knoblauch,* Die Kostenstellen-Umlageverfahren, a.a.O., S. 329.

	Verwaltungskostenstellen						Vertriebskostenstellen				
	821	822	823	831	851		900	902	903		
ı. ung	Finanzbuchhaltung	Betriebsabrechnung	EDV	Personalabteilung	Registratur u. Poststelle	Summe Verwaltungskostenstellen	Vertriebsleitung und Verkauf	Werbung und Marktforschung	Fertigwarenlager, Versand	Summe Vertriebskostenstellen	Summe d. primären Kostenstellen
735	20 332	20 398	28 252	6 783	8 221	114 721	22 902	12 605	25 792	61 299	782 172
									269	269	16 975
218	159	213	208	78	83	959	229	87	204	520	6 111
236	1 390	811	1 236	463	502	5 638	888	347	5 344	6 579	41 247
			89			89					19 231
											12 931
803						2 803	5 412	483		5 895	10 631
											32 459
											25 267
									26	26	4 395
											24 808
257	1 549	1 024	1 533	541	585	9 489	6 529	917	5 843	13 289	194 055
992	21 881	21 422	29 785	7 324	8 806	124 210	29 431	13 522	31 635	74 588	976 227
						1 297 000				1 297 000	
						9,58 %				5,75 %	
						DM				DM	
						+ 0,11				+ 0,16	
						+ 1,2 %				+ 2,9 %	

Eigenverbrauch vernachlässigt. Man erhält für die innerbetrieblichen Verrechnungssätze nach dem Stufenverfahren folgende Bestimmungsgleichungen:

$$h_1 = \frac{K_{Pr1}}{B_1 - r_{11}}$$

(118)
$$h_2 = \frac{K_{Pr2} + r_{12} h_1}{B_2 - r_{21} - r_{22}}$$

$$h_3 = \frac{K_{Pr3} + r_{13} h_1 + r_{23} h_2}{B_3 - r_{31} - r_{32} - r_{33}}$$

$$\vdots$$

$$h_s = \frac{K_{Prs} + r_{1s} h_1 + r_{2s} h_2 + r_{3s} h_3 + \ldots + r_{s-1,s} h_{s-1}}{B_s - r_{s1} - r_{s2} - r_{s3} - \ldots - r_{s,\,s-1} - r_{ss}}$$

Das Stufenverfahren führt zu den gleichen Verrechnungssätzen wie das Gleichungsverfahren, wenn es gelingt, die sekundären Kostenstellen in einer Reihenfolge abzu-

Tabelle 30, Blatt 1: Anwendung des Stufenverfahrens auf das Beispiel der Tabelle 23, Blatt 1 und 2
(Zeile 1 bis 18 wie in Tabelle 23)

Kostenstellenrechnung				Monat:	Jahr:	Allgemeine Hilfs- und Nebenkostenstellen		
						115	125	131
Zeilen Nr.	Kostenarten -Nr.	Bezeichnung		Verteilungsgrundlage	Beträge lt. Kostenartenrechnung	Raumkostenstelle	Stromversorgung	Innerbetriebl. Transport
18	Summe	primäre Kostenarten			976 227	41 247	19 231	12 931
19	4931	Reparaturwerkstatt	201	Fertigungsstunden				377
20	4923	Sozialkostenstelle	145	DM Lohn + Gehalt				130
21	4901	Raumkostenstelle	115	m²				445
22	4911	Stromversorgung	125	kWh		367		792
23	4971	Innerbetr. Transport	131	Verrechnungseinh.				
24	4972	PKW-Dienst	132	km				
25	4991	Technische Leitung	100	Fertigungslohn + Abschreibungen				
26	4992	Arbeitsvorbereitung	110	Fertigungslohn				
27	4993	Hilfs-, Betriebsstoff- und Werkzeuglager	302	DM Hilfs-, Betriebsstoff- und Werkzeugkosten		68		43
28	4994–95	Meisterbereich I u. II	400 500	Fertigungslohn + Abschreibungen				
29	Summe sekundäre Kostenarten					435		1 787
30	Summe Kostenarten insgesamt					41 682	19 231	14 718
31	Istbezugsgrößen					6 560	146 704	45 270
32	Kalkulationssätze					6,354	0,1311	0,3251
33	Bezugsgrößenart					m²	kWh	VE
				Reihenfolge der Abrechnung →		3	1	6

rechnen, bei der die erste Kostenstelle von keiner anderen Stelle Leistungen bezieht und alle folgenden Stellen nur von bereits abgerechneten Sekundärstellen beliefert werden. Diese Voraussetzung ist zwar in der Praxis nur selten erfüllt, man kann in vielen Fällen die Reihenfolge der Abrechnung aber so wählen, daß die Fehler der innerbetrieblichen Verrechnungssätze relativ klein werden. Aus diesem Grunde wird das Stufenverfahren in Betrieben mit einer Istkostenrechnung häufig angewendet.

(2) Für das *Zahlenbeispiel* der Tabelle 23 führt das Stufenverfahren zu den in Tabelle 30, Blatt 1 und 2, wiedergegebenen Ergebnissen. Diese Tabellen entsprechen den Zeilen 18 bis 33 des in Tabelle 23 dargestellten Betriebsabrechnungsbogens bei Anwendung des Stufenverfahrens.

Die Zusatzzeile in Tabelle 30, Blatt 1, gibt die Reihenfolge an, in der die Sekundärstellen, abgerechnet werden. Zuerst wird die Stromversorgung abgerechnet, weil sie am wenigsten Leistungen von anderen Sekundärstellen erhält. Als nächste Stelle folgt das Hilfs-, Betriebsstoff- und Werkzeuglager usw. Nur zwischen den ersten fünf Sekundärstellen bestehen interdependente Beziehungen, so daß die

					Leitungskostenstellen der Fertigung					
2	145	201	302		100	110	400	500		
W- nst	Sozial- kosten- stelle	Repara- turwerk- statt	Hilfs-, Betriebs- stoff- u. Werkzeug- lager	Summe d. Allgem. Hilfs- u. Neben- kosten- stellen	Techn. Leitung	Arbeits- vorbe- reitung	Meister- bereich I	Meister- bereich II	Summe d. Ltg.-stellen der Ferti- gung	Summe d. sekundären- Kosten- stellen
631	6 111	16 975	4 395	111 521	32 459	25 267	16 881	7 927	82 534	194 055
				377		252	1 132	1 006	2 390	2 767
58		185		373	317	324	171	79	891	1 264
953	2 065	1 112		4 575	890	1 398	477	407	3 172	7 747
		309		1 468		92			92	1 560
					2 639				2 639	2 639
70	13	40		234			235	108	343	577
81	2 078	1 646		7 027	3 846	2 066	2 015	1 600	9 527	16 554
12	8 189	18 621	4 395	118 548	36 305	27 333	18 896	9 527	92 061	210 609
00	492 680	740	22 689		337 505	273 995	179 450	158 055		
48	0,01662	25,16	0,1937		0,10757	0,09976	0,10530	0,06028		
	DM	Ftg.Std.	DM		DM	DM	DM	DM		
	4	5	2		8	9	10	11		

Tabelle 30, Blatt 2: Anwendung des Stufenverfahrens auf das Beispiel der Tabelle 23, Blatt 1 und 2
(Zeile 1 bis 18 wie in Tabelle 23)

	Materialkostenstellen			Fertigungskostenstellen							
	300	301		401	402	403	404	501	502	503	
Zeilen Nr.	Einkauf	Rohstofflager	Summe Materialkostenstellen	Ftg.Ko. Stelle A	Ftg.Ko. Stelle B	Ftg.Ko. Stelle C	Ftg.Ko. Stelle D	Ftg.Ko. Stelle E	Ftg.Ko. Stelle F	Ftg.Ko. Stelle G	Summe Ftg.Ko. Stellen
18	10 377	13 155	23 532	70 611	91 465	86 719	61 386	55 229	175 455	41 755	582 620
19		252	252	755	3 271	2 642	1 963	1 057	5 033	629	15 350
20	131	68	199	644	787	667	518	413	1 620	403	5 052
21	533	4 035	4 568	2 478	3 304	2 695	1 811	3 018	3 431	2 668	19 315
22		612	612	2 704	2 360	3 471	2 643	854	3 587	1 358	16 977
23		3 687	3 687	1 147	2 272	2 382	1 141	1 131	1 757	1 201	11 031
24	1 650		1 650								
25				4 579	5 616	5 312	3 796	3 331	11 054	2 617	36 305
26				3 564	4 170	3 552	2 836	2 309	8 735	2 167	27 333
27		4	4	336	533	992	390	565	877	98	3 791
28				4 483	5 497	5 200	3 716	1 867	6 194	1 466	28 423
29	2 314	8 658	10 972	20 690	27 810	26 823	18 814	14 545	42 288	12 607	163 577
30	12 691	21 813	34 504	91 301	119 275	113 542	80 200	69 774	217 743	54 362	746 197
31			405 000	4 410	5 376	4 070	3 510	31 620	5 405	41 040	
32			8,52 %	20,70	22,19	27,90	22,85	2,21	40,29	1,32	
33			DM	Ftg.Std.	Ftg.Std.	Ftg.Std.	Ftg.Std.	kg	Masch.Std.	m^2	

Reihenfolge der Abrechnung dieser Stellen die Ergebnisse beeinflußt. Die durchkreuzten Felder schließen unzulässige Rückbelastungen zwischen diesen Stellen aus. Die Istbezugsgrößen in Zeile 31 wurden jeweils um die nicht berücksichtigten Rücklieferungsmengen und den eventuellen Eigenverbrauch vermindert. Für die Raumkostenstelle erhält man z. B. nach Tabelle 24 (6 900 − 80 − 40 − 220) = 6 560 m^2. Ein Vergleich mit den Kalkulationssätzen in Zeile 32 der Tabelle 23, Blatt 1, läßt erkennen, daß die Ergebnisse des Stufenverfahrens nur geringfügig von den exakten Werten des Gleichungsverfahrens abweichen. Daher stimmen auch die Kalkulationssätze der Hauptkostenstellen in Zeile 32 der Tabelle 30, Blatt 2, weitgehend mit den Werten in Zeile 32 der Tabelle 23, Blatt 2, überein. In Bezug auf die Kalkulationsgenauigkeit ist das Stufenverfahren dem Gleichungsverfahren häufig gleichwertig, es hat aber den Nachteil, daß in jeder Abrechnungsperiode die Reihenfolge überprüft werden muß, in der man die Sekundärstellen abrechnet.

433. Die Bildung von Kalkulationssätzen in einer Istkostenrechnung

(1) Die *Bildung der Kalkulationssätze* erfolgt in einer Istkostenrechnung, indem man die Istkosten der Hauptkostenstellen durch die zugehörigen Istbezugsgrößen dividiert. Für jede Abrechnungsperiode werden neue Kalkulationssätze gebildet. Daher müssen neben den Istkosten monatlich auch die Istbezugsgrößen der Hauptkostenstellen erfaßt werden. Die *Höhe der Kalkulationssätze* ist von Preis- und Lohnsatzschwankungen, den Einflüssen innerbetrieblicher Unwirtschaftlichkeiten,

Verwaltungskostenstellen							Vertriebskostenstellen				
0	821	822	823	831	851		900	902	903		
m. ...itung	Finanz-buch-haltung	Betriebs-abrech-nung	EDV	Personal abteilung	Registra-tur u. Post-stelle	Summe Verwal-tungsko-stenstellen	Vertriebs-leitung und Verkauf	Werbung und Marktfor-forschung	Fertig-waren-lager, Versand	Summe Vertriebs-kosten-stellen	Summe d. primären Kosten-stellen
735	20 332	20 398	28 252	6 783	8 221	114 721	22 902	12 605	25 792	61 299	782 172
									252	252	15 854
247	180	241	234	88	94	1 084	260	99	231	590	6 925
016	1 144	667	1 017	381	413	4 638	731	286	4 397	5 414	33 935
			82			82					17 671
											14 718
392						2 392	4 619	412		5 031	9 073
											36 305
											27 333
									23	23	3 818
											28 423
655	1 324	908	1 333	469	507	8 196	5 610	797	4 903	11 310	194 055
390	21 656	21 306	29 585	7 252	8 728	122 917	28 512	13 402	30 695	72 609	976 227
						1 297 000				1 297 000	
						9,48 %				5,60 %	
						DM				DM	

die zu erhöhten Verbrauchsmengen und Arbeitszeiten führen, und dem Beschäftigungsgrad abhängig. Infolge der Fixkostendegression steigen die Kalkulationssätze, wenn die Beschäftigung abnimmt und nehmen ab, wenn die Beschäftigung steigt.

(2) Für die kalkulatorische Weiterverrechnung der auf den *Materialkostenstellen* während einer Abrechnungsperiode angefallenen Kosten wird in einer Istkostenrechnung meistens ein für alle Einzelmaterialarten gültiger prozentualer Verrechnungssatz gebildet. Für diesen *Materialgemeinkosten-Verrechnungssatz* gilt folgende Bestimmungsgleichung:

$$\text{(119)} \qquad \begin{matrix}\text{Materialgemeinkosten-}\\ \text{Verrechnungssatz}\end{matrix} = \frac{\Sigma \text{ Istkosten der Materialstellen}}{\Sigma \text{ Ist-Einzelmaterialkosten}} \, 100$$

Im Beispiel der Tabelle 23, Blatt 2, erhält man einen Materialgemeinkosten-Verrechnungssatz von 8,50 %.

Mehrere nach Materialgruppen differenzierte Materialgemeinkosten-Verrechnungssätze, so z. B. für Baumwolle, Zellwolle, Farbstoffe und Chemikalien in einer Textialfabrik, lassen sich in einer Istkostenrechnung nur bilden, wenn den verschiedenen Materialgruppen gesonderte Materialkostenstellen entsprechen. Diese Voraussetzung ist aber allenfalls für die Lagerstellen erfüllt, während der Einkauf meistens durch eine gemeinsame Einkaufsabteilungen erfolgt. Daher verzichtet man in einer Istkostenrechnung häufig auch dort auf differenzierte Materialgemeinkosten-Verrechnungssätze, wo diese die Kalkulationsgenauigkeit erhöhen würden.

(3) Für die kalkulatorische Weiterverrechnung der auf den *Fertigungskostenstellen* während einer Abrechnungsperiode angefallenen Kosten wird für jede Kostenstelle ein gesonderter Kalkulationssatz gebildet. Der *Fertigungskosten-Verrechnungssatz* einer Fertigungsstelle läßt sich wie folgt bestimmen:

$$(120) \qquad \begin{array}{c}\text{Kalkulationssatz}\\\text{einer Fertigungsstelle}\end{array} = \frac{\text{Ist-Fertigungskosten der Stelle}}{\text{Istbezugsgröße der Stelle}}$$

Gehen die Fertigungslöhne als Einzelkosten direkt in die Kalkulationen ein, so enthält der Zähler in (120) nur die Fertigungsgemeinkosten. Die Istbezugsgrößen der Fertigungsstellen werden entweder mit Hilfe der Gleichung (111) auf Seite 165 retrograd aus den Istproduktmengen errechnet, aus den Fertigungszeiten der Lohnabrechnung abgeleitet oder durch besondere Aufschreibungen bzw. Messungen erfaßt.

Schwierigkeiten bereitet in einer Istkostenrechnung die *heterogene Kostenverursachung,* da diese mehrere Bezugsgrößen pro Fertigungsstelle erfordert, und sich die Istkosten einer Fertigungsstelle nicht ohne willkürliche Annahmen auf mehrere Bezugsgrößen verteilen lassen. Die Verwendung mehrere Bezugsgrößen und die Bildung entsprechend vieler Kalkulationssätze ist nur bei Durchführung einer Plankostenrechnung möglich.

In vielen Betrieben mit einer Istkostenrechnung werden die Fertigungsgemeinkosten mit Hilfe der sog. *Lohnzuschlagskalkulation* auf die Produkte verrechnet. Bei diesem Verfahren gehen die Fertigungslöhne als Einzelkosten direkt in die Kalkulationen ein, so daß die primären Kosten des Betriebsabrechnungsbogens keine Fertigungslöhne enthalten. Die Kalkulationssätze werden gebildet, indem man die Fertigungsgemeinkosten prozentual auf die zugehörigen Fertigungslohnkosten bezieht, die zu diesem Zwecke in der Bezugsgrößenzeile des Betriebsabrechnungsbogens ausgewiesen werden. Von einer *kumulativen Lohnzuschlagskalkulation* spricht man, wenn die gesamten Fertigungsgemeinkosten auf die gesamten Fertigungslohnkosten bezogen werden, also für den gesamten Fertigungsbereich nur *ein* Zuschlagssatz gebildet wird. Dieses Verfahren führt, von wenigen Ausnahmen abgesehen, zu großen Kalkulationsungenauigkeiten. Bei der *elektiven Lohnzuschlagskalkulation* wird für jede Fertigungsstelle ein gesonderter Zuschlagssatz gebildet. Für den *Lohnzuschlagssatz* einer Fertigungsstelle gilt folgende Bestimmungsgleichung:

$$(121) \qquad \begin{array}{c}\text{Lohnzuschlagssatz}\\\text{einer Fertigungsstelle}\end{array} = \frac{\text{Ist-Fertigungsgemeinkosten der Stelle}}{\text{Ist-Fertigungslohn der Stelle}}\,100$$

Für das Beispiel der Tabelle 23 würden wir die in Tabelle 31 angegebenen Lohnzuschlagssätze erhalten.

Die Anwendung der kumulativen Lohnzuschlagskalkulation führt im Beispiel zu einem Durchschnittssatz von 172,4 %.

Die *Lohnzuschlagskalkulation hat* gegenüber der Verwendung von Zeit- oder Mengenbezugsgrößen *erhebliche Nachteile,* auf die jedoch im einzelnen erst in Kapitel 5213 eingegangen wird.[15]

15 Zur Kritik an der Lohnzuschlagskalkulation vgl. *F. Henzel*, Die Kostenrechnung, a.a.O., S. 222 ff. und *A. Schnettler*, Das Rechnungswesen industrieller Betriebe, 4. Aufl., Wolfenbüttel 1949, S. 212 ff.

Tabelle 31: Berechnung von Lohnzuschlagssätzen für Fertigungsstellen

Fertigungskostenstelle		Fertigungs-gemeinkosten	Fertigungs-löhne	Lohnzuschlags-sätze
Nr.	Bezeichnung	[DM/Monat]	[DM/Monat]	[%]
401	Fertig.Kostenstelle A	55 643	35 721	155,8
402	Fertig.Kostenstelle B	77 430	41 804	185,2
403	Fertig.Kostenstelle C	78 116	35 604	219,4
404	Fertig.Kostenstelle D	51 792	28 431	182,2
501	Fertig.Kostenstelle E	46 704	23 150	201,7
502	Fertig.Kostenstelle F	130 139	87 561	148,6
503	Fertig.Kostenstelle G	32 605	21 724	150,1
Summe		472 429	273 995	172,4

(4) Für die kalkulatorische Weiterverrechnung der auf den *Verwaltungs- und Vertriebskostenstellen* während einer Abrechnungsperiode angefallenen Kosten werden in einer Istkostenrechnung meistens prozentuale Zuschlagssätze auf die Ist-Herstellkosten der abgesetzten Erzeugnisse gebildet. Für die *Verwaltungs-* und *Vertriebsgemeinkosten Verrechnungssätze* gelten hierbei folgende Bestimmungsgleichungen:

$$\text{(122)} \qquad \begin{matrix}\text{Verwaltungsgemeinkosten-}\\ \text{Verrechnungssatz}\end{matrix} = \frac{\Sigma \text{ Istkosten der Verwaltungsstellen}}{\Sigma \text{ Istherstellkosten des Umsatzes}} \, 100$$

$$\text{(123)} \qquad \begin{matrix}\text{Vertriebsgemeinkosten-}\\ \text{Verrechnungssatz}\end{matrix} = \frac{\Sigma \text{ Istkosten der Vertriebsstellen}}{\Sigma \text{ Istherstellkosten des Umsatzes}} \, 100$$

Im Beispiel der Tabelle 23, Blatt 2, erhalten wir einen Verwaltungsgemeinkosten-Verrechnungssatz von 9,47 % und einen Vertriebsgemeinkosten-Verrechnungssatz von 5,59 %.

Die Istherstellkosten des Umsatzes erhält man, indem man die während der Abrechnungsperiode verkauften Produktmengen mit den zugehörigen Istherstellkosten pro Stück bewertet. Bezeichnen wir die durch die Kalkulation ermittelten Istherstellkosten pro Stück mit $k_H^{(i)}$ die abgesetzten Mengen mit x_A und die Istherstellkosten des Umsatzes mit $K_{HU}^{(i)}$, so erhält man bei j = 1, ..., n Erzeugnisarten:

$$\text{(124)} \qquad K_{HU}^{(i)} = \sum_{j=1}^{n} k_{Hj}^{(i)} x_{Aj}$$

Die Istherstellkosten des Umsatzes weichen von den während einer Abrechnungsperiode angefallenen Istherstellkosten ab, sofern die abgesetzten Erzeugnismengen nicht mit den hergestellten Erzeugnismengen übereinstimmen. Wird mehr produziert als abgesetzt, so sind die angefallenen Istherstellkosten höher als die Istherstellkosten des Umsatzes und umgekehrt. Im Beispiel der Tabelle 23, Blatt 2, betragen die Istherstellkosten:

Ist-Einzelmaterialkosten	=	405 000 DM/Monat
Ist-Materialgemeinkosten	=	34 433 DM/Monat
Ist-Fertigungskosten	=	746 424 DM/Monat
Ist-Herstellkosten	=	1 185 857 DM/Monat

Die Istherstellkosten des Umsatzes betragen 1 297 000 DM/Monat, woraus folgt, daß etwa 9,4 % des Umsatzes auf Lagerabgänge entfällt.

In manchen Betrieben werden statt der Istherstellkosten die Istfertigungskosten des Umsatzes als Verrechnungsbasis der Verwaltungs- und Vertriebsgemeinkosten verwendet.

Mehrere, nach Produktgruppen differenzierte Zuschlagssätze, wie sie insbesondere für den Vertriebsbereich erforderlich sind, lassen sich in einer Istkostenrechnung nur mit Hilfe problematischer Umlageschlüssel bilden. Daher verzichtet man in einer Istkostenrechnung häufig auch dort auf differenzierte Vertriebsgemeinkosten-Verrechnungssätze, wo diese die Kalkulationsgenauigkeit erhöhen würden.

44. Die Kostenstellenrechnung in einer Normalkostenrechnung

441. Die Bildung von Kalkulationssätzen in einer Normalkostenrechnung

(1) Das charakteristische Merkmal einer Normalkostenrechnung darin, daß man auf die laufende Berechnung von Istkostensätzen verzichtet und statt dessen sowohl für die innerbetriebliche Leistungsverrechnung als auch für die kalkulatorische Abrechnung der Hauptkostenstellen *Normalkostensätze* verwendet, die während eines Jahres in der Regel nicht geändert werden. Diese Normalkostensätze werden als Durchschnittswerte aus den Istkosten des Vorjahres abgeleitet. Bezeichnen wir die monatlichen Istkosten mit $K_t^{(i)}$, eventuelle Korrekturbeträge mit ΔK_t und die Istbezugsgrößen mit $B_t^{(i)}$, so erhält man für die Ermittlung des Normalkostensatzes einer Kostenstelle folgende Bestimmungsgleichung:

$$(125) \qquad \text{Normalkostensatz} = \frac{\sum_{t=1}^{12} (K_t^{(i)} + \Delta K_t)}{\sum_{t=1}^{12} B_t^{(i)}}$$

Diese Gleichung gilt sowohl für die sekundären als auch für die primären Kostenstellen. Bei den Korrekturen kann es sich z. B. um Lohnerhöhungen, Preisschwankungen für Hilfs-, Betriebsstoffe oder Energie sowie um die Bereinigung von Unwirtschaftlichkeiten handeln.

Rechnet man damit, daß sich die durchschnittliche Bescäftigung gegenüber dem Vorjahr verändert, so muß man die monatlichen fixen Kosten K_F schätzen und die variablen Kosten auf die erwartete durchschnittliche Monatsbeschäftigung $B^{(p)}$ umrechnen. Hierbei erhält man folgenden Normalkostensatz:

$$(126) \qquad \text{Normalkostensatz} = \frac{\sum_{t=1}^{12} (K_t^{(i)} + \Delta K_t) - 12\, K_F}{\sum_{t=1}^{12} B_t^{(i)}} + \frac{K_F}{B^{(p)}}$$

In Gleichung (126) gibt der erste Quotient den proportionalen und der zweite den an die erwartete Monatsbeschäftigung angepaßten fixen Teil des Normalkostensatzes an.

(2) In der Tabelle 32 haben wir als *Zahlenbeispiel* die Bildung des Normalkostensatzes für die Fertigungskostenstelle 401 des in Tabelle 23, Blatt 2, dargestellten Betriebsabrechnungsbogens wiedergegeben. Die Istkosten wurden in die Personalkosten (= Löhne und anteilige Sozialkosten) und die sonstigen Kostenarten zerlegt, weil zum 1. Juli eine 8 %ige Lohnerhöhung wirksam geworden ist. Die Personalkosten der ersten sechs Monate wurden daher um 8 % erhöht. Bei den sonstigen Kosten wurde der Kapitaldienst un 575 DM/Monat erhöht, in den Monaten Februar, April und Juni wurden überhöhte Reparatur- und Instandhaltungskosten eliminiert und im Dezember eine zu geringe Werkzeugkostenbelastung korrigiert. Dividiert man die Summe der korrigierten Istkosten in Höhe von 1 065 461 DM durch die 49 320 Fertigungsstunden, so erhält man als Normalkostensatz 21,60 DM/Ftg. Std. Ohne Korrekturen würde der Normalkostensatz 21,05 DM/Ftg. Std. betragen.

Tabelle 32: Beispiel für die Bildung eines Normalkostensatzes im Fertigungsbereich

Normalkostenberechnung				Jahr:		Kostenstelle: 401 Fertigungsstelle A			
Monat	Istkosten [DM/Monat]	Anteil Personalkosten		Anteil sonstige Kosten		Korrigierte Istkosten [DM/Monat]	Istbezugsgröße [Ftg.Std./Monat]	Kostensatz [DM/Ftg.Std.]	
		Ist	Korrektur	Ist	Korrektur			Ist	korrigiert
Januar	83 391	51 465	4 117	31 926	575	88 083	4 120	20,24	21,38
Februar	81 939	47 522	3 802	34 417	./. 1 900	83 841	3 670	22,33	22,84
März	80 390	49 312	3 945	31 078	575	84 910	3 980	20,20	21,33
April	86 568	53 418	4 273	33 150	./. 10 00	89 841	4 275	20,25	21,02
Mai	91 325	58 525	4 682	32 800	575	96 582	4 620	19,77	20,91
Juni	87 070	51 270	4 102	35 800	./. 1 320	89 852	4 068	21,40	22,09
Juli	76 657	46 417		30 240	575	77 232	3 410	22,48	22,65
August	86 026	53 051		32 975	575	86 601	3 965	21,70	21,84
September	94 500	60 680		33 820	575	95 075	4 528	20,87	21,–
Oktober	98 820	63 210		35 610	575	99 395	4 710	20,98	21,10
November	87 920	56 850		31 070	575	88 495	4 250	20,69	20,82
Dezember	83 779	51 297		32 482	1 775	85 554	3 724	22,50	22,97
Summe	1 038 385	643 017	24 921	395 368	2 155	1 065 461	49 320	21,05	21,60

Dem Normalkostensatz von 21,60 DM/Ftg. Std. entspricht eine Durchschnittsbeschäftigung von 49 320 : 12 = 4 110 Ftg. Std./Monat. Es wird aber eine durchschnittliche Monatsbeschäftigung von 4 300 Fertigungsstunden erwartet. Die fixen Kosten werden auf 25 100 DM/Monat geschätzt. Der erwarteten Durchschnittsbeschäftigung entspricht folgender Normalkostensatz:

$$\frac{1\,065\,461 - 12 \times 25\,100}{49\,320} + \frac{25\,100}{4\,300} = 21{,}34 \text{ DM/Ftg. Std.}$$

Dieser Kostensatz dient in der Kostenstellenrechnung zur Berechnung der Normalkosten und wird zum Aufbau der Kalkulationen verwendet.

442. *Der Aufbau des Betriebsabrechnungsbogens in einer Normalkostenrechnung*

(1) Der Betriebsabrechnungsbogen einer Normalkostenrechnung unterscheidet sich nur wenig vom Betriebsabrechnungsbogen in einer Istkostenrechnung. Die *Belastung der Kostenstellen mit den primären Kostenarten* erfolgt wie in einer Istkostenrechnung. Allerdings wird in vielen Betrieben, die mit einer Normalkostenrechnung arbeiten, die Materialabrechnung mit Hilfe von Festpreisen durchgeführt, so daß sich die durch Materialentnahmescheine erfaßten Kostenarten von den Istkosten der Istkostenrechnung um die eliminierten Preisabweichungen unterscheiden.

Die *innerbetriebliche Leistungsverrechnung* ist gegenüber der Istkostenrechnung stark vereinfacht. Alle innerbetrieblichen Leistungseinheiten werden mit den vorab bestimmten Normalkostensätzen der betreffenden Sekundärkostenstellen bewertet. Eine laufende Ermittlung innerbetrieblicher Verrechnungssätze entfällt.[16]

Auch die *kalkulatorische Abrechnung der Hauptkostenstellen* erfolgt mit Hilfe der vorab bestimmten Normalkostensätze. Die monatliche Ermittlung von Istkostensätzen ist nicht erforderlich, in vielen Betrieben werden aber aus kostenstatistischen Gründen monatlich Istkostensätze der Hauptkostenstellen errechnet.

Allen Sekundärstellen werden die in der innerbetrieblichen Leistungsverrechnung und allen Primärstellen die in der Kostenträgerrechnung weiterverrechneten Normalkosten gutgeschrieben. Man erhält die verrechneten Normalkosten der einzelnen Kostenstellen durch Multiplikation der Istbezugsgrößen mit den zugehörigen Normalkostensätzen. Wie die Gleichungen (43) und (44) auf Seite 57 zeigen, entstehen in einer Normalkostenrechnung *Unter-* oder *Überdeckungen* auf den Kostenstellen. Diese erhält man, indem man von den Istkosten die Normalkosten subtrahiert. Die Unter- und Überdeckungen sind auf Preis- und Lohnsatzschwankungen, Beschäftigungseinflüsse und Verbrauchsmengenabweichungen zurückzuführen. In einer Normalkostenrechnung lassen sich diese Einflüsse jedoch nicht voneinander trennen. Bei der Anwendung eines Festpreissystems werden lediglich die Preisschwankungen eliminiert. Meistens gleichen sich die Unter- und Überdeckungen der Abrechnungsmonate im Zeitablauf mehr oder weniger aus. In diesen Fällen läßt man die Unter- und Überdeckungen auf den Kostenstellen stehen und bucht sie erst am Jahresende in die Erfolgsrechnung aus. Treten strukturelle Kostenveränderungen ein, z. B. Lohnerhöhungen (die bei der Aktualisierung der Normalkostensätze nicht berücksichtigt wurden), dauernde Beschäftigungsveränderungen oder Kostensenkungen infolge von Rationalisierungsmaßnahmen, so gleichen sich die Unter- oder Überdeckungen im Zeitablauf nicht aus. Vgl. hierzu die in Abb. 29 dargestellten Zeitreihen von Istkostensätzen.

In diesen Fällen wird man die Normalkostensätze an die veränderte Kostenstruktur anpassen, um zu große Abweichungen zu vermeiden, und die Kalkulationen entsprechend ändern. Man kann die Unter- und Überdeckungen aber auch laufend in die kurzfristige Erfolgsrechnung ausbuchen und sie dort den einzelnen Kostenträgern oder Kostenträgergruppen zuordnen.

16 Eine Mischform zwischen der innerbetrieblichen Leistungsverrechnung der Istkostenrechnung und der Normalkostenrechnung beschreibt *H. Knoblauch*, Die Kostenstellen-Umlageverfahren, a.a.O., S. 338 ff.

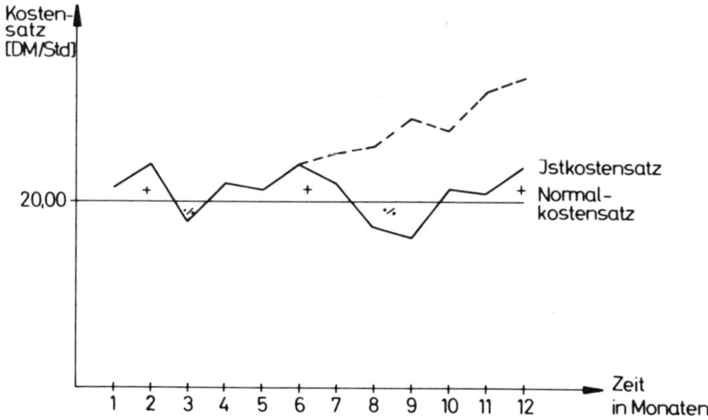

Abb. 29: Zeitreihen von Istkostensätzen in einer Normalkostenrechnung

(2) In Tabelle 33 haben wir den Betriebsabrechnungsbogen einer Normalkostenrechnung für das gleiche Zahlenbeispiel dargestellt, das wir in Tabelle 23 für die Istkostenrechnung dargestellt haben. Die in den Zeilen 1 bis 18 ausgewiesenen *primären Istkosten* sind in beiden Fällen identisch, da keine Festpreise verwendet werden.

Die innerbetriebliche Leistungsverrechnung erfolgt in der Weise, daß man die in den Tabelle 24 und 25 angegebenen Verbrauchsmengen und Schlüsseleinheiten mit den zugehörigen Normalkostensätzen bewertet, die in der Zeile 34 der Tabelle 33, Blatt 1, ausgewiesen werden. Die sekundären Kostenarten stimmen mit den Normalkosten der zugehörigen Sekundärstellen überein. So betragen z. B. die Normalkosten der Reparaturwerkstatt 801 Ftg. Std./Monat × 23,– DM/Ftg. Std. = 18 423 DM/Monat; den sekundären Stellen werden unter der Kostenart 4931 3933 DM/Monat und den Hauptkostenstellen 14 490 DM/Monat belastet, also zusammen genau 18 423 DM/Monat. Die Normalkosten aller Sekundärstellen betragen insgesamt 213 251 DM/Monat. Zieht man hiervon die doppelt verrechneten sekundären Kostenarten der Sekundärstellen in Höhe von 19 814 DM/Monat ab, so erhält man die Summe der den primären Kostenstellen belasteten sekundären Kosten von 193 437 DM/Monat. Da in einer Normalkostenrechnung das Kostenüberwälzungsprinzip nicht gilt, stimmt dieser Betrag nicht wie in einer Istkostenrechnung mit der primären Istkostensumme der Sekundärstellen in Höhe von 194 055 DM/Monat überein; er ist vielmehr um die Summe der auf den Sekundärstellen anfallenden Unter- und Überdeckungen von 618 DM/Monat geringer.

Auf den Hauptkostenstellen fällt eine Gesamt-Unterdeckung von 2 182 DM/Monat an. Vermindert man die Summe der primären Istkosten in Höhe von 976 227 DM/Monat um die gesamten Unter- und Überdeckungen von 618 + 2 182 = 2 800 DM/Monat, so erhält man die Normalkostensumme der primären Kostenstellen in Höhe von 973 427 DM/Monat.

Tabelle 33, Blatt 1: Kostenstellenrechnung in einer Normalkostenrechnung

Kostenstellenrechnung				Monat:	Jahr:	Allgemeine Hilfs- u		
						115	125	131
Zeilen Nr.	Kostenarten Nr.	Kostenarten Bezeichnung		Verteilungsgrundlage	Beträge lt. Kosten-arten-rechnung	Raum-kosten-stelle	Strom-versor-gung	Innerbe-triebl. Transpo
1	4301–02	Fertigungslöhne		Lohnscheine	282 765			
2	4309	Zusatzlöhne		Zusatzlohnscheine	7 089			
3	4311–19	Hilfslöhne		Hilfslohnscheine	58 943	3 866		7 72
4	4321–22	Lohnzulagen u. Mehrarbeitsko.		Zulagenscheine	6 997			10
5	Summe	Lohnkosten			(355 794)	(3 866)		(7 83
6	4351	Gehälter		Gehaltsliste	149 142	3 032		
7	4121–22	Hilfs- und Betriebsstoffe		Materialentnahmescheine	7 279	232	27	19
8	4123–25	Werkzeuge und Geräte		Werkzeugscheine	15 483	120		3
9	4501–04	Fremdreparaturkosten		Fremdrechnungen	4 584	1 883		20
10	4129	Reparaturmaterialkosten		Materialentnahmescheine	5 405	320	86	20
11	4201–19	Heiz-, Brennstoffe, Energie		Belege	23 270	350	18 120	
12	4601–39	Steuern, Gebühren, Vers. Prämien		Angaben der Fibu	19 121	5 107		
13	4711–89	Verschiedene Gemeinkosten		Belege	29 341	250	23	4
14	4801	Kalk. Abschreibungen		Anlagenkartei	76 635	7 750	615	21
15	4802	Kalk. Zinsen		AV Anlagenkartei UV Istbestände	65 648	15 540	360	10
16	4921	Kalk. Sozialko. Lohnempfänger		52,5 % auf Lohn	186 792	2 030		4 1
17	4922	Kalk. Sozialko. Gehaltsempfänger		25,3 % auf Gehalt	37 733	767		
18	Summe	primäre Kostenarten			976 227	41 247	19 231	12 9
19	4931	Reparaturwerkstatt	201	Fertigungsstunden		851	46	3
20	4923	Sozialkostenstelle	145	DM Lohn + Gehalt		117		1
21	4901	Raumkostenstelle	115	m^2		480	240	4
22	4911	Stromversorgung	125	kWh		364		7
23	4971	Innerbetr. Transport	131	Verrechnungseinheiten				
24	4972	PKW-Dienst	132	km				
25	4991	Technische Leitung	100	Fertigungslohn + Abschreibungen				
26	4992	Arbeitsvorbereitung	110	Fertigungslohn				
27	4993	Hilfs-, Betriebsstoff- und Werkzeuglager	302	DM Hilfs-, Betriebsstoff- u. Werkzeugkosten		106	8	
28	4994–95	Meisterbereich I u. II	400 500	Fertigungslohn + Abschreibungen				
29	Summe	sekundäre Kostenarten				1 918	294	1
30	Summe	Kostenarten insgesamt				43 165	19 525	14
31	Summe	Normalkosten				41 400	19 072	15
32	Summe	Über- u. Unterdeckungen				1 765	453	./. 1
33	Istbezugsgrößen					6 900	146 704	45
34	Normalkostensätze					6,–	0,13	0,
35	Bezugsgrößenart					m^2	kWh	V

benkostenstellen					Leitungskostenstellen der Fertigung					
132	145	201	302		100	110	400	500		
PKW-Dienst	Sozialkostenstelle	Reparaturwerkstatt	Hilfs-, Betriebsstoff- u. Werkzeuglager	Summe d. Allgem. Hilfs- u. Nebenkostenstellen	Techn. Leitung	Arbeitsvorbereitung	Meisterbereich I	Meisterbereich II	Summe der Leitungsstellen der Fertigung	Summe der sekundären Kostenstellen
		8 770		8 770						8 770
3 510	3 374		1 984	20 461			5 632	2 322	7 954	28 415
				108						108
(3 510)	(3 374)	(8 770)	(1 984)	(29 339)			(5 632)	(2 322)	(7 954)	(37 293)
		2 332		6 364	19 080	19 504	4 664	2 438	45 686	51 050
238	65	88	46	889			1 185	433	1 618	2 507
125		120		395			30	125	155	550
620				2 703		83			83	2 786
	56	111	36	814		120	341	348	809	1 623
2 350				20 820						20 820
450			245	5 802	4 727				4 727	10 529
45	325			683	850	305	782	340	2 277	2 960
1 280	380	250	100	10 585	220	220	80	60	580	11 165
170	140	110	942	17 367	2 755	100	30	25	2 910	20 277
1 843	1 771	4 604	1 042	15 403			2 957	1 219	4 176	19 579
		590		1 357	4 827	4 935	1 180	617	11 559	12 916
0 631	6 111	16 975	4 395	111 521	32 459	25 267	16 881	7 927	82 534	194 055
	115	345	46	1 748		230	1 035	920	2 185	3 933
59	57	189	34	589	324	332	175	81	912	1 501
900	1 950	1 050	1 320	6 360	840	1 320	450	384	2 994	9 354
		307		1 456		92			92	1 548
					2 560				2 560	2 560
109	20	62	14	386			365	167	532	918
1 068	2 142	1 953	1 414	10 539	3 724	1 974	2 025	1 552	9 275	19 814
1 699	8 253	18 928	5 809	122 060	36 183	27 241	18 906	9 479	91 809	213 060
1 360	8 584	18 423	6 829	121 513	33 750	27 399	17 945	12 644	91 738	213 251
339	./. 331	505	./. 1 020	547	2 433	./. 158	961	./. 3 165	71	618
200	504 936	801	22 762		337 505	273 995	179 450	158 055		
),80	0,017	23,–	0,30		0,10	0,10	0,10	0,08		
km	DM	Ftg.Std.	DM		DM	DM	DM	DM		

Tabelle 33, Blatt 2: Kostenstellenrechnung in einer Normalkostenrechnung

	Materialkostenstellen			Fertigungskostenstellen							
	300	301		401	402	403	404	501	502	503	
Zeilen Nr.	Einkauf	Rohstoff-lager	Summe Material-kosten-stellen	Ftg.Ko. Stelle A	Ftg.Ko. Stelle B	Ftg.Ko. Stelle C	Ftg.Ko. Stelle D	Ftg. Ko. Stelle E	Ftg.Ko. Stelle F	Ftg.Ko. Stelle G	Summe Ftg.Ko. Stellen
1				35 721	41 804	35 604	28 431	23 150	87 561	21 724	273 995
2				219	1 307	140	1 188	248	3 501	486	7 089
3		3 046	3 046	2 020	2 041	3 048	1 552	1 458	3 845	2 036	16 000
4				742	2 178	1 312			2 533		6 765
5		(3 046)	(3 046)	(38 702)	(47 330)	(40 104)	(31 171)	(24 856)	(97 440)	(24 246)	(303 849)
6	7 844	1 060	8 904								
7		21	21	484	330	330	299	2 066	939	185	4 633
8				1 250	2 419	4 789	1 715	850	3 590	320	14 933
9	38		38		420	500			480		1 400
10		67	67	266	726	649	860	384	570	115	3 570
11								2 450			2 450
12		1 072	1 072								
13	420	82	502								
14	60	240	300	6 850	10 400	13 780	6 860	7 820	15 200	2 600	63 510
15	30	5 700	5 730	2 740	4 992	5 512	4 116	3 754	6 080	1 560	28 754
16		1 599	1 599	20 319	24 848	21 055	16 365	13 049	51 156	12 729	159 52
17	1 985	268	2 253								
18	10 377	13 155	23 532	70 611	91 465	86 719	61 386	55 229	175 455	41 755	582 62
19		230	230	690	2 990	2 415	1 794	966	4 600	575	14 03
20	133	70	203	658	805	682	530	423	1 656	412	5 16
21	504	3 810	4 314	2 340	3 120	2 460	1 710	2 850	3 240	2 520	18 24
22		607	607	2 681	2 340	3 442	2 621	848	3 557	1 347	16 83
23		3 969	3 969	1 235	2 446	2 564	1 229	1 217	1 892	1 293	11 87
24	1 600		1 600								
25				4 257	5 220	4 939	3 529	3 097	10 276	2 432	33 75
26				3 572	4 180	3 560	2 843	2 315	8 756	2 173	27 39
27		6	6	520	825	1 536	604	875	1 359	151	5 8
28				4 257	5 221	4 938	3 529	2 477	8 221	1 946	30 58
29	2 237	8 692	10 929	20 210	27 147	26 536	18 389	15 068	43 557	12 849	163 75
30	12 614	21 847	34 461	90 821	118 612	113 255	79 775	70 297	219 012	54 604	746 3
31			34 425	94 109	118 272	109 890	77 220	71 145	216 200	53 352	740 1
32			36	./. 3 288	340	3 365	2 555	./. 848	2 812	1 252	6 1
33			405 000	4 410	5 376	4 070	3 510	31 620	5 405	41 040	
34			8,50 %	21,34	22,–	27,–	22,–	2,25	40,–	1,30	
35			DM	Ftg.Std.	Ftg.Std.	Ftg.Std.	Ftg.Std.	kg	Masch.Std.	m^2	

	Verwaltungskostenstellen						Vertriebskostenstellen				
00	821	822	823	831	851		900	902	903		
fm. eitung	Finanz-buch-haltung	Betriebs-abrech-nung	EDV	Personal-abteilung	Registra-tur u. Post-stelle	Summe Verwal-tungsko-stenstellen	Vertriebs-leitung und Verkauf	Werbung und Marktfor-schung	Fertig-waren-lager, Versand	Summe Vertriebs-kosten-stellen	Summe d. primären Kosten-stellen
											273 995
											7 089
					1 609	1 609			9 873	9 873	30 528
									124	124	6 889
					(1 609)	(1 609)			(9 997)	(9 997)	(318 501)
4 840	10 812	14 522	14 204	5 300	4 028	63 706	15 624	5 936	3 922	25 482	98 092
									118	118	4 772
											14 933
	65		185		110	360					1 798
									145	145	3 782
											2 450
7 520						7 520					8 592
4 240	1 220	2 072	9 820	85	450	17 887	2 875	5 117		7 992	26 381
250	280	90	280	40	120	1 060	320	40	240	600	65 470
130	5 220	40	170	17	40	5 617	130	10	5 130	5 270	45 371
					845	845			5 248	5 248	167 213
755	2 735	3 674	3 593	1 341	1 019	16 117	3 953	1 502	992	6 447	24 817
735	20 332	20 398	28 252	6 783	8 221	114 721	22 902	12 605	25 792	61 299	782 172
									230	230	14 490
252	184	247	241	90	96	1 110	266	101	237	604	7 083
960	1 080	630	960	360	390	4 380	690	270	4 152	5 112	32 046
			81			81					17 524
											15 845
320						2 320	4 480	400		4 880	8 800
											33 750
											27 399
									35	35	5 911
											30 589
532	1 264	877	1 282	450	486	7 891	5 436	771	4 654	10 861	193 437
267	21 596	21 275	29 534	7 233	8 707	122 612	28 338	13 376	30 446	72 160	975 609
						121 354				77 460	973 427
						1 258				./. 5 300	2 182
						1 291 000				1 291 000	
						9,40 %				6,0 %	
						DM				DM	

45. Die Kostenstellenrechnung in einer Plankostenrechnung

451. Die Kostenplanung als Grundlage der Kostenstellenrechnung

(1) Wie bereits unser Überblick in Kapitel 23 gezeigt hat, bildet in einer Plankostenrechnung die nach Kostenarten und Kostenstellen gegliederte *Kostenplanung* die Grundlage der Kostenstellenrechnung. Sie wird jeweils für eine meist einjährige Planungsperiode im voraus erstellt und auf einen geplanten Durchschnittsmonat bezogen.

Die Kostenplanung zählt zu den schwierigsten Teilgebieten der Kostenrechnung. Da wir den Aufbau, die Verfahren und Probleme der Kostenplanung an anderer Stelle ausführlich behandelt haben, wollen wir uns hier nur auf einen kurzen Überblick beschränken.[17]

Zu den *vorbereitenden Maßnahmen der Kostenplanung* gehört eine besonders sorgfältige *Kostenstelleneinteilung* und *Bezugsgrößenwahl*. In einer Plankostenrechnung muß noch mehr darauf geachtet werden, daß die Kostenstellen abgegrenzte Verantwortungsbereiche sind, als bei einer Ist- oder Normalkostenrechnung, weil realistische Kostenvorgaben und eine wirksame Kostenkontrolle die Mitarbeit verantwortlicher Kostenstellenleiter erfordern. Die Bezugsgrößen dienen in einer Plankostenrechnung nicht nur als Kalkulationsgrundlagen, sondern auch zur Anpassung der geplanten Kosten an die jeweilige Istbeschäftigung im Soll-Ist-Kostenvergleich. Für Kostenstellen mit heterogener Kostenverursachung müssen in einer Plankostenrechnung auf jeden Fall mehrere Bezugsgrößen gewählt werden.[18]

Auf die Bezugsgrößenwahl folgt die *Festlegung von Planbezugsgrößen*. Unter einer Planbezugsgröße, die auch als *Planbeschäftigung* bezeichnet wird, versteht man diejenige monatliche Durchschnittsbezugsgröße, die bei der Kostenplanung in einer Kostenstelle zugrunde gelegt werden soll. In der Literatur über die Plankostenrechnung werden für die Festlegung von Planbezugsgrößen mehrere Verfahren vorgeschlagen und zwar die Kapazitäts-, die Absatz- und die Engpaßplanung.[19]

Bei der *Kapazitätsplanung* werden die realisierbaren Kapazitäten der Kostenstellen als Planbezugsgrößen festgelegt, und zwar unabhängig von der erwarteten Beschäftigung. Dieses Verfahren wurde insbesondere für die auf Vollkosten basierende Plankostenrechnung empfohlen, da es dort den Vorteil hat, daß die Fixkostendegression bei Unterbeschäftigung nicht zu überhöhten Kalkulationssätzen führt; dafür entstehen aber entsprechend hohe Beschäftigungsabweichungen. In einer Grenzplankostenrechnung entfällt die Wirkung der Fixkostendegression, da die fixen Kosten nicht in die Kalkulationssätze einbezogen werden. Ein schwerwiegender Nachteil der Kapazitätsplanung besteht darin, daß die Bezugsgrößenplanung und damit die gesamte Kostenplanung nicht mit der Absatzplanung und den übrigen betrieblichen Teilplänen abgestimmt wird. Weiterhin lassen sich die realisierbaren Kapazitäten der Kostenstellen keineswegs so leicht bestimmen, wie es scheinen mag, da Engpaßwirkungen und die Austauschbarkeit von Arbeits-

17 Vgl. *W. Kilger*, Flexible Plankostenrechnung, a.a.O., S. 225 ff. (Einzelkostenplanung) und S. 317 ff. (Gemeinkostenplanung)

18 Zur Kostenstelleneinteilung und zur Bezugsgrößenwahl vgl. unsere Ausführungen in den Kapiteln 41 und 42.

19 Vgl. *W. Kilger*, Flexible Plankostenrechnung, a.a.O., S. 351 ff.

kräften häufig zu interdependenten Beziehungen zwischen den betrieblichen Teilkapazitäten führen.

In den USA ist bereits bei den ersten Formen der Standardkostenrechnung ein anderes Verfahren zur Festlegung von Planbezugsgrößen vorgeschlagen worden, und zwar die sog. *Absatzplanung.* Hiernach werden die Planbezugsgrößen unmittelbar aus den geplanten Absatzmengen abgeleitet. Die jährlichen Absatzmengen werden um Zuschläge für Ausschuß erhöht und auf monatliche Durchschnittsmengen umgerechnet. Dieses Verfahren setzt voraus, daß aufgrund der Arbeitsablaufplanung für alle Produktarten festliegt, welche Kostenstellen sie beanspruchen, und wie groß die Bezugsgrößen pro Produkteinheit sind. Addiert man die mit den Bezugsgrößen pro Einheit z. B. Fertigungsminuten pro Stück, multiplizierten Produktmengen der Kostenstellen, so erhält man deren Planbezugsgrößen.

Die Planbezugsgrößen sekundärer Kostenstellen lassen sich allerdings nicht unmittelbar aus den Absatzmengen ableiten. Sie ergeben sich vielmehr aus dem geplanten Verbrauch innerbetrieblicher Leistungen. Die Verbrauchsmengen der Hauptkostenstellen lassen sich unmittelbar aus der Mengenplanung dieser Stellen ableiten. Bei den Verbrauchsmengen der Sekundärstellen dagegen tritt das gleiche Interdependenzproblem des gegenseitigen Leistungsaustausches auf, das wir bereits für die Istkostenrechnung beschrieben haben. Die Planbezugsgröße einer Sekundärstelle ν hängt von den Verbrauchsmengen der übrigen Sekundärstellen ab, und deren Planbezugsgrößen wiederum von den Verbrauchsmengen der Stelle ν. Wie wir an anderer Stelle gezeigt haben, läßt sich dieses Problem exakt nur mit Hilfe eines linearen Gleichungssystems lösen. In der Praxis begnügt man sich aber meistens mit Näherungsverfahren.

Die Absatzplanung ist insofern einseitig, als sie bei der Festlegung der Planbezugsgrößen ausschließlich von den Daten des Absatzbereichs ausgeht.

H. G. Plaut hat daher vorgeschlagen, die Planbezugsgrößen der Kostenstellen mit dem Gesamtsystem der betrieblichen Teilpläne abzustimmen. Da hierbei der Minimumsektor der Planung die realisierbaren Bezugsgrößen limitiert, wird dieses Verfahren als *Engpaßplanung* bezeichnet.[20] Als Planungsengpässe können z. B. die Absatzmengen, die Kapazitäten von Fertigungsstellen, die verfügbaren Arbeitskräfte oder begrenzte Rohstoffbeschaffungsmöglichkeiten wirken. Durch die Engpaßplanung wird die Bezugsgrößenplanung und damit die gesamte Kostenplanung in das System der betrieblichen Teilpläne integriert.

(2) Die *Durchführung der Kostenplanung* umfaßt die Mengenplanung, die Preisplanung und die planmäßige Kostenauflösung.

Durch die *Mengenplanung* werden für jede Kostenart und Kostenstelle diejenigen Verbrauchsmengen oder Arbeitszeiten festgelegt, die zur Realisierung der Planbezugsgröße bei wirtschaftlichem Handeln erforderlich sind. Die Mengenplanung sollte sich nicht an den Istverbrauchsmengen der Vergangenheit orientieren, da diese in der Regel die Einflüsse von Unwirtschaftlichkeiten enthalten, sondern auf

20 H. G. Plaut charakterisiert die Engpaßplanung wie folgt: „Als Planbeschäftigung ist also der Beschäftigungsgrad festzulegen, den man glaubt, im vorzuplanenden Geschäftsjahr unter Berücksichtigung der Kapazität wie des zu erreichenden Absatzes sowie aller sonstigen Engpässe durchschnittlich innehalten zu können." Vgl. *H. G. Plaut*, Die Plankostenrechnung in der Praxis des Betriebes, ZfB 1951, S. 534.

Messungen, Berechnungen, Verbrauchsstudien und sachkundigen Schätzungen basieren.

Durch die *Preisplanung* werden die Planpreise für Roh-, Hilfs- Betriebsstoffe und Fremdleistungen sowie die erwarteten Lohnsätze der Arbeitskräfte festgelegt. Die Bestimmung von Planpreisen haben wir bereits in Kapitel 3222 beschrieben. In ähnlicher Weise werden auch Planlohnsätze und Plangehälter festgelegt. Da diese meistens von den Ergebnissen zukünftiger Tarifverhandlungen abhängen, ist ihre realistische Festlegung mit entsprechenden Schwierigkeiten verbunden.

Analog zur Preisplanung werden in einer Plankostenrechnung *geplante Verrechnungssätze für innerbetriebliche Leistungen* festgelegt. Da diese aus den Plankosten der sekundären Kostenstellen gebildet werden, muß man die Sekundärstellen stets zuerst planen. Im einzelnen werden wir die Verfahren der innerbetrieblichen Leistungsverrechnung in der Plankostenrechnung in Kapitel 452 behandeln.

Bewertet man die geplanten Verbrauchsmengen mit ihren Planpreisen, die geplanten Arbeitszeiten mit ihren Planlohnsätzen oder Plangehältern und die Planverbrauchsmengen der innerbetrieblichen Leistungen mit den zugehörigen Plankostensätzen, so erhält man die *Plankosten* der betreffenden Kostenarten.

Die Plankosten aller Kostenstellen werden durch eine *planmäßige Kostenauflösung* in fixe und proportionale Teilbeträge zerlegt. Hierbei setzt der Kostenplaner diejenigen Kostenbeträge als fixe Kosten an, die auch dann noch anfallen *sollen*, wenn die Beschäftigung auf Null sinkt, die Bereitschaft zur Realisierung der Planbeschäftigung aber unverändert beibehalten wird. Die Kostenauflösung erfordert bei vielen Kostenarten dispositive Entscheidungen, da viele Kostenarten nicht ihrer Art nach fix oder proportional sind, sondern ihnen diese Eigenschaften durch entsprechende Entscheidungen der zuständigen Stellen zugeordnet werden. Hierbei spielt die *Fristigkeit der Kostenplanung* eine entscheidende Rolle, da sich in längeren Zeiträumen mehr Kostenarten an die Beschäftigung anpassen lassen als in kürzeren. Dies gilt insbesondere für die Personalkosten. Bei den Löhnen geht man in der Praxis meistens von einem Anpassungszeitraum von etwa 3 bis 6 Monaten und bei den Gehältern von einem Anpassungsspielraum von 1 bis 2 Jahren aus.

Die Durchführung der Kostenplanung setzt einschlägige Erfahrungen voraus und sollte im Fertigungsbereich entsprechend geschulten Kosteningenieuren übertragen werden. Betriebe, die erstmalig eine Kostenplanung durchführen, verfügen meistens nicht über genügend geeignete Kostenfachleute, um den Aufbau der Kostenplanung in einer vertretbaren Zeitspanne abschließen zu können. Weiterhin stoßen betriebseigene Mitarbeiter bei der Kostenplanung häufig auf erschwerende psychische Widerstände. Es ist daher zu empfehlen, die Erstplanung einem Unternehmensberater zu übertragen, der Erfahrungen auf dem Gebiet der Plankostenrechnung nachweisen kann.

(3) Den Abschluß der Kostenplanung bildet die *Bestimmung von Plan-Kalkulationssätzen*. Hierzu werden in einer auf Vollkosten basierenden Plankostenrechnung die gesamten Plankosten und in einer Grenzplankostenrechnung die proportionalen Plankosten der Hauptkostenstellen durch die zugehörigen Planbezugsgrößen dividiert. In vielen Betrieben werden sowohl Voll- als auch Grenzkostensätze gebildet, damit nebeneinander Voll- und Grenzkostenkalkulationen erstellt werden können.

Für die kalkulatorische Weiterverrechnung der auf den *Materialkostenstellen* geplanten Kosten werden in einer Plankostenrechnung häufig *nach Einzelmaterialgruppen differenzierte Plan-Materialgemeinkosten-Verrechnungssätze* gebildet. Hierzu werden die Plankostenbeträge der Einkaufs- und Lagerkostenstellen im Anschluß an die Kostenplanung gemäß der planmäßig zu erwartenden Durchschnittsbeanspruchung den Materialgruppen zugeordnet. Die Verrechnungssätze erhält man, indem man die den Materialgruppen zugeordneten Kosten durch die zugehörigen Plan-Einzelmaterialkosten dividiert. Vgl. hierzu das in Tabelle 34 wiedergegebene Zahlenbeispiel.[21]

Tabelle 34: Beispiel für die Bildung mehrerer nach Materialgruppen differenzierter Plan-Material-Gmk-Verrechnungssätze

Materialkosten	Proportionale Kosten lt. Planung	Materialgruppen		
		1	2	3
Summe Plan-Material-Gmk.	21 540	8 125	7 175	6 240
Summe Plan-Einzelmaterialkosten	620 000	325 000	175 000	120 000
Plan-Material-Gmk.-Verrechnungssätze	(3,47 %)	2,5 %	4,1 %	5,2 %

Für die *Fertigungskostenstellen* wird bei homogener Kostenverursachung je ein Kalkulationssatz gebildet, Fertigungskostenstellen mit heterogener Kostenverursachung erhalten für jede Bezugsgröße einen gesonderten Kalkulationssatz. Lohnzuschlagssätze werden in einer Plankostenrechnung nur selten, so z. B. bei sehr lohnintensiven Fertigungsprozessen gebildet, da die Einzellohnkosten keine Bezugsgröße im Sinne einer Plankostenrechnung sind.

Für die kalkulatorische Weiterverrechnung der auf den *Verwaltungskostenstellen* geplanten Kosten wird auch in der Plankostenrechnung meistens nur ein für alle Produktgruppen einheitlicher *Plan-Verwaltungsgemeinkosten-Verrechnungssatz* gebildet. Hierzu wird die Plankostensumme der Verwaltungskostenstellen durch die Planherstell- oder die Planfertigungskosten des Umsatzes dividiert.

Für die *Vertriebskostenstellen* werden dagegen in fast allen Industriebetrieben mit einer Plankostenrechnung *nach Produktgruppen differenzierte Plan-Vertriebsgemeinkosten-Verrechnungssätze* gebildet, da die Produktgruppen die Verkaufsabteilungen, die Werbung und Marktforschung, das Fertigwarenlager und den Versand meistens recht unterschiedlich mit Kosten belasten. Im Anschluß an die Kostenplanung werden die Plankostenbeträge der Vertriebskostenstellen gemäß der planmäßig zu erwartenden Durchschnittsbeanspruchung den Produktgruppen zugeordnet. Die Verrechnungssätze erhält man, indem man die den Produktgruppen zugeordneten Kosten durch die zugehörigen Herstellkosten des Umsatzes dividiert; gelegentlich werden auch die Fertigungskosten des Umsatzes als Bezugsbasis verwendet. Für die Bildung von Grenzkostensätzen werden die Grenzherstell- bzw.

21 In diesem Beispiel werden nur proportionale Materialgemeinkostenverrechnungssätze gebildet. Sollen Voll- und Grenzkostenkalkulationen nebeneinander erstellt werden, so muß die gleiche Rechnung noch einmal mit Vollkosten durchgeführt werden.

die Grenzfertigungskosten, für die Bildung von Vollkostensätzen dagegen die entsprechenden Vollkosten als Bezugsbasis gewählt. Beim Aufbau der Planung kann meistens davon ausgegangen werden, daß für die Planperiode von einem Jahr keine Bestandsveränderungen vorgesehen sind, so daß die geplanten Herstellungs- bzw. Fertigungskosten mit den Herstellungs- bzw. Fertigungskosten des Umsatzes übereinstimmen.

In Tabelle 35 haben wir ein vereinfachtes Beispiel für die Bildung mehrerer Plan-Vertriebsgemeinkosten-Verrechnungssätze wiedergegeben.[22]

Tabelle 35: Beispiel für die Bildung mehrerer nach Produktgruppen differenzierter Plan-Vertriebs-Gmk-Verrechnungssätze

Vertriebskosten	Proportionale Kosten lt. Planung	Produktgruppe				
		1	2	3	4	5
Summe Plan-Vertriebs-Gmk.	53 650	1 920	14 400	13 500	15 660	8 170
Summe Plan-Herstellkosten	1 330 000	240 000	450 000	180 000	270 000	190 000
Plan-Vertriebs-Gmk.-Verrechnungssätze	(4,034 %)	0,8 %	3,2 %	7,5 %	5,8 %	4,3 %

In manchen Industriebetrieben müssen weit mehr als fünf verschiedene Plan-Vertriebsgemeinkosten-Verrechnungssätze gebildet werden, um die unterschiedliche Kostenverursachung im Vertriebsbereich kalkulatorisch richtig erfassen zu können.

(4) Um einen Einblick in den Aufbau einer Kostenplanung zu geben, haben wir für das gleiche *Zahlenbeispiel* eine Kostenplanung durchgeführt, das wir in den Kapiteln 43 und 44 bei der Darstellung der Istkosten- und der Normalkostenrechnung verwendet haben. Hierbei gehen wir zunächst davon aus, daß mit einer *Grenzplankostenrechnung* gearbeitet wird.

In den Tabellen 36 bis 40 haben wir als Beispiel die Kostenpläne folgender Kostenstellen wiedergegeben:

110 Arbeitsvorbereitung
125 Stromversorgung
301 Rohstofflager
401 Fertigungsstelle A
823 Datenverarbeitung

Wie diese Beispiele erkennen lassen, ist auf jedem Kostenplan der Planungszeitraum, die Kostenstellenbezeichnung, die Planbezugsgröße und der Name des Kostenstellenleiters vermerkt. Neben Planungs- und Prüfvermerken soll jeder Kostenplan die Unterschrift des verantwortlichen Kostenstellenleiters enthalten.

22 In Tabelle 35 werden nur proportionale Vertriebsgemeinkostenverrechnungssätze gebildet. Soll parallel auch eine Vollkostenrechnung durchgeführt werden, so ist die gleiche Rechnung mit Hilfe der gesamten Plankosten zu wiederholen.

Tabelle 36: Kostenplan der Kostenstelle Arbeitsvorbereitung

Kostenplan Zeitraum	Kostenstellen-Bezeichnung	Arbeitsvorbereitung				Ko. St. Nr. 110 Bez. Gr. Nr.		Blatt
Planbezugsgröße je ∅ Monat	9 975 DM Deckung Grenzkosten				∅ Schichtzahl	Ko. St. Leiter Stellvertreter		
Kostenarten		Relativzahl	ME	Menge	DM/ME	Plankosten (DM/Monat)		
Nr.	Bezeichnung und Unterteilung					Gesamt	Proportional	Fix
4351	Gehälter					18 400	7 600	10 800
4501-04	Fremdreparaturkosten					(60)		
4129	Kosten für Reparaturmaterial					(31)		
4931	Kosten der Reparaturwerkstatt*		Std.	5	11,80	(59)		
	Summe Reparatur- und Instandhaltungskosten					150	50	100
4711-89	Verschiedene Gemeinkosten					650	300	350
4801	Kalk. Abschreibungen					220	-	220
4802	Kalk. Zinsen					100	-	100
primär	Kalk. Sozialkosten a. Gehalt		DM	18 400	0,253	4 655	1 923	2 732
4921	Sozialdienst*		DM	18 400	0,007	129	53	76
4901	Kalk. Raumkosten*		m^2	220	6,80	1 496	-	1 496
4911	Kalk. Stromkosten*		kWh	680	0,125	85	49	36
Geplant	Geprüft	Abgelocht	Plankostensumme			25 885	9 975	15 910
Name / Datum	Name / Datum	Datum / Datum	Ko. St. Leiter einverstanden / Datum			Kalkulationssätze		

Tabelle 37: Kostenplan der Kostenstelle Stromversorgung

Kostenplan Zeitraum	Kostenstellen-Bezeichnung: Stromversorgung					Ko. St. Nr. 125 Bez. Gr. Nr.		Blatt
Planbezugsgröße je ∅ Monat	130 000 kWh			∅ Schichtzahl		Ko. St. Leiter Stellvertreter		
Kostenarten		Relativzahl	ME	Menge	DM/ME	Plankosten (DM/Monat)		
Nr.	Bezeichnung und Unterteilung					Gesamt	Proportional	Fix
4121-22	Hilfs- und Betriebsstoffe					40	20	20
4123-25	Werkzeuge und Geräte					25	11	14
4501-04	Fremdreparaturkosten					(74)		
4129	Kosten für Reparaturmaterial					(85)		
4931	Kosten der Reparaturwerkstatt*		Std.	6	11,80	(71)		
	Summe Reparatur- und Instandhaltungskosten					230	150	80
4201-19	Heiz- u. Brennstoffkosten (Fremdrechnungen)		kWh	130 000	0,122	16 020	15 860	160
4711-89	Verschiedene Gemeinkosten					45	-	45
4801	Kalk. Abschreibungen					615	207	408
4802	Kalk. Zinsen					360	-	360
4901	Kalk. Raumkosten*		m^2	40	6,80	272	-	272
4993	Hilfs-, Betriebsstoff- und* Werkzeuglager		DM	65	0,08	5	2	3

Geplant		Geprüft		Abgelocht		Plankostensumme		17 612	16 250	1 362
									0,125	
Name	Datum	Name	Datum	Datum	Datum	Ko. St. Leiter einverstanden	Datum	Kalkulationssätze		

Tabelle 38: Kostenplan der Kostenstelle Rohstofflager

Kostenplan Zeitraum	Kostenstellen-Bezeichnung	Rohstofflager	Ko. St. Nr. 301 Bez. Gr. Nr.	Blatt
Planbezugsgröße je ∅ Monat	360 000,-- DM	DM Materialkosten	∅ Schichtzahl	Ko. St. Leiter Stellvertreter

Kostenarten		Relativzahl	ME	Menge	DM/ME	Plankosten (DM/Monat)		
Nr.	Bezeichnung und Unterteilung					Gesamt	Proportional	Fix
4311-19	Hilfslöhne					2 850	1 650	1 200
4351	Gehälter					1 000	-	1 000
4121-22	Hilfs- und Betriebsstoffkosten					45	25	20
4123-25	Werkzeug- und Gerätekosten					18	8	10
4129	Kosten für Reparaturmaterial					(150)		
4931	Kosten der Reparaturwerkstatt*		Std.	17	11,80	(201)		
	Summe Reparatur- und Instandhaltungskosten					351	230	121
4601-39	Kostensteuern, Gebühren, Versicherungsprämien					1 350	750	600
4711-89	Verschiedene Gemeinkosten					80	40	40
4801	Kalk. Abschreibungen					240	120	120
4802	Kalk. Zinsen					5 200	4 000	1 200
primär	Kalk. Sozialkosten a. Lohn		DM	2 850	0,525	1 496	866	630
primär	Kalk. Sozialkosten a. Gehalt		DM	1 000	0,253	253	-	253
4921	Sozialdienst*		DM	3 850	0,007	27	12	15
4901	Kalk. Raumkosten*		m^2	635	6,80	4 318	-	4 318
4911	Kalk. Stromkosten*		kWh	4 500	0,125	562	436	126
4971-72	Kalk. Transportkosten*					2 300	2 300	-
4993	Hilfs-, Betriebsstoff- und Werkzeuglager*		DM	63	0,08	5	3	2

Geplant		Geprüft		Abgelocht		Plankostensumme		20 095	10 440	9 655
									2,9 %	
Name	Datum	Name	Datum	Datum	Datum	Ko. St. Leiter einverstanden	Datum	Kalkulationssätze		

Tabelle 39: Kostenplan der Fertigungskostenstelle A

Kostenplan Zeitraum	Kostenstellen-Bezeichnung: Fertigungsstelle A	Ko. St. Nr. 401 Bez. Gr. Nr.	Blatt
Planbezugsgröße je ∅ Monat: 4 200 Fertigungsstunden	∅ Schichtzahl	Ko. St. Leiter Stellvertreter	

Kostenarten		Relativzahl	ME	Menge	DM/ME	Plankosten (DM/Monat)		
Nr.	Bezeichnung und Unterteilung					Gesamt	Proportional	Fix
4301-02	Fertigungslöhne	7,50	Std.	4 200	7,50	31 500	31 500	–
4309	Zusatzlöhne	0,15	Std.	4 200	0,15	630	630	–
4311-19	Hilfslöhne	0,20	Std.	180	6,60	1 188	868	320
4321-22	Lohnzulagen u. Mehrarbeitskosten	0,11				450	450	
4121-22	Hilfs- u. Betriebsstoffkosten	0,07				324	278	46
4123-25	Werkzeug- und Gerätekosten	0,42	Std.	4 200	0,417	1 750	1 750	–
4129	Kosten fur Reparaturmaterial					(346)		
4931	Kosten der Reparaturwerkstatt*		Std.	65	11,80	(767)		
	Summe Reparatur- und Instandhaltungskosten	0,21				1 113	873	240
4801	Kalk. Abschreibungen	1,11	10 J			6 850	4 687	2 163
4802	Kalk. Zinsen 8 %					2 740	–	2 740
primär	Kalk. Sozialkosten a. Lohn	4,18	DM	33 768	0,525	17 728	17 560	168
primär	Kalk. Sozialkosten a. Gehalt		DM		0,253	–	–	–
4921	Sozialdienst*	0,06	DM	33 768	0,007	236	234	2
4901	Kalk. Raumkosten*		m^2	390	6,80	2 652	–	2 652
4911	Kalk. Stromkosten*	0,51	kWh	18 200	0,125	2 275	2 160	115
4971-72	Kalk. Transportkosten*	0,20	Std.	4 200	0,20	840	840	–
4991	Technische Leitung*	0,05	Std.	4 200	0,05	210	210	–
4992	Arbeitsvorbereitung*	0,20	Std.	4 200	0,20	840	840	–
4993	Hilfs-, Betriebsstoff- und* Werkzeuglager	0,04	DM	2 074	0,08	166	162	4
	Meisterbereich (I und II)	0,35	Std.	4 200	0,35	1 470	1 470	–

Geplant		Geprüft		Abgelocht		Plankostensumme		72 962	64 512	8 450
									15,36 0,256	
Name	Datum	Name	Datum	Datum	Datum	Ko. St. Leiter einverstanden	Datum	Kalkulationssätze		

Tabelle 40: Kostenplan der Kostenstelle Datenverarbeitung

Kostenplan Zeitraum	Kostenstellen-Bezeichnung: Datenverarbeitung					Ko. St. Nr. 823 Bez. Gr. Nr.		Blatt
Planbezugsgröße je ∅ Monat	885 000,-- DM DM Plangrenzherstellko.				∅ Schichtzahl	Ko. St. Leiter Stellvertreter		
Kostenarten		Relativzahl	ME	Menge	DM/ME	Plankosten (DM/Monat)		
Nr.	Bezeichnung und Unterteilung					Gesamt	Proportional	Fix
4351	Gehälter					13 700	1 700	12 000
4501-04	Fremdreparaturkosten					140	40	100
4711-89	Verschiedene Gemeinkosten					9 688	428	9 260
4801	Kalk. Abschreibungen					280	-	280
4802	Kalk. Zinsen					170	-	170
primär	Kalk. Sozialkosten a. Gehalt		DM	13 700	0,253	3 466	430	3 036
4921	Sozialdienst*		DM	13 700	0,007	96	12	84
4901	Kalk. Raumkosten*		m^2	160	6,80	1 088	-	1 088
4911	Kalk. Stromkosten*		kWh	580	0,125	73	45	28
Geplant	Geprüft	Abgelocht	Plankostensumme			28 701	2 655	26 046
							0,3 %	
Name / Datum	Name / Datum	Datum / Datum	Ko. St. Leiter einverstanden		Datum	Kalkulationssätze		

Die *sekundären Kostenarten* sind zur Erleichterung der Abstimmung mit einem Stern gekennzeichnet. Die Verrechnungssätze für innerbetriebliche Leistungen enthalten nur proportionale Kostenbestandteile. Im einzelnen werden wir die Verfahren der innerbetrieblichen Leistungsverrechnung in einer Plankostenrechnung erst in Kapitel 452 behandeln.

Für die meisten Kostenstellen haben wir die gleichen Bezugsgrößenarten wie bei der Istkosten- und der Normalkostenrechnung verwendet; dies gilt insbesondere

Tabelle 41, Blatt 1: Beispiel einer Kostenplanung (Allgemeine Hilfs- und Nebenstellen)

Kostenstellen-Bezeichnung			115 Raumkostenstelle			125 Stromversorgung		
Zeilen Nr.	Planbezugsgrößen		(6 900 m^2)			130 000 kWh		
	Nr.	Kostenarten	Gesamt	Prop.	Fix	Gesamt	Prop.	Fix
1	4301–02	Fertigungslöhne						
2	4309	Zusatzlöhne						
3	4311–19	Hilfslöhne	4 840		4 840			
4	4321–22	Lohnzulagen u. Mehrarbeitskosten	60		60			
5	Summe	Lohnkosten	(4 900)		(4 900)			
6	4351	Gehälter	2 860		2 860			
7	4121–22	Hilfs- u. Betriebsstoffe	165		165	40	20	20
8	4123–25	Werkzeuge und Geräte	25		25	25	11	14
9	4501–04	Fremdreparaturkosten	(2 610)			(74)		
10	4129	Reparaturmaterial	(280)			(85)		
11	4931	Kosten der Reparaturwerkstatt	(1 121)			(71)		
12	Summe	Reparatur- u. Instandhaltungskosten	4 011		4 011	230	150	80
13	4201–19	Heiz-, Brennstoff-, Fremdenergieko.	1 820		1 820	16 020	15 860	160
14	4601–39	Steuern, Gebühren, Vers. Prämien	5 107		5 107			
15	4711–89	Verschiedene Gemeinkosten	321		321	45		45
16	4801	Kalk. Abschreibungen	7 750		7 750	615	207	408
17	4802	Kalk. Zinsen	15 540		15 540	360		360
18	4921	Kalk. Sozialko. a. Lohn, primär	2 572		2 572			
19	4922	Kalk. Sozialko. a. Gehalt, primär	724		724			
20	4923	Kalk. Sozialkosten, sekundär	54		54			
21	4901	Kalk. Raumkosten	544		544	272		272
22	4911	Kalk. Stromkosten	512		512			
23	4971	Kalk. innerbetr. Transportkosten						
24	4972	Kalk. PKW-Kosten						
25	4991	Kalk. Kosten d. Technischen Leitung						
26	4992	Kalk. Kosten der AV						
27	4993	Kalk. Ko. d. Hilfs-, Betriebsstoff- u. Werkzeuglagers	15		15	5	2	3
28	4994	Kalk. Ko. d. Meisterbereichs I						
29	4995	Kalk. Ko. d. Meisterbereichs II						
30	Summen		46 920		46 920	17 612	16 250	1 362
31	Kalkulationssätze		6,80				0,125	

für den Fertigungsbereich. Bei den Leitungsstellen der Fertigung und der innerbetrieblichen Transportstelle werden jedoch die „Umlageschlüssel“ durch die Bezugsgrößen „DM Deckung Grenzkosten“ ersetzt, da für diese Stellen die von uns in Kapitel 42 auf Seite 163 ff. beschriebenen Technik der indirekten Bezugsgrößen angewendet wird. Bei den Materialkostenstellen werden als Bezugsgrößen anstelle der zu Istpreisen bewerteten Materialkosten die zu Planpreisen bewerteten Materialkosten verwendet. Für die Kostenstellen des Verwaltungs- und Vertriebsbereichs

131 Innerbetr. Transport			132 PKW-Dienst			145 Sozialdienst			201 Reparaturwerkstatt		
10 264 DM/GK			15 000 km			447 700 DM			1 000 Ftg. Std.		
Gesamt	Prop.	Fix	Gesamt	Prop.	Fix	Gesamt	Prop.	Fix	Gesamt	Prop.	Fix
									7 160	7 160	
6 539	5 719	820	3 000	1 500	1 500	3 400	1 700	1 700			
220	220										
6 759)	(5 939)	(820)	(3 000)	(1 500)	(1 500)	(3 400)	(1 700)	(1 700)	(7 160)	(7 160)	
									2 200		2 200
140	70	70	80	40	40	105	75	30	110	90	20
80	40	40	50	20	30				240	180	60
(260)			(1 280)			(80)					
(26)						(55)			(35)		
(141)						(177)			(165)		
427	317	110	1 280	1 200	80	312	98	214	200	120	80
			2 000	1 950	50						
			450		450						
40		40	80		80	320	120	200			
210	150	60	1 280	786	494	380	230	150	250	169	81
105		105	170		170	140		140	110		110
3 548	3 118	430	1 575	788	787	1 785	892	893	3 759	3 759	
									557		557
47	41	6	21	11	10	24	13	11	65	50	15
476		476	1 020		1 020	2 210		2 210	1 190		1 190
650	580	70							275	250	25
18	9	9	10	5	5	8	6	2	28	22	6
500	10 264	2 236	11 016	6 300	4 716	8 684	3 134	5 550	16 144	11 800	4 344
				0,42			0,007			11,80	

Tabelle 41, Blatt 2: Beispiel einer Kostenplanung (Materialkostenstellen)

Zeilen Nr.	Kostenstellen-Bezeichnung		300 Einkauf			301 Rohstofflager		
	Planbezugsgrößen		360 000 DM			360 000 DM		
	Nr.	Kostenarten	Gesamt	Prop.	Fix	Gesamt	Prop.	Fix
1	4301–02	Fertigungslöhne						
2	4309	Zusatzlöhne						
3	4311–19	Hilfslöhne				2 850	1 650	1 200
4	4321–22	Lohnzulagen u. Mehrarbeitskosten						
5	Summe	Lohnkosten				(2 850)	(1 650)	(1 200)
6	4351	Gehälter	7 400		7 400	1 000		1 000
7	4121–22	Hilfs- u. Betriebsstoffe				45	25	20
8	4123–25	Werkzeuge und Geräte				18	8	10
9	4501–04	Fremdreparaturkosten	(20)					
10	4129	Reparaturmaterial				(150)		
11	4931	Kosten der Reparaturwerkstatt				(201)		
12	Summe	Reparatur- u. Instandhaltungskosten	20		20	351	230	121
13	4201–19	Heiz-, Brennstoff-, Fremdenergieko.						
14	4601–39	Steuern, Gebühren, Vers. Prämien				1 350	750	600
15	4711–89	Verschiedene Gemeinkosten	380		380	80	40	40
16	4801	Kalk. Abschreibungen	60		60	240	120	120
17	4802	Kalk. Zinsen	30		30	5 200	4 000	1 200
18	4921	Kalk. Sozialko. a. Lohn, primär				1 496	866	630
19	4922	Kalk. Sozialko. a. Gehalt, primär	1 872		1 872	253		253
20	4923	Kalk. Sozialkosten, sekundär	52		52	27	12	15
21	4901	Kalk. Raumkosten	571		571	4 318		4 318
22	4911	Kalk. Stromkosten				562	436	126
23	4971	Kalk. innerbetr. Transportkosten				2 300	2 300	
24	4972	Kalk. PKW-Kosten	756	360	396			
25	4991	Kalk. Kosten d. Technischen Leitung						
26	4992	Kalk. Kosten der AV						
27	4993	Kalk. Ko. d. Hilfs-, Betriebsstoff- u. Werkzeuglagers				5	3	2
28	4994	Kalk. Ko. d. Meisterbereichs I						
29	4995	Kalk. Ko. d. Meisterbereichs II						
30	Summen		11 141	360	10 781	20 095	10 440	9 655
31	Kalkulationssätze			0,1 %			2,9 %	

verwendet man in einer Grenzplankostenrechnung die Plangrenz-Herstellkosten des Umsatzes als Bezugsgrößen.

In Tabelle 41, Blatt 1 bis 7, haben wir die Plankosten aller Kostenstellen unseres Zahlenbeispiels zusammengefaßt. Diese Zusammenfassung dient zugleich als Gesamtübersicht und zur *Abstimmung der Kostenplanung*. Sie enthält in der letzten Zeile die Kalkulationssätze. Für die Fertigungsstellen mit Zeitbezugsgrößen werden neben

302 Hilfs-, Betriebsstoff- u. Werkzeuglager 22 000 DM			Summe Einkaufs- und Materialbereich		
Gesamt	Prop.	Fix	Gesamt	Prop.	Fix
1 800	800	1 000	4 650	2 450	2 200
200	100	100	200	100	100
2 000)	(900)	(1 100)	(4 850)	(2 550)	(2 300)
			8 400		8 400
30	15	15	75	40	35
			18	8	10
			(20)		
(70)			(220)		
(59)			(260)		
129	60	69	500	290	210
240	100	140	1 590	850	740
			460	40	420
100		100	400	120	280
755	205	550	5 985	4 205	1 780
050	473	577	2 546	1 339	1 207
			2 125		2 125
14	6	8	93	18	75
496		1 496	6 385		6 385
			562	436	126
			2 300	2 300	
			756	360	396
2	1	1	7	4	3
316	1 760	4 056	37 052	12 560	24 492
	8 %				

Stunden- auch Minutenkostensätze ausgewiesen. Die für die Kostenstellen 300 und 301 angegebenen Prozentsätze werden zu einem Materialgemeinkosten-Verrechnungssatz von 3 % zusammengefaßt. Entsprechend werden die Prozentsätze der Verwaltungskostenstellen zu 1,6 % und die Prozentsätze der Vertriebskostenstellen zu 2,1 % zusammengefaßt. Auf differenzierte Kostensätze wurde aus Vereinfachungsgründen verzichtet.

Tabelle 41, Blatt 3: Beispiel einer Kostenplanung (Fertigungsbereich)

Zeilen-Nr.	Nr.	Kostenstellen-Bezeichnung / Planbezugsgrößen / Kostenarten	100 Techn. Leitung 2 224 DM GK Gesamt	Prop.	Fix	110 Arbeitsvorbereitung 9 975 DM GK Gesamt	Prop.	Fix
1	4301–02	Fertigungslöhne						
2	4309	Zusatzlöhne						
3	4311–19	Hilfslöhne						
4	4321–22	Lohnzulagen u. Mehrarbeitskosten						
5	Summe	Lohnkosten						
6	4351	Gehälter	18 000		18 000	18 400	7 600	10 800
7	4121–22	Hilfs- u. Betriebsstoffe						
8	4123–25	Werkzeuge und Geräte						
9	4501–04	Fremdreparaturkosten				(60)		
10	4129	Reparaturmaterial				(31)		
11	4931	Kosten der Reparaturwerkstatt				(59)		
12	Summe	Reparatur- u. Instandhaltungskosten				150	50	100
13	4201–19	Heiz-, Brennstoff-, Fremdenergieko.						
14	4601–39	Steuern, Gebühren, Vers. Prämien	4 690	580	4 110			
15	4711–89	Verschiedene Gemeinkosten	504	124	380	650	300	350
16	4801	Kalk. Abschreibungen	220		220	220		220
17	4802	Kalk. Zinsen	2 350	1 520	830	100		100
18	4921	Kalk. Sozialko. a. Lohn, primär						
19	4922	Kalk. Sozialko. a. Gehalt, primär	4 554		4 554	4 655	1 923	2 732
20	4923	Kalk. Sozialkosten, sekundär	126		126	129	53	76
21	4901	Kalk. Raumkosten	952		952	1 496		1 496
22	4911	Kalk. Stromkosten				85	49	36
23	4971	Kalk. innerbetr. Transportkosten						
24	4972	Kalk. PKW-Kosten	1 092		1 092			
25	4991	Kalk. Kosten d. Technischen Leitung						
26	4992	Kalk. Kosten der AV						
27	4993	Kalk. Ko. d. Hilfs-, Betriebsstoff- u. Werkzeuglagers						
28	4994	Kalk. Ko. d. Meisterbereichs I						
29	4995	Kalk. Ko. d. Meisterbereichs II						
30	Summen		32 488	2 224	30 264	25 885	9 975	15 910
31	Kalkulationssätze							

Die Bezugsbasis für die Verwaltungs- und Vertriebsstellen setzt sich wie folgt zusammen:

		DM/Monat
Plan-Einzelmaterialkosten	=	360 000
Proportionale Material-Gmk	=	10 000
Proportionale Fertigungskosten	=	514 228
Plan-Grenzherstellkosten	=	885 028

400 Meisterbereich I			401 Fertigungsstelle A			402 Fertigungsstelle B			403 Fertigungsstelle C		
7 613 DM			4 200 Ftg. Std.			5 600 Ftg.Std.			3 700 Ftg.Std.		
Gesamt	Prop.	Fix	Gesamt	Prop.	Fix	Gesamt	Prop.	Fix	Gesamt	Prop.	Fix
			31 500	31 500		40 320	40 320		29 970	29 970	
			630	630		560	560		444	444	
4 588	3 529	1 059	1 188	868	320	1 848	1 488	360	2 800	2 200	600
			450	450		2 600	2 600		750	750	
(4 588)	(3 529)	(1 059)	(33 768)	(33 448)	(320)	(45 328)	(44 968)	(360)	(33 964)	(33 364)	(600)
4 400		4 400									
867	717	150	324	278	46	380	306	74	259	222	37
60		60	1 750	1 750		2 074	2 074		4 111	4 111	
(220)						(160)			(410)		
(280)			(346)			(450)			(390)		
(1 003)			(767)			(1 322)			(1 121)		
1 603	1 053	450	1 113	873	240	1 932	1 552	380	1 921	1 501	420
520	379	141									
80		80	6 850	4 687	2 163	10 400	6 914	3 486	13 780	10 410	3 370
30		30	2 740		2 740	4 992		4 992	5 512		5 512
2 409	1 853	556	17 728	17 560	168	23 797	23 608	189	17 831	17 516	315
1 113		1 113									
63	25	38	236	234	2	317	315	2	238	234	4
510		510	2 652		2 652	3 536		3 536	2 788		2 788
			2 275	2 160	115	2 050	1 945	105	3 125	2 965	160
			840	840		1 792	1 792		1 665	1 665	
			210	210		448	448		370	370	
			840	840		2 240	2 240		1 924	1 924	
74	57	17	166	162	4	197	190	7	350	347	3
			1 470	1 470		2 688	2 688		2 405	2 405	
6 217	7 613	8 604	72 962	64 512	8 450	102 171	89 040	13 131	90 243	77 034	13 209
				15,36 0,256			15,90 0,265			20,82 0,347	

Da in der Jahresplanung davon ausgegangen werden kann, daß die geplanten Produktmengen mit den geplanten Absatzmengen in etwa übereinstimmen, sind die geplanten Grenzherstellkosten zugleich die Plangrenzherstellkosten des Umsatzes. Als kalkulatorische Bezugsgröße der Verwaltungs- und Vertriebskostenstellen werden daher (abgerundet) 885 000 DM/Monat angesetzt.

Die Abstimmung der Kostenplanung besteht aus folgenden Rechenschritten:

Für alle Kostenstellen, Kostenstellengruppen und für die Kostenplanung insgesamt müssen die gesamten Plankosten mit der Summe aus den proportionalen

Tabelle 41, Blatt 4: Beispiel einer Kostenplanung (Fertigungsbereich)

Zeilen-Nr.	Nr.	Kostenarten	404 Fertigungsstelle D Gesamt	Prop.	Fix	500 Meisterbereich II Gesamt	Prop.	Fix
	Kostenstellen-Bezeichnung		404 Fertigungsstelle D			500 Meisterbereich II		
	Planbezugsgrößen		3 000 Ftg.Std.			4 105 DM GK		
	Nr.	Kostenarten	Gesamt	Prop.	Fix	Gesamt	Prop.	Fix
1	4301–02	Fertigungslöhne	22 500	22 500				
2	4309	Zusatzlöhne	450	450				
3	4311–19	Hilfslöhne	1 056	806	250	2 660	1 900	760
4	4321–22	Lohnzulagen u. Mehrarbeitskosten						
5	Summe	Lohnkosten	(24 006)	(23 756)	(250)	(2 660)	(1 900)	(760)
6	4351	Gehälter				2 300		2 300
7	4121–22	Hilfs- u. Betriebsstoffe	333	278	55	500	380	120
8	4123–25	Werkzeuge und Geräte	1 806	1 806		40		40
9	4501–04	Fremdreparaturkosten	(150)			(120)		
10	4129	Reparaturmaterial	(290)			(140)		
11	4931	Kosten der Reparaturwerkstatt	(614)			(767)		
12	Summe	Reparatur- u. Instandhaltungskosten	1 054	844	210	1 027	580	447
13	4201–19	Heiz-, Brennstoff-, Fremdenergieko.						
14	4601–39	Steuern, Gebühren, Vers. Prämien						
15	4711–89	Verschiedene Gemeinkosten				290	204	86
16	4801	Kalk. Abschreibungen	6 860	4 911	1 949	60		60
17	4802	Kalk. Zinsen	4 116		4 116	25		25
18	4921	Kalk. Sozialko. a. Lohn, primär	12 603	12 472	131	1 397	998	399
19	4922	Kalk. Sozialko. a. Gehalt, primär				582		582
20	4923	Kalk. Sozialkosten, sekundär	168	166	2	34	13	21
21	4901	Kalk. Raumkosten	1 938		1 938	435		435
22	4911	Kalk. Stromkosten	1 800	1 710	90			
23	4971	Kalk. innerbetr. Transportkosten	750	750				
24	4972	Kalk. PKW-Kosten						
25	4991	Kalk. Kosten d. Technischen Leitung	240	240				
26	4992	Kalk. Kosten der AV	1 350	1 350				
27	4993	Kalk. Ko. d. Hilfs-, Betriebsstoff- u. Werkzeuglagers	171	167	4	43	30	13
28	4994	Kalk. Ko. d. Meisterbereichs I	1 050	1 050				
29	4995	Kalk. Ko. d. Meisterbereichs II						
30	Summen		58 245	49 500	8 745	9 393	4 105	5 288
31	Kalkulationssätze			16,50 0,275				

und fixen Plankosten übereinstimmen. Das Blatt 7 der Tabelle 41 zeigt, daß für alle Kostenstellen der Unternehmung Plankosten in Höhe von 1 008 415 DM/Monat vorgegeben worden sind, wovon 631 198 DM/Monat auf proportionale und 377 217 DM/Monat auf fixe Kosten entfallen. Der Gesamtbetrag von 1 008 415 DM/Monat enthält 119 519 DM/Monat doppelt verrechnete Kosten sekundärer Kostenstellen, so daß die Summe der primären Plankosten 888 896 DM/Monat beträgt.

501 Fertigungsstelle E			502 Fertigungsstelle F			503 Fertigungsstelle G			Summe Fertigungsbereich		
37 200 kg			4 700 Masch.Std.			38 000 m²					
Gesamt	Prop.	Fix	Gesamt	Prop.	Fix	Gesamt	Prop.	Fix	Gesamt	Prop.	Fix
22 400	22 400		70 500	70 500		17 500	17 500		234 690	234 690	
640	640		2 350	2 350		200	200		5 274	5 274	
1 200	900	300	3 312	2 832	480	2 112	1 552	560	20 764	16 075	4 689
			1 820	1 820					5 620	5 620	
(24 240)	(23 940)	(300)	(77 982)	(77 502)	(480)	(19 812)	(19 252)	(560)	(266 348)	(261 659)	(4 689)
									43 100	7 600	35 500
2 574	2 407	167	759	537	222	222	167	55	6 218	5 292	926
889	889		3 481	3 481		231	231		14 442	14 342	100
			(275)						(1 395)		
(420)			(430)			(120)			(2 897)		
(1 121)			(1 711)			(389)			(8 874)		
1 541	1 191	350	2 416	1 796	620	509	349	160	13 166	9 789	3 377
2 520	2 440	80							2 520	2 440	80
									4 690	580	4 110
									1 964	1 007	957
7 820	5 491	2 329	15 200	11 329	3 871	2 600	2 155	445	64 090	45 897	18 193
3 754		3 754	6 080		6 080	1 560		1 560	31 259	1 520	29 739
12 726	12 568	158	40 941	40 689	252	10 401	10 107	294	139 833	137 371	2 462
									10 904	1 923	8 981
170	168	2	546	543	3	139	135	4	2 166	1 886	280
3 230		3 230	3 672		3 672	2 856		2 856	24 065		24 065
888	838	50	2 669	2 499	170	1 286	1 222	64	14 178	13 388	790
992	992		1 175	1 175		750	750		7 964	7 964	
									1 092		1 092
192	192		564	564		200	200		2 224	2 224	
960	960		1 786	1 786		875	875		9 975	9 975	
277	264	13	340	321	19	36	32	4	1 654	1 570	84
									7 613	7 613	
1 600	1 600		1 880	1 880		625	625		4 105	4 105	
64 373	53 940	10 433	159 491	144 102	15 389	42 102	36 100	6 002	673 570	538 145	135 425
	1,45			30,66 0,511			0,95				

Multipliziert man die Lohnkosten mit dem Sozialkostenverrechnungssatz von 52,5 %, so muß man die zugehörigen Plankostenbeträge der Kostenart 4921, kalkulatorische Sozialkosten auf Lohn, primär, erhalten. Entsprechend stimmt man die Gehälter und die unter Kostenart 4922 erfaßten primären kalkulatorischen Sozialkosten auf Gehalt mit Hilfe des Sozialkostenfaktors von 25,3 % ab.

Die weiteren Rechenschritte der Abstimmung beziehen sich auf sekundäre Kostenarten, so daß wir sie im Zusammenhang mit der innerbetrieblichen Leistungsverrechnung in Kapitel 452 behandeln wollen.

Tabelle 41, Blatt 5: Beispiel einer Kostenplanung (Verwaltungsbereich)

Zeilen-Nr.	Nr.	Kostenarten	800 Kaufm. Leitung			821 Finanzbuchhaltung			822 Betriebsabrechnung		
		Kostenstellen-Bezeichnung	800 Kaufm. Leitung			821 Finanzbuchhaltung			822 Betriebsabrechnung		
		Planbezugsgrößen	885 000 DM			885 000 DM			885 000 DM		
			Gesamt	Prop.	Fix	Gesamt	Prop.	Fix	Gesamt	Prop.	Fix
1	4301–02	Fertigungslöhne									
2	4309	Zusatzlöhne									
3	4311–19	Hilfslöhne									
4	4321–22	Lohnzulagen u. Mehrarbeitskosten									
5	Summe	Lohnkosten									
6	4351	Gehälter	14 000		14 000	10 200		10 200	13 700		13 700
7	4121–22	Hilfs- u. Betriebsstoffe									
8	4123–25	Werkzeuge und Geräte									
9	4501–04	Fremdreparaturkosten	(160)			(140)			(70)		
10	4129	Reparaturmaterial									
11	4931	Kosten der Reparaturwerkstatt									
12	Summe	Reparatur- u. Instandhaltungskosten	160		160	140		140	70		70
13	4201–19	Heiz-, Brennstoff- u. Fremdenergieko.									
14	4601–39	Steuern, Gebühren, Vers. Prämien	7 270	5 070	2 200						
15	4711–89	Verschiedene Gemeinkosten	3 865	1 125	2 740	890	440	450	2 250	885	1 365
16	4801	Kalk. Abschreibungen	250		250	280		280	90		90
17	4802	Kalk. Zinsen	130		130	4 300	3 100	1 200	40		40
18	4921	Kalk. Sozialko. a. Lohn, primär									
19	4922	Kalk. Sozialko. a. Gehalt, primär	3 542		3 542	2 581		2 581	3 466		3 466
20	4923	Kalk. Sozialkosten, sekundär	98		98	72		72	96		96
21	4901	Kalk. Raumkosten	1 088		1 088	1 224		1 224	714		714
22	4911	Kalk. Stromkosten									
23	4971	Kalk. innerbetr. Transportkosten									
24	4972	Kalk. PKW-Kosten	1 302		1 302						
25	4991	Kalk. Kosten d. Technischen Leitung									
26	4992	Kalk. Kosten der AV									
27	4993	Kalk. Ko. d. Hilfs-, Betriebsstoff- u. Werkzeuglagers									
28	4994	Kalk. Ko. d. Meisterbereichs I									
29	4995	Kalk. Ko. d. Meisterbereichs II									
30	Summen		31 705	6 195	25 510	19 687	3 540	16 147	20 426	885	19 541
31	Kalkulationssätze			0,7 %			0,4 %			0,1 %	

823 Datenverarbeitung			831 Personalabteilung u. Lohnabrechnung			851 Registratur, Poststelle, Telefonzentrale			Summe Verwaltungsstellen		
885 000 DM			885 000 DM			885 000 DM					
Gesamt	Prop.	Fix	Gesamt	Prop.	Fix	Gesamt	Prop.	Fix	Gesamt	Prop.	Fix
						1 200	400	800	1 200	400	800
						(1 200)	(400)	(800)	(1 200)	(400)	(800)
3 700	1 700	12 000	5 000		5 000	3 800		3 800	60 400	1 700	58 700
(140)						(180)			(690)		
140	40	100				180	60	120	690	100	590
									7 270	5 070	2 200
9 688	428	9 260	130		130	586	212	374	17 409	3 090	14 319
280		280	40		40	120		120	1 060		1 060
170		170	17		17	40		40	4 697	3 100	1 597
						630	210	420	630	210	420
3 466	430	3 036	1 265		1 265	961		961	15 281	430	14 851
96	12	84	35		35	35	3	32	432	15	417
088		1 088	408		408	442		442	4 964		4 964
73	45	28							73	45	28
									1 302		1 302
701	2 655	26 046	6 895		6 895	7 994	885	7 109	115 408	14 160	101 248
	0,3 %						0,1 %			1,6 %	

Tabelle 41, Blatt 6: Beispiel einer Kostenplanung (Vertriebsbereich)

Kostenstellen-Bezeichnung			900 Vertriebsleitung			902 Werbung und Marktforschung		
Zeilen-Nr.	Planbezugsgrößen		885 000 DM			885 000 DM		
	Nr.	Kostenarten	Gesamt	Prop.	Fix	Gesamt	Prop.	Fix
1	4301–02	Fertigungslöhne						
2	4309	Zusatzlöhne						
3	4311–19	Hilfslöhne						
4	4321–22	Lohnzulagen u. Mehrarbeitskosten						
5	Summe	Lohnkosten						
6	4351	Gehälter	14 740		14 740	5 600		5 600
7	4121–22	Hilfs- u. Betriebsstoffe						
8	4123–25	Werkzeuge und Geräte						
9	4501–04	Fremdreparaturkosten	(40)					
10	4129	Reparaturmaterial						
11	4931	Kosten der Reparaturwerkstatt						
12	Summe	Reparatur- u. Instandhaltungskosten	40		40			
13	4201–19	Heiz-, Brennstoff- u. Fremdenergieko.						
14	4601–39	Steuern, Gebühren, Vers. Prämien						
15	4711–89	Verschiedene Gemeinkosten	2 400	770	1 630	6 432	1 608	4 824
16	4801	Kalk. Abschreibungen	320		320	40		40
17	4802	Kalk. Zinsen	130		130	10		10
18	4921	Kalk. Sozialko. a. Lohn, primär						
19	4922	Kalk. Sozialko. a. Gehalt, primär	3 729		3 729	1 417		1 417
20	4923	Kalk. Sozialkosten, sekundär	103		103	39		39
21	4901	Kalk. Raumkosten	782		782	306		306
22	4911	Kalk. Stromkosten						
23	4971	Kalk. innerbetr. Transportkosten						
24	4972	Kalk. PKW-Kosten	2 688	1 000	1 688	462	162	300
25	4991	Kalk. Kosten d. Technischen Leitung						
26	4992	Kalk. Kosten der AV						
27	4993	Kalk. Ko. d. Hilfs-, Betriebsstoff- u. Werkzeuglagers						
28	4994	Kalk. Ko. d. Meisterbereichs I						
29	4995	Kalk. Ko. d. Meisterbereichs II						
30	Summen		24 932	1 770	23 162	14 306	1 770	12 536
31	Kalkulationssätze			0,2 %			0,2 %	

903 Fertigwarenlager und Versand			Summe Vertriebsstellen		
885 000 DM					
esamt	Prop.	Fix	Gesamt	Prop.	Fix
800	7 100	1 700	8 800	7 100	1 700
283	220	63	283	220	63
083)	(7 320)	(1 763)	(9 083)	(7 320)	(1 763)
700		3 700	24 040		24 040
187	127	60	187	127	60
			(40)		
(140)			(140)		
(165)			(165)		
305	155	150	345	155	190
			8 832	2 378	6 454
240		240	600		600
240	3 540	2 700	6 380	3 540	2 840
769	3 843	926	4 769	3 843	926
936		936	6 082		6 082
90	50	40	232	50	182
706		4 706	5 794		5 794
			3 150	1 162	1 988
15	10	5	15	10	5
271	15 045	15 226	69 509	18 585	50 924
	1,7 %			2,1 %	

Tabelle 41, Blatt 7: Beispiel einer Kostenplanung (Abstimmung)

Zeilen-Nr.	Kostenstellen-Bezeichnung		Summe Gesamtunternehmung		
	Planbezugsgrößen				
	Nr.	Kostenarten	Gesamt	Prop.	Fix
1	4301–02	Fertigungslöhne	241 850	241 850	
2	4309	Zusatzlöhne	5 274	5 274	
3	4311–19	Hilfslöhne	53 193	34 944	18 249
4	4321–22	Lohnzulagen u. Mehrarbeitskosten	6 383	6 160	223
5	Summe	Lohnkosten	(306 700)	(288 228)	(18 472)
6	4351	Gehälter	141 000	9 300	131 700
7	4121–22	Hilfs- und Betriebsstoffe	7 120	5 754	1 366
8	4123–25	Werkzeuge und Geräte	14 880	14 601	279
9	4501–04	Fremdreparaturkosten	(6 449)		
10	4129	Reparaturmaterial	(3 738)		
11	4931	Kosten der Reparaturwerkstatt	(10 974)		
12	Summe	Reparatur- u. Instandhaltungskosten	21 161	12 219	8 942
13	4201–19	Heiz-, Brennstoff- u. Fremdenergieko.	22 360	20 250	2 110
14	4001–39	Steuern, Gebühren, Versich. Prämien	19 107	6 500	12 607
15	4711–89	Verschiedene Gemeinkosten	29 471	6 635	22 836
16	4801	Kalk. Abschreibungen	76 635	47 559	29 076
17	4802	Kalk. Zinsen	64 746	12 365	52 381
18	4921	Kalk. Sozialkosten a. Lohn, primär	161 017	151 320	9 697
19	4922	Kalk. Sozialkosten a. Gehalt, primär	35 673	2 353	33 320
20	4923	Kalk. Sozialkosten, sekundär	3 134	2 084	1 050
21	4901	Kalk. Raumkosten	46 920		46 920
22	4911	Kalk. Stromkosten	16 250	14 699	1 551
23	4971	Kalk. innerbetr. Transportkosten	10 264	10 264	
24	4972	Kalk. PKW-Kosten	6 300	1 522	4 778
25	4991	Kalk. Kosten der Techn. Leitung	2 224	2 224	
26	4992	Kalk. Kosten der AV	9 975	9 975	
27	4993	Kalk. Ko. d. Hilfs-, Betriebsstoff- u. Werkzeuglagers	1 760	1 628	132
28	4994	Kalk. Kosten des Meisterbereichs I	7 613	7 613	
29	4995	Kalk. Kosten des Meisterbereichs II	4 105	4 105	
30	Summen		1 008 415	631 198	377 21[illegible]
31	Kalkulationssätze				

Summe Sekundäre Kosten			Summe Primäre Kosten		
Gesamt	Prop.	Fix	Gesamt	Prop.	Fix
			241 850		
			5 274		
			53 193		
			6 383		
			141 000		
			7 120		
			14 880		
			6 449		
			3 738		
0 974					
			22 360		
			19 107		
			29 471		
			76 635		
			64 746		
			161 017		
			35 673		
3 134					
920					
250					
264					
300					
224					
975					
760					
613					
105					
519			888 896		

452. *Die innerbetriebliche Leistungsverrechnung in der Plankostenrechnung*

4521. Das Verfahren der Grenzkostenbewertung

(1) Für die innerbetriebliche Leistungsverrechnung der Plankostenrechnung gibt es mehrere Verfahren, die sich in der Behandlung der fixen Kosten des Sekundärbereichs voneinander unterscheiden.[23]

In einer Grenzplankostenrechnung wird das *Verfahren der Grenzkostenbewertung* angewendet. Hiernach werden in die Verrechnungssätze für innerbetriebliche Leistungen nur proportionale Kosten einbezogen. Nur auf diese Weise kann vermieden werden, daß künstlich proportionalisierte fixe Kosten sekundärer Kostenstellen in die proportionalen Kosten leistungsempfangender Stellen eingehen. Die fixen Kosten der Sekundärstellen werden zusammen mit den fixen Kosten der Hauptkostenstellen monatlich in die kurzfristige Erfolgsrechnung ausgebucht.

Auch in der Plankostenrechnung tritt bei der innerbetrieblichen Leistungsverrechnung das Problem der Interdependenz des Leistungsaustauschs zwischen den sekundären Kostenstellen auf. Wie unsere Ausführungen auf Seite 202 gezeigt haben, sind bereits bei der Festlegung der Planbezugsgrößen der sekundären Kostenstellen interdependente Beziehungen zu beachten. Liegen die Planbezugsgrößen und die primären Plankosten der sekundären Kostenstellen fest, so lassen sich die Grenzkostensätze für innerbetriebliche Leistungen in ähnlicher Weise durch ein System linearer Gleichungen bestimmen, wie wir das in Kapitel 4321 für die Istkostenrechnung beschrieben haben. Zur Ableitung dieses Gleichungssystems wollen wir die folgenden Kurzzeichen einführen:

$K^{(p)}_{vPr}$ = Summe der beschäftigungsabhängigen primären Plankosten einer sekundären Kostenstelle [DM/Monat]

$B^{(p)}$ = Planbezugsgröße einer sekundären Kostenstelle [ME/Monat]

$r^{(p)}_{v}$ = Beschäftigungsabhängige Planverbrauchsmengen innerbetrieblicher Leistungen [ME/Monat]

$d^{(p)}$ = Geplanter Grenzkostenverrechnungssatz einer sekundären Kostenstelle [DM/ME]

ν, μ = Kostenstellenindizes der sekundären Kostenstellen (die jeweils als leistende und empfangende Stellen auftreten können)

s = Anzahl sekundärer Kostenstellen
$(\nu = 1, \ldots, s)$
$(\mu = 1, \ldots, s)$

Für die geplanten Grenzkostenverrechnungssätze $d^{(p)}_{\nu}$ gelten folgende Bestimmungsgleichungen:

$$d^{(p)}_{\nu} B^{(p)}_{\nu} = K^{(p)}_{vPr\nu} + \sum_{\mu=1}^{s} r^{(p)}_{v\nu\mu} d^{(p)}_{\mu} \qquad (\nu = 1, \ldots, s) \tag{127}$$

23 Zur innerbetrieblichen Leistungsverrechnung in einer Plankostenrechnung vgl. *W. Kilger*, Flexible Plankostenrechnung, a.a.O., S. 424 ff.

In der Praxis der Plankostenrechnung kann man das relativ komplizierte Gleichungsverfahren durch das folgende *Näherungsverfahren* ersetzen. Analog zum Stufenverfahren der Istkostenrechnung plant man zuerst solche Sekundärstellen, die nur in geringem Umfang Leistungen von anderen Sekundärstellen in Anspruch nehmen, oder bei denen die empfangenden Leistungen vorwiegend in die fixen Kosten eingehen, so daß sie die Höhe der Grenzkostensätze nur wenig beeinflussen. Die Grenzkostensätze der jeweils noch nicht geplanten Kostenstellen werden vom Kostenplaner zunächst geschätzt. Hierdurch erhält man vorläufige Kostenpläne mit vorläufigen Verrechnungssätzen, die den übrigen Sekundärstellen belastet werden. Die vorläufigen Kostenpläne und Verrechnungssätze werden solange korrigiert, bis alle innerbetrieblichen Verrechnungssätze aufeinander abgestimmt sind. Meistens liegen die geschätzten Werte von vornherein so dicht an den endgültigen Verrechnungssätzen, daß sich die Abstimmung mit geringfügigen Korrekturen herbeiführen läßt.

(2) Im *Zahlenbeispiel,* dessen Kostenplanung in Tabelle 41 zusammengefaßt ist, bestehen nur zwischen den folgenden Kostenstellen interdependente Beziehungen des innerbetrieblichen Leistungsaustausches:

115 Raumkostenstelle
125 Stromversorgung
145 Sozialkostenstelle
201 Reparaturwerkstatt
302 Hilfs-, Betriebsstoff- und Werkzeuglager

Hiervon scheidet die Raumkostenstelle aus, da auf ihr nur fixe Kosten geplant werden, so daß ihr Grenzkostensatz gleich Null ist. Den übrigen vier Kostenstellen werden die in Tabelle 42 aufgeführten proportionalen Verbrauchsmengen innerbetrieblicher Leistungen vorgegeben:

Tabelle 42: Proportionale Planverbrauchsmengen innerbetrieblicher Leistungen

Empfangende Kostenstellen	Leistende Kostenstellen			
	125	145	201	302
125			4	31
145		1 700	5	75
201	2 000	7 160	8,5	270
302		900	2,5	15

Addiert man in Tabelle 41 die primären proportionalen Plankosten der interdependenten Sekundärstellen, so erhält man:

	DM/Monat
Ko.Stelle 125 :	16 201
Ko.Stelle 145 :	3 056
Ko.Stelle 201 :	11 378
Ko.Stelle 302 :	1 724

Unter Berücksichtigung der in Tabelle 41 angegebenen Planbezugsgrößen dieser Stellen und der Verbrauchsmengen in Tabelle 42 erhält man das folgende lineare Gleichungssystem:

$$(128)\quad \begin{aligned} 130\,000\, d_{125}^{(p)} &= 16\,201 & &+ 4\; d_{201}^{(p)} + 31\, d_{302}^{(p)} \\ 447\,700\, d_{145}^{(p)} &= 3\,056 & + 1\,700\, d_{145}^{(p)} &+ 5\; d_{201}^{(p)} + 75\, d_{302}^{(p)} \\ 1\,000\, d_{201}^{(p)} &= 11\,378 + 2\,000\, d_{125}^{(p)} & + 7\,160\, d_{145}^{(p)} &+ 8{,}5\, d_{201}^{(p)} + 270\, d_{302}^{(p)} \\ 22\,000\, d_{302}^{(p)} &= 1\,724 & + 900\, d_{145}^{(p)} &+ 2{,}5\, d_{201}^{(p)} + 15\, d_{302}^{(p)} \end{aligned}$$

Tabelle 43: Matrix zur Bestimmung von Grenzkostensätzen für innerbetriebliche Leistungen
(Zahlenbeispiel der Tabelle 41)

Kostenstellen-Nr.	Konstante	Koeffizienten der Verrechnungssätze Kostenstelle			
		125	145	201	302
125	−16 201	−130 000		4	31
145	− 3 056		−446 000	5	75
201	−11 378	2 000	7 160	−991,5	270
302	− 1 724		900	2,5	−21 985

Die Lösung des Gleichungssystem ergibt die folgenden Verrechnungssätze:

125 Stromversorgung	:	0,125 DM/kWh
145 Sozialkostenstelle	:	0,7 %
201 Reparaturwerkstatt	:	11,80 DM/Ftg. Std.
302 Hilfs-, Betriebsstoff- und Werkzeuglager	:	8 %

Nachdem diese interdependenten Sätze festliegen, lassen sich auch die Grenzkostensätze der übrigen Sekundärstellen bilden. Die hierfür erforderlichen Planverbrauchsmengen innerbetrieblicher Leistungen sind in Tabelle 44, Blatt 1, angegeben. Sie bilden das Mengengerüst der in Tabelle 41 ausgewiesenen sekundären Kostenarten.

Für die Kostenstelle 132 PKW-Dienst wird ein Grenzkostensatz von 0,42 DM/km errechnet. Eine Ausnahme vom Grundsatz der Grenzkostenbewertung wird in der Praxis meistens bei der Raumkostenstelle gemacht, indem man für diese Stelle einen Vollkostensatz bildet. Im Beispiel erhalten wir für die Kostenstelle 115 einen Verrechnungssatz von 6,80 DM/m^2. Durch diesen Vollkostensatz wird aber das Grenzkostenprinzip nicht verletzt, da die Raumkosten auf den empfangenden Kostenstellen ausschließlich den fixen Kosten zugeordnet werden. Für die Kostenstelle 131 Innerbetrieblicher Transport und die vier Leitungsstellen des Fertigungsbereichs werden wegen der Verwendung indirekter Bezugsgrößen (DM-Deckung-Grenzkosten) keine Verrechnungssätze gebildet. Die planmäßige Aufteilung der proportionalen Plankosten dieser Stellen, die der Kostenplaner aufgrund der erwarteten Durchschnittsbeanspruchung vornimmt, ist in Tabelle 45 angegeben. Die Relativziffern (DM/VE) lassen die Belastungsunterschiede erkennen. Für die Fertigungsstellen E und G, die nicht mit Zeitbezugsgrößen abgerechnet werden, haben wir neben den Planbezugsgrößen aus Vergleichsgründen auch die zugehörigen Fertigungszeiten angegeben. Im übrigen vgl. zur Verwendung indirekter Bezugsgrößen unsere Ausführungen auf Seite 166 ff. in Kapitel 42.

Die Tabelle 44, Blatt 2, enthält die Verbrauchsmengen innerbetrieblicher Leistungen der Hauptkostenstellen. Bei sekundären Kostenstellen mit indirekten Bezugsgrößen fungieren die belasteten Plankostenbeträge als „Verbrauchsmengen", was einem Verrechnungssatz von einer DM entspricht. Bewertet man die in Tabelle 44, Blatt 2, angegebenen Mengen mit den zugehörigen Verrechnungssätzen, so erhält man die Plankostenbeträge der betreffenden sekundären Kostenarten.

(3) Nach Abschluß der innerbetrieblichen Leistungsverrechnung kann die *Abstimmung der Kostenplanung* zu Ende geführt werden. Die Abstimmung der sekundären Kostenarten erfolgt in folgenden Rechenschritten:

4923 Kalkulatorische Sozialkosten, sekundär

Summe Kostenart 4923 = Verrechnungssatz Ko.Stelle 145
X (Lohn- u. Gehaltssumme)
3 134 DM = 0,007 (306 700 DM + 141 000 DM)
Summe Kostenart 4923 = Summe proportionale Kosten der Ko.Stelle 145 = 3 134 DM
Lohn- u. Gehaltssumme = Planbezugsgröße der Ko.Stelle 145 = 447 700 DM

4901 Kalkulatorische Raumkosten

Summe Kostenart 4901 = Gesamtkosten der Ko.Stelle 115 = 46 920 DM

Diese Übereinstimmung zeigt zugleich, daß die Gesamtnutzfläche von 6 900 m^2 mit der Summe der den Kostenstellen zugeordneten Teilflächen übereinstimmt.

4911 Kalkulatorische Stromkosten

Summe Kostenart 4911 = Summe proportionale Kosten der Ko.Stelle 125 = 16 250 DM

Diese Übereinstimmung zeigt zugleich, daß die geplante Erzeugungsmenge von 130 000 kWh/Monat genau mit der Summe der geplanten Verbrauchsmengen aller Kostenstellen übereinstimmt. In der Praxis der Plankostenrechnung plant man aus Kontrollgründen die Erzeugungsmengen von Energieversorgungsstellen und die Energieverbrauchsmengen zunächst getrennt voneinander. Hierbei geht man bei den Erzeugungsmengen von der bisherigen Erzeugung aus und paßt sie global an die erwartete Beschäftigungssituation der Planungsperiode an. Weicht die hieraus abgeleitete Planerzeugung um mehr als etwa 5 % von der Summe der geplanten Verbrauchsmengen ab, so deutet das entweder auf Unwirtschaftlichkeiten im Energiebereich oder auf Planungsfehler hin. Erst nach einer entsprechenden Über-

Tabelle 44, Blatt 1: Geplante Verbrauchsmengen innerbetrieblicher Leistungen (Sekundärstellen)

Verteilung der innerbetrieblichen Leistungen			Planung:		Belastete Hilfs-, Neben- und Leitungskostenstellen				
					115*	125*	131	132	145*
Zeilen Nr.	Kostenarten Nr.	Bezeichnung		Maßgrößen	Raumkostenstelle	Stromversorgung	Innerbetriebl. Transport	PKW-Dienst	Sozialkostenstelle
1	4931	Reparaturwerkstatt	201*	Ftg.Std.	95	6	12		15
2	4923	Sozialkostenstelle	145*	DM	7 760		6 759	3 000	3 400
3	4901	Raumkostenstelle	115*	m²	80	40	70	150	325
4	4911	Stromversorgung	125*	kWh	4 100		5 200		
5	4971	Innerbetr. Transport	131	DM					
6	4972	PKW-Dienst	132	km					
7	4991	Technische Leitung	100	DM					
8	4992	Arbeitsvorbereitung	110	DM					
9	4993	Hilfs-, Betriebsstoff- und Werkzeuglager	302*	DM	190	65	220	130	105
10	4994	Meisterbereich I	400	DM					
11	4995	Meisterbereich II	500	DM					

[1]) Hierzu kommen noch 70 Ftg.Std./Monat für nicht über Kostenstellen abgerechnete Werkaufträge

Tabelle 44, Blatt 2: Geplante Verbrauchsmengen innerbetrieblicher Leistungen (Primärstellen)

Verteilung der Innerbetrieblichen Leistungen			Planung:		Belastete Hauptkostenstellen des Material-, Fertigungs-, Verwaltungs- u. Vertriebsbereichs						
					300	301	401	402	403	404	501
Zeilen Nr.	Kostenarten Nr.	Bezeichnung		Maßgrößen	Einkauf	Rohstoffstofflager	Ftg.Ko. Stelle A	Ftg.Ko. Stelle B	Ftg.Ko. Stelle C	Ftg.Ko. Stelle D	Ftg.Ko. Stelle E
1	4931	Reparaturwerkstatt	201	Ftg.Std.		17	65	112	95	52	95
2	4923	Sozialkostenstelle	145	DM	7 400	3 850	33 768	45 328	33 964	24 006	24 240
3	4901	Raumkostenstelle	115	m²	84	635	390	520	410	285	475
4	4911	Stromversorgung	125	kWh		4 500	18 200	16 400	25 000	14 400	7 100
5	4971	Innerbetr. Transport	131	DM		2 300	840	1 792	1 665	750	992
6	4972	PKW-Dienst	132	km	1 800						
7	4991	Technische Leitung	100	DM			210	448	370	240	192
8	4992	Arbeitsvorbereitung	110	DM			840	2 240	1 924	1 350	960
9	4993	Hilfs-, Betriebsstoff- und Werkzeuglager	302	DM		63	2 074	2 454	4 370	2 139	3 463
10	4994	Meisterbereich I	400	DM			1 470	2 688	2 405	1 050	
11	4995	Meisterbereich II	500	DM							1 600

201* Repara- turwerk- statt	302* Hilfs-, Betriebs- stoff- u. Werkzeug- lager	100 Techn. Leitung	110 Arbeits- vorbe- reitung	400 Meister- bereich I	500 Meister- bereich II	Summe sekundäre Kosten- stellen	Summe primäre Kosten- stellen	Summe aller Kosten- stellen
14	5		5	85	65	302	628	930[1])
9 360	2 000	18 000	18 400	8 988	4 960	82 627	365 073	447 700
175	220	140	220	75	64	1 559	5 341	6 900
2 200			680			12 180	117 820	130 000
							10 264	10 264
		2 600				2 600	12 400	15 000
							2 224	2 224
							9 975	9 975
350	30			927	540	2 557	19 443	22 000
							7 613	7 613
							4 105	4 105

2 .Ko. lle	503 Ftg.Ko. Stelle G	800 Kfm. Leitung	821 Finanz- buch- haltung	822 Betriebs- abrech- nung	823 EDV	831 Personal- abteilung	851 Registra- tur u. Post- stelle	900 Vertriebs- leitung und Verkauf	902 Werbung und Marktfor- schung	903 Fertig- waren- lager, Versand	Summe primäre Stellen
145	33									14	628
982	19 812	14 000	10 200	13 700	13 700	5 000	5 000	14 740	5 600	12 783	365 073
540	420	160	180	105	160	60	65	115	45	692	5 341
350	10 290				580						117 820
175	750										10 264
		3 100						6 400	1 100		12 400
564	200										2 224
786	875										9 975
240	453									187	19 443
											7 613
880	625										4 105

Tabelle 45: Verrechnung der kalkulatorischen Kosten für den innerbetrieblichen Transport und die Leitungsstellen des Fertigungsbereichs

Empfangende Kostenstellen / Leistende Kostenstellen				131 Innerbetriebl. Transport		100 Technische Leitung		110 Arbeitsvorbereitung		400 Meisterbereich I		500 Meisterbereich II	
Kostenstellen		Bezugsgrößen		Prop. Kosten		Prop. Kosten		Prop. Kosten		Prop. Kosten		Prop. Kosten	
Nr.	Bezeichnung	Einheit	[ME]	[DM/Monat]	[DM/VE]	[DM/Monat]	[DM/VE]	[DM/Monat]	[DM/VE]	[DM/Monat]	[DM/VE]	[DM/Monat]	[DM/VE]
301	Rohstofflager	DM	360 000	2 300	0,00639								
401	Ftg.Ko.Stelle A	Ftg.Std.	4 200	840	0,20	210	0,05	840	0,20	1 470	0,35		
402	Ftg.Ko.Stelle B	Ftg.Std.	5 600	1 792	0,32	448	0,08	2 240	0,40	2 688	0,48		
403	Ftg.Ko.Stelle C	Ftg.Std.	3 700	1 665	0,45	370	0,10	1 924	0,52	2 405	0,65		
404	Ftg.Ko.Stelle D	Ftg.Std.	3 000	750	0,25	240	0,08	1 350	0,45	1 050	0,35		
501	Ftg.Ko.Stelle E	kg (Ftg.Std.)	37 200 (3 200)	992	0,0267 (0,31)	192	0,0052 (0,06)	960	0,0258 (0,30)			1 600	0,0430 (0,50)
502	Ftg.Ko.Stelle F	Masch.Std.	4 700	1 175	0,25	564	0,12	1 786	0,38			1 880	0,40
503	Ftg.Ko.Stelle G	m^2 (Ftg.Std.)	38 000 (2 500)	750	0,01974 (0,30)	200	0,00526 (0,08)	875	0,0230 (0,35)			625	0,01645 (0,25)
Summe				10 264		2 224		9 975		7 613		4 105	

prüfung werden die Planerzeugungsmengen der Energiestellen genau mit den Summen der zugehörigen Planverbrauchsmengen abgestimmt.

4971 Kalkulatorische innerbetriebliche Transportkosten
Summe Kostenart 4971 = Summe proportionale Kosten
der Ko.Stelle 131 = 10 264 DM

4991 Kalkulatorische Kosten der Technischen Leitung
Summe Kostenart 4991 = Summe proportionale Kosten
der Ko.Stelle 100 = 2 224 DM

4992 Kalkulatorische Kosten der Arbeitsvorbereitung
Summe Kostenart 4992 = Summe proportionale Kosten
der Ko.Stelle 110 = 9 975 DM

4994 Kalkulatorische Kosten Meisterbereich I
Summe Kostenart 4994 = Summe proportionale Kosten
der Ko.Stelle 400 = 7 613

4995 Kalkulatorische Kosten Meisterbereich II
Summe Kostenart 4995 = Summe proportionale Kosten
der Ko.Stelle 500 = 4 105 DM

Für den innerbetrieblichen Transport und die Leitungsstellen der Fertigung stimmen wegen der Verwendung von „DM-Deckung-Grenzkosten" als Bezugsgrößen die Summe der proportionalen Kosten mit den Planbezugsgrößen überein.

4972 Kalkulatorische PKW-Kosten
Summe Kostenart 4972 = Summe proportionale Kosten
der Ko.Stelle 132 = 6 300 DM

Diese Übereinstimmung bestätigt zugleich, daß die geplante Fahrleistung des PKW-Dienstes in Höhe von 15 000 km/Monat mit der Summe der den Kostenstellen zugeordneten Plan-Fahrkilometern übereinstimmt.

4993 Kalkulatorische Kosten des Hilfs-, Betriebsstoff- und Werkzeuglagers
Summe Kostenart 4993 = Verrechnungssatz Ko.Stelle 302
× (Summe Kostenarten 4121–4125)
1 760 DM = 0,08 (7 120 + 14 880 DM)
Summe Kostenart 4993 = Summe proportionale Kosten
der Ko.Stelle 302 = 1 760 DM
Summe Kostenarten 4121–4125 = Planbezugsgröße der Ko.Stelle 302 = 22 000 DM

4931 Kosten der Reparaturwerkstatt
Summe Kostenart 4931 = Proportionale Kosten der Ko.Stelle 201
./. Plan-Fertigungsstunden für nicht über Ko.Stellen
abzurechnende Werksaufträge × 11,80 DM/Ftg. Std.
= 11 800 ./. 70 × 11,80
= 10 974 DM
Summe auf Ko.Stellen verplante + nicht über Ko.Stellen abzurechnende Plan-Ftg.Stunden der Reparaturwerkstatt = Planbezugsgröße
der Ko.Stelle 201 = 1000 Ftg. Std.

Wie die obige Abstimmung zeigt, stimmen bei den Hilfsbetrieben die geplanten Fertigungsstunden nicht mit den Vorgabestunden der Kostenstellen überein, sofern auch Arbeiten für aktivierungsfähige Werksaufträge vorgesehen sind; diese betragen im Beispiel 70 Ftg. Std./Monat. Da Hilfsbetriebe und Handwerkerstellen in vielen Industriebetrieben personell überbesetzt sind, ist bei der Kostenplanung grundsätzlich nicht vom Ist-Handwerkerbestand auszugehen. Der Kostenplaner muß vielmehr vom planmäßig zu erwartenden Stundenverbrauch ausgehen, und daraus retrograd den erforderlichen Handwerkerbestand ableiten. Ergibt sich hierbei eine Überbesetzung, so sollten der Geschäftsleitung entsprechende Anpassungsmaßnahmen, z. B. Versetzung von Betriebshandwerkern in den Fertigungsbereich, vorgeschlagen werden.

4522. Das Verfahren der Vollkostenbewertung

(1) In einer auf Vollkosten basierenden Plankostenrechnung, wie wir sie in Kapitel 231 beschrieben haben, wird für die innerbetriebliche Leistungsverrechnung das *Verfahren der Vollkostenbewertung* angewandt. Hiernach werden die Verrechnungssätze für innerbetriebliche Leistungen gebildet, indem man die gesamten Plankosten der Sekundärstellen durch die zugehörigen Planbezugsgrößen dividiert.

Auch beim Verfahren der Vollkostenbewertung tritt das Problem der Interdependenz des Leistungsaustauschs der sekundären Kostenstellen auf. Das auf Seite 224 angegebene Gleichungssystem (127) läßt sich für die Bestimmung von Vollkostensätzen $h_\nu^{(p)}$ anwenden, wenn man die Summe der variablen primären Plankosten $K_{vPr}^{(p)}$ durch die gesamten primären Plankosten $K_{Pr}^{(p)}$ und die variablen Planverbrauchsmengen $r_v^{(p)}$ durch die gesamten Planverbrauchsmengen $r^{(p)}$ der innerbetrieblichen Leistungen ersetzt. Das auf Seite 185 beschriebene Näherungsverfahren kann ebenfalls zur Bestimmung von Vollkostensätzen angewendet werden.

(2) Der große *Nachteil der Vollkostenbewertung* innerbetrieblicher Leistungen besteht darin, daß bei diesem Verfahren künstlich proportionalisierte fixe Kosten der Sekundärkostenstellen in den empfangenden Kostenstellen zu „proportionalen" Kosten werden. Dies ist immer der Fall, wenn innerbetriebliche Verbrauchsmengen ganz oder teilweise den proportionalen Kosten zugeordnet werden, wie das z. B. bei Energie, einem großen Teil der Handwerkerleistungen und dem innerbetrieblichen Transport der Fall ist. Nur wenn innerbetriebliche Verbrauchsmengen vollständig den fixen Kosten zugeordnet werden, wie z. B. die Raumnutzung, werden die proportionalen Kosten der empfangenden Kostenstellen durch die Vollkostenbewertung nicht beeinflußt.

Selbst Betriebe, die am Vollkostenprinzip festhalten wollen, sollten die Vollkostenrechnung so praktizieren, daß sich für die Hauptkostenstellen jederzeit auch Grenzkostensätze ermitteln lassen, um die dispositiven Aufgaben der Kostenrechnung erfüllen zu können. Diese Möglichkeit wird aber durch die Vollkostenbewertung innerbetrieblicher Leistungen sehr erschwert, so daß dieses Verfahren nicht empfohlen werden kann.

4523. Die Grenzkostenbewertung mit Verteilung der sekundären Fixkosten

(1) Sollen in einer Unternehmung neben Grenzkosten- auch Vollkostenkalkulationen erstellt werden, so muß man für die Hauptkostenstellen neben richtigen Grenzkostensätzen auch Vollkostensätze bilden. Um richtige Grenzkostensätze zu erhalten, ist die innerbetriebliche Leistungsverrechnung zunächst nach dem Verfahren der Grenzkostenbewertung durchzuführen. Parallel hierzu müssen aber auch die fixen Plankosten der sekundären Kostenstellen auf die Hauptkostenstellen weiterverrechnet werden, weil sie in die Vollkostensätze einbezogen werden müssen. Hierfür wurde ein *Verfahren zur Verteilung der sekundären Fixkosten* entwickelt. Dieses Verfahren unterscheidet sich von der in Kapitel 4522 beschriebenen Vollkostenbewertung dadurch, daß eine künstliche Proportionalisierung der fixen Plankosten sekundärer Kostenstellen vermieden wird. Dies wird erreicht, indem man die den leistungsempfangenden Kostenstellen zugeordneten sekundären Fixkostenbeträge unter einer besonderen Kostenart „Sekundäre Fixkosten" ausweist, und diese in voller Höhe den fixen Kosten zuordnet.

In den meisten Fällen erfolgt die Verteilung der fixen Plankosten der sekundären Kostenstellen proportional zur geplanten durchschnittlichen Leistungsinanspruchnahme. Nimmt z. B. eine Fertigungskostenstelle 7 % der geplanten Stromerzeugung, 5 % der geplanten Fertigungsstunden der Reparaturwerkstatt und 8 % der geplanten innerbetrieblichen Transportleistungen ab, so werden ihr entsprechende prozentuale Anteile der fixen Plankosten dieser Kostenstellen zugeordnet. In begründeten Fällen kann man aber von dieser Regel abweichen. So können z. B. einer Fertigungsstelle, auf die 15 % der proportionalen Kosten einer Leitungsstelle entfallen, 25 % der fixen Kosten der Leitungsstelle zugeordnet werden, wenn sich nachweisen läßt, daß die anteiligen Bereitschaftsleistungen entsprechend höher sind.

Auch bei der Verteilung der sekundären Fixkosten wirkt sich die Interdependenz des gegenseitigen Leistungsaustausches der sekundären Kostenstellen erschwerend aus. Bei einer genauen Verteilung muß berücksichtigt werden, daß die auf eine sekundäre Kostenstelle ν entfallenden sekundären Fixkostenanteile der übrigen Sekundärstellen einerseits die Fixkostensumme der Stelle ν beeinflussen, andererseits aber von den verteilten Fixkostenbeträgen dieser Stelle abhängig sind. Diese interdependenten Beziehungen lassen sich exakt nur durch ein lineares Gleichungssystem erfassen. Hierfür wollen wir die folgenden Kurzzeichen einführen:

$K_F^{(p)}$ = Summe der fixen Plankosten einer sekundären Kostenstelle (vor Verteilung der sekundären Fixkosten) [DM/Monat]

$B^{(p)}$ = Planbezugsgröße einer sekundären Kostenstelle [ME/Monat]

$r^{(p)}$ = Planverbrauchsmengen innerbetrieblicher Leistungen [ME/Monat]

$c^{(p)}$ = Geplanter Fixkostenverrechnungssatz einer sekundären Kostenstelle [DM/ME]

ν, μ = Kostenstellenindizes der sekundären Kostenstellen (die jeweils als leistende und empfangende Stellen auftreten können)

s = Anzahl sekundärer Kostenstellen
$(\nu = 1, \ldots, s)$
$(\mu = 1, \ldots, s)$

Für die geplanten Fixkostenverrechnungssätze $c_\nu^{(p)}$ gelten folgende Bestimmungsgleichungen:

$$(129) \qquad c_\nu^{(p)} B_\nu^{(p)} = K_{F\nu}^{(p)} + \sum_{\mu=1}^{s} r_{\nu\mu}^{(p)} c_\mu^{(p)} \qquad (\nu = 1, \ldots, s)$$

Zu beachten ist, daß das Gleichungssystem (129) nur gilt, wenn die sekundären fixen Kosten proportional zum Planverbrauch innerbetrieblicher Leistungen verrechnet werden.

In der Praxis kann man dieses Gleichungsverfahren in ähnlicher Weise durch *Näherungsverfahren* ersetzen, wie wir sie bereits an anderer Stelle für interdependente Probleme der innerbetrieblichen Leistungsverrechnung beschrieben haben.

(2) Im *Zahlenbeispiel* zur Kostenplanung, das wir in Tabelle 41 zusammengefaßt haben, bestehen nur zwischen den sekundären Kostenstellen 115, 125, 145, 201 und 302 interdependente Beziehungen des innerbetrieblichen Leistungsaustausches. Die gegenseitigen Verbrauchsmengen dieser Stellen, die sich aus der Tabelle 44, Blatt 1, entnehmen lassen, haben wir in der Tabelle 46 zusammengefaßt:

Tabelle 46: Gesamte Planverbrauchsmengen innerbetrieblicher Leistungen

Empfangende Kostenstellen	Leistende Kostenstellen				
	115	125	145	201	302
115	80	4 100	7 760	95	190
125	40			6	65
145	325		3 400	15	105
201	175	2 200	9 360	14	350
302	220		2 000	5	30

Die in Tabelle 41 wiedergegebenen Ergebnisse der Kostenplanung zeigen, daß vor Durchführung der Verteilung sekundärer Fixkosten folgende fixe Kosten auf die fünf interdependenten Kostenstellen entfallen:

	DM/Monat
Ko.Stelle 115 :	(46 920)
Ko.Stelle 125 :	1 362
Ko.Stelle 145:	5 550
Ko.Stelle 201 :	4 344
Ko.Stelle 302 :	4 056

Da im Zahlenbeispiel die Raumkosten bereits auf die übrigen Kostenstellen verteilt worden sind, dürfen sie bei der Verteilung der sekundären fixen Kosten nicht mehr berücksichtigt werden.

Unter Berücksichtigung der in Tabelle 41 angegebenen Planbezugsgrößen dieser Stellen und der Planverbrauchsmengen in Tabelle 46 erhält man das folgende lineare Gleichungssystem:

(130)

$$
\begin{aligned}
6\,900\, c_{115}^{(p)} &= + 80\, c_{115}^{(p)} + 4\,100\, c_{125}^{(p)} + 7\,760\, c_{145}^{(p)} + 95\, c_{201}^{(p)} + 190\, c_{302}^{(p)} \\
130\,000\, c_{125}^{(p)} &= 1\,362 + 40\, c_{115}^{(p)} + 6\, c_{201}^{(p)} + 65\, c_{302}^{(p)} \\
447\,700\, c_{145}^{(p)} &= 5\,550 + 325\, c_{115}^{(p)} + 3\,400\, c_{145}^{(p)} + 15\, c_{201}^{(p)} + 105\, c_{302}^{(p)} \\
1\,000\, c_{201}^{(p)} &= 4\,344 + 175\, c_{115}^{(p)} + 2\,200\, c_{125}^{(p)} + 9\,360\, c_{145}^{(p)} + 14\, c_{201}^{(p)} + 350\, c_{302}^{(p)} \\
22\,000\, c_{302}^{(p)} &= 4\,056 + 220\, c_{115}^{(p)} + 2\,000\, c_{145}^{(p)} + 5\, c_{201}^{(p)} + 30\, c_{302}^{(p)}
\end{aligned}
$$

Diesem Gleichungssystem entspricht die in Tabelle 47 angegebene Matrix:

Tabelle 47: Matrix zur Bestimmung von Fixkostensätzen für innerbetriebliche Leistungen (Zahlenbeispiel Tabelle 41)

Kostenstellen Nr.	Konstante	Koeffizienten der Verrechnungssätze für Kostenstelle				
		115	125	145	201	302
115		−6 820	4 100	7 760	95	190
125	−1 362	40	−130 000		6	65
145	−5 550	325		−444 300	15	105
201	−4 344	175	2 200	9 360	−986	350
302	−4 056	220		2 000	5	−21 970

Die Lösung des Gleichungssystems führt zu folgenden Fixkosten-Verrechnungssätzen:

115 Raumkostenstelle	: 0,091 DM/m^2
125 Stromversorgung	: 0,0108 DM/kWh
145 Sozialkostenstelle	: 0,0128 DM/DM
201 Reparaturwerkstatt	: 4,634 DM/Ftg. Std.
302 Hilfs-, Betriebsstoff- und Werkzeuglager	: 0,1877 DM/DM

Mit Hilfe dieser Sätze lassen sich nunmehr auch die Fixkostenverrechnungssätze der nicht interdependenten sekundären Kostenstellen berechnen. In Tabelle 48, Blatt 1, werden die sekundären Fixkostenbeträge der sekundären Kostenstellen angegeben, die Zeile 16 dieser Tabelle enthält die Fixkostenverrechnungssätze. Mit Hilfe dieser Sätze werden in Blatt 2 der Tabelle 48 die sekundären Fixkostenbeträge der Hauptkostenstellen berechnet. Man erhält die sekundären Fixkostenbeträge der Kostenstellen, indem man die in Tabelle 44, Blatt 1 und 2, angegebenen Planverbrauchsmengen innerbetrieblicher Leistungen mit den zugehörigen Fixkostenverrechnungssätzen der Sekundärstellen multipliziert.

Wie die letzten drei Spalten der Tabelle 48, Blatt 1, erkennen lassen, beträgt die Fixkostensumme der sekundären Kostenstellen (ohne die bereits verrechneten Raumkosten in Höhe von 46 920 DM) 82 330 DM. Hiervon werden 82 006 DM auf die Hauptkostenstellen verteilt, die Differenz von 324 DM entfällt auf 70 Ftg. Std. der Reparaturwerkstatt für nicht über Kostenstellen abzurechnende Werkaufträge.

Tabelle 48, Blatt 1: Verteilung der sekundären Fixkosten (auf sekundäre Kostenstellen)

Verteilung der sekundären Fixkosten			Planung:		Belastete Hilfs-, Neben- und Leitungskostenstellen				
					115	125	131	132	145
Zeilen Nr.	Kostenarten			Maßgrößen	Raumkostenstelle	Stromversorgung	Innerbetriebl. Transport	PKW-Dienst	Sozialkostenstelle
	Nr.	Bezeichnung							
1	4931	Reparaturwerkstatt	201	Ftg.Std.	440	28	55		70
2	4923	Sozialkostenstelle	145	DM	99		86	38	43
3	4901	Raumkostenstelle	115	m^2	7	4	6	14	29
4	4911	Stromversorgung	125	kWh	44		56		
5	4971	Innerbetr. Transport	131	DM					
6	4972	PKW-Dienst	132	km					
7	4991	Technische Leitung	100	DM					
8	4992	Arbeitsvorbereitung	110	DM					
9	4993	Hilfs-, Betriebsstoff- und Werkzeuglager	302	DM	36	12	41	24	20
10	4994	Meisterbereich I	400	DM					
11	4995	Meisterbereich II	500	DM					
12	Summe sekundäre Fixkosten				626	44	244	76	162
13	Summe Fixkosten lt. Planung				(46 920)	1 362	2 236	4 716	5 550
14	Summe Fixkosten, insgesamt				626	1 406	2 480	4 792	5 71
15	Planbezugsgröße				6 900	130 000	10 264	15 000	447 70
16	Fixkostenverrechnungssatz				0,091	0,0108	0,2416	0,3195	0,0127
17	Bezugsgrößenart				m^2	kWh	DM	km	DM

[1]) Hierzu kommen noch 70 Ftg.Std. X 4,634 DM/Ftg. = 324,– DM für nicht über Kostenstellen abgerechnete Werkaufträge

Damit sind die sekundären Kostenstellen (unter Berücksichtigung ihres gegenseitigen Leistungsaustauschs) von ihren fixen Kosten entlastet. Bei den 4 037 DM, die auf die sekundären Kostenstellen entfallen, handelt es sich um doppelt verrechnete Kosten.

Die Zeile 16 in Tabelle 48, Blatt 2, enthält die Vollkostensätze der Hauptkostenstellen. Die Prozentsätze der Material-, Verwaltungs- und Vertriebskostenstellen wurden jeweils zusammengefaßt. Bei den Verwaltungs- und Vertriebsstellen erhöht sich die Bezugsbasis um die fixen Herstellkosten, da die Gesamtkosten dieser Stellen nicht auf die Grenzherstellkosten, sondern auf die vollen Herstellkosten bezogen werden:

		DM/Monat
Plangrenzherstellkosten	=	885 028
Fixe Material-Gmk lt. Planung	=	20 436
Sekundäre Fixkosten der primären Materialkostenstellen	=	1 481
Fixe Fertigungskosten lt. Planung	=	75 356
Sekundäre Fixkosten der Fertigungskostenstellen	=	75 681
Gesamte Planherstellkosten	=	1 057 982

Dieser Betrag wurde auf 1 058 000 DM/Monat aufgerundet.

201	302	100	110	400	500			
Reparaturwerkstatt	Hilfs-, Betriebsstoff- u. Werkzeuglager	Techn. Leitung	Arbeitsvorbereitung	Meisterbereich I	Meisterbereich II	Summe sekundäre Kostenstellen	Summe primäre Kostenstellen	Summe alle Kostenstellen
65	23		23	394	301	1 399	2 911	4 310 1)
119	26	230	235	115	63	1 054	4 658	5 712
16	20	13	20	7	6	142	484	626
24			7			131	1 275	1 406
							2 480	2 480
		831				831	3 961	4 792
							31 338	31 338
							16 195	16 195
66	6			174	101	480	3 651	4 131
							9 294	9 294
							5 759	5 759
290	75	1 074	285	690	471	4 037	82 006	86 043
4 344	4 056	30 264	15 910	8 604	5 288			82 330
4 634	4 131	31 338	16 195	9 294	5 759			86 367
1 000	22 000	2 224	9 975	7 613	4 105			
4,634	0,1877	14,091	1,6236	1,2208	1,4029			
tg.Std.	DM	DM	DM	DM	DM			

Die in Tabelle 48, Blatt 2, errechneten Vollkostensätze werden für die Erstellung von *Parallel-* oder *Doppelkalkulationen* verwendet, in denen nebeneinander Voll- und Grenzkosten kalkuliert werden. Zu beachten ist, daß gegen die mit Hilfe der sekundären Fixkostenverrechnung gebildeten Vollkostensätze und die mit ihrer Hilfe erstellten Kalkulationen alle Vorbehalte gelten, die wir in Kapitel 231 gegen die Vollkostenrechnung erhoben haben. Betriebe, die das Verfahren der Parallel- oder Doppelkalkulation anwenden, müssen sicherstellen, daß für dispositive Entscheidungen stets nur die Grenzkosten verwendet werden.

453. Der Aufbau des Betriebsabrechnungsbogens in einer Plankostenrechnung und die Durchführung des Soll-Ist-Kostenvergleichs

(1) In einer Plankostenrechnung dient die Kostenstellenrechnung nicht nur zur Erfassung und Weiterverrechnung der auf den Kostenstellen angefallenen Istkosten, sondern zugleich zur Durchführung des *Soll-Ist-Kostenvergleichs.*[24]

24 Ausführlich haben wir den Aufbau und die Durchführung des monatlichen Soll-Ist-Kostenvergleichs an anderer Stelle beschrieben. Vgl. *W. Kilger*, Flexible Plankostenrechnung, a.a.O., S. 503 ff.

Tabelle 48, Blatt 2: Verteilung der sekundären Fixkosten (auf primäre Kostenstellen)

Verteilung der sekundären Fixkosten				Planung:	Belastete Hauptkostenstellen des Material-, Fertigungs-, Verwaltungs- und Vertriebsbereichs						
					300	301	401	402	403	404	501
Zeilen Nr.	Kostenarten			Maßgrößen	Einkauf	Rohstofflager	Ftg.Ko. Stelle A	Ftg.Ko. Stelle B	Ftg.Ko. Stelle C	Ftg.Ko. Stelle D	Ftg.Ko. Stelle E
	Nr.	Bezeichnung									
1	4931	Reparaturwerkstatt	201	Ftg.Std.		79	302	519	440	241	440
2	4923	Sozialkostenstelle	145	DM	95	49	431	578	433	306	309
3	4901	Raumkostenstelle	115	m²	8	58	35	47	37	26	43
4	4911	Stromversorgung	125	kWh		49	197	177	270	156	77
5	4971	Innerbetr. Transport	131	DM		556	203	433	402	181	240
6	4972	PKW-Dienst	132	km	575						
7	4991	Technische Leitung	100	DM			2 959	6 313	5 214	3 382	2 705
8	4992	Arbeitsvorbereitung	110	DM			1 363	3 637	3 124	2 192	1 558
9	4993	Hilfs-, Betriebsstoff- und Werkzeuglager	302	DM		12	390	461	821	401	650
10	4994	Meisterbereich I	400	DM			1 795	3 281	2 936	1 282	
11	4995	Meisterbereich II	500	DM							2 245
12	Summe sekundäre Fixkosten				678	803	7 675	15 446	13 677	8 167	8 267
13	Summe Gesamtkosten lt. Planung				11 141	20 095	72 962	102 171	90 243	58 245	64 373
14	Summe Gesamtkosten, insgesamt				11 819	20 898	80 637	117 617	103 920	66 412	72 640
15	Planbezugsgröße				360 000	360 000	4 200	5 600	3 700	3 000	37 200
16	Vollkostensatz				3,28 %	5,81 %	19,20	21,–	28,09	22,14	1,95
17	Bezugsgrößenart				DM	DM	Ftg.Std.	Ftg.Std.	Ftg.Std.	Ftg.Std.	kg
					9,09 %						

Die *Belastung der Kostenstellen mit Istkosten* erfolgt in gleicher Weise wie in einer Ist- oder Normalkostenrechnung, nur mit dem Unterschied, daß alle über Lager bezogenen Werkstoffe mit Planpreisen und die Arbeitszeiten mit Planlohnsätzen bzw. Plangehältern bewertet werden. Entsprechend werden die innerbetrieblichen Leistungen mit Plankostensätzen bewertet. Bei sekundären Kostenarten von Kostenstellen, die mit indirekten Bezugsgrößen (= DM-Deckung-Grenzkosten) abgerechnet werden, stimmen die Istkosten mit den zugehörigen Sollkosten der Istbeschäftigung überein. Auch bei den kalkulatorischen Abschreibungen werden die Sollbeträge zugleich als Istkosten angesetzt.

Im *Betriebsabrechnungsbogen* einer Plankostenrechnung werden jeder Kostenstelle drei Spalten zugeordnet. Die erste Spalte enthält die Istkosten, die zweite die Sollkosten und die dritte die Verbrauchsabweichungen, auch Kostenstellenabweichungen genannt.

Zur *Berechnung der Sollkosten* der Istbeschäftigung müssen für alle Kostenstellen monatlich *Istbezugsgrößen* erfaßt werden.

Direkte Bezugsgrößen werden entweder durch unmittelbare Aufschreibungen erfaßt oder nach Gleichung (111) auf Seite 165 retrograd aus der Kostenstellenleistung abgeleitet. Vorgabezeitbezugsgrößen lassen sich direkt aus der Fertigungslohnabrechnung ermitteln. Indirekte Bezugsgrößen werden entweder als DM-Deckungs-Bezugsgrößen aus den Istbezugsgrößen anderer Kostenstellen abgeleitet, oder sie entsprechen bestimmten Istkostenarten, wie z. B. den Lohn- und Gehalts-

502	503	800	821	822	823	831	851	900	902	903	
Ftg.Ko. Stelle F	Ftg.Ko. Stelle G	Kfm. Leitung	Finanz-buch-haltung	Betriebs-abrech-nung	EDV	Personal-abteilung	Registra-tur u. Post-stelle	Vertriebs-leitung und Verkauf	Werbung und Marktfor-schung	Fertig-waren-lager, Versand	Summe primäre Kosten stellen
672	153									65	2 911
995	253	179	130	175	175	64	64	188	71	163	4 658
49	38	15	16	9	15	5	6	10	4	63	484
231	112				6						1 275
284	181										2 480
		990						2 045	351		3 961
7 947	2 818										31 338
2 900	1 421										16 195
796	85									35	3 651
											9 294
2 637	877										5 759
16 511	5 938	1 184	146	184	196	69	70	2 243	426	326	82 006
59 491	42 102	31 705	19 687	20 426	28 701	6 895	7 994	24 932	14 306	24 161	799 630
76 002	48 040	32 889	19 833	20 610	28 897	6 964	8 064	27 175	14 732	24 487	881 636
4 700	38 000	1 058 000	1 058 000	1 058 000	1 058 000	1 058 000	1 058 000	1 058 000	1 058 000	1 058 000	
37,45	1,264	3,11 %	1,87 %	1,95 %	2,73 %	0,66 %	0,76 %	2,57 %	1,39 %	2,31 %	
Masch.Std.	m^2	DM	DM	DM	DM	DM	DM	DM	DM	DM	
		11,08 %						6,27 %			

kosten bei den Sozialstellen bzw. den Istmaterialkosten bei den Kostenstellen des Materialbereichs. Die Quotienten aus den Istbezugsgrößen $B^{(i)}$ und den Planbezugsgrößen $B^{(p)}$ wollen wir als *Beschäftigungsfaktoren* bezeichnen. Multipliziert man die proportionalen Plankosten einer Kostenstelle mit den Beschäftigungsfaktoren $B^{(i)}/B^{(p)}$, so erhält man die proportionalen Sollkosten. Werden hierzu die fixen Plankosten addiert, so erhält man die *Sollkosten der Istbeschäftigung.* Vgl. hierzu die Gleichungen (47) und (48) auf Seite 60 in Kapitel 23. Subtrahiert man von den Istkosten die zugehörigen Sollkosten, so erhält man die *Verbrauchsabweichungen.* Kostenüberschreitungen haben ein positives, Kosteneinsparungen ein negatives Vorzeichen. In Kostenstellen mit mehreren Bezugsgrößen werden die Sollkosten der einzelnen Bezugsgrößen zusammengefaßt, da sich die Istkosten nicht nach Bezugsgrößen differenzieren lassen. Im Verwaltungs- und Vertriebsbereich verzichtet man in der Regel auf die Erfassung monatlicher Istbeschäftigungsgrade, weil hier der überwiegende Teil der Kosten fix ist und sich die proportionalen Kosten nicht monatlich an die Herstellkosten des Umsatzes anpassen lassen, sondern oftmals nur mit einer Phasenverschiebung von mehreren Monaten. Für die Verwaltungs- und Vertriebsstellen wird daher in der lfd. Abrechnung stets ein Beschäftigungsgrad von 100 % angesetzt. Erst am Ende eines Jahres erfolgt eine Anpassung der Plankosten an die durchschnittliche jährliche Istbeschäftigung, um für das Jahr insgesamt eine Kostenkontrolle durchführen zu können.

Tabelle 49, Blatt 1: Kostenstellenrechnung in einer Grenzplankostenrechnung

Kostenstellenrechnung Monat: Blatt: 1			115 Raumkostenstelle			125 Stromversorgung		
			6 900 m^2			146 704 kWh		
Zeilen-Nr.	Kostenarten		Besch. Grad: 100 %			Besch. Grad: 112,85 %		
	Nr.	Bezeichnung	Ist	Soll	Abw.	Ist	Soll	Abw.
1	4301–02	Fertigungslöhne						
2	4309	Zusatzlöhne						
3	4311–19	Hilfslöhne	3 580	4 840	./. 1 260			
4	4321–22	Lohnzulagen u. Mehrarbeitskosten		60	./. 60			
5	Summe	Lohnkosten	(3 580)	(4 900)	(./. 1 320)			
6	4351	Gehälter	2 860	2 860				
7	4121–22	Hilfs- u. Betriebsstoffkosten	225	165	60	26	43	./. 17
8	4123–25	Werkzeug- u. Gerätekosten	120	25	95	–	26	./. 26
9	4501–04	Reparatur- u. Instandhaltungsko.	2 640	4 011	./. 1 371	110	249	./. 139
10	4201–19	Heiz-, Brennstoff-, Fremdenergieko.	350	1 820	./. 1 470	18 120	18 058	62
11	4601–39	Steuern, Gebühren, Vers. Prämien	5 107	5 107				
12	4711–89	Verschiedene Gemeinkosten	250	321	./. 71	23	45	./. 22
13	4801	Kalk. Abschreibungen	7 750	7 750		642	642	
14	4802	Kalk. Zinsen	15 540	15 540		360	360	
15	4921	Kalk. Sozialko. a. Lohn, primär	1 880	2 572	./. 692			
16	4922	Kalk. Sozialko. a. Gehalt, primär	724	724				
17	4923	Kalk. Sozialko., sekundär	45	54	./. 9			
18	4901	Kalk. Raumkosten	544	544		272	272	
19	4911	Kalk. Stromkosten	350	512	./. 162			
20	4971	Kalk. innerbetr. Transportkosten						
21	4972	Kalk. PKW-Kosten						
22	4991	Kalk. Leitungskosten						
23	4993	Kalk. Ko. d. Hilfs-, Betriebsstoff- und Werkzeuglagers	28	15	13	2	5	./. 3
24	4999	Sekundäre fixe Kosten	626	626		44	44	
25	Summe Kostenarten insgesamt		42 619	47 546	./. 4 927	19 599	19 744	./. 145
26	Summe fixe Plankosten		47 546	47 546		1 406	1 406	
27	Summe proportionale Kosten		(./. 4 927)			18 193	18 338	
28	Summe Abw. in % d. prop. Sollkosten		(./. 10,36)				./. 0,79	
29	Summe Abw. seit Jahresanfang		(./. 5 111)				991	
30	Summe prop. Sollko. seit Jahresanfang		(237 730)				85 410	
31	Summe Abw. in % d. prop. Sollko. s. Jahresanf.		(./. 2,15)				1,16	
32	Grenzkostensätze: Ist des Monats/Plan			(6,80)		0,124	0,125	
33	Bezugsgrößenart		m^2			kWh		

Die im Betriebsabrechnungsbogen nach Kostenstellen und Kostenarten differenzierten *Verbrauchsabweichungen bilden die Grundlage der monatlichen Kostenkontrolle.* Da sich auch bei einer sorgfältig durchgeführten Kostenplanung und Istkostenerfassung bei einigen Kostenarten, so z. B. bei den Reparatur- und Instandhaltungskosten und den Kosten für Heizstoffe, Kostenstöße nicht vermeiden lassen, werden die Abweichungssummen der Kostenstellen vom Jahresanfang an kumuliert. Die errechneten Verbrauchsabweichungen werden analysiert und anschließend mit den Kostenstellenleitern durchgesprochen. Im Fertigungsbereich sollte die

132 PKW-Dienst			145 Sozialdienst			201 Reparaturwerkstatt			Summe Allgemeine Hilfskostenstellen		
14 200 km			470 140,– DM			801 Ftg.Stunden					
Besch. Grad: 94,67 %			Besch. Grad: 105,01 %			Besch. Grad: 80,10 %					
Ist	Soll	Abw.	Ist	Soll	Abw.	Ist	Soll	Abw.	Ist	Soll	Abw.
						8 120	5 735	2 385	8 120	5 735	2 385
3 250	2 920	330	3 124	3 485	./. 361				9 954	11 245	./. 1 291
										60	./. 60
(3 250)	(2 920)	(330)	(3 124)	(3 485)	(./. 361)	(8 120)	(5 735)	(2 385)	(18 074)	(17 040)	(1 034)
						2 200	2 200		5 060	5 060	
231	78	153	63	109	./. 46	85	92	./. 7	630	487	143
125	49	76				120	204	./. 84	365	304	61
620	1 216	./. 596	115	317	./. 202	288	176	11 2	3 773	5 969	./. 2 196
2 350	1 896	454							20 020	21 771	./. 954
450	450								5 557	5 557	
45	80	./. 35	325	326	./. 1				643	772	./. 129
1 237	1 237		392	392		216	216		10 237	10 237	
170	170		140	140		110	110		16 320	16 320	
1 706	1 533	173	1 640	1 830	./. 190	4 263	3 011	1 252	9 489	8 946	543
						557	557		1 281	1 281	
22	21	1	22	25	./. 3	72	55	17	161	155	6
1 020	1 020		2 210	2 210		1 190	1 190		5 236	5 236	
						295	225	70	645	737	./. 92
28	10	18	5	8	./. 3	16	24	./. 8	79	62	17
76	76		162	162		290	290		1 198	1 198	
11 330	10 756	574	8 198	9 004	./. 806	17 822	14 085	3 737	99 568	101 135	./. 1 567
4 792	4 792		5 712	5 712		4 634	4 634		64 090	64 090	
6 538	5 964		2 486	3 292		13 188	9 451		35 478	37 045	
	9,62			./. 24,28			39,54			9,07	
	1 237			81			5 087			7 396	ohne
	33 897			17 245			58 466			195 018	115
	3,65			0,47			8,70			3,79	
0,46	0,42		0,005	0,007		16,46	11,80				
km			DM			Ftg.Stunden					

Abweichungsanalyse Kosteningenieuren übertragen werden. Der Kostendurchsprache kann eine *Abweichungsprämierung* folgen.

Der *Aufbau der Kostenstellenrechnung* wird nur unwesentlich dadurch beeinflußt, ob die Plankostenrechnung als *Voll- oder Grenzkostenrechnung* durchgeführt wird. Im ersten Fall werden die innerbetrieblichen Leistungen mit Vollkostensätzen, im zweiten mit Grenzkostensätzen bewertet. Weiterhin werden in der Vollkostenrechnung für alle Kostenstellen *Beschäftigungsabweichungen* ausgewiesen, die den kalkulatorisch zu wenig oder zu viel verrechneten fixen Kosten entsprechen.

Tabelle 49, Blatt 2: Kostenstellenrechnung in einer Grenzplankostenrechnung

Kostenstellenrechnung Monat: Blatt: 2			131 Innerbetriebl. Transport			100 Techn. Leitung		
			10 731,– DM			2 366,– DM		
Zeilen-Nr.	Kostenarten		Besch.Grad: 104,55 %			Besch.Grad: 106,38 %		
	Nr.	Bezeichnung	Ist	Soll	Abw.	Ist	Soll	Abw.
1	4301–02	Fertigungslöhne						
2	4309	Zusatzlöhne						
3	4311–19	Hilfslöhne	7 155	6 799	356			
4	4321–22	Lohnzulagen u. Mehrarbeitskosten	100	230	./. 130			
5	Summe	Lohnkosten	(7 255)	(7 029)	(226)			
6	4351	Gehälter				18 000	18 000	
7	4121–22	Hilfs- u. Betriebsstoffkosten	187	143	44			
8	4123–25	Werkzeug- u. Gerätekosten	30	82	./. 52			
9	4501–04	Reparatur- u. Instandhaltungsko.	582	442	140			
10	4201–19	Heiz-, Brennstoff-, Fremdenergieko.						
11	4601–39	Steuern, Gebühren, Vers. Prämien				4 727	4 727	
12	4711–89	Verschiedene Gemeinkosten	40	40		850	512	338
13	4801	Kalk. Abschreibungen	217	217		220	220	
14	4802	Kalk. Zinsen	105	105		2 755	2 447	308
15	4921	Kalk. Sozialko. a. Lohn, primär	3 809	3 690	119			
16	4922	Kalk. Sozialko. a. Gehalt, primär				4 554	4 554	
17	4923	Kalk. Sozialko., sekundär	51	49	2	126	126	
18	4901	Kalk. Raumkosten	476	476		952	952	
19	4911	Kalk. Stromkosten	755	676	79			
20	4971	Kalk. innerbetr. Transportkosten						
21	4972	Kalk. PKW-Kosten				1 344	1 092	252
22	4991	Kalk. Leitungskosten						
23	4993	Kalk. Ko. d. Hilfs-, Betriebsstoff- und Werkzeuglagers	17	18	./. 1			
24	4999	Sekundäre fixe Kosten	244	244		1 074	1 074	
25	Summe Kostenarten insgesamt		13 768	13 211	557	34 602	33 704	898
26	Summe fixe Plankosten		2 480	2 480		31 338	31 338	
27	Summe proportionale Kosten		11 288	10 731		3 264	2 366	
28	Summe Abw. in % d. prop. Sollkosten			5,19			37,95	
29	Summe Abw. seit Jahresanfang			944			1 407	
30	Summe prop. Sollko. seit Jahresanfang			51 320			11 120	
31	Summe Abw. in % d. prop. Sollko. s. Jahresanf.			1,84			12,65	
32	Grenzkostensätze: Ist des Monats/Plan							
33	Bezugsgrößenart		DM			DM		

Vgl. hierzu die Gleichungen (50) bis (54) auf Seite 60 ff. in Kapitel 23. In der Grenzplankostenrechnung entfällt zwar die Beschäftigungsabweichung, oftmals werden im Betriebsabrechnungsbogen aber dennoch „*Fixkostenabweichungen*" ausgewiesen, die den Beschäftigungsabweichungen der Vollkostenrechnung entsprechen. Betragen z. B. die fixen Plankosten einer Kostenstelle 30 000 DM, so wird bei einem Beschäftigungsgrad von 70 % eine „Fixkostenabweichung" von (1,00 − 0,70) 30 000 = 9 000 DM ausgewiesen. Hierbei handelt es sich nicht um eine echte Kostenabweichung, sondern lediglich um eine „Maßgröße der Unter-

110 Arbeitsvorbereitung			400 Meisterbereich I			500 Meisterbereich II			Summe Hilfskostenstellen d. Fertigung		
10 544,– DM			7 998,– DM			4 197,– DM					
Besch.Grad: 105,70 %			Besch. Grad: 105,06 %			Besch. Grad: 102,24 %					
Soll	Soll	Abw.	Ist	Soll	Abw.	Ist	Soll	Abw.	Ist	Soll	Abw.
			5 215	4 767	448	2 150	2 703	./. 553	14 520	14 269	251
									100	230	./. 130
			(5 215)	(4 767)	(448)	(2 150)	(2 703)	(./. 553)	(14 620)	(14 499)	(121)
18 400	18 833	433	4 400	4 400		2 300	2 300		43 100	43 533	./. 433
			1 151	903	248	420	509	./. 89	1 758	1 555	203
			30	60	./. 30	125	40	85	185	182	3
321	153	168	872	1 556	./. 684	820	1 040	./. 220	2 595	3 191	./. 596
									4 727	4 727	
305	667	./. 362	782	539	243	340	295	45	2 317	2 053	264
220	220		80	80		60	60		797	797	
100	100		30	30		25	25		3 015	2 707	308
			2 738	2 503	235	1 129	1 419	./. 290	7 676	7 612	64
4 655	4 765	./. 110	1 113	1 113		582	582		10 904	11 014	./. 110
129	132	./. 3	67	64	3	31	34	./. 3	404	405	./. 1
1 496	1 496		510	510		435	435		3 869	3 869	
88	88								843	764	79
									1 344	1 092	252
			94	77	17	44	43	1	155	138	17
285	285		690	690		471	471		2 764	2 764	
5 999	26 739	./. 740	17 772	17 292	480	8 932	9 956	./. 1 024	101 073	100 902	171
6 195	16 195		9 294	9 294		5 759	5 759		65 066	65 066	
9 804	10 544		8 478	7 998		3 173	4 197		36 007	35 836	
	./. 7,02			6,00			./. 24,40			0,48	
	./. 2 244			2 174			./. 811			1 470	
	49 875			38 065			20 525			170 905	
	./. 4,50			5,71			./. 3,95			0,86	
DM			DM			DM					

oder Überbeschäftigung". Wird eine Grenzplankostenrechnung um eine *Verteilung der sekundären Fixkosten* ergänzt, so erscheint im Betriebsabrechnungsbogen zusätzlich die Kostenart „sekundäre Fixkosten".

(2) In der Tabelle 49, Blatt 1 bis 7, haben wir als *Zahlenbeispiel* die Kostenstellenrechnung einer Grenzplankostenrechnung für den gleichen Betrieb wiedergegeben, für den wir in den Kapiteln 43 und 44 die Kostenstellenrechnung der Ist- und der Normalkostenrechnung beschrieben haben.

Tabelle 49, Blatt 3: Kostenstellenrechnung in einer Grenzplankostenrechnung

Kostenstellenrechnung Monat: Blatt: 3			300 Einkauf			301 Rohstofflager		
			378 000,– DM			378 000,– DM		
Zeilen Nr.	Kostenarten		Besch. Grad: 105 %			Besch. Grad: 105 %		
	Nr.	Bezeichnung	Ist	Soll	Abw.	Ist	Soll	Abw.
1	4301–02	Fertigungslöhne						
2	4309	Zusatzlöhne						
3	4311–19	Hilfslöhne				2 820	2 933	./. 113
4	4321–22	Lohnzulagen u. Mehrarbeitskosten						
5	Summe	Lohnkosten				(2 820)	(2 933)	(./. 113)
6	4351	Gehälter	7 400	7 400		1 000	1 000	
7	4121–22	Hilfs- u. Betriebsstoffkosten				20	46	./. 26
8	4123–25	Werkzeug- u. Gerätekosten					18	./. 18
9	4501–04	Reparatur- u. Instandhaltungsko.	38	20	18	185	363	./. 178
10	4201–19	Heiz-, Brennstoff-, Fremdenergieko.						
11	4601–39	Steuern, Gebühren, Vers. Prämien				1 072	1 387	./. 315
12	4711–89	Verschiedene Gemeinkosten	420	380	40	82	82	
13	4801	Kalk. Abschreibungen	60	60		246	246	
14	4802	Kalk. Zinsen	30	30		5 700	5 400	300
15	4921	Kalk. Sozialko. a. Lohn, primär				1 481	1 539	./. 58
16	4922	Kalk. Sozialko. a. Gehalt, primär	1 872	1 872		253	253	
17	4923	Kalk. Sozialko., sekundär	52	52		27	28	./. 1
18	4901	Kalk. Raumkosten	571	571		4 318	4 318	
19	4911	Kalk. Stromkosten				584	584	
20	4971	Kalk. innerbetr. Transportkosten				2 415	2 415	
21	4972	Kalk. PKW-Kosten	840	774	66			
22	4991	Kalk. Leitungskosten						
23	4993	Kalk. Ko. d. Hilfs-, Betriebsstoff- und Werkzeuglagers				2	5	./. 3
24	4999	Sekundäre fixe Kosten	678	678		803	803	
25	Summe Kostenarten insgesamt		11 961	11 837	124	21 008	21 420	./. 412
26	Summe fixe Plankosten		11 459	11 459		10 458	10 458	
27	Summe proportionale Kosten		502	378		10 550	10 962	
28	Summe Abw. in % d. prop. Sollkosten			32,8			./. 3,76	
29	Summe Abw. seit Jahresanfang			230			./. 799	
30	Summe prop. Sollko. seit Jahresanfang			1 810			52 590	
31	Summe Abw. in % d. prop. Sollko. s. Jahresanf.			12,70			./. 1,52	
32	Grenzkostensätze: Ist des Monats/Plan		0,13 %	0,1 %		2,79 %	2,9 %	
33	Bezugsgrößenart		DM			DM		

Tabelle 50 stellt die *primären Istkostensummen* der Grenzplankostenrechnung lt. Tabelle 49, Blatt 7, den entsprechenden Beträgen der Istkostenrechnung aus Tabelle 23 auf Seite 172 ff. gegenüber. Die Lohnkosten liegen in der Istkostenrechnung um 8 % und die Gehälter um 6 % höher, da entsprechende Tariferhöhungen wirksam geworden sind, die in der Plankostenrechnung als Tarifabweichungen eliminiert werden. Die Hilfs- und Betriebsstoffe werden in der Plankostenrechnung

302 Hilfs-, Betriebsstoff- und Werkzeuglager			Summe Materialkostenstellen		
22 549,– DM					
Besch. Grad: 102,5 %					
Ist	Soll	Abw.	Ist	Soll	Abw.
1 837	1 820	17	4 657	4 753	./. 96
	203	./. 203		203	./. 203
1 837)	(2 023)	(./. 186)	(4 657)	(4 956)	(./. 299)
			8 400	8 400	
45	30	15	65	76	./. 11
				18	./. 18
60	130	./. 70	283	513	./. 230
245	243	2	1 317	1 630	./. 313
			502	462	40
100	100		406	406	
942	760	182	6 672	6 190	482
964	1 062	./. 98	2 445	2 601	./. 156
			2 125	2 125	
13	14	./. 1	92	94	./. 2
496	1 496		6 385	6 385	
			584	584	
			2 415	2 415	
			840	774	66
4	2	2	6	7	./. 1
75	75		1 556	1 556	
781	5 935	./. 154	38 750	39 192	./. 442
131	4 131		26 048	26 048	
650	1 804		12 702	13 144	
	./. 8,54			./. 3,36	
	./. 348			./. 917	
	10 100			64 500	
	./. 3,45			./. 1,42	
,3 %	8 %				
DM					

mit Planpreisen bewertet, der Unterschied zur Istkostenrechnung in Höhe von 213 DM geht auf eine durchschnittliche Preisabweichung von 3 % zurück. In der Plankostenrechnung werden Reparatur- und Instandhaltungskosten in Höhe von 19 440 DM ausgewiesen. Hierin sind aber 801 X 11,80 = 9 451 DM sekundäre Kosten der Reparaturwerkstatt enthalten, die abgezogen werden müssen. Die übrigbleibenden primären Reparatur- und Instandhaltungskosten in Höhe von

Tabelle 49, Blatt 4: Kostenstellenrechnung in einer Grenzplankostenrechnung

Kostenstellenrechnung Monat: Blatt: 4			401 Fertigungsstelle A 4 410 Ftg. Stunden			402 Fertigungsstelle B 5 376 Ftg. Stunden		
Zeilen Nr.	Kostenarten		Besch. Grad: 105 %			Besch. Grad: 96 %		
	Nr.	Bezeichnung	Ist	Soll	Abw.	Ist	Soll	Abw.
1	4301–02	Fertigungslöhne	33 075	33 075		38 707	38 707	
2	4309	Zusatzlöhne	203	662	./. 459	1 210	538	672
3	4311–19	Hilfslöhne	1 870	1 231	639	1 890	1 788	102
4	4321–22	Lohnzulagen u. Mehrarbeitskosten	687	472	215	2 017	2 496	./. 479
5	Summe	Lohnkosten	(35 835)	(35 440)	(395)	(43 824)	(43 529)	(295)
6	4351	Gehälter						
7	4121–22	Hilfs- u. Betriebsstoffkosten	470	338	132	320	368	./. 48
8	4123–25	Werkzeug- u. Gerätekosten	1 250	1 838	./. 588	2 419	1 991	428
9	4501–04	Reparatur- u. Instandhaltungsko.	620	1 157	./. 537	2 680	1 870	810
10	4201–19	Heiz-, Brennstoff-, Fremdenergieko.						
11	4601–39	Steuern, Gebühren, Vers. Prämien						
12	4711–89	Verschiedene Gemeinkosten						
13	4801	Kalk. Abschreibungen	7 084	7 084		10 124	10 124	
14	4802	Kalk. Zinsen	2 740	2 740		4 992	4 992	
15	4921	Kalk. Sozialko. a. Lohn, primär	18 813	18 606	207	23 008	22 853	155
16	4922	Kalk. Sozialko. a. Gehalt, primär						
17	4923	Kalk. Sozialko., sekundär	250	248	2	308	304	4
18	4901	Kalk. Raumkosten	2 652	2 652		3 536	3 536	
19	4911	Kalk. Stromkosten	2 578	2 383	195	2 250	1 972	278
20	4971	Kalk. innerbetr. Transportkosten	882	882		1 720	1 720	
21	4972	Kalk. PKW-Kosten						
22	4991	Kalk. Leitungskosten	2 646	2 646		5 161	5 161	
23	4993	Kalk. Ko. d. Hilfs-, Betriebsstoff- und Werkzeuglagers	137	174	./. 37	220	189	31
24	4999	Sekundäre fixe Kosten	7 675	7 675		15 446	15 446	
25	Summe Kostenarten insgesamt		83 632	83 863	./. 231	116 008	114 055	1 953
26	Summe fixe Plankosten		16 125	16 125		28 577	28 577	
27	Summe proportionale Kosten		67 507	67 738		87 431	85 478	
28	Summe Abw. in % d. prop. Sollkosten			./. 0,34			2,28	
29	Summe Abw. seit Jahresanfang			5 742			13 133	
30	Summe prop. Sollko. seit Jahresanfang			322 560			445 200	
31	Summe Abw. in % d. prop. Sollko. s. Jahresanf.			1,78			2,95	
32	Grenzkostensätze: Ist des Monats/Plan		15,31	15,36		16,26	15,90	
33	Bezugsgrößenart		Ftg.Stunden			Ftg.Stunden		

9 989 DM stimmen mit der Istkostenrechnung überein.[25] Alle nicht mit Festpreisen bewerteten Kostenarten stimmen in beiden Kostenrechnungssystemen überein. Der Unterschied bei den Abschreibungen geht darauf zurück, daß die Abschreibungen in einer flexiblen Plankostenrechnung teilweise den proportionalen Kosten

25 Hierbei ist zu beachten, daß wir bei unserem Zahlenbeispiel in der Istkostenrechnung die primären und die sekundären Reparatur- und Instandhaltungskosten getrennt verrechnet haben. In der Plankostenrechnung dagegen werden diese Kosten zusammengefaßt.

403 Fertigungsstelle C			404 Fertigungsstelle D			Summe Fertigungsstellen Meisterbereich I		
4 070 Ftg. Stunden			3 510 Ftg. Stunden					
Besch. Grad: 110 %			Besch. Grad: 117 %					
Ist	Soll	Abw.	Ist	Soll	Abw.	Ist	Soll	Abw.
32 967	32 967		26 325	26 325		131 074	131 074	
130	488	./. 358	1 100	527	573	2 643	2 215	428
2 822	3 020	./. 198	1 437	1 193	244	8 019	7 232	787
1 215	825	390				3 919	3 793	126
(37 134)	(37 300)	(./. 166)	(28 862)	(28 045)	(817)	(145 655)	(144 314)	(1 341)
320	281	39	290	380	./. 90	1 400	1 367	33
4 789	4 522	267	1 715	2 113	./. 398	10 173	10 464	./. 291
2 388	2 071	317	1 780	1 197	583	7 468	6 295	1 173
14 021	14 021		7 695	7 695		39 724	39 724	
5 512	5 512		4 116	4 116		17 360	17 360	
19 495	19 583	./. 88	15 153	14 723	430	76 469	75 765	704
260	261	./. 1	202	196	6	1 020	1 009	11
2 788	2 788		1 938	1 938		10 914	10 914	
3 310	3 422	./. 112	2 520	2 091	429	10 658	9 868	790
1 832	1 832		878	878		5 312	5 312	
5 169	5 169		3 089	3 089		16 065	16 065	
409	385	24	161	199	./. 38	927	947	./. 20
3 677	13 677		8 167	8 167		44 965	44 965	
1 904	111 624	280	76 566	74 827	1 739	388 110	384 369	3 741
6 886	26 886		16 912	16 912		88 500	88 500	
5 018	84 738		59 654	57 915		299 610	295 869	
	0,33			3,00			1,26	
	./. 2 195			4 331			21 011	
	385 170			247 500			1 400 430	
	./. 0,57			1,75			1,50	
,89	20,82		17,00	16,50				
Fgt.Stunden			Ftg.Stunden					

zugerechnet und daher an die Istbeschäftigung angepaßt werden. Die Abweichungen der primären Sozialkosten entsprechen den Tarifabweichungen.

In der Istkostenrechnung stimmt die Summe der primären Kostenarten in Höhe von 976 227 DM mit der Istkostensumme der primären Kostenstellen genau überein. Im Plankostenbeispiel erhalten wir dagegen eine Differenz von (928 103 − 929 329) = ./. 1 226 DM. Diese Differenz hat zwei Ursachen. Da die innerbetrieblichen Leistungen in der Grenzplankostenrechnung zu proportionalen *Plan*kostensätzen bewertet werden, unterscheiden sich die verrechneten sekundären

Tabelle 49, Blatt 5: Kostenstellenrechnung in einer Grenzplankostenrechnung

Kostenstellenrechnung Monat: Blatt: 5			501 Fertigungsstelle E			502 Fertigungsstelle F		
			31 620 kg			5 405 Masch.Std.		
Zeilen-Nr.	Kostenarten		Besch. Grad: 85 %			Besch. Grad: 115 %		
	Nr.	Bezeichnung	Ist	Soll	Abw.	Ist	Soll	Abw.
1	4301–02	Fertigungslöhne	21 435	19 040	2 395	81 075	81 075	
2	4309	Zusatzlöhne	230	544	./. 324	3 242	2 702	540
3	4311–19	Hilfslöhne	1 350	1 065	285	3 560	3 737	./. 177
4	4321–22	Lohnzulagen u. Mehrarbeitskosten				2 345	2 093	252
5	Summe	Lohnkosten	(23 015)	(20 649)	(2 366)	(90 222)	(89 607)	(615)
6	4351	Gehälter						
7	4121–22	Hilfs- u. Betriebsstoffkosten	2 006	2 213	./. 207	912	840	72
8	4123–25	Werkzeug- u. Gerätekosten	850	756	94	3 590	4 003	./. 413
9	4501–04	Reparatur- u. Instandhaltungsko.	880	1 362	./. 482	3 408	2 685	723
10	4201–19	Heiz-, Brennstoff-, Fremdenergieko.	2 450	2 154	296			
11	4601–39	Steuern, Gebühren, Vers. Prämien						
12	4711–89	Verschiedene Gemeinkosten						
13	4801	Kalk. Abschreibungen	6 996	6 996		16 899	16 899	
14	4802	Kalk. Zinsen	3 754	3 754		6 080	6 080	
15	4921	Kalk. Sozialko. a. Lohn, primär	12 083	10 841	1 242	47 367	47 044	323
16	4922	Kalk. Sozialko. a. Gehalt, primär						
17	4923	Kalk. Sozialko., sekundär	161	145	16	632	627	5
18	4901	Kalk. Raumkosten	3 230	3 230		3 672	3 672	
19	4911	Kalk. Stromkosten	815	762	53	3 420	3 044	376
20	4971	Kalk. innerbetr. Transportkosten	843	843		1 351	1 351	
21	4972	Kalk. PKW-Kosten						
22	4991	Kalk. Leitungskosten	2 339	2 339		4 865	4 865	
23	4993	Kalk. Ko. d. Hilfs-, Betriebsstoff-, u. Werkzeuglagers	228	237	./. 9	360	388	./. 28
24	4999	Sekundäre fixe Kosten	8 267	8 267		16 511	16 511	
25	Summe Kostenarten insgesamt		67 917	64 548	3 369	199 289	197 616	1 673
26	Summe fixe Plankosten		18 700	18 700		31 900	31 900	
27	Summe proportionale Kosten		49 217	45 848		167 389	165 716	
28	Summe Abw. in % d. prop. Sollkosten			7,35			1,01	
29	Summe Abw. seit Jahresanfang			21 981			17 292	
30	Summe prop. Sollko. seit Jahresanfang			269 700			720 510	
31	Summe Abw. in % d. prop. Sollko. s. Jahresanf.			8,15			2,40	
32	Grenzkostensätze: ist des Monats/Plan		1,56	1,45		30,96	30,66	
33	Bezugsgröpßenart		kg			Masch. Stunden		

Kosten von den Istkosten der Sekundärstellen um die Verbrauchsabweichungen; insgesamt sind im Beispiel der Tabelle 49 auf den sekundären Kostenstellen Verbrauchsabweichungen in Höhe von ./. 1 550 DM angefallen. Weiterhin werden den nicht über Kostenstellen abzurechnenden Werksaufträgen 324 DM sekundäre fixe Kosten zugeordnet. Faßt man beide Beträge zusammen, so erhält man genau den Differenzbetrag in Höhe von ./. 1 226 DM.

Die *Istbezugsgrößen* die in der Kopfleiste des Betriebsabrechnungsbogens angegeben sind, werden wie folgt erfaßt. Die Raumkostenstelle 115 hat keine echte

503 Fertigungsstelle G 41 040 m² Besch. Grad: 108 %			Summe Fertigungsstellen Meisterbereich II			Summe Fertigungsbereich, insgesamt		
Ist	Soll	Abw.	Ist	Soll	Abw.	Ist	Soll	Abw.
20 115	18 900	1 215	122 625	119 015	3 610	253 699	250 089	3 610
450	216	234	3 922	3 462	460	6 565	5 677	888
1 885	2 236	351	6 795	7 038	./. 243	14 814	14 270	544
			2 345	2 093	252	6 264	5 886	378
(22 450)	(21 352)	(1 098)	(135 687)	(131 608)	(4 079)	(281 342)	(275 922)	(5 420)
180	235	./. 55	3 098	3 288	./. 190	4 498	4 655	./. 157
320	249	71	4 760	5 008	./. 248	14 933	15 472	./. 539
410	537	./. 127	4 698	4 584	114	12 166	10 879	1 287
			2 450	2 154	296	2 450	2 154	296
2 772	2 772		26 667	26 667		66 391	66 391	
1 560	1 560		11 394	11 394		28 754	28 754	
11 786	11 210	576	71 236	69 095	2 141	147 705	144 860	2 845
157	150	7	950	922	28	1 970	1 931	39
2 856	2 856		9 758	9 758		20 672	20 672	
1 295	1 384	./. 89	5 530	5 190	340	16 188	15 058	1 130
810	810		3 004	3 004		8 316	8 316	
1 836	1 836		9 040	9 040		25 105	25 105	
40	39	1	628	664	./. 36	1 555	1 611	./. 56
5 938	5 938		30 716	30 716		75 681	75 681	
52 410	50 928	1 482	319 616	313 092	6 524	707 726	697 461	10 265
11 940	11 940		62 540	62 540		151 040	151 040	
40 470	38 988		257 076	250 552		556 686	546 421	
	3,80			2,60			1,88	
	2 852			42 125			63 136	
	180 500			1 170 710			2 571 140	
	1,58			3,60			2,46	
0,99	0,95							
m²								

Bezugsgröße, da sie eine reine Bereitschaftsstelle ist. Die angegebenen 6 900 m² dienen lediglich zur Verteilung der fixen Raumkosten. Multipliziert man die in den Tabellen 24 und 25 auf den Seiten 176 und 178 angegebenen Nutzflächen mit 6,80 DM/m², so erhält man die Istkostenbeträge der Kostenart 4901 Kalkulatorische Raumkosten, die mit den zugehörigen Sollkostenbeträgen übereinstimmen.

Die Kostenstelle 125 Stromversorgung rechnet mit einer direkten Bezugsgröße ab, und zwar mit den verbrauchten kWh. In unserem Beispiel wird unterstellt, daß der Istverbrauch in allen Kostenstellen gemessen werden kann. Diese Möglichkeit

Tabelle 49, Blatt 6: Kostenstellenrechnung in einer Grenzplankostenrechnung

Kostenstellenrechnung Monat: Blatt: 6			800 Kfm. Leitung			821 Finanzbuchhaltung			822 Betriebsabrechnung		
			885 000,– DM			885 000,– DM			885 000,– DM		
Zeilen Nr.	Kostenarten		Besch. Grad: 100 %			Besch. Grad: 100 %			Besch. Grad: 100 %		
	Nr.	Bezeichnung	Ist	Soll	Abw.	Ist	Soll	Abw.	Ist	Soll	Abw.
1	4301–02	Fertigungslöhne									
2	4309	Zusatzlöhne									
3	4311–19	Hilfslöhne									
4	4321–22	Lohnzulagen u. Mehrarbeitskosten									
5	Summe	Lohnkosten									
6	4351	Gehälter	14 000	14 000		10 200	10 200		13 700	13 700	
7	4121–22	Hilfs- u. Betriebsstoffkosten									
8	4123–25	Werkzeug- u. Gerätekosten									
9	4501–04	Reparatur- u. Instandhaltungsko.		160	./. 160	65	140	./. 75		70	./. 70
10	4201–19	Heiz-, Brennstoff-, Fremdenergieko.									
11	4601–39	Steuern, Gebühren, Vers. Prämien	7 520	7 270	250						
12	4711–89	Verschiedene Gemeinkosten	4 240	3 865	375	1 220	890	330	2 072	2 250	./. 178
13	4801	Kalk. Abschreibungen	250	250		280	280		90	90	
14	4802	Kalk. Zinsen	130	130		5 220	4 300	920	40	40	
15	4921	Kalk. Sozialko. a. Lohn, primär									
16	4922	Kalk. Sozialko. a. Gehalt, primär	3 542	3 542		2 581	2 581		3 466	3 466	
17	4923	Kalk. Sozialko., sekundär	98	98		72	72		96	96	
18	4901	Kalk. Raumkosten	1 088	1 088		1 224	1 224		714	714	
19	4911	Kalk. Stromkosten									
20	4971	Kalk. innerbetr. Transportkosten									
21	4972	Kalk. PKW-Kosten	1 218	1 302	./. 84						
22	4991	Kalk. Leitungskosten									
23	4993	Kalk. Ko. d. Hilfs-, Betriebsstoff-, u. Werkzeuglagers									
24	4999	Sekundäre fixe Kosten	1 184	1 184		146	146		184	184	
25	Summe Kostenarten insgesamt		33 270	32 889	381	21 008	19 833	1 175	20 362	20 610	./. 248
26	Summe fixe Plankosten		26 694	26 694		16 293	16 293		19 725	19 725	
27	Summe proportionale Kosten		6 576	6 195		4 715	3 540		637	885	
28	Summe Abw. in % d. prop. Sollkosten			6,15			33,19			./. 28,02	
29	Summe Abw. seit Jahresanfang			1 285			4 478			./. 465	
30	Summe prop. Sollko. seit Jahresanfang			30 975			17 700			4 425	
31	Summe Abw. in % d. prop. Sollko. s. Jahresanf.			4,15			25,30			./. 10,51	
32	Grenzkostensätze: ist des Monats/Plan		0,74 %	0,7 %		0,53 %	0,4 %		0,07 %	0,1 %	
33	Bezugsgrößenart		DM			DM			DM		

besteht in der Praxis für viele Kostenstellen nicht. Allen Kostenstellen ohne Stromzähler wird dann der Sollverbrauch als Istverbrauch belastet; auf eine Abweichungsanalyse der Stromkosten muß hierbei verzichtet werden. Die Verteilung des gesamten Stromverbrauchs in Höhe von 146 704 kWh kann aus den Tabelle 24 und 25 entnommen werden. Multipliziert man die Stromverbrauchsmengen mit dem Verrechnungssatz von 0,125 DM/kWh, so erhält man die Istkosten der Kostenart 4911 Kalkulatorische Stromkosten. Die Istkostensumme dieser Kostenart in Höhe von 18 338 DM stimmt mit den proportionalen Sollkosten der Kostenstelle 125 in Zeile 27 der Tabelle 49, Blatt 1, überein.

823 EDV			831 Personalabteilung			851 Registratur und Poststelle			Summe Verwaltungskostenstellen		
885 000,– DM			885 000,– DM			885 000,– DM					
Besch. Grad: 100 %			Besch. Grad: 100 %			Besch. Grad: 100 %					
Ist	Soll	Abw.	Ist	Soll	Abw.	Ist	Soll	Abw.	Ist	Soll	Abw.
						1 490	1 200	290	1 490	1 200	290
						(1 490)	(1 200)	(290)	(1 490)	(1 200)	(290)
13 400	13 700	./. 300	5 000	5 000		3 800	3 800		60 100	60 400	./. 300
185	140	45				110	180	./. 70	360	690	./. 330
									7 520	7 270	250
9 820	9 688	132	85	130	./. 45	450	586	./. 136	17 887	17 409	478
280	280		40	40		120	120		1 060	1 060	
170	170		17	17		40	40		5 617	4 697	920
						782	630	152	782	630	152
3 390	3 466	./. 76	1 265	1 265		961	961		15 205	15 281	./. 76
94	96	./. 2	35	35		37	35	2	432	432	
1 088	1 088		408	408		442	442		4 964	4 964	
78	73	5							78	73	5
									1 218	1 302	./. 84
196	196		69	69		70	70		1 849	1 849	
28 701	28 897	./. 196	6 919	6 964	./. 45	8 302	8 064	238	118 562	117 257	1 305
26 242	26 242		6 964	6 964		7 179	7 179		103 097	103 097	
2 459	2 655		./. 45	–		1 123	885		15 465	14 160	
	./. 7,38		(./. 0,65)				26,89			9,53	ohne 831
	515		(609)				578			6 391	
	13 275		(34 820)				4 425			70 800	
	3,88		(1,75)				13,06			9,03	
0,28 %	0,3 %					0,13 %	0,1 %		1,75 %	1,6 %	
DM			DM			DM			DM		

Auch die Istbezugsgröße der Kostenstelle 132 PKW-Dienst in Höhe von 14 200 km und deren Verteilung auf Kostenstellen kann den Tabellen 24 und 25 entnommen werden. Multipliziert man die Istkilometer mit dem Verrechnungssatz von 0,42 DM/km, so erhält man die Istkosten der Kostenart 4972. Die Istkostensumme dieser Kostenart in Höhe von 5 964 DM stimmt mit den proportionalen Sollkosten der Kostenstelle 132 in Zeile 27 der Tabelle 49, Blatt 1, überein.

Die Istbezugsgröße der Kostenstelle 145 Sozialdienst erhält man, indem man die Istlohnkosten und die Istgehälter der Gesamtunternehmung in Tabelle 49, Blatt 7, zusammengefaßt: 329 440 + 140 700 = 470 140 DM. Multipliziert man die den

Tabelle 49, Blatt 7: Kostenstellenrechnung in einer Grenzplankostenrechnung

Kostenstellenrechnung Monat: Blatt: 7			900 Vertriebsleitung u. Verkauf			902 Werbung und Marktforschung		
			885 000,– DM			885 000,– DM		
Zeilen Nr.	Kostenarten		Besch. Grad: 100 %			Besch. Grad: 100 %		
	Nr.	Bezeichnung	Ist	Soll	Abw.	Ist	Soll	Abw.
1	4301–02	Fertigungslöhne						
2	4309	Zusatzlöhne						
3	4311–19	Hilfslöhne						
4	4321–22	Lohnzulagen u. Mehrarbeitskosten						
5	Summe	Lohnkosten						
6	4351	Gehälter	14 740	14 740		5 600	5 600	
7	4121–22	Hilfs- u. Betriebsstoffkosten						
8	4123–25	Werkzeug- u. Gerätekosten						
9	4501–04	Reparatur- u. Instandhaltungsko.		40	./. 40			
10	4201–19	Heiz-, Brennstoff-, Fremdenergieko.						
11	4601–39	Steuern, Gebühren, Vers. Prämien						
12	4711–89	Verschiedene Gemeinkosten	2 875	2 400	475	5 117	6 432	./. 1 315
13	4801	Kalk. Abschreibungen	320	320		40	40	
14	4802	Kalk. Zinsen	130	130		10	10	
15	4921	Kalk. Sozialko. a. Lohn, primär						
16	4922	Kalk. Sozialko. a. Gehalt, primär	3 729	3 729		1 417	1 417	
17	4923	Kalk. Sozialko., sekundär	103	103		39	39	
18	4901	Kalk. Raumkosten	782	782		306	306	
19	4911	Kalk. Stromkosten						
20	4971	Kalk. innerbetr. Transportkosten						
21	4972	Kalk. PKW-Kosten	2 352	2 688	./. 336	210	462	./. 252
22	4991	Kalk. Leitungskosten						
23	4993	Kalk. Ko. d. Hilfs-, Betriebsstoff-, u. Werkzeuglagers						
24	4999	Sekundäre fixe Kosten	2 243	2 243		426	426	
25	Summe Kostenarten insgesamt		27 274	27 175	99	13 165	14 732	./. 1 567
26	Summe fixe Plankosten		25 405	25 405		12 962	12 962	
27	Summe proportionale Kosten		1 869	1 770		203	1 770	
28	Summe Abw. in % d. prop. Sollkosten			5,59			./. 88,53	
29	Summe Abw. seit Jahresanfang			372			1 345	
30	Summe prop. Sollko. seit Jahresanfang			8 850			8 850	
31	Summe Abw. in % d. prop. Sollko. s. Jahresanf.			4,20			15,20	
32	Grenzkostensätze: Ist des Monats/Plan		0,21 %	0,2 %		0,02 %	0,2 %	
33	Bezugsgrößenart		DM			DM		

Kostenstellen belasteten Lohn- und Gehaltskosten mit 0,007 (= Sozialkostenfaktor der Kostenstelle 145 lt. Tabelle 41, Blatt 1) so erhält man die Istkostenbeträge der Kostenart 4923. Die Summe dieser Kostenart in Höhe von 3 292 DM stimmt mit den proportionalen Sollkosten der Kostenstelle 145 in Zeile 27 der Tabelle 49, Blatt 1, überein.

Die Istbezugsgröße der Kostenstelle 201 Reparaturwerkstatt in Höhe von 801 Fertigungsstunden und deren Verteilung auf Kostenstellen kann ebenfalls den Tabellen 24 und 25 entnommen werden. Fertigungsstunden für nicht über Kosten-

903 Fertigwarenlager, Versand			Summe Vertriebskostenstellen			Summe Gesamtunternehmung		
885 000,– DM								
Besch. Grad: 100 %								
Ist	Soll	Abw.	Ist	Soll	Abw.	Ist	Soll	Abw.
						261 819	255 824	5 995
						6 565	5 677	888
9 142	8 800	342	9 142	8 800	342	54 577	54 537	40
115	283	./. 168	115	283	./. 168	6 479	6 662	./. 183
(9 257)	(9 083)	(174)	(9 257)	(9 083)	(174)	(329 440)	(322 700)	(6 740)
3 700	3 700		24 040	24 040		140 700	141 433	./. 733
115	187	./. 72	115	187	./. 72	7 066	6 960	106
						15 483	15 976	./. 493
263	305	./. 42	263	345	./. 82	19 440	21 587	./. 2 147
						23 270	23 928	./. 658
						19 121	19 184	./. 63
			7 992	8 832	./. 840	29 341	29 528	./. 187
240	240		600	600		79 491	79 491	
5 130	6 240	./. 1 110	5 270	6 380	./. 1 110	65 648	65 048	600
4 860	4 769	91	4 860	4 769	91	172 957	169 418	3 539
936	936		6 082	6 082		35 597	35 783	./. 186
91	90	1	233	232	1	3 292	3 249	43
4 706	4 706		5 794	5 794		46 920	46 920	
						18 338	17 216	1 122
						10 731	10 731	
			2 562	3 150	./. 588	5 964	6 318	./. 354
						25 105	25 105	
9	15	./. 6	9	15	./. 6	1 804	1 833	./. 29
326	326		2 995	2 995		86 043	86 043	
29 633	30 597	./. 964	70 072	72 504	./. 2 432	1 135 751	1 128 451	7 300
15 552	15 552		53 919	53 919		463 260	463 260	
14 081	15 045		16 153	18 585		672 491	665 191	
	./. 6,41			./. 13,09			1,84	
	./. 1 828			./. 111			77 365	ohne
	75 225			92 925			3 165 288	115 u. 831
	./. 2,43			./. 0,12			2,44	
,59 %	1,7 %		1,82 %	2,1 %				
DM			DM					

stellen abzurechnende Werkaufträge wurden in der Abrechnungsperiode nicht geleistet. Multipliziert man die Stunden der Reparaturwerkstatt mit dem Verrechnungssatz in Höhe von 11,80 DM/Ftg. Std., so erhält man die auf Kostenstellen zu verrechnenden Istkosten der Reparaturwerkstatt, die in der Kostenartengruppe 4501–04 mit den primären Reparatur- und Instandhaltungskosten zusammengefaßt worden sind. Der Gesamtbetrag von 801 × 11,80 = 9 451 DM stimmt mit den proportionalen Sollkosten der Kostenstelle 201 in Zeile 27 der Tabelle 49, Blatt 1, überein. In unserem Zahlenbeispiel haben wir die Abrechnung der Reparatur- und

Tabelle 50: Abstimmung der Istkosten der Tabellen 23 und 49

Kostenart	Istkosten		Unterschied
	Istkostenrechnung	Plankostenrechnung	
Lohnkosten	355 794	329 440	26 354
Gehälter	149 142	140 700	8 442
Hilfs- und Betriebsstoffkosten	7 279	7 066	213
Werkzeug- und Gerätekosten	15 483	15 483	
Reparatur- und Instandhaltungskosten	9 989	9 989	
Heiz-, Brennstoff- und Fremdenergiekosten	23 270	23 270	
Steuern, Gebühren, Vers. Prämien	19 121	19 121	
Verschiedene Gemeinkosten	29 341	29 341	
Kalk. Abschreibungen	76 635	79 491	./. 2 856
Kalk. Zinsen	65 648	65 648	
Kalk. Sozialko. a. Lohn	186 792	172 957	13 835
Kalk. Sozialko. a. Gehalt	37 733	35 597	2 136
Summe	976 227	928 103	48 124

Instandhaltungsleistungen vereinfacht. In der Praxis stimmen die während einer Abrechnungsperiode bearbeiteten Werkaufträge meistens nicht mit den abzurechnenden Werkaufträgen überein, so daß die Betriebsabrechnung ein statistisches Konto für noch nicht abgerechnete Werkaufträge führen muß. Hierauf haben wir im Beispiel verzichtet.

Die Istbezugsgrößen der Kostenstelle 131 Innerbetrieblicher Transport und der Leitungsstellen der Fertigung werden retrograd aus den Istbezugsgrößen der Fertigungsstellen abgeleitet, weil diese Kostenstellen mit indirekten Bezugsgrößen abgerechnet werden. Die Ermittlung dieser Bezugsgrößen haben wir in Tabelle 51 dargestellt. Die Relativziffern DM/ME wurden der Tabelle 45 auf Seite 230 entnommen. Multipliziert man hiermit die Istbezugsgrößen der betreuten Fertigungsstellen, so erhält man die entsprechenden Sollkostenbeträge. Summiert man diese Beträge für die leistenden Kostenstellen, so erhält man deren proportionale Sollkostensummen, die in Zeile 27 der Tabelle 49, Blatt 2, ausgewiesen werden. Die Sollkostenbeträge der Kostenstelle 131 werden den Fertigungskostenstellen unter der Kostenart 4971 zugleich als Istkosten belastet. Die Summe dieser Kostenart in Höhe von 10 731 DM stimmt mit den proportionalen Sollkosten der Kostenstelle 131 überein. Die Kosten der Leitungskostenstellen der Fertigung werden im Betriebsabrechnungsbogen unter der Kostenart 4991 zusammengefaßt. Die den Fertigungsstellen zu belastenden Gesamtbeträge können der letzten Spalte der Tabelle 51 entnommen werden. Auch bei den Leitungskosten müssen wegen der indirekten Bezugsgrößen die Sollkosten zugleich als Istkosten verrechnet werden. Die Leitungskostensumme in Tabelle 51 in Höhe von 25 105 DM stimmt mit der Sollkostensumme der Kostenstellen 100, 110, 400 und 500 in Tabelle 49, Blatt 2, und der Leitungskostensumme der Gesamtunternehmung in Tabelle 49, Blatt 7, überein.

Für die Hauptkostenstellen des Materialbereichs 300 Einkauf und 301 Rohstofflager werden die zu Planpreisen bewerteten Einzelmaterialkosten als Istbezugsgrößen verwendet, die in unserem Beispiel 378 000 DM betragen. In der Istkostenrechnung wurde mit zu Istpreisen bewerteten Einzelmaterialkosten in Höhe von

Tabelle 51: Abrechnung kalkulatorischer Transport- und Leitungskosten in einer Grenzplankostenrechnung

Empfangende Kostenstellen / Leistende Kostenstellen				131 Innerbetriebl. Transport		100 Technische Leitung		110 Arbeitsvorbereitung		400 Meisterbereich I		500 Meisterbereich II		Summe Leitungsstellen
Kostenstellen		Bezugsgrößen		Prop. Kosten		Prop. Kosten		Prop. Kosten		Prop. Kosten		Prop. Kosten		Prop. Kosten
Nr.	Bezeichnung	Einheit	ME	[DM/Monat]	[DM/ME]	[DM/Monat]	[DM/ME]	[DM/Monat]	[DM/ME]	[DM/Monat]	[DM/ME]	[DM/Monat]	[DM/ME]	[DM/Monat]
301	Rohstofflager	DM	378 000	2 415	0,00639									
401	Ftg. Ko. Stelle A	Ftg.Std.	4 410	882	0,20	220	0,05	882	0,20	1 544	0,35			2 646
402	Ftg. Ko. Stelle B	Ftg.Std.	5 376	1 720	0,32	430	0,08	2 151	0,40	3 580	0,48			5 161
403	Ftg. Ko. Stelle C	Ftg.Std.	4 070	1 832	0,45	407	0,10	2 116	0,52	2 646	0,65			5 169
404	Ftg. Ko. Stelle D	Ftg.Std.	3 510	878	0,25	281	0,08	1 580	0,45	1 228	0,35			3 089
501	Ftg. Ko. Stelle E	kg	31 620	843	0,0267	164	0,0052	815	0,0258			1 360	0,0430	2 339
502	Ftg. Ko. Stelle F	Masch.Std.	5 405	1 351	0,25	648	0,12	2 055	0,38			2 162	0,40	4 865
503	Ftg. Ko. Stelle G	m²	41 040	810	0,01974	216	0,00526	945	0,0230			675	0,01645	1 836
Summe Sollko. d. Istbeschäftigung				10 731		2 366		10 544		7 998		4 197		25 105
Summe Plankosten lt. Planung				10 264		2 224		9 975		7 613		4 105		
Beschäftigungsgrad in Prozent				104,55		106,38		105,70		105,06		102,24		

405 000 DM gerechnet. Die Differenz von 27 000 DM (= 7,14 %) wird in der Plankostenrechnung als Preisabweichung eliminiert.[26]

Für die Kostenstelle 302 Hilfs-, Betriebsstoff- und Werkzeuglager wird die Istkostensumme der Kostenarten 4121–25 als Istbezugsgröße verwendet, die in unserem Beispiel 7 066 + 15 483 = 22 549 DM beträgt. Multipliziert man die den Kostenstellen unter diesen Kostenarten belasteten Beträge mit dem Verrechnungssatz der Kostenstelle 302 von 0,08 (= Verrechnungssatz der Kostenstelle 302 lt. Tabelle 41, Blatt 2), so erhält man die Istkosten der Kostenart 4993. Die Summe dieser Kostenart in Höhe von 1 804 DM stimmt mit den Sollkosten der Kostenstelle 302 in Zeile 27 der Tabelle 49, Blatt 3, überein.

Die Istbezugsgrößen der Fertigungsstellen werden entweder durch direkte Aufschreibungen erfaßt oder retrograd aus den bearbeiteten Produktmengen abgeleitet. Auf eine detaillierte Wiedergabe dieser Bezugsgrößenerfassung wollen wir hier verzichten.

Für die Kostenstellen des Verwaltungs- und Vertriebsbereichs werden im Beispiel keine monatlichen Istbezugsgrößen ermittelt, sondern ein Beschäftigungsgrad von 100 % verwendet.

Die *Sollkosten der Istbeschäftigung* erhält man, indem man die in Tabelle 41 angegebenen Plankosten an die Istbeschäftigungsgrade der Kostenstellen anpaßt. Für die Sollkosten erfolgt die gleiche Abstimmung, die wir bereits für die Kostenplanung beschrieben haben. In der Praxis werden geringfügige Abstimmdifferenzen vernachlässigt.

Die in Tabelle 49 ausgewiesenen *Verbrauchsabweichungen* werden von der Betriebsabrechnung analysiert. Wir wollen uns hier darauf beschränken, einige Abweichungsbeispiele zu besprechen.

Auf der Raumkostenstelle 115 sind größere ,,Einsparungen" bei den Heizerlöhnen und den Heizstoffkosten eingetreten, da der Abrechnungsmonat nicht in die Heizungszeit fällt. Diesen Einsparungen stehen in den Wintermonaten entsprechende ,,Überschreitungen" gegenüber. Erst die kumulierte Abweichungsanalyse läßt erkennen, ob echte Einsparungen oder Überschreitungen realisiert wurden. Da die Raumkostenstelle keine proportionalen Kosten hat, werden ihre Abweichungen prozentual auf die Vollkosten bezogen und bei der Bildung der Gesamtabweichungsprozentsätze in Blatt 1 und 7 nicht berücksichtigt.

Auffällig ist die Lohnkostenabweichung in der Kostenstelle 201 Reparaturwerkstatt. Sie deutet darauf hin, daß entweder die Zeitaufschreibung fehlerhaft war oder die Handwerker zeitweilig unbeschäftigt gewesen sind. Der relativ hohe Gesamtabweichungsprozentsatz auf Blatt 1 von 9,07 % geht zum größten Teil auf die Lohnkostenüberschreitung der Kostenstelle 201 zurück.

Die Gehaltskostenabweichung der Kostenstelle 110 Arbeitsvorbereitung in Höhe von ./. 433 DM resultiert aus der teilweisen Proportionalisierung der Gehälter dieser Stelle. Da die Istbeschäftigung um 5,7 % über der Planbeschäftigung liegt, steigen die Sollgehälter entsprechend. Im Ist erfolgte bei einer so geringfügigen Beschäftigungszunahme aber noch keine personelle Anpassung, so daß die Istgehälter den Plangehältern in Höhe von 18 400 DM entsprechen. Der gleiche Sachverhalt gilt für die Gehaltskosten der Kostenstelle 823 EDV.

26 Vgl. hierzu unsere Ausführungen in Kapitel 3222.

Im Fertigungsbereich treten größere Abweichungen vor allem bei den Lohnkosten, den Werkzeugkosten und den Reparatur- und Instandhaltungskosten auf. Abweichungen bei den Fertigungslöhnen entstehen nur in den Fertigungsstellen E und G, da diese Stellen auch Arbeitsgänge verrichten, die nicht im Akkordlohn vergütet werden.

In den Verwaltungs- und Vertriebskostenstellen entfällt der größte Teil der Abweichungen auf die verschiedenen Gemeinkosten und die kalkulatorischen Zinsen. So sind z. B. die auf Debitoren entfallenden Zinsen der Kostenstelle 821 Finanzbuchhaltung um 920 DM überhöht, während bei den Zinsen für Fertigwarenbestände auf der Kostenstelle 903 Fertigwarenlager, Versand eine Einsparung von 1 110 DM entsteht. Da die Kostenstelle 831, Personalabteilung nur fixe Kosten verursacht, werden ihre Abweichungen auf die Vollkosten bezogen und bei den Summenprozentsätzen auf Blatt 6 und 7 nicht berücksichtigt.

Die Summenspalte in Tabelle 49, Blatt 7, zeigt, daß im Abrechnungsmonat Kostenüberschreitungen in Höhe von 1,84 % der proportionalen Sollkosten eingetreten sind; der kumulierte Abweichungsprozentsatz beträgt 2,44 %.

In Zeile 32 des Betriebsabrechnungsbogens wird gezeigt, wie die Kostenstellenabweichungen die Kalkulationssätze beeinflussen. Die errechneten Istkalkulationssätze haben aber nur statistische Bedeutung, d. h. sie werden nicht zur Erstellung von Istkostenkalkulationen verwendet.

46. Die Durchführung der Kostenstellenrechnung mit Hilfe der Datenverarbeitung

(1) Die Einführung von Datenverarbeitungsanlagen führt in zunehmendem Maße dazu, daß die bislang manuell erstellte Kostenstellenrechnung mit Hilfe von Datenverarbeitungsanlagen durchgeführt wird. Der bisher übliche Betriebsabrechnungsbogen wird dabei in *Einzelblätter* für jede Kostenstelle sowie für alle Zwischen- und Endsummen aufgelöst.

Die Durchführung der Kostenstellenrechnung mit Hilfe der Datenverarbeitung kommt grundsätzlich für alle *Kostenrechnungssysteme* in Frage, wobei sich allerdings die Durchführungsprogramme entsprechend unterscheiden. Es kann hier nicht unsere Aufgabe sein, die maschinelle Durchführung der Kostenstellenrechnung im einzelnen zu beschreiben, da detaillierte Programmbeschreibungen den Rahmen dieses Buches überschreiten würden. Wir wollen uns vielmehr auf die grundsätzlichen Möglichkeiten einer maschinellen Kostenstellenrechnung beschränken und im übrigen auf die Spezialliteratur verweisen.

Will man die Kostenstellenrechnung maschinell durchführen, so müssen *alle* Istkosten, die über Kostenstellen abgerechnet werden, auf Datenträger, z. B. Lochkarten, Bänder oder Plattensätze übernommen werden, wobei zugleich die zu belastenden Kostenstellennummern anzugeben sind. Die Kontierung der primären Istkosten und der Ausdruck der Istkostenbeträge auf den Einzelblättern der Kostenstellen erfolgt bei allen Kostenrechnungssystemen in der gleichen Weise.

(2) In einer *Istkostenrechnung* sollte neben der Kontierung der primären Istkosten auch die Durchführung der innerbetrieblichen Leistungsverrechnung der Datenver-

arbeitung übertragen werden. Die Datenverarbeitungsanlage bestimmt die Verrechnungssätze für innerbetriebliche Leistungen und kontiert die sekundären Kostenarten auf die zu belastenden Kostenstellen. Auch die Istbezugsgrößenerfassung und die Bestimmung von Istkostensätzen der Hauptkostenstellen können ganz oder teilweise der Datenverarbeitung übertragen werden. Darüber hinaus sind statistische Kostenauswertungen möglich, die bei manueller Durchführung der Kostenstellenrechnung zu arbeitsaufwendig wären.

(3) In einer *Normalkostenrechnung* werden die innerbetrieblichen Leistungen zu vorbestimmten Normalkostensätzen bewertet, die zu diesem Zwecke auf Stammdatenträger zu übernehmen sind. Auch die Istbezugsgrößenerfassung, die Bestimmung der verrechneten Normalkosten und die Berechnung der Unter- und Überdeckungen können ganz oder teilweise maschinell erfolgen. Da bei maschineller Durchführung der Kostenstellenrechnung alle Kosten- und Leistungsdaten des Vorjahres gespeichert sind, kann man der Datenverarbeitung auch die Bildung der Normalkostensätze einschließlich der erforderlichen Anpassungen an veränderte Preise, Löhne und sonstige Kosteneinflußgrößen übertragen.

(4) Besonders vorteilhaft ist die maschinelle Kostenstellenrechnung für Betriebe mit einer *flexiblen Plankostenrechnung*, da hier neben der Istkostenverrechnung auch der monatliche Soll-Istkostenvergleich zu den Aufgaben der Kostenstellenrechnung gehört, so daß die laufenden Abrechnungsarbeiten erheblich größer als bei den traditionellen Verfahren der Kostenrechnung sind.[27]

An die Kontierung der Istkosten werden in einer Plankostenrechnung erheblich größere Anforderungen gestellt als in einer Ist- oder Normalkostenrechnung. Da die Istkosten im Soll-Istkostenvergleich kontrolliert werden, genügt der summarische Ausweis der Istkostenarten in den Kostenstellenblättern nicht mehr. Die Kostenstellenleiter werden im Falle von Kostenüberschreitungen verlangen, daß ihnen nachgewiesen werden kann, worauf die Kostenabweichungen im einzelnen zurückzuführen sind. Diese *Nachprüfbarkeit der Istkosten* erfordert einen belegmäßigen Einzelnachweis für alle beeinflußbaren Kostenarten in Form eines sog. *Istkostennachweises.*[28] Dieser besteht aus einer Liste, in der alle Istkostenbelastungen sortiert nach Kostenstellen-Nummern, Kostenarten-Nummern, BAB-Zeilen, Material-Nummern, Belegnummern, Rechnungsnummern, Lohnschein-Nummern, den Nummern ausführender Kostenstellen bei sekundären Kostenarten usw. ausgewiesen werden. Weiterhin werden möglichst viele sonstige Informationen über die einzelnen Istkostenbelege, z. B. Bezeichnung von Reparaturen, Entstehungsgründe bei Zusatzlöhnen, Rechnungs-Nummern bei Fremdbezug usw. ausgedruckt. Neben den Kostenartenbeträgen werden auch die zugrundeliegenden Mengen und Zeiten bzw. die Preise und Lohn- oder Kostensätze angegeben.

Der Istkostennachweis gehört zwar primär zur Kostenartenrechnung und wird *vor* Durchführung des Soll-Istkostenvergleichs erstellt, er dient aber insbesondere

27 Eine ausführliche Darstellung der Durchführung des Soll-Ist-Kostenvergleichs mit Hilfe von Datenverarbeitungsanlagen findet man bei *H. G. Plaut, H. Müller, W. Medicke*, Grenzplankostenrechnung und Datenverarbeitung, 3. Aufl., München 1973, S. 61 ff. und insbesondere S. 114–194.

28 Vgl. *H. G. Plaut, H. Müller, W. Medicke*, Grenzplankostenrechnung und Datenverarbeitung, a.a.O., S. 114 ff.

als Grundlage für die Analyse der im Soll-Istkostenvergleich ausgewiesenen Kostenstellenabweichungen. Die Durchführung des Istkostennachweises mit Hilfe der Datenverarbeitung erfolgt zweckmäßigerweise so, daß man bestimmte vorbereitende Arbeiten des Soll-Ist-Vergleichs integriert, so z. B. die Eliminierung der Tarifabweichungen für Löhne und Gehälter und die Errechnung der Istkostenbeträge der kalkulatorischen Sozialkosten.

Wie wir bereits in den Kapiteln 331 und 332 gezeigt haben, können Tarifabweichungen entweder durch eine doppelte Lohn- bzw. Gehaltsabrechnung oder mit Hilfe von Korrekturprozentsätzen erfaßt werden. Das zuletzt genannte Verfahren läßt sich leicht in den Istkostennachweis integrieren. Im Istkostennachweis werden stets zunächst die Istlöhne bzw. -gehälter ausgewiesen und hiervon die zugehörigen Tarifabweichungen subtrahiert. Als Salden erhält man die von den Tariferhöhungen bereinigten Istlöhne und Istgehälter. Die auf die Bruttobeträge entfallenden Tarifabweichungen werden mit den auf die zugehörigen Sozialkosten entfallenden Tarifabweichungen zusammengefaßt.

Die Einbeziehung der Tarifabweichungen in den Istkostennachweis erfolgt insbesondere deshalb, weil es den meisten Betrieben infolge der relativ kurzen Abstände, in denen Tariferhöhungen aufeinanderfolgen, ratsam erscheint, die Tarifabweichungen im Soll-Istkostenvergleich „unter dem Strich" auszuweisen.

Die *Istkostenbeträge der kalkulatorischen Sozialkosten* werden im Istkostennachweis errechnet, indem man die von Tariferhöhungen bereinigten Istlöhne und -gehälter mit den zugehörigen Sozialkostenverrechnungssätzen multipliziert. Entsprechend erhält man die zu den Tarifabweichungen gehörenden Sozialkosten.

Zur maschinellen Durchführung des Istkostennachweises werden alle über Kostenstellen abzurechnenden Istkostenbelege in einer gemeinsamen Sortierung nach Kostenstellen-Nummern, Kostenarten-Nummern, BAB-Zeilen und weiteren Informationsmerkmalen, z. B. Belegnummern, Materialnummern usw. sortiert. Hierbei erfolgt eine Verdichtung nach den im Soll-Istkostenvergleich ausgewiesenen BAB-Zeilen. Da im Soll-Istkostenvergleich nur volle DM-Beträge ausgewiesen werden, erfolgen entweder entsprechende Rundungen oder eine Abspaltung der Pfennigbeträge. Die hierdurch verursachten Verrechnungsabweichungen werden für jede Kostenstelle gesondert ausgewiesen.

Der Istkostennachweis kann *voll ausgedruckt* werden. Wegen der großen Belegzahl beschränkt man sich aber meistens auf einen *selektiven Ausdruck.* So können z. B. nur die Istkosten von Kostenstellen ausgedruckt werden, die während eines bestimmten Monats Gegenstand eingehender Abweichungsanalysen sind, oder man beschränkt sich auf Kostenarten, deren Abweichungen bestimmte Toleranzgrenzen überschreiten. Stehen Bildschirmgeräte zur Verfügung, so kann man auf einen Ausdruck des Istkostennachweises vollständig verzichten und die jeweils benötigten Einzelinformationen durch die Sachbearbeiter im Dialogverkehr mit dem Rechenzentrum bedarfsweise abrufen lassen.

In der Tabelle 52 haben wir den maschinell erstellten Istkostennachweis für die Kostenstelle 401 (Fertigungsstelle A), deren Soll-Ist-Kostenvergleich in Tabelle 49, Blatt 4, auf Seite 246 enthalten ist, als *Beispiel* wiedergegeben. Die hierin ausgewiesenen BAB-Zeilen-Summen stimmen mit den Istkostenbeträgen in Tabelle 49, Blatt 4, genau überein, wenn man die Pfennigbeträge wegläßt.

Tabelle 52: Istkostennachweis für die Kostenstelle 401 (Fertigungsstelle A)

Ist-Kosten-Nachweis				401 Fertigungsstelle A Kostenstellen-Nr., Bezeichnung		Monat: Mai 1975 Ko. Stellenleiter:		
BAB Zeile	Kostenart	K = Kostenstelle M = Material-Nr. L = Lieferschein-Nr. R = Rechnungs-Nr. B = Buch-Beleg-Nr. A = Auftrags-Nr.		Bezeichnung und Hinweistext	Menge	ME	DM/ME	Betrag [DM/Monat]
1	4301	B 1		Fertigungslohn				35 721,45
				Tarifabweichung			7,408 %	2 646,25 –
				Su kum 157 500,00*		Su	BAB-Z 1	33 075,20*
2	4309	B 2		Zus.-Lohn Wartezeit				219,30
				Tarifabweichung			7,408 %	16,25 –
				Su kum 3 425,16*		Su	BAB-Z 2	203,05*
3	4311	B 3		Hilfslohn Vorarbeiter				1 040,05
	4312			Hilfslohn Reinigung				698,20
	4313			Hilfslohn Transport				282,–
				Tarifabweichung			7,408 %	149,66 –
				Su kum 6 378,20*		Su	BAB-Z 3	1 870,59*
4	4321	B 4	LA 26	Lohnzulage Schmutz				380,24
	4322		LA 31	Lohnzulage Erschwernis				362,21
				Tarifabweichung			7,408 %	55,00 –
				Su kum 2 921,05*		Su	BAB-Z 4	687,45*
5				Su Lohnkosten				38 703,45
				Su Tarifabweichung			7,408 %	2 867,16 –
				Su kum 170 224,41*		Su	BAB-Z 5	35 836,39*
15	4921			Kalk. Soz. Lohn primär	38 702		52,5 %	20 318,55
				Tarifabweichung			7,408 %	1 505,20 –
				Su kum 89 367,82*		Su	BAB-Z 15	18 813,35*
17	4923			Kalk. Soz. Lohn sekundär	38 702		0,7 %	270,91
				Tarifabweichung			7,408 %	20,07 –
				Su kum 1 191,57*		Su	BAB-Z 17	250,84*
7	4122	M 5	471 301	Schmieröl	32	ltr.	3,40	108,80
	4122	M 5	471 450	Bohrölemulsion	71	ltr.	2,854	202,63
	4122	M 5	473 200	Getriebeöl AS 3	18	ltr.	4,10	73,80
	4122	M 5	473 510	Schneidöl GT	27	ltr.	3,15	85,05
				Su kum 2 120,34*		Su	BAB-Z 7	470,28*
8	4123	M 5	481 105	Drehstahl	22	Stck	32,10	706,20
	4123	M 5	481 108	Drehstahl	15	Stck	23,–	345,–
	4125	M 5	481 200	Reibahle 60 Ø	2	Stck	99,78	199,56
				Su kum 9 915,28*		Su	BAB-Z 8	1 250,76*
9	4129	M 5		Supporthalter	1	Stck	132,20	132,20
	4129	M 5		Schmiernippel	3	Stck	6,90	20,70
	4129	M 5		Rohr 130 X 23 Ø	4	Stck	4,50	18,–
	4129	M 5		Dichtung	1	Stck	27,20	27,20
	4129	M 5		Schutzhaube	1	Stck	68,10	68,10
				Diverse Kleinrep.				
		K 9	201	Reparaturwerkstatt	30	Std.	11,80	354,–
	4502			Su kum 6 437,73*		Su	BAB-Z 9	620,20*
13	4801			Kalk. Abschreibung				7 084,00
				Su kum 34 250,00*		Su	BAB-Z 13	7 084,00*
14	4802			Kalk. Zinsen				2 740,00
				Su kum 13 700,00*		Su	BAB-Z 14	2 740,00*
19	4911	K 9	125	Kalk. Stromkosten	20 624	kWh	0,125	2 578,00
				Su kum 12 322,00*		Su	BAB-Z 19	2 578,00*
23	4993	K 9	302	Kalk. Lagerkosten	1 720	DM	8 %	137,60
				Su kum 962,85*		Su	BAB-Z 23	137,60*
18				Su Kalk. Ko. Soll-Ist				13 855,00
24				Su kum 68 435,00*		Su	BAB-Z 18	13 855,00*
25				Gesamtsumme verr. Istkosten			20 22 24	83 632,00**
				Tarifabweichung auf Lohn				2 866,00
				Gesamtsumme Istkosten				86 498,00**
				nicht verr. Restpfennige				4,32

Auch die *Erfassung der Istbezugsgrößen* kann in einer Plankostenrechnung ganz oder teilweise Datenverarbeitungsanlagen übertragen werden. Insbesondere kommen die Ableitung retrograder Bezugsgrößen aus den bearbeiteten Istmengen der Kostenstellen und die Ermittlung indirekter Bezugsgrößen (DM-Deckung-Grenzkosten) für eine maschinelle Bearbeitung in Frage. Hierbei ist die Ermittlung von Deckungsbezugsgrößen zugleich Bestandteil des Soll-Istkostenvergleichs, da ihnen jeweils bestimmte sekundäre Sollkostenarten entsprechen. Alle Istbezugsgrößen werden in einer *Istbezugsgrößenliste* ausgedruckt, die sorgfältig überprüft werden muß, da sich Bezugsgrößen-Erfassungsfehler störend im Soll-Istkostenvergleich auswirken. In der Istbezugsgrößenliste werden die Istbezugsgrößen durch die zugehörigen Planbezugsgrößen dividiert; die so erhaltenden Beschäftigungsfaktoren werden für die Errechnung der Sollkosten benötigt.

Die *maschinelle Errechnung der Sollkosten der Istbeschäftigung* setzt voraus, daß alle relevanten Informationen der Kostenplanung auf Datenträger übernommen sind. In den meisten Betrieben werden die Planungsformulare der Kostenstellenplanung so gestaltet, daß sich ihre Angaben unmittelbar auf Lochkarten übernehmen lassen. Diese Lochkarten bezeichnet man als *Stammsatzlochkarten der Kostenplanung oder als Planungsstammsatz.* Sie enthalten folgende Angaben[29]:

Kopfteil:

Zeitraum:	Kennzeichnung der Planungsperiode
Rechenstufe:	Rang der Kostenstelle hinsichtlich der Deckungsrechnung
Bereich:	Kennziffer zur Zusammenfassung mehrerer Kostenstellen eines Verantwortungsbereichs
Kostenstellen-Nr.:	Zur Kontierung der Istkosten
Kostenstellen-Bezeichnung:	Zum Ausdruck im Istkostennachweis und im Soll-Istkostenvergleich
Kostenstellenleiter:	Name und Vorname, zum Ausdruck im Istkostennachweis und im Soll-Istkostenvergleich
Bezugsgrößenmenge:	Numerische Angabe der Planbezugsgröße, die der Kostenplanung zugrunde liegt
Bezugsgrößenmengeneinheit:	Textliche Kennzeichnung der Bezugsgrößenart, z. B. Fertigungsstunden

Mittlerer Teil:

Kostenarten-Nr.:	Zur Kennzeichnung der in der Kostenplanung vorgegebenen Kostenarten
BAB-Zeile:	Zur Zusammenfassung mehrerer Kostenarten im Soll-Istkostenvergleich
Bezugsgrößen-Kennzeichen:	Kennziffer zur Unterscheidung mehrerer Bezugsgrößen in Kostenstellen mit heterogener Kostenverursachung
Plankosten:	Plankostenvorgaben der Kostenarten: Gesamtbetrag, Proportionalter Betrag, Fixer Betrag

29 Vgl. *H. G. Plaut, H. Müller, W. Medicke*, Grenzplankostenrechnung und Datenverarbeitung, a.a.O., S. 115 ff.

Tabelle 53: Maschineller Soll-Ist-Kostenvergleich der Kostenstelle 401 (Fertigungsstelle A)

1	Soll-Ist-Kostenvergleich					Abrechnungs-Monat:		Ko. St. Nr.	
2	Fertigungsbereich			Fertigungsstelle A				401	
3						Verantwortlicher:			
4									
5	A. Soll-Ist-Vergleich nach Kostenarten (Beträge in DM)					Abweichungen laufender Monat		seit Jahresanfang	
6	Nr.	Kostenarten	Istkosten	Prop. Sollkosten	Fixkosten	DM	%	DM	%
7	4301–02	Fertigungslöhne	33 075	33 075					
8	4309	Zusatzlöhne	203	662		459 –	69,3 –	275	8,7
9	4311–19	Hilfslöhne	1 870	911	320	639	70,1	438	10,1
10	4321–22	Lohnzulagen u. Mehrarbeitskosten	687	472		215	45,6	671	29,8
11	4351	Gehälter							
12	4121–22	Hilfs- u. Betriebsstoffkosten	470	292	46	132	42,2	500	36,0
13	4123–25	Werkzeug- u. Gerätekosten	1 250	1 838		588 –	32,0 –	1 165	13,3
14	4501–04	Rep. u. Instandhaltungskosten	620	917	240	537 –	58,6 –	873	20,0
15	4201–19	Heiz-, Brennst.-, Fremdenergieko.							
16	4601–39	Steuern, Gebühren, Vers. Prämien							
17	4711–89	Verschiedene Gemeinkosten							
18	4801	Kalk. Abschreibungen	7 084	4 921	2 163				
19	4802	Kalk. Zinsen	2 740		2 740				
20	4921	Kalk. Sozialko. a. Lohn, primär	18 813	18 438	168	207	1,1	728	0,8
21	4922	Kalk. Sozialko. a. Gehalt, primär							
22	4923	Kalk. Sozialko., sekundär	250	246	2	2	0,8	12	1,0
23	4901	Kalk. Raumkosten	2 652		2 652				
24	4911	Kalk. Stromkosten	2 578	2 268	115	195	8,6	947	8,8
25	4971	Kalk. Innerbetr. Transportkosten	882	882					
26	4972	Kalk. PKW-Kosten							
27	4991	Kalk. Leitungskosten	2 646	2 646					
28	4993	Kalk. Lagerkosten	137	170	4	37 –	21,8 –	133	16,4
29	4999	Sekundäre fixe Kosten	7 675		7 675				
30	Summe Kostenarten insgesamt		83 632	67 738	16 125	231 –	0,3	5 742	1,78
31	Tarifabweichungen der Stelle		4 392			4 392		8 751	
32	Preisabweichungen der Stelle		14			14		68	
			88 038	67 738	16 125	4 175	6,2	14 561	4,5

						Abweichungen laufender Monat		seit Jahresanfang	
35	Nr.	Kostengruppen	Istkosten	Prop. Sollkosten	Fixkosten	DM	%	DM	%
36	1	Personalkosten	54 898	53 804	490	604	1,1	2 124	0,8
37	2	GmK-Mat., Rep. u. Inst. Kosten	2 340	3 047	286	993 –	32,6 –	2 538	17,5
38	3	Verschiedene GmK							
39	4	Kalk. Kostenarten	26 394	10 887	15 349	158	1,5	1 080	2,1
40	5	Tarif- u. Preisabweichungen	4 406			4 406		8 819	
41	Summe		88 038	67 738	16 125	4 175	6,2	14 561	4,5
42	C. Bezugsgrößen und Kostensätze		Ist-Besch.	Plan-Besch.	Plan-Grenz-Kostensatz	Ist-Grenz-Kostensatz lfd. Monat	Besch. Grad % lfd. Monat	Ist-Grenz-Kostensatz s. Jahresanfang	Besch. Grad % s. Jahresanfang
43	Nr.	Bezeichnung							
44	1	Fertigungsstunden	4 410	4 200	15,36	16,31	105,0	16,05	100,0
45									
46									
47									
48	D. Sonderauswertungen								
49	Nr.	Bezeichnung							
50									
51									
52									
53									

Fußteil:

Plankosten-Summe:	Summen der Plankostenvorgaben: Gesamtbetrag, Proportionaler Betrag, Fixer Betrag; diese Summen werden für die Abstimmung der Kostenplanung mit dem Stammsatz benötigt
Plankostensatz je Bezugsgrößeneinheit:	Die Plankostensätze werden in der Kostenplanung manuell errechnet und bei der Abstimmung des Planungsstammsatzes kontrolliert
Datum der Planung:	Das Datum der Planung wird abgelocht um maschinelle Planungsänderungen ausführen zu können.

Die Stammlochkarten der Kostenplanung lassen sich in folgende Gruppen einteilen:

Textkarten für Kostenstellenbezeichnung und Stellenleiter-Name;

Bezugsgrößenkarten mit Planbezugsgrößen und deren Bezeichnung;

Plankostenkarten für die Aufnahme der gesamten proportionalen und fixen Plankostenbeträge pro Kostenart und Bezugsgröße;

Karten für die Deckungsrechnung zur Abrechnung von Kostenstellen mit indirekten Bezugsgrößen.

Der Planungsstammsatz wird einer formalen Kontrolle und einer *zahlenmäßigen Abstimmung* aller Beträge unterzogen. Bei *Änderung der Kostenplanung* sind partielle Änderungen einzelner Kostenstellen und Planungsüberholungen zu unterscheiden. Im ersten Fall werden einzelne Stammsatzkarten ausgetauscht, im zweiten Fall muß ein neuer Stammsatz erstellt werden. Seit einiger Zeit stehen *Modularprogramme* zur Verfügung, mit deren Hilfe die gesamte Kostenplanung einschließlich der innerbetrieblichen Leistungsverrechnung maschinell an veränderte Preise bzw. Löhne, veränderte Planbezugsgrößen und neue Mengenvorgaben angepaßt werden kann. Die *Festlegung* neuer Planbezugsgrößen und struktureller Veränderungen der Mengenvorgaben können aber nicht maschinell erfolgen; diese Aufgaben müssen nach wie vor von den Kostenplanern ausgeführt werden.

Mit Hilfe der auf Datenträger übernommenen monatlichen Istbezugsgrößen und den Stammsatzlochkarten erfolgt die *maschinelle Errechnung der* nach Kostenarten und Kostenstellen differenzierten *Sollkosten.* Hierzu werden die proportionalen Plankostenvorgaben mit den Beschäftigungsfaktoren multipliziert und die so erhaltenen proportionalen Sollkostenbeträge zu den zugehörigen fixen Plankostenbeträgen addiert. Vgl. hierzu Gleichung (47) auf Seite 60. Anschließend werden die Sollkosten zu BAB-Zeilen verdichtet. In Kostenstellen mit mehreren Bezugsgrößen werden die Sollkosten aller Bezugsgrößen zusammengefaßt.

Die Istkosten lt. Istkostennachweis und die zugehörigen Sollkosten der Istbeschäftigung werden zur Abweichungsermittlung gegenübergestellt und in den Kostenstellenblättern des Soll-Ist-Kostenvergleichs ausgedruckt. Die Monatsbeträge werden zur Kumulierung gespeichert; die kumulierten Kostenstellenabweichungen werden monatlich ausgedruckt. Weiterhin erfolgt bei maschineller Durchführung des Soll-Ist-Kostenvergleichs eine Verdichtung der Istkosten, der Sollkosten und der Kostenstellenabweichungen nach Kostenartengruppen sowie ein Ausweis der Tarifabweichungen und der Preisabweichungen für Gemeinkostenmaterial auf den Kostenstellen.

In der Tabelle 53 haben wir den maschinell erstellten Soll-Ist-Kostenvergleich für die Kostenstelle 401 (Fertigungsstelle A) als *Beispiel* wiedergegeben, deren Soll-Ist-Kostenvergleich bereits in Tabelle 49, Blatt 4, auf Seite 246 enthalten ist; für diese Stelle gibt die Tabelle 52 auf Seite 260 den zugehörigen Istkostennachweis an.

5. Die Kalkulation oder Kostenträgerstückrechnung

51. Grundbegriffe, Aufgaben und Arten der Kalkulation

511. Das Grundschema der Kalkulation

(1) Die Aufgabe der *Kalkulation* besteht darin, die Kosten zu ermitteln, die auf die einzelnen Produkt- oder Auftragseinheiten entfallen. Die Kalkulation wird daher auch als *Kostenträgerstückrechnung* bezeichnet.

In Unternehmungen, die *Stückgüter* herstellen, werden die *produzierten Stückzahlen als Kalkulationseinheiten* verwendet. Hierbei lassen sich einteilige und mehrteilige Stückgüter unterscheiden. Bei einteiligen Stückgütern, wie z. B. Schrauben, Muttern, Bolzen, Winkel und sonstigen Halbzeugartikeln kann man die Stückkosten der Endprodukte unmittelbar kalkulieren. Für mehrteilige Stückgüter, wie z. B. die Erzeugnisse des Apparatebaus, der Elektroindustrie und des Fahrzeugbaus, müssen dagegen zunächst Einzelteilkalkulationen für die selbsthergestellten Einzelteile erstellt werden, aus denen sich die Stückkosten der Endprodukte erst mittelbar zusammensetzen lassen. Entsprechend der aufeinanderfolgenden Montagearbeitsgänge werden die Einzelteilkalkulationen zunächst zu Zwischen- und Funktionsgruppenkalkulationen und schließlich zu den Endproduktkalkulationen verdichtet.

In Unternehmungen, die *Massen- oder Fließgüter* herstellen, wie z. B. die Grundstoffindustrie, die chemische Industrie, Walzwerke, Drahtfabriken, Spinnereien, Tuchfabriken und Brauereien, dienen meistens *Gewichts-, Längen-, Flächen- oder Hohlmaße als Kalkulationseinheiten,* z. B. eine Tonne Kohle, Roheisen oder Zement, 100 kg Garn, 1000 m Draht, 100 m Gewebe, 1 Hektoliter Bier usw.

In *mehrstufigen Unternehmungen,* die marktgängige Zwischenprodukte erzeugen, müssen die Produkte der im Produktionsprozeß aufeinander folgenden Stufen gesondert kalkuliert werden. Hierbei gehen die Stückkosten der Vorprodukte jeweils als Verrechnungspreise in die Kalkulationen der nachgelagerten Stufe ein.

Jedes *Kalkulationsformular* muß die Bezeichnung, die Artikelnummer und die Kalkulationseinheit der zu kalkulierenden Produktart enthalten. Zur Numerierung ist ein *Artikelnummernschlüssel* erforderlich, der so aufgebaut wird, daß die ersten zwei bis drei Ziffern die Produktgruppen bzw. Untergruppen kennzeichnen und die restlichen Ziffern entweder der laufenden Numerierung dienen oder zur Kennzeichnung qualitativer Produkteigenschaften (z. B. Form, Farbe, Muster, Dessin, Ausführungsart usw.) verwendet werden. Weiterhin hat jedes Kalkulationsformular den *Kalkulationszeitpunkt* bzw. die *Kalkulationsperiode* zu enthalten. Kalkulationen, die nur für Einzelmengen oder Einzelaufträge erstellt werden, ist ein Kalkulationszeitpunkt zuzuordnen. Will man dagegen kalkulatorisch ermitteln, welche Kosten im Durchschnitt einer Abrechnungs- oder Planungsperiode auf die einzelnen

Produktarten entfallen, so müssen in den Kalkulationen die entsprechenden Kalkulationsperioden, z. B. die jährlichen Planungsperioden angegeben werden. Da die Richtigkeit der Kalkulationsergebnisse für die Unternehmung von großer Bedeutung ist, sollte jede Kalkulation erkennen lassen, *wer für die rechnerische Durchführung verantwortlich ist.*

Für jede Kalkulation sind *technische Daten* erforderlich, die den Materialverbrauch und die Leistungsinanspruchnahme der Kalkulationseinheiten angeben, oder mit deren Hilfe sich diese Größen berechnen lassen. Durch sie wird das *Mengengerüst der Kalkulation* bestimmt. Die technischen Daten des Materialverbrauchs erhält der Kalkulator von der Konstruktion der technischen Produktplanung oder der Arbeitsvorbereitung.

Die Leistungsinanspruchnahme wird in den meisten Fällen mit Hilfe der durch die Kostenstellenrechnung festgelegten Bezugsgrößen gemessen. Beansprucht z. B. eine Produkteinheit eine Fertigungsstelle, deren Kostenverursachung durch die Fertigungszeit gemessen wird, so wird in der Kalkulation auch die Leistungsinanspruchnahme in Minuten pro Stück ausgedrückt.

Für alle Kostenstellen einer Unternehmung, die unmittelbar der Herstellung der betrieblichen Produkte dienen, gilt der Grundsatz, daß die beste Maßgröße der Kostenverursachung (= Bezugsgröße) auch die beste Kalkulationsgrundlage ist.[1] Die technischen Daten der Leistungsinanspruchnahme des Fertigungsbereichs werden der Kalkulation von der Arbeitsvorbereitung oder Fertigungssteuerung zur Verfügung gestellt.

Liegt das Mengengerüst fest, so sind die Materialverbrauchsmengen mit den zugehörigen *Preisen,* die Arbeitsleistungen mit den zugehörigen *Lohnsätzen* und die Leistungsinanspruchnahme der Kostenstellen mit den durch die Kostenstellenrechnung festgelegten *Kalkulationssätzen* zu bewerten. Welche Wertansätze hierbei zu wählen sind, hängt wesentlich vom Kalkulationszweck ab. Werden Kalkulationen für bestimmte Abrechnungsperioden zu Kontrollzwecken nachträglich erstellt, so muß die Bewertung zu den Ist-Wertansätzen dieser Perioden erfolgen. Sollen dagegen die Kalkulationsergebnisse für die betriebliche Planung verwendet werden, so sind geplante Preise, Löhne und Kostensätze erforderlich. Bezieht man in die Kalkulationssätze der Kostenstellen auch die fixen Kosten ein, so spricht man von *Vollkostenkalkulationen.* Wie unsere Ausführungen in Kapitel 232 gezeigt haben, führen Vollkostenrechnungen infolge der künstlichen Proportionalisierung fixer Kosten beim Aufbau der betrieblichen Planung zu Fehlentscheidungen. Die dispositiven Aufgaben der Kostenrechnung erfordern daher *Grenzkosten- oder Proportionalkostenkalkulationen.*

(2) Der *Kalkulationsaufbau* und die Kalkulationsverfahren werden so stark vom technologischen Aufbau der Produkte und von den eingesetzten Fertigungsver-

1 Für Kostenstellen, die nicht unmittelbar an der Herstellung der betrieblichen Produkte mitwirken, so z. B. für die Kostenstellen des Material-, des Verwaltungs- und des Vertriebsbereichs, gilt dieser Grundsatz dagegen nicht. Selbst wenn sich für die Kostenstellen dieser Funktionsbereiche direkte Bezugsgrößen angeben lassen, so z. B. für die Finanzbuchhaltung die Anzahl der Buchungen, so haben diese Bezugsgrößen keine unmittelbaren Beziehungen zu den Kostenträgern. Dies liegt daran, daß sie genanten Bereiche überwiegend dispositive oder dispositionsvorbereitende Tätigkeiten ausführen, die sich nur selten speziell auf einzelne Kostenträger beziehen.

fahren beeinflußt, daß sich ein allgemeingültiges Kalkulationsverfahren nicht angeben läßt. In jede Kalkulation gehen aber die gleichen Kostenartengruppen in einer bestimmten Reihenfolge ein, so daß es ein allgemeingültiges *Grundschema der Kalkulation* gibt. Dieses Schema haben wir in der Übersicht 18 wiedergegeben. Mit seiner Hilfe lassen sich zugleich die wichtigsten Kalkulationsaufgaben erklären.

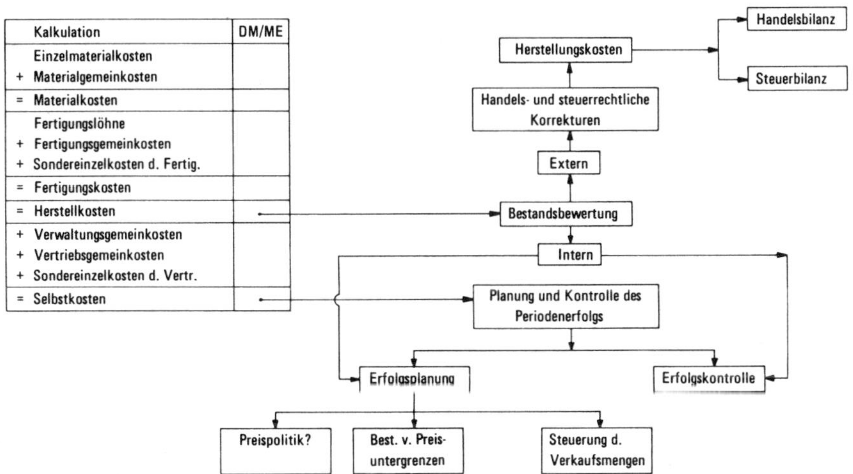

Übersicht 18: Grundschema der Kalkulation und der Kalkulationsaufgaben

In jeder Kalkulation werden zuerst die *Einzelmaterialkosten* ausgewiesen. Hierzu gehören alle Rohstoffe, Werkstoffe, Zwischenprodukte und zugekaufte Teile, die unmittelbar in eine Kalkulationseinheit eingehen. Bei der Kalkulation der Einzelmaterialkosten lassen sich Netto- und Brutto-Einzelmaterialverbrauchsmengen unterscheiden. Unter den Netto-Einzelmaterialverbrauchsmengen versteht man diejenigen Mengen, die im späteren Endprodukt enthalten sind. In der Kalkulation müssen aber zusätzliche Verbrauchsmengen für Abfälle, Mengenverluste und Ausschuß berücksichtigt werden. Addiert man diese zu den Nettomengen, so erhält man die Brutto-Einzelmaterialverbrauchsmengen. Können Abfälle verkauft werden, so sind bei der Kalkulation der Einzelmaterialkosten entsprechende Gutschriften für Abfallerlöse zu berücksichtigen. Die Kalkulation der Einzelmaterialkosten ist genau so vielgestaltig wie die Mannigfaltigkeit industrieller Produkte. Bei Stückgütern dienen Konstruktionszeichnungen und Stücklisten als Grundlage für die Berechnung des Materialverbrauchs. Bei Massen- oder Fließgütern wird der Materialverbrauch häufig durch Rezepturen, Mischungsanweisungen und einfache Bedarfsberechnungen bestimmt. Werden alle Einzelmaterialverbrauchsmengen bewertet und zusammengefaßt, so erhält man die gesamten Einzelmaterialkosten pro Kostenträgereinheit. Hierzu kommen die Materialgemeinkosten, die entweder global oder mit Hilfe von (nach Materialgruppen) differenzierten Zuschlägen prozentual auf die Einzelmaterialkosten bezogen werden. In vielen Industriekalkulationen beträgt der Anteil der Materialkosten mehr als 50 % der gesamten Stückkosten, so daß die richtige Kalkulation der Einzelmaterialkosten von großer Bedeutung ist.

Auf die Kalkulation der Materialkosten folgt im Kalkulationsschema die *kalkulatorische Bestimmung der Fertigungskosten,* wozu die Fertigungslöhne, die Fertigungsgemeinkosten und die Sondereinzelkosten der Fertigung zählen.

Die *Fertigungslöhne* und die *Fertigungsgemeinkosten* werden in den Kalkulationen meistens für alle diejenigen Kostenstellen gesondert ausgewiesen, die von einer Kalkulationseinheit in Anspruch genommen werden. Die Fertigungslöhne lassen sich den Kalkulationseinheiten mit Hilfe von Zeit- oder Akkordlohnscheinen unmittelbar zuordnen. Die Fertigungsgemeinkosten wurden früher meistens prozentual auf die Einzellohnkosten geschlagen. Heute kalkuliert man die Fertigungsgemeinkosten mit Hilfe möglichst genauer Bezugsgrößen, so z. B. mit Fertigungs- oder Maschinenzeiten[2]. Hierbei erweist es sich in vielen Fällen als zweckmäßig, die Fertigungslöhne nicht mehr explizit in den Kalkulationen auszuweisen, sondern sie in die Kalkulationssätze der Fertigungsstellen einzubeziehen. Voraussetzung hierfür ist aber, daß sich die Bezugsgrößen der Fertigungsstellen zu den Arbeitszeiten proportional verhalten[3].

Zu den *Sondereinzelkosten der Fertigung* zählen insbesondere Kosten für Modelle und Spezialwerkzeuge. Meistens fallen diese Kosten für mehrere Kalkulationseinheiten gemeinsam an, so daß sie entsprechend aufgeteilt werden müssen. Werden die Modelle oder Spezialwerkzeuge selbst hergestellt, so sind ihre Kosten durch vorgeschaltete Sonderkalkulationen zu ermitteln. In vielen Unternehmungen werden auch Konstruktions- und Entwicklungskosten sowie anteilige Forschungskosten in die Sondereinzelkosten der Fertigung einbezogen. Oft werden diese Kosten in den Kalkulationen aber auch als gesonderte Kostenkategorie ausgewiesen.

Mit der Kalkulation der Material- und der Fertigungskosten ist der erste wichtige Kalkulationsabschnitt abgeschlossen. Faßt man diese Kosten zusammen, so erhält man die *Herstellkosten,* d. h. diejenigen Kosten, die zur Produktion einer Kostenträgereinheit erforderlich sind[4]. Sie enthalten in den Materialgemeinkosten anteilige Kosten der Einkaufs- und Lagerverwaltung und in den Fertigungsgemeinkosten anteilige Kosten der Betriebsverwaltung, z. B. der Technischen Leitung, der Arbeitsvorbereitung und der Meisterbereichsstellen. Kosten der allgemeinen kaufmännischen Verwaltung gehören dagegen nicht in die Herstellkosten.

Die Kosten der allgemeinen kaufmännischen Verwaltung gehen als *Verwaltungsgemeinkosten* erst nach dem Ausweis der Herstellkosten in die Kalkulationen ein. Sie werden meistens prozentual auf die Herstellkosten bezogen; in manchen Fällen werden auch die Fertigungskosten als Bezugsbasis verwendet. Das gleiche gilt für die *Vertriebsgemeinkosten,* mit denen die Kosten des Vertriebsbereichs den Kostenträgern zugeordnet werden. Während für die Verwaltungskosten in vielen Fällen ein globaler Zuschlagssatz ausreicht, müssen die Vertriebsgemeinkostenzuschläge

2 Vgl. hierzu unsere Ausführungen über die Bezugsgrößenwahl in Kapitel 42.

3 Diese Voraussetzung ist in vielen Fertigungskostenstellen erfüllt. Fallen in einer Kostenstelle neben den fertigungszeitproportionalen Kosten auch Kostenarten an, die sich zu anderen Einflußgrößen proportional verhalten, so sind für diese Kostenstellen mehrere Bezugsgrößen erforderlich.

4 Synonym zu der Bezeichnung „Herstellkosten" wird oftmals auch die Bezeichnung „Herstellungskosten" verwendet. Diese Bezeichnung wollen wir aber für diejenigen Kosten verwenden, die für die externe Bewertung der Halb- und Fertigfabrikatebestände erforderlich sind. Vgl. hierzu unsere Ausführungen in Kapitel 51212.

fast immer nach Kostenträgergruppen differenziert werden, die sich in ihrer Vertriebskostenverursachung voneinander unterscheiden. Vertriebskostenunterschiede werden vor allem durch Unterschiede der Verkaufsaktivitäten, des Werbemitteleinsatzes, der Fertigwarenlagerung und der belieferten Kunden verursacht. Die Kalkulationsgenauigkeit wird erheblich beeinträchtigt, wenn man sich bei diesen Unterschieden mit einem globalen Vertriebsgemeinkosten-Zuschlagssatz begnügt. Viele Unternehmungen verstoßen heute zwar noch gegen diesen Grundsatz, aber es ist falsch, im Fertigungsbereich exakt zu kalkulieren, dann aber die Kalkulationsgenauigkeit durch eine zu grobe Verrechnung der Vertriebsgemeinkosten wieder zu beeinträchtigen.

Den Abschluß der Kalkulation bildet die Berechnung der *Sondereinzelkosten des Vertriebs.* Hierzu zählen die Kosten für Verpackungsmaterial, die Verkaufsprovisionen und die Ausgangsfrachten, letztere jedoch nur, sofern den Kunden die Frachten nicht gesondert in Rechnung gestellt werden.[5] Die *Kosten für Verpackungsmaterial* lassen sich den Kostenträgereinheiten häufig mit Hilfe von Materialentnahmescheinen unmittelbar zurechnen. In vielen Fällen müssen aber zunächst durch vorgeschaltete Sonderkalkulationen die Kosten bestimmter Verpackungseinheiten (z. B. einer versandfertigen Kiste oder eines verpackten Kartons) ermittelt werden, damit sich die Verpackungsmaterialkosten den versandten Kalkulationseinheiten zuordnen lassen. Die *Verkaufsprovisionen* werden auf die Verkaufspreise der Kostenträger bezogen, wobei meistens eine Differenzierung nach Verkaufsgebieten, Vertreterbezirken, Absatzmengen, Preisen oder Deckungsbeiträgen erfolgt. In Kalkulationen für Einzelaufträge lassen sich die Provisionssätze genau angeben; für zeitraumbezogene Durchschnittskalkulationen dagegen muß man sich mit durchschnittlichen Provisionssätzen begnügen, weil für die einzelnen Kostenträger nicht feststeht, welche Einzelprovisionssätze zum Zuge kommen. Da die *Ausgangsfrachten* vom Standort der Kunden abhängig sind, lassen auch sie sich nur in Kalkulationen für Einzelaufträge genau angeben; in zeitraumbezogenen Durchschnittskalkulationen kann man dagegen nur durchschnittliche Frachtkosten pro Kalkulationseinheit berücksichtigen.

Addiert man zu den Herstellkosten die Verwaltungsgemeinkosten, die Vertriebsgemeinkosten und die Sondereinzelkosten des Vertriebs, so erhält man die *Selbstkosten* pro Kalkulationseinheit. Sie sind das Endergebnis jeder Kalkulation. Nach den Selbstkosten werden in den Kalkulationen zwar meistens noch die Verkaufspreise und die Vollkostengewinne bzw. Deckungsbeiträge pro Kalkulationseinheit ausgewiesen, hierbei handelt es sich aber nicht um Bestandteile der eigentlichen Kalkulation, sondern um Zusatzinformationen.

5 Früher zählte auch die Umsatzsteuer zu den Sondereinzelkosten des Vertriebs. Mit Einführung der Mehrwertsteuer ist die Umsatzsteuer für die Unternehmung aber zu einem „durchlaufenden Posten" geworden, so daß die Umsatzsteuer heute nicht mehr zu den Sondereinzelkosten des Vertriebs zählt.

512. Die Aufgaben der Kalkulation

5121. Die Ermittlung von Herstellkosten bzw. Herstellungskosten zur Bewertung der Halb- und Fertigerzeugnisbestände

51211. Herstellkosten für die interne Bewertung

(1) Die Übersicht 18 läßt erkennen, welche *Aufgaben* die Kalkulationen zu erfüllen haben und welchen *Zwecken* die Kalkulationsergebnisse dienen. Hierbei lassen sich vergangenheitsorientierte und zukunftsgerichtete Aufgaben einerseits sowie interne und externe Kalkulationsaufgaben andererseits unterscheiden. Ein Teil der Kalkulationsaufgaben erfordert Herstellkosten, für die meisten Kalkulationsaufgaben sind dagegen Selbstkosten erforderlich.

Die *Herstellkosten dienen zur Bewertung der Halb- und Fertigerzeugnisbestände.* Hierbei sind interne und externe Bewertungszwecke zu unterscheiden.

(2) Eine *interne Bewertung* der Halb- und Fertigerzeugnisbestände ist für die *kurzfristige Erfolgsrechnung* erforderlich, da die Herstellkosten noch nicht verkaufter Produktmengen bestandsmäßig gespeichert werden müssen, damit sie den Periodenerfolg nicht beeinflussen. Das gleiche gilt für selbsterstellte Produktionsfaktoren, z. B. für selbsterstelle Betriebsmittel, Werkzeuge und Vormaterialien. Der Inhalt der für die Zwecke der kurzfristigen Erfolgsrechnung zu wählenden Herstellkosten hängt wesentlich vom *System der Kostenrechnung* ab, das in einer Unternehmung eingesetzt wird.[6]

In einer *Istkostenrechnung* werden die Halb- und Fertigerzeugnisbestände mit den Istherstellkosten bewertet, die in jedem Monat neu kalkuliert werden müssen. Die Istkostenbewertung führt zu der Schwierigkeit, daß die gleichen Produktarten je nach dem Zeitpunkt ihrer Herstellung unterschiedlich zu bewerten sind. Dieses Problem läßt sich nur lösen, indem man die Bestände entweder partieweise abrechnet, was sehr aufwendig ist, oder für die Bestandsführung durchschnittliche Herstellkosten verwendet. Hierbei können die gleichen Verfahren angewendet werden, die wir für die Materialbewertung in Kapitel 3221 beschrieben haben, z. B. die laufende oder partielle Durchschnittsbewertung.

In einer *Normalkostenrechnung* erfolgt die Bewertung der Halb- und Fertigfabrikatebestände mit normalisierten Herstellkosten, denen normalisierte Verbrauchsmengen, Arbeitszeiten, Preise, Löhne und Kostensätze zugrunde liegen. Hierdurch wird die Bestandsführung zwar erheblich vereinfacht, die Normalkostenbewertung wirft aber die Frage auf, wie die auftretenden Unter- und Überdeckungen zu verrechnen sind. Grundsätzlich sollten für die Zwecke der kurzfirstigen Erfolgsrechnung die Halb- und Fertigerzeugnisbestände mit Istherstellkosten bewertet werden. Hierzu müßten aber alle in einer Normalkostenrechnung auftretenden Kostenabweichungen, die auf die Herstellkosten entfallen, anteilig den Bestandszunahmen und den verkauften Mengen zugeordnet werden. Da man jedoch bei der Normalkostenrechnung von der Arbeitshypothese ausgeht, daß sich die Unter- und Überdeckungen im Zeitablauf zum großen Teil ausgleichen, wird meistens auf

6 Vgl. hierzu unsere Ausführungen über die Entwicklungsformen der Kostenrechnung in Kapitel 2.

eine bestandsmäßige Abgrenzung der Abweichungen verzichtet; sie werden (häufig erst am Jahresende) in die kurzfristige Erfolgsrechnung ausgebucht.

In der *Plankostenrechnung* werden die Bestände der Halb- und Fertigerzeugnisse zu Planherstellkosten bewertet, die mit Hilfe von Plankalkulationen ermittelt werden. Hierdurch wird die Bestandsführung gegenüber der Istkostenrechnung in gleicher Weise vereinfacht, wie in einer Normalkostenrechnung. Wird die Plankostenrechnung als Vollkostenrechnung durgeführt, so gehen auch die fixen Herstellkosten in die Wertansätze der Halb- und Fertigfabrikatebestände ein. In einer Grenzplankostenrechnung werden dagegen nur die Grenzherstellkosten zur Bestandsbewertung verwendet; die fixen Herstellkosten werden monatlich en bloc in die kurzfristige Erfolgsrechnung ausgebucht. Wir werden in Kapitel 63122 zeigen, daß hieraus ein Unterschied des ausgewiesenen Gesamtgewinns in Höhe der aktivierten bzw. entaktivierten fixen Herstellkosten der Lagerbestände entsteht. Da die Bestandsbewertung auch in einer Plankostenrechnung grundsätzlich zu Istherstellkosten erfolgen sollte, ist eine Aufteilung der angefallenen Kostenabweichungen auf die Bestandszunahmen der Halb- und Fertigfabrikate und der verkauften Mengen erforderlich. Hierzu wird jedem (zu Planherstellkosten geführten) Bestandskonto ein Abweichungskonto zugeordnet, das die zugehörigen Kostenabweichungen aufnimmt. Saldiert man beide Konten, so erhält man die zu Istherstellkosten bewerteten Halb- und Fertigerzeugnisbestände. In der Praxis der Plankostenrechnung begnügt man sich aber aus Vereinfachungsgründen und zur Umgehung nur schwer lösbarer Zurechnungsprobleme meistens damit, nur die wichtigsten Abweichungen bestandsmäßig abzugrenzen. Hierzu gehören insbesondere die Preisabweichungen für Einzelmaterial, Tarifabweichungen der Fertigungslöhne und die Kostenstellenabweichungen des Fertigungsbereichs. Weniger wichtige Abweichungen, so z. B. Preisabweichungen für Gemeinkostenmaterial sowie Tarif- und Kostenstellenabweichungen sekundärer Kostenstellen, werden aus Vereinfachungsgründen meistens monatlich in die kurzfristige Erfolgsrechnung ausgebucht.[7]

(3) Bei der internen Bewertung der Halb- und Fertigerzeugnisbestände ist die Unternehmung an keinerlei Vorschriften gebunden. Die Wertansätze entsprechen dem angewendeten Kostenrechnungssystem und sind insbesondere an den Zwecken der kurzfristigen Erfolgsrechnung auszurichten. Soll die Planung und Kontrolle des Periodenerfolgs nach dem Deckungsbeitragsprinzip erfolgen, so erfordert das eine Bestandsbwertung zu proportionalen Herstellkosten.

Bei Anwendung einer Vollkostenrechnung können Herstellkosten auftreten, die höher als die erwarteten Verkaufspreise sind. Dies gilt insbesondere im Falle der Unterbeschäftigung. Derart überhöhte Wertansätze sind für die interne Bewertung zwar zulässig, wir schlagen aber analog zu den handelsrechtlichen Bewertungsvorschriften vor, in diesen Fällen das Niederstwertprinzip anzuwenden, und die niedrigeren Verkaufspreise als Wertansätze zu wählen.

7 Im übrigen vgl. hierzu unsere Ausführungen über die Abweichungsverrechnung in der kurzfristigen Erfolgsrechnung in Kapitel 63.

51212. Herstellungskosten für die externe Bewertung in Handels- und Steuerbilanz

(1) Eine *externe Bewertung* der Halb- und Fertigerzeugnisbestände ist für die *Handels- und Steuerbilanz* erforderlich. Der Inhalt der hierfür zu wählenden Wertansätze ist in den handels- und steuerrechtlichen Vorschriften fegelegt. Die Herstellkosten der laufenden Kostenrechnung entsprechen diesen Vorschriften in den meisten Fällen nicht. Diese Tatsache wird äußerlich dadurch gekennzeichnet, daß der Gesetzgeber die Wertansätze für Halb- und Fertigerzeugnisse und für selbsterstellte Betriebsmittel, Werkzeuge oder sonstige Produktionsfaktoren als *Herstellungskosten* bezeichnet.[8]

(2) Der Inhalt der für die *Handelsbilanz* anzusetzenden Herstellungskosten ist in § 153, Abs. 2 des Aktiengesetzes von 1965 geregelt[9]: „Bei der Berechnung der Herstellungskosten dürfen in angemessenem Umfang Abnutzungen und sonstige Wertminderungen sowie angemessene Teile der Betriebs- und Verwaltungskosten eingerechnet werden, die auf den Zeitpunkt der Herstellung entfallen; Vertriebskosten gelten nicht als Betriebs- und Verwaltungskosten". Diese Definition ist für eine genaue Inhaltsbestimmung der Herstellungskosten und eine Abgrenzung gegenüber den Herstellkosten der Kostenrechnung ungeeignet; sie bedarf einer Kommentierung und Auslegung nach den Grundsätzen ordnungsmäßiger Buchführung. Ohne im Rahmen dieses Buches auf Einzelheiten eingehen zu können, lassen sich folgende Unterschiede der aktienrechtlichen Herstellungskosten gegenüber den Herstellkosten der Kostenrechnung feststellen.[10]

Erstens müssen die Herstellungskosten *pagatorische Istkosten* sein. Geplante oder normalisierte Herstellkosten sind daher als Wertansätze ausgeschlossen, es sei denn, sie werden durch eine Abweichungsverrechnung zu Istkosten korrigiert. Weiterhin dürfen die Herstellungskosten keine Zusatzkosten enthalten, weil diese nicht zu Auszahlungen führen und nach dem Aktienrecht als Einbeziehung nicht realisierter Gewinne in die Wertansätze für Halb- und Fertigerzeugnisse und für selbsterstellte Betriebsmittel, Werkzeuge und sonstige Produktionsfaktoren angesehen werden. Alle kalkulatorischen Kostenarten, soweit sie Herstellkosten sind, müssen daher eliminiert und durch den zugehörigen Zweckaufwand der Finanzbuchhaltung er-

8 Eine terminologische Trennung zwischen den betriebswirtschaftlichen und den handels-, steuerrechtlichen Kosten der Herstellung ist zu finden bei *J. Greifzu*, Das Rechnungswesen, 12. Aufl., Hamburg 1971, S. 180; *H. Schwarz*, Herstellungskosten, in: HdB, Stuttgart 1958, Sp. 2680 f.; *G. Wöhe*, Betriebswirtschaftliche Steuerlehre, Bd. I., 3. Aufl., München 1972, S. 394. Streng genommen ist der Ausdruck „Herstellungskosten" durch Herstellungsaufwand zu ersetzen; vgl. dazu *Adler-Düring-Schmaltz*, Rechnungslegung und Prüfung der Aktiengesellschaft, Bd. 1., 4. Aufl., Stuttgart 1968, S. 473.

9 Das AktG 1965 enthält neben den speziell für Aktiengesellschaften geltenden Bilanzierungsvorschriften auch solche, die als Grundsätze ordnungsmäßiger Buchführung und Bilanzierung anzusehen sind und somit für Unternehmen aller Rechtsformen Gültigkeit besitzen; vgl. dazu *G. Wöhe*, Bilanzierung und Bilanzpolitik, München 1971, S. 133 ff. und die dort angegebene Literatur.

10 Vgl. dazu *G. Wöhe*, Bilanzierung . . . , a.a.O., S. 269 ff.; *J. Greifzu* (Hrsg.), Das Rechnungswesen a.a.O., S. 180; *Adler-Düring-Schmaltz* Rechnungslegung . . . , a.a.O., S. 473 ff.; *M. Wohlgemuth*, die Planherstellkosten als Bewertungsmaßstab der Halb- und Fertigfabrikate, Berlin 1969, S. 48.

setzt werden.[11] Dies gilt insbesondere für die kalkulatorischen Abschreibungen und die kalkulatorischen Zinsen.

Zweiten dürfen in die aktienrechtlichen Herstellungskosten neben den Betriebsverwaltungskosten, die in den Herstellkosten der Kostenrechnung enthalten sind, auch *angemessene Teile der allgemeinen Verwaltungskosten* einbezogen werden. Hierzu zählen z. B. Geschäftsführergehälter, Kosten des Rechnungswesens, Büromaterialkosten, Kosten der Verwaltungsgebäude und Kosten des Personalwesens.[12] Diese Kosten gehören nach betriebswirtschaftlicher Auffassung nicht in die Wertansätze für die Halb- und Fertigerzeugnisbestände.

Die *Umrechnung der zu Herstellkosten bewerteten Bestände* auf die gesetzlich vorgeschriebenen Herstellungskosten braucht nicht in Form einer produktindividuellen Einzelumwertung zu erfolgen, da diese in den meisten Fällen zu aufwendig ist. Es genügt vielmehr eine Umwertung mit Hilfe globaler Zu- und Abschläge.

Betragen z. B. die auszahlungswirksamen Bilanzabschreibungen 1 250 000 DM/Jahr und die kalkulatorischen Abschreibungen 1 875 000 DM/Jahr, so erhält man als Umrechnungsfaktor 1 250/1 875 = 0,667. Gehen in die zu Herstellkosten bewerteten Halb- und Fertigerzeugnisbestände 330 000 DM kalkulatorische Abschreibungen ein, so muß die kostenrechnerisch ermittelte Wertsumme der Bestände um 330 000 DM × (1 − 0,667) = 110 000 DM verringert werden. Entsprechend kann die Korrektur der übrigen kalkulatorischen Kostenarten erfolgen.

Umstritten ist z. Z. die Frage, ob die *aktienrechtlichen Herstellungskosten Voll- oder Grenzkosten* sein sollen.[13] Der ursprünglichen Zielsetzung des Aktiengesetzes von 1965 entspricht an sich das sog. Fixwertprinzip, da der Bewertungsspielraum gegenüber dem früheren Aktiengesetz von 1937 stark eingeengt werden sollte. Das *Fixwertprinzip* hätte aber eine genaue Inhaltsbestimmung der Herstellungskosten erfordert, wobei auch die Frage zu klären gewesen wäre, ob nach dem Voll- oder dem Grenzkostenprinzip zu bewerten ist. Diese strenge Inhaltsbestimmung der Herstellungskosten hat der Gesetzgeber aber vermieden. Statt des Fixwertprinzips räumt der Gesetzgeber ein *Bewertungswahlrecht* ein, wonach die Herstellungs-

11 Vgl. hierzu auch unsere Ausführungen über die Abgrenzung zwischen Aufwand und Kosten in Kapitel 121.

12 Vgl. *G. Wöhe*, Bilanzierung . . . , a.a.O., S. 283 ff.; *Adler-Düring-Schmaltz*, Rechnungslegung . . . , a.a.O., S. 486.

13 Vgl. zu dieser Frage *H. Albach*, Bewertungsprobleme des Jahresabschlusses nach dem Aktiengesetz 1965, BB 1966, S. 380 ff.; *H. Albach*, Rechnungslegung im neuen Aktienrecht, NB 1966, S. 180; *J. Eßer*, Gliederungsvorschriften, Bewertung, Gewinnverwendung und Pflichtangaben nach dem AktG 1965, in: Die Aktiengesellschaft 1965, S. 310–319; *B. Kormann* Die Bewertungsprobleme des neuen Aktiengesetzes, BB 1966, S. 1277–84; *G. Kofahl*, Bilanzpolitische Gedanken zur Aktienrechtsreform, NB 1965, S. 194 ff.; *K.-H. Forster*, Neue Pflichten des Abschlußprüfers nach dem Aktiengesetz von 1965, WPg 1965, S. 585–606; *G. Döllerer*, Anschaffungskosten und Herstellungskosten nach dem neuen Aktienrecht unter Berücksichtigung des Steuerrechts, BB 1966, S. 1406 ff.; *D. Frank*, Zur Ableitung der aktivierungspflichtigen „Herstellungskosten" aus der kalkulatorischen Buchhaltung, BB 1967, S. 177 ff.; *W. Boelke*, Die Bewertungsvorschriften des AktG 1965 und ihre Geltung für die Unternehmen in anderer Rechtsform, Berlin 1970; *G. Wöhe*, Bilanzierung . . . , a.a.O., S. 275 ff.; *W. Kilger*, Flexible Plankostenrechnung, 6. Aufl., Opladen 1974, S. 666 ff.

kosten zwischen den folgenden beiden Grenzwerten liegen müssen.[14] Als *Untergrenze* sind die Grenzherstellungskosten ohne Abschreibungen (für Gebrauchsverschleiß) anzusehen. Einige Autoren geben sogar die Einzelkosten als Untergrenze an.[15] Dieser Ansicht stimmen wir aber nicht zu, denn es besteht nur ein Aktivierungswahlrecht für „Abnutzungen und sonstige Wertminderungen", woraus folgt, daß die sonstigen proportionalen Herstellungskosten aktivierungspflichtig sind. Als *Obergrenze* sind die vollen Herstellungskosten einschließlich Abschreibungen und anteiliger Verwaltungskosten anzusehen. Auf jeden Fall liegen die Grenzherstellungskosten in dem Bereich, der von § 153, Abs. 2, angegeben wird.

Zwei Gründe sprechen dafür, die Halb- und Fertigerzeugnisbestände in der Bilanz zu Grenzherstellungskosten zu bewerten.[16] Nach § 149, Abs. 1, soll der Jahresabschluß einen möglichst sicheren Einblick in die Vermögens- und Ertragslage der Gesellschaft gewähren. Da sich heute in der Betriebswirtschaftslehre die Ansicht durchgesetzt hat, daß ein richtiger Erfolgsausweis nur nach dem Deckungsbeitragsprinzip möglich ist, sollte man auch in der Bilanz die Grenzkostenbewertung wählen, um der Forderung des § 149, Abs. 1, Akt. Ges. zu entsprechen. Weiterhin spricht auch das dem Aktiengesetz zugrundeliegende Realisationsprinzip für die Bewertung der Halb- und Fertigfabrikatebestände zu Grenzherstellungskosten.[17] Denn die fixen Herstellungskosten fallen für die Aufrechterhaltung der betrieblichen Kapazitäten an und sind daher im Zeitpunkt ihrer Entstehung zunächst als „realisierte Verluste" anzusehen. Erst der spätere Verkauf führt zu Umsätzen, die über die proportionalen Kosten hinaus zur vollständigen oder teilweisen Fixkostendeckung führen. So gesehen ist die Aktivierung fixer Herstellungskosten eine Vorwegnahme noch nicht realisierter Gewinne. Dieser Tatbestand läßt sich auch so ausdrücken, daß im Zeitpunkt der Lagerung eine Produktart gerade so viel wert ist, wie in einer Folgeperiode an Produktionskosten durch die Vorratsproduktion gespart wird.

14 Die Untergrenze wird in der Literatur unterschiedlich aufgefaßt:
- Einzelmaterialkosten + Einzellohnkosten, vgl. *J. Eßer*, Gliederungsvorschriften . . . , a.a.O., S. 312.
- Einzelmaterialkosten + Einzellohnkosten + Sondereinzelkosten der Fertigung, vgl. *G. Wöhe*, Bilanzierung . . . , a.a.O., S. 275.
- Einzelkosten + Gemeinkosten, die weder Abschreibungen noch Betriebskosten, vgl. *K.-H. Forster*, Neue Pflichten . . . , a.a.O., S. 587.
- Einzelkosten + unechte Gemeinkosten, vgl. *B. Kormann*, Die Bewertungsprobleme . . . , a.a.O., S. 1280.
- Einzelkosten + variable Gemeinkosten, vgl. *R. Kronenberg*, Bewertung der Bestandsveränderungen der halbfertigen und fertigen Erzeugnisse in Handels- und Steuerbilanz, DB 1952, S. 913–14.

Die vollen Herstellungskosten einschließlich Abschreibungen und anteiliger Verwaltungskosten werden einheitlich als Obergrenze angesehen, vgl. *Adler-Düring-Schmaltz*, Rechnunglegung . . . , a.a.O., S. 491; G. Wöhe, Bilanzierung . . . , a,a,O., S. 275.

15 *J. Eßer*, Gliederungsvorschriften . . . , a.a.O., S. 310 ff.; *G. Wöhe*, Bilanzierung . . . , a.a.O., S. 275.

16 *H. Albach*, Bewertungsprobleme . . . , a.a.O., S. 380 ff.; *H. Albach*, Rechnungslegung . . . , a.a.O., S. 180; *W. Kilger*, Flexible Plankostenrechnung, a.a.O., S. 666 ff.

17 In seiner allgemeinen Form besagt das Realisationsprinzip, daß Gewinne und Verluste erst dann ausgewiesen werden dürfen, wenn sie durch den Umsatzprozeß in Erscheinung getreten sind.

Gegen die Grenzkostenbewertung in der Bilanz spricht die Tatsache, daß die steuerlichen Bewertungsvorschriften sich eindeutig am Vollkostenprinzip orientieren. Da viele Unternehmungen in der Handels- und Steuerbilanz die gleichen Bewertungsprinzipien anwenden möchten, wählen sie auch für die Bewertung in der Handelsbilanz die vollen Herstellungskosten. Dies gilt insbesondere für kleinere Unternehmungen, die ihre Bilanzen nicht zu veröffentlichen brauchen, und sich daher mit *einer* Bilanz begnügen, die gleichzeitig handels- und steuerrechtlichen Vorschriften entspricht.

(3) Nach § 6 EStG sind auch in der *Steuerbilanz* die Halb- und Fertigfabrikatbestände sowie selbsterstellte Betriebsmittel, Werkzeuge und sonstige Produktionsfaktoren mit den Herstellungskosten zu bewerten. Da es nach geltendem Recht keine selbständige Steuerbilanz gibt, sondern die Steuerbilanz als „eine nach steuerrechtlichen Vorschriften korrigierte Handelsbilanz" aufzufassen ist, gelten grundsätzlich die Bewertungsvorschriften des Handelsrechts auch für die steuerliche Bewertung.[18] Hieraus folgt, daß auch die Herstellungskosten im Sinne des Steuerrechts *pagatorische Istkosten* sein müssen, d. h. effektiv angefallene Kosten, die von allen kalkulatorischen Kostenarten bereinigt und durch die entsprechenden Zweckaufwendungen ergänzt worden sind. Während jedoch § 153, Abs. 2, AktG 1965 einen nicht unerheblichen Bewertungsspielraum zuläßt, erfordert die gleichmäßige Besteuerung eine genaue Inhaltsbestimmung der Herstellungskosten. Weder das Einkommensteuergesetz noch die Durchführungsverordnungen geben aber an, welche Kosten in die Herstellungskosten einzubeziehen sind.

„Auch die Definition der amtlichen Begründung zu § 5 EStG 1934, daß unter Herstellungskosten ‚alle auf die Herstellung verwendeten Kosten zu verstehen' sind, bringt keine Klärung".[19] Welche Kosten in die steuerlichen Herstellungskosten einbezogen werden müssen, ist unter Berücksichtigung der laufenden Rechtsprechung in den Einkommensteuerrichtlinien im einzelnen festgelegt worden. Hiernach hat sich im Laufe der Zeit eine Inhaltsbestimmung der steuerlichen Herstellungskosten herausgebildet, die erstmalig in § 28, Abs. 2, des Referentenentwurfs eines EStG 1974 gesetzlich formuliert wurden.[20] „Herstellungskosten sind die Aufwendungen, die durch den Verbrauch von Gütern und die Inanspruchnahme von Diensten für die Herstellung eines Wirtschaftsgutes entstehen. Dazu gehören die Materialkosten einschließlich der notwendigen Materialgemeinkosten, die Fertigungskosten einschließlich der notwendigen Fertigungsgemeinkosten, die Sonderkosten der Fertigung und der Wertverzehr des Anlagevermögens, soweit er durch die Fertigung veranlaßt ist. Aufwendungen für die allgemeine Verwaltung und für soziale Einrichtungen des Betriebes, für freiwillige soziale Leistungen, für die betriebliche Altersversorgung, für die Gewerbesteuer, soweit sie auf den Gewerbeertrag entfällt sowie Zinsen für Fremdkapital brauchen in die Herstellungskosten nicht einbezogen zu werden. Vertriebskosten gehören nicht zu den Herstellungskosten". Diese Inhaltsbestimmung kommt den Herstellkosten der Kostenrechnung recht nahe, wenn man diese von den Einflüssen kalkulatorischer Kostenarten bereinigt. Kosten für die allgemeine Verwaltung und die Gewerbeertragssteuer werden üblicherweise

18 Vgl. *G. Wöhe*, Betriebswirtschaftliche Steuerlehre, Bd. I, a.a.O., S. 315 ff.
19 Vgl. *G. Wöhe*, Betriebswirtschaftliche Steuerlehre, Bd. I, a.a.O., S. 394.
20 Vgl. *G. Wöhe*, Betriebswirtschaftliche Steuerlehre, Bd. I, a.a.O., S. 394 f.

nicht in die Herstellkosten einbezogen. Die Kosten sozialer Einrichtungen und für freiwillige Sozialleistungen werden dagegen zu den Herstellkosten gerechnet, soweit sie auf Arbeitskräfte entfallen, die im Herstellungsbereich eingesetzt werden. Inwieweit man die nach dem Referentenentwurf zulässigen Bewertungsspielräume ausnutzen soll, läßt sich generell nicht sagen, da diese Entscheidung von der jeweiligen Gewinnsituation der Unternehmung abhängt. Viele Betriebe lehnen sich aber soweit als möglich an die Herstellkosten an, da sich die Wirkungen von Bewertungsunterschieden der Halb- und Fertigerzeugnisbestände im Zeitablauf ohnehin ausgleichen.

Relativ leicht ist die Frage zu beantworten, ob steuerlich die Bewertung zu Grenzherstellungskosten zulässig ist. Zu diesem Problem gibt es zwar kaum konkrete Hinweise, die Einkommensteuerrichtlinien werden aber von der Finanzverwaltung eindeutig so interpretiert und angewandt, daß steuerlich nur die vollen Herstellungskosten in Frage kommen.[21] Dies bedeutet jedoch nicht, daß Betriebe mit einer Grenzplankostenrechnung neben ihren Grenzkostenkalkulationen unbedingt auch Vollkostenkalkulationen erstellen müssen. Meistens läßt sich mit den Finanzämtern eine globale Fixkostenkorrektur der Bestände vereinbaren. Hierzu werden die jährlichen fixen Herstellungskosten durch die jährlichen proportionalen Herstellungskosten dividiert. Multipliziert man mit diesem durchschnittlichen Fixkostenprozentsatz die zu proportionalen Herstellungskosten bewerteten Bestände, so erhält man die den Lagerbeständen zuzurechnenden fixen Herstellungskosten.

5122. Die Ermittlung von Selbstkosten für die kurzfristige Planung und Kontrolle des Periodenerfolgs

51221. Selbstkosten als Daten der kurzfristigen Erfolgsplanung

(1) Die zweifellos wichtigste Aufgabe der Kalkulation besteht darin, die für den Aufbau der kurzfristigen Planung erforderlichen Kostendaten zur Verfügung zu stellen. Diese dispositive Aufgabe der Kalkulation erfordert die Ermittlung *geplanter Selbstkosten* für bestimmte Planungsperioden.

Als *kurzfristige Planung* wird der Aufbau von Plänen bezeichnet, bei denen zum Entscheidungsfeld keine Aktionsparameter gehören, die das Betriebsgeschehen für längere Zeiträume derart festlegen, daß die Ausgangslage der Planung ohne nachteilige Wirkungen auf den Gewinn erst nach Ablauf bestimmter Nutzungsdauern wieder hergestellt werden kann.[22] Solche Aktionsparameter sind für die kurzfristige Planung Daten. Typische *langfristige Entscheidungen* sind z. B. Kapazitätserweiterungen, Stillegungsentscheidungen sowie Entscheidungen über Forschungs- und Entwicklungsprojekte, strukturelle Veränderungen des Absatzprogramms und langfristige Lieferverträge. Für diese Entscheidungen ist nicht die Kosten- und Erlösrechnung zuständig, sondern die auf Ein- und Auszahlungsströmen basierende

21 Eine Übersicht über die wichtigsten Urteile und Kommentare geben *C. Herrman, G. Heuer*, Kommentar zur Einkommensteuer und Körperschaftsteuer einschließlich Nebengesetze, Bd. II, 16. Aufl., Köln-Marienburg 1974, Anm. 50 f. (1) und (2) § 6 und Anm. 50 h § 6. Vgl. zum Vollkostenwert *W. Pieper*, Steuerliche Herstellungskosten, Wiesbaden 1975, S. 310 ff.

22 Vgl. *W. Kilger*, Optimale Produktions- und Absatzplanung, Opladen 1973, S. 19.

Investitionsrechnung, da nur sie die Kapitalbindung richtig zu erfassen vermag. Die Kostenrechnung, insbesondere die Kalkulation, kann zwar auch für viele Investitionsentscheidungen Daten zur Verfügung stellen, so z. B. auszahlungswirksame Selbstkosten für Erweiterungsinvestitionen, diese müssen aber stets an die besonderen Belange der Investitionsrechnung angepaßt werden.[23] Für die kurzfristige Planung, die meistens in Form einer nach Monaten differenzierten Jahresplanung durchgeführt wird, stellt die Kostenrechnung dagegen die relevanten Kostendaten unmittelbar zur Verfügung. Während für Entscheidungen der Produktionsvollzugsplanung meistens nur Teilbeträge der Selbstkosten, z. B. Rüst- oder Fertigungskosten bestimmter Arbeitsgänge, Kosten für Einzelteile, Herstellkosten zur Lösung von Lagerhaltungsproblemen usw., benötigt werden, sind für die kurzfristige Produktions- und Absatzplanung die gesamten Selbstkosten pro Kalkulationseinheit relevant.

(2) Beim *Aufbau der kurzfristigen Produktions- und Absatzplanung* sind zunächst Entscheidungen über den Einsatz des absatzpolitischen Instrumentariums zu treffen, wozu nach E. Gutenberg die Absatzmethode, die Produktqualitäten und die Sortimentszusammensetzung, der Werbemitteleinsatz und die Verkaufspreise der betrieblichen Erzeugnisse gehören.[24] Aufgrund der vorliegenden Marktdaten führen diese Entscheidungen zu Planvorstellungen über die zu erwartenden Absatzmengen; für alle Produktarten lassen sich nach Monaten differenzierte Jahresabsatzmengen festlegen. Durch die anschließende Produktionsplanung werden aus den Absatzmengen Produktionsmengen abgeleitet. Bei Saisonschwankungen der Absatzmengen wird der Produktionsablauf durch Vorratsproduktion geglättet.[25] Führen die Absatzmengen zu Engpässen, so ist die Einsatzmöglichkeit kurzfristig realisierbarer kapazitätserhöhender Anpassungsprozesse zu prüfen, z. B. der Einsatz von Überstunden, Zusatzschichten, erhöhten Intensitäten, Lohnarbeit oder Fremdbezug von Teilen.[26] Lassen sich diese nicht realisieren, so muß auf einen Teil der Absatzmengen verzichtet werden.

(3) Wie bereits unsere Kritik am Vollkostenprinzip in Kapitel 231 und unsere Ausführungen über die dispositiven Aufgaben der Kostenrechnung auf Seite 63 ff. gezeigt haben, sind für die Entscheidungen der kurzfristigen Produktions- und Absatzplanung nur die *Grenzkosten* relevant[27]; denn die fixen Kosten werden weder

23 Sie müssen insbesondere an die zu erwartenden Preis- und Lohnsteigerungen angepaßt und von den kalkulatorischen Abschreibungen und den kalkulatorischen Zinsen bereinigt werden.

24 Vgl. *E. Gutenberg*, Grundlagen der Betriebswirtschaftslehre, 2. Bd., Der Absatz, 14 Aufl., Berlin-Heidelberg-New York 1973, S. 48 ff. Manche Autoren fassen die Absatzmethode, Produktqualität und Werbung zum Qualitätswettbewerb im weiteren Sinne, bzw. zur Präferenzpolitik zusammen. Vgl. dazu *K. Banse*, Vertriebs-(Absatz-)politik, in: Handwörterbuch der Betriebswirtschaft, Bd. 4, 3. Aufl., Stuttgart 1962, Sp. 5988 ff.; *G. Wöhe*, Einführung in die allgemeine Betriebswirtschaftslehre, 11. Aufl., München 1973, S. 382.

25 Vgl. *W. Kilger*, Optimale . . . , a.a.O., S. 30 ff. und S. 455 ff. mit der dort angegebenen Literatur.

26 Vgl. *W. Kilger*, Optimale . . . , a.a.O., S. 203 ff. und S. 271 ff.

27 Es sei an dieser Stelle daran erinnert, daß wir im Normalfall lineare Gesamtkostenverläufe unterstellen, so daß die Grenzselbstkosten zugleich proportionale Durchschnittskosten sind.

durch die Produktionsmengen noch durch die mengenmäßige Zusammensetzung des Produktionsprogramms beeinflußt. Hieraus folgt, daß die *Zielfunktion der kurzfristigen Produktions- und Absatzplanung eine Deckungsbeitragsfunktion sein muß.* Zur Formulierung dieser Zielfunktion wollen wir folgende Kurzzeichen einführen:

x_A = Absatzmengen [ME/Teilperiode]
j = Index zur Kennzeichnung der Produktarten
n = Anzahl Produktarten
P = Verkaufspreise [DM/ME]
k_p = Proportionale Planselbstkosten [DM/ME]
t = Index zur Kennzeichnung der Teilperioden (z. B. Monate)
z = Anzahl der Teilperioden eines Jahres (z. B. 12 Monate)
K_F = Fixe Kosten [DM/Teilperiode]
i = Index zur Kennzeichnung der Kostenstellen
m = Anzahl Kostenstellen

Mit Hilfe dieser Kurzzeichen läßt sich die Zielfunktion der kurzfristigen Produktions- und Absatzplanung wie folgt formulieren:

$$G = \sum_{t=1}^{z} \left\{ \sum_{j=1}^{n} (p_j - k_{pj})\, x_{Ajt} - \sum_{i=1}^{m} K_{Fi} \right\} \tag{131}$$

In Gleichung (131) wird unterstellt, daß für alle Teilperioden des Jahres die gleichen Verkaufspreise, die gleichen proportionalen Selbstkosten und konstante Fixkostenbeträge geplant werden. Ist diese Voraussetzung nicht erfüllt, so müssen die Größen p_j, k_{pj} und K_{Fi} mit Zeitindizes versehen werden.

In Gleichung (131) sind die proportionalen Selbstkosten k_{pj} echte Proportionalitätsfaktoren der Absatzmengen. Die Deckungsbeiträge pro Mengeneinheit $(p_j - k_{pj})$ verhalten sich – konstante Verkaufspreise vorausgesetzt – ebenfalls zu den Absatzmengen proportional. Daher können für beliebige Veränderungen der Absatzmengen mit Hilfe der Gleichung (131) sofort die zugehörigen Deckungsbeiträge und damit der Gesamtgewinn G ermittelt werden. Auch für alternative Verkaufspreise der Produkte lassen sich die zugehörigen Gesamtgewinne leicht berechnen. Das gleiche gilt für den Fall, daß in Engpaßsituationen die geplanten Selbstkosten um Mehrkosten kapazitätserhöhender Anpassungsprozesse erhöht werden müssen. Im einzelnen werden wir auf die Verwendung von Kalkulationsergebnissen beim Aufbau der kurzfristigen Produktions- und Absatzplanung in Kapitel 62 eingehen. Hier kam es uns nur auf den Nachweis an, daß Entscheidungen über die mengenmäßige Zusammensetzung des Verkaufsprogramms geplante proportionale Selbstkosten erfordern. Hieraus folgt, daß alle für dispositive Aufgaben verwendeten Kalkulationen Grenzkostenkalkulationen sein müssen. Nur in Sonderfällen erfordern die Aufgaben der Produktions- und Absatzplanung Vollkostenkalkulationen, so z. B. bei Entscheidungen über öffentliche Aufträge, die mit Selbstkostenerstattungspreisen abgerechnet werden.[28]

28 Vgl. hierzu unsere Ausführungen in Kapitel 5134.

51222. Kalkulation und Preispolitik

(1) Ein viel diskutiertes Problem ist die Frage, welche *Bedeutung vorkalkulierte Selbstkosten für die Verkaufspreisbestimmung* der betrieblichen Erzeugnisse haben und ob hierfür Grenz- oder Vollkosten erforderlich sind.[29] Lange Zeit wurde die „Preisstellung für die betrieblichen Erzeugnisse" als die wichtigste Aufgabe der Kalkulation angesehen. Fast alle älteren Veröffentlichungen zur Kostenrechnung enthalten Abschnitte über „Kalkulation und Preispolitik", in denen beschrieben wird, wie sich Verkaufspreise aus vorkalkulierten Selbstkosten mit Hilfe von Gewinnzuschlägen ableiten lassen. Dieses „Kostenpreisdenken" ist auch heute in der Praxis noch weit verbreitet, wie die häufig zu hörenden Formulierungen: „wir kalkulieren unsere Preise" und „infolge unserer Kalkulationen werden unsere Preise zu hoch", erkennen lassen. Bezeichnen wir die vollen Selbstkosten mit k, die zu kalkulierenden Preise mit P und die prozentualen Gewinnzuschläge auf die Vollkosten mit g_v, so erhalten wir nach dem *Kostenpreisprinzip* für die Verkaufspreise der Produktarten j = 1, . . . , n folgende Bestimmungsgleichungen:

(132) $$P_j = k_j \left(1 + \frac{g_{vj}}{100}\right) \qquad (j = 1, \ldots, n)$$

Betragen z. B. die vorkalkulierten Vollkosten eines Auftrages 1 235,– DM und wird ein Gewinnzuschlag von 12,5 % festgelegt, so erhält man einen Nettoverkaufspreis (= Verkaufspreis ohne Mehrwertsteuer) in Höhe von 1 389,38 DM, dem ein Bruttoverkaufspreis (= Verkaufspreis einschl. Mehrwertsteuer) von 1 389,38 × 1,11 = 1 542,21 DM entspricht. In der Praxis werden die Gewinnzuschläge meistens nicht für jede Produktart gesondert, sondern entweder jeweils für bestimmte Produktgruppen gemeinsam oder sogar für das gesamte Verkaufsprogramm global festgelegt. Offen bleibt hierbei fast immer die Frage, *wie* sich die Gewinnzuschläge eigentlich bestimmen lassen. Fest steht nur, daß diese Zuschläge nicht mit Hilfe der Kostenrechnung ermittelt werden können, sondern auf Grund von Marktdaten festgelegt werden müssen.

(2) Um die Bedeutung vorkalkulierter Selbstkosten für die Verkaufspreisbestimmung beurteilen zu können, muß man die folgenden *Marktsituationen* unterscheiden, denen sich eine Unternehmung gegenübersehen kann.

Erstens kann eine Unternehmung ihre Erzeugnisse auf einem Markt anbieten, für den *zentrale Wirtschaftsbehörden die Preise festlegen*, so daß die einzelnen Unternehmungen keinen Spielraum für eine eigene Preispolitik haben. In den westlichen Ländern gelten solche Regelungen jeweils nur für Teilmärkte, so z. B. für den Agrarmarkt der EWG. In den Ostblockländern werden dagegen für viele Bereiche der Wirtschaft staatliche Preise festgelegt. Die staatlich fixierten Preise haben mit den individuellen Selbstkosten einzelner Unternehmungen nichts zu tun. Sie orientieren sich allenfalls an den „durchschnittlichen Selbstkosten" der betreffenden Branchen oder Wirtschaftszweige; oftmals werden sie aber rein „politisch" fest-

29 Vgl. *W. Kilger*, Flexible Plankostenrechnung, a.a.O., S. 570 ff.; *P. Riebel*, Die Preiskalkulation auf Grundlage von „Selbstkosten" oder von relativen Einzelkosten und Deckungsbeiträgen, ZfbF 1964, S. 550 ff.; *D. Hahn*, Direct Costing und die Aufgaben der Kostenrechnung, NB 1965, S. 8.

gesetzt. Bei staatlich fixierten Verkaufspreisen können vorkalkulierte Selbstkosten nur als Grundlage für die Entscheidung dienen, welche Produktmengen eine Unternehmung zu diesen Preisen anbieten will, sofern sie nicht zur Lieferung bestimmter Mengen verpflichtet ist. Weiterhin sind nachkalkulierte Selbstkosten für die Erfolgskontrolle erforderlich.

Zweitens gibt es Teilmärkte, für die *Selbstkostenerstattungspreise* gelten, die entweder vom Staat vorgeschrieben oder zwischen der liefernden Unternehmung und den Abnehmern vertraglich vereinbart werden. Solche Kostenpreise sind typisch für Zentralverwaltungswirtschaften, in denen der Marktpreismechanismus außer Kraft gesetzt ist, aber nicht für alle Wirtschaftsgüter staatliche Preise festgelegt werden. In Marktwirtschaften gelten Selbstkostenpreise insbesondere für Aufträge der öffentlichen Hand, z. B. der Bundesbahn, der Bundespost und des Bundesamtes für Wehrtechnik und Beschaffung (der Einkaufsstelle des Bundesverteidigungsministeriums), sofern sich für die betreffenden Wirtschaftsgüter keine Marktpreise bestimmen lassen. Auch für Forschungs- und Entwicklungsaufträge werden häufig Selbstkostenerstattungspreise vertraglich vereinbart. Die Festlegung oder Vereinbarung von Selbstkostenerstattungspreisen setzt Kalkulationsrichtlinien voraus, die den Inhalt der kalkulierten Selbstkosten eindeutig bestimmen und möglichst keine Ermessensspielräume lassen; hierauf werden wir in Kapitel 5134 im einzelnen eingehen. Weiterhin müssen die zu berechnenden Gewinnzuschläge vom Staat festgelegt oder zwischen den Vertragspartnern vereinbart werden. Liegen die Selbstkosten und die Gewinnzuschläge fest, so lassen sich die Selbstkostenerstattungspreise mit Hilfe der Gleichung (132) bestimmen.

Drittens können die Verkaufspreise einer Unternehmung frei vereinbarte *Marktpreise* sein. Solche Preise sind typisch für die meisten Teilmärkte marktwirtschaftlich orientierter Volkswirtschaften. Bietet eine Unternehmung ihre Erzeugnisse im freien Wettbewerb an, so bestehen zwischen den erzielbaren Verkaufspreisen und den zu diesen Preisen absetzbaren Mengen einerseits und den kalkulierten Selbstkosten andererseits keine funktionalen Beziehungen. Hieraus folgt, daß sich marktgerechte Verkaufspreise nicht allein aus den Kosten ableiten lassen. Ihre Bestimmung erfordert in erster Linie die Berücksichtigung von Marktdaten. Hierauf hat bereits E. Schmalenbach hingewiesen, indem er über die Preispolitik der Unternehmung in einer Marktwirtschaft sagt[30]: „Unter diesen Umständen ist es eine falsche Vorstellung, wenn man sich die Preiskalkulation des Fabrikanten so vorstellt, daß er seine Selbstkosten rechne, darauf einen festen, immer gleichen Gewinn schlage und mit den so errechneten Preisen an den Markt tete. Der zugeschlagene Gewinn ist vielmehr eine veränderliche Größe, mit der der Kalkulator sich an den erzielbaren Marktpreis heranfühlt."

(3) In einer Marktwirtschaft werden für alle Erzeugnisse einer Unternehmung *Preisabsatzfunktionen* wirksam, nach denen jedem Verkaufspreis eine bestimmte Absatzmenge entspricht.[31] Diese Funktionen sind das komplexe Ergebnis zahlreicher Einflußgrößen. Sie hängen vom Umfang und der Elastizität der Gesamtnachfrage, dem Käuferverhalten, dem Konkurrenzangebot sowie von Wachstums-,

30 Vgl. *E. Schmalenbach*, Selbstkostenrechnung und Preispolitik, 6. Aufl., Leipzig 1934, S. 273.

31 Vgl. *E. Gutenberg*, Grundlagen . . . , 2. Bd., a.a.O., S. 12 f.

Konjunktur- und Saisoneinflüssen ab. Weiterhin wird der Verlauf einer Preisabsatzfunktion von den Produktqualitäten, dem Werbemitteleinsatz und den Verkaufskonditionen beeinflußt. In der Praxis ist die Bestimmung von Preisabsatzfunktionen nahezu unmöglich, dennoch ist eine aktive Verkaufspolitik nur durchführbar, wenn Vorstellungen darüber bestehen, wei alternative Verkaufspreise die Absatzmengen beeinflussen. Diese Vorstellungen müssen durch Kundenbesuche, Händlerbefragungen und die Marktforschung erarbeitet werden.

Nach der betriebswirtschaftlichen Absatztheorie E. Gutenbergs stehen einer Unternehmung je nach den Marktverhältnissen für ihre Erzeugnisse unterschiedlich große *Preisintervalle für eine aktive Verkaufspreispolitik* zur Verfügung.[32]

Bei starker Konkurrenz und nahezu homogenen Gütern ist dieses Preisintervall sehr klein und im Extremfall sogar Null. In einer solchen Angebotssituation werden die Preise weitgehend vom Markt bestimmt, der Spielraum für eine aktive Verkaufspreispolitik ist gering. Die Verkaufspolitik konzentriert sich auf die Entscheidungen über die mengenmäßige Zusammensetzung des Angebots. Diese Situation ist typisch für Märkte, auf denen Grundstoffe, Vormaterial und Halbzeug für die industrielle Weiterverarbeitung angeboten werden.

Mit zunehmender Heterogenität der Erzeugnisse nehmen die Preisintervalle, die einer Unternehmung für eine aktive Preispolitik zur Verfügung stehen, zu. Unter Heterogenität der Güter versteht man sowohl echte Produktunterschiede, die auf unterschiedliche qualitative Produkteigenschaften (z. B. Formgebung, Farbstellungen, Muster, Dessins usw.) zurückzuführen sind und unechte Produktunterschiede, die im Bewußtsein der Käufer durch z. B. den Einsatz von Werbemitteln entstehen. Weiterhin kann die Heterogenität auf Entfernungs- bzw. Transportkostenunterschiede und auf persönliche Präferenzen der Käufer gegenüber den Anbietern zurückzuführen sein. Den Wettbewerb auf Märkten, auf denen zwar starke Konkurrenz herrscht, infolge der Heterogenität aber dennoch Intervalle für eine aktive Preispolitik bestehen, bezeichnet E. Gutenberg als polypolistische Konkurrenz.[33] Er hat nachgewiesen, daß bei dieser Marktform doppelt geknickte Preisabsatzfunktionen wirksam werden, wie wir sie in den Abb. 30 und 31 dargestellt haben.[34] Der mittlere Bereich, den E. Gutenberg als den „monopolistischen Bereich" bezeichnet, wird durch einen oberen und einen unteren Grenzpreis begrenzt. Bei Überschreiten des oberen Grenzpreises bietet eine Unternehmung „zu teuer" an, so daß sich ihre Absatzmenge zugunsten der Konkurrenz stark vermindert. Bietet eine Unternehmung zu einem Preis unterhalb des unteren Grenzpreises an, so strömen ihr Absatzmengen von der Konkurrenz zu. Ob es günstiger ist, Preispolitik innerhalb des monopolistischen Bereichs zu treiben, oder mit „Billigangeboten" aus der Preisklasse auszubrechen, hängt von den jeweiligen Marktdaten ab.[35] Polypolitische Konkurrenz mit ausgeprägten monopolistischen Preisintervallen findet man vor allem auf konsumnahen Märkten mit geschmacklich stark differenzierten Produkten.

32 Vgl. *E. Gutenberg*, Grundlagen . . . , 2. Bd., a.a.O., S. 233 ff.

33 Vgl. *E. Gutenberg*, Grundlagen . . . , 2. Bd. a.a.O., S. 184.

34 Vgl. *E. Gutenberg*, Grundlagen . . . , 2. Bd., a.a.O., S. 240 ff. und *W. Kilger*, Die quantitative Ableitung polypolistischer Preisabsatzfunktionen aus den Heterogenitätsbedingungen atomistischer Märkte, in: Zur Theorie der Unternehmung, Festschrift für E. Gutenberg, Wiesbaden 1962, S. 269 ff.

35 Vgl. *E. Gutenberg*, Grundlagen . . . , 2. Bd., a.a.O., S. 259 ff.

In Abb. 32 haben wir die Preisabsatzfunktion für ein monopolistisches Produkt wiedergegeben. Hierbei kann es sich z. B. um ein Produkt handeln, für das eine Unternehmung aufgrund eines Patentes oder eines Lizenzvertrages Alleinanbieter ist. In einer Monopolsituation steht der Unternehmung die gesamte Preisskala für eine aktive Verkaufspreispolitik zur Verfügung.

In die Abb. 30, 31 und 32 haben wir neben den Preisabsatzfunktionen die (linearen Gesamtkostenfunktionen entsprechenden) Grenzselbstkosten und die mit Hilfe der Gleichung (132) berechneten Selbstkostenpreise eingezeichnet. Weiterhin sind in den Abb. 31 und 32 die Grenzerlöse E' für den monopolistischen Bereich ange-

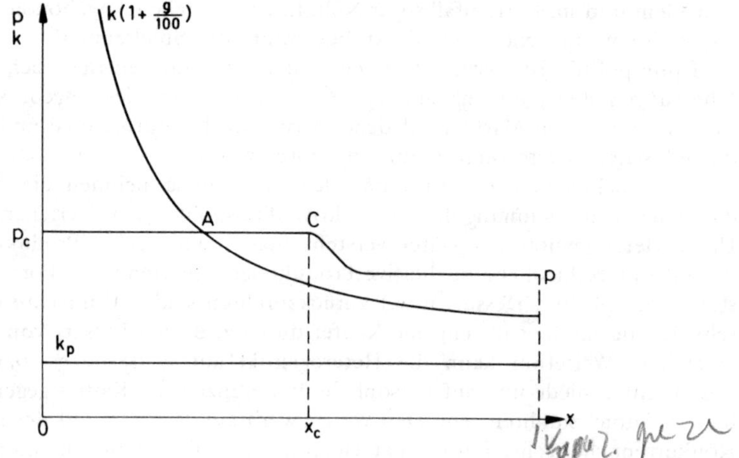

Abb. 30: Preisabsatzfunktion bei polypolistischer Konkurrenz nahezu homogener Güter

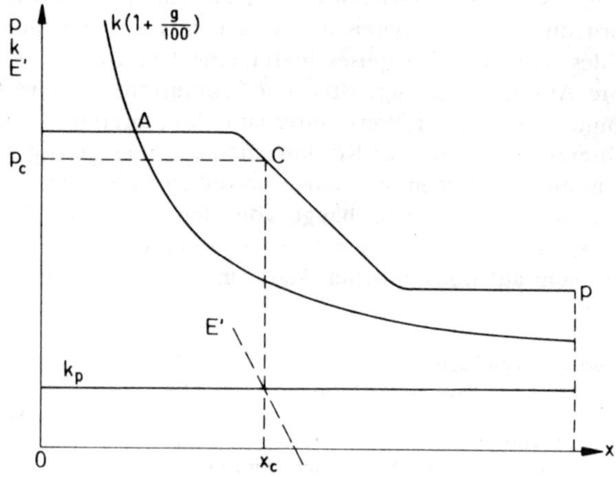

Abb. 31: Preisabsatzfunktion bei polypolistischer Konkurrenz heterogener Güter

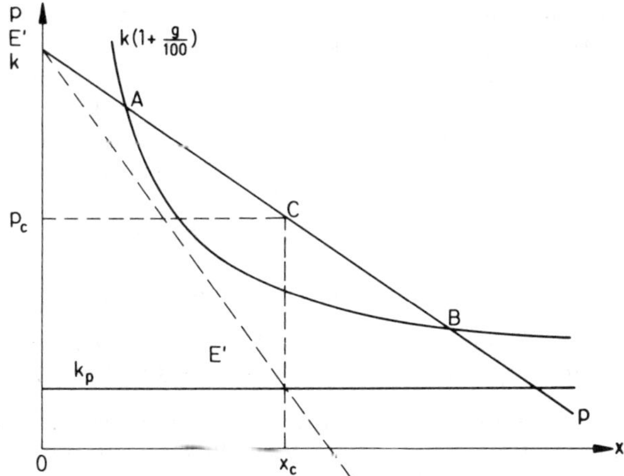

Abb. 32: Preisabsatzfunktionen bei monopolistischem Angebot

geben. Würde eine Unternehmung die Preisabsatzfunktionen ihrer Erzeugnisse kennen, so wäre es für sie am günstigsten, die Verkaufspreise so zu setzen, daß die Grenzerlöse gleich den Grenzkosten sind, da dann der Grenzgewinn gerade Null wird.[36] Die diesen Preisen entsprechenden Punkte der Preisabsatzfunktionen werden in der Absatztheorie *Cournotsche Punkte* genannt. In den Abb. 30, 31 und 32 haben wir diese Punkte mit C bezeichnet.

In der Praxis kennen nun aber die Unternehmungen die Preisabsatzfunktionen nicht. Hieraus wird häufig der Schluß gezogen, daß die Verkaufspreise nach Gleichung (132) mit Hilfe prozentualer Gewinnzuschläge aus den Vollkosten abzuleiten seien. Geht eine Unternehmung so vor, so gibt es zwei Möglichkeiten. Schätzt sie die Absatzmenge höher, als die Menge, die dem oberen Schnittpunkt A der Preisabsatzfunktion mit der Selbstkostenpreisfunktion entspricht, so ist der Preis im Verhältnis zur Preisabsatzfunktion zu niedrig, d. h. zu den Selbstkostenpreisen können größere Mengen abgesetzt werden. Die größeren Mengen führen aber im Zeitablauf infolge der Fixkostendegression zu abnehmenden Selbstkostenpreisen. Ein Gleichgewicht wird entweder an der Kapazitätsgrenze (vgl. Abb. 30 und 31) oder im unteren Schnittpunkt der Preisabsatzfunktion mit der Selbstkostenpreisfunktion (vgl. Punkt B in Abb. 32) erreicht. In beiden Fällen führt die Preispolitik aber nicht zum Gewinnmaximum. Schätzt die Unternehmung die Absatzmenge so niedrig, daß sie unter der Menge liegt, die dem oberen Schnittpunkt der Preisabsatzfunktion und der Selbstkostenpreisfunktion entspricht (vgl. Punkt A in den Abb. 30, 31 und 32), so werden von vornherein so hohe Preise „kalkuliert", daß sich die Unternehmung im Zeitablauf „aus dem Markt kalkuliert". Diese Gefahr kann zwar vermindert werden, indem man bei der Bildung von Vollkostensätzen nicht von der jeweiligen Istbeschäftigung, sondern von einer stabilen „Normalbeschäftigung" ausgeht; eine dem erwerbswirtschaftlichen Prinzip entsprechende Preispolitik kann aber auch hierdurch nicht erreicht werden.

36 Vgl. *E. Gutenberg*, Grundlagen . . . , 2. Bd., a.a.O., S. 200 ff.

Wie groß der Gewinnunterschied zwischen dem Gewinnmaximum und dem Gewinn bei Selbstkostenpreisen sein kann, wollen wir mit Hilfe des folgenden *Zahlenbeispiels* verdeutlichen. Für ein monopolistisches Erzeugnis sei die Preisabsatzfunktion $p = 9 - 0{,}005\ x$ und die Gesamtkostenfunktion $K = 1\,200 + 2\ x$ gegeben. Der Gewinnzuschlag beträgt 15 %. Für diese Daten erhält man folgende Schnittpunkte zwischen der Preisabsatzfunktion und der Selbstkostenpreisfunktion:

$$9 - 0{,}005\ x = \left(\frac{1\,200}{x} + 2\right) 1{,}15 \tag{133}$$

Durch Auflösen dieser quadratischen Gleichung erhält man als

oberen Schnittpunkt: $x_1 = 254$ ME; $P_1 = 7{,}73$ DM/ME
unteren Schnittpunkt: $x_2 = 1\,086$ ME; $P_2 = 3{,}57$ DM/ME

Die Preise lassen sich durch Einsetzen der Mengen in die Preisabsatzfunktion bestimmen. Beginnt die Unternehmung ihre Preispolitik mit einem Preis, der niedriger als 7,73 DM/ME ist, so wird bei gleichbleibenden Kosten und unveränderter Preisabsatzfunktion im Zeitablauf der untere Schnittpunkt erreicht, dem ein Gewinn in Höhe von $G = (3{,}57 - 2{,}00)\ 1\,086 - 1\,200 = 505$ DM entspricht. Das Gewinnmaximum läßt sich bestimmen, indem man die folgende Gewinnfunktion differenziert und die erste Ableitung gleich Null setzt:

$$G = (9 - 0{,}005\ x)\ x - 2\ x - 1\,200$$
$$G = 7\ x - 0{,}005\ x^2 - 1\,200$$
$$\frac{dG}{dx} = 7 - 0{,}01\ x = 0$$

Da $\frac{d^2G}{dx^2} = -0{,}01$ und damit negativ ist, liegt ein Maximum vor. Hieraus ergeben sich eine gewinnmaximale Menge von $x = 700$ und ein zugehöriger Verkaufspreis von 5,50 DM/ME. Der maximale Gewinn beträgt 1 250 DM. Er liegt also um 745 DM oder 148 % höher als der Gleichgewichtsgewinn bei Selbstkostenpreisen.

(4) Unsere Ausführungen haben gezeigt, daß sich bei freiem Wettbewerb aus den Selbstkosten keine Verkaufspreise bestimmen lassen, die dem erwerbswirtschaftlichen Prinzip entsprechen. Selbstkostenpreise führen lediglich zu einer „... Absatzmaximierung unter Einhaltung eines bestimmten Mindestgewinnes ..."[37], oder dazu, daß sich die Unternehmung infolge der Fixkostenwirkung „aus dem Markt kalkuliert". Das *Dilemma der Preispolitik* besteht darin, daß die Unternehmungen in einer Marktwirtschaft zwar gewinnmaximale Verkaufspreise anstreben müssen, die für eine exakte Verkaufspreisbestimmung erforderlichen Marktdaten, insbesondere die Preisabsatzfunktionen, aber nicht kennen. Die exakte marginalanalytische Berechnung gewinnmaximaler Verkaufspreise muß in der Praxis daher durch *Näherungsverfahren* ersetzt werden. Auch hierbei ist aber das Dilemma der Preispolitik nicht allein von der Kostenseite her lösbar. Die Kalkulation vermag der Preispolitik aber eine wichtige Grundinformation zu vermitteln, und zwar die *Preisuntergrenzen der betrieblichen Erzeugnisse*. Immer wieder kommt es im

37 Vgl. *H. Jacob*, Preispolitik, Wiesbaden 1963, S. 107.

Wettbewerb vor, daß bestimmte Erzeugnisse unter Preisdruck geraten und die für sie erzielbaren Verkaufspreise sinken. Unterschreiten die Preise bestimmte Preisuntergrenzen, so ist es besser, auf die betreffenden Absatzmengen zu verzichten, da sich sonst der Gewinn verringert. Bei freien Kapazitäten stimmen die Preisuntergrenzen mit den proportionalen Selbstkosten überein, sofern keine Erlösinterdependenzen zu anderen Erzeugnissen bestehen.[38] In Engpaßsituationen gehen neben den proportionalen Selbstkosten auch Opportunitätskosten oder sprungfixe Kosten in die Preisuntergrenzen ein, auch hier ist aber ohne Kenntnis der proportionalen Selbstkosten keine Bestimmung von Preisuntergrenzen möglich. Im einzelnen werden wir auf die Bestimmung von Preisuntergrenzen in Kapitel 623 eingehen.

Mit den Preisuntergrenzen liegen lediglich Mindestpreise fest; das eigentliche Problem, marktgerechte Verkaufspreise zu bestimmen, bleibt ungelöst. Dieses Problem läßt sich näherungsweise am besten lösen, indem man *die proportionalen Selbstkosten um geplante Soll-Deckungsbeiträge erhöht.* Bezeichnen wir die proportionalen Selbstkosten mit k_p und die Deckungsbeitragsprozentsätze mit g_p, so erhält man für die Verkaufspreise folgende Bestimmungsgleichungen:

$$(134) \qquad P_j = k_{pj} \left(1 + \frac{g_{pj}}{100}\right) \qquad (j = 1, \ldots, n)$$

Dieses Verfahren der Preisbestimmung hat bereits E. Schmalenbach gefordert, indem er anregte, daß die Unternehmung mit Hilfe von „Bruttogewinnzuschlägen" versuchen soll, den Preis zu finden, „wie ihn der Markt zu zahlen gewillt ist ..."[39].

Die Gleichung (134) ist formal genau so aufgebaut, wie Gleichung (132) für die Ableitung von Verkaufspreisen aus Vollkosten. Beide Formeln führen zu den gleichen Ergebnissen, wenn entsprechende Prozentsätze g_{vj} und g_{pj} gewählt werden. Die gleichen Verkaufspreise erhält man für:

$$(135) \qquad k_{pj} \left(1 + \frac{g_{pj}}{100}\right) = k_j \left(1 + \frac{g_{vj}}{100}\right) \qquad (j = 1, \ldots, n)$$

Bezeichnen wir die Faktoren, mit denen die Gewinnprozentsätze auf die Vollkosten erhöht werden müssen, um äquivalente Deckungsbeitragsprozentsätze zu erhalten, mit Π_j, so gilt:

$$(136) \qquad k_{pj} \left(1 + \frac{g_{vj}\,\Pi_j}{100}\right) = k_j \left(1 + \frac{g_{vj}}{100}\right) \qquad (j = 1, \ldots, n)$$

Zerlegt man die gesamten Selbstkosten k_j in die proportionalen Selbstkosten k_{pj} und die fixen Selbstkosten k_{Fj}, so erhält man:

$$(137) \qquad k_{pj} + k_{pj}\,\frac{g_{vj}\,\Pi_j}{100} = k_{pj} + k_{Fj} + k_{pj}\,\frac{g_{vj}}{100} + k_{Fj}\,\frac{g_{vj}}{100} \qquad (j = 1, \ldots, n).$$

38 Erlösinterdependenzen werden z. B. wirksam, wenn die Annahme eines Zusatzauftrages zu einem relativ niedrigen Preis dazu führt, daß sofort oder im Zeitablauf die Preise oder Absatzmengen anderer Erzeugnisse abnehmen.

39 Vgl. *E. Schmalenbach*, Selbstkostenrechnung und Preispolitik, a.a.O., S. 174 und *W. Kilger*, Schmalenbachs Beitrag zur Kostenlehre, ZfbF 1973, S. 538. E. Schmalenbach hat Deckungsbeiträge als Bruttogewinne bezeichnet. Heute hat sich aber die Bezeichnung Deckungsbeitrag durchgesetzt.

Hieraus folgt nach einigen Umformungen:

$$\Pi_j = 1 + \frac{k_{Fj}}{k_{pj}} \frac{100 + g_{vj}}{g_{vj}} \qquad (j = 1, \ldots, n) \tag{138}$$

Betragen z. B. die vollen Selbstkosten 140,– DM/ME, die proportionalen Selbstkosten 100,– DM/ME und der Vollkostengewinnzuschlag 10 %, so erhält man $\Pi = 1 + 0{,}40 \frac{110}{10} = 5{,}4$. Der Deckungsbeitragsprozentsatz müßte folglich 54 % betragen. Als Verkaufspreis erhält man $140 \times 1{,}10 = 100 \times 1{,}54 = 154$ DM/ME.

Gegenüber dem Vollkostenverfahren hat die Gleichung (134) den großen Vorteil, daß die proportionalen Selbstkosten und daher auch die Deckungsbeitragsprozentsätze von Beschäftigungsschwankungen unabhängig sind. Bei Gleichung (132) beeinflussen dagegen Beschäftigungsschwankungen die Verkaufspreise, es sei denn, man versucht, die Wirkung der Fixkostendegression durch beschäftigungsabhängige Gewinnzuschläge zu kompensieren, was aber nur mit großen Schwierigkeiten möglich ist.

Für die marktgerechte Festlegung produktindividueller Deckungsbeitragsprozentsätze gibt es genau so wenig exakte Verfahren wie für die Festlegung „richtiger" Gewinnprozentsätze auf die Vollkosten. Wie wir im einzelnen in Kapitel 621 zeigen werden, ermöglicht aber die konsequente Auswertung einer nach dem Deckungsbeitragsprinzip durchgeführten kurzfristigen Erfolgsrechnung die Bestimmung realistischer Soll-Deckungsbeiträge, die als Grundlage einer marktgerechten Preispolitik dienen können.

(5) Gegen die These, daß sich die Verkaufspreise nicht aus vorkalkulierten Vollkosten ableiten lassen, werden häufig zwei *Einwände* geltend gemacht.[40]

Erstens wird behauptet, daß Unternehmungen mit *Einzel- und Auftragsfertigung,* so z. B. der Großmaschinenbau, der Schiffsbau und die Bauindustrie, darauf angewiesen sind, ihre Preise aus vorkalkulierten Vollkosten abzuleiten, da sich jede Auftragseinheit von der anderen unterscheidet und daher keine „Marktpreisvorstellungen" existieren. Diese Ansicht wird aber den wirklichen Verhältnissen bei Auftrags- und Einzelfertigung nicht gerecht. Für jede Kundenanfrage wird zwar eine *Vorkalkulation* erstellt, hierbei kann es sich aber in den meisten Fällen nur um eine Näherungskalkulation handeln; denn zum Kalkulationszeitpunkt fehlen noch alle Unterlagen, die für eine exakte Kalkulation erforderlich sind, so z. B. die Konstruktionszeichnungen, die Stücklisten, die Materialvorgaben, die Arbeitsablaufpläne und die Vorgabezeiten. Bedenkt man, daß erfahrungsgemäß nur etwa 10 % der Kundenanfragen zu Aufträgen werden, so wird deutlich, daß es viel zu kostspielig wäre, diese Unterlagen für die Zwecke der Vorkalkulation zu erstellen. Im übrigen würde das aus terminlichen Gründen nicht möglich sein. Im einzelnen werden wir den Aufbau von Vorkalkulationen in Kapitel 5131 behandeln.

Nehmen wir nun an, die Vorkalkulation eines Auftrages hat zu folgenden Ergebnissen geführt:

Proportionale Selbstkosten	=	820 000 DM
Fixe Selbstkosten	=	275 000 DM
Gesamte Selbstkosten	=	1 095 000 DM

40 Vgl. hierzu *W. Kilger*, Flexible Plankostenrechnung, a.a.O., S. 577 ff.

so liegt von vornherein fest, daß der Verkaufspreis die Preisuntergrenze in Höhe von 820 000 DM nicht unterschreiten darf. Gerade bei Auftrags- und Einzelfertigung kann auf die vorkalkulatorische Bestimmung von Preisuntergrenzen nicht verzichtet werden, da es bei harten Preisverhandlungen immer wieder vorkommt, daß die Verkaufspreise unter die proportionalen Selbstkosten gedrückt werden. Wer nur seine Vollkosten kennt, hat im Verkaufsgespräch keine Anhaltspunkte dafür, wie weit er dem Druck auf die Preise im äußersten Fall nachgeben darf. Die Höhe der am Markt erzielbaren Verkaufspreise läßt sich bei Auftrags- und Einzelfertigung genau so wenig aus Vollkostenkalkulationen ableiten, wie in anderen Branchen. Auch hier hängen die erzielbaren Preise von Faktoren ab, die mit den Kosten nichts zu tun haben. Hierzu gehören insbesondere die Beschäftigungssituation und die Marktstellung einer Unternehmung. Bei einem Auftragsbestand von 18 Monaten und im Zustand der Vollbeschäftigung wird man höhere Gewinn- oder Deckungsbeitragsprozentsätze wählen als bei einem Auftragsbestand von 4 Monaten und unterbeschäftigten Kapazitäten. Verfügt eine Unternehmung in bezug auf einen Auftrag über Patente und gelten ihr "know how" und ihr Service als besonders gut, so kann sie sich höhere Preise leisten als im umgekehrten Fall. Will sie dagegen mit einem wichtigen Nachfrager, der bisher die Konkurrenz bevorzugt hat, ins Geschäft kommen, so wird sie möglicherweise mit einem geringen Deckungsbeitrag zufrieden sein. Alle Überlegungen dieser Art haben aber mit der Kalkulation nichts mehr zu tun; sie gehören vielmehr zur Verkaufspolitik. Die Kalkulation kann auch bei Auftrags- und Einzelfertigung nur die Preisuntergrenzen angeben.

Zweitens wird gegen die These, Verkaufspreise seien aus Marktdaten abzuleiten, eingewandt, daß für *neue Produkte* noch keine Markterfahrungen vorliegen. Auch hier ist aber der Schluß nicht richtig, daß marktgerechte Verkaufspreise aus vorkalkulierten Selbstkosten abgeleitet werden können. In vielen Fällen lassen sich für neue Produkte im Zeitpunkt der Preisstellung noch gar keine exakten Kosten vorkalkulieren, weil die hierfür erforderlichen Produktionsdaten noch fehlen. Weiterhin bereitet die Zurechnung von Forschungs- und Entwicklungskosten erhebliche Schwierigkeiten, da sich die Gesamtabsatzmenge noch nicht vorhersehen läßt. Aber selbst wenn vorkalkulierte Selbstkosten zur Verfügung stehen, ist es gerade bei neuen Produkten problematisch, Verkaufspreise mit Hilfe „normaler“ oder „durchschnittlicher“ Gewinn- oder Deckungsbeitragsprozentsätze zu bestimmen, da meistens andersartige Marktverhältnisse vorliegen, die oftmals viel höhere Verkaufspreise zulassen.[41] Bei der Preispolitik für neue Produkte lassen sich die folgenden drei Strategien unterscheiden.

Die erste Strategie besteht darin, *hohe Anfangspreise* zu wählen und diese später bei Auftreten von Konkurrenzdruck zu senken. Hierdurch lassen sich bei relativ starrer Anfangsnachfrage hohe Anfangsgewinne abschöpfen, die aber möglicherweise Nachahmer anziehen.

Die zweite Strategie besteht darin, *relativ niedrige, aber gewinnbringende Anfangspreise* zu wählen und diese möglichst lange konstant zu halten. Dieses Verfahren ist insbesondere bei relativ elastischer Anfangsnachfrage von Vorteil, da

41 Auch P. Riebel weist darauf hin, daß Verkaufspreise für neue Produkte aus den Ergebnissen der Marktforschung und nicht aus den Kosten abgeleitet werden sollen. Vgl. *P. Riebel*, Die Preiskalkulation auf Grundlage von „Selbstkosten“ oder von relativen Einzelkosten und Deckungsbeiträgen, a.a.O., S. 550 und insbesondere 596 ff.

hier niedrigere Preise zu erheblich größeren Umsätzen führen. Nachahmern wird möglicherweise bei dieser Strategie der Anreiz zum „Einsteigen" genommen.

Die dritte Strategie, die sich insbesondere anwenden läßt, wenn das neue Produkt als Werkstoff oder Betriebsmittel in anderen Industriebetrieben eingesetzt wird, ist die *Analyse des Verwendungsstandpunktes.* Ist z. B. einem Kunststoffhersteller die Entwicklung einer Kunststoffolie gelungen, die in bestimmten Branchen zum Ersatz der bisher üblichen Kartonverpackung dienen kann, so liegt es nahe, einmal auszurechnen, wie hoch der Folienpreis gerade sein darf, um bei den Abnehmern einen Rationalisierungserfolg herbeizuführen, der sie zur Umstellung und damit zum Kauf der Folien veranlaßt. Entsprechend wird sich eine Firma, die ein neues Gerät zur Werkstoffprüfung entwickelt hat, mit dessen Hilfe sich die Einzelmaterial- und die Ausschußkosten vermindern lassen, Gedanken über die Einsparungsmöglichkeiten der Verwender machen und diese bei der Preisfestsetzung berücksichtigen. Die Analyse des Verwendungsstandpunktes führt oft zu Preisen, die erheblich über den Vollkosten liegen.

Auch bei neuen Produkten kann die Kalkulation nur die Preisuntergrenzen bestimmen.

51223. Selbstkosten als Daten der kurzfristigen Erfolgskontrolle

(1) Die Aufgabe der *kurzfristigen Erfolgsrechnung,* deren Verfahren wir im einzelnen in Kapitel 62 beschreiben werden, besteht in der nachträglichen Kontrolle und Analyse des Periodenerfolgs. Der Aufbau und die Periodeneinteilung der kurzfristigen Erfolgsrechnung entsprechen der kurzfristigen Erfolgsplanung. Als Teilperioden werden auch hier meistens Monate verwendet; der Aufbau sollte nach dem Deckungsbeitragsprinzip erfolgen, da nur dieses Verfahren transparent werden läßt, in welchem Umfang die einzelnen Erzeugnisse oder Erzeugnisgruppen zur Gewinnerzielung beigetragen haben. Abweichungen gegenüber dem Plangewinn können auf Abweichungen der Absatzmengen, der Verkaufspreise und der Kosten zurückzuführen sein. Die Erlöskomponenten der Gewinnabweichungen erhält man durch Vergleich der Istabsatzmengen und der Istverkaufspreise mit den zugehörigen Plangrößen. Der Ausweis der Kostenkomponenten erfordert den Vergleich der Istselbstkosten mit den Planselbstkosten. Soll dieser Vergleich für jede Erzeugnisart oder jeden Kundenauftrag gesondert erfolgen, so muß die Kalkulation die hierfür erforderlichen *Istselbstkosten* zur Verfügung stellen, mit denen die verkauften Produktmengen in der kurzfristigen Erfolgsrechnung zu bewerten sind. Verzichtet man in der kurzfristigen Erfolgsrechnung dagegen auf eine nach Produktarten oder Einzelaufträgen differenzierte Analyse der Kostenabweichungen, so kann man auf eine produktindividuelle Ermittlung der Istselbstkosten verzichten. In diesen Fällen genügt es, die verkauften Produktmengen in der kurzfristigen Erfolgsrechnung mit den Planselbstkosten zu bewerten und jeweils nur zusammengefaßten Produktgruppen Kostenabweichungen zuzurechnen. Die Aufgabe der Kalkulation beschränkt sich hierbei darauf, die Bezugsgrundlagen für eine verursachungsgemäße Abweichungsverteilung zur Verfügung zu stellen.

(2) Die Aussagefähigkeit der kurzfristigen Erfolgsrechnung und ihre Anforderungen an die Kalkulation hängen wesentlich vom *System der Kostenrechnung* ab, das in einer Unternehmung eingesetzt wird.

Bei einer *Istkostenrechnung* stehen die für den Aufbau der kurzfristigen Erfolgsplanung erforderlichen Kostendaten nicht zur Verfügung, so daß eine detaillierte Gewinnplanung nicht möglich ist. Dennoch läßt sich eine nachträgliche monatliche Erfolgsrechnung durchführen. Hierbei werden die verkauften Produktmengen mit Istselbstkosten bewertet, die in jedem Monat neu ermittelt werden müssen. Die lagernden Halb- und Fertigerzeugnisbestände werden mit Hilfe von Istherstellkosten bewertet, wie wir bereits in Kapitel 51211 gezeigt haben. Mit Hilfe nachkalkulierter Istselbstkosten läßt sich zwar der Gesamtgewinn ermitteln, eine aussagefähige Erfolgsanalyse ist aber nicht möglich, da vergleichbare Planselbstkosten fehlen und die kurzfristige Erfolgsrechnung einer Istkostenrechnung nach dem Vollkostenprinzip aufgebaut ist.

In einer *Normalkostenrechnung* wird die kurzfristige Erfolgsrechnung meistens genau so durchgeführt, wie in einer Istkostenrechnung, nur mit dem Unterschied, daß die verkauften Mengen mit Normalselbstkosten und die lagernden Halb- und Fertigerzeugnisbestände mit Normalherstellkosten bewertet werden. Hierdurch tritt das Problem auf, wie die anfallenden Unter- und Überdeckungen in der Erfolgsrechnung zu behandeln sind. Wie wir bereits in Kapitel 51211 gezeigt haben, würde ein genauer Erfolgsausweis die bestandsmäßige Abgrenzung und nach einzelnen Kostenträgern differenzierte Verteilung der Kostenabweichungen erfordern. Hierfür müßten die Normalkostenkalkulationen nachträglich zu Istkostenkalkulationen ergänzt werden. Meistens wird hierauf aber aus Vereinfachungsgründen verzichtet; die Abweichungen werden häufig erst am Jahresende global in die Erfolgsrechnung ausgebucht.

In einer *Plankostenrechnung* bilden die mit Hilfe von Plankalkulationen ermittelten Planselbstkosten die kostenrechnerischen Grunddaten der kurzfristigen Erfolgsrechnung; die Bestandsführung erfolgt zu Planherstellkosten. Wird die Plankostenrechnung als Vollkostenrechnung durchgeführt, so gehen auch anteilige fixe Kosten in die geplanten Selbst- und Herstellkosten ein, in einer Grenzplankostenrechnung dagegen nur die proportionalen Kosten. Um jedoch in der kurzfristigen Erfolgsanalyse den Einfluß von Kostenveränderungen erkennen zu können, müssen die Planselbstkosten und die Planherstellkosten nachträglich zu Istkosten ergänzt werden. Hierzu ist eine möglichst genaue Verteilung der angefallenen Kostenabweichungen erforderlich, wie wir sie in Kapitel 51211 bereits für die Herstellkosten beschrieben haben. In der kurzfristigen Erfolgsrechnung werden die Erlöse der einzelnen Erzeugnisse oder Erzeugnisgruppen zunächst um die Planselbstkosten der verkauften Mengen vermindert und anschließend um die zugehörigen Kostenabweichungen. Werden die einzelnen Erzeugnisse oder Aufträge in der kurzfristigen Erfolgsrechnung gesondert ausgewiesen, so muß die Abweichungsverteilung in Form produktindividueller Nachkalkulationen erfolgen. Andernfalls genügt eine gruppenweise Abweichungsverteilung.

513. Die Kalkulationsarten

5131. Die Vorkalkulation

(1) Jede Kalkulation hat die Aufgabe, die auf eine Produkt- oder Auftragseinheit entfallenden Stückkosten zu ermitteln. In der betrieblichen Praxis haben sich im

Laufe der Zeit drei *Kalkulationsarten* herausgebildet, die unterschiedlichen Zwecken dienen: Vorkalkulation, Nachkalkulation und Plankalkulation.[42] Während Vor- und Nachkalkulationen schon relativ früh entstanden, wurden Plankalkulationen erst mit der Entstehung der Plankostenrechnung bekannt. Die Anwendungsmöglichkeiten dieser drei Kalkulationsarten und ihre Bedeutung für die Unternehmung hängen wesentlich davon ab, ob standardisierte Produkte hergestellt werden, oder ob Einzel- und Auftragsfertigung vorliegt. Bei Einzel- und Auftragsfertigung ist jeder Kundenauftrag konstruktiv und qualitativ anders aufgebaut, da sich die Produktgestaltung weitgehend nach Kundenwünschen richtet. Bei Einzel- und Auftragsfertigung liegt der Schwerpunkt der Kalkulation auf *auftragsindividuellen Vor- und Nachkalkulationen.* Werden dagegen *standardisierte Erzeugnisse* in größeren Stückzahlen hergestellt und im Zeitablauf wiederholt in das Produktionsprogramm aufgenommen, so ist es meistens nicht erforderlich, für die einzelnen Kunden- und Produktionsaufträge gesonderte Vor- und Nachkalkulationen zu erstellen. Hier liegt der Schwerpunkt der Kalkulation auf *zeitraumbezogenen Plankalkulationen.*

(2) Unter einer *Vorkalkulation* versteht man eine im voraus, d. h. vor Auftragserteilung und vor Beginn der Produktion durchgeführte Selbstkostenberechnung mit Hilfe geplanter oder geschätzter Kostendaten. Vorkalkulationen beziehen sich immer auf bestimmte Kundenanfragen und Einzelaufträge, d. h. sie sind auftragsindividuelle Kalkulationen. Ihre Gültigkeit beschränkt sich auf bestimmte Kalkulationszeitpunkte. Hierdurch unterscheiden sich Vorkalkulationen von Plankalkulationen, die jeweils für bestimmte Planungsperioden gelten und für alle gleichartigen Produkte, die während dieser Planungsperioden produziert werden, geplante Selbstkosten festlegen, unabhängig davon, wann und wie oft diese Produkte von Kunden geordert und in das Produktionsprogramm aufgenommen werden. Ein weiterer Unterschied zu Plankalkulationen besteht darin, daß Vorkalkulationen oftmals keine exakten Kalkulationen sondern nur Überschlagsrechnungen oder kalkulatorische Näherungsverfahren sein können, da im Kalkulationszeitpunkt noch keine genauen Kalkulationsdaten zur Verfügung stehen.[43]

(3) In Unternehmungen mit Einzel- und Auftragsfertigung bilden auftragsindividuelle Vorkalkulationen eine notwendige Grundlage der Verkaufstätigkeit. Trifft eine Kundenanfrage ein, so z. B. auf Lieferung einer Krananlage, eines Schiffes oder für die Erstellung eines Gebäudes, so muß hierfür eine Vorkalkulation erstellt werden, da sich ohne vorkalkulierte Selbstkosten keine realistischen Verkaufspreise bestimmen lassen. Grundsätzlich sollten diese Vorkalkulationen die voraussichtlichen Selbstkosten so genau wie möglich ermitteln.

Bei *langfristiger Einzel- und Auftragsfertigung* können Vorkalkulationen keine exakten Kalkulationen sein, da die hierfür erforderlichen Unterlagen noch fehlen.[44]

42 Vgl. *K. Mellerowicz*, Kosten und Kostenrechnung, Band 2/2. Teil, 4. Aufl., Berlin 1968, S. 215 ff.

43 Zum Begriff und zum Inhalt von Vorkalkulationen vgl. *H. G. Plaut, H. Müller, W. Medicke*, Grenzplankostenrechnung und Datenverarbeitung, 3. Aufl., München 1973, S. 200 ff.

44 Auch *K. Mellerowicz* weist darauf hin, daß sich bei langfristiger Einzelfertigung, worunter er die Produktion von Aufträgen mit einer Produktionsdauer von mehr als sechs Monaten versteht, die Vorkalkulation „mit globalen Zahlen" begnügen muß: „Eine ins einzelne gehende Kalkulation kann in diesem Stadium noch nicht vorgenommen werden." Vgl. Kosten und Kostenrechnung, Band 2/2. Teil, a.a.O., S. 289 und 290.

Hierzu zählen Konstruktionszeichnungen und Stücklisten sowie daraus abgeleitete Materialbedarfsberechnungen, Arbeitsablaufpläne und Fertigungszeitvorgaben. Da bei Einzel- und Auftragsfertigung nur ein geringer Teil der Kundenanfragen zu Aufträgen führt, können diese kostspieligen Produktionsunterlagen erst *nach* Auftragserteilung erstellt werden. Im übrigen würde die Erstellung dieser Unterlagen die Auftragsbearbeitung nicht nur mit unvertretbar hohen Kosten belasten, sondern auch viel zu sehr verzögern. Aus diesen Gründen ist die Vorkalkulation bei langfristiger Einzel- und Auftragsfertigung nur mit Näherungsverfahren durchführbar.
Diese bestehen meistens darin, daß man aus den Nachkalkulationen vergleichbarer früherer Aufträge Kennziffern ableitet, die für die wichtigsten Kostenartengruppen angeben, wieviel Kosten auf bestimmte Maß- oder Leistungsgrößen entfallen. Solche Kostenkennziffern können z. B. Materialkosten pro kg Maschinengewicht, Fertigungskosten pro t Tragkraft einer Krananlage, Herstellkosten pro Bruttoregistertonne eines bestimmten Schiffstyps oder Herstellkosten pro Kubikmeter umbauten Raumes eines Gebäudes sein. Diese Kennziffern müssen sehr sorgfältig ermittelt werden; sie dürfen sich jeweils nur auf ganz bestimmte Erzeugnisarten, z. B. Hafenkräne einer bestimmten Leistungsklasse oder vergleichbare Gebäudetypen, beziehen und sollten soweit als möglich nach Funktionsgruppen und Teilen des Gesamtauftrages differenziert werden. Aufträge, die mit besonderen *Gewährleistungsrisiken* verbunden sind, wie das z. B. insbesondere bei Neukonstruktionen der Fall ist, sollten hierfür mit entsprechenden kalkulatorischen Wagniskosten belastet werden. Da die aus Nachkalkulationen abgeleiteten Kennziffern Istkostendurchschnitte sind, müssen sie vom Vorkalkulator laufend an Preisschwankungen, Lohnerhöhungen und sonstige Veränderungen der Kostenstruktur angepaßt werden. Weiterhin muß bei der Vorkalkulation berücksichtigt werden, ob ein Auftrag beim Materialbedarf, der Fertigungszeitinanspruchnahme oder sonstigen kostenbeeinflussenden Faktoren, so z. B. der elektronischen Ausgestaltung, von der Norm abweicht. Ist das der Fall, so müssen entsprechende Zu- oder Abschläge berücksichtigt werden.

Bei *nicht langfristiger Einzel- und Auftragsfertigung* können exakte Vorkalkulationen erstellt werden, da sich die hierfür erforderlichen Daten ermitteln lassen. So kann z. B. ein Anbieter von Türen- und Fensterelementen für die Bauindustrie, die aus genormten Profilen hergestellt werden, ziemlich genaue Vorkalkulationen erstellen, obwohl sich die Einzelaufträge erheblich voneinander unterscheiden; denn der Produktaufbau ist relativ einfach. In solchen Fällen können Vorkalkulationen den Genauigkeitsgrad von Plankalkulationen erreichen. In vielen Unternehmungen mit Einzel- und Auftragsfertigung werden genormte Einzelteile, z. B. Getriebeteile verwendet und in Serien auf Lager produziert. Für solche Teile lassen sich exakte Plankalkulationen erstellen.

Da die Vorkalkulationen bei Einzel- und Auftragsfertigung als Grundlage der Verkaufspreisbestimmung dienen, wird oft die Ansicht vertreten, daß sie Vollkostenkalkulationen sein müssen. Gerade bei Einzel- und Auftragsfertigung ist aber die Gefahr groß, daß in harten Verkaufsverhandlungen Preise akzeptiert werden, die unter den Grenzselbstkosten liegen. Daher sollten auf jeden Fall die *Grenzselbstkosten vorkalkuliert* werden, damit man bei den Verkaufsverhandlungen die Preisuntergrenzen kennt. Parallel hierzu sollte man bei Einzel- und Auftragsfertigung aber auch die *Vollkosten vorkalkulieren*, damit man sieht, wie viele fixe

Kosten auf einen Auftrag entfallen. Der Informationswert der Vollkosten darf aber nicht überschätzt werden. Selbst wenn die Konkurrenzunternehmungen mit Vollkosten rechnen, kann man sich nicht darauf verlassen, daß sie ihre vorkalkulierten Vollkosten als Preisuntergrenzen ansehen. Bei schlechter Auftragslage werden auch sie möglicherweise auf die Deckung eines Teils ihrer Kosten verzichten.

Die Frage, welchen Deckungsbeitrag man auf die vorkalkulierten Grenzselbstkosten bzw. welchen Vollkostengewinn man auf die vorkalkulierten Vollkosten schlagen soll, um den Verkaufspreis für einen Auftrag zu erhalten, läßt sich auch bei Einzel- und Auftragsfertigung von der Kostenseite her nicht beantworten. Hierfür sind vielmehr der Auftragsbestand und die Marktstellung relevant. Bei einem Auftragsbestand von drei bis sechs Monaten wird man mit geringeren Deckungsbeiträgen zufrieden sein als bei Auftragsbeständen von ein bis anderthalb Jahren. Verfügt eine Unternehmung über ein besonderes "know how" und einen anerkannt guten Service, so kann sie sich höhere Preise leisten als die Konkurrenz. Will sie mit einem Kunden ins Geschäft kommen, der bisher andere Anbieter bevorzugte, so spricht das für einen relativ niedrigen Preis. Solche Überlegungen gehören aber in den Bereich der Verkaufspolitik.

(4) Bei *standardisierten Erzeugnissen*, die während bestimmter Zeiträume mehrfach in größeren Stückzahlen produziert und über Fertigwarenläger verkauft werden, ist es normalerweise nicht erforderlich, für einzelne Kundenaufträge gesonderte Vorkalkulationen zu erstellen. In Unternehmungen mit standardisierten Erzeugnissen werden die Zusammensetzung des Sortimentes und die Verkaufspreise für bestimmte Zeiträume, meistens für ein Jahr oder eine Winter- bzw. Sommerkollektion, im voraus festgelegt, so daß an die Stelle auftragsindividueller Vorkalkulationen zeitraumbezogene Plankalkulationen treten müssen. Lediglich in Sonderfällen, so z. B. für Zusatzaufträge oder Spezialanfertigungen für bestimmte Kunden ist auch bei standardisierten Produkten die Erstellung auftragsindividueller Vorkalkulationen erforderlich.

5132. Die Nachkalkulation

(1) Unter einer *Nachkalkulation* versteht man eine nachträgliche, d. h. nach Beendigung der Produktion durchgeführte Ermittlung der auf eine Produkt- oder Auftragseinheit entfallenden Istkosten.[45] Mit Hilfe von Nachkalkulationen soll festgestellt werden, ob die vorkalkulierten Kosten eingehalten oder überschritten worden sind und welche Beiträge einzelne Produktarten und Aufträge zur Gewinnerzielung geleistet haben. Weiterhin sind Istherstellkosten für die Bewertung der Halb- und Fertigfabrikatebestände erforderlich. Wie unsere Ausführungen in Kapitel 21 gezeigt haben, wird in einer Istkostenrechnung die Erstellung von Nachkalkulationen als Hauptaufgabe der Kostenrechnung angesehen. Das schließt aber nicht aus, daß auch in anderen Kostenrechnungssystemen Nachkalkulationen erstellt werden. Hierbei werden jedoch den Kostenträgern zunächst normalisierte oder geplante Kosten zugerechnet, die erst nachträglich durch anteilige Kostenabweichungen zu Istkosten ergänzt werden.

45 Vgl. *H. G. Plaut, H. Müller, W. Medicke*, Grenzplankostenrechnung und Datenverarbeitung, a.a.O., S. 215 ff.

(2) In Unternehmungen mit *Einzel- und Auftragsfertigung* kann auf die laufende Nachkalkulation der Aufträge nicht verzichtet werden. Nur mit Hilfe auftragsweiser Nachkalkulationen kann man erkennen, wie sich die angefallenen Istkosten der einzelnen Aufträge von den vorkalkulierten Kosten unterscheiden und welche Auftragsgewinne erzielt worden sind. Weiterhin haben unsere Ausführungen in Kapitel 5131 gezeigt, daß die Vorkalkulation bei Einzel- und Auftragsfertigung Kostenkennziffern benötigt, die sich nur aus den Nachkalkulationen vergleichbarer Aufträge ableiten lassen. Auch die Bewertung der Halbfabrikatebestände erfordert bei Einzel- und Auftragsfertigung die Ermittlung auftragsweiser Istherstellkosten.

Die Nachkalkulation bei Einzel- und Auftragsfertigung läßt sich als reine *Istkostenkalkulation* durchführen, wobei die von uns in Kapitel 21 aufgezeigte rechentechnische Schwerfälligkeit der Istkostenrechnung wirksam wird. Weiterhin hat die reine Istkostenkalkulation den Nachteil, daß man zwar erkennt, wie hoch die effektiven Selbstkosten eines Auftrages sind, aber nicht, welche Einflüsse möglicherweise zu überhöhten Kosten geführt haben. Es ist daher zweckmäßiger, die Nachkalkulation bei Einzel- und Auftragsfertigung als sog. *Standard-Nachkalkulation* durchzuführen.[46] Hierunter versteht man eine Nachkalkulation, bei der den Aufträgen zunächst geplante Kosten und anschließend anteilige Kostenabweichungen zugerechnet werden. Die Standard-Nachkalkulation setzt die Durchführung einer Plankostenrechnung voraus, da Planpreise für alle Werkstoffe, geplante Lohnsätze und geplante Kalkulationssätze für alle Kostenstellen benötigt werden. Stehen für einen Auftrag die Konstruktionszeichnungen, die Stücklisten und die Arbeitsablaufpläne für die selbstzuerstellenden Einzelteile zur Verfügung, so lassen sich Planmaterialmengen berechnen und für die meisten Arbeitsgänge Zeitvorgaben festlegen. Bewertet man die Planmaterialmengen mit den zugehörigen Planpreisen und die Vorgabezeiten mit den zugehörigen Plankalkulationssätzen, so können für jeden Auftrag geplante Herstellkosten kalkuliert werden. Führt die Produktion später zu Mehrverbrauchsmengen, geänderten Arbeitsgängen oder erhöhten Fertigungs- bzw. Montagezeiten, so werden die hieraus resultierenden Kostenabweichungen durch besondere Belege erfaßt und den verursachenden Aufträgen direkt zugerechnet. Weiterhin werden den Aufträgen anteilige Preis-, Tarif- und Kostenstellenabweichungen belastet. Auf diese Weise erhält man nachkalkulierte Istherstellkosten, die weitgehend nach Plankosten und anteiligen Abweichungen differenziert sind. Entsprechend lassen sich auch die Verwaltungs- und Vertriebskosten nach Plankosten und Abweichungen unterteilen. Auf diese Weise wird in der Standard-Nachkalkulation transparent, welche Kosteneinflüsse die Selbstkosten und damit die Gewinne der Aufträge beeinflußt haben. Die Standard-Nachkalkulation sollte zwar primär als Grenzkostenrechnung durchgeführt werden, die meisten Betriebe mit Einzel- und Auftragsfertigung werden sie aber parallel auch als Vollkostenrechnung führen.

46 Zur Standard-Nachkalkulation vgl. *W. Kilger*, Flexible Plankostenrechnung, a.a.O., S. 604 ff.; *W. Medicke*, Geschlossene Kostenträgerrechnung und Artikelergebnisrechnung in der Grenzplankostenrechnung, AGPLAN, Bd. 8, Wiesbaden 1964, S. 43 und *H. G. Plaut, H. Müller, W. Medicke*, Grenzplankostenrechnung und Datenverarbeitung, a.a.O., S. 195 ff. Der Begriff Standard-Nachkalkulation wurde erstmalig von W. Medicke verwendet.

(3) In Unternehmungen mit *standardisierten Erzeugnissen* kann man auf die laufende Erstellung auftragsindividueller Nachkalkulationen verzichten. Da die gleichen Produktarten im Zeitablauf immer wieder produziert und zu vorausbestimmten Preisen vom Lager verkauft werden, ist der Informationswert nachkalkulierter Istkosten für einzelne Produktionsserien oder Verkaufsaufträge relativ gering. Bei standardisierten Produkten liegt der Schwerpunkt der Kalkulation daher auf zeitraumbezogenen Plankalkulationen, die für alle Erzeugnisarten geplante Herstell- und Selbstkosten festlegen. Bei diesem Verfahren, das eine Plankostenrechnung voraussetzt, werden in der laufenden Kostenrechnung die Abweichungen zwischen den Istkosten und den Plankosten erfaßt. Die wichtigsten Abweichungsarten sind Preis-, Tarif-, Einzelmaterialverbrauchs- und Kostenstellenabweichungen. Würde man alle angefallenen Kostenabweichungen einer Abrechnungsperiode auf die Kostenträger weiterverrechnen, so lassen sich aus den Plankalkulationen produktindividuelle Nachkalkulationen ableiten. Im Regelfall kann man bei standardisierten Erzeugnissen aber auf eine so detaillierte Abweichungsverrechnung verzichten; sie ist nur fallweise für bestimmte Zusatz- oder Spezialaufträge von Interesse. Um zu erkennen, wie Kostenabweichungen die Gewinnbeiträge beeinflußt haben, genügt es, die Kostenabweichungen in der kurzfristigen Erfolgsrechnung den lagernden und den verkauften Produktmengen kostenträgergruppenweise zuzuordnen. Diese Zuordnung entspricht im Prinzip einer *gruppenweisen Nachkalkulation.* Um so kleiner man die Kostenträgergruppen wählt, desto mehr nähert sich die Abweichungsverteilung der kurzfristigen Erfolgsrechnung der produktindividuellen Nachkalkulation.

5133. Die Plankalkulation

(1) Unter einer *Plankalkulation* versteht man eine Kalkulation, bei der den betrieblichen Produkten im voraus für bestimmte Planperioden exakt kalkulierte Selbstkosten pro Einheit zugeordnet werden, deren Kostendaten auf einer nach Kostenarten und Kostenstellen differenzierten Kostenplanung basieren. Die Erstellung von Plankalkulationen setzt die Durchführung einer Plankostenrechnung voraus.[47] Während der Planungsperiode, die meistens ein Jahr beträgt, werden die geplanten Selbstkosten der Erzeugnisse normalerweise nicht geändert. Veränderungen der Kostenstruktur werden durch Kostenabweichungen erfaßt und erst in der kurzfristigen Erfolgsrechnung den verursachenden Kostenträgergruppen zugeordnet.

Die Erstellung von Plankalkulationen ist *nur in Unternehmungen* mit standardisierten Produktarten möglich, da vor Beginn der Planungsperiode alle kalkulationsrelevanten Daten feststellbar sein müssen. Hierzu zählen insbesondere die Daten der technischen und qualitativen Produktgestaltung, des Materialverbrauchs und der

47 Vgl. *W. Kilger*, Flexible Plankostenrechnung, a.a.O., S. 580 ff. und die dort angegebene Literatur sowie *H. G. Plaut, H. Müller, W. Medicke*, Grenzplankostenrechnung und Datenverarbeitung, a.a.O., S. 204 ff.

Arbeitsablaufplanung. Diese Daten lassen sich bei Einzel- und Auftragsfertigung aber nicht für bestimmte Planungsperioden im voraus, sondern nur jeweils für erteilte Einzelaufträge ermitteln. Daher sind zeitraumbezogene Plankalkulationen bei Einzel- und Auftragsfertigung nicht anwendbar.

(2) In einer Plankalkulation werden die Einzelmaterialkosten in der Weise geplant, daß man zunächst die in eine Kalkulationseinheit eingehenden Nettoverbrauchsmengen ermittelt.[48] Erhöht man diese um Planzuschläge für Abfälle und sonstige Mengenverluste, so erhält man die Planbruttoverbrauchsmengen. Werden Rohstoffmischungen eingesetzt, so erfordert der Aufbau von Plankalkulationen die Festlegung von Standardrezepturen, welche die mengenmäßigen Relationen der Mischungsbestandteile angeben. Bewertet man die geplanten Bruttoverbrauchsmengen mit den zugehörigen Planpreisen, so erhält man die Planeinzelmaterialkosten pro Kostenträgereinheit. Auf diese werden geplante Materialgemeinkosten verrechnet. Die Kalkulation der Fertigungskosten erfolgt mit Hilfe der im Zuge der Kostenplanung festgelegten Bezugsgrößen. Hierzu müssen für alle Arbeitsgänge, die eine Kostenträgereinheit beansprucht, Planbezugsgrößen pro Kostenträgereinheit festgelegt werden, z. B. Ftg.-Min./Stck., Rüst-Min./Stck., m^2/Stck. usw. Die Fertigungslöhne und die Fertigungsgemeinkosten werden meistens in den geplanten Kostensätzen der Fertigungsstellen zusammengefaßt. Fallen Sondereinzelkosten der Fertigung an, z. B. Kosten für Spezialwerkzeuge oder Produktionslizenzen, so werden diese Kosten für jede Produktart direkt geplant. Die Plankosten des Verwaltungs- und Vertriebsbereichs werden mit Hilfe prozentualer Planverrechnungssätze auf die geplanten Herstell- oder Fertigungskosten bezogen. Hierbei werden insbesondere die Vertriebsgemeinkosten weitgehend nach Kostenträgergruppen differenziert. Die Sondereinzelkosten des Vertriebs wiederum werden mittelbar pro Kalkulationseinheit festgelegt. Für die Verpackungsmaterialkosten sollte man zunächst Sonderkalkulationen pro Verpackungseinheit (z. B. pro Karton oder Kiste) erstellen und die hierdurch ermittelten Kosten anschließend durch die in einer Verpackungseinheit enthaltenen Kalkulationseinheiten dividieren. Verkaufsprovisionen werden prozentual auf die geplanten Verkaufspreise bezogen. Da die Provisionssätze meistens nach Absatzgebieten, Vertreterbezirken, dem erzielten Gesamtumsatz und sonstigen nicht kostenträgerbezogenen Merkmalen differenziert sind, lassen sich beim Aufbau der Plankalkulationen nur durchschnittliche Provisionskosten vorgeben. Das gleiche gilt für die kalkulatorische Verrechnung von Frachtkosten.

(3) Die Plankalkulationen sollten grundsätzlich als *Grenzkostenkalkulationen* (auch Proportionalkostenkalkulationen genannt) aufgebaut werden, da nur die beschäftigungsabhängigen Kosten für den Aufbau und die nachträgliche Kontrolle der kurzfristigen Planung relevant sind. In vielen Unternehmungen, die mit einer Grenzplankostenrechnung arbeiten, werden aber aus den folgenden Gründen zugleich auch geplante Vollkosten kalkuliert. Vollkosten sind z. B. erforderlich, wenn eine Unternehmung Lieferungen und Leistungen für öffentliche Auftraggeber erstellt, die zu Selbstkostenerstattungspreisen abgerechnet werden.[49] Weiterhin

48 Zur Planung der Einzelmaterialkosten vgl. *W. Kilger*, Flexible Plankostenrechnung, a.a.O., S. 227 ff.

49 Vgl. hierzu unsere Ausführungen über die Selbstkostenpreis-Kalkulation für öffentliche Aufträge in Kapitel 5134.

werden die vollen Herstellungskosten für die steuerliche Bewertung der Halb- und Fertigerzeugnisbestände benötigt, sofern das Finanzamt keine globalen Fixkostenzuschläge auf die zu Grenzherstellkosten bewerteten Bestände zuläßt. Gehört eine Unternehmung als Tochtergesellschaft zu einem Konzern, deren Zentralverwaltung Kostenberichte auf Vollkostenbasis verlangt, oder nimmt sie an Betriebsvergleichen teil, die nach dem Vollkostenprinzip aufgebaut sind, so müssen auch aus diesen Gründen parallele Vollkostenkalkulationen erstellt werden. Ein letzter Grund für die Ermittlung geplanter Vollkosten ist die Preispolitik. Die erzielbaren Verkaufspreise haben zwar keinerlei Beziehungen zu den Selbstkosten, sondern sind ausschließlich von Marktgegebenheiten abhängig, dennoch wollen viele Geschäftsleitungen wissen, wie viele fixe Kosten auf die einzelnen Produktarten entfallen, wenn man sie mit Hilfe der für die Verrechnung der proportionalen Kosten gültigen Bezugsgrößen kalkulatorisch verrechnet. Rational läßt sich der Wunsch nach Information über die Vollkosten nicht begründen, er ist aber in Anbetracht der Unsicherheit der Marktdaten verständlich. Allerdings darf man den Informationsgehalt der Vollkosten nicht überschätzen; für die Bestimmung von Preisuntergrenzen und die Steuerung des Verkaufsprogramms sind stets nur Grenzkosten relevant.

Der *Grenzkostenbegriff*, den der Kostenrechner in der Praxis für Plankalkulationen verwendet, die nur beschäftigungsabhängige Kosten enthalten, stimmt zwar grundsätzlich mit dem Grenzkostenbegriff der Produktions- und Kostentheorie überein, hierbei sind aber mehrere Prämissen zu beachten, die der Kostenplanung und dem Aufbau der Plankalkulationen zugrunde liegen.

Erstens basiert die Kostenplanung einer Plankostenrechnung auf der Annahme *linearer Sollkostenfunktionen*. Diese Prämisse ist wirklichkeitsnah, da sich die meisten Kostenstellen zeitlich an Beschäftigungsschwankungen anpassen lassen. Ist die Prämisse linearer Sollkostenfunktionen erfüllt, so stimmen die Grenzselbstkosten mit den durchschnittlichen variablen Selbstkosten überein. In Engpaßsituationen treten aber auch in Kostenstellen, die sich zeitlich anpassen können, progressive Kosten in Form von Mehrarbeitszuschlägen oder Mehrkosten intensitätsmäßiger Anpassungsprozesse auf. Diese werden entweder bei der Kostenplanung nicht berücksichtigt oder mit Hilfe durchschnittlicher Kostenvorgaben künstlich linearisiert. Im ersten Fall gehen sie in die Kostenstellenabweichungen ein, im zweiten Fall enthalten die Plankalkulationen durchschnittliche Anteile dieser Kosten. Für die Steuerung kapazitätserhöhender Anpassungsprozesse sind die Plankalkulationen in beiden Fällen nicht geeignet. Hierfür sind spezielle Entscheidungsmodelle erforderlich, welche die Mehrkosten des jeweiligen Einzelfalles explizit enthalten.[50]

Zweitens muß man beim Grenzkostenbegriff der Plankostenrechnung berücksichtigen, daß die Materialverbrauchsmengen mit *Planpreisen* und die Arbeitszeiten mit *geplanten Löhnen* bzw. *Gehältern* bewertet werden. Hierbei handelt es sich um geplante Durchschnittswerte, die jeweils für eine bestimmte Planungsperiode, meistens für ein Jahr, gelten. Da sich die Preise und Löhne im Zeitablauf verändern, müssen für kürzere Zeiträume oftmals andere Wertansätze geplant werden. Wird einer Unternehmung z. B. für das letzte Quartal eines Geschäftsjahres ein Zusatzauftrag angeboten, so müssen die jahresbezogenen Plankalkulationen der betreffen-

50 Zu Entscheidungsmodellen für die optimale Steuerung kapazitätserhöhender Anpassungsprozesse vgl. *W. Kilger*, Optimale Produktions- und Absatzplanung, a.a.O., S. 203 ff.

den Produktmengen an das erwartete Preis- und Lohnniveau dieses Zeitraumes angepaßt werden. Die jahresbezogenen Plankalkulationen geben nur für solche Entscheidungen die relevanten Grenzkosten an, deren Entscheidungszeitraum mit der Gültigkeitsdauer der geplanten Preise und Lohnsätze übereinstimmt. Für kürzerfristige Entscheidungen müssen sie um geplante Preis- und Tarifabweichungen korrigiert werden.

Drittens ist zu beachten, daß die im Zuge der Kostenplanung durchzuführende Auflösung in fixe und proportionale Kosten davon abhängt, welcher *Fristigkeitsgrad in bezug auf die Anpassung an Beschäftigungsschwankungen* gewählt wird. Hiervon wird insbesondere die Kostenauflösung der Personalkosten beeinflußt. Meistens wählt man in einer Plankostenrechnung den Fristigkeitsgrad so, daß die Löhne aller Arbeiter, die innerhalb von sechs Monaten und die Gehälter aller Angestellten, die innerhalb eines Jahres an Beschäftigungsschwankungen angepaßt werden können, den proportionalen Kosten zugeordnet werden. Dieser Anpassungsspielraum entspricht in etwa der jährlichen Planungsperiode und führt daher für alle jahresbezogenen Entscheidungen zu den hierfür relevanten Grenzkosten. Sind dagegen Entscheidungen für kürzere Planungsperioden zu treffen, z. B. über die Annahme eines Zusatzauftrages für drei Monate oder die Lösung von Verfahrenswahlproblemen jeweils für einen Monat im voraus, so sind hierfür Grenzkostenkalkulationen erforderlich, denen ein geringerer Fristigkeitsgrad zugrunde liegt und die daher zu entsprechend niedrigeren Grenzkosten führen. Damit die Grenzplankostenrechnung auch für solche Entscheidungen die relevanten Kosten zur Verfügung stellen kann, haben wir an anderer Stelle vorgeschlagen, die Kostenplanung nach mehreren Fristigkeitsgraden zu differenzieren, denen unterschiedliche Grenzkostensätze entsprechen.[51] Da bei diesem Verfahren die relevanten Kosten jeweils an unterschiedlich lange Planungszeiträume angepaßt werden können, sofern man auch die geplanten Preise und Lohnsätze entsprechend korrigiert, haben wie hierfür die Bezeichnung *dynamische Grenzplankostenrechnung* vorgeschlagen. Auch bei der dynamischen Grenzplankostenrechnung sollten aber die jahresbezogenen Plankalkulationen die Basiskalkulationen bleiben, da die Unternehmung im Regelfall so disponieren muß, daß ihr eine weitgehende Anpassung des Personalbestandes an Beschäftigungsschwankungen gelingt. Kürzerfristige Entscheidungen sollten Ausnahmefälle bleiben, für die entsprechende Sonderkalkulationen zu erstellen sind.

Viertens wird der Grenzkostenbegriff der Plankostenrechnung dadurch eingeengt, daß beim Aufbau der Plankalkulationen *Entscheidungen der Produktionsvollzugsplanung vorweggenommen werden* müssen, über die später oftmals anders entschieden wird. Stehen z. B. für einen Arbeitsgang zwei Verfahren zur Verfügung, so gibt es kalkulatorisch folgende Möglichkeiten. Rechnet der Kalkulator mit freien Kapazitäten, so wird er jeweils das Verfahren mit den niedrigsten Grenzfertigungskosten wählen. Erwartet er dagegen Engpaßsituationen, in denen auch das ungünstigere Verfahren eingesetzt werden muß, so müßte er entweder Alternativkalkulationen erstellen, oder aus den Grenzfertigungskosten beider Verfahren einen gewogenen Mittelwert errechnen. Meistens kann aber beim Aufbau der Plankalkula-

51 Vgl. *W. Kilger*, Die Entstehung und Weiterentwicklung der Grenzplankostenrechnung als entscheidungsorientiertes System der Kostenrechnung, in: Schriften zur Unternehmensführung, hrsg. v. *H. Jacob*.

tionen noch nicht vorhergesehen werden, ob und in welchem Umfang Engpässe auftreten. Daher berücksichtigt man in den Plankalkulationen meistens grundsätzlich das kostengünstigste Verfahren und erfaßt sog. Verfahrensabweichungen, sofern später ein anderes Verfahren eingesetzt werden muß.[52] Entsprechend geht der Kalkulator im Falle von anderen Wahlproblemen des Produktionsvollzugs vor, so z. B. bei der Wahl zwischen Eigenerstellung und Fremdbezug, dem Einsatz von Lohnarbeit und der Bestimmung von Seriengrößen. Er muß sich immer für *eine* Alternative entscheiden, wenn er eine Vielzahl von Alternativkalkulationen vermeiden will. In bezug auf die vielschichtigen Wahlprobleme der kurzfristigen Produktionsvollzugsplanung ist daher die jahresbezogene Plankalkulation meistens nicht differenziert genug, so daß die hierfür relevanten Grenzkosten in den Entscheidungsmodellen der Produktionsvollzugsplanung explizit ausgewiesen werden müssen.[53]

Unsere Ausführungen haben gezeigt, daß die Plankalkulationen einer Grenzplankostenrechnung nur zeitraumbezogene Grenzselbstkosten ermitteln, die unter den Prämissen gelten, die der jährlichen Kostenplanung zugrunde liegen. Für Entscheidungen, die von diesen Prämissen abweichen, sind Sonderkalkulationen erforderlich.

5134. Die Selbstkostenpreis-Kalkulation für öffentliche Aufträge

(1) Für die bisher behandelten Kalkulationsarten gelten keinerlei staatliche Vorschriften, sondern lediglich die Grundsätze einer ordnungsgemäßen Kostenrechnung, wie sie sich in der Kostenrechnungspraxis und der betriebswirtschaftlichen Literatur herausgebildet haben. Beliefert eine Unternehmung staatliche Auftraggeber mit Gütern, für die sich keine Marktpreise finden lassen, oder hat der Staat den Marktpreismechanismus außer Kraft gesetzt, so treten an die Stelle der Marktpreise Selbstkostenpreise, die mit Hilfe von *Selbstkostenpreis-Kalkulationen* bestimmt werden müssen. Unter Selbstkostenpreisen versteht man die betriebsindividuellen Kosten einer Unternehmung, die auf einen bestimmten Auftrag entfallen, zuzüglich eines vom Staat festgelegten Gewinnzuschlags. Da die Erstattung von Selbstkostenpreisen jeden Anreiz zur Kostensenkung nimmt, wird häufig festgelegt, daß nur „angemessene", d. h. bei „wirtschaftlicher Betriebsführung", anfallende Kosten in die Selbstkostenpreis-Kalkulationen einbezogen werden dürfen. Weiterhin erfordern Selbstkostenpreise *einheitliche Richtlinien* für die Erfassung und Bewertung des Faktorverbrauchs, die Zulässigkeit kalkulatorischer Kostenarten und den Kalkulationsaufbau. Nur so kann der Staat erreichen, daß ungerechtfertigt hohe Kosten vermieden und bei allen Konkurrenten vergleichbare Selbstkostenpreise

52 Zur Erfassung von Verfahrensabweichungen vgl. *W. Kilger*, Flexible Plankostenrechnung, a.a.O., S. 542 ff.

53 Wir haben aus diesem Grunde vorgeschlagen, die geplanten Grenzselbstkosten in relevante Kosten ersten und zweiten Grades zu zerlegen. Die relevanten Kosten ersten Grades hängen nur von der mengenmäßigen Zusammensetzung des Produktionsprogramms ab. Die relevanten Kosten zweiten Grades werden dagegen darüber hinaus auch von den Entscheidungen der Produktionsvollzugsplanung beeinflußt. Im übrigen vgl. hierzu *W. Kilger*, Optimale . . . , a.a.O., S. 70 und 179.

ermittelt werden. Um die Einhaltung dieser Richtlinien zu gewährleisten, sind *nachträgliche Preisprüfungen* durch staatliche Stellen erforderlich.

In *Zentralverwaltungswirtschaften,* so z. B. in den Ostblockländern, wird auf den meisten Märkten die freie Preisbildung ausgeschlossen. Die Marktpreise werden entweder durch „politisch" festgelegte Preise, oder durch Selbstkostenpreise ersetzt. Für standardisierte Produkte, die von mehreren Betrieben angeboten werden, geht man meistens nicht von *betriebsindividuellen Selbstkostenpreisen* sondern von *Einheits- und Gruppenpreisen* aus, die der Kostenstruktur eines normal wirtschaftlichen Durchschnittsbetriebes entsprechen. Bei Einzel- und Auftragsfertigung müssen die Selbstkostenpreise dagegen stets aus den betriebsindividuellen Selbstkosten abgeleitet werden.

In *marktwirtschaftlich orientierten Volkswirtschaften* gilt der Grundsatz, daß nicht nur für private, sondern auch für öffentliche Aufträge Marktpreisen der Vorzug vor Selbstkostenpreisen zu geben ist. Nur für nicht marktgängige Güter, für die es auch keine vergleichbaren Güter gibt, werden Selbstkostenpreise vereinbart. Existieren dagegen vergleichbare Produkte auf dem Markt, so wird versucht, aus deren Marktpreise durch Zu- oder Abschläge analoge Preise abzuleiten, bevor der öffentliche Auftraggeber zu Selbstkostenpreisen übergeht. Erscheint dem öffentlichen Auftraggeber der Marktpreis eines Produktes infolge einer Mangellage oder als Folge von Wettbewerbsbeschränkungen als überhöht, so wird er allerdings versuchen, trotz der Existenz eines Marktpreises, zum niedrigeren Selbstkostenpreis abzuschließen. Tendenziell kann man sagen, daß öffentlichen Aufträgen bei standardisierten Produkten meistens Marktpreise, bei Einzel- und Auftragsfertigung dagegen Selbstkostenpreise zugrunde liegen. Letztere werden vor allem bei Forschungs- und Entwicklungsaufträgen vereinbart, und zwar gelegentlich auch mit privaten Auftragsgebern, da die Kosten solcher Aufträge nicht mit genügender Genauigkeit vorkalkuliert werden können.

(2) In Deutschland führten die *staatliche Beeinflussung der* Wirtschaft zur Zeit des Dritten Reiches und das relativ große Volumen öffentlicher Aufträge zwangsläufig zu Vorschriften über die Gestaltung und Durchführung des betrieblichen Rechnungswesens.[54] Zunächst wurden Vorschriften erlassen, die zur Vereinheitlichung der Finanzbuchhaltung dienten und die Kostenrechnung nur sekundär berührten. Hierzu zählen der *Wirtschaftlichkeitserlaß* vom 12. 12. 1936 und die *Richtlinien zur Organisation der Buchführung* vom 11. 11. 1937. In den Richtlinien wurden siebzehn Grundsätze zur Organisation der Buchführung festgelegt und ein einheitlicher Reichskontenrahmen vorgeschrieben, aus dem später hundert Branchenkontenrahmen entstanden.

Der nächste Schritt bestand in der Vereinheitlichung der Kostenrechnung. Nachdem ein Ausschuß des RKW die erforderlichen Vorarbeiten geleistet hatte, wurden im *Regierungserlaß über Allgemeine Grundsätze der Kostenrechnung* (Kostenrechnungsgrundsätze = KRG) vom 16. 1. 1939 Rahmenvorschriften für den Aufbau und die Durchführung der Kostenrechnung festgelegt. Insbesondere werden eine genaue Erfassung und die verursachungsgemäße Weiterverrechnung

54 Vgl. hierzu *K. H. Berger*, Stichwort: Grundsätze und Richtlinien für das Rechnungswesen der Unternehmungen, in: Handwörterbuch des Rechnungswesens, hrsg. v. *E. Kosiol*, Stuttgart 1970, Sp. 646 ff., insbesondere Sp. 650–653.

der Kosten verlangt. Neben der bereits früher eingeführten Abgrenzung neutraler Aufwendungen wird in den Kostenrechnungsgrundsätzen erstmalig die Verrechnung der kalkulatorischen Kostenarten präzisiert. Bei der verursachungsgemäßen Weiterverrechnung werden Einzel- und Gemeinkosten unterschieden. Für die Verrechnung und Kontrolle der Gemeinkosten fordern die Kostenrechnungsgrundsätze nach dem Verantwortungsprinzip gebildete Kostenstellen und geeignete Schlüsselgrößen. Als Kalkulationssätze werden neben Istkosten- auch Normalkostensätze zugelassen. Da die Kostenrechnungsgrundsätze noch terminologische Unklarheiten enthielten und den einzelnen Wirtschaftszweigen nach Ansicht der Behörden zu große Ermessensspielräume für den Aufbau der Kostenrechnung einräumten, legte die Reichsgruppe Industrie am 7. 3. 1942 *Allgemeine Regeln zur industriellen Kostenrechnung* (= KRR) fest. Hierin werden alle Teilgebiete der Kostenrechnung, insbesondere die Kostenarten-, die Kostenstellen- und die Kostenträgerrechnung detailliert dargestellt und mit Hilfe von Beispielen erläutert. Zugleich werden die kurzfristige Erfolgsrechnung und die Abgrenzung zwischen Finanzbuchhaltung und Kostenrechnung ausführlich behandelt. Bei der Kostengüterbewertung lösen sich KRR vom Anschaffungswertprinzip der Finanzbuchhaltung und fordern die Bewertung mit Tagespreisen oder mit gegenwartsnahen Verrechnungspreisen. Als erste Branchenanwendung der KRR erschienen am 7. 3. 1942 die Kostenrechnungsrichtlinien der eisen- und metallverarbeitenden Industrie (= KRRMe). Obwohl die KRR und die KRRMe primär aufgrund der Zielsetzung des Staates entstanden, Marktpreise durch Selbstkostenpreise zu ersetzen, sind sie für die weitere Entwicklung der Vollkostenrechnung in Deutschland von „richtungsweisender Bedeutung" gewesen. Diesen Vorschriften ist es zu verdanken, daß auf dem Gebiet der Kostenrechnung heute weitgehend einheitliche Begriffe verwendet und gleiche Grundprinzipien anerkannt werden.

Parallel zu den Vorschriften über die Vereinheitlichung des Rechnungswesens wurden im Dritten Reich *Verordnungen zur Preisbildung bei öffentlichen Aufträgen* erlassen.[55] In den *Richtlinien für die Preisbildung bei öffentlichen Aufträgen* (= RPO) vom 15. 11. 1938, die später durch die *Verordnung über die Preise bei öffentlichen Aufträgen* (= VPÖ) vom 11. 8. 1943 abgelöst wurden, werden die Anwendungsbereiche und die Arten der Selbstkostenpreise festgelegt. Als grundlegende Vorschrift, die den Aufbau und die kalkulatorische Ermittlung der Selbstkostenpreise regelt, wurden am 15. 11. 1938 die *Leitsätze für die Preisermittlung auf Grund der Selbstkosten bei Leistungen für öffentliche Auftraggeber* (= LSÖ) erlassen, denen am 25. 4. 1940 als Ergänzungsvorschrift für die Bauwirtschaft die *Leitsätze für die Preisermittlung auf Grund der Selbstkosten bei Bauleistungen für öffentliche Auftraggeber* (= LSBÖ) folgten. Im Gegensatz zu den KRR schreiben die LSÖ die Bewertung mit Anschaffungspreisen vor. Kalkulatorische Zinsen werden mit einem vorgegebenem Zinssatz in Höhe von 4,5 % in den Gewinnzuschlag einbezogen, der aus einer genormten Vergütung für das unternehmerische Risiko und einem angemessenen Leistungsgewinn bestehen soll. Die Ermittlung von Selbstkostenpreisen nach den LSÖ hat den Aufbau von Kalkulationen in der betrieblichen Praxis jahrzehntelang beeinflußt. „Ihre Anwendung bewirkte das

55 Vgl. *H. Diederich*, Der Kostenpreis bei öffentlichen Aufträgen, Heidelberg 1961, S. 14 ff. und *K. H. Berger*, Grundsätze und Richtlinien . . . a.a.O., Sp. 653.

Entstehen des sog. LSÖ-Denkens, einer starren Vollkostendeckungsphilosophie, geboren aus der Marktentwöhnung."[56]

(3) *Nach dem Zweiten Weltkrieg* wurde in der BRD die staatliche Beeinflussung der Wirtschaft weitgehend abgeschafft und eine *marktwirtschaftlich orientierte Wirtschaftsverfassung eingeführt.* Hieraus ergaben sich zwei Konsequenzen. Erstens wurden alle Bestrebungen zur Vereinheitlichung des Rechnungswesens zur Privatangelegenheit der Wirtschaft und ihrer Verbände. Zweitens wurden die Anwendungsbereiche von Selbstkostenpreisen stark zugunsten frei vereinbarter Marktpreise eingeschränkt.

Die Bestrebung zur Vereinheitlichung des Rechnungswesens wurden auf privater Basis fortgesetzt. Ausgehend von den alten Vorschriften legte der Ausschuß Betriebswirtschaft 1949 *Gemeinschaftsrichtlinien für die Buchhaltung* (= GRB) mit einem Gemeinschaftskontenrahmen industrieller Verbände (= GKR) und *Gemeinschafts-Richtlinien für die Kosten- und Leistungsrechnung* (= GRK) vor. Hierauf aufbauend veröffentlichte der Betriebswirtschaftliche Ausschuß des Bundesverbandes der Deutschen Industrie 1950 die *Gemeinschafts-Richtlinien für das Rechnungswesen* und 1971 den *Industrie-Kontenrahmen* (= IKR). Diese Arbeiten enthalten zwar viele wertvolle Anregungen, infolge ihrer Unverbindlichkeit beeinflussen sie aber die Gestaltung des Rechnungswesens in der Praxis nicht so intensiv wie die alten Vorschriften.

Die VPÖ und die LSÖ blieben zwar bis zum 31. 12. 1953 in Kraft, wurden aber in einigen Bundesländern durch regionale Regelungen ersetzt. Erst als der Umfang der öffentlichen Aufträge durch den allgemeinen Wirtschaftsaufschwung und den Aufbau der Bundeswehr zunahm, wurden neue, bundeseinheitliche Vorschriften erforderlich. Am 21. 11. 1953 wurden die VPÖ und die LSÖ mit Wirkung zum 1. 1. 1954 durch die *Verordnung PR 30/53 des Bundesministers für Wirtschaft über Preise bei öffentlichen Aufträgen* (= VPöA) und die *Leitsätze für die Preisermittlung auf Grund von Selbstkosten* (= LSP) ersetzt; die LSP erschienen als Anlage zur VPöA.[57] Auch für Bauleistungen wurden neue Verordnungen erlassen.

56 Vgl. *K. H. Berger*, Grundsätze und Richtlinien . . . a.a.O., Sp. 653.

57 Zur Kommentierung und betriebswirtschaftlichen Interpretation dieser Vorschriften vgl.: *C. H. Altmann*, Das öffentliche Auftragswesen, Stuttgart 1960; *R. Brückner*, Betriebswirtschaftliche Analyse der preisrechtlichen Vorschriften für öffentliche Aufträge in der Bundesrepublik Deutschland und den USA, Diss. Saarbrücken 1972; *H. Diederich*, Der Kostenpreis bei öffentlichen Aufträgen, a.a.O.; *H. Diederich*, Leitsätze für die Preisermittlung aufgrund von Selbstkosten (LSP), in: Handwörterbuch des Rechnungswesens, hrsg. von *E. Kosiol*, Stuttgart 1970, Sp. 1023–1031; *H. Ebisch* und *J. Gottschalk*, Preise und Preisprüfungen bei öffentlichen Aufträgen. Erläuterungsbuch, 2. Aufl., Berlin und Frankfurt 1969; *G. Fischer*, LSÖ-LSP Preis und Kosten, 2. Aufl., Heidelberg 1954; *E. Grochla*, Die Kalkulation von öffentlichen Aufträgen, Berlin 1954; *W. Kilger*, Die Verrechnung von Material-, Verwaltungs- und Vertriebsgemeinkosten in Kalkulationen zur Bestimmung von Selbstkostenpreisen für Aufträge mit atypischer Kostenstruktur, ZfB 1969, S. 475–496; *H. Michaelis* und *C. A. Rhösa*, Preisbildung bei öffentlichen Aufträgen einschließlich Beschaffungswesen. Kommentar, 2. Aufl., Stuttgart 1968; *M. E. Pribilla*, Kostenrechnung und Preisbildung. Das Recht der Preisbildung bei öffentlichen Aufträgen. Kommentar, München 1967 und *K. Zeiger*, Öffentlicher Auftrag und LSP-Kalkulation, Hamburg 1959. Weiterhin werden Spezialprobleme der Selbstkostenpreisermittlung für öffentliche Aufträge in zahlreichen Aufsätzen behandelt, auf die wir jedoch hier im einzelnen nicht hinweisen können.

Trotz mehrerer Einzeländerungen hat sich an der Konzeption der preisrechtlichen Vorschriften kaum etwas geändert; der Selbstkostenpreis ist ein betriebsindividueller Leistungspreis geblieben, wie er es bereits nach der LSÖ war.

Die VPöA räumt in § 1, Abs. 1, den nicht an die Kosten gebundenen Marktpreisen den unbedingten Vorrang vor Selbstkostenpreisen ein. Selbstkostenpreise dürfen nur für Aufträge vereinbart werden, „die nicht marktgängig sind und für die weder in allgemeinen noch in besonderen staatlichen Vorschriften ein Preis festgesetzt ist."[58] Weiterhin sind Selbstkostenpreise für Leistungen zulässig, „bei denen eine Mangellage vorliegt oder der Wettbewerb auf der Anbieterseite beschränkt ist und hierdurch die Marktpreise ‚nicht nur unerheblich' beeinflußt sind."[59] Gibt es für eine nicht marktgängige Leistung eine vergleichbare Leistung auf dem Markt, so soll der Preis der nicht marktgängigen Leistung aus dem Marktpreis dieser Leistung durch Zu- oder Abschläge abgeleitet werden. Steht hierfür kein geeigneter Maßstab zur Verfügung, „so sind die Zu- oder Abschläge notfalls nach den Mehr- oder Minderkosten gegenüber den marktgängigen Leistungen zu bemessen."[60] Erst wenn sich keine Preisvorstellungen aus Marktdaten ableiten lassen, ist die Vereinbarung von Selbstkostenpreisen zulässig.

Nach § 6 und § 7 der VPöA werden drei *Arten von Selbstkostenpreisen* unterschieden, und zwar Selbstkostenfestpreise, Selbstkostenrichtpreise und Selbstkostenerstattungspreise. Nach Möglichkeit sind *Selbstkostenfestpreise* zu vereinbaren, d. h. Preise, die sich aus verbindlichen Vorkalkulationen ableiten lassen. Der *Selbstkostenrichtpreis* ist nur eine vorläufige Stufe des Preises, er wird nach einer bestimmten Zeit entweder in einen Selbstkostenfestpreis oder einen Selbstkostenerstattungspreis umgewandelt. Nach § 7 VPöA dürfen *Selbstkostenerstattungspreise* nur ermittelt werden, wenn eine andere Preisermittlung nicht möglich ist. Hierbei kann die Höhe der Kosten ganz oder teilweise durch Vereinbarung begrenzt werden. Soweit es die Verhältnisse des Auftrages ermöglichen, soll in Vereinbarungen über Selbstkostenerstattungspreise vorgesehen werden, daß für einzelne Kalkulationsbereiche feste Sätze gelten. Selbstkostenerstattungspreise werden mit Hilfe der Nachkalkulation bestimmt.

Die *Ermittlung der Selbstkostenpreise* ist im einzelnen in den LSP geregelt, deren Kalkulationsvorschriften nur in Einzelheiten von den LSÖ abweichen. Die wichtigsten Unterschiede bestehen darin, daß bei der Abschreibungsberechnung eine Bewertung zu Wiederbeschaffungspreisen zulässig ist, daß Lagerentnahmen mit gegenwartsnahen Verrechnungspreisen bewertet werden dürfen und daß der Gesetzgeber die kalkulatorischen Zinsen nicht mehr als Gewinnbestandteil ansieht. Sie dürfen nunmehr mit einem Höchstsatz in die Gemeinkosten einbezogen werden, der vom Bundesminister der Wirtschaft im Einvernehmen mit dem Bundesminister der Finanzen festgelegt wird.

Nach Nr. 4, Satz 1, der LSP sind die Kosten aus Menge und Wert der für die Leistungserstellung verbrauchten Güter in Anspruch genommenen Dienste zu ermitteln. Hierbei dürfen nach Nr. 4, Satz 2, nur diejenigen Kosten berücksichtigt werden, „die bei wirtschaftlicher Betriebsführung zur Erstellung der Leistungen entstehen." Nach H. Ebisch und J. Gottschalk liegt unwirtschaftliche Betriebs-

58 Vgl. hierzu *H. Diederich*, Der Kostenpreis . . . , a.a.O., S. 57 ff.

59 Vgl. *H. Diederich*, Der Kostenpreis . . . , a.a.O., S. 58.

60 Vgl. *H. Diederich*, Der Kostenpreis . . . , a.a.O., S. 58 und 59.

führung dann vor, „wenn der Auftragnehmer auf irgendeinem für die Selbstkostenpreisermittlung des öffentlichen Auftrages wesentlichen Gebiet versäumt, in seinem Betrieb dem wirtschaftlichen Prinzip im Rahmen der technischen und wirtschaftlichen Gegebenheiten Geltung zu verschaffen."[61] Hierbei ist aber nicht von einem Idealbetrieb, sondern von den individuellen Verhältnissen im Betrieb des Auftragnehmers auszugehen. Da die Selbstkostenpreisermittlung nach den LSP zwangsläufig eine Vollkostenkalkulation sein muß[62], hängen die Selbstkosten von der Beschäftigung ab. Weder die LSÖ noch die LSP enthalten Vorschriften darüber, welche Beschäftigung bei der Bildung von Kalkulationssätzen zugrundezulegen ist. „Aufgrund der damaligen Situation" setzten die LSÖ aber „Vollbeschäftigung voraus und berücksichtigen grundsätzlich nur die auf dieser Basis ermittelten Kosten."[63] Nach den LSP ist aber von der jeweilig gegebenen Beschäftigung auszugehen, sofern die Unterbeschäftigung nicht „auf mangelhafte Wahrnehmung der Unternehmerfunktion" zurückzuführen ist. Nach vorherrschender Ansicht der Kommentatoren sollte aber auch bei Unterbeschäftigung, die auf marktbedingte Ursachen zurückzuführen ist, der Kostenprogression nicht beliebiger Einfluß auf die Kalkulationsergebnisse eingeräumt werden.[64] Objektive Maßstäbe für die Festlegung von Beschäftigungsuntergrenzen lassen sich jedoch nicht angeben. Nach Ansicht von H. Ebisch und J. Gottschalk wird jedoch in der Regel „die Unterschreitung eines Beschäftigungsgrades von 60 % Anlaß zu der Überlegung geben, ob und ggf. welche Korrektur der Kosten preisrechtlich erforderlich ist."[65]

Grundsätzlich entspricht der Ermittlung von Selbstkostenerstattungspreisen die Istkostenrechnung am besten, die LSP läßt einer Unternehmung aber die Freiheit, jedes Kostenrechnungsverfahren zu verwenden, das den Grundsätzen einer ordnungsgemäßen Kostenrechnung entspricht. Im Falle der Normal- oder Plankostenrechnung ist aber zur Ermittlung von Selbstkostenerstattungspreisen eine verursachungsgemäße Abweichungsverteilung erforderlich. Dafür stellen diese Verfahren genormte bzw. geplante Kalkulationssätze für im voraus zu kalkulierende Selbstkostenfestpreise zur Verfügung, die in einer Istkostenrechnung fehlen. Wird eine Grenzplankostenrechnung durchgeführt, so müssen für öffentliche Aufträge parallele Vollkostensätze gebildet werden.

61 Vgl. *H. Ebisch* und *J. Gottschalk*, Preise und Preisprüfungen ..., a.a.O., S. 173 und 174.

62 Theoretisch könnten Selbstkostenpreiskalkulationen auch Grenzkostenkalkulationen sein. Dies würde aber voraussetzen, daß es dem Staat gelingt, Deckungsbeiträge zu bestimmen, die der Kostenstruktur des Auftragsnehmers entsprechen und zu einem angemessenen Nettogewinn führen. Dies dürfte aber in der Praxis nicht möglich sein, da über das Rechnen mit Deckungsbeiträgen noch nicht genügend Erfahrungswerte bekannt sind.

63 Vgl. *H. Ebisch* und *J. Gottschalk*, Preise und Preisprüfungen ..., a.a.O., S. 174. Die Übernahme der Kosten der Unterbeschäftigung in den Selbstkostenpreis wurde nach der damaligen Praxis nur dann als gerechtfertigt angesehen, wenn es sich um Erzeugungskapazitäten handelte, die nicht aus der Unternehmerinitiative heraus, sondern auf Veranlassung öffentlicher Auftraggeber geschaffen worden waren.

64 Vgl. *H. Ebisch* und *J. Gottschalk*, Preise und Preisprüfungen ..., a.a.O., S. 175.

65 Vgl. *H. Ebisch* und *J. Gottschalk*, Preise und Preisprüfungen ..., a.a.O., S. 176. Die Verfasser geben jedoch leider nicht an, auf welche Kapazität sich der Prozentsatz von 60 % bezieht. Hierbei könnte es sich z. B. um die Maximalkapazität bei vollem Dreischichtbetrieb oder die Kapazität bei vollbeschäftigtem Zweischichtbetrieb (mit oder ohne Überstunden) handeln. Wir neigen der Ansicht zu, daß 60 % des vollbeschäftigten Zweischichtbetriebs ohne Überstundeneinsatz als eine angemessene Beschäftigungsuntergrenze angesehen werden kann.

Im Abschnitt III regelt die LSP die *Erfassung und Verrechnung der einzelnen Kostenarten* einschließlich der zu verwendenden Wertansätze. Besondere Beachtung verdienen die ausführlichen Vorschriften über die Berücksichtigung kalkulatorischer Kostenarten, zu denen neben kalkulatorischen Abschreibungen und Zinsen auch kalkulatorische Wagniskosten für leistungsbedingte Einzelwagnisse zählen.

Abschließend wird die *Gewinnberechnung* geregelt. Nach Nr. 51 LSP werden im kalkulatorischen Gewinn das allgemeine Unternehmerwagnis und ein Leistungsgewinn abgegolten. Das *Entgelt für das allgemeine Unternehmerwagnis* ist in einem Hundertsatz vom betriebsnotwendigen Vermögen oder in einem Hundertsatz vom Umsatz oder in einer Summe von zwei solchen Hundertsätzen oder in einem festen Betrag zu bemessen. Der Bundesminister für Wirtschaft kann hierfür Richt- oder Höchstsätze festlegen. Ein *Leistungsgewinn* darf nur berechnet werden, wenn er zwischen dem Auftraggeber und dem Auftragnehmer vereinbart wurde. Da der Bundesminister für Wirtschaft bisher keine Richt- oder Höchstsätze festgelegt hat, wird sowohl die Bemessung des allgemeinen Unternehmerwagnisses als auch die Höhe des Leistungsgewinns der freien Vereinbarung überlassen.

Meistens wird bei der *Berechnung der Vergütung für das allgemeine Unternehmerwagnis* ein kombinierter Zuschlag auf das betriebsnotwendige Vermögen und den Umsatz verwendet, wobei man vom sog. „Selbstkostenumsatz“ ausgeht, weil dieser eine bessere Zuschlagsbasis als der eigentliche Umsatz ist.[66] Für den Zuschlagssatz auf die Selbstkosten (ohne Gewinnzuschlag) erhält man folgende Bestimmungsgleichung:

$$\text{(139)} \quad \begin{array}{l}\text{Kombinierter}\\ \text{Zuschlagssatz}\\ \text{auf die SK}\end{array} = Z_S + \left(Z_V : \frac{\text{Selbstkostenumsatz}}{\text{Betriebsnotw. Vermögen}} \right)$$

wobei Z_S den prozentualen Zuschlag auf die Selbstkosten und Z_V den prozentualen Zuschlag auf das betriebsnotwendige Vermögen angibt. Die Relation des Selbstkostenumsatzes zum betriebsnotwendigen Vermögen kennzeichnet den Vermögensumschlag. In der Praxis werden für Z_S 1,5 % und für Z_V 3,5 % angesetzt; diese Sätze sind aber nicht verbindlich.[67] Bei einem Vermögensumschlag von 1 erhält man einen kombinierten Zuschlag auf die Selbstkosten von 5,0 %, beträgt der Vermögensumschlag dagegen 2, so sinkt der kombinierte Zuschlagssatz auf 3,25 % usw. Für die kombinierten Zuschlagssätze werden in der Praxis meistens Tabellen angelegt.[68]

Für die *Bemessung des Leistungsgewinns* schreiben die LSP keine bestimmten Methoden vor. Am zweckmäßigsten dürfte es sein, den Leistungsgewinn prozentual auf die Selbstkosten zu beziehen und hierbei von betriebsüblichen Gewinnmargen auszugehen, die jedoch bei den Preisverhandlungen je nach der Auftrags- und Konjunkturlage über- oder unterschritten werden können.

66 Vgl. *H. Ebisch* und *J. Gottschalk*, Preise und Preisprüfungen . . . , a.a.O., S. 384.
67 Vgl. *H. Ebisch* und *J. Gottschalk*, Preise und Preisprüfungen . . . , a.a.O., S. 384.
68 Vgl. *H. Ebisch* und *J. Gottschalk*, Preise und Preisprüfungen . . . , a.a.O., S. 385.

52. Die Kalkulationsverfahren

521. *Kalkulationsverfahren für einteilige Erzeugnisse*

5211. Die Divisionskalkulation

(1) Die Bezeichnung *Kalkulationsverfahren* wollen wir als Oberbegriff für die Art, die Anzahl und die Abfolge der beim Aufbau einer Kalkulation durchzuführenden Rechenoperation verwenden. Durch das Kalkulationsverfahren wird der rechnerische Aufbau einer Kalkulation determiniert. In den folgenden Kapitel werden wir die in der Praxis üblichen Kalkulationsverfahren mit Hilfe einfacher Formeln darstellen und ihre Anwendung durch Zahlenbeispiele erläutern.[69]

Die *Kalkulationsverfahren sind unabhängig von der Kalkulationsart* und dem System der Kostenrechnung, da sie nur den rechnerischen Kalkulationsaufbau, nicht aber den Inhalt der zu kalkulierenden Kosten festlegen. Sie gelten in gleicher Weise für Vor-, Nach- und Plankalkulationen sowie für Grenz- und Vollkostenkalkulationen. Bei öffentlichen Aufträgen sind die jeweils für eine Unternehmung geeigneten Kalkulationsverfahren zulässig.[70] Wir werden daher bei der folgenden Darstellung der Kalkulationsverfahren die Frage offenlassen, ob es sich bei den zu kalkulierenden Kosten um Ist-, Normal- oder Plankosten bzw. um Voll- oder Grenzkosten handelt.

Wesentlich *beeinflußt werden die Kalkulationsverfahren dagegen von der Produktzahl*, d. h. dem Differenzierungsgrad der Produktionsprogramms, dem *Produktaufbau* und den *Produktionsverfahren.* Tendenziell nimmt der Schwierigkeitsgrad der Kalkulation mit der Anzahl verschiedener Produkte zu. Bei Massenproduktion sind die Kalkulationsverfahren meistens einfacher als bei Sorten- oder Serienproduktion, bei Einzel- und Auftragsfertigung erreichen sie ihren größten Schwierigkeitsgrad. Einteilige Stückgüter oder Fließprodukte, wie Flüssigkeiten, Gase, pul-

69 Zu den Kalkulationsverfahren vgl. *K. F. Bussmann*, Industrielles Rechnungswesen, Stuttgart 1963, S. 84 ff.; *K. Chmielewicz*, Betriebliches Rechnungswesen, Bd. 2, Erfolgsrechnung, Hamburg 1973, S. 230 f.; *E. Gau*, Handbuch der praktischen Betriebsabrechnung, Stuttgart 1965, S. 20 ff.; *J. Greifzu*, Das Rechnungswesen, a.a.O., S. 364 ff.; *H. W. Hennig*, Kalkulationsformen in der Industrie, Betriebswirtschaftliche Forschung und Praxis 1950, S. 66 ff.; *F. Henzel*, Die Kostenrechnung, 4. Aufl., Essen 1964, S. 159 ff.; *H. Jost*, Kosten- und Leistungsrechnung, Wiesbaden 1974, S. 51 ff.; *W. Kalveram*, Industrielles Rechnungswesen, 6. Aufl., Wiesbaden 1968, S. 336 ff.; *W. Kilger*, Betriebliches Rechnungswesen in: Allgemeine Betriebswirtschaftslehre in programmierter Form, hrsg. von *H. Jacob*, Wiesbaden 1969, S. 889 ff.; *W. Kilger*, Flexible Plankostenrechnung, a.a.O., S. 580 ff.; *E. Kosiol*, Divisionsrechnung, Frankfurt 1949, S. 7 ff.; *E. Kosiol*, Kostenrechnung, Wiesbaden 1964, S. 203 ff.; *M. R. Lehmann*, Industrie-Kalkulation, 5. Aufl., Stuttgart 1964, S. 282 ff.; *K. Mellerowicz*, Neuzeitliche Kalkulationsverfahren, 5. Aufl., Freiburg 1972; *K. Mellerowicz*, Kosten und Kostenrechnung, Band 2/2. Teil, a.a.O., S. 2 ff.; *A. Müller*, Grundzüge der industriellen Kosten- und Leistungserfolgsrechnung, Köln und Opladen 1955, S. 188 ff.; *E. Schmalenbach*, Selbstkostenrechnung und Preispolitik, 8. Aufl., bearbeitet von *E. Bauer*, Köln und Opladen 1963, S. 369 ff.; *A. Schnettler*, Das Rechnungswesen industrieller Betriebe, 4. Aufl., Wolfenbüttel 1949, S. 204 ff.; *H. Vormbaum*, Kalkulationsarten und Kalkulationsverfahren, 2. Aufl., Stuttgart 1970, S. 34 ff.

70 In Nr. 5 der Leitsätze für die Preisermittlung aufgrund von Selbstkosten (LSP) werden das Divisionsverfahren, das Zuschlagsverfahren und Mischformen ausdrücklich als zulässige Kalkulationsverfahren hervorgehoben.

verisierte Stoffe, Meterware usw., lassen sich leichter kalkulieren als Erzeugnisse, die aus mehreren oder gar vielen Einzelteilen bestehen. Weiterhin nimmt der Schwierigkeitsgrad der Kalkulation mit der Zahl der aufeinander folgenden Produktionsstufen und Arbeitsgänge zu. Besondere Kalkulationsprobleme entstehen, wenn Kuppelproduktion vorliegt, d. h. Produktionsprozesse zwangsläufig zu mehreren Produkten (= Kuppelprodukten) führen.

(2) In diesem Kapitel wollen wir uns auf Kalkulationsverfahren beschränken, die bei folgenden *Voraussetzungen* anwendbar sind.[71] Erstens wollen wir davon ausgehen, daß nur *einteilige Produkte* zu kalkulieren sind. Hierbei kann es sich entweder um einteilige Stückgüter, wie z. B. Schrauben, Stangen, Einzelteile usw. oder um Fließgüter, wie z. B. Flüssigkeiten, Gase, pulverisierte Stoffe, Meterware usw. handeln. Weiterhin wird unterstellt, daß die Unternehmung *nur ein Produkt* herstellt; hiermit ist zugleich *Kuppelproduktion ausgeschlossen,* da hier mindestens zwei Produkte anfallen. Einproduktfälle sind in der Praxis relativ selten. Beispiele sind ein Elektrizitätswerk, eine Brauerei, die nur eine Sorte Bier herstellt und ein Zementwerk, das nur eine Zementsorte produziert.[72] Sind die obigen Voraussetzungen erfüllt, so kann man die Stückkosten einfach dadurch bestimmen, daß man die Kosten der Kalkulationsperiode (= Monat, Quartal oder Jahr) durch die zugehörigen Produktions- bzw. Absatzmengen dividiert. Dieses Verfahren wird daher als *Divisionskalkulation* bezeichnet. Im einzelnen lassen sich die folgenden Unterformen der Divisionskalkulation unterscheiden.

Sind neben den oben genannten Voraussetzungen folgende weitere Voraussetzungen erfüllt, so läßt sich die *einstufige Divisionskalkulation* anwenden. Erstens müssen in der Kalkulationsperiode die produzierten Mengen mit den Absatzmengen übereinstimmen; nur unter dieser Voraussetzung können die Herstellkosten und die Kosten des Verwaltungs- und Vertriebsbereichs auf die gleiche Menge bezogen werden. Zweitens muß entweder einstufige Produktion vorliegen, oder es dürfen im Falle mehrerer aufeinanderfolgender Arbeitsgänge keine Zwischenlager-Bestandsveränderungen entstehen. Diese Voraussetzung muß erfüllt sein, damit sich die Herstellkosten auf die gleiche Ausbringungsmenge beziehen lassen.

Bezeichnen wir die Selbstkosten der Kalkulationsperiode mit K, die Produktionsmenge mit x und die Selbstkosten pro Produkteinheit mit k, so erhalten wir für die einstufige Divisionskalkulation folgende Kalkulationsformel:

$$k = \frac{K}{x} \tag{140}$$

Diese einfache Kalkulationsformel erfordert keine Aufteilung in Einzel- und Gemeinkosten und läßt sich ohne Durchführung einer Kostenstellenrechnung anwenden. Allerdings erfordern die Zwecke der Kostenkontrolle in jedem Fall eine Unterteilung der Kosten nach Kostenstellen. Auch Grenzkosten lassen sich nur

71 Zu den allgemeinen Voraussetzungen für die Anwendbarkeit der Divisionsrechnung vgl. *E. Kosiol*, Divisionsrechnung, a.a.O., S. 7 ff.

72 Streng genommen liegt auch in Elektrizitätswerken kein Einproduktfall vor, da sich die Leistung eines Elektrizitätswerks in folgende Komponenten zerlegen läßt: Bereitschaftsleistung, Erzeugung von Arbeitsstrom, Verteilung des Arbeitsstroms mit Hilfe eines Leitungsnetzes. In den Stromrechnungen werden die vorgehaltene Leistung und der gelieferte Arbeitsstrom getrennt in Rechnung gestellt.

ermitteln, wenn man auf eine nach Kostenstellen differenzierte Kostenplanung zurückgreifen kann. In der Praxis sind die Voraussetzungen für die Anwendung der einstufigen Divisionskalkulation nur selten erfüllt, da meistens nur bei nicht lagerfähigen Produkten (z. B. Elektrizität, Transport- oder Dienstleistungen) die Produktionsmengen mit den Absatzmengen übereinstimmen.

Weichen unter Beibehaltung der übrigen Bedingungen während der Kalkulationsperiode die Absatzmengen von den Produktionsmengen ab, so muß das Verfahren der *zweistufigen Divisionskalkulation* angewendet werden. Bezeichnen wir die Herstellkosten der Kalkulationsperiode mit K_H, die auf den Verwaltungs- und Vertriebsbereich entfallenden Kosten mit K_V, die produzierte Menge mit x_P und die abgesetzte Menge mit x_A, so erhalten wir für die Selbstkosten pro Einheit folgende Bestimmungsgleichung:

$$k = \frac{K_H}{x_P} + \frac{K_V}{x_A} \tag{141}$$

Der erste Quotient gibt die Herstellkosten pro Einheit und der zweite die Verwaltungs- und Vertriebskosten pro Einheit an. Die Trennung beider Komponenten ist erforderlich, weil die Bestandsbewertung nur zu den Herstellkosten zulässig ist und die Verwaltungs- und Vertriebskosten in voller Höhe den verkauften Mengen zugerechnet werden. Die zweistufige Divisionskalkulation setzt mindestens die Durchführung einer Kostenstellenrechnung voraus, um die Kosten des Herstellbereichs und die Kosten des Verwaltungs- und Vertriebsbereichs voneinander zu trennen.

Liegt mehrstufige Produktion vor, wobei zwischen den einzelnen Arbeitsgängen Halbfabrikatebestandsveränderungen auftreten, so muß die *mehrstufige Divisionskalkulation* angewendet werden. Nehmen wir an, daß das Produkt einer Einproduktunternehmung nacheinander die Fertigungsstellen $i = 1, \ldots, m$ durchläuft und bezeichnen wir die Herstellkosten dieser Stellen mit K_{Hi} und die Ausbringungsmengen mit x_{Pi}, so erhalten wir folgende Kalkulationsformel:

$$k = \sum_{i=1}^{m} \frac{K_{Hi}}{x_{Pi}} + \frac{K_V}{x_A} \tag{142}$$

Obwohl es nicht erforderlich ist, sollte man in einer mehrstufigen Einproduktunternehmung die *Einzelmaterialkosten und die Fertigungskosten getrennt kalkulieren,* weil hierdurch die Kalkulationstransparenz erhöht wird. Werden $\nu = 1, \ldots, Z$ Einzelmaterialarten eingesetzt, entfallen m_ν Mengeneinheiten dieser Materialarten auf eine Produkteinheit, liegen die Materialpreise bei q_ν und gilt für alle Materialarten ein gemeinsamer prozentualer Materialgemeinkostenzuschlag d_M, so verändert sich bei getrenntem Materialkostenausweis die Gleichung (142) wie folgt:

$$k = \sum_{\nu=1}^{z} m_\nu q_\nu \left(1 + \frac{d_M}{100}\right) + \sum_{i=1}^{m} \frac{K_{Ftgi}}{x_{Pi}} + \frac{K_V}{x_A} \tag{143}$$

In dieser Gleichung geben die Kurzzeichen K_{Ftgi} die Fertigungskosten der Fertigungskostenstellen $i = 1, \ldots, m$ an. Werden für einzelne Materialgruppen unterschiedliche Materialgemeinkostenzuschläge verwendet, so muß in Gleichung (143) der erste Summenausdruck in entsprechend viele Teilbeträge aufgelöst werden, für die jeweils gesonderte Materialgemeinkostenzuschläge gelten.

Eine weitere Variante der mehrstufigen Divisionskalkulation besteht darin, daß die Sondereinzelkosten der Fertigung und des Vertriebs in den Kalkulationen gesondert ausgewiesen werden und daß man die Verwaltungs- und Vertriebsgemeinkosten mit Hilfe prozentualer Zuschlagssätze auf die Herstellkosten bezieht. Bezeichnen wir die auf eine Produkteinheit entfallenden Sondereinzelkosten der Fertigung mit e_{Ftg}, die auf eine Produkteinheit entfallenden Sondereinzelkosten des Vertriebs mit e_V, den Verwaltungsgemeinkostensatz mit d_{Vw} und den Vertriebsgemeinkostensatz mit d_{Vt}, so erhalten wir folgende Kalkulationsformel:

$$(144) \qquad k = \left[\sum_{\nu=1}^{z} m_\nu q_\nu \left(1 + \frac{d_M}{100}\right) + \sum_{i=1}^{m} \frac{K_{Ftgi}}{x_{Pi}} + e_{Ftg} \right] \left(1 + \frac{d_{Vw}}{100} + \frac{d_{Vt}}{100}\right) + e_{Vt}$$

Diese Kalkulationsformel enthält bereits Elemente der Zuschlagskalkulation, die wir in Kapitel 5213 beschreiben werden, da die Material-, die Verwaltungs- und Vertriebsgemeinkosten mit Hilfe prozentualer Zuschlagssätze kalkuliert werden. In den meisten Fällen ist es einfacher in Einproduktunternehmungen die Material-, die Verwaltungs- und die Vertriebsgemeinkosten nicht mit Hilfe von Zuschlägen sondern nach dem Divisionsprinzip zu kalkulieren. Materiell stimmt die Gleichung (144) mit der Gleichung (142) überein, in ihr werden die Kosten lediglich weitergehend differenziert; das Divisionsprinzip wird auf die Fertigungskosten beschränkt.

Bisher haben wir unterstellt, daß während der Produktion kein *Mengengefälle infolge von Ausschuß oder sonstigen Produktionsverlusten* eintritt. Hiermit muß aber bei den meisten Produktionsprozessen gerechnet werden, weil bei der Produktion von Stückgütern fehlerhafte Mengen (= Ausschuß) anfallen und bei der Produktion von Fließgütern oftmals Mengenverluste durch Verdunstung, Abrieb, Ausscheidungsprozesse usw. eintreten. Analog können bei Fließgütern auch Mengengewinne entstehen, wenn z. B. der Feuchtigkeitsgehalt durch Wasserzufuhr erhöht wird, oder wenn während eines Fertigungsprozesses zusätzliche Materialmengen eingegeben werden. Bei einteiligen Stückgütern und Fließgütern werden *Ausschußmengen und sonstige Mengenveränderungen* während der Produktion in der Kalkulation am einfachsten mit Hilfe von *Einsatzfaktoren* berücksichtigt. Diese Einsatzfaktoren geben folgende Relationen an[73]:

$$(145) \qquad \text{Einsatzfaktor} = \frac{\text{Einsatzmenge einer Fertigungsstelle}}{\text{Ausbringungsmenge einer Fertigungsstelle}}$$

Ein Einsatzfaktor von 1,05 bedeutet z. B., daß in einer Fertigungsstelle 105 Produktmengeneinheiten eingesetzt werden müssen, damit 100 verwertbare Mengen-

73 Zur Verwendung von Einsatzfaktoren in der Divisionskalkulation vgl. *H. W. Hennig*, Kalkulationsformen in der Industrie . . . , a.a.O., S. 66 und *E. Kosiol*, Divisionsrechnung a.a.O., S. 26 ff. Als Beispiel führt der Verfasser die Produktion von Haferflocken an, bei der 3540 Tonnen Hafer zu 2 067,4 Tonnen Haferflocken führen, woraus sich ein Einsatzfaktor von 1,71 ergibt. Als weiteres Beispiel führt E. Kosiol Gerbereien an, bei denen zwischen folgenden Gewichten der Wildhäute zu unterscheiden ist: Grüngewicht (= Ausgangsgewicht, Salz- oder Trockengewicht), Äschergewicht (= nach Wässerung und Reinigung) und Blößengewicht (= nach Enthaarung und Abtrennung der Ober- und Unterhaut).

einheiten für die Weiterverarbeitung oder den Absatz zur Verfügung stehen. Den reziproken Wert eines Einsatzfaktors bezeichnet man als den *Ausbringungsfaktor*. Einem Einsatzfaktor von z. B. 1,05 entspricht ein Ausbringungsfaktor von 0,9524, d. h. 95,24 % der eingesetzten Menge werden zur Ausbringung. Durchläuft das Produkt nacheinander mehrere Fertigungsstellen, in denen Mengenverluste eintreten, so müssen die Einsatzfaktoren der einzelnen Stellen miteinander multipliziert werden, um die jeweiligen Gesamteinsatzfaktoren zu erhalten. Bezeichnen wir die isolierten Einsatzfaktoren der Fertigungsstellen mit f_i' und die Gesamteinsatzfaktoren mit f_i, so lassen sich die letzteren wie folgt berechnen:

Fertigungsstelle	Gesamteinsatzfaktoren
1	$f_1 = f_1' f_2' f_3' f_4' \dots f_{m-3}' f_{m-2}' f_{m-1}' f_m'$
2	$f_2 = f_2' f_3' f_4' \dots f_{m-3}' f_{m-2}' f_{m-1}' f_m'$
3	$f_3 = f_3' f_4' \dots f_{m-3}' f_{m-2}' f_{m-1}' f_m'$
⋮	⋮
m-2	$f_{m-2} = f_{m-2}' f_{m-1}' f_m'$
m-1	$f_{m-1} = f_{m-1}' f_m'$
m	$f_m = f_m'$
Absatz	1

Wird in einer Fertigungsstelle Einzelmaterial eingesetzt, so sind die auf eine Produnkteinheit entfallenden Materialkosten mit dem zugehörigen Gesamteinsatzfaktor dieser Stelle zu multiplizieren. Für die Fertigungskosten sind dagegen die Gesamteinsatzfaktoren der jeweiligen Fertigungsstelle nur relevant, wenn man die Kosten auf die Einsatzmenge bezieht. Wählt man dagegen die Ausbringungsmengen als Bezugsgrößen, was in der Praxis meistens vorgezogen wird, so ist jeweils der Gesamteinsatzfaktor der folgenden Stelle zu berücksichtigen. Da in der letzten Stelle das Fertigprodukt entsteht, folgt auf diese Stelle der Absatzbereich, dessen Einsatzfaktor gleich 1 ist, sofern keine Mengenverluste am Fertigwarenlager auftreten. Dienen die Ausbringungsmengen als Kalkulationsbezugsgrößen, so ist daher der letzte Gesamteinsatzfaktor gleich 1.

Nehmen wir an, daß nur zu Beginn des ersten Arbeitsganges Einzelmaterial eingesetzt wird und die Fertigungskosten jeweils auf die Ausbringungsmengen bezogen werden, so verändert sich die Kalkulationsformel (143) im Falle eines Mengengefälles wie folgt:

$$(146) \qquad k = \sum_{\nu=1}^{z} m_\nu q_\nu f_1 \left(1 + \frac{d_M}{100}\right) + \sum_{i=1}^{m} \frac{K_{Ftgi}}{x_{Pi}} f_{i+1} + \frac{K_V}{x_A}$$

Will man die Fertigungskosten auf die Einsatzmengen beziehen, so sind die Glieder $\frac{K_{Ftgi}}{x_{Pi}} f_{i+1}$ mit f_i' zu erweitern, wobei man $\frac{K_{Ftgi}}{x_{Pi}\, f_i'}$ fi erhält. Das Kalkulationsergebnis wird hierdurch nicht beeinflußt. Werden Einzelmaterialmengen nicht nur zu Beginn des ersten Arbeitsganges eingesetzt, sondern auch in den folgenden Fertigungsstellen, so sind die betreffenden Teilmengen jeweils mit den Gesamteinsatzfaktoren dieser Stellen zu multiplizieren. In die Kalkulationsgleichung (144) lassen sich die Einsatzfaktoren analog einführen.

(3) Wir wollen nunmehr die Kalkulationsformeln der Divisionskalkulation mit Hilfe einfacher *Zahlenbeispiele* veranschaulichen.

Hierbei gehen wir von den in Tabelle 54 zusammengefaßten Kosten aus. Die letzte Zeile dieser Tabelle zeigt, daß 14 500 kg/Monat produziert wurden. Diese Produktmenge hat während des betrachteten Monats vier Fertigungsstellen ohne Mengenverluste durchlaufen und ist während dieser Periode auch abgesetzt worden.

Tabelle 54: Zahlenbeispiel zur einstufigen Divisionskalkulation (Ausgangsdaten)

	Bezeichnung	DM/Monat		
		Gesamt	Proportional	Fix
1	Einzelmaterialkosten	87 000	87 000	–
2	Materialgemeinkosten	4 350	2 465	1 885
3	Fertigungskostenstelle A	9 860	7 830	2 030
4	Fertigungskostenstelle B	20 590	12 615	7 975
5	Fertigungskostenstelle C	10 875	7 250	3 625
6	Fertigungskostenstelle D	13 630	7 830	5 800
7	Sondereinzelkosten der Fertigung	3 625	3 625	–
8	Herstellkosten (1 bis 7)	149 930	128 615	21 315
9	Verwaltungsgemeinkosten	13 494	1 394	12 100
10	Vertriebsgemeinkosten	20 990	4 198	16 792
11	Verpackungsmaterialkosten	4 785	4 785	–
12	Verkaufsprovision	13 050	13 050	–
13	Verwaltungs- u. Vertriebskosten (9 bis 12)	52 319	23 427	28 892
14	Selbstkosten (8 + 13)	202 249	152 042	50 207
15	Produktion	14 500 kg/Monat		

Damit liegt ein Anwendungsfall der *einstufigen Divisionskalkulation* vor. Als gesamte Selbstkosten erhält man 202 249 DM/Monat : 14 500 kg/Monat = 13,95 DM/kg, die Grenzselbstkosten betragen 152 042 DM/Monat : 14 500 kg/Monat = 10,49 DM/kg. Obwohl die einstufige Divisionskalkulation anwendbar ist, sollte man jedoch im Beispiel der Tabelle 54 bereits die *mehrstufige Divisionskalkulation* anwenden, damit transparent wird, wie die einzelnen Kostenartengruppen die Kalkulationseinheit belasten. Wird hierbei nach Gleichung (144) kalkuliert, so erhält man die in Tabelle 55 wiedergegebene Kalkulation. Die Prozentsätze für die Material-, Verwaltungs- und Vertriebsgemeinkosten können errechnet werden, indem man die

Materialgemeinkosten durch die Einzelmaterialkosten und die Verwaltungs- und Vertriebsgemeinkosten durch die gesamten bzw. proportionalen Herstellkosten dividiert. Die Verkaufsprovision wird mit 6 % des Verkaufspreises berechnet, der im Beispiel 15 DM/kg beträgt.

Der Nettogewinn ist gleich (15,– ./. 13,95) = 1,05 DM/kg oder 7,53 % der Vollkosten. Als Deckungsbeitrag erhalten wir (15,– ./. 10,49) = 4,51 DM/kg, was einem Deckungsbeitragsprozentsatz in Höhe von 43 % der Grenzselbstkosten entspricht.

Tabelle 55: Zahlenbeispiel zur einstufigen Divisionskalkulation mit Aufgliederung nach Kostenartengruppen (Ergebnisse)

	Bezeichnung	DM/kg	
		Gesamt	Proportional
1	Einzelmaterialkosten	6,–	6,–
2	Mat. Gmk. 5 %; 2,8 %	0,30	0,17
3	Materialkosten (1 + 2)	6,30	6,17
4	Fertigungskostenstelle A	0,68	0,54
5	Fertigungskostenstelle B	1,42	0,87
6	Fertigungskostenstelle C	0,75	0,50
7	Fertigungskostenstelle D	0,94	0,54
8	Sondereinzelkosten d. Ftg.	0,25	0,25
9	Fertigungskosten (4 bis 8)	4,04	2,70
10	Herstellkosten (3 + 9)	10,34	8,87
11	Verw. Gmk. 9 %; 1,1 %	0,93	0,10
12	Vertr. Gmk 14 %; 3,3 %	1,45	0,29
13	Verpackungsmaterialkosten	0,33	0,33
14	Verkaufsprovision (6 % v. 15,–)	0,90	0,90
15	Verw. u. Vertriebskosten (11 bis 14)	3,61	1,62
16	Selbstkosten (10 + 15)	13,95	10,49

Stimmen die Ausbringungsmengen der Fertigungsstellen A bis D nicht überein und weicht die Ausbringungsmenge des letzten Arbeitsganges von der Absatzmenge ab, so liegt ein Anwendungsfall der *mehrstufigen Divisionskalkulation* vor. Wir wollen annehmen, daß die in Tabelle 56 angegebenen Produktmengen realisiert worden sind und kein Mengengefälle wirksam wird. Die Ausbringung in Höhe von 14 500 kg/ Monat möge der durchschnittlichen Planbeschäftigung entsprechen. Im betrachteten

Tabelle 56: Zahlenbeispiel zur mehrstufigen Divisionskalkulation (Beschäftigungsdaten)

Bereich	kg/Monat		
	Ist	Plan	%
Fertigungsstelle A	18 125	14 500	125
Fertigungsstelle B	19 430	14 500	134
Fertigungsstelle C	17 400	14 500	120
Fertigungsstelle D	18 560	14 500	128
Verw. u. Vertriebsbereich	17 400	14 500	120

Monat sind alle Bereiche überbeschäftigt gewesen; die letzte Spalte in Tabelle 56 gibt die Istbeschäftigungen in Prozent der Planbeschäftigung an. Unterstellen wir lineare Sollkostenfunktionen und die gleiche Kostenstruktur wie in Tabelle 54, so erhalten wir die in Tabelle 57 zusammengefaßten Kosten.[74]

Tabelle 57: Zahlenbeispiel zur mehrstufigen Divisionskalkulation (Kostendaten)

	Bezeichnung	DM/Monat		
		Gesamt	Proportional	Fix
1	Einzelmaterialkosten	108 750	108 750	–
2	Materialgemeinkosten	4 966	3 081	1 885
3	Fertigungsstelle A	11 818	9 788	2 030
4	Fertigungsstelle B	24 879	16 904	7 975
5	Fertigungsstelle C	12 325	8 700	3 625
6	Fertigungsstelle D	15 822	10 022	5 800
7	Sondereinzelkosten der Ftg.	4 640	4 640	–
8	Herstellkosten der Produktion (1 bis 7)	183 200	161 885	21 315
9	Verwaltungsgemeinkosten	13 773	1 673	12 100
10	Vertriebsgemeinkosten	21 830	5 038	16 792
11	Verpackungsmaterialkosten	5 742	5 742	–
12	Verkaufsprovision	15 660	15 660	–
13	Verwaltungs- u. Vertriebskosten (9 bis 12)	57 005	28 113	28 892
14	Selbstkosten (8 + 13)	240 205	189 998	50 207

Das Einzelmaterial wird ausschließlich in der Fertigungsstelle A eingesetzt, die Sondereinzelkosten der Fertigung fallen für die Ausbringungsmengen der Fertigungsstelle D an. Die Material-, die Verwaltungs- und die Vertriebsgemeinkosten sollen nicht mit Hilfe prozentualer Zuschläge, sondern nach dem Divisionsprinzip kalkuliert werden.

Wie die Tabelle 58 erkennen läßt, sinken die Vollkosten infolge der höheren Beschäftigung auf 13,28 DM/kg; die Grenzselbstkosten bleiben dagegen unverändert, da sie bei linearem Kostenverlauf von Beschäftigungsschwankungen unabhängig sind. In Tabelle 59 haben wir die *Beschäftigungsabweichungen* errechnet, die sich infolge der in Tabelle 56 angegebenen Beschäftigungsprozentsätze ergeben. Die absoluten Beschäftigungsabweichungen erhält man, indem man die fixen Kosten mit den Prozentsätzen der Mehr- oder Minderbeschäftigung multipliziert; im Falle der Überbeschäftigung erhält die Beschäftigungsabweichung ein negatives Vorzeichen. In der letzten Spalte der Tabelle 59 haben wir die Beschäftigungsabweichungen auf die zugehörigen Produktmengen bezogen. Wie ein Vergleich der Tabelle 55 und 58 erkennen läßt, sind in Tabelle 58 die Vollkosten pro kg jeweils genau um die Beschäftigungsabweichungen pro kg niedriger; lediglich im Vertriebsbereich entsteht eine Abrundungsdifferenz von 0,01 DM/kg. Insgesamt betragen die Beschäfti-

74 Bei der Umrechnung der Kosten sind wir davon ausgegangen, daß sich die Proportionalität der proportionalen Verwaltungs- und Vertriebskosten auf die Absatzmengen und nicht auf die Herstellkosten des Umsatzes bezieht.

Tabelle 58: Zahlenbeispiel zur mehrstufigen Divisionskalkulation (Ergebnisse)

	Bezeichnung	DM/kg	
		Gesamt	Proportional
1	Einzelmaterialkosten	6,–	6,–
2	Materialgemeinkosten	0,27	0,17
3	Materialkosten (1 + 2)	6,27	6,17
4	Fertigungskostenstelle A	0,65	0,54
5	Fertigungskostenstelle B	1,28	0,87
6	Fertigungskostenstelle C	0,71	0,50
7	Fertigungskostenstelle D	0,85	0,54
8	Sondereinzelkosten d. Ftg.	0,25	0,25
9	Fertigungskosten (4 bis 8)	3,74	2,70
10	Herstellkosten (3 + 9)	10,01	8,87
11	Verwaltungsgemeinkosten	0,79	0,10
12	Vertriebsgemeinkosten	1,25	0,29
13	Verpackungsmaterialkosten	0,33	0,33
14	Verkaufsprovision (6 % v. 15,–)	0,90	0,90
15	Verw. u. Vertriebskosten (11 bis 14)	3,27	1,62
16	Selbstkosten (10 + 15)	13,28	10,49

Tabelle 59: Errechnung von Beschäftigungsabweichungen

Bereich	Mehr- o. Minderbeschäftigung	Fixe Kosten	Beschäftigungsabweichung	Produktion in kg	Besch. Abw. pro kg
Materialbereich	+ 25 %	1 885	./. 471	18 125	./. 0,03
Fertigungsstelle A	+ 25 %	2 030	./. 508	18 125	./. 0,03
Fertigungsstelle B	+ 34 %	7 975	./. 2 712	19 430	./. 0,14
Fertigungsstelle C	+ 20 %	3 625	./. 725	17 400	./. 0,04
Fertigungsstelle D	+ 28 %	5 800	./. 1 624	18 560	./. 0,09
Verwaltungsbereich	+ 20 %	12 100	./. 2 420	17 400	./. 0,14
Vertriebsbereich	+ 20 %	16 792	./. 3 358	17 400	./. 0,19
Summe					./. 0,66

gungsabweichungen ./. 0,66 DM/kg. Subtrahiert man diese von den Vollkosten in Tabelle 55 in Höhe von 13,95 DM/kg, so erhält man 13,29 DM/kg, also (bis auf den Abrundungsfehler) das Kalkulationsergebnis lt. Tabelle 58.

Wir wollen nunmehr unser Zahlenbeispiel in Tabelle 58 um die Annahme erweitern, daß in den Fertigungsstellen *Mengenverluste* eintreten. Für das Mengengefälle gelten die in Tabelle 60 angegebenen Einsatzfaktoren; als Kalkulationsgrundlage werden die Ausbringungsmengen der Stellen verwendet. Weiterhin sollen die in Tabelle 56 zusammengefaßten Ausbringungs- und Absatzmengen realisiert werden. Diesen Mengen entsprechen aufgrund des Mengengefälles die in Tabelle 61 errechneten Einsatzmengen, die sich in unserem Beispiel nur mit Hilfe der in der letzten Spalte der Tabelle 61 angegebenen Lagerbestandsveränderungen realisieren lassen. So müssen z. B. in der Fertigungsstelle B 20 207 kg eingesetzt werden, damit sie 19 430 kg ausbringen kann. Da die Fertigungsstelle A nur 18 125 kg ausbringt, müssen 2 082 kg einem Zwischenlager entnommen werden.

Tabelle 60: Zahlenbeispiel zur mehrstufigen Divisionskalkulation mit Mengengefälle (Ausgangsdaten für das Mengengefälle)

Bereich/Stelle	Einsatzfaktoren	Gesamt-Einsatzfaktoren
Materialeinsatz	1,00	1,23
Fertigungsstelle A	1,05	1,17
Fertigungsstelle B	1,04	1,12
Fertigungsstelle C	1,10	1,02
Fertigungsstelle D	1,02	1,00
Absatzbereich	1,00	1,00

Tabelle 61: Zahlenbeispiel zur mehrstufigen Divisionskalkulation mit Mengengefälle (Berechnung der Einsatzmengen und der Lagerbestandsveränderungen)

Fertigungsstelle	Einsatzmenge [kg/Monat]	Ausbringungsmenge [kg/Monat]	Lagerbestandsveränderung [kg/Monat]
A	19 031	18 125	−2 082
B	20 207	19 430	+ 290
C	19 140	17 400	−1 531
D	18 931	18 560	+ 1 160
Absatz	17 400	17 400	–

Tabelle 62: Zahlenbeispiel zur mehrstufigen Divisionskalkulation mit Mengengefälle (Ergebnisse)

	Bezeichnung	Einsatzfaktor	Kostensatz [DM/kg]		Kosten [DM/kg]	
			Gesamt	Proportional	Gesamt	Proportional
1	Einzelmaterialkosten	1,23	6,–	6,–	7,38	7,38
2	Materialgemeinkosten	1,23	0,27	0,17	0,33	0,21
3	Materialkosten (1 + 2)	–	–	–	7,71	7,59
4	Fertigungskostenstelle A	1,17	0,65	0,54	0,76	0,63
5	Fertigungskostenstelle B	1,12	1,28	0,87	1,43	0,97
6	Fertigungskostenstelle C	1,02	0,71	0,50	0,72	0,51
7	Fertigungskostenstelle D	1,00	0,85	0,54	0,85	0,54
8	Sondereinzelkosten d. Ftg.	1,00	0,25	0,25	0,25	0,25
9	Fertigungskosten (4 bis 8)	–	–	–	4,01	2,90
10	Herstellkosten (3 + 9)	–	–	–	11,72	10,49
11	Verwaltungsgemeinkosten	1,00	0,79	0,10	0,79	0,10
12	Vertriebsgemeinkosten	1,00	1,25	0,29	1,25	0,29
13	Verpackungsmaterialkosten	1,00	0,33	0,33	0,33	0,33
14	Verkaufsprovision (6 % v. 15,–)	1,00	0,90	0,90	0,90	0,90
15	Verw. u. Vertriebskosten (11 bis 14)	–	–	–	3,27	1,62
16	Selbstkosten (10 + 15)	–	–	–	14,99	12,11

Es wird angenommen, daß ausreichende Anfangsbestände vorhanden sind. Durch eine Sonderkalkulation wurde ermittelt, daß auf eine Einheit des Endproduktes 6,– DM/kg Einzelmaterialkosten und 0,27 DM/kg volle bzw. 0,17 DM/kg proportionale Materialgemeinkosten entfallen. Im übrigen mögen die in Tabelle 57 angegebenen Kostenbeträge gelten.

Dividiert man die monatlichen Kosten der Fertigungsstellen durch die zugehörigen Ausbringungsmengen, so erhält man die Kalkulationssätze dieser Stellen in DM/kg. Entsprechend erhält man die Kalkulationssätze des Verwaltungs- und Vertriebsbereichs, indem man die monatlichen Kosten durch die Absatzmengen dividiert. In unserem Beispiel stimmen die Kalkulationssätze mit den DM-Beträgen pro kg in Tabelle 58 überein. Wie die Tabelle 62 erkennen läßt, müssen in der Kalkulation die Kalkulationssätze jeweils mit den zugehörigen Gesamteinsatzfaktoren multipliziert werden. Wie ein Vergleich der Tabellen 62 und 58 erkennen läßt, werden die Kosten des Verwaltungs- und Vertriebsbereichs durch das Mengengefälle nicht verändert. Die vollen Herstellkosten steigen dagegen um 17,1 %, bei den Grenzherstellkosten beträgt die Zunahme 18,3 %.

5212. Die Äquivalenzziffernkalkulation

(1) Stellt eine Unternehmung mehrere Produktarten her, so ist die Divisionskalkulation nicht mehr ohne weiteres anwendbar. Besteht aber ein „hoher Grad innerer Verwandtschaft der Erzeugnisse", so z. B. weil sie aus dem gleichen Ausgangsstoff und mit Hilfe gleichartiger Produktionsverfahren hergestellt werden, so kann man die artverschiedenen Produktmengen mit Hilfe von Äquivalenzziffern auf eine Einheitssorte umrechnen und deren Kosten nach dem Divisionsprinzip ermitteln.[75] Dieses Kalkulationsverfahren wird als *Äquivalenzziffernkalkulation* bezeichnet. Die Anwendung der Äquivalenzziffernkalkulation ist auf Unternehmungen beschränkt, die eine geringe Anzahl artähnliche Produkte erzeugen; eine solche Produktion wird oft als *Sortenproduktion* bezeichnet.[76]

Unter *Äquivalenzziffern* versteht man Verhältniszahlen, die angeben, wie sich die Kostenverursachung der Sorten von den Kosten einer *Einheitssorte* unterscheiden, der meistens die Äquivalenzziffer 1 zugeteilt wird. Beträgt z. B. die Äquivalenzziffer einer anderen Sorte 0,80 oder 1,15, so bedeutet das, daß diese entweder 20 % weniger bzw. 15 % mehr Kosten als die Einheitssorte verursacht. Die Äquivalenzziffern üben eine *Ausgleichsfunktion* aus, indem sie die unterschiedlichen Sorten in bezug auf ihre Kostenverursachung gleichnamig machen, d. h. ihre Produktmengen in äquivalente Mengen der Einheitssorte umrechnen. K. H. Breinlinger hat daher bereits 1928 den Begriff der Äquivalenzziffern wie folgt definiert[77]: „Äquivalenzziffern sind konstante Ausgleichsziffern mit mittelbarer Verteilungs-

75 Vgl. hierzu *K. H. Breinlinger*, Die Äquivalenzziffern in der Kostenrechnung industrieller Unternehmungen, ZfhF 1928, S. 49 ff. und insbesondere S. 51 sowie *A. Schnettler*, Die Rechnung mit Äquivalenzziffern in der Praxis, ZfhF 1932, S. 311.

76 Die Bezeichnung Sortenproduktion wird heute oft auch synonym für Serienproduktion verwendet, d. h. für Produktionsprozesse, bei denen Rüstvorgänge auftreten. In diesem Sinne wollen wir jedoch hier den Begriff Sortenproduktion nicht interpretieren.

77 Vgl. *K. H. Breinlinger*, Die Äquivalenzziffern in der Kostenrechnung . . . , a.a.O., S. 52.

wirkung, die mit variablen Größen zu Rechnungseinheiten verschmolzen werden, um das Divisionsverfahren für verschiedenartige Leistungseinheiten gemeinsamen Ursprungs zu ermöglichen."

Äquivalenzziffern können sich global auf die gesamten Selbstkosten beziehen, meistens werden aber für einzelne Kostengruppen gesonderte Äquivalenzziffern gebildet. Im ersten Fall spricht man von einer *Äquivalenzziffernkalkulation mit einer Ziffernreihe*, im zweiten Fall von einer *Äquivalenzziffernkalkulation mit mehreren Ziffernreihen.*[78] Werden für mehrere aufeinander folgende Fertigungsstellen oder Unternehmensbereiche gesonderte Äquivalenzziffern gebildet, so spricht man von einer *mehrstufigen Äquivalenzziffernkalkulation;* für sie sind immer mehrere Ziffernreihen erforderlich.

Wahrscheinlich hat die Äquivalenzziffernrechnung ihren *Ursprung in Blechwalzbetrieben.*[79] Bereits 1907 hat P. Stein für Blechwalzwerke nach der Blechstärke differenzierte Äquivalenzziffern vorgeschlagen, wobei dünnen Blechen infolge ihrer längeren Bearbeitungszeiten höhere Äquivalenzziffern zugeteilt werden als dickeren Blechen.[80] Die in der Folgezeit verstärkt einsetzende Typisierung hat den Anwendungsbereich der Äquivalenzziffernkalkulation ausgeweitet.[81] Weitere *Beispiele für die Anwendung der Äquivalenzziffernkalkulation* sind *Ziegeleien* (die mehrere Backsteinsorten unterschiedlicher Größen, Röhren und Falzziegel herstellen), *Brauereien* mit mehreren Biersorten, *Schwemmsteinfabriken* (mit mehreren Schwemmsteinen unterschiedlicher Größe), *Bonbonfabriken* (die Karamellen von unterschiedlicher Größe herstellen), *Spinnereien* (die Garne aus verschiedenen Mischungen und mit unterschiedlicher Stärke herstellen) und *Sägewerke* (in denen Stämme mit verschiedenen Durchmessern in Bretter unterschiedlicher Stärke zersägt werden).

Die *Ermittlung von Äquivalenzziffern* kann nach K. H. Breinlinger, wie folgt vorgenommen werden[82] :

1. Aufgrund betriebseigener Grundlagen,
   a) durch kosten- und verkaufspreisstatistische Festlegung,
   b) durch analytische Festlegung,
2. Aufgrund betriebsfremder Grundlagen.

Kostenstatistische Verfahren sollten nach Möglichkeit vermieden werden, da sie vergangenheitsorientiert sind und ihre Ergebnisse oft durch zufällige Kostenschwankungen beeinflußt werden. Verkaufspreise sind für die Ermittlung von

78 Zu den verschiedenen Arten der Äquivalenzziffernkalkulation, insbesondere der Äquivalenzziffernkalkulation mit mehreren Ziffernreihen vgl. *K. H. Breinlinger*, Die Äquivalenzziffern in der Kostenrechnung . . . , a.a.O., S. 90; *H. Müller*, Grundzüge der industriellen Kosten- und Leistungserfolgsrechnung, a.a.O., S. 193 ff., der Verfasser unterscheidet einfache, bereichsweise, stufenweise und parallelgeschichtete Äquivalenzziffernrechnungen, und *A. Schnettler*, Die Rechnung mit Äquivalenzziffern . . . , a.a.O., S. 313 ff.

79 Vgl. *K. H. Breinlinger*, Die Äquivalenzziffern in der Kostenrechnung . . . , a.a.O., S. 55, sowie *E. Gelbmacher*, Betriebswirtschaftslehre, 2. Aufl., Berlin und Leipzig 1927, S. 11.

80 Vgl. *P. Stein*, Die Buchführung eines Syndikates der Eisenindustrie, ZfhF 1907, S. 401 ff.

81 Zu weiteren Anwendungsfällen der Äquivalenzziffernrechnung vgl. *K. H. Breinlinger*, Die Äquivalenzziffern in der Kostenrechnung . . . , a.a.O., S. 78 ff.

82 Vgl. *K. H. Breinlinger*, Die Äquivalenzziffern in der Kostenrechnung . . . , a.a.O., S. 87.

Äquivalenzziffern ungeeignet, da es sich bei ihnen um betriebsfremde Größen handelt[83]; sie kommen allenfalls für die kalkulatorische Verrechnung der Verwaltungs- und Vertriebskosten in Frage. Ungeeignet sind auch alle übrigen betriebsfremden Größen, wie z. B. Kostenrelationen, die aufgrund eines Betriebsvergleichs ermittelt wurden. Hieraus abgeleitete Äquivalenzziffern kommen nur als Notbehelf in Frage. *Am besten lassen sich Äquivalenzziffern analytisch festlegen,* d. h. indem man die Kostenverursachung der Sorten auf bestimmte Bezugsgrößen (z. B. Materialgewichte, Blechstärken, Oberflächen, Längen, Durchmesser oder Fertigungszeiten) zurückführt und hieraus Äquivalenzziffernreihen ableitet. Um so mehr die Äquivalenzziffern dem Verursachungsprinzip entsprechen, desto genauer werden die Ergebnisse der Äquivalenzziffernkalkulation. Hieraus folgt, daß Äquivalenzziffernreihen streng genommen nur für die proportionalen Kosten gültig sein können. In der Praxis werden sie aber auch für die kalkulatorische Verrechnung von Vollkosten verwendet.

(2) Wir wollen nunmehr die Äquivalenzziffernkalkulation mit Hilfe von *Kalkulationsformeln* darstellen.

Unter folgenden Voraussetzungen läßt sich die einstufige Äquivalenzziffernkalkulation mit einer *Ziffernreihe* anwenden. Erstens müssen die Produktions- und Absatzmengen aller Sorten übereinstimmen, d. h. es dürfen keine Bestandsveränderungen am Fertigwarenlager auftreten. Zweitens muß entweder einstufige Produktion vorliegen, oder es dürfen im Falle mehrerer aufeinander folgender Arbeitsgänge keine Bestandsveränderungen in den Zwischenlägern entstehen. Diese beiden Voraussetzungen müssen erfüllt sein, damit sich alle Kosten auf die gleichen Mengen der Sorten beziehen lassen. Drittens müssen sich alle Kosten zu einer Äquivalenzziffernreihe proportional verhalten. Sind diese Voraussetzungen erfüllt, so gilt folgende Kalkulationsformel, worin die Größen α_j die Äquivalenzziffern angeben:

$$k_j = \frac{K}{\sum_{j=1}^{n} x_j \alpha_j} \alpha_j \qquad (j = 1, \ldots, n) \tag{147}$$

Der Quotient gibt die Selbstkosten pro Einheit der Einheitssorte an. Multipliziert man diese mit den Äquivalenzziffern α_j, so erhält man die Selbstkosten pro Einheit der einzelnen Sorten. In der Praxis läßt sich diese Form der Äquivalenzziffernkalkulation nur selten anwenden. Selbst wenn die ersten beiden Voraussetzungen erfüllt sind, wird es kaum möglich sein, alle Kosten mit nur einer Äquivalenzziffernreihe $\alpha_1, \ldots, \alpha_n$ verursachungsgerecht zu kalkulieren.

Lassen wir die dritte Voraussetzung fallen, so muß die *einstufige Äquivalenzziffernkalkulation mit mehreren Ziffernreihen* angewendet werden. Bildet man z. B. für die Materialkosten K_M, die Fertigungskosten K_{Ftg} und die Verwaltungs-

83 Auch K. H. Breinlinger bezeichnet Verkaufspreise als eine „betriebsfremde Grundlage", die er für die Bildung von Äquivalenzziffern ablehnt. Vgl. S. 47. Verkaufspreise kommen für die Bildung von Äquivalenzziffern nur in Frage, wenn Kuppelproduktion vorliegt, da sich hier keine dem Verursachungsprinzip entsprechenden Äquivalenzziffern finden lassen. Vgl. hierzu unsere Ausführungen in Kapitel 52322.

und Vertriebskosten K_V gesonderte Äquivalenzziffernreihen, so erhält man folgende Kalkulationsformel:

$$(148) \qquad k_j = \frac{K_M}{\sum_{j=1}^{n} x_j \alpha_{Mj}} \alpha_{Mj} + \frac{K_{Ftg}}{\sum_{j=1}^{n} x_j \alpha_{Ftgj}} \alpha_{Ftgj} + \frac{K_V}{\sum_{j=1}^{n} x_j \alpha_{Vj}} \alpha_{Vj} \qquad (j = 1, \ldots, n)$$

Die Formel kann dadurch erweitert werden, daß man für weitere Bestandteile der Selbstkosten gesonderte Äquivalenzziffernreihen bildet.

Durchlaufen die Sorten mehrere Fertigungsstellen und treten in den Zwischenlägern und im Fertigwarenlager Bestandsveränderungen auf, so ist die Anwendung der *mehrstufigen Äquivalenzziffernkalkulation mit mehreren Ziffernreihen* erforderlich. Wir wollen annehmen, daß der Materialeinsatz nur in der Stelle 1 erfolgt und für die Materialkosten, die Fertigungskosten der Stellen $i = 1, \ldots, m$ und den Absatzbereich jeweils gesonderte Ziffernreihen gebildet werden. Insgesamt sind daher $m + 2$ Ziffernreihen erforderlich. Wir erhalten folgende Kalkulationsformel:

$$(149) \qquad k_j = \frac{K_M}{\sum_{j=1}^{n} x_{P1j} \alpha_{Mj}} \alpha_{Mj} + \sum_{i=1}^{m} \frac{K_{Ftgi}}{\sum_{j=1}^{n} x_{Pij} \alpha_{Ftgij}} \alpha_{Ftgij} + \frac{K_V}{\sum_{j=1}^{n} x_{Aj} \alpha_{Vj}} \alpha_{Vj} \qquad (j = 1, \ldots, n)$$

Werden die Einzelmaterialkosten, die Sondereinzelkosten der Fertigung e_{Ftgj}, die Sondereinzelkosten des Vertriebs e_{Vj} den Sorten direkt zugerechnet und die Materialgemeinkosten prozentual auf die Einzelmaterialkosten bezogen, so verändert sich die Gleichung (149) wie folgt:

$$(150) \qquad k_j = \sum_{\nu=1}^{z} m_{\nu j} q_{\nu j} \left(1 + \frac{d_M}{100}\right) + \sum_{i=1}^{m} \frac{K_{Ftgi}}{\sum_{j=1}^{n} x_{Pij} \alpha_{Ftgij}} \alpha_{Ftgij}$$

$$+ e_{Ftgj} + \frac{K_V^*}{\sum_{j=1}^{n} x_{Aj} \alpha_{Vj}} \alpha_{Vj} + e_{Vtj} \qquad (j = 1, \ldots, n)$$

Die Verwaltungs- und Vertriebskosten K_V^* unterscheiden sich von K_V dadurch, daß sie keine Sondereinzelkosten des Vertriebs enthalten. Werden bei der mehrstufigen Äquivalenzziffernkalkulation die Verwaltungs- und Vertriebsgemeinkosten prozentual auf die Herstellkosten bezogen, so erhält man:

$$(151) \qquad k_j = \left[\sum_{\nu=1}^{z} m_{\nu j} q_{\nu j} \left(1 + \frac{d_M}{100}\right) + \sum_{i=1}^{m} \frac{K_{Ftgi}}{\sum_{j=1}^{n} x_{Pij} \alpha_{Ftgij}} \alpha_{Ftgij} + e_{Ftgj} \right]$$

$$\times \left(1 + \frac{d_{Vw}}{100} + \frac{d_{Vt}}{100}\right) + e_{Vtj} \qquad (j = 1, \ldots, n)$$

Tritt bei der mehrstufigen Sortenproduktion ein *Mengengefälle* infolge von Ausschuß oder sonstigen Mengenveränderungen ein, so müssen in gleicher Weise Einsatzfaktoren berücksichtigt werden, wie wir das für die Divisionskalkulation (vgl. Gleichung (146) auf Seite 000) beschrieben haben. Ist das Mengengefälle bei den einzelnen Sorten unterschiedlich, so ist für jede Sorte eine gesonderte Einsatzfaktorreihe erforderlich.

Ersetzt man in den Gleichungen (148) bis (151) die Äquivalenzziffern α_{Ftgij} durch die Fertigungszeiten pro Stück t_{ij} (oder sonstige Bezugsgrößen pro Stück), so geht die Äquivalenzziffernkalkulation der Fertigungskosten in die Stundensatz- oder Bezugsgrößenkalkulation über:

$$(152) \qquad \sum_{i=1}^{m} \frac{K_{Ftgi}}{\sum\limits_{j=1}^{n} x_{Pij} t_{ij}} t_{ij} = \sum_{i=1}^{m} \frac{K_{Ftgi}}{T_i} t_{ij} = \sum_{i=1}^{m} t_{ij} d_i \qquad (j = 1, \ldots, n)$$

Hierbei sind die Größen d_i die Kostensätze pro Fertigungszeit- oder Bezugsgrößeneinheit.

Unsere Überlegungen lassen folgende *Problematik der Äquivalenzziffernkalkulation* deutlich werden. Schätzt man die Äquivalenzziffern global als numerische Verhältniszahlen, so lassen sich Kalkulationsungenauigkeiten nicht vermeiden. Geht man dagegen analytisch vor, so gelangt man meistens zu Äquivalenzziffern, die bestimmten Bezugsgrößen der Kostenverursachung entsprechen. In diesen Fällen sollte man aber die Äquivalenzziffern durch die Bezugsgrößenkalkulation ersetzen, die wir in Kapitel 5214 beschreiben werden.

Tabelle 63: Zahlenbeispiel zur einstufigen Äquivalenzziffernkalkulation (Ausgangsdaten)

	Bezeichnung	DM/Monat		
		Gesamt	Proportional	Fix
1	Einzelmaterialkosten	360 570	360 570	–
2	Materialgemeinkosten	25 380	13 589	11 791
3	Materialkosten (1 + 2)	385 950	374 159	11 791
4	Fertigungskostenstelle A	59 151	42 228	16 923
5	Fertigungskostenstelle B	105 732	77 568	28 164
6	Fertigungskostenstelle C	203 112	150 882	52 230
7	Fertigungskostenstelle D	68 214	53 295	14 919
8	Fertigungskosten (4 bis 7)	436 209	323 973	112 236
9	Herstellkosten (3 + 8)	822 159	698 132	124 027
10	Verwaltungsgemeinkosten	69 890	11 223	58 667
11	Vertriebsgemeinkosten	115 077	24 395	90 682
12	Verpackungsmaterialkosten	17 325	17 325	–
13	Provisionen	57 873	57 873	–
14	Verw. u. Vertriebskosten (10 bis 13)	260 165	110 816	149 349
15	Selbstkosten (9 + 14)	1 082 324	808 948	273 376
16	Erlöse	1 155 960	1 155 960	–

(3) Zur numerischen Veranschaulichung der Kalkulationsformeln für die Äquivalenzziffernkalkulation wollen wir die folgenden *Zahlenbeispiele* betrachten.

In Tabelle 63 haben wir die nach fixen und proportionalen Bestandteilen aufgegliederten Gesamtkosten einer Unternehmung wiedergegeben, die 5 Produktarten herstellt, deren Selbstkosten mit Hilfe der *einstufigen Äquivalenzziffernkalkulation* mit einer Ziffernreihe bestimmt werden sollen. Die Tabelle 64 enthält weitere Ausgangsdaten. Die Produktion erfolgt in 4 aufeinanderfolgenden Fertigungsstellen, zwischen denen aber keine Bestandsveränderungen auftreten. Weiterhin stimmen die angegebenen Produktionsmengen mit den Absatzmengen überein, so daß sich auch die Fertigwarenbestände nicht verändern. Diese beiden Voraussetzungen müssen erfüllt sein, damit sich die einstufige Äquivalenzziffernkalkulation anwenden läßt. Die Tabelle 64 gibt ferner die Verkaufspreise pro Stück, die Erlöse pro Monat, den Einzelmaterialverbrauch pro Stück und die Gesamtfertigungszeiten (der vier Fertigungsstellen) in Minuten pro Stück an. Insbesondere aufgrund der letzten beiden Angaben wurden die in der letzten Spalte ausgewiesenen Äquivalenzziffern geschätzt. Als Einheitssorte wird die Produktart 5 gewählt.

Die Tabelle 65 enthält die Kalkulationsergebnisse. Multipliziert man die Produktions- und Absatzmengen mit den zugehörigen Äquivalenzziffern, so erhält man die auf die Einheitssorte 5 umgerechneten Mengen, deren Summe 47 265 Stück/

Tabelle 64: Zahlenbeispiel zur einstufigen Äquivalenzziffernkalkulation mit einer Ziffernreihe (Ausgangsdaten)

Produktart	Produktmenge [Stück/Monat]	Erlöse		Material-verbrauch [kg/Stck]	Zeitbedarf [Min/Stck]	Äquivalenz-ziffer
		[DM/Stck]	[DM/Monat]			
1	4 500	22,50	101 250	0,8	14,5	0,8
2	7 200	40,–	288 000	1,5	30,0	1,7
3	11 100	27,60	306 360	1,0	17,5	1,1
4	12 450	18,–	224 100	0,6	12,6	0,7
5	10 500	22,50	236 250	0,9	17,9	1,0
Summe			1 155 950			

Tabelle 65: Zahlenbeispiel zur einstufigen Äquivalenzziffernkalkulation mit einer Ziffernreihe (Ergebnisse)

Produktart	Einheitsmengen	Kosten pro Stück		Kosten pro Monat	
		Gesamt	Proportional	Gesamt	Proportional
1	3 600	18,32	13,70	82 440	61 650
2	12 240	38,93	29,10	280 296	209 520
3	12 210	25,19	18,83	279 609	209 013
4	8 715	16,03	11,98	199 574	149 151
5	10 500	22,90	17,12	240 450	179 760
Summe	47 265			1 082 369	809 094
Rundungsdifferenz				./. 45	./. 146
Angefallene Selbstkosten				1 082 324	808 948

Monat beträgt. Auf die Einheitssorte entfallen daher folgende Selbsstkosten pro Stück:

$$\text{Gesamte Selbstkosten pro Stück} = \frac{1\,082\,324 \text{ DM}}{47\,265 \text{ Stück}} = \underline{\underline{22{,}90 \text{ DM/Stück}}}$$

$$\text{Proportionale Selbstkosten pro Stück} = \frac{808\,948 \text{ DM}}{47\,265 \text{ Stück}} = \underline{\underline{17{,}12 \text{ DM/Stück}}}$$

Multipliziert man diese Werte mit den Äquivalenzziffern der einzelnen Sorten, so erhält man deren Selbstkosten pro Stück. In den letzten beiden Spalten der Tabelle 65 sind aus Abstimmungsgründen die Produktmengen lt. Tabelle 64 mit den zugehörigen Selbstkosten pro Stück multipliziert; hierdurch erhält man die kalkulatorisch auf die Sorten verrechneten Beträge, die (bis auf geringfügige Abstimmdifferenzen) mit monatlichen Selbstkosten lt. Tabelle 63 übereinstimmen. Analog lassen sich auch die für die Bestandsbewertung erforderlichen Herstellkosten kalkulieren, worauf wir aber hier verzichten wollen.

In den meisten Fällen führt die einstufige Äquivalenzziffernkalkulation mit einer Ziffernreihe zu fehlerhaften Kalkulationsergebnissen, da sich nur selten eine Äquivalenzziffernreihe finden läßt, zu der sich *alle* Kostenarten proportional verhalten. Wir wollen daher unser Zahlenbeispiel zu einer *einstufigen Äquivalenzziffernkalkulation mit drei Ziffernreihen* erweitern. Die Ausgangsdaten bleiben unverändert. Die Materialkosten werden mit Hilfe von Äquivalenzziffern kalkuliert, die sich proportional zu den in Tabelle 64 angegebenen Materialmengen pro Stück verhalten, die Äquivalenzziffern für die Fertigungskosten entsprechen den Relationen der in Tabelle 64 wiedergegebenen Fertigungszeiten pro Stück,und für die Verwaltungs- und Vertriebskosten (einschließlich der Sondereinzelkosten des Vertriebs) werden die Äquivalenzziffern aus den Verkaufspreisen abgeleitet, die ebenfalls aus Tabelle 64

Tabelle 66: Zahlenbeispiel zur einstufigen Äquivalenzziffernkalkulation mit drei Ziffernreihen (Äquivalenzziffern)

Produktart	Äquivalenzziffern für		
	Materialkosten	Fertigungskosten	Verw. u. Vertr. Kosten
1	0,89	0,81	1,00
2	1,67	1,68	1,78
3	1,11	0,98	1,23
4	0,67	0,70	0,80
5	1,00	1,00	1,00

entnommen werden können. Als Einheitssorte wird für alle Ziffernreihen die Produktart 5 gewählt. In Tabelle 66 haben wir die Äquivalenzziffern wiedergegeben. Die Tabelle 67 enthält die mit Hilfe der Äquivalenzziffern errechneten Einheitsmengen, die zu folgenden Stückkosten der Einheitssorte führen:

	Gesamt	Proportional
Materialkosten:	$\frac{385\,950 \text{ DM}}{47\,192 \text{ Stck}} = \underline{\underline{8{,}18 \text{ DM/Stck}}}$;	$\frac{374\,159 \text{ DM}}{47\,192 \text{ Stck}} = \underline{\underline{7{,}93 \text{ DM/Stck}}}$
Fertigungskosten:	$\frac{436\,209 \text{ DM}}{45\,834 \text{ Stck}} = \underline{\underline{9{,}52 \text{ DM/Stck}}}$;	$\frac{323\,973 \text{ DM}}{45\,834 \text{ Stck}} = \underline{\underline{7{,}07 \text{ DM/Stck}}}$
Verw. u. Vertriebskosten:	$\frac{260\,165 \text{ DM}}{51\,429 \text{ Stck}} = \underline{\underline{5{,}06 \text{ DM/Stck}}}$;	$\frac{110\,816 \text{ DM}}{51\,429 \text{ Stck}} = \underline{\underline{2{,}15 \text{ DM/Stck}}}$

Tabelle 67: Zahlenbeispiel zur einstufigen Äquivalenzziffernkalkulation mit drei Ziffernreihen (Ergebnisse)

Produktart	Materialkosten					Fertigungskosten					Verwaltungs- und Vertriebskosten					Selbstkosten [DM/Stück]	
	Einheits-Mengen	Kosten pro Stück		Kosten pro Monat		Einheits-Mengen	Kosten pro Stück		Kosten pro Monat		Einheits-Mengen	Kosten pro Stück		Kosten pro Monat			
		Gesamt	Prop.	Gesamt	Prop.		Gesamt	Prop.	Gesamt	Prop.		Gesamt	Prop.	Gesamt	Prop.	Gesamt	Prop.
1	4 005	7,28	7,06	32 760	31 770	3 645	7,71	5,73	34 695	25 785	4 500	5,06	2,15	22 770	9 675	20,05	14,94
2	12 024	13,66	13,24	98 352	95 328	12 096	15,99	11,88	115 128	85 536	12 816	9,01	3,83	64 872	27 576	38,66	28,95
3	12 321	9,08	8,80	100 788	97 680	10 878	9,33	6,93	103 563	76 923	13 653	6,22	2,64	69 042	29 304	24,63	18,37
4	8 342	5,48	5,31	68 226	66 110	8 715	6,66	4,95	82 917	61 628	9 960	4,05	1,72	50 423	21 414	16,19	11,98
5	10 500	8,18	7,93	85 890	83 265	10 500	9,52	7,07	99 960	74 235	10 500	5,06	2,15	53 130	22 575	22,76	17,15
Summe	47 192			386 016	374 153	45 834			436 263	324 107	51 429			260 237	110 544	1 082 516	808 804
Abrundungsdifferenz				./. 66	6				./. 54	./. 134				./. 72	272	./. 192	144
Angefallene Kosten				385 950	374 159				436 209	323 973				260 165	110 816	1 082 324	808 948

Hieraus erhält man durch Multiplikation mit den zugehörigen Äquivalenzziffern die in Tabelle 67 angegebenen Material-, Fertigungs- und Verwaltungs- und Vertriebskosten pro Stück, die in den letzten beiden Spalten zu den Selbstkosten pro Stück zusammengefaßt worden sind. Ein Vergleich mit Tabelle 65 läßt erkennen, daß sich die Selbstkosten pro Stück bei den Produktarten 2 bis 5 um höchstens 2,5 % von den mit Hilfe der einstufigen Äquivalenzziffernkalkulation errechneten Selbstkosten unterscheiden. Lediglich bei Produktart 1 ist die Abweichung größer.

Die im obigen Beispiel dargestellte Form der Äquivalenzziffernkalkulation läßt sich auch anwenden, wenn Fertigwarenbestandsveränderungen auftreten. Hierbei sind die Verwaltungs- und Vertriebskosten auf die Absatzmengen bzw. auf die aus diesen abgeleiteten Einheitsmengen zu beziehen. Bei Halbfabrikatebestandsveränderungen dagegen ist das obige Verfahren nicht anwendbar, da für den Fertigungsbereich nur eine Ziffernreihe zur Verfügung steht.

Wir wollen nunmehr das Zahlenbeispiel unter Beibehaltung der Ausgangsdaten dahingehend erweitern, daß wir die *mehrstufige* Äquivalenzziffernkalkulation mit direkt kalkulierten Einzelkosten anwenden. Hierbei werden die Einzelmaterialkosten und die Sondereinzelkosten des Vertriebs (= Verpackungsmaterialkosten und Provision) den Sorten direkt zugerechnet. Die Materialgemeinkosten werden mit Hilfe prozentualer Zuschläge auf die Einzelmaterialkosten und die Verwaltungs- und Vertriebsgemeinkosten mit Hilfe prozentualer Zuschläge auf die Herstellkosten verrechnet. Das Äquivalenzziffernprinzip wird nur noch für die Kalkulation der Fertigungskosten angewendet. Hierbei werden für die 4 Fertigungskostenstellen gesonderte Ziffernreihen gebildet, die den Relationen der Fertigungszeiten pro Stück entsprechen; vgl. hierzu Tabelle 68. In Tabelle 69 werden die Einheitsmengen ausgewiesen und die Fertigungskosten pro Stück errechnet.

Tabelle 68: Zahlenbeispiel zur mehrstufigen Äquivalenzziffernkalkulation mit direkt kalkulierten Einzelkosten (Ermittlung von Äquivalenzziffern für den Fertigungsbereich)

Fertigungsstelle / Produktart	A		B		C		D	
	[Min/Stck]	Ä-Ziffer	[Min/Stck]	Ä-Ziffer	[Min/Stck]	Ä-Ziffer	[Min/Stck]	Ä-Ziffer
1	4,2	1,83	1,7	0,43	6,0	1,07	2,6	0,43
2	6,6	2,87	9,0	2,25	8,4	1,50	6,0	1,00
3	3,4	1,48	2,2	0,55	8,7	1,55	3,2	0,53
4	1,0	0,43	3,0	0,75	3,8	0,68	4,8	0,80
5	2,3	1,00	4,0	1,00	5,6	1,00	6,0	1,00

In Tabelle 70 haben wir die Kalkulationen wiedergegeben. Die Einzelmaterialkosten pro Stück erhält man, indem die in Tabelle 64 angegebenen Materialverbrauchsmengen pro Stück mit dem Materialpreis in Höhe von 8,50 DM/kg multipliziert werden. Aus Tabelle 63 lassen sich folgende Materialgemeinkostenzuschläge ableiten:

	Gesamt	Proportional
Materialgemeinkostenverrechnungssatz in Prozent der Einzelkosten:	$\frac{25\,380 \text{ DM}}{360\,570 \text{ DM}} = 7{,}0\,\%$;	$\frac{13\,589 \text{ DM}}{360\,570 \text{ DM}} = 3{,}8\,\%$

Tabelle 69: Zahlenbeispiel zur mehrstufigen Äquivalenzziffernkalkulation mit direkt kalkulierten Einzelkosten (Kalkulation der Fertigungskosten)

Produktart	Fertigungskostenstelle A					Fertigungskostenstelle B				
	Einheits-Menge	[DM/Stck]		[DM/Monat]		Einheits-Menge	[DM/Stck]		[DM/Monat]	
		Ges.	Prop.	Ges.	Prop.		Ges.	Prop.	Ges.	Prop.
1	8 235	1,77	1,26	7 965	5 670	1 935	1,03	0,76	4 635	3 420
2	20 664	2,78	1,98	20 016	14 256	16 200	5,40	3,96	38 880	28 512
3	16 428	1,44	1,02	15 984	11 322	6 105	1,32	0,97	14 652	10 767
4	5 354	0,42	0,30	5 229	3 735	9 338	1,80	1,32	22 410	16 434
5	10 500	0,97	0,69	10 185	7 245	10 500	2,40	1,76	25 200	18 480
Summe	61 181			59 379	42 228	44 078			105 777	77 613
Abrundungsdifferenz				./. 228	–				./. 45	./. 45
Zu kalkulierende Kosten				59 151	42 228				105 732	77 568

Die Fertigungskosten pro Stück werden der Tabelle 69 entnommen. Die Verwaltungs- und Vertriebskosten werden mit Hilfe der folgenden Zuschlagssätze auf die Herstellkosten kalkuliert, die sich aus den in Tabelle 63 angegebenen Kosten ableiten lassen:

	Gesamt	Proportional
Verwaltungsgemeinkostenverrechnungssatz in Prozent der Herstellkosten:	$\frac{69\,890 \text{ DM}}{822\,159 \text{ DM}} = 8{,}5\,\%$;	$\frac{11\,223 \text{ DM}}{698\,132 \text{ DM}} = 1{,}6\,\%$
Vertriebsgemeinkostenverrechnungssatz in Prozent der Herstellkosten:	$\frac{115\,077 \text{ DM}}{822\,159 \text{ DM}} = 14{,}0\,\%$;	$\frac{24\,395 \text{ DM}}{698\,132 \text{ DM}} = 3{,}5\,\%$

Tabelle 70: Beispiel zur mehrstufigen Äquivalenzziffernkalkulation mit direkt kalkulierten Einzelkosten (Ergebnisse)

Zeile	Bezeichnung	Produkt 1		Produkt 2		Produkt 3	
		Gesamt	Proportional	Gesamt	Proportional	Gesamt	Proportional
1	Einzelmaterialkosten	6,80	6,80	12,75	12,75	8,50	8,50
2	Materialgemeinkosten (7,0 %; 3,8 %)	0,48	0,26	0,89	0,48	0,60	0,32
3	Materialkosten (1 + 2)	7,28	7,06	13,64	13,23	9,10	8,82
4	Fertigungskostenstelle A	1,77	1,26	2,78	1,98	1,44	1,02
5	Fertigungskostenstelle B	1,03	0,76	5,40	3,96	1,32	0,97
6	Fertigungskostenstelle C	4,19	3,11	5,88	4,37	6,08	4,51
7	Fertigungskostenstelle D	0,83	0,65	1,92	1,50	1,02	0,80
8	Fertigungskosten (4 bis 7)	7,82	5,78	15,98	11,81	9,86	7,30
9	Herstellkosten (3 + 8)	15,10	12,84	29,62	25,04	18,96	16,12
10	Verwaltungsgemeinkosten (8,5 %; 1,6 %)	1,28	0,21	2,52	0,40	1,61	0,26
11	Vertriebsgemeinkosten (14,0 %; 3,5 %)	2,11	0,45	4,14	0,88	2,65	0,56
12	Verpackungsmaterialkosten	0,30	0,30	0,50	0,50	0,40	0,40
13	Provisionen (5 % des Verkaufspreises)	1,13	1,13	2,–	2,–	1,38	1,38
14	Verwaltungs- u. Vertriebskosten (10 bis 13)	4,82	2,09	9,16	3,78	6,04	2,60
15	Selbstkosten (9 + 14)	19,92	14,93	38,78	28,82	25,–	18,72
16	Gewinn/Deckungsbeitrag (17 ./. 15)	2,58	7,57	1,22	11,18	2,60	8,88
17	Verkaufspreis	22,50	22,50	40,–	40,–	27,60	27,60

Fertigungskostenstelle C					Fertigungskostenstelle D				
Einheits-Menge	[DM/Stck]		[DM/Monat]		Einheits-Menge	[DM/Stck]		[DM/Monat]	
	Ges.	Prop.	Ges.	Prop.		Ges.	Prop.	Ges.	Prop.
4 815	4,19	3,11	18 855	13 995	1 935	0,83	0,65	3 735	2 925
10 800	5,88	4,37	42 336	31 464	7 200	1,92	1,50	13 824	10 800
17 205	6,08	4,51	67 488	50 061	5 883	1,02	0,80	11 322	8 880
8 466	2,67	1,98	33 242	24 651	9 960	1,54	1,20	19 173	14 940
10 500	3,92	2,91	41 160	30 555	10 500	1,92	1,50	20 160	15 750
51 786			203 081	150 726	35 478			68 214	53 295
			31	156				–	–
			203 112	150 882				68 214	53 295

Die Verpackungsmaterialkosten pro Stück wurden durch eine vorgeschaltete Sonderkalkulation ermittelt, die wir hier nicht wiedergegeben haben. Die Provisionen betragen 5 % der Verkaufspreise. In Zeile 15 werden die Selbstkosten pro Stück ausgewiesen, denen die in Zeile 16 angegebenen Stückgewinne bzw. Deckungsbeiträge pro Stück entsprechen.

Die im obigen Beispiel dargestellte Form der mehrstufigen Äquivalenzziffernkalkulation läßt sich auch anwenden, wenn zwischen den Fertigungsstellen A bis D Halbfabrikatebestandsveränderungen auftreten. Hierbei sind die Einheitsmengen aus den Produktionsmengen der einzelnen Stellen abzuleiten. Sie ist weiterhin auch anwendbar, wenn Bestandsveränderungen der Fertigwarenbestände auftreten.

Produkt 4		Produkt 5	
Gesamt	Proportional	Gesamt	Proportional
5,10	5,10	7,65	7,65
0,36	0,19	0,54	0,29
5,46	5,29	8,19	7,94
0,42	0,30	0,97	0,69
1,80	1,32	2,40	1,76
2,67	1,98	3,92	2,91
1,54	1,20	1,92	1,50
6,43	4,80	9,21	6,86
11,89	10,09	17,40	14,80
1,01	0,16	1,48	0,24
1,66	0,35	2,44	0,52
0,30	0,30	0,40	0,40
0,90	0,90	1,13	1,13
3,87	1,71	5,45	2,29
15,76	11,80	22,85	17,09
2,24	6,20	./. 0,35	5,41
18,–	18,–	22,50	22,50

Hierbei sind die Verwaltungs- und Vertriebsgemeinkosten auf die Absatzmengen, bzw. auf die aus diesen abgeleiteten Einheitsmengen zu beziehen. Wird zwischen den Fertigungsstellen ein Mengengefälle wirksam, so läßt sich das in der gleichen Weise mit Hilfe von Einsatzfaktoren berücksichtigen, wie wir das in Kapitel 5211 für die Divisionskalkulation beschrieben haben.

Setzt man die in Tabelle 70 ermittelten Selbstkosten pro Stück gleich 100 %, so erhält man gegenüber den beiden vereinfachten Verfahren die in Tabelle 71 angegebenen prozentualen Abweichungen. Der Vergleich zeigt, daß die einstufige Äquivalenzziffernkalkulation mit einer Ziffernreihe zu einem erheblichen Kalkulationsfehler bei Produkt 1 führt, während bei den übrigen Sorten nur relativ geringe Abweichungen auftreten. Die Ergebnisse der beiden anderen Verfahren weichen nur wenig voneinander ab. Dies liegt vor allem daran, daß die Relationen der Einzelmaterialverbrauchsmengen und der Fertigungszeiten bei den einzelnen Sorten nicht sehr stark differieren. In jedem Fall führt die mehrstufige Äquivalenzziffernkalkulation mit direkt kalkulierten Einzelkosten zu den genauesten Kalkulationsergebnissen.

Tabelle 71: Prozentualer Vergleich der Kalkulationsergebnisse der Tabellen 65, 67 und 70

Produktart	Einstufige Äquivalenzziffernkalkulation mit einer Ziffernreihe		Einstufige Äquivalenzziffernkalkulation mit drei Ziffernreihen	
	Gesamt	Proportional	Gesamt	Proportional
1	./. 8,0 %	./. 8,2 %	+ 0,7 %	+ 0,1
2	+ 0,4 %	+ 1,0 %	./. 0,3 %	+ 0,5
3	+ 0,8 %	+ 0,6 %	./. 1,5 %	./. 1,9
4	+ 1,7 %	+ 1,5 %	+ 2,7 %	+ 1,5
5	+ 0,2 %	+ 0,2 %	./. 0,4 %	+ 0,4

5213. Die Zuschlagskalkulation

(1) In den meisten Mehrproduktunternehmungen führt die Äquivalenzziffernkalkulation zu ungenauen Kalkulationsergebnissen, da die Produktzahl zu groß ist, und sich die einzelnen Produktarten in bezug auf ihren Materialbedarf und die Inanspruchnahme des Fertigungsbereichs zu sehr voneinander unterscheiden. Für die typische Mehrproduktunternehmung wurde daher schon sehr früh ein Kalkulationsverfahren entwickelt, das bei unbegrenzt vielen Produktarten und beliebigen Produktunterschieden anwendbar ist; insbesondere auch bei Einzel- und Auftragsfertigung. Dieses seit langem bekannte und in der Praxis weit verbreitete Verfahren wird als *Zuschlagskalkulation* bezeichnet.[84]

84 Vgl. hierzu *K. F. Bussmann*, Industrielles Rechnungswesen, a.a.O., S. 95 ff.; *J. Greifzu*, Das Rechnungswesen, a.a.O., S. 368 ff.; *H. W. Hennig*, Kalkulationsformen in der Industrie, a.a.O., S. 68 ff.; *F. Henzel*, Die Kostenrechnung, a.a.O., S. 222 ff.; *W. Kalveram*, Industrielles Rechnungswesen, a.a.O., S. 351 ff.; *E. Kosiol*, Kostenrechnung und Kalkulation, 2. Aufl., Berlin und New York 1972, S. 203 ff.; *K. Mellerowicz*, Kosten- und Kostenrechnung, Band 2/2. Teil, a.a.O., S. 18 ff.; *A. Müller*, Grundzüge der industriellen Kosten-

Das *charakterische Merkmal der Zuschlagskalkulation* besteht darin, daß alle Einzelkosten den Produktarten oder Aufträgen direkt zugerechnet werden und die Kalkulation der Gemeinkosten mit Hilfe prozentualer Zuschläge erfolgt. Wie unsere Ausführungen in den Kapiteln 5211 und 5212 gezeigt haben, werden auch bei bestimmten Formen der Divisions- und der Äquivalenzziffernkalkulation die Einzelmaterialkosten direkt zugerechnet und die Materialgemeinkosten mit Hilfe prozentualer Verrechnungssätze kalkuliert. Weiterhin werden bei diesen Verfahren meistens auch die Sondereinzelkosten des Vertriebs direkt kalkuliert und die Verwaltungs- und Vertriebsgemeinkosten prozentual auf die Herstellkosten verrechnet. Hierbei handelt es sich bereits um Übergangsformen zur Zuschlagskalkulation. In der Zuschlagskalkulation werden darüber hinaus auch die Einzellöhne der Fertigung den Erzeugnissen direkt zugerechnet, und die Fertigungsgemeinkosten mit Hilfe prozentualer Zuschlagssätze auf die Einzellöhne verrechnet. Aus diesem Grunde wird die Zuschlagskalkulation oft auch synonym als *Lohnzuschlagskalkulation* bezeichnet.

Die Lohnzuschlagskalkulation findet man insbesondere in Unternehmungen, die mit einer Ist- oder Normalkostenrechnung arbeiten. Bei Anwendung einer Plankostenrechnung werden Lohnzuschlagssätze normalerweise nicht verwendet, da die Einzellöhne wegen ihrer Abhängigkeit vom Lohnniveau keine Bezugsgrößen im Sinne der Plankostenrechnung sind. In Kapitel 433 haben wir die Bildung von Lohnzuschlagssätzen beschrieben; vgl. hierzu die Gleichung (121) und das Zahlenbeispiel in Tabelle 31.

(2) In der Praxis findet man *zwei Formen der Zuschlagskalkulation*, die wir zunächst mit Hilfe von Kalkulationsformeln beschreiben wollen. Beide Verfahren unterscheiden sich lediglich durch die kalkulatorische Behandlung der Fertigungskosten.

Bei der *einstufigen Lohnzuschlagskalkulation*, die auch als *kumulative Lohnzuschlagskalkulation* bezeichnet wird, bildet man für den gesamten Fertigungsbereich nur einen Lohnzuschlagssatz. Bezeichnen wir den Lohnzuschlagssatz mit d_L, die Fertigungszeit pro Stück mit t_j und den Fertigungslohn pro Zeiteinheit mit l, so erhalten wir unter Beibehaltung der bereits in den Kapiteln 5211 und 5212 verwendeten Kurzzeichen folgende Kalkulationsformel:

$$(153) \qquad k_j = \left[\sum_{\nu=1}^{z} m_{\nu j} q_{\nu j}\left(1+\frac{d_M}{100}\right)+t_j l\left(1+\frac{d_L}{100}\right)+e_{Ftgj}\right] \times \left(1+\frac{d_{Vw}}{100}+\frac{d_{Vt}}{100}\right)+e_{Vtj} \qquad (j=1,\ldots,n)$$

und Leistungserfolgsrechnung, a.a.O., S. 196 ff.; *E. Schmalenbach*, Selbstkostenrechnung und Preispolitik, a.a.O., S. 196 ff. und Kostenrechnung und Preispolitik, a.a.O., S. 381 ff.; und *A. Schnettler*, Das Rechnungswesen industrieller Betriebe, a.a.O., S. 202 ff., der Autor weist darauf hin, daß zu seiner Zeit bei der Zuschlagskalkulation in 95 bis 100 Fällen der Fertigungslohn als Verteilungsgrundlage der Fertigungsgemeinkosten verwendet wird.

Die einstufige Lohnzuschlagskalkulation führt nur dann zu vertretbaren Kalkulationsergebnissen, wenn der Fertigungsbereich nur aus einer Fertigungsstufe besteht, oder im Falle mehrerer aufeinanderfolgender Fertigungsstellen keine Zwischenlagerbestandsveränderungen auftreten und die Kostenverursachung der Stellen nicht zu unterschiedlich ist. Diese Voraussetzungen sind nur selten erfüllt.

Bei der *mehrstufigen Lohnzuschlagskalkulation*, die auch als *elektive Lohnzuschlagskalkulation* bezeichnet wird, werden für die einzelnen Fertigungsstellen jeweils gesonderte Lohnzuschlagssätze gebildet. Analog zu Gleichung (153) erhält man folgende Kalkulationsformel:

$$(154) \qquad k_j = \left[\sum_{\nu=1}^{z} m_{\nu j} q_{\nu j} \left(1 + \frac{d_M}{100}\right) + \sum_{i=1}^{m} t_{ij} l_i \left(1 + \frac{d_{Li}}{100}\right) + e_{Ftgj} \right] \left(1 + \frac{d_{Vw}}{100} + \frac{d_{Vt}}{100}\right) + e_{Vtj}$$

$$(j = 1, \ldots, n)$$

Die elektive Lohnzuschlagskalkulation kann dadurch verfeinert werden, daß man die Materialgemeinkostenzuschläge nach Materialgruppen und die Verwaltungs- und Vertriebsgemeinkostenzuschläge nach Produktgruppen differenziert. Tritt ein *Mengengefälle* auf, so können in gleicher Weise Einsatzfaktoren berücksichtigt werden, wie wir das für die Divisionskalkulation (vgl. Gleichung (146) auf Seite 309 f.) beschrieben haben. Die elektive Lohnzuschlagskalkulation läßt sich als Sonderfall der mehrstufigen Äquivalenzziffernkalkulation auffassen, bei der die Äquivalenzziffern der Fertigungsstellen durch die Einzellohnkosten pro Stück ersetzt werden.

Bei entsprechend differenzierter Kostenstelleneinteilung im Fertigungsbereich kann die elektive Lohnzuschlagskalkulation zu recht genauen Kalkulationsergebnissen, vor allem bei lohnintensiver Fertigung führen. Sie hat aber gegenüber der Verwendung von Bezugsgrößen folgende *Nachteile.*[85]

Erstens verhalten sich die Fertigungsgemeinkosten (mit Ausnahme der kalkulatorischen Sozialkosten für Lohnempfänger) entweder überhaupt nicht proportional zu den Fertigungslöhnen, oder es besteht zugleich eine Proportionalität zu den Fertigungszeiten. Besteht diese Proportionalitätsbeziehung, so ist es besser, die Fertigungszeiten unmittelbar als Bezugsgrößen zu verwenden.[86] Verhalten sich dagegen die Fertigungsgemeinkosten zu anderen Maßgrößen proportional, so sind diese als Bezugsgrößen zu wählen. Besonders problematisch ist die Lohnzuschlagskalkulation in Industriebetrieben mit stark mechanisierten Produktionsprozessen, da hier die Fertigungslöhne nur einen relativ kleinen Anteil der Fertigungskosten ausmachen, so daß sie als Bezugsbasis zur Verrechnung der Fertigungsgemeinkosten völlig ungeeignet sind. Hier können Lohnzuschlagssätze von mehreren Tausend Prozent entstehen, wodurch die Lohnzuschlagskalkulation ad absurdum

85 Zur Kritik an der Lohnzuschlagskalkulation vgl. *F. Henzel*, Die Kostenrechnung, a.a.O., S. 220 ff. und *A. Schnettler*, Das Rechnungswesen industrieller Betriebe, a.a.O., S. 212 ff.

86 Vgl. *F. Henzel*, Die Kostenrechnung, a.a.O., S. 222.

geführt wird.[87] Lediglich bei lohnintensiver Fertigung ist die Lohnzuschlagskalkulation vertretbar.

Zweitens führt die Lohnzuschlagskalkulation dazu, daß die kalkulierten Fertigungsgemeinkosten von der Lohnhöhe des ausführenden Arbeiters abhängen. Kann z. B. ein Arbeitsgang wahlweise von Arbeitern ausgeführt werden, deren Minutenfaktoren 0,125 DM/Min. oder 0,114 DM/Min. betragen und erfordert der Arbeitsgang 15 Min./Stück, so erhält man bei einem Lohnzuschlagssatz von 340 % unterschiedlich hohe Fertigungsgemeinkosten pro Stück, obwohl diese zum überwiegenden Teil von der Lohnhöhe unabhängig sind:

			DM/Stück
Fertigungslohn:	15 Min./Stück X 0,125 DM/Min.	=	1,875
FertigungsGmK:	340 % von 1,875 DM/Stück	=	6,375
Fertigungskosten:		=	8,250
Fertigungslohn:	15 Min./Stück X 0,114 DM/Min.	=	1,710
FertigungsGmK:	340 % von 1,710 DM/Stück	=	5,814
Fertigungskosten:		=	7,524

Die Fertigungskosten beider Kalkulationen weichen um 0,726 DM/Stück voneinander ab, obwohl der Unterschied bei kalkulatorischen Sozialkosten in Höhe von 50 % nur 1,50 (1,875 – 1,710) = 0,2475 DM/Stück betragen dürfte.

Ein dritter Nachteil der Lohnzuschlagskalkulation besteht darin, daß in den Kalkulationen für jeden Arbeitsgang zwei Zeilen (eine für die Fertigungslohnkosten und eine für die Fertigungsgemeinkosten) ausgewiesen werden müssen.

(3) Wir wollen nunmehr die Verfahren der Zuschlagskalkulation mit Hilfe von *Zahlenbeispielen* verdeutlichen. Hierbei gehen wir von den gleichen Daten aus, die wir bereits für die Zahlenbeispiele zur Äquivalenzziffernkalkulation verwendet haben. Vgl. hierzu die Tabellen 63 und 64 auf den Seiten 319 und 320. Zusätzlich erforderliche Daten haben wir in Tabelle 72 angegeben, in der zugleich die prozentualen Zuschlagssätze auf die Löhne errechnet werden. In den ersten beiden Zeilen werden die aus Tabelle 63 entnommenen Fertigungskosten in Einzellohnkosten und Gemeinkosten der Fertigung zerlegt. Hierbei kann man in der Praxis auf die Kostenstellenrechnung bzw. auf die nach Kostenstellen gegliederte Kostenplanung zurückgreifen. Weiterhin sind die Beschäftigungen der Fertigungsstellen in Maschinenminuten pro Monat angegeben. Diese erhält man, indem man die in Tabelle 64 ausgewiesenen Stückzeiten mit den Ausbringungsmengen der fünf Produktarten multipliziert und pro Kostenstelle addiert. Wie die sechste Zeile der Tabelle 72 erkennen läßt, liegt in allen vier Fertigungsstellen Mehrstellenarbeit vor. Daher stimmen die Maschinenzeiten in der fünften Zeile nicht mit den Fertigungszeiten der Arbeiter überein. Bedient z. B. ein Arbeiter zwei Maschinen, wie das in den Fertigungskostenstellen A, B und D der Fall ist, so müssen die Maschinenminuten durch 2 dividiert werden. In der letzten Zeile sind die Bruttolöhne pro Arbeiterminute angegeben, Multipliziert man mit diesen Minutenfaktoren die in den Stellen verbrauchten Fertigungszeiten der Arbeiter, so erhält man die in der

87 Hierauf weist auch *F. Henzel*, Die Kostenrechnung, a.a.O., S. 222 hin, wobei er Fälle hervorhebt, bei denen Lohnzuschlagsprozentsätze von 1000 bis 5000 % entstehen.

Tabelle 72: Zahlenbeispiel zur Lohnzuschlagskalkulation (Bildung der Zuschlagssätze)

	Bezeichnung	Fertigung insgesamt		Fertigungsstelle A		Fertigungsstelle B		Fertigungsstelle C		Fertigungsstelle D	
		Gesamt	Proportional	Gesamt	Proportional	Gesamt	Proportional	Gesamt	Proportional	Gesamt	Proportional
1	Einzellohnkosten	70 754	70 754	12 668	12 668	17 622	17 622	21 278	21 278	19 186	19 186
2	Fertigungsgemeinkosten	365 455	253 219	46 483	29 560	88 110	59 946	181 834	129 604	49 028	34 109
3	Fertigungskosten	436 209	323 973	59 151	42 228	105 732	77 568	203 112	150 882	68 214	53 295
4	Lohnzuschlagssätze [%]	517	358	367	233	500	340	855	609	256	178
5	Maschinenlaufzeit [Min/Monat]	–		140 760		176 220		290 160		213 180	
6	Bedienungsrelation [Masch/Arbeiter]	–		2 : 1		2 : 1		3 : 1		2 : 1	
7	Fertigungszeiten der Arbeiter [Min/Monat]	361 800		70 380		88 110		96 720		106 590	
8	Lohnkostensatz [DM/Ftg. Min]	0,1956		0,18		0,20		0,22		0,18	

Tabelle 73: Zahlenbeispiel zur kumulativen Lohnzuschlagskalkulation (Ergebnisse)

	Bezeichnung		Produkt 1		Produkt 2		Produkt 3		Produkt 4		Produkt 5	
			Gesamt	Proportional	Gesamt	Proportional	Gesamt	Proportional	Gesamt	Proportional	Gesamt	Proportional
1	Einzelmaterialkosten		6,80	6,80	12,75	12,75	8,50	8,50	5,10	5,10	7,65	7,65
2	Materialgemeinkosten	(7,0 %; 3,8 %)	0,48	0,26	0,89	0,48	0,60	0,32	0,36	0,19	0,54	0,29
3	Materialkosten (1 + 2)		7,28	7,06	13,64	13,23	9,10	8,82	5,46	5,29	8,19	7,94
4	Fertigungslöhne		1,22	1,22	2,65	2,65	1,46	1,46	1,10	1,10	1,56	1,56
5	Fertigungsgemeinkosten	(517 %; 358 %)	6,31	4,37	13,70	9,49	7,55	5,23	5,69	3,94	8,07	5,58
6	Fertigungskosten (4 – 5)		7,53	5,59	16,35	12,14	9,0[illegible]	6,69	6,79	5,04	9,63	7,14
7	Herstellkosten (3 + 6)		14,81	12,65	29,99	25,37	18,1[illegible]	15,51	12,25	10,33	17,82	15,08
8	Verwaltungsgemeinkosten	(8,5 %; 1,6 %)	1,26	0,20	2,55	0,41	1,54	0,25	1,04	0,17	1,51	0,24
9	Vertriebsgemeinkosten	(14,0 %; 3,5 %)	2,07	0,44	4,20	0,89	2,54	0,54	1,72	0,36	2,49	0,53
10	Verpackungsmaterialkosten		0,30	0,30	0,50	0,50	0,40	0,40	0,30	0,30	0,40	0,40
11	Provision (5 % des Verkaufspreises)		1,13	1,13	2,–	2,–	1,38	1,38	0,90	0,90	1,13	1,13
12	Verwaltungs- u. Vertriebskosten (8 bis 11)		4,76	2,07	9,25	3,80	5,83	2,57	3,96	1,73	5,53	2,30
13	Selbstkosten (7 + 12)		19,57	14,72	39,24	29,17	23,97	18,08	16,21	12,06	23,35	17,38
14	Gewinn/Deckungsbeitrag		2,93	7,78	0,76	10,83	3,63	9,52	1,79	5,94	./.0,85	5,12
15	Verkaufspreis		22,50	22,50	40,–	40,–	27,60	27,60	18,–	18,–	22,50	22,50

Tabelle 74: Zahlenbeispiel zur elektiven Lohnzuschlagskalkulation (Ergebnisse)

	Bezeichnung		Produkt 1		Produkt 2		Produkt 3		Produkt 4		Produkt 5	
			Gesamt	Proportional	Gesamt	Proportional	Gesamt	Proportional	Gesamt	Proportional	Gesamt	Proportional
1	Einzelmaterialkosten		6,80	6,80	12,75	12,75	8,50	8,50	5,10	5,10	7,65	7,65
2	Materialgemeinkosten	(7,0 %; 3,8 %)	0,48	0,26	0,89	0,48	0,60	0,32	0,36	0,19	0,54	0,29
3	Materialkosten (1 + 2)		7,28	7,06	13,64	13,23	9,10	8,82	5,46	5,29	8,19	7,94
4	Fertigungs-	Einzellohnkosten	0,38	0,38	0,59	0,59	0,31	0,31	0,09	0,09	0,21	0,21
5	Kostenstelle A	Ftg. Gmk (367 %; 233 %)	1,39	0,89	2,17	1,37	1,74	0,72	0,33	0,21	0,77	0,49
6	Fertigungs-	Einzellohnkosten	0,17	0,17	0,90	0,90	0,22	0,22	0,30	0,30	0,40	0,40
7	Kostenstelle B	Ftg. Gmk (500 %; 340 %)	0,85	0,58	4,50	3,06	1,10	0,75	1,50	1,02	2,–	1,36
8	Fertigungs-	Einzellohnkosten	0,44	0,44	0,62	0,62	0,64	0,64	0,28	0,28	0,41	0,41
9	Kostenstelle C	Ftg. Gmk (855 %; 609 %)	3,76	2,68	5,30	3,78	5,47	3,90	2,39	1,71	3,51	2,50
10	Fertigungs-	Einzellohnkosten	0,23	0,23	0,54	0,54	0,29	0,29	0,43	0,43	0,54	0,54
11	Kostenstelle D	Ftg. Gmk (256 %; 178 %)	0,59	0,41	1,38	0,96	0,74	0,52	1,10	0,77	1,38	0,96
12	Fertigungskosten (4 bis 11)		7,81	5,78	16,–	11,82	9,91	7,35	6,42	4,81	9,22	6,87
13	Herstellkosten (3 + 12)		15,09	12,84	29,64	25,05	19,01	16,17	11,88	10,10	17,41	14,81
14	Verwaltungsgemeinkosten	(8,5 %; 1,6 %)	1,28	0,21	2,52	0,40	1,62	0,26	1,01	0,16	1,48	0,24
15	Vertriebsgemeinkosten	(14,0 %; 3,5 %)	2,11	0,45	4,15	0,88	2,66	0,57	1,66	0,35	2,44	0,52
16	Verpackungsmaterialkosten		0,30	0,30	0,50	0,50	0,40	0,40	0,30	0,30	0,40	0,40
17	Provision	(5 % des Verkaufspreises)	1,13	1,13	2,–	2,–	1,38	1,38	0,90	0,90	1,13	1,13
18	Verwaltungs- u. Vertriebskosten (14 bis 17)		4,82	2,09	9,17	3,78	6,06	2,61	3,87	1,71	5,45	2,29
19	Selbstkosten (13 + 18)		19,91	14,93	38,81	28,83	25,07	18,78	15,75	11,81	22,86	17,10
20	Gewinn/Deckungsbeitrag (21 ./. 19)		2,59	7,57	1,19	11,17	2,53	8,82	2,25	6,19	./. 0,36	5,40
21	Verkaufspreis		22,50	22,50	40,–	40,–	27,60	27,60	18,–	18,–	22,50	22,50

ersten Zeile angegebenen Einzelkosten. Die in der vierten Zeile ausgewiesenen Lohnzuschlagssätze werden errechnet, indem man die Fertigungsgemeinkosten mit 100 multipliziert und durch die zugehörigen Einzellohnkosten dividiert.

Bei der *kumulativen Lohnzuschlagskalkulation* wird nur der durchschnittliche Lohnzuschlagssatz kalkuliert, der in unserem Beispiel 517 % bei Vollkosten- und 358 % bei Grenzkostenkalkulation beträgt. Dividiert man die in Tabelle 68 angegebenen Maschinenminuten pro Stück durch die Bedienungsrelationen der Fertigungsstellen und multipliziert man anschließend mit den Lohnsätzen pro Fertigungsminute, so erhält man die auf eine Produkteinheit entfallende Einzellohnkostensumme. Für die Produktart 1 erhält man z. B.

Ftg.Stelle A: (4,2 : 2) × 0,18 = 0,38
Ftg.Stelle B: (1,7 : 2) × 0,20 = 0,17
Ftg.Stelle C: (6,0 : 3) × 0,22 = 0,44
Ftg.Stelle D: (2,6 : 2) × 0,18 = 0,23
1,22

Rechnet man hierauf 517 % Gesamtkosten bzw. 358 % proportionale Kosten, so erhält man 6,31 DM bzw. 4,37 DM Fertigungsgemeinkosten pro Produkteinheit. In Tabelle 73 haben wir die Ergebnisse der kumulativen Lohnzuschlagskalkulation zusammengefaßt.

Bei der *elektiven Lohnzuschlagskalkulation* werden die Einzellohnkosten der Fertigungsstellen gesondert ausgewiesen und mit den zugehörigen Lohnzuschlagssätzen belastet. Die Kalkulationsergebnisse haben wir in Tabelle 74 zusammengefaßt. Ein Vergleich der Tabellen 73 und 74 läßt erkennen, daß die kumulative Lohnzuschlagskalkulation in unserem Beispiel nur zu relativ geringen Kalkulationsfehlern führt. Bei Produkt 3 tritt der größte Fehler auf, die Fertigungskosten sind um ca. 9 % zu niedrig. Die relativ geringen Abweichungen sind in erster Linie darauf zurückzuführen, daß die Produktarten alle Fertigungsstellen durchlaufen, wobei sich die Kalkulationsfehler der Stellen z. T. gegenseitig ausgleichen. In vielen praktischen Fällen entstehen erheblich größere Fehler, insbesondere, wenn sich die Mechanisierungsgrade der Fertigungsstellen wesentlich voneinander unterscheiden.

5214. Die Bezugsgrößenkalkulation

(1) Die Kritik an der Lohnzuschlagskalkulation hat dazu geführt, daß für die Kalkulation der Fertigungskosten Maschinen- oder Fertigungszeit-Kostensätze gebildet wurden, indem man die Summe aus den Fertigungslöhnen und die Fertigungsgemeinkosten der Fertigungskostenstellen durch die geleistete Stundenzahl dividierte. Dieses Verfahren wird als *Stundensatzkalkulation* bezeichnet.[88] Bei diesem Kalkulationsverfahren werden die Material-, Verwaltungs- und Vertriebsgemeinkosten nach dem Zuschlagsprinzip kalkuliert, wie bei der Zuschlagskalkulation. Die Stundensatzkalkulation hat gegenüber der Lohnzuschlagskalkulation den Vorteil, daß in den Kalkulationen für jeden Arbeitsgang bzw. für jede Fertigungs-

88 Vgl. *F. Henzel*, Die Kostenrechnung, a.a.O., S. 227.

kostenstelle nur noch eine Zeile erforderlich, statt je einer Zeile für die Einzellohn- und die Fertigungsgemeinkosten. Zu genauen Kalkulationsergebnissen kann die Stundensatzkalkulation aber nur führen, wenn die Maschinenlaufzeiten und die Fertigungszeiten der Arbeiter in einem proportionalen Verhältnis zueinander stehen und sich alle oder wenigstens die wichtigsten Fertigungsgemeinkostenarten zeitproportional verhalten. Die erste Voraussetzung ist bei konstanten Bedienungsrelationen erfüllt. Bedient jeweils ein Arbeiter eine Maschine und fallen keine oder nur geringfügige Rüstzeiten an, so stimmen die Maschinenlaufzeiten mit den Fertigungszeiten der Arbeiter nahezu überein. Bei Mehrstellenarbeit mit konstantem Bedienungsverhältnis lassen sich die Fertigungszeiten der Arbeiter aus den Maschinenlaufzeiten ableiten, indem man diese durch die Anzahl Maschinen pro Arbeiter dividiert. In diesem Fall gilt das Gesetz von der Austauschbarkeit der Maßgrößen, d. h. man kann sowohl die Maschinen-als auch die Fertigungszeiten als Kalkulationsgrundlage wählen.[89]

Bei wechselnden Bedienungsrelationen gilt jedoch diese Austauschbarkeit nicht; hier müßten die Maschinen- und die Fertigungszeiten nebeneinander als Bezugsgrößen verwendet werden. Weiterhin haben insbesondere die bahnbrechenden Arbeiten K. Rummels gezeigt, daß es zu einseitig ist, für alle Fertigungskostenstellen ausschließlich eine Zeitproportionalität ihrer Gemeinkosten zu unterstellen. Oftmals sind andere Maßgrößen der Kostenverursachung geeigneter und bei heterogener Kostenverursachung müssen sogar mehrere Bezugsgrößen nebeneinander verwendet werden. Aus diesem Grunde wurde die Stundensatzkalkulation zu einer Kalkulation weiterentwickelt, bei der nach Möglichkeit für alle Kostenstellen analytisch bestimmte Bezugsgrößen der Kostenverursachung als Kalkulationsgrundlagen verwendet werden. Dieses Verfahren wird als *Bezugsgrößenkalkulation* bezeichnet.[90] Auch für die Bezugsgrößenkalkulation gilt der Grundsatz, möglichst viele Kosten als Einzelkosten zu kalkulieren. Ausgenommen sind hiervon aber meistens die Einzellöhne der Fertigung, da sie sich zusammen mit den Sozial- und Lohnnebenkosten zweckmäßiger mit Hilfe von Zeitbezugsgrößen kalkulieren lassen. Genau wie die Zuschlagskalkulation ist auch die Bezugsgrößenkalkulation bei beliebiger Produktzahl und für jedes Fertigungsverfahren anwendbar.

Grundsätzlich ist die Bezugsgrößenkalkulation bei jedem Verfahren der Kostenrechnung anwendbar. Weitere Verbreiterung hat sie aber erst mit der Plankostenrechnung gefunden, weil hier möglichst genaue Bezugsgrößen nicht nur für die Kalkulation sondern zugleich auch als Maßgrößen zur Sollkostenermittlung im Soll-Ist-Kostenvergleich erforderlich sind. Weiterhin geben die analytischen Verfahren der Kostenplanung einen Einblick in die funktionalen Beziehungen der Kostenentstehung, der in einer Ist- oder Normalkostenrechnung nicht gegeben ist; dies gilt insbesondere für Kostenstellen mit heterogener Kostenverursachung.

An sich erfordern die Grundsätze der Bezugsgrößenkalkulation auch für die Material-, Verwaltungs- und Vertriebskostenstellen möglichst genaue Bezugsgrößen. Wie unsere Ausführungen in Kapitel 42 gezeigt haben, lassen sich solche Bezugs-

89 Vgl. hierzu *K. Rummel*, Einheitliche Kostenrechnung, 3. Aufl., 1967, S. 2 ff.

90 Diese Bezeichnung stammt aus der Plankostenrechnung, vgl. hierzu *W. Kilger*, Flexible Plankostenrechnung, a.a.O., S. 581. K. Mellerowicz nennt die Bezugsgrößenkalkulation eine „Verrechnungssatzrechnung". Vgl. *K. Mellerowicz*, Kosten und Kostenrechnung, Bd. 2/2. Teil, a.a.O., S. 35.

größen z. T. auch finden, so z. B. für den Materialbereich: Anzahl Bestellungen, Lagerzu- und -abgänge, Lagerbestandsmenge, Lagerbestandswert, Umschlagshäufigkeit der Bestände usw., oder für den Verwaltungs- und Vertriebsbereich: Anzahl Buchungen, Anzahl Kalkulationen, Anzahl bearbeiteter Aufträge, Rechnungszeiten, Zeilen oder Stunden der Tabelliermaschine einer EDV-Abteilung usw. Diese Bezugsgrößen sind aber allenfalls für die Zwecke der Kostenkontrolle brauchbar. Für die Kalkulation lassen sie sich nicht unmittelbar verwenden, weil sie keine direkte Beziehung zu den Produktmengen aufweisen. Eine Buchung oder eine Materialbestellung z. B. läßt sich nicht unmittelbar bestimmten Produkten zuordnen. Deshalb behält man auch bei der Bezugsgrößenkalkulation für die Materialgemeinkosten die Hilfsbezugsgröße „DM Materialkosten" und für die Verwaltungs- und Vertriebsgemeinkosten die Hilfsbezugsgröße „DM Herstellkosten des Umsatzes" bei. Zur Verbesserung der Kalkulationsgenauigkeit beschränkt man sich aber nicht auf globale Zuschlagssätze, sondern differenziert die Materialgemeinkostenverrechnungssätze nach Materialgruppen und die Verwaltungs- und Vertriebsgemeinkostenzuschläge nach Produktgruppen. Hierbei werden die durch die oben genannten Bezugsgrößen bedingten Unterschiede der Kostenverursachung weitgehend berücksichtigt. Die Differenzierung der Zuschlagssätze für die Material-, Verwaltungs- und Vertriebskostenstellen läßt sich in einer Plankostenrechnung weitaus besser durchführen, als bei Anwendung einer Ist- oder Normalkostenrechnung.

(2) Wir wollen nunmehr die Bezugsgrößenkalkulation mit Hilfe von Kalkulationsformeln darstellen.[91] Hierbei gehen wir wiederum davon aus, daß es sich um einteilige Produkte handelt, die nacheinander die Fertigungskostenstellen $i = 1 \ldots m$ durchlaufen.

Für *homogene Kostenverursachung* gilt folgende Kalkulationsformel:

$$k_j = \left[\sum_{\nu=1}^{z} m_{\nu j} q_\nu \left(1 + \frac{d_M}{100}\right) + \sum_{i=1}^{m} b_{ij} d_i + e_{Ftgj} \right] \times \left(1 + \frac{d_{Vw}}{100} + \frac{d_{Vt}}{100}\right) + e_{Vtj} \qquad (j = 1, \ldots, n) \tag{155}$$

Die Größen b_{ij} geben die Bezugsgrößeneinheiten an, die in der Fertigungskostenstelle i auf eine Einheit der Produktart j entfallen; d_i kennzeichnet die Kostensätze in DM pro Bezugsgrößeneinheit. Die übrigen Kurzzeichen wurden bereits in den vorangegangenen Kapiteln erklärt. Werden in Gleichung (155) als Bezugsgrößen b_{ij} die Maschinen- oder Fertigungszeiten t_{ij} gewählt, so erhält man als Sonderform der Bezugsgrößenkalkulation die Stundensatzkalkulation.

Bei *heterogener Kostenverursachung* werden in allen oder einigen Fertigungsstellen mehrere Bezugsgrößenarten nebeneinander verwendet. Weiterhin werden die Materialgemeinkostenzuschläge nach Materialarten oder Materialgruppen und die Verwaltungs- und Vertriebsgemeinkostenzuschläge nach Produktarten oder Produktgruppen differenziert. Bezeichnen wir den Index der Bezugsgrößenart mit β

91 Vgl. hierzu *W. Kilger*, Flexible Plankostenrechnung, a.a.O., S. 582 ff.

und die für eine Kostenstelle i erforderliche Bezugsgrößenzahl mit s_i, so erhalten wir folgende Kalkulationsformel:

$$(156)\qquad k_j = \left[\sum_{\nu=1}^{z} m_{\nu j} q_\nu \left(1 + \frac{d_{M\nu}}{100}\right) + \sum_{i=1}^{m} \sum_{\beta=1}^{s_i} b_{i\beta j} d_{i\beta} + e_{Ftgj}\right] \times \left(1 + \frac{d_{Vwj}}{100} + \frac{d_{Vtj}}{100}\right) + e_{Vtj} \qquad (j = 1, \ldots, n)$$

Wird im Bereich der Fertigung ein Mengengefälle wirksam, so lassen sich bei der Kalkulation der Material- und Fertigungskosten in gleicher Weise Einsatzfaktoren verwenden, wie wir das in Kapitel 5211 für die Divisionskalkulation beschrieben haben.

In Bezugsgrößenkalkulationen bei heterogener Kostenverursachung lassen sich die folgenden drei Fälle unterscheiden.

Erstens kann die Bezugsgrößen- und Kostensatzdifferenzierung kostenträgerbedingt sein. Dies ist z. B. bei einem Drahtwalzwerk der Fall, in dem nebeneinander die Bezugsgrößen „Walzstunden Aluminiumerzeugnisse" und „Walzstunden Kupfererzeugnisse" verwendet werden. Bei dieser Art der Bezugsgrößendifferenzierung erscheint in den Kalkulationen jeweils nur eine Bezugsgrößen, so daß wir sie als *kostenträgerbedingte Bezugsgrößendifferenzierung* bezeichnen wollen. Alternative Bezugsgrößendifferenzierung liegt stets bei den nach Produktarten bzw. nach Produktartengruppen differenzierten Verrechnungssätzen der Verwaltungs- und Vertriebsgemeinkosten vor. Bei Produktgruppendifferenzierung gelten innerhalb der Gruppen jeweils die gleichen Zuschlagssätze. Dies gilt analog für die Differenzierung der Materialgemeinkostenverrechnungssätze.

Zweitens kann die Bezugsgrößen- und Kostensatzdifferenzierung technologisch bedingt sein. Dies ist z. B. der Fall, wenn die Fertigungskosten teilweise von den Maschinenzeiten und den Durchsatzgewichten abhängen oder wenn im Falle der Mehrstellenarbeit die Bezugsgrößen „Fertigungszeiten der Arbeiter" und „Maschinenlaufzeiten" nebeneinander verwendet werden und für jede Produktart die Bedienungsrelation festliegt. In diesen Fällen liegen für alle Produktarten die Relationen der verschiedenen Bezugsgrößen einer Fertigungsstelle von vornherein aufgrund technologischer Gegebenheiten fest. Wir wollen daher hierfür die Bezeichnung *technologisch bedingte Bezugsgrößendifferenzierung* verwenden.

Drittens gibt es Fälle, in denen die Relationen der für eine Fertigungsstelle gewählten Bezugsgrößenarten von Entscheidungen der Produktionsvollzugsplanung abhängig sind. Kann z. B. im Falle der Mehrstellenarbeit für ein Erzeugnis wahlweise Ein- oder Zweimaschinenbedienung gewählt werden, so verhalten sich in den Kalkulationen die Fertigungszeiten der Arbeiter zu den Maschinenlaufzeiten entweder wie 1 : 1 oder wie 1 : 2.

Im Falle der Serienproduktion werden nebeneinander die „Rüstzeiten" und die „Ausführungszeiten" als Bezugsgrößen verwendet. Bezeichnen wir die Rüstzeiten pro Serie mit t_{Rij}, die Seriengrößen mit s_{ij} und die Ausführungszeiten pro Stück mit t_{Aij}, so verhalten sich die Rüstkosten pro Stück zu den Ausführungszeiten pro Stück wie $(t_{Rij} : s_j)/t_{Aij}$, d. h. die Bezugsgrößenrelationen sind von Entscheidungen über die Seriengrößen abhängig. Mit abnehmenden Seriengrößen nehmen die Rüstzeiten pro Stück progressiv zu und umgekehrt. In solchen Fällen, die wir als *entscheidungsabhängige Bezugsgrößendifferenzierung* bezeichnen wollen, gibt es für den Kalkulator die folgenden Möglichkeiten. Er kann Alternativkalkulationen für mehrere Entscheidungsalternativen der Produktionsvollzugsplanung erstellen, oder sich auf eine mögliche Alternative festlegen, so z. B. auf die kostenoptimale oder die „durchschnittlich zu erwartende" Entscheidung. In der Plankalkulation wählt man meistens den zweiten Weg, wodurch entsprechende Kostenabweichungen in der Kostenträgerrechnung entstehen.

Weitere Beispiele für die entscheidungsabhängige Bezugsgrößendifferenzierung sind Fälle, in denen für bestimmte Arbeitsgänge wahlweise mehrere Fertigungsstellen bzw. -verfahren eingesetzt werden können, oder über die Relation zwischen Eigenerstellung oder Fremdbezug von Einzelteilen bzw. von Vormaterial zu entscheiden ist. Auch in diesen Fällen ist zwischen Alternativkalkulationen und Kalkulationen zu unterscheiden, die sich auf die optimale oder eine durchschnittlich zu erwartende bzw. realisierte Verfahrenswahl festlegen.

Die Bezugsgrößenkalkulation ist die allgemeinste Form der Kalkulation, da sie sich an alle in der Praxis auftretenden Kalkulationsfälle anpassen läßt. Man kann daher die Gleichung (156) als Grundformel für die Kalkulation einteiliger Produkte bezeichnen. Durch entsprechende Annahmen lassen sich aus dieser Gleichung die Formeln aller bisher behandelten Kalkulationsverfahren ableiten.

(3) Wir wollen die Bezugsgrößenkalkulation mit Hilfe des gleichen Zahlenbeispiels verdeutlichen, das wir in den Kapiteln 5212 und 5213 für die Äquivalenz- und die Lohnzuschlagskalkulation verwendet haben. Der Materialverbrauch in kg/Stück kann der Tabelle 64 auf Seite 320 entnommen werden; der Materialpreis beträgt 8,50 DM/kg. In Tabelle 68 auf Seite 328 sind die nach Kostenstellen differenzierten Fertigungszeiten in Min./Stück angegeben. Auf Seite 321 ff. haben wir die prozentualen Zuschlagssätze für die Material-, Verwaltungs- und Vertriebsgemeinkosten errechnet, die wir auch für die Bezugsgrößenkalkulation beibehalten wollen. Auch die Verkaufspreise und die Sondereinzelkosten des Vertriebs werden nicht verändert; vgl. hierzu die Kalkulationen in Tabelle 74 auf Seite 332. Weiterhin werden wir für den Aufbau der Bezugsgrößenkalkulationen die in Tabelle 72 angegebenen Maschinen- und Fertigungszeiten pro Monat sowie die Bedienungsrelationen (= Maschinen pro Mann) benötigen.

Tabelle 75: Zahlenbeispiel zur Stundensatzkalkulation (Bildung der Kostensätze)

Fertigungsstelle / Bezeichnung	A		B		C		D	
	Gesamt	Proportional	Gesamt	Proportional	Gesamt	Proportional	Gesamt	Proportional
Fertigungskosten	59 151	42 228	105 732	77 568	203 112	150 882	68 214	53 295
Maschinenstunden	2 346		2 937		4 836		3 553	
Kostensatz pro Std.	25,21	18,00	36,–	26,41	42,–	31,20	19,20	15,–
Kostensatz pro Min.	0,42	0,30	0,60	0,44	0,70	0,52	0,32	0,25

Tabelle 76: Zahlenbeispiel zur Stundensatzkalkulation (Kalkulation der Fertigungskosten)

Produktart / Fertigungsstelle	1			2		
	Min pro Stück	DM pro Stück		Min pro Stück	DM pro Stück	
		Gesamt	Proportional		Gesamt	Proportional
A	4,2	1,76	1,26	6,6	2,77	1,98
B	1,7	1,02	0,75	9,0	5,40	3,96
C	6,0	4,20	3,12	8,4	5,88	4,37
D	2,6	0,83	0,65	6,0	1,92	1,50
Summe		7,81	5,78		15,97	11,81

Zunächst wird das Kalkulationsbeispiel mit Hilfe der *Stundensatzkalkulation* gelöst. Die erste Zeile der Tabelle 75 gibt die Fertigungskosten der Stellen A, B, C und D an, die wir aus der dritten Zeile der Tabelle 72 auf Seite 330 entnommen haben. Dividiert man diese durch die Maschinenstunden, so erhält man die in der vorletzten Zeile angegebenen Maschinenstundensätze; die letzte Zeile enthält die Fertigungskosten pro Maschinenminute.

In Tabelle 76 werden die Maschinenminuten pro Stück mit den zugehörigen Kostensätzen multipliziert, wobei man die Fertigungskosten pro Stück erhält. Ein Vergleich mit den Fertigungskosten pro Stück, die wir in Tabelle 70 auf Seite 324 mit Hilfe der mehrstufigen Äquivalenzziffernkalkulation ermittelt haben, läßt (abgesehen von Rundungsfehlern, die höchstens 0,01 DM/Stück betragen) Ergebnisgleichheit mit der Stundensatzkalkulation erkennen. Diese ist darauf zurückzuführen, daß die Äquivalenzziffern der Fertigungsstellen aus den Fertigungszeiten pro Stück abgeleitet worden sind. Da auch alle übrigen Kosten in gleicher Weise kalkuliert werden, brauchen wir die Stundensatzkalkulation hier nicht vollständig abzubilden; sie führt zu den in der Tabelle 70 ermittelten Kalkulationsergebnissen.

In Tabelle 77 haben wir das Zahlenbeispiel dahingehend erweitert, daß für die Fertigungsstellen B, C und D mehrere Bezugsgrößen erforderlich sind; für die Stelle A möge die Bezugsgröße „Maschinenminuten" ausreichen.

Tabelle 77: Zahlenbeispiel zur Bezugsgrößenkalkulation (Bezugsgrößenabstimmung der Fertigungsstelle B)

Produktart	Absatzmenge [Stück/Monat]	1. Bezugsgröße					2. Bezugsgröße	
		Seriengröße [Stück/Serie]	Auflegungshäufigkeit [Serien/Monat]	Rüstzeiten			Maschinenminuten	
				[Min/Serie]	[Min/Monat]	[Min/Stück]	[Min/Stück]	[Min/Monat]
1	4 500	750	6	300	1 800	0,40	1,7	7 650
2	7 200	900	8	400	3 200	0,44	9,0	64 800
3	11 100	1 110	10	440	4 400	0,40	2,2	24 420
4	12 450	2 075	6	300	1 800	0,15	3,0	37 350
5	10 500	2 625	4	300	1 200	0,11	4,0	42 000
Summe					12 400			176 220

3			4			5		
Min pro Stück	DM pro Stück		Min pro Stück	DM pro Stück		Min pro Stück	DM pro Stück	
	Gesamt	Proportional		Gesamt	Proportional		Gesamt	Proportional
3,4	1,43	1,02	1,0	0,42	0,30	2,3	0,97	0,69
2,2	1,32	0,97	3,0	1,80	1,32	4,0	2,40	1,76
8,7	6,09	4,52	3,8	2,66	1,98	5,6	3,92	2,91
3,2	1,02	0,80	4,8	1,54	1,20	6,0	1,92	1,50
	9,86	7,31		6,42	4,80		9,21	6,86

In Stelle B werden nebeneinander die Bezugsgrößen „Rüstminuten" und „Maschinenminuten" verwendet, weil hier Rüstprozesse anfallen; vgl. hierzu die Angaben in Tabelle 77. Die Produktart 1 wird z. B. 6 mal pro Monat aufgelegt (= 4 500 Stück/Monat: 750 Stück/Serie = 6 Serien/Monat). Da für sie pro Rüstvorgang 300 Min./Serie anfallen, trägt sie zur Entstehung der Rüstzeitbezugsgröße mit 1 800 Min/Monat bei. Insgesamt fallen 12 400 Min/Monat an. Die letzte Spalte der Tabelle 77 gibt die Rüstzeiten pro Stück an, die man erhält, indem man die Rüstminuten pro Serie durch die Seriengröße dividiert.

Für die Fertigungsstelle C werden nebeneinander die Bezugsgrößen „kg", „Maschinenzeit" und „Fertigungszeit" verwendet. Die Trennung von Fertigungs- und Maschinenzeit ist erforderlich, weil Mehrstellenarbeit mit produktabhängigen Bedienungsrelationen vorliegt. Im einzelnen gelten hierfür die in Tabelle 78 zusammengefaßten Angaben.

Tabelle 78: Zahlenbeispiel zur Bezugsgrößenkalkulation (Bezugsgrößenabstimmung der Fertigungsstelle C)

Produktart	Absatzmenge [Stück/Monat]	1. Bezugsgröße		2. Bezugsgröße		3. Bezugsgröße		
		[kg/Stück]	[kg/Monat]	[Masch-Min/Stück]	[Masch-Min/Monat]	Bedienungs-relation	[Ftg.-Min/Stück]	[Ftg. Min/Monat]
1	4 500	0,8	3 600	6,0	27 000	3 : 1	2,0	9 000
2	7 200	1,5	10 800	8,4	60 480	2 : 1	4,2	30 240
3	11 100	1,0	11 100	8,7	96 570	3 : 1	2,9	32 190
4	12 450	0,6	7 470	3,8	47 310	4 : 1	0,95	11 828
5	10 500	0,9	9 450	5,6	58 800	4,37 : 1	1,282	13 462
Summe			42 420		290 160			96 720

Die Fertigungsminuten pro Stück erhält man, indem man die Maschinenminuten pro Stück durch die Bedienungsrelation dividiert. Für Produkt 5 wurden zwischen 4 und 5 liegende Bedienungsrelationen realisiert, wobei sich eine Mischrelation von 4,37 : 1 ergibt.

Tabelle 79: Zahlenbeispiel zur Bezugsgrößenkalkulation (Bezugsgrößenabstimmung der Fertigungsstelle D)

Produktart	Absatzmenge	1. Bezugsgröße		2. Bezugsgröße		
	[Stück/Monat]	[Masch-Min/Stück]	[Masch-Min/Monat]	Bedienungsrelation	[Ftg.-Min/Stück]	[Ftg.-Min/Monat]
1	4 500	2,6	11 700	2,5 : 1	1,04	4 680
2	7 200	6,0	43 200	0,89 : 1	6,733	48 480
3	11 100	3,2	35 520	2 : 1	1,6	17 760
4	12 450	4,8	59 760	3 : 1	1,6	19 920
5	10 500	6,0	63 000	4 : 1	1,5	15 750
Summe			213 180			106 590

Auch in der Fertigungsstelle D liegt produktabhängige Mehrstellenarbeit vor, so daß die Bezugsgrößen „Maschinenzeiten" und „Fertigungszeiten" nebeneinander verwendet werden müssen; vgl. hierzu die Tabelle 79.

Die Summenzeilen der Tabellen 77, 78 und 79 geben die Bezugsgrößen pro Monat für die Fertigungsstellen B, C und D an; die Maschinenzeitbezugsgröße der Stelle A kann der Tabelle 72 auf Seite 330 entnommen werden.

Tabelle 80: Zahlenbeispiel zur Bezugsgrößenkalkulation (Bildung der Kostensätze)

Fertigungsstelle	Bezugsgrößen			[DM/Monat]		[DM/ME]	
	- Nr.	- Bezeichnung	[ME/Monat]	Gesamt	Proportional	Gesamt	Proportional
A	1	Maschinen-Min	140 760	59 151	42 228	0,42	0,30
B	1	Rüst-Min	12 400	4 464	3 968	0,36	0,32
	2	Maschinen-Min	176 220	101 268	73 600	0,57	0,42
	Summe			105 732	77 568		
C	1	kg	42 420	34 784	29 694	0,82	0,70
	2	Fertigungs-Min	96 720	33 852	33 852	0,35	0,35
	3	Maschinen-Min	290 160	134 476	87 336	0,46	0,30
	Summe			203 112	150 882		
D	1	Fertigungs-Min	106 590	31 977	31 977	0,30	0,30
	2	Maschinen-Min	213 180	36 237	21 318	0,17	0,10
	Summe			68 214	53 295		

In der Tabelle 80 haben wir Fertigungskosten der Stelle A, B, C und D den verschiedenen Bezugsgrößen zugeordnet; hierfür ist eine nach Bezugsgrößen differenzierte Kostenplanung erforderlich. Dividiert man die Kosten pro Monat durch die zugehörigen Bezugsgrößen pro Monat, so erhält man die zugehörigen Kostensätze (DM/ME). Mit Hilfe dieser Kostensätze lassen sich die in Tabelle 81 zusammengefaßten Kalkulationen erstellen. In den Spalten ME/Stück werden die für eine Produktart erforderlichen Bezugsgrößen ausgewiesen. Wie die Tabelle 81 erkennen läßt, wird durch die Bezugsgrößenkalkulation insbesondere die Kalkulationsgenauigkeit der Fertigungskosten verbessert. Setzen wir die in Tabelle 81 ermittelten Fertigungskosten pro Stück gleich 100, so führt die Stundensatzkalkulation in Tabelle 76 zu folgenden Kalkulationsfehlern:

Bei der relativ teuersten Produktart 2 entsteht der größte Kalkulationsfehler. Sie wird bei der Stundensatzkalkulation mit 9,6 % Voll- und mit 12,9 % Grenzkosten zu wenig belastet. Den Produktarten 3, 4 und 5 werden dagegen zu viel Kosten zugerechnet; dies gilt insbesondere für die Produktart 5. Bei Produktart 1 entsteht nur ein geringer Kalkulationsfehler.

Tabelle 81: Zahlenbeispiel zur Bezugsgrößenkalkulation (Ergebnisse)

	Bezeichnung					Produkt 1			Produkt 2		
						[ME/Stck]	[DM/Stck] Gesamt	[DM/Stck] Prop.	[ME/Stck]	[DM/Stck] Gesamt	[DM/Stck] Prop.
1	Einzelmaterialkosten			(8,50 DM/kg)		0,8	6,80	6,80	1,5	12,75	12,75
2	Materialgemeinkosten			(7,0 %; 3,8 %)		6,80	0,48	0,26	12,75	0,89	0,48
3	Materialkosten (1 + 2)						7,28	7,06		13,64	13,23
4	Ftg. Stelle	Bezugsgrößen Nr.	Bezugsgrößen Bezeichnung	Kostensätze Gesamt	Kostensätze Prop.	[ME/Stck]	[DM/Stck]	[DM/Stck]	[ME/Stck]	[DM/Stck]	[DM/Stck]
5	A	1	Maschinen-Min	0,42	0,30	4,2	1,76	1,26	6,6	2,77	1,98
6	B	1	Rüst-Min	0,36	0,32	300/750 = 0,40	0,14	0,13	400/900 = 0,44	0,16	0,14
7		2	Maschinen-Min	0,57	0,42	1,7	0,97	0,71	9,0	5,13	3,78
8	C	1	kg	0,82	0,70	0,8	0,66	0,56	1,5	1,23	1,05
9		2	Fertigungs-Min	0,35	0,35	6,0/3 = 2,0	0,70	0,70	8,4/2 = 4,2	1,47	1,47
10		3	Maschinen-Min	0,46	0,30	6,0	2,76	1,80	8,4	3,86	2,52
11	D	1	Fertigungs-Min	0,30	0,30	2,6/2,5 = 1,04	0,31	0,31	6,0/0,89 = 6,74	2,02	2,02
12		2	Maschinen-Min	0,17	0,10	2,6	0,44	0,26	6,0	1,02	0,60
13	Fertigungskosten (5 bis 12)						7,74	5,73		17,66	13,56
14	Herstellkosten (3 + 13)						15,02	12,79		31,30	26,79
15	Verwaltungsgemeinkosten			(8,5 %; 1,6 %)			1,28	0,20		2,66	0,43
16	Vertriebsgemeinkosten			(14,0 %; 3,5 %)			2,10	0,45		4,38	0,94
17	Verpackungsmaterialkosten						0,30	0,30		0,50	0,50
18	Provision (5 % des Verkaufspreises)						1,13	1,13		2,–	2,–
19	Verwaltungs- und Vertriebskosten (15 bis 18)						4,81	2,08		9,54	3,87
20	Selbstkosten (14 + 19)						19,83	14,87		40,84	30,66
21	Gewinn/Deckungsbeitrag						2,67	7,63		./. 0,84	9,34
22	Verkaufspreis						22,50	22,50		40,–	40,–

Tabelle 82: Prozentualer Kalkulationsfehler der Fertigungskosten bei Anwendung der Stundensatzkalkulation bei heterogener Kostenverursachung

Produktart		1	2	3	4	5
Fertigungskostenfehler in %	Gesamt	+ 0,9	./. 9,6	+ 1,9	6,1	+ 8,0
	Proportional	+ 0,9	./. 11,9	+ 1,5	7,6	+ 10,3

522. Kalkulationsverfahren für mehrteilige Erzeugnisse

(1) Die bisher beschriebenen Kalkulationsverfahren gelten nur für einteilige Stückgüter und für Fließgüter, die in aufeinanderfolgenden Arbeitsgängen hergestellt werden. Wir wollen nunmehr zu Kalkulationsverfahren für *mehrteilige Erzeugnisse* übergehen.[92] Hierzu zählen Stückgüter, die aus mehreren, oftmals sogar aus sehr

92 Vgl. *W. Kilger*, Flexible Plankostenrechnung, a.a.O., S. 585.

Produkt 3			Produkt 4			Produkt 5		
[ME/Stck]	[DM/Stck]		[ME/Stck]	[DM/Stck]		[ME/Stck]	[DM/Stck]	
	Gesamt	Prop.		Gesamt	Prop.		Gesamt	Prop.
1,0	8,50	8,50	0,6	5,10	5,10	0,9	7,65	7,65
8,50	0,60	0,32	5,10	0,36	0,19	7,65	0,54	0,29
	9,10	8,82		5,46	5,29		8,19	7,94
[ME/Stck]	[DM/Stck]	[DM/Stck]	[ME/Stck]	[DM/Stck]	[DM/Stck]	[ME/Stck]	[DM/Stck]	[DM/Stck]
3,4	1,43	1,02	1,0	0,42	0,30	2,3	0,97	0,69
$\frac{400}{1\,110} = 0{,}40$	0,14	0,13	$\frac{300}{2\,075} = 0{,}15$	0,05	0,05	$\frac{300}{2\,625} = 0{,}11$	0,04	0,04
2,2	1,25	0,92	3,0	1,71	1,26	4,0	2,28	1,68
1,0	0,82	0,70	0,6	0,49	0,42	0,9	0,74	0,63
$\frac{8{,}7}{3} = 2{,}9$	1,02	1,02	$\frac{3{,}8}{4} = 0{,}95$	0,33	0,33	$\frac{5{,}6}{4{,}37} = 1{,}28$	0,45	0,45
3,7	4,–	2,61	3,8	1,75	1,14	5,6	2,58	1,68
$\frac{3{,}2}{2} = 1{,}6$	0,48	0,48	$\frac{4{,}8}{3} = 1{,}6$	0,48	0,48	$\frac{0{,}00}{4} = 1{,}50$	0,45	0,45
3,2	0,54	0,32	4,8	0,82	0,48	6,0	1,02	0,60
	9,68	7,20		6,05	4,46		8,53	6,22
	18,78	16,02		11,51	9,75		16,72	14,16
	1,60	0,26		0,98	0,16		1,42	0,23
	2,63	0,56		1,61	0,34		2,34	0,50
	0,40	0,40		0,30	0,30		0,40	0,40
	1,38	1,38		0,90	0,90		1,13	1,13
	6,01	2,60		3,79	1,70		5,29	2,26
	24,79	18,62		15,30	11,45		22,01	16,42
	2,81	8,98		2,70	6,55		0,49	6,08
	27,60	27,60		18,–	18,–		22,50	22,50

vielen Einzelteilen bestehen, sowie Fließgüter, die sich aus mehreren selbsterstellten Vor- oder Zwischenprodukten zusammensetzen, die in gesonderten Produktionsprozessen hergestellt werden.

Typische Beispiele für *mehrteilige Stückgüter* sind die Erzeugnisse der Kraftfahrzeugindustrie, des Maschinen- und Apparatebaus, der optischen und feinmechanischen Industrie, der Elektroindustrie und der meisten Unternehmungen mit Einzel- und Auftragsfertigung. Mehrteilige Stückgüter bestehen mindestens aus zwei selbsterstellten Einzelteilen, je nach Art des Produktes können aber auch mehrere hundert oder tausend selbsterstellte Einzelteile in ein Endprodukt eingehen. Weiterhin werden für die meisten mehrteiligen Stückgüter zahlreiche fremdbezogene Einzelteile verwendet. Dies gilt z. B. insbesondere für die Automobilindustrie. Die selbsterstellten und die zugekauften Einzelteile werden durch Montagearbeitsgänge zu den Endprodukten zusammengefügt. Ist hierfür nur ein Montagearbeitsgang erforderlich, so wollen wir von *einstufigen mehrteiligen Stückgütern* sprechen. Meistens werden aber entsprechend dem konstruktiven Aufbau des Endproduktes zunächst bestimmte Teilegruppen montiert, die im Endprodukt bestimmte Teilfunktionen wahrnehmen. Diese Teile- oder Baugruppen können wiederum in Teile- oder Baugruppen höherer Ordnung eingehen usw., bis schließlich die Endmontage zum Fertigprodukt führt. In diesen Fällen wollen wir von *mehrstufigen mehrteiligen Stückgütern* sprechen. Ein typisches Beispiel hierfür ist ein Lastkraftwagen, der etwa aus 2 500 Einzelteilen besteht, die über ca. 500 Teilegruppen und 6 Hauptgruppen in das Endprodukt eingehen. Für fast alle komplizierteren mehrteiligen Stückgüter sind zahlreiche Zwischenmontagen erforderlich, bevor in der Endmontage das Fertigprodukt entsteht.

Typische Beispiele *mehrteiliger Fließgüter* sind die Erzeugnisse der chemischen Industrie und artverwandter Branchen, bei denen in mehreren aufeinanderfolgenden oder parallel geschalteten Produktionsprozessen Vor- oder Zwischenprodukte entstehen, die als Einsatzstoffe in andere Produktionsprozesse eingehen. Da in diesen Fällen aber meistens zugleich mehrstufige Kuppelproduktion vorliegt, wollen wir die hierfür erforderlichen Kalkulationsverfahren erst in Kapitel 5232 behandeln.

(2) Bei der *Kalkulation mehrteiliger Stückgüter* entspricht der Kalkulationsaufbau dem konstruktiven Produktaufbau. Für alle selbsterstellten Einzelteile werden zunächst die Herstellkosten ermittelt, wobei meistens die Zuschlags- oder Bezugsgrößenkalkulation angewendet wird. Werden die selbsterstellten Einzelteile nicht nur weiterverarbeitet, sondern auch (z. B. als Ersatzteile) verkauft, so wird die Kalkulation bis zu den Selbstkosten fortgesetzt. Die fremdbezogenen Einzelteile werden mit ihren Einstandspreisen bewertet, worauf Materialgemeinkostenzuschläge verrechnet werden. Lassen sich die Einzelteile unmittelbar zu den Endprodukten montieren, so gehen die mit Hilfe der *Einzelteilkalkulationen* ermittelten Herstellkosten und die Kosten für Fremdteile unmittelbar in die *Endproduktkalkulation* ein. Werden dagegen zunächst Teile- oder Baugruppen montiert, so sind entsprechende *Zwischen-* oder *Teilegruppenkalkulationen* erforderlich. Neben den Kosten für eigenerstellte oder fremdbezogene Teile gehen die jeweiligen Montagekosten in die Zwischen- und Endkalkulationen ein. Durch *Stücklistenauflösung* und *Teilebedarfsrechnungen* wird ermittelt, wie viele Einzelteile in die Bau- oder Teilegruppen und schließlich in die Endprodukte eingehen. In schwierigen Fällen lassen sich die Teilebedarfsrechnungen mit Hilfe sog. *Gozintographen* und der Matrizenrechnung durchführen.[93] Faßt man die Herstellkosten der Zwischenkalkulationen, die Kosten für die direkt in die Endprodukte eingehenden Teile und die Kosten der Endmontage zusammen, so erhält man die Herstellkosten der Endprodukte. Hierauf folgt die Kalkulation der Verwaltungs- und Vertriebskosten, die genauso durchgeführt wird, wie wir sie in Kapitel 521 für einteilige Produkte beschrieben haben. Abschließend erhält man die Selbstkosten der Enderzeugnisse. Der Kalkulationsaufbau mehrteiliger Stückgüter ist unabhängig davon, ob Ist-, Normal- oder Plankosten bzw. Voll- oder Grenzkosten kalkuliert werden.

In Übersicht 19 haben wir den Teilefluß eines Endproduktes dargestellt, in das acht selbsterstellte Einzelteile (E_1 bis E_8) und fünf fremdbezogene Teile (F_1 bis F_5) eingehen. Die Montage erfolgt dreistufig, zunächst werden die Teilegruppen erster

93 Vgl. hierzu *W. Kilger*, Optimale . . . , a.a.O., S. 276 ff. und die dort angegebene Literatur.

Ordnung (T_{11}, T_{12} und T_{13}) montiert und anschließend die Teilegruppen zweiter Ordnung (T_{21} und T_{23}) aus denen schließlich das Endprodukt entsteht. Die Ziffern an den Verbindungslinien geben an, wie viele Teile und Teilegruppen jeweils in die einzelnen Montagestufen eingehen.

Das Schema in Übersicht 19 entspricht einem Gozintographen. In Tabelle 83 haben wir zunächst den Teilbedarf der Teilegruppen und anschließend den Gesamtteilebedarf des Endproduktes bestimmt. In komplizierteren Fällen empfiehlt es sich, die Teilebedarfsberechnung mit Hilfe der Matrizenrechnung durchzuführen.

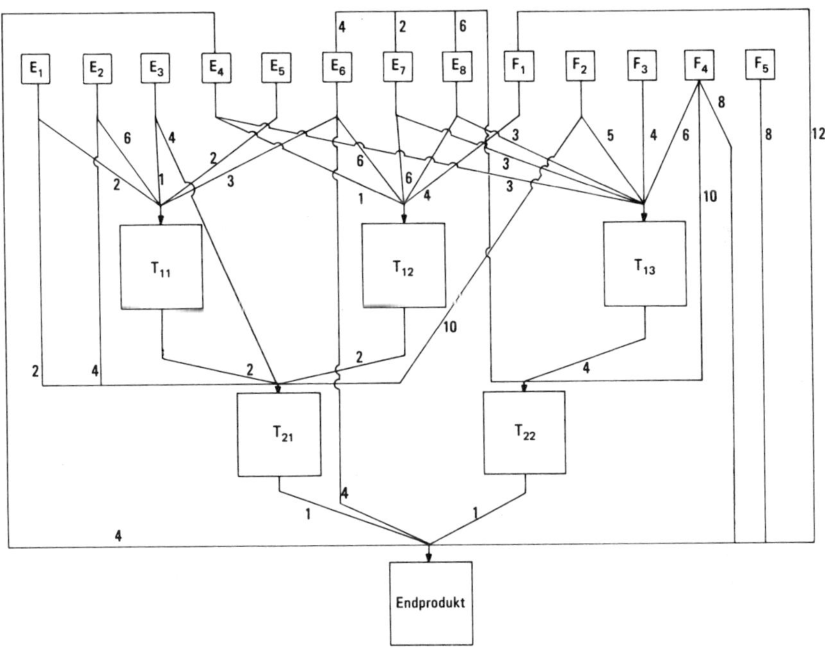

Übersicht 19: Beispiel für den Teilefluß eines mehrteiligen Erzeugnisses

Gehen wir davon aus, daß die Kalkulation der selbsterstellten Einzelteile mit Hilfe der Bezugsgrößenkalkulation (bei homogener Kostenverursachung) erfolgt, und daß die Endprodukte insgesamt $\mu = 1, \ldots, u$ selbsterstellte Einzelteile beanspruchen, so sind zunächst die folgenden *Einzelteilkalkulationen* durchzuführen:

$$(157) \qquad k_{H\mu} = \sum_{\nu=1}^{z} m_{\nu\mu} q_{\nu} \left(1 + \frac{d_M}{100}\right) + \sum_{i=1}^{m} b_{i\mu} d_i + e_{Ftg\,\mu} \qquad (\mu = 1, \ldots, u)$$

Diese Kalkulationsformel stimmt mit Gleichung (155) überein, wenn man die Verwaltungs- und Vertriebskosten wegläßt. Im Falle heterogener Kostenverursachung gilt Gleichung (156) analog. Für die fremdbezogenen Einzelteile, von denen wir annehmen wollen, daß insgesamt $\xi = 1, \ldots, v$ verschiedene Arten benötigt werden, sind für die Kalkulationen die Einstandspreise q_{ξ} und die zugehörigen Materialgemeinkostenzuschläge $d_{M\xi}$ ermittelt werden. Letztere gelten fast immer

Tabelle 83: Teilbedarfsbestimmung für das Beispiel in Übersicht 19

Teilegruppe	Bedarf für Teilegruppen													Anzahl Teilegruppen für ein Endprodukt	Bedarf für Endprodukte												
	Eigenteile								Fremdteile						Eigenteile								Fremdteile				
	E_1	E_2	E_3	E_4	E_5	E_6	E_7	E_8	F_1	F_2	F_3	F_4	F_5		E_1	E_2	E_3	E_4	E_5	E_6	E_7	E_8	F_1	F_2	F_3	F_4	F_5
T_{11}	2	6	1		2	3								2	4	12	2		4	6							
T_{12}				1		6	6	2	4					2				2		12	12	4	8				
T_{13}				3			3	3		5	4	6		4				12			12	12		20	16	24	
T_{21}	2	4	4							10				1	2	4	4							10			
T_{22}						4	2	6				10		1						4	2	6				10	
														Direktbedarf für Endprodukt				4		4			12			8	8
														Summe	6	16	6	18	4	26	26	22	20	30	16	42	8

für bestimmte Gruppen fremdbezogener Teile; gelegentlich wird auch für alle Teilearten nur ein Zuschlagssatz verwendet.

Im Falle *einstufiger mehrteiliger Endprodukte* ist nur ein Montagearbeitsgang erforderlich, d. h. die selbsterstellten und fremdbezogenen Teile gehen unmittelbar in die Endprodukte ein. Bezeichnen wir die Montagezeiten pro Einheit eines Endproduktes mit $t_{\text{Mon}\,j}$ und dem Montagekostensatz mit d_{Mon}, so erhalten wir folgende Kalkulationsformel:

$$(158) \quad k_j = \left[\sum_{\mu=1}^{u} \rho_{\mu j} k_{H\mu} + \sum_{\xi=1}^{v} \rho_{\xi j} q_{\xi} \left(1 + \frac{d_M}{100}\right) + t_{\text{Mon}\,j}\, d_{\text{Mon}\,j} + e_{\text{Ftg}j}\right] \times \left(1 + \frac{d_{Vw}}{100} + \frac{d_{Vt}}{100}\right) + e_{Vtj} \qquad (j = 1, \ldots, n)$$

Die Faktoren $\rho_{\mu j}$ und $\rho_{\xi j}$ geben den Teilebedarf für ein Endprodukt an.

Bei *zweistufigen mehrteiligen Endprodukten* werden vor der Endmontage zwei oder mehrere Teilegruppen montiert, für die zunächst gesonderte *Zwischenkalkulationen* erstellt werden müssen. Bezeichnen wir Art der Teilegruppe mit $\alpha = 1, \ldots, w$ und gehen $\rho_{\alpha j}$ Teilegruppen in ein Endprodukt j ein, so lassen sich die Herstellkosten dieser Teilegruppen mit folgender Kalkulationsformel ermitteln:

$$(159) \quad k_{H\alpha} = \sum_{\mu=1}^{u} \rho_{\mu\alpha}\, k_{H\mu} \sum_{\xi=1}^{v} \rho_{\xi\alpha} q_{\xi} \left(1 + \frac{d_M}{100}\right) + t_{\text{Mon}\,\alpha}\, d_{\text{Mon}\,\alpha} + e_{\text{Ftg}\alpha} \qquad (\alpha = 1, \ldots, w)$$

Hieraus lassen sich die Herstellkosten der Enderzeugnisse wie folgt bestimmen:

$$(160) \quad k_{Hj} = \sum_{\alpha=1}^{w} \rho_{\alpha j}\, k_{H\alpha} + \sum_{\mu=1}^{u} \rho_{\mu j}\, k_{H\mu} + \sum_{\xi=1}^{v} \rho_{\xi j}\, q_{\xi} \left(1 + \frac{d_M}{100}\right) + t_{\text{Mon}\,j}\, d_{\text{Mon}\,j} + e_{\text{Ftg}\,j} \qquad (j = 1, \ldots, n)$$

$$(161) \quad k_j = k_{Hj} \left(1 + \frac{d_{Vw}}{100} + \frac{d_{Vt}}{100}\right) + e_{Vtj} \qquad (j = 1, \ldots, n)$$

Analog läßt sich die Kalkulation *mehrteiliger Endprodukte mit mehr als zwei Montagestufen* aufbauen.

Nach den obigen Kalkulationsformeln geht man so vor, daß zuerst die Herstellkosten der selbsterstellten Einzelteile und anschließend stufenweise die Herstellkosten der im Produktionsfluß aufeinander folgenden Teilegruppen kalkuliert werden. Wir wollen dieses Verfahren als die *Stufenkalkulation mehrteiliger Erzeugnisse* bezeichnen. Man kann die Kalkulation aber auch so durchführen, daß man zunächst den mengenmäßigen Bedarf an selbsterstellten und fremdbezogenen Teilen für die Enderzeugnisse ermittelt und diese erst in der Schlußkalkulation bewertet. Analog faßt man auch die Sondereinzelkosten der Fertigung und die Montagekosten aller Montagearbeitsgänge in der Schlußkalkulation zusammen. Dieses Verfahren wollen wir als die *summarische Kalkulation mehrteiliger Er-*

zeugnisse bezeichnen. Hiernach erhalten wir für die zweistufigen mehrteiligen Endprodukte statt der Kalkulationsgleichung (160) folgenden Ausdruck:

$$(162)\qquad k_{Hj} = \sum_{\mu=1}^{u} \sum_{\alpha=1}^{w} (\rho_{\mu\alpha}\rho_{\alpha j} + \rho_{\mu j})\, k_{H\mu} + \sum_{\xi=1}^{v} \sum_{\alpha=1}^{w} (\rho_{\xi\alpha} + \rho_{\xi j})\, q_{\xi} \left(1 + \frac{d_M}{100}\right) + e_{Ftg\,j} + \sum_{\alpha=1}^{w} e_{Ftg\,\alpha} + \sum_{\alpha=1}^{w+1} t_{Mon\,\alpha}\, d_{Mon\,\alpha} \qquad (j = 1, \ldots, n)$$

In Gleichung (162) gibt der erste Summenausdruck die insgesamt für eigenerstellte Einzelteile (differenziert nach Teilearten und -gruppen) anfallenden Herstellkosten an, der zweite Summenausdruck faßt die Kosten für fremdbezogene Teile zusammen, der dritte Summenausdruck kumuliert die Sondereinzelkosten der Fertigung und der vierte Summenausdruck faßt die Montagekosten zusammen, wobei wir die Endmontage durch den Index w + 1 gekennzeichnet haben. Die Bestimmung der Selbstkosten erfolgt nach Gleichung (161). Die summarische Kalkulation hat den Vorteil, daß die oben genannten Kostenblöcke in den Endkalkulationen gesondert erkennbar sind, dafür kennt man jedoch die Herstellkosten der Teilegruppen nicht.

In den Kalkulationen mehrteiliger Endprodukte kann man nicht ohne weiteres erkennen, wieviel Materialkosten, Fertigungslöhne und Fertigungsgemeinkosten in den Endprodukten enthalten sind, da die selbsterstellten Einzelteile in den Folgekalkulationen mit Herstellkosten bewertet werden. Bei der stufenweisen Kalkulation gehen auch die Kosten für Fremdteile, die Sondereinzelkosten der Fertigung und die Montagekosten in den Herstellkosten der Teilegruppen unter. Will man in den Endkalkulationen erkennen, wieviel Materialkosten, Fertigungslöhne, Fertigungsgemeinkosten, Teile- und Montagekosten in den Herstellkosten der Enderzeugnisse enthalten sind, so muß man diese Kostengruppen beginnend mit den selbsterstellten Einzelteilen in allen Kalkulationsstufen gesondert ausweisen.

(3) Wir wollen nunmehr ein *Zahlenbeispiel* zur Kalkulation mehrteiliger Endprodukte betrachten und hierbei den Teilefluß in Übersicht 19 sowie die Teilebedarfsrechnung in Tabelle 83 zugrunde legen.[94] Aus Vereinfachungsgründen wollen wir uns auf eine Grenzkostenkalkulation beschränken; beim Aufbau einer Vollkostenkalkulation sind die Grenzherstellkosten der Einzelteile bzw. die proportionalen Kostensätze durch Vollkosten zu ersetzen. Der Kalkulationsaufbau ändert sich nicht.

In Tabelle 84 haben wir die Ergebnisse der Einzelteilkalkulationen und in Tabelle 85 die Einstandspreise der Fremdteile mit den zugehörigen Materialgemeinkosten angegeben. Die Tabelle 86 enthält die Daten der Montagearbeitsgänge.

94 Vgl. hierzu auch die Beispiele bei *W. Kilger*, Flexible Plankostenrechnung, a.a.O., S. 597 ff.

Sondereinzelkosten der Fertigung werden nur dem Endprodukt zugerechnet, und zwar in Höhe von 41,45 DM pro Produkteinheit. Die Verwaltungsgemeinkosten werden mit 4,5 % und die Vertriebsgemeinkosten mit 8,2 % auf die Grenzherstellkosten kalkuliert. Die Verpackungskosten betragen 28,10 DM pro Produkteinheit; die Verkaufsprovision beträgt 6,2 % des Verkaufspreises in Höhe von 2 950,– DM pro Produkteinheit.

Tabelle 84: Zahlenbeispiel zur Kalkulation mehrteiliger Produkte (Herstellkosten selbsterstellter Einzelteile)

Teile-Nr.	E_1	E_2	E_3	E_4	E_5	E_6	E_7	E_8
Materialkosten	8,50	4,–	12,75	6,50	25,70	3,10	2,40	1,50
Fertigungskosten	12,–	3,75	8,70	5,10	21,20	1,80	3,10	2,20
Herstellkosten	20,50	7,75	21,45	11,60	46,90	4,90	5,50	3,70

Tabelle 85: Zahlenbeispiel zur Kalkulation mehrteiliger Produkte (Kostendaten für Fremdteile)

Teile-Nr.	F_1	F_2	F_3	F_4	F_5
Einstandspreis	4,20	2,45	6,–	0,50	21,30
Mat. Gmk in %	3,8 %				

Tabelle 86: Zahlenbeispiel zur Kalkulation mehrteiliger Produkte (Kostendaten für Montage)

Montage Teilegruppe	[Min/ME]	[DM/Min]	[DM/ME]
11	75	0,35	26,25
12	30	0,40	12,–
13	62	0,35	21,70
21	68	0,42	28,56
22	45	0,40	18,–
Endprodukt	97	0,44	42,68

In den Tabellen 87a bis f haben wir den Kalkulationsaufbau bei stufenweiser Kalkulation wiedergegeben, wobei die Herstellkosten in allen Kalkulationsstufen in Material-, Fertigungs- und Montagekosten aufgelöst werden; die Kosten für fremdbezogene Teile werden zu den Materialkosten gezählt. Die Kalkulation des Endproduktes führt zu proportionalen Selbstkosten in Höhe von 2329,41 DM/Stck, die sich wie folgt zusammensetzen:

	[DM/Einheit]	%
Materialkosten (einschl. Kosten für fremdbezogene Teile)	1 049,10	45,0
Fertigungskosten	578,05	24,8
Montagekosten	252,54	10,9
Verw. u. Vertriebskosten	449,72	19,3
Selbstkosten	2 329,41	100,0

Tabelle 87a:

	Teilegruppe: 11					
	Teile		[DM/Teil]		[DM/Gruppe]	
	Nr.	Bedarf	Mat. Ko.	Ftg. Ko.	Mat. Ko.	Ftg. Ko.
1	E_1	2	8,50	12,–	17,–	24,–
2	E_2	6	4,–	3,75	24,–	22,50
3	E_3	1	12,75	8,70	12,75	8,70
4	E_5	2	25,70	21,20	51,40	42,40
5	E_6	3	3,10	1,80	9,30	5,40
6	Summe 1–5				114,45	103,–
7	Montagekosten					26,25
8	Summe 6 + 7				114,45	129,25
9	Herstellkosten				243,70	

Tabelle 87b:

	Teilegruppe: 12					
	Teile		[DM/Teil]		[DM/Gruppe]	
	Nr.	Bedarf	Mat. Ko.	Ftg. Ko.	Mat. Ko.	Ftg. Ko.
1	E_4	1	6,50	5,10	6,50	5,10
2	E_6	6	3,10	1,80	18,60	10,80
3	E_7	6	2,40	3,10	14,40	18,60
4	E_8	2	1,50	2,20	3,–	4,40
5	Summe 1–4				42,50	38,90
6	F_1	4	4,20		16,80	
7	Mat. Gmk				0,64	
8	Summe 6 + 7				17,44	
9	Montagekosten					12,–
10	Summe 5 + 8 + 9				59,94	50,90
11	Herstellkosten				110,84	

Tabelle 87c:

	Teilegruppe: 13					
	Teile		[DM/Teil]		[DM/Gruppe]	
	Nr.	Bedarf	Mat. Ko.	Ftg. Ko.	Mat. Ko.	Ftg. Ko.
1	E_4	3	6,50	5,10	19,50	15,30
2	E_7	3	2,40	3,10	7,20	9,30
3	E_8	3	1,50	2,20	4,50	6,60
4	Summe 1–3				31,20	31,20
5	F_2	5	2,45		12,25	
6	F_3	4	6,–		24,–	
7	F_4	6	0,50		3,–	
8	Summe 5–7				39,25	
9	Mat. Gmk				1,49	
10	Summe 8 + 9				40,74	
11	Montagekosten					21,70
12	Summe 4 + 10 + 11				71,94	52,90
13	Herstellkosten				124,84	

Tabelle 87d:

	Teilegruppe: 21							
	[Teile/Gruppen]		[DM/Teil o. Gruppe]			[DM/Teilegruppe]		
	Nr.	Bedarf	Mat. Ko.	Ftg. Ko.	Mont. Ko.	Mat. Ko.	Ftg. Ko.	Mont. Ko.
1	T_{11}	2	114,45	103,–	26,25	228,90	206,–	52,50
2	T_{12}	2	59,94	38,90	12,–	119,88	77,80	24,–
3	Summe 1 + 2					348,78	283,80	76,50
4	E_1	2	8,50	12,–		17,–	24,–	
5	E_2	4	5,–	3,75		16,–	15,–	
6	E_3	4	12,75	8,70		51,–	34,80	
7	Summe 4–6					84,–	73,80	
8	F_2	10	2,45			24,50		
9	Mat. Gmk					0,93		
10	Summe 3+7+8+9					458,21	357,60	76,50
11	Montagekosten							28,56
12	Summe 10 + 11					458,21	357,60	105,06
13	Herstellkosten					920,87		

Tabelle 87e:

	Teilegruppe: 22							
	[Teile/Gruppen]		[DM/Teil o. Gruppe]			[DM/Teilegruppe]		
	Nr.	Bedarf	Mat. Ko.	Ftg. Ko.	Mont. Ko.	Mat. Ko.	Ftg. Ko.	Mont. Ko.
1	T_{13}	4	71,94	31,20	21,70	287,76	124,80	86,80
2	E_6	4	3,10	1,80		12,40	7,20	
3	E_7	2	2,40	3,10		4,80	6,20	
4	E_8	6	1,50	2,20		9,–	13,20	
5	Summe 2–4					20,20	26,60	
6	E_4	10	0,50			5,–		
7	Mat. Gmk					0,19		
8	Summe 1+5+6+7					319,15	151,40	86,80
9	Montagekosten							18,–
10	Summe 8 + 9					319,15	151,40	104,80
11	Herstellkosten					575,35		

Tabelle 87f:

	Endprodukt							
	[Teile/Gruppen]		[DM/Teil o. Gruppe]			[DM/Endprodukt]		
	Nr.	Bedarf	Mat. Ko.	Ftg. Ko.	Mont. Ko.	Mat. Ko.	Ftg. Ko.	Mont. Ko.
1	T_{21}	1	458,21	357,60	105,06	458,21	357,60	105,06
2	T_{22}	1	319,15	151,40	104,80	319,15	151,40	104,80
3	Summe 1 + 2					777,36	509,–	209,86
4	E_4	4	6,50	5,10		26,–	20,40	
5	E_6	4	3,10	1,80		12,40	7,20	
6	Summe 4 + 5					38,40	27,60	
7	F_1	12	4,20			50,40		
8	F_4	8	0,50			4,–		
9	F_5	8	21,30			170,40		
10	Summe 7–9					224,80		
11	Mat. Gmk					8,54		
12	Summe 3 + 6 + 10 + 11					1 049,10	536,60	209,86
13	Montagekosten							42,68
14	Summe 12 + 13					1 049,10	536,60	252,54
15	Sondereinzelkosten der Fertigung						41,45	
16	Summe 14 + 15					1 049,10	578,05	252,54
17	Herstellkosten						1 879,69	
18	Verwaltungsgemeinkosten 4,5 % v. 17						84,59	
19	Vertriebsgemeinkosten 8,2 % v. 17						154,13	
20	Verpackungsmaterialkosten						28,10	
21	Provision 6,2 % v. 25						182,90	
22	Summe 18–21						449,72	
23	Selbstkosten 17 + 22						2 329,41	
24	Deckungsbeitrag 26,64 % v. 22						620,59	
25	Verkaufspreis						2 950,–	

Der Deckungsbeitrag beträgt 620,59 DM pro Einheit bzw. 26,64 % der proportionalen Selbstkosten.

In Tabelle 88 haben wir das gleiche Kalkulationsbeispiel in summarischer Form wiedergegeben. Hierbei gehen die in der rechten Hälfte der Tabelle 83 angegebenen Bedarfsmengen für das Endprodukt unmittelbar in die Kalkulation ein. Wie die Tabelle 88 erkennen läßt, werden bei der summarischen Kalkulation die Kosten der Teilegruppen nicht gesondert ausgewiesen. Für das Endprodukt erhält man die gleichen Kosten wie bei der Stufenkalkulation.

Tabelle 88: Zahlenbeispiel zur Kalkulation mehrteiliger Endprodukte

Endprodukt									
Teile				DM/Teil o. Gruppe			DM/Endprodukt		
		- Nr.	- Bedarf	Mat. Ko.	Ftg. Ko.	Mont. Ko.	Mat. Ko.	Ftg. Ko.	Mont. Ko.
1	Eigene Einzelteile	E_1	6	8,50	12,–		51,–	72,–	
2		E_2	16	4,–	3,75		64,–	60,–	
3		E_3	6	12,75	8,70		76,50	52,20	
4		E_4	18	6,50	5,10		117,–	91,80	
5		E_5	4	25,70	21,20		102,80	84,80	
6		E_6	26	3,10	1,80		80,60	46,80	
7		E_7	26	2,40	3,10		62,40	80,60	
8		E_8	22	1,50	2,20		33,–	48,40	
9		Summe 1–8					587,30	536,60	
10	Fremde Einzelteile	F_1	20	4,20			84,–		
11		F_2	30	2,45			73,50		
12		F_3	16	6,–			96,–		
13		F_4	42	0,50			21,–		
14		F_5	8	21,30			170,40		
15		Summe 10–14					444,90		
16		Mat. Gmk					16,90		
17		Summe 9 + 15 + 16					1 049,10	536,60	
18	Montagekosten	T_{11}	2			26,25			52,50
19		T_{12}	2			12,–			24,–
20		T_{13}	4			21,70			86,80
21		T_{21}	1			28,56			28,56
22		T_{22}	1			18,–			18,–
23		End.	1			42,68			42,68
24		Summe 18–23							252,54
25	Sondereinzelkosten der Fertigung							41,45	
26	Summe 17 + 24 + 25						1 049,10	578,05	252,54
27	Herstellkosten							1 879,69	
28	Verwaltungsgemeinkosten 4,5 % v. 27							84,59	
29	Vertriebsgemeinkosten 8,2 % v. 27							154,13	
30	Verpackungsmaterialkosten							28,10	
31	Provision 6,2 % v. 35							182,90	
32	Summe 28–31							449,72	
33	Selbstkosten 27 + 32							2 329,41	
34	Deckungsbeitrag 26,64 % v. 33							620,59	
35	Verkaufspreis							2 950,–	

523. Kalkulationsverfahren für Kuppelerzeugnisse

5231. Grundbegriffe und Kalkulationsprobleme der Kuppelproduktion

(1) Unter *Kuppelproduktion* versteht man Produktionsprozesse, bei denen aus technologischen Gründen zwangsläufig in einem Arbeitsgang mehrere Produktarten gleichzeitig entstehen, deren Mengenrelationen entweder konstant oder nur innerhalb bestimmter Intervallgrenzen variierbar sind.[95] Die durch solche Produktionsprozesse hergestellten Erzeugnisse werden als *Kuppelprodukte* bezeichnet. In Abb. 33 haben wir einen Produktionsprozeß dargestellt, bei dem fünf Kuppelprodukte entstehen.

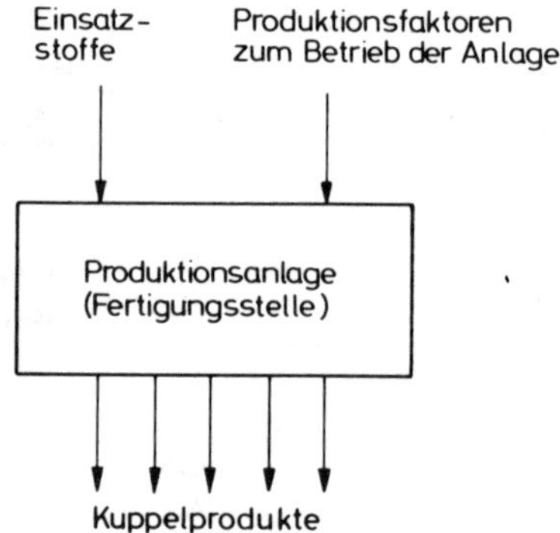

Abb. 33: Schematische Darstellung eines Produktionsprozesses mit Kuppelproduktion

Die Kuppelproduktion war schon den Vertretern der klassischen Nationalökonomie bekannt, E. Schmalenbach hat die Bezeichnung in die Betriebswirtschaftslehre eingeführt.[96] In neuerer Zeit haben insbesondere die Arbeiten von P. Riebel deutlich werden lassen, daß die Kuppelproduktion in der Praxis weit verbreitet ist und dort in mannigfaltigen Formen auftritt; dies gilt vor allem für die chemische Industrie und artverwandte Branchen.[97] Typische Beispiele für Kuppelproduktion sind Kokereien (bei denen aus Steinkohle gleichzeitig Koks, Gas, Teer, Benzol und andere Kohlewertstoffe gewonnen werden), Hochöfen (die neben dem Roheisen auch Gichtgas und Schlacke produzieren) und Raffinerien (in denen aus dem eingesetzten Rohöl Schweröl, Leichtöl, Benzine, Gas, Wachs und einige andere Stoffe gewonnen werden). Auch viele Zerlegungsprozesse, so z. B. das Zerlegen von Tieren in Schlachthöfen, zählen zur Kuppelproduktion. Bei der Tierzerlegung entstehen gleichzeitig mehrere Fleischsorten, Häute und Abfälle. Weiterhin kann

95 Zum Begriff der Kuppelproduktion vgl. *W. Kilger*, Optimale . . . , a.a.O., S. 340 und die dort angegebene Literatur.

96 Vgl. *E. Schmalenbach*, Selbstkostenrechnung I, ZfhF 1919, S. 265 f.

97 Vgl. *P. Riebel*, Die Kuppelproduktion, Betriebs- und Marktprobleme, Köln und Opladen 1955, S. 29 ff. und *B. Weblus*, Produktionseigenarten der chemischen Industrie, ihr Einfluß auf Kalkulation und Programmgestaltung, Berlin 1958, S. 15 ff.

man auch jede Entstehung von Abfall und Ausschuß sowie den zwangsläufigen Anfall wertverminderter Produkte (sog. zweite und dritte Wahl) zur Kuppelproduktion zählen.

(2) Bei der *Einteilung der Kuppelproduktion* unterscheidet man *Kuppelproduktion mit starren und veränderlichen Mengenrelationen.*[98] Bei starren Mengenrelationen lassen sich die Kuppelprodukte als ein „Kuppelpäckchen" auffassen. Veränderliche Mengenrelationen resultieren meistens aus Veränderungen der eingesetzten Rohstoffmischungen, variierten Prozeßbedingungen (z. B. Temperatur, Druck, Katalysatoren) oder unterschiedlich langen Prozeßdauern (Verweilzeiten). Bei der Kalkulation ist darauf zu achten, daß unterschiedliche Mengenrelationen stets auch die Kostenhöhe beeinflussen. Ein weiteres Unterscheidungsmerkmal ist die Anzahl der Produktionsstufen mit Kuppelproduktion, die im Produktionsablauf aufeinanderfolgen. Gibt es nur einen Prozeß, bei dem Kuppelprodukte entstehen, so spricht man von *einfacher Kuppelproduktion.* Folgen dagegen mehrere solcher Prozesse aufeinander, so daß die Kuppelprodukte vorgelagerter Prozesse als Einsatzstoffe in nachfolgender Prozesse mit Kuppelproduktion eingehen, so liegt *mehrfache Kuppelproduktion* vor. Treten hierbei keine Rückflüsse auf, so spricht man von linearer, bei Vorliegen von Rückflüssen von zyklischer mehrfacher Kuppelproduktion.

(3) Das spezielle *Kalkulationsproblem der Kuppelproduktion* besteht darin, „daß bei Kuppelproduktion eine dem Verursachungsprinzip entsprechende und nach Einzelprodukten differenzierte Kostenträgerrechnung nicht möglich ist und eine produktindividuelle Zurechnung der Kosten des Kuppelprozesses immer willkürlich bleibt."[99] Dies gilt nicht etwa nur für die fixen Kosten, sondern gerade auch für die variablen Kosten. Hierin liegt der entscheidende Unterschied gegenüber Produktionsprozessen, bei denen die Erzeugnisse unabhängig voneinander produziert werden können. Da bei Kuppelproduktion gleichzeitig mehrere Produkte entstehen, kann es keine kausale Zurechnungsmöglichkeit variabler Kosten auf die Kuppelprodukte geben. Hieraus folgt, daß die verursachungsgemäße kalkulatorische Bestimmung der proportionalen Stückkosten für Kuppelprodukte eine unlösbare Aufgabe ist.

In Entscheidungsmodellen der betrieblichen Planung hat man hieraus die Konsequenz gezogen, bei Kuppelproduktion auf den Ausweis produktindividueller Stückkosten völlig zu verzichten.[100] Man ordnet vielmehr die variablen Prozeßkosten jeweils bestimmten Leiteinsatz- oder Leitausbringungsmengen zu und stellt im übrigen durch Mengenflußrestriktionen sicher, daß die Relationen der Kuppelprodukte eingehalten werden. In der Kostenrechnung kann man aber auf die Kalkulatorische Bestimmung produktindividueller Stückkosten nicht verzichten, da diese für die Bestandsbewertung und die Durchführung der kurzfristigen Erfolgsrechnung benötigt werden. Den Widerspruch, daß man zwar produktindividuelle Stückkosten

98 Zur Einteilung der Kuppelproduktion vgl. *P. Riebel*, Die Kuppelproduktion . . . , a.a.O., S. 96; *H. J. Brink*, Zur Planung des optimalen Fertigungsprogramms, Köln, Berlin, Bonn, München 1966, S. 25 und *W. Kilger*, Optimale . . . , a.a.O., S. 342.

99 Vgl. *H. J. Brink*, Zur Planung . . . , a.a.O., S. 32 und die dort angegebene Literatur.

100 Vgl. hierzu *W. Kilger*, Optimale . . . , a.a.O., S. 358 ff.

für Kuppelprodukte benötigt, diese aber nach dem Verursachungsprinzip nicht bestimmen kann, hat man in der Kostenrechnung seit langem mit Hilfe von Kalkulationsverfahren zu lösen versucht, bei denen die Kosten nach anderen Prinzipien zugerechnet werden, so z. B. nach dem Tragfähigkeitsprinzip.[101] Zu beachten ist, daß die Verfahren, die wir in den folgenden beiden Kapiteln darstellen wollen, nicht zu entscheidungsrelevanten Stückkosten führen können, und zwar auch dann nicht, wenn man sich auf die kalkulatorische Zurechnung der variablen Kosten beschränkt.

5232. Kalkulationsverfahren für einfache Kuppelproduktion

52321. Das Subtraktions- oder Restwertverfahren

(1) Wir wollen zunächst davon ausgehen, daß *einfache Kuppelproduktion* vorliegt und sich die Kuppelprodukte in *ein Hauptprodukt* und *ein oder mehrere Nebenprodukte* einteilen lassen. Hierbei versteht man unter dem Hauptprodukt das

101 Zu den Kalkulationsverfahren bei Kuppelproduktion vgl. *K. Albrecht*, Verbundene Kosten, Diss. Berlin 1934; Betriebswirtschaftlicher Ausschuß des Verbandes der chemischen Industrie e.V. (Hrsg.), Kostenrechnung in der chemischen Industrie, Wiesbaden 1962, S. 67 ff.; *H. Breinlinger*, Die Äquivalenzziffern . . . , a.a.O., S. 82 ff.; *H. J. Brink*, Zur Planung . . . , a.a.O., S. 27; *E. Heinen*, Betriebswirtschaftliche Kostenlehre, Bd. I: Grundlagen, Wiesbaden 1959, S. 87 ff.; *K. W. Hennig*, Kalkulationsformen in der Industrie, a.a.O., S. 67 ff.; *F. Henzel*, Die Kostenrechnung, a.a.O., S. 250 ff.; *H. Jost*, Kosten- und Leistungsrechnung, a.a.O., S. 110 ff.; *W. Kalveram*, Industrielles Rechnungswesen, a.a.O., S. 368; *W. Kilger*, Betriebliches Rechnungswesen, a.a.O., S. 903 ff.; *W. Kilger*, Flexible Plankostenrechnung, a.a.O., S. 587; *H. Koch*, Die industrielle Kostenkalkulation als Stufenrechnung, ein Beitrag zur Theorie der Kalkulationsformen, Diss. Hannover 1948, S. 54 ff., hier wird ein Kalkulationsverfahren beschrieben, auf das wir im folgenden nicht eingehen werden. Es handelt sich hierbei um das Gleichungsverfahren, das für Kuppelproduktion mit variablen Mengenrelationen in Frage kommt. Fallen in einem Produktionsprozeß mit Kuppelproduktion z. B. vier Kuppelprodukte an, so muß der Prozeß viermal mit unterschiedlichen Prozeßbedingungen wiederholt werden. Hierbei ändern sich sowohl die Kosten als auch die Mengenrelationen der Kuppelprodukte. Auf diese Weise lassen sich vier lineare Gleichungen formulieren, welche die Stückkosten der Kuppelprodukte als Unbekannte enthalten. Kritisch ist gegen dieses Verfahren einzuwenden, daß es auf der Annahme beruht, daß die Stückkosten der Kuppelprodukte von der Variation der Prozeßbedingungen unabhängig sind; *E. Kosiol*, Divisionsrechnung, a.a.O., S. 67; *K. Mellerowicz*, Kosten- und Kostenrechnung, a.a.O., S. 347 ff.; *H. R. Merian*, Die betriebswirtschaftliche Preisbildung der Kuppelprodukte, ZfhF 1931, S. 225 ff.; *A. Müller*, Grundzüge der industriellen Kosten- und Leistungserfolgsrechnung, a.a.O., S. 251 ff.; *P. Riebel*, Kalkulation der Kuppelprodukte, in: Handwörterbuch des Rechnungswesen, hrsg. von *E. Kosiol*, Stuttgart 1970, Sp. 994 ff.; *K. Rummel*, Einheitlich Kostenrechnung, a.a.O., S. 199 ff.; *E. Schneider*, Einführung in die Grundlagen des industriellen Rechnungswesens, Kopenhagen 1939, S. 132 ff.; *A. Schnettler*, Die Rechnung mit Äquivalenzziffern . . . , a.a.O., S. 324; *H. M. Schönfeld*, Kostenrechnung, Teil I, 5. Aufl., Stuttgart 1970, S. 77 ff.; *K. H. Tillmann*, Die Bewertung von marktpreislosen Kuppelprodukten in der Kostenrechnung der chemischen Industrie, ZfhF 1954, S. 156 ff., hier wird ein Verfahren beschrieben, auf das wir im folgenden nicht eingehen werden, und zwar das sog. Grenzwertverfahren. Bei diesem Verfahren wird versucht, bei beeinflußbaren Mengenverhältnissen die Grenzkosten einzelner Kuppelprodukte zu bestimmen; *B. Weblus*, Produktionseigenarten der chemischen Industrie, ihr Einfluß auf Kalkulation und Programmgestaltung, a.a.O., S. 43 ff.

Kuppelprodukt, dessen Herstellung in erster Linie geplant ist, weil sein ökonomischer Wert weit über dem der Nebenprodukte liegt. Ein typisches Beispiel hierfür ist ein Hochofen, bei dem das Roheisen eindeutig als Hauptprodukt angesehen wird. In vielen Fällen ist eine Unterteilung in ein Hauptprodukt und ein oder mehrere Nebenprodukte nicht möglich, weil mehrere ökonomisch wertvolle Kuppelprodukte entstehen. Beispiele hierfür sind Kokereien, Raffinerien und viele chemische Prozesse.

Läßt sich ein typisches Hauptprodukt angeben, so kann man dessen Kosten nach dem *Subtraktions- oder Restwertverfahren* bestimmen. Bei diesem Verfahren werden die Herstellkosten der Kuppelproduktion um die Nettoerlöse der Nebenprodukte abzüglich der von diesen zusätzlich verursachten Kosten vermindert und der Saldo dem Hauptprodukt nach dem Divisionsprinzip zugerechnet. Hierbei lassen sich mehrere Fälle unterscheiden, für die wir Kalkulationsgleichungen ableiten wollen.

(2) Für die Herstellkosten des Kuppelprozesses führen wir das Kurzzeichen K_H ein. Hierin sind die Kosten für das Einsatzmaterial und die Betriebskosten der Produktionsanalage enthalten. Bei Vollkostenkalkulationen werden die vollen, bei Grenzkostenkalkulationen dagegen nur die variablen Betriebskosten verrechnet. Wird das Einsatzmaterial in vorgelagerten Arbeitsgängen aufbereitet oder gemischt, so werden die hierfür anfallenden Fertigungskosten zu den Kosten für das Einsatzmaterial addiert. Die Kosten K_H können sich entweder auf eine Partie bzw. Charge oder einen Zeitraum beziehen. Die zugehörige Ausbringungsmenge des Hauptproduktes wollen wir als x_H, die der Nebenprodukte als x_{Nj} bezeichnen; der Index $j = 1, \ldots, n$ kennzeichnet die Art der Nebenprodukte. Die Marktpreise der Nebenprodukte seien p_j.

Fällt nur ein Nebenprodukt an, das ohne zusätzliche Fertigungskosten verkauft werden kann und dem auch keine Verwaltungs- und Vertriebskosten zuzurechnen sind, so gilt für die Selbstkosten des Hauptproduktes die folgende Bestimmungsgleichung:

$$k_{sH} = \frac{K_H - x_N p_N}{x_H} \left(1 + \frac{d_{Vw}}{100} + \frac{d_{Vt}}{100}\right) + e_{VtH} \tag{163}$$

Der erste Quotient in Gleichung (163) gibt die Herstellkosten pro Einheit des Hauptproduktes an. Wird das Hauptprodukt in $i = 1, \ldots, m$ Arbeitsgängen weiterverarbeitet, bevor es verkauft werden kann, so gilt:

$$k_{sH} = \left[\frac{K_H - x_N p_N}{x_H} + \sum_{i=1}^{m} b_{Hi} d_i\right] \left(1 + \frac{d_{Vw}}{100} + \frac{d_{Vt}}{100}\right) + e_{VtH} \tag{164}$$

wobei der Summand in der eckigen Klammer die mit Hilfe der Bezugsgrößenkalkulation ermittelten Fertigungskosten pro Einheit der auf die Kuppelproduktion folgenden Arbeitsgänge angibt.

Nehmen wir im Fall der Gleichung (163) an, daß das Nebenprodukt in $i = 1, \ldots, m$ aufeinanderfolgenden Fertigungsstellen bearbeitet, aufbereitet oder verpackt werden muß, bevor es verkauft werden kann, und neben Sondereinzelkosten des Vertriebs in Höhe von e_{VtN} die gleichen prozentualen Verwaltungs- und Vertriebsgemeinkosten tragen soll wie das Hauptprodukt, so läßt sich die Kalkulationsgleichung zur Bestimmung der Selbstkosten des Hauptproduktes wie folgt ableiten. Dem Subtraktions- oder Restwertverfahren liegt die Hypothese zugrunde, daß das Nebenprodukt keinen Gewinn (bei Vollkostenkalkulation) bzw. keinen Deckungsbeitrag (bei Grenzkostenkalkulation) erzielt. Bezeichnen wir die auf eine Einheit des Nebenproduktes entfallenden Herstellkosten der Kuppelproduktion mit k_{HN} und kalkulieren wir die Kosten der Weiterverarbeitung analog zu Gleichung (164) mit Hilfe der Bezugsgrößenkalkulation, so muß gelten:

$$p_N = \left(k_{HN} + \sum_{i=1}^{m} b_{Ni} d_i\right)\left(1 + \frac{d_{Vw}}{100} + \frac{d_{Vt}}{100}\right) + e_{VtN} \tag{165}$$

Hierin ist k_{HN} unbekannt. Durch Auflösen der Gleichung (165) nach k_{HN} erhält man:

$$k_{HN} = \frac{p_N - e_{VtN}}{\left(1 + \frac{d_{Vw}}{100} + \frac{d_{Vt}}{100}\right)} - \sum_{i=1}^{m} b_{Ni} d_i \tag{166}$$

Hieraus folgt für die Herstellkosten pro Einheit des Hauptproduktes:

$$k_{HH} = \frac{K_H - x_N\left[\frac{p_N - e_{VtN}}{\left(1 + \frac{d_{Vw}}{100} + \frac{d_{Vt}}{100}\right)} - \sum_{i=1}^{m} b_{Ni} d_i\right]}{x_H} \tag{167}$$

Für die Selbstkosten pro Einheit des Hauptproduktes erhält man:

$$k_{sH} = k_{HH}\left(1 + \frac{d_{Vt}}{100} + \frac{d_{Vw}}{100}\right) + e_{VtH} \tag{168}$$

Selbstverständlich kann man für das Nebenprodukt andere Verwaltungs- und Vertriebszuschläge verwenden als für das Hauptprodukt. Kann das Nebenprodukt nicht verkauft werden, so sind in den Gleichungen (163) bis (167) die Größen p_N und e_{VtN} gleich Null. An die Stelle von Aufbereitungskosten treten dann in vielen Fällen *Vernichtungskosten.* Bezeichnen wir die Vernichtungskosten pro Einheit des Nebenproduktes mit k_{VN}, so gilt für die Bestimmung der Selbstkosten pro Einheit des Hauptproduktes:

$$k_{sH} = \frac{K_H + x_N k_{VN}}{x_H}\left(1 + \frac{d_{Vw}}{100} + \frac{d_{Vt}}{100}\right) + e_{VtH} \tag{169}$$

Das Hauptprodukt muß also zusätzlich die Vernichtungskosten des Nebenproduktes tragen. Da die Vernichtungskosten infolge verschärfter Umweltschutzbestimmungen steigen, resultieren hieraus z. T. erhebliche kalkulatorische Belastungen.

Wir haben bisher angenommen, daß neben dem Hauptprodukt nur ein Nebenprodukt anfällt. Entstehen $j = 1, \ldots, n-1$ Nebenprodukte, so gelten die Kalkulationsformeln (163) bis (169) analog. Für (163) erhält man z. B.

$$k_{sH} = \frac{K_H - \sum_{j=1}^{n-1} x_{Nj} p_{Nj}}{x_H}\left(1 + \frac{d_{Vw}}{100} + \frac{d_{Vt}}{100}\right) + e_{VtH} \tag{170}$$

Kritisch ist gegen das Subtraktions- oder Restwertverfahren einzuwenden, daß es nur anwendbar ist, wenn sich *ein* eindeutiges Hauptprodukt angeben läßt. Diese Voraussetzung ist aber oft nicht erfüllt. Weiterhin sind die Kalkulationsergebnisse von Preisschwankungen der Nebenprodukte abhängig.

(3) Wir wollen nunmehr das Subtraktions oder Restwertverfahren durch ein *Zahlenbeispiel* verdeutlichen. Mit einer Anlage der chemischen Industrie werden in einem Monat 40 gleiche Chargen gefahren, bei der vier Kuppelprodukte entstehen. Das Kuppelprodukt 1 ist eindeutig als Hauptprodukt anzusehen. Es kann zu 15 DM/kg verkauft werden. Die Verkaufsprovision beträgt 5 % vom Verkaufspreis, es fallen Verpackungsmaterialkosten in Höhe von 0,55 DM/kg an. Die Nebenprodukte 2 und 3 können ebenfalls verkauft werden, und zwar zu 7,25 DM/kg bzw. 5,80 DM/kg; hierbei sind Sondereinzelkosten des Vertriebs von 0,45 DM/kg für Produktart 2 und 0,30 DM/kg für Produktart 3 abzuziehen. Die vierte Produktart muß vernichtet werden; die Vernichtungskosten betragen 0,25 DM/kg. Die Produktarten 1, 2 und 3 laufen durch eine Aufbereitungsanlage, bevor sie verkauft werden können. Hierbei fallen folgende Fertigungszeiten an:

Produkt	Min/kg
1	0,95
2	0,50
3	0,60

Die Aufbereitungsanlage verursacht proportionale Fertigungskosten in Höhe von 0,40 DM/Min.

Jede Charge hat ein Füllgewicht von 180 kg Rohstoffmischung, die sich aus drei Rohstoffen zusammensetzt:

Rohstoff	kg/Charge	kg/Monat	DM/kg
A	105	4 200	2,45
B	50	2 000	2,10
C	25	1 000	3,80
Summe	180	7 200	–

Der proportionale Materialgemeinkostenzuschlag beträgt 4,5 %. Die Rohstoffmischung wird auf einer Mischungsanlage hergestellt, die proportionale Fertigungskosten in Höhe von 0,16 DM/kg verursacht.

Die Fertigungsanlage bearbeitet eine Charge 8 Stunden, der proportionale Kostensatz beträgt 72,30 DM/Std. Im Betrachtungszeitraum ist die Anlage 320 Stunden beschäftigt. Von der eingesetzten Rohstoffmischung entfallen 10 % auf unvermeidbare Mengenverluste. Für die gewichtsmäßige Ausbringung von 90 % gilt folgende Aufteilung:

Auf die Herstellkosten der Produktarten 1, 2 und 3 werden proportionale Verwanungsgemeinkosten von 2,2 % und proportionale Vertriebsgemeinkosten von 7,8 % verrechnet.

Tabelle 89: Zahlenbeispiel zum Subtraktions- oder Restwertverfahren (Ausbringungsdaten)

Produkt	Prozentualer Anteil	kg/Charge	kg/Monat
1	60 %	97,20	3 888
2	20 %	32,40	1 296
3	13 %	21,06	842
4	7 %	11,34	454
Summe	100 %	162,00	6 480

Tabelle 90: Zahlenbeispiel zum Subtraktions- oder Restwertverfahren (Kalkulationsaufbau)

	Kalkulation Produkt 1			Menge: 3 888 kg/Monat	
	Kostenbezeichnung			DM/Monat	DM/kg
1	Rohstoff A: 4 200 kg/Mon X 2,45 DM/kg			10 290	2,64
2	Rohstoff B: 2 000 kg/Mon X 2,10 DM/kg			4 200	1,08
3	Rohstoff C: 1 000 kg/Mon X 3,80 DM/kg			3 800	0,98
4	Summe Rohstoffkosten: (1 + 2 + 3)			18 290	4,70
5	Material-Gmk: 4,5 % auf 4			823	0,21
6	Mischungsherstellung 7 200 kg/Mon X 0,16 DM/kg			1 152	0,30
7	Summe Mischungskosten (4 + 5 + 6)			20 265	5,21
8	Fertigungskosten: 320 Std/Mon X 72,30 DM/Std			23 136	5,95
9	Kosten der Kuppelproduktion (7 + 8)			43 401	11,16
10	Produkt 2:	kg/Mon	DM/kg	./.7 753	./. 1,99
11	Erlös	1 296	7,25	(./. 9 396)	
12	Sondereinzelkosten d. Vertriebs	1 296	0,45	(583)	
13	VuV-Gemeinkosten	1 296	0,618	(801)	
14	Aufbereitungskosten	1 296	0,20	(259)	
15	Produkt 3:	kg/Mon	DM/kg	./. 4 008	./. 1,03
16	Erlös	842	5,80	(./. 4 884)	
17	Sondereinzelkosten d. Vertriebs	842	0,30	(253)	
18	VuV-Kosten	842	0,50	(421)	
19	Aufbereitungskosten	842	0,24	(202)	
20	Produkt 4:	kg/Mon	DM/kg	114	0,03
21	Vernichtungskosten	454	0,25	(114)	
22	Restkosten der Kuppelproduktion (9 + 10 + 15 + 20)			31 754	8,17
23	Aufbereitungskosten	3 888	0,38	1 477	0,38
24	Herstellkosten (22 + 23)			33 231	8,55
25	Verwaltungs- u. Vertr. Gmk 10 % v. 24			3 323	0,85
26	Verpackungskosten	3 888	0,55	2 138	0,55
27	Verkaufsprovision 5 % v. 30			2 916	0,75
28	Selbstkosten			41 608	10,70
29	Deckungsbeitrag 40,17 % v. 28			16 712	4,30
30	Verkaufserlöse	3 888	15,–	58 320	15,–

In Tabelle 90 haben wir den Kalkulationsaufbau für das Hauptprodukt (Produktart 1) wiedergegeben, wobei wir uns auf die Kalkulation der proportionalen Kosten beschränken.

In den Zeilen 1 bis 9 werden die Kosten der Kuppelproduktion ermittelt, die im Beispiel 43 401 DM/Monat und 11,16 DM/kg betragen. In den Zeilen 10 bis 21 werden die hiervon abzuziehenden Beträge der Nebenprodukte kalkuliert. Schwierigkeiten bereiten hierbei die Verwaltungs- und Vertriebsgemeinkosten, da man die auf die Nebenprodukte entfallenden Herstellkosten der Kuppelproduktion nicht kennt. Diese lassen sich aber nach Gleichung (166) wie folgt bestimmen:

$$\text{Produkt 2:} \quad k_{H2} = \frac{7{,}25 - 0{,}45}{1{,}10} - 0{,}20 = 5{,}98 \text{ DM/kg}$$

$$\text{Produkt 3:} \quad k_{H3} = \frac{5{,}80 - 0{,}30}{1{,}10} - 0{,}24 = 5{,}76 \text{ DM/kg}$$

Da auch die Aufarbeitungskosten zu den Herstellkosten zählen, erhält man für Produktart 2 insgesamt Herstellkosten von 6,18 DM/kg und für Produktart 3 von 5,– DM/kg. Hieraus ergeben sich die in den Zeilen 13 und 18 angegebenen VuV-Kostensätze von 0,618 und 0,50 DM/kg.

Addiert man die in den Zeilen 10, 15 und 20 zusammengefaßten Abzugsbeträge der Nebenprodukte von den in Zeile 9 ausgewiesenen Kosten der Kuppelproduktion, so erhält man die auf das Hauptprodukt entfallenden Restkosten in Zeile 22. Sie betragen im Beispiel 31 754 DM/Monat und 8,17 DM/kg. Hinzu kommen die Aufarbeitungskosten, so daß man schließlich für die Herstellkosten des Hauptproduktes 33 231 DM/Monat und 8,55 DM/kg erhält. Nach Berücksichtigung der Verwaltungs- und Vertriebskosten erhält man Selbstkosten von 41 608 DM/Monat und 10,70 DM/kg. Der Deckungsbeitrag beträgt 4,30 DM/kg bzw. 40,17 % der proportionalen Selbstkosten.

52322. Das Äquivalenzziffern- oder Verteilungsverfahren

(1) Ist die eindeutige Bestimmung eines Hauptproduktes nicht möglich, weil die Kuppelproduktion zu mehreren höherwertigen Produkten führt, so wird in der Praxis das *Äquivalenzziffern- oder Verteilungsverfahren* zur Kalkulation der Kuppelprodukte angewandt. Hierbei handelt es sich formal um das gleiche Verfahren, das wir bereits in Kapitel 5212 für die Sortenproduktion beschrieben haben. Für alle Kuppelprodukte werden Äquivalenzziffern festgelegt, mit denen die zugehörigen Ausbringungsmengen multipliziert werden. Dividiert man die Kosten der Kuppelproduktion durch die mit den Äquivalenzziffern gewichteten Ausbringungsmengen, so erhält man durchschnittliche Kosten pro Einheit, die mit den Äquivalenzziffern der einzelnen Kuppelprodukte multipliziert werden müssen, um deren Stückkosten zu erhalten. Ein wesentlicher Unterschied zur Sortenproduktion besteht aber darin, daß bei Kuppelproduktion keine Äquivalenzziffern existieren, die dem Verursachungsprinzip entsprechen.

Von Technikern werden häufig *Maßgrößen chemischer oder physikalischer Eigenschaften der Kuppelprodukte*, z. B. Molekulargewichte oder Heizwerte (kcal/

kg), *als Äquivalenzziffern* vorgeschlagen.[102] Dieses Verfahren läßt sich aber nur anwenden, wenn für alle Kuppelprodukte, die aus einem Produktionsprozeß resultieren, die gleiche chemische oder physikalische Eigenschaft als Maßgröße geeignet ist, z. B. wenn alle Kuppelprodukte einen Heizwert haben und zur Verwendung als Brennstoffe grundsätzlich geeignet sind. Diese Voraussetzung ist aber oft nicht erfüllt. Weiterhin fehlt chemischen und physikalischen Maßgrößen nicht nur jede kausale Beziehung zur Kostenverursachung sondern auch zur ökonomischen Verwertbarkeit der Kuppelprodukte.[103]

Betriebswirtschaftlich halten wir es daher für richtiger, *Maßgrößen ökonomischer Eigenschaften der Kuppelprodukte als Äquivalenzziffern zu verwenden.*

Schon seit langem werden in der Praxis die *Marktpreise* der Kuppelprodukte *als Äquivalenzziffern* verwendet, sofern solche existieren. Dieses Verfahren wird als *Marktpreis-Äquivalenzziffern-Verfahren* bezeichnet. Bei einfacher Kuppelproduktion lassen sich in den meisten Fällen Marktpreise oder marktpreisähnliche Werte angeben.[104] Marktpreisähnliche Werte sind z. B. Marktpreise äquivalenter Produkte oder Opportunitätskosten, d. h. Kosten die durch „Verwendung an einer Stelle des Werkes eingespart werden."[105]

Werden Kuppelprodukte im Anschluß an die Kuppelproduktion weiterverarbeitet, aufbereitet oder verpackt, bevor sie verkauft werden können und verursachen sie spezielle Vertriebskosten, so ist es zweckmäßig, statt der Marktpreise die *„Verwertungsüberschüsse" als Äquivalenzziffern* zu verwenden.[106] Ordnet man den Kuppelprodukten nur proportionale Kosten zu, so sind hierunter die Deckungsbeiträge über die nach dem "split off point" der Kuppelproduktion entstehenden proportionalen Kosten zu verstehen. Im Falle einer Vollkostenrechnung wird der Saldo aus dem Erlös und den nach der Kuppelproduktion zugerechneten Vollkosten als Verwertungsüberschuß angesehen.

Der Verwendung von Marktpreisen oder Verwertungsüberschüssen als Äquivalenzziffern liegt das *Tragfähigkeitsprinzip* zugrunde. Die mit ihrer Hilfe ermittelten Herstellkosten sind für die Bestandsbewertung brauchbar, „weil in den Wertansätzen die Ertragskraft der Kuppelprodukte zum Ausdruck kommt."[107] Für dispositive Zwecke sind sie dagegen genau so wenig geeignet wie die mit Hilfe anderer Verfahren ermittelten Stückkosten von Kuppelprodukten.

102 Vgl. *H. R. Merian*, Die betriebswirtschaftliche Preisbildung, a.a.O., S. 297. Hier findet der Leser eine sorgfältige Auswertung der Literatur der zwanziger Jahre, die erkennen läßt, daß „technische Äquivalenzziffern" vor allem dann vorgeschlagen worden sind, wenn keine Marktpreise zur Verfügung stehen.

103 Deshalb hat bereits *K. H. Tillmann* die Verwendung „technischer Äquivalenzziffern" abgelehnt: „Technische Eigenschaften auf nichtwertmäßiger Grundlage sind zur Bewertung von Kuppelprodukten nicht geeignet", vgl. Die Bewertung . . . , a.a.O., S. 167.

104 Bei mehrfacher Kuppelproduktion ist das nicht der Fall, welche kalkulatorischen Schwierigkeiten hieraus resultieren, werden wir in Kapitel 5233 zeigen.

105 Vgl. *K. H. Tillmann*, Die Bewertung . . . , a.a.O., S. 164.

106 Schon K. H. Tillmann hat darauf hingewiesen, daß im Falle der Weiterverarbeitung die im Anschluß an die Kuppelproduktion entstehenden Fertigungskosten von den Marktpreisen abzuziehen sind. Auf die Verwendung von „Verwertungsüberschüssen" als Äquivalenzziffern weist insbesondere *P. Riebel*, Kalkulation der Kuppelprodukte, a.a.O., Sp. 997 hin.

107 Vgl. *P. Riebel*, Kalkulation der Kuppelprodukte, a.a.O., Sp. 998.

(2) Entstehen in einem Produktionsprozeß j = 1, ..., n Kuppelprodukte, die ohne zusätzliche Arbeitsgänge zu den Marktpreisen p_j verkauft werden können, und fallen keine Sondereinzelkosten des Vertriebs an, so gilt nach dem Marktpreis-Äquivalenzziffern-Verfahren für die Selbstkosten der Kuppelprodukte folgende Bestimmungsgleichung:

$$k_{sj} = \frac{K_H}{\sum_{j=1}^{n} x_j p_j} p_j \left[1 + \frac{d_{Vw}}{100} + \frac{d_{Vt}}{100}\right] \qquad (j = 1, \ldots, n) \tag{171}$$

Der Quotient in Gleichung (171) gibt die durchschnittliche Relation der Herstellkosten zu den Erlösen (bei Verkauf aller ausgebrachten Mengen) an.

Werden die Kuppelprodukte in i = 1, . . . , m aufeinanderfolgenden Arbeitsgängen (bei denen es sich nicht um Kuppelproduktion handelt) weiterverarbeitet und verursachen sie Sondereinzelkosten des Vertriebs, so gilt nach dem Marktpreis-Äquivalenzziffern-Verfahren folgende Kalkulationsgleichung:

$$k_{sj} = \left[\frac{K_H}{\sum_{j=1}^{n} x_j p_j} p_j + \sum_{i=1}^{m} b_{ij} d_i\right] \left(1 + \frac{d_{Vw}}{100} + \frac{d_{Vt}}{100}\right) + e_{Vtj} \qquad (j = 1, \ldots, n) \tag{172}$$

In diesem Fall halten wir es aber für richtiger, die Verwendungsüberschüsse als Äquivalenzziffern zu verwenden. Der Verwendungsüberschuß einer beliebigen Produktart j ist gleich:

$$g_j = \left[p_j - \sum_{i=1}^{m} b_{ij} d_i\right] \left(1 + \frac{d_{Vt}}{100} + \frac{d_{Vw}}{100}\right) - e_{Vtj} \qquad (j = 1, \ldots, n). \tag{173}$$

Als Kalkulationsformel zur Bestimmung der Selbstkosten der Kuppelprodukte gilt die Gleichung (172), wenn man die Marktpreise p_j durch die Verwendungsüberschüsse g_j ersetzt.

Muß ein Kuppelprodukt vernichtet werden, so müssen die übrigen Kuppelprodukte die Vernichtungskosten mit tragen.[107] Diese werden daher in den Kalkulationsgleichungen (171) und (172) zu K_H addiert. Dem zu vernichtenden Kuppelprodukt wird die Äquivalenzziffer Null zugeordnet.

(3) Wir wollen nunmehr das Äquivalenzziffernverfahren durch ein *Zahlenbeispiel* verdeutlichen. Hierbei legen wir die Produktions- und Kostendaten des Zahlenbeispiels in Kapitel 52321 auf Seite 356 ff. zugrunde. Lediglich die Erlöse und die Sondereinzelkosten des Vertriebs werden wie folgt verändert:

Tabelle 91: Beispiel zum Äquivalenzziffernverfahren (Vertriebsdaten)

Produkt	Verkaufspreis [DM/kg]	Provision		Verpackungskosten [DM/kg]	Nettoerlös [DM/kg]
		%	DM/kg		
1	11,75	4,0	0,47	0,10	11,18
2	16,80	5,0	0,84	0,25	15,71
3	7,50	3,5	0,26	0,06	7,18

Das Produkt 4 wird vernichtet; die Vernichtungskosten betragen 0,25 DM/kg. Wir wollen uns wiederum auf die Kalkulation der proportionalen Kosten beschränken, der Aufbau einer Vollkostenrechnung erfolgt analog.

In Tabelle 92 haben wir die als Äquivalenzziffern zu verwendenden Deckungsbeiträge über die nach der Kuppelproduktion anfallenden proportionalen Kosten errechnet. Die anteiligen Verwaltungs- und Vertriebsgemeinkosten betragen 10 % der Aufbereitungskosten, da diese Bestandteil der Herstellkosten sind.

Tabelle 92: Beispiel zum Äquivalenzziffernverfahren (Ermittlung der Verwertungsüberschüsse)

Produkt	Nettoerlös [DM/kg]	Aufbereitungskosten [DM/kg]	Anteilige VuV-Kosten [DM/kg]	Verwertungsüberschuß [DM/kg]
1	11,18	0,38	0,04	10,76
2	15,71	0,20	0,02	15,49
3	7,18	0,24	0,02	6,92

Wie Tabelle 90 erkennen läßt, betragen die Kosten der Kuppelproduktion 43 401,– DM. Hierzu kommen Vernichtungskosten für Produkt 4 in Höhe von 114,– DM, so daß mit Hilfe der Äquivalenzziffern 43 515,– DM zu verteilen sind. In Tabelle 93 haben wir die Ausbringungsmengen mit den zugehörigen Äquivalenzziffern multipliziert. Hierbei erhält man einen Gewichtungsbetrag von 67 737 DM/Monat. Die Verteilungsrelation beträgt daher 43 515 : 67 737 = 0,6424. Multipliziert man hiermit die Äquivalenzziffern, so erhält man die Kosten der Kuppelproduktion, die auf jeweils ein kg der Produktarten 1, 2 und 3 entfallen. Diese haben wir in das Kalkulationsformular (Tabelle 94) übertragen, das die abschließende

Tabelle 93: Beispiel zum Äquivalenzziffernverfahren (Verteilung der Kosten der Kuppelproduktion)

Produkt	Menge [kg/Monat]	Äquivalenzziffer [DM/kg]	Gewichtete Menge [DM/Monat]	Kosten [DM/kg]
1	3 888	10,76	41 835	6,91
2	1 296	15,49	20 075	9,95
3	842	6,92	5 827	4,45
Summe			67 737	

Selbstkostenkalkulation enthält. Bei den ausgewiesenen „Deckungsbeiträgen“ ist darauf zu achten, daß diese für dispositive Zwecke nicht geeignet sind, weil sie aus einer Verteilung der proportionalen Kosten resultieren, die nicht dem Verursachungsprinzip entspricht. Sie lassen sich (mit Einschränkung) nur für die kurzfristige Erfolgskontrolle verwenden.

Tabelle 94: Beispiel zum Äquivalenzziffernverfahren (Selbstkostenkalkulation)

	Kostenbezeichnung	Kalkulierte Kosten DM/kg		
		Produkt 1	Produkt 2	Produkt 3
1	Herstellkosten der Kuppelproduktion	6,91	9,95	4,45
2	Aufbereitungskosten	0,38	0,20	0,24
3	Herstellkosten (1 + 2)	7,29	10,15	4,69
4	Verwaltungsgemeinkosten 2,2 % v. 3	0,16	0,22	0,10
5	Vertriebsgemeinkosten 7,8 % v. 3	0,57	0,79	0,37
6	Verpackungsmaterialkosten	0,10	0,25	0,06
7	Verkaufsprovision	0,47	0,84	0,26
8	Verwaltungs- u. Vertriebskosten (4–7)	1,30	2,10	0,79
9	Selbstkosten (3 + 8)	8,59	12,25	5,48
10	Deckungsbeitrag	3,16	4,55	2,02
11	Verkaufspreis	11,75	16,80	7,50

5233. Kalkulationsverfahren für mehrfache Kuppelproduktion

(1) Die kalkulatorische Bestimmung der Herstellkosten für Kuppelprodukte bei mehrfacher Kuppelproduktion zählt zu den schwierigsten Problemen der Kostenrechnung. Dies liegt daran, daß neben der Nichtanwendbarkeit des Verursachungsprinzips auch die Anwendung des Tragfähigkeitsprinzips erschwert wird, weil sich für viele Zwischenprodukte weder Marktpreise noch unmittelbare Verwendungsüberschüsse ermitteln lassen, die man als Verteilungsschlüssel verwenden könnte.[108]

Auch für mehrfache Kuppelproduktion gilt der Grundsatz, daß man für dispositive Zwecke darauf verzichten sollte, den Kuppelprodukten geschlüsselte Kosten zuzurechnen. Statt einer Aufteilung der verbundenen Kosten stellen moderne Planungsverfahren gerade bei mehrfacher Kuppelproduktion „auf eine Gesamtbetrachtung bzw. auf die relevanten Kosten- und Erlösdifferenzen sowie auf die Engpässe (Restriktionen) ab".[109] Für Bewertungszwecke werden aber auch bei mehrfacher Kuppelproduktion die „Herstellkosten" bzw. „Herstellungskosten" der einzelnen Kuppelprodukte benötigt.

Für die Kalkulation der Herstell- bzw. Herstellungskosten bei mehrstufiger Kuppelproduktion sind zwei Verfahren entwickelt worden, denen beiden das Tragfähigkeitsprinzip zugrunde liegt. Das erste Verfahren, das von P. Riebel vorgeschlagen wird, wollen wir als die *Verteilung mit Hilfe kumulierter Verwendungsüberschüsse* bezeichnen.[110] Das zweite Verfahren ist die *Verteilung mit Hilfe von Opportunitätskosten.*

108 Bereits *K. H. Tillmann* hat vorgeschlagen, solche Kuppelprodukte mit ihren Vernichtungskosten zu bewerten. Vgl. Die Bewertung . . . , a.a.O., S. 165.

109 Vgl. *P. Riebel*, Kalkulation der Kuppelprodukte, a.a.O., Sp. 999. Eine systematische Analyse des Problems, welche Verrechnungspreise für Zwischenprodukte für die Programmanalyse, Programmwahl und Gewinnplanung bei mehrfacher Kuppelproduktion geeignet sind, findet man bei *P. Riebel, H. Paudtke* und *W. Zscherlich*, Verrechnungspreise für Zwischenprodukte, Opladen 1973. Zu mathematischen Entscheidungsmodellen bei mehrfacher Kuppelproduktion vgl. *W. Kilger*, Optimale . . . , a.a.O., S. 358 ff.

110 Vgl. *P. Riebel*, Kalkulation der Kuppelprodukte, a.a.O., Sp. 998.

Bei der *Kostenzuteilung mit Hilfe kumulierter Verwendungsüberschüsse* geht man wie folgt vor. Folgen i = 1, . . . , m Produktionsprozesse aufeinander, in denen jeweils mehrere Kuppelprodukte entstehen, so lassen sich die Kuppelprodukte in drei Gruppen einteilen. Erstens kann es sich um Kuppelprodukte handeln, die entweder direkt oder nach weiteren Arbeitsgängen (mit Nichtkuppelproduktion) verkauft werden. Für diese Kuppelprodukte lassen sich die Verwertungsüberschüsse ohne Schwierigkeiten bestimmen, indem man die Verkaufserlöse um die nach der Spaltung entstehenden proportionalen Kosten vermindert. Zweitens können Kuppelprodukte entstehen, die vernichtet werden müssen. Für sie ermittelt man die Vernichtungskosten und addiert sie zu den Herstellkosten der zugehörigen Kuppelproduktionsstufe. Die dritte Gruppe von Kuppelprodukten wird in anderen Fertigungsstellen mit Kuppelproduktion als Einsatzstoff weiterverarbeitet. Sie ist es, die die eigentlichen Kalkulationsschwierigkeiten bei mehrfacher Kuppelproduktion verursacht. Da solche Kuppelprodukte keine unmittelbaren Verwendungsüberschüsse erwirtschaften, versucht man mittelbar Verwendungsüberschüsse aus den Erlösen und Kosten der Folgestufen abzuleiten. Wird z. B. die letzte Fertigungsanlage (m) von der vorletzten (m − 1) mit einem Kuppelprodukt beliefert, so vermindert man den Verwendungsüberschuß der Kuppelprodukte der Anlage m um die Herstellkosten dieser Anlage und ordnet den so ermittelten Rest-Verwendungsüberschuß dem von der Vorstufe m − 1 gelieferten Kuppelprodukt zu. Hierbei ist aber zu beachten, daß der belieferten Fertigungsanlage die (noch nicht bekannten) Herstellkosten des Zwischenproduktes zu belasten und der liefernden Stelle gutzuschreiben sind. In gleicher Weise geht man vor, wenn die Fertigungsstelle m − 1 von der Stelle m − 2 mit Kuppelprodukten beliefert wird usw. Die direkten Verwendungsüberschüsse pro Einheit der verkauften Kuppelprodukte und die Rest-Verwendungsüberschüsse pro Einheit der weiterverarbeiteten Kuppelprodukte dienen in den jeweiligen Fertigungsstellen als Äquivalenzziffern der Kostenzuteilung.

Bei der *Kostenzuteilung mit Hilfe von Opportunitätskosten* versucht man für die Zwischenprodukte Opportunitätskosten pro Mengeneinheit zu bestimmen, um diese als Äquivalenzziffern zu verwenden.[111] Für die verkauften Kuppelprodukte werden auch bei diesem Verfahren die aus den Verkaufserlösen und den nach der Spaltung entstehenden Kosten abgeleiteten Verwendungsüberschüsse als Verteilungsgrundlage gewählt. Der Vorteil des Verfahrens liegt darin, daß die komplizierte Berechnung mittelbarer Verwendungsüberschüsse entfällt. Die Nachteile bestehen darin, daß diesem Verfahren keine konsequente Anwendung des Tragfähigkeitsprinzips zugrunde liegt und die Bestimmung von Opportunitätskosten oftmals schwierig ist. Am einfachsten lassen sich Opportunitätskosten bestimmen, wenn der Weiterverarbeitung ein Verzicht auf Verkauf gegenübersteht; in diesem Fall sind die Opportunitätskosten gleich dem Verkaufspreis abzüglich den nach der Spaltung entstehenden proportionalen Kosten pro Einheit. Wird durch die Weiterverarbeitung der Zukauf eines fremden Rohstoffes vermieden, so stimmen die Opportunitätskosten mit den Beschaffungskosten pro Mengeneinheit überein. Steht der Weiterverarbeitung als Alternative die Vernichtung gegenüber, so sind die pro Einheit eingesparten proportionalen Vernichtungskosten als Opportunitätskosten anzusetzen.

111 Der Vorschlag, Opportunitätskosten als Verteilungsgrundlage für Kuppelprodukte, die als Zwischenprodukte verwendet werden, hat bereits *K. H. Tillmann* gemacht. Vgl. Die Bewertung von marktpreislosen Kuppelprodukten . . . , a.a.O., S. 164.

(2) Für ein *Zahlenbeispiel* zur Kalkulation bei mehrfacher Kuppelproduktion wollen wir den in Abb. 34 dargestellten Produktionsfluß zugrunde legen. In der Fertigungsanlage 1 werden die Rohstoffe R_1 und R_2 eingesetzt, die in der Rohstoffaufbereitung 1 gemahlen und gemischt werden. Anlage 1 erzeugt die Kuppelprodukte x_1 bis x_4, von denen x_1 als Einsatzstoff an die Fertigungsanlage 2 weitergeleitet wird; x_2 wird verkauft, die Produkte x_3 und x_4 müssen vernichtet werden. Die Fertigungsanlage 2 stellt die Kuppelprodukte x_5, x_6 und x_7 her. Von x_5 wird die Teilmenge x_{51} als Rohstoff an die Fertigungsanlage 3 geleitet und die Teil-

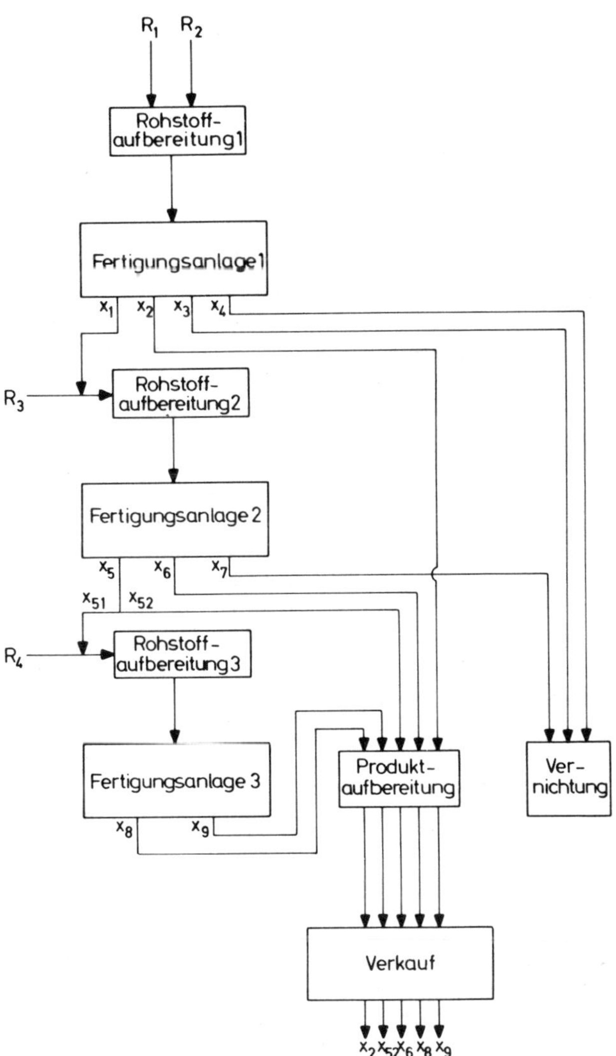

Abb. 34: Beispiel für den Produktionsfluß bei mehrfacher Kuppelproduktion

menge x_{52} verkauft. Das Kuppelprodukt x_6 wird verkauft und x_7 muß vernichtet werden. Neben x_1 wird in der Anlage 2 der Rohstoff R_3 eingesetzt; beide Stoffe werden in der Rohstoffaufbereitung 2 gemischt.

Die Fertigungsanlage 3 setzt den Rohstoff R_4 und das Kuppelprodukt x_{51} ein, ihr ist die Rohstoffaufbereitung 3 vorgeschaltet. Als Kuppelprodukte entstehen x_8 und x_9, die beide verkauft werden. Alle zu verkaufenden Produkte werden in der Produktaufbereitung gereinigt, gemahlen und verpackt.

In Tabelle 95 haben wir die Kosten- und Produktionsdaten der drei Fertigungsanlagen zusammengefaßt. Da wir uns auf die Kalkulation der proportionalen Kosten beschränken, enthalten die Kosten keine Fixkostenanteile. Die im folgenden beschriebenen Kalkulationen lassen sich in gleicher Weise mit Vollkosten durchführen. Bei der Rohstoffkostenberechnung in Tabelle 95 ist zu beachten, daß die Wertansätze der als Einsatzstoffe nachgelagerter Produktionsprozesse verwendeten Kuppelprodukte x_1 und x_5, die wir mit q_1 und q_5 bezeichnet haben, zunächst noch unbekannt sind. Sie lassen sich erst im Laufe des Kalkulationsverfahrens bestimmen. Werden Herstellkosten als Wertansätze verwendet, so ersetzen wir q_1 und q_5 durch k_{H1} und k_{H5}.

Die Tabelle 96 enthält die den Kuppelprodukten direkt zurechenbaren Kosten der Produktaufbereitung, die Sondereinzelkosten des Vertriebs und die Vernichtungskosten. Die proportionalen Verwaltungs- und Vertriebsgemeinkosten werden mit insgesamt 8 % der proportionalen Herstellkosten angenommen.

Wir wollen zunächst die Herstellkosten der Kuppelproduktion mit Hilfe *kumulierter Verwendungsüberschüsse* kalkulieren. Bei der Errechnung der Verwendungsüberschüsse sollen aus Vereinfachungsgründen keine anteiligen Verwaltungs- und Vertriebsgemeinkosten berücksichtigt werden.

Da die Verwendungsüberschüsse der Fertigungsanlagen 2 und 3 von den Herstellkosten der Kuppelprodukte x_1 und x_5 abhängig sind, diese aber wiederum nur bestimmt werden können, wenn man die Verwendungsüberschüsse kennt, läßt sich die Kalkulation nur mit Hilfe eines simultanen Gleichungssystems lösen, dessen Unbekannte die Herstellkosten der Kuppelprodukte k^*_{Hj} sind. Der Stern soll andeuten, daß hierin keine Kosten anschließender Arbeitsgänge mit Nichtkuppelproduktion enthalten sind, sondern nur die Herstellkosten der Kuppelproduktion.

Die Kalkulation mit Hilfe kumulierter Verwendungsüberschüsse erfordert folgende Rechenschritte für jede Kuppelproduktionsstufe:

a) Ermittlung der Prozeßkosten,
b) Ermittlung der Verwendungsüberschüsse (Äquivalenzziffern),
c) Anwendung der Äquivalenzziffernrechnung.

Für die *Fertigungsstelle 1* muß man wie folgt vorgehen:

a) *Ermittlung der Prozeßkosten:*
Den Kuppelprodukten 1 und 2 sind die Herstellkosten der Fertigungsanlage 1 (118 700 DM/Mon) und die Vernichtungskosten der Produkte 3 und 4 (958 kg/Mon × 2,20 DM/kg + 479 kg/Mon × 3,– DM/kg = 3 575 DM/Mon), also insgesamt 122 245 DM/Mon zuzuordnen. Hierbei ist zu berücksichtigen, daß der Anlage 1 ein Betrag in Höhe von 4 598 kg/Mon × k^*_{H1} für die an Anlage 2 gelieferte Menge der Produktart 1 gutgeschrieben wird. Die zu verteilenden Kosten betragen daher nur: 122 245 ./. 4 598 k^*_{H1}.

Tabelle 95: Beispiel zur Kalkulation bei mehrfacher Kuppelproduktion (Kosten- und Produktionsdaten)

Fertigungsanlage 1			Fertigungsanlage 2			Fertigungsanlage 3		
Kostenbezeichnung		DM/Mon	Kostenbezeichnung		DM/Mon	Kostenbezeichnung		DM/Mon
Rohstoff R_1: 6 500 kg/Mon × 4,50 DM/kg		29 250	Rohstoff R_3: 3 775 kg/Mon × 5,80 DM/kg		21 895	Rohstoff R_4: 4 226 kg/Mon × 2,75 DM/kg		11 622
Rohstoff R_2: 3 800 kg/Mon × 7,15 DM/kg		27 170	Rohstoff x_1: 4 598 kg/Mon × q_1		(4 598 q_1)	Rohstoff x_{51}: 2 404 kg/Mon × q_5		(2 404 q_{51})
Summe Rohstoffkosten		56 420	Summe Rohstoffkosten (ohne x_1)		21 895	Summe Rohstoffkosten (ohne x_{51})		11 622
Materialgemeinkosten 5 %		2 821	Materialgemeinkosten 5 %		1 095	Materialgemeinkosten 5 %		581
Aufber. Kosten: 10 300 kg/Mon × 0,25 DM/kg		2 575	Aufber. Kosten: 8 373 kg/Mon × 0,18 DM/kg		1 507	Aufber. Kosten: 6 630 kg/Mon × 0,12 DM/kg		796
Fertigungskosten		56 884	Fertigungskosten		48 980	Fertigungskosten		22 316
Summe HK der Kuppelproduktion		118 700	Summe HK der Kuppelproduktion		73 477	Summe HK der Kuppelproduktion		35 315
Ausbringung:	93 %	kg/Mon	Ausbringung:	90 %	kg/Mon	Ausbringung:	96 %	kg/Mon
Produkt 1	48 %	4 598	Produkt 5	66 %	4 974	Produkt 8	60 %	3 819
Produkt 2	37 %	3 544	Produkt 6	26 %	1 959	Produkt 9	40 %	2 546
Produkt 3	10 %	958	Produkt 7	8 %	603			
Produkt 4	5 %	479						
Gesamtgewicht	100 %	9 579	Gesamtgewicht	100 %	7 536	Gesamtgewicht	100 %	6 365

Tabelle 96: Beispiel zur Kalkulation bei mehrfacher Kuppelproduktion (Verkaufspreise und direkt zurechenbare proportionale Kosten)

Produktart	Verkaufspreis	Provision		Verpackungskosten	Aufbereitungskosten	Vernichtungskosten	Deckungsbeitrag ü. d. dir. zurechenbaren Kosten
	DM/kg	%	DM/kg	DM/kg	DM/kg	DM/kg	DM/kg
2	35,–	4	1,40	0,40	0,17		33,03
3						2,20	./. 2,20
4						3,–	./. 3,–
52	24,–	4	0,96	0,10	0,28		22,66
6	40,–	4	1,60	0,60	0,28		37,52
7						2,30	./. 2,30
8	10,–	5	0,50	0,05	0,06		9,39
9	57,–	6	3,42	2,–	0,44		51,14

b) *Ermittlung der Verwendungsüberschüsse (Äquivalenzziffern):*
Die Verteilung erfolgt nach Verwendungsüberschüssen. Da Produkt 2 verkauft wird, läßt sich sein Verwendungsüberschuß einfach dadurch bestimmen, daß man die Produktmenge mit dem Deckungsbeitrag über die direkt zurechenbaren Kosten lt. Tabelle 96 multipliziert: 3 544 kg/Mon × 33,03 DM/kg = 117 058 DM/Mon. Für Produkt 1 muß der Verwendungsüberschuß retrograd ermittelt werden:

Verwendungsüberschüsse der Produkte:		DM/Mon
9: 2 546 kg/Mon × 51,14 DM/kg		130 202
8: 3 819 kg/Mon × 9,39 DM/kg		35 860
6: 1 959 kg/Mon × 37,52 DM/kg		73 502
52: 2 570 kg/Mon × 22,66 DM/kg		58 236
Kosten der Fertigungsanlage 3:		
Herstellkosten	./.	35 315
Vormaterialkosten für x_{51}	./.	2 404 k^*_{H5}
Kosten der Fertigungsanlage 2:		
Herstellkosten	./.	73 477
Vernichtungskosten für x_7	./.	1 387
Vormaterialkosten für x_1	./.	4 598 k^*_{H1}
Gutschrift für x_{51}		2 404 k^*_{H5}
Verwendungsüberschuß Produkt 1 = 187 621	./.	4 598 k^*_{H1}

Für eine Einheit der Produktart 1 erhält man daher (40,805 ./. k^*_{H1}) DM/kg.

c) *Anwendung der Äquivalenzziffernrechnung:*
Verwendet man die Verwendungsüberschüsse pro kg als Äquivalenzziffern, so erhält man für die Herstellkosten der Produkte 1 und 2 folgende Bestimmungsgleichungen:

$$k^*_{H1} = \frac{122\,245 \text{ ./. } 4\,598\, k^*_{H1}}{187\,621 \text{ ./. } 4\,598\, k^*_{H1} + 117\,058} (40{,}805 \text{ ./. } k^*_{H1}) \tag{174}$$

$$k^*_{H2} = \frac{122\,245 \text{ ./. } 4\,598\, k^*_{H1}}{187\,621 \text{ ./. } 4\,598\, k^*_{H1} + 117\,058}\, 33{,}03 \tag{175}$$

Erweitert man die Gleichung (174) mit dem Nenner, so erhält man für k^*_{H1} eine quadratische Gleichung, mit den Lösungswerten 57,37 DM/kg und 9,4545 DM/kg. Hiervon ist der erste Lösungswert unzulässig, da er für k^*_{H2} zu negativen Kosten führen würde. Setzt man k^*_{H1} = 9,4545 DM/kg in (175) ein, so erhält man für k^*_{H2} = 9,961 DM/kg.

Für die *Fertigungsstelle 2* sind folgende Rechenschritte erforderlich:

a) *Ermittlung der Prozeßkosten:*

Den Kuppelprodukten 5 und 6 sind folgende Kosten zuzuordnen:

	DM/Mon
Herstellkosten der Anlage 2	73 477
Vernichtungskosten x_7	1 387
Vormaterialkosten für x_1 4 598 kg/Mon × 9,4545 DM/kg	43 472
	118 336

Hiervon geht als Gutschrift 2 404 kg/Mon × k^*_{H51} für die Lieferung an Anlage 3 ab. Damit erhält man als Prozeßkosten der Fertigungskostenstelle 2 118 336 + 2 404 k^*_{H51}.

b) *Ermittlung der Verwendungsüberschüsse (Äquivalenzziffern):*

Der Verwendungsüberschuß für Produkt 6 beträgt 37,52 DM/kg bzw. 73 502 DM/Mon. Für das Produkt 5 muß der Verwendungsüberschuß retrograd ermittelt werden:

Verwendungsüberschüsse der Produkte:		DM/Mon
9: 2 546 kg/Mon × 51,14 DM/kg		130 202
8: 3 819 kg/Mon × 9,39 DM/kg		35 860
52: 2 570 kg/Mon × 22,66 DM/kg		58 236
Kosten der Fertigungsanlage 3:		
Herstellkosten	./.	35 315
Vormaterialkosten für x_{51}	./.	2 404 k^*_{H5}
Verwendungsüberschuß Produkt 5= 188 983	./.	2 404 k^*_{H5}

Auf die Einheit entfallen 37,994 ./. 0,4833 k^*_{H5}.

c) *Anwendung der Äquivalenzziffernrechnung:*

Mit Hilfe der Verwendungsüberschüsse pro kg als Äquivalenzziffern erhält man für die Herstellkosten der Produkte 5 und 6:

$$k^*_{H5} = \frac{118\,336 \;./.\; 2\,404\, k^*_{H5}}{188\,983 \;./.\; 2\,404\, k^*_{H5} + 73\,502} (37{,}994 \;./.\; 0{,}4833\, k^*_{H5}) \quad (176)$$

$$k^*_{H6} = \frac{118\,336 \;./.\; 2\,404\, k^*_{H5}}{188\,983 \;./.\; 2\,404\, k^*_{H5} + 73\,502}\, 37{,}52 \quad (177)$$

Für k^*_{H5} ist wiederum eine quadratische Gleichung zu lösen. Als Lösungswerte erhält man 103, 0210 DM/kg und 12,2384 und 12,2384 DM/kg. Der erste Lösungswert ist ökonomisch unzulässig, weil er zu negativen Kosten für x_6 führen würde. Setzt man k^*_{H5} = 12,2384 DM/kg in Gleichung (177) ein, so erhält man k^*_{H6} = 14,31405 DM/kg.

Für die *Fertigungsstelle 3* sind folgende Rechenschritte erforderlich:

a) *Ermittlung der Prozeßkosten:*
Auf die Produkte 8 und 9 sind Herstellkosten von 35 315 DM/Mon zuzüglich der Vormaterialkosten für x_{51} in Höhe von 2 404 kg/Mon × 12,2384 DM/kg = 29 421 DM/Mon, also insgesamt 64 736 DM/Mon zu verrechnen.

b) *Ermittlung der Verwendungsüberschüsse (Äquivalenzziffern):*
Für die Produkte 8 und 9 lassen sich die Verwendungsüberschüsse direkt aus Tab. 96 ablesen (Produkt 8: 9,39 DM/kg, Produkt 9: 51,14 DM/kg).

c) *Anwendung der Äquivalenzziffernrechnung:*
Für die Herstellkosten pro kg erhält man:

$$(178) \qquad k^*_{H8} = \frac{64\,736}{130\,202 + 35\,860}\, 9{,}39 = \underline{\underline{3{,}6605 \text{ DM/kg}}}$$

$$(179) \qquad k^*_{H9} = \frac{64\,736}{130\,202 + 35\,860}\, 51{,}14 = \underline{\underline{19{,}9359 \text{ DM/kg}}}$$

Multipliziert man die Ausbringungsmengen der verwertbaren Kuppelprodukte mit den Herstellkosten pro kg, so erhält man 232 424 DM/Mon. Dieser Betrag ist genau gleich den Herstellkosten der Fertigungsanlagen 1, 2 und 3 zuzüglich der Vernichtungskosten der Produkte 3, 4 und 7. Damit ist die Kalkulation in sich abgestimmt.

In Tabelle 97 werden die Selbstkosten der für den Verkauf bestimmten Kuppelprodukte kalkuliert. Hierbei sind die Herstellkosten der Kuppelproduktion auf zwei Stellen nach dem Komma abgerundet.

Wir wollen nunmehr das gleiche Beispiel lösen, indem wir zwar für die verkauften Kuppelprodukte die Verwendungsüberschüsse pro Einheit als Äquivalenzziffern verwenden, bei den weiterverarbeiteten Kuppelprodukten aber auf die relativ komplizierte Berechnung der Verwendungsüberschüsse verzichten. An ihre Stelle treten geschätzte oder berechnete Opportunitätskosten. Würde Produkt 1 verkauft, so würde sich ein Deckungsbeitrag über die direkt zurechenbaren Kosten in Höhe von 14,50 DM/kg erzielen lassen, dafür müßte aber ein entsprechender Rohstoff von außen bezogen werden, dessen Beschaffungskosten 16,– DM/kg betragen. Da die Eigenverwendung günstiger ist, verzichtet der Betrieb auf den Verkauf. Der Produktart 1 sind daher Opportunitätskosten in Höhe von 14,50 DM/kg zuzuordnen. Entsprechend soll für die Kuppelproduktmenge x_{51} ein Opportunitätskostensatz von 22,66 DM/kg gelten.

Für die Produkte 1 und 2 lassen sich die Herstellkosten mit Hilfe folgender Gleichungen ermitteln:

$$(180) \qquad k^*_{H1} = \frac{122\,245 - 4\,598\, k^*_{H1}}{4\,598 \times 14{,}50 + 3\,544 \times 33{,}03}\, 14{,}50$$

$$(181) \qquad k^*_{H2} = \frac{122\,245 - 4\,598\, k^*_{H1}}{4\,598 \times 14{,}50 + 3\,544 \times 33{,}03}\, 33{,}03$$

Durch Auflösen der Gleichung (180) erhält man k^*_{H1} = 7,0789 DM/kg. Setzt man diesen Wert in Gleichung (181) ein, so ergibt sich k^*_{H2} = 16,1252 DM/kg.
Den Kuppelprodukten 5 und 6 sind folgende Kosten zuzuordnen:

Tabelle 97: Beispiel zur Kalkulation bei mehrfacher Kuppelproduktion (Berechnung der Selbstkosten)

Produktart	Herstellkosten			Verw. und Vertr. Gmk	Verpackungskosten	Provision	Selbstkosten	Verkaufspreis	Deckungsbeitrag
	der Kuppelproduktion	der Aufbereitung	Insgesamt						
2	9,96	0,17	10,13	0,81	0,40	1,40	12,74	35,–	22,26
52	12,24	0,28	12,52	1,00	0,10	0,96	14,58	24,–	9,42
6	14,31	0,28	14,59	1,17	0,60	1,60	17,96	40,–	22,04
8	3,66	0,06	3,72	0,30	0,05	0,50	4,57	10,–	5,43
9	19,94	0,44	20,38	1,63	2,–	3,42	27,43	57,–	29,57

Herstellkosten der Anlage 2		73 477
Vernichtungskosten für x_7		1 387
Vormaterialkosten für x_1	4 598 kg/Mon × 7,0789 DM/kg	32 549
		107 413

Hiervon gehen als Gutschrift 2 404 kg/Mon × k_{H5}^* für die Lieferung an Anlage 3 ab. Für die Herstellkosten der Produkte 5 und 6 gelten daher folgende Bestimmungsgleichungen:

$$(182) \qquad k_{H5}^* = \frac{107\,413 - 2\,404\, k_{H5}^*}{4\,974 \times 22{,}66 + 1\,959 \times 37{,}52}\; 22{,}66$$

$$(183) \qquad k_{H6}^* = \frac{107\,413 - 2\,404\, k_{H5}^*}{4\,974 \times 22{,}66 + 1\,959 \times 37{,}52}\; 37{,}52$$

Durch Auflösen dieser Gleichungen erhält man $k_{H5}^* = 10{,}1123$ DM/kg und $k_{H6}^* = 16{,}7444$ DM/kg.

Auf die Produkte 8 und 9 sind Herstellkosten von 35 315 DM/Mon + 2 404 kg/Mon × 10,1123 DM/kg = 59 626 DM/Mon zu verrechnen. Mit Hilfe der in Tabelle 96 angegebenen Verwendungsüberschüsse pro kg erhält man:

$$(184) \qquad k_{H8}^* = \frac{59\,625}{3\,819 \times 9{,}39 + 2\,546 \times 51{,}14}\; 9{,}39 = \underline{\underline{3{,}3715 \text{ DM/kg}}},$$

$$(185) \qquad k_{H9}^* = \frac{59\,625}{3\,819 \times 9{,}39 + 2\,546 \times 51{,}14}\; 51{,}14 = \underline{\underline{18{,}362 \text{ DM/kg}}}$$

Ein Vergleich mit den in Tabelle 97 ausgewiesenen Herstellkosten zeigt, daß die Kalkulation mit Hilfe von Opportunitätskosten für weiterverarbeitete Produkte gegenüber den kumulierten Verwendungsüberschüssen im Beispiel insbesondere bei den Produkten 1 und 2 zu größeren Kalkulationsabweichungen führt.

53. Spezialprobleme der Kalkulation

(1) Ergänzend zu unseren Ausführungen in Kapitel 52 über den Aufbau der Kalkulation wollen wir nunmehr einige Spezialprobleme behandeln, die bei der kalkulatorischen Bestimmung der Stückkosten auftreten können.

In *mehrstufigen Unternehmungen* erstellen die Vorstufen häufig marktgängige Zwischenprodukte, die teilweise verkauft, zum größten Teil aber in den nachfolgenden Produktionsstufen weiterverarbeitet werden. Typische Beispiele hierfür sind Textilfabriken, gemischte Hüttenwerke und viele Unternehmungen der chemischen Industrie. In einer mehrstufigen Textilfabrik erzeugt die Spinnerei verschiedene Garnsorten, die z. T. als Verkaufsgarne an den Markt geliefert, überwiegend aber als Webereigarne an die Weberei zur Weiterverarbeitung geleitet werden. Die Weberei erzeugt Rohgewebe, die in der dritten Stufe, der Ausrüstung und Färberei, zu Fertiggeweben veredelt werden. In einem gemischten Hüttenwerk erzeugt der Hochofenbetrieb Roheisen, das im Stahlwerk zu Stahl gehärtet und schließlich im Walzwerk zu Walzwerkserzeugnissen weiterverarbeitet wird.

In die Kalkulationen der auf die erste Stufe folgenden Produktionsstufen gehen die Vorproduktmengen als Einzelmaterial ein. Das spezielle Kalkulationsproblem besteht darin, wie diese Mengen zu bewerten sind. Hierbei sind zwei Fälle zu unterscheiden. Handelt es sich bei den Produktionsstufen um rechtlich selbständige Unternehmungen eines Beteiligungskonzerns, so erfolgt die *Bewertung zu Konzernverrechnungspreisen,* die für die einzelne Unternehmung den Charakter von Marktpreisen haben und auch meistens dem Preisniveau der betreffenden Märkte entsprechen.[112] Gehören die Produktionsstufen dagegen als Teilbetriebe zu *einer* Unternehmung, so muß die *Bewertung zu Herstellkosten* erfolgen. Diese Forderung ist allerdings nicht unumstritten. Es sind vielmehr folgende Wertansätze vorgeschlagen worden:

- Marktpreise
- Innerbetriebliche Verrechnungspreise
- Herstellkosten
  - Vollkosten
  - Grenzkosten

Die *Bewertung mit Marktpreisen* wird meistens von den Werksleitern der Vorstufen gefordert. Sie streben an, daß ihre Erzeugnisse „marktgerecht" bewertet und die Folgestufen so gestellt werden, „als ob" sie die Vorprodukte auf den Märkten kaufen müßten. Weiterhin hätte die Marktpreisbewertung für die Vorstufen den Vorteil, daß ihnen in der kurzfristigen Erfolgsrechnung ein „Gewinn" für Lieferungen und Leistungen an die Folgestufen zugerechnet wird. Dennoch ist die Marktpreisbewertung aus folgenden Gründen abzulehnen. Zwischen den Stufen einer Unternehmung können keine Gewinne entstehen, dies ist erst möglich, wenn Produkte auf Märkten veräußert werden. Die Marktpreisbewertung führt daher zum Ausweis nicht realisierter Gewinne in den Kalkulationen der Folgestufen. Für Bewertungszwecke sind sie folglich von vornherein unbrauchbar. Aber auch für dispositive Aufgaben sind Marktpreise (infolge der in ihnen enthaltenen nicht realisierten Gewinne) als Wertansätze für Vorstufenmaterial nicht geeignet; denn bei der Marktpreisbewertung kennen die Folgestufen weder die Preisuntergrenzen noch die Deckungsbeiträge ihrer Erzeugnisse.

Die *Bewertung zu innerbetrieblichen Verrechnungspreisen* wird häufig in dezentral organisierten Unternehmungen praktiziert.[113] Hierbei sollen die Verrechnungspreise zwei Aufgaben erfüllen, die Allokations- und die Motivationsfunktion. Durch die *Allokationsfunktion* soll eine „pretiale Lenkung" erreicht werden, durch die eine

112 Die Bestimmung von Konzernverrechnungspreisen gehört nicht zu den Aufgaben der Kostenrechnung, so daß wir sie hier nicht behandeln wollen. Sie ist vielmehr „Konzernpolitik". Vgl. hierzu *A. Moxter*, Offene Probleme der Rechnungslegung bei Konzernunternehmen, ZfhF 1961, S. 641 und *K. Hax*, Konzernprobleme und Aktienrechtsreform in theoretischer Sicht, in: Betriebsgröße und Unternehmungskonzentration, Nürnberger Abhandlung, Heft 10, Nürnberg 1959, S. 57.

113 Vgl. hierzu *H. Albach*, Innerbetriebliche Lenkpreise als Instrument dezentraler Unternehmensführung, ZfbF 1974, S. 216 ff. und die dort ausgewertete Literatur.

möglichst wirtschaftliche Verwendung der Vorstufenmaterialien und eine optimale Relation zwischen Eigenerstellung und Fremdbezug herbeigeführt wird. Diese Aufgabe können die Verrechnungspreise aber nur erfüllen, wenn sie mit den Grenzherstellkosten übereinstimmen.[114] Mit Hilfe der *Motivationsfunktion* soll erreicht werden, daß den Vorstufen in der kurzfristigen Erfolgsrechnung ein „leistungsgerechter" Anteil am Erfolg zugemessen wird. Diese Aufgabe läßt sich am besten durch die Marktpreisbewertung erreichen, die aber für die Zwecke der Kalkulation ungeeignet ist.

Für die Kalkulation kommt daher nur die *Bewertung zu Herstellkosten* in Frage. Die dispositiven Aufgaben erfordern die Bewertung zu Grenzherstellkosten. Nur wenn man von Stufe zu Stufe „mit Grenzkosten durchrechnet", lassen sich für die Erzeugnisse aller Stufen Preisuntergrenzen und Deckungsbeiträge angeben. Für die Bewertung der Halb- und Fertigfabrikate in der kurzfristigen Erfolgsrechnung müssen ebenfalls Herstellkosten verwendet werden, bei denen das Vorstufenmaterial mit Grenzherstellkosten bewertet wird, da nur so eine Erfolgsanalyse nach dem Deckungsbeitragsprinzip möglich ist. Für die externe Bewertung, insbesondere in der Steuerbilanz, sind parallele Vollkostenkalkulationen erforderlich, in denen das Vorstufenmaterial mit den vollen Herstellungskosten bewertet wird.

Ein weiteres Kalkulationsproblem mehrstufiger Unternehmungen besteht darin, daß die aus Material- und Fertigungskosten zusammengesetzten Herstellkosten der Vorstufen in den Kalkulationen der Folgestufen zu „Materialkosten" werden. Daher kann man nicht mehr ohne weiteres erkennen, wieviel Material-, und Fertigungskosten in den Kalkulationen der Enderzeugnisse enthalten sind. Will man auf diese Information nicht verzichten, so muß man die Herstellkosten der Vorprodukte in den Folgekalkulationen nach Material- und Fertigungskosten differenzieren, also über alle Stufen unterteilt nach Material- und Fertigungskosten „durchrechnen".

(2) In Unternehmungen, in denen auflagefixe Kosten anfallen, wozu alle Betriebe mit Serienproduktion gehören, tritt als spezielles Kalkulationsproblem die *kalkulatorische Behandlung der von den Serien- oder Auflagengrößen abhängigen Kosten* auf.[115] Hierzu zählen die auflagefixen Kosten, die sich mit steigenden Serien- und Auflagengrößen pro Produkteinheit verringern und die Lagerkosten für Fertigerzeugnisse, die pro Einheit zunehmen, weil größere Serien und Auflagen zwangsläufig zu höheren Beständen führen. Um diesen Einfluß zu verdeutlichen, wollen wir folgendes Beispiel betrachten.

In einer Unternehmung mit Serienproduktion fällt ein Arbeitsgang mit Rüstkosten an. Bezeichnen wir die Rüstkosten pro Serie mit t_{Rj} und den Rüstkostensatz mit d_R, so verursacht die Auflage einer Serie der Produktart j die Rüstkosten $k_{Rj} = t_{Rj}\, d_R$. Die Materialkosten, die Fertigungskosten aller Arbeitsgänge und eventuelle Sondereinzelkosten der Fertigung wollen wir zu den seriengrößenunabhängigen Herstellkosten k^*_{Hj} zusammenfassen. Die Seriengrößen werden als s_j be-

114 Zur Optimierung von Entscheidungen der Produktions- und Absatzplanung in mehrstufigen Unternehmungen vgl. *W. Kilger*, Optimale . . . , a.a.O., S. 297 ff., hier wird der Nachweis geführt, daß mathematische Entscheidungsmodelle der linearen Programmierung das „Durchrechnen mit Grenzherstellkosten" erfordern.

115 Vgl. hierzu *W. Kilger*, Optimale . . . , a.a.O., S. 383 ff.

zeichnet. Nehmen wir weiterhin an, daß pro Tag v_{Aj} Mengeneinheiten abgesetzt und v_{Pj} Produkteinheiten hergestellt werden können, so erhalten wir als durchschnittlichen Lagerbestand $\frac{s_j}{2}\left(1 \pm \frac{v_{Aj}}{v_{Pj}}\right)$, sofern Produktion und Absatz im Zeitablauf kontinuierlich verlaufen.[116] Die Größen v_{Aj} bzw. v_{Pj} werden als Absatz- bzw. Produktionsgeschwindigkeiten bezeichnet. Das Minuszeichen gilt für offene Produktion, d. h. für den Fall, daß die Mengeneinheiten einer Serie weiterverarbeitet oder verkauft werden können, bevor die gesamte Serie fertiggestellt ist. Das Pluszeichen gilt dagegen für geschlossene Produktion, d. h. für den Fall, daß erst nach Fertigstellung aller Mengeneinheiten einer Serie die Weiterverarbeitung oder der Verkauf möglich sind. Bezeichnen wir die Lagerkosten pro Mengeneinheit mit k_{Lj}, und die Produktmengen der Planungs- oder Abrechnungsperiode mit x_j, so gilt für die Selbstkosten pro Stück einer Produktart j[117]:

$$k_{sj} = \left[k^*_{Hj} + \frac{k_{Rj}}{s_j}\right]\left(1 + \frac{d_{Vw}}{100} + \frac{d^*_{Vt}}{100}\right) + e_{Vtj} + \frac{s_j}{2x_j}\left(1 \pm \frac{v_{Aj}}{v_{Pj}}\right) k_{Lj} \qquad (186)$$

$$(j = 1, \ldots, n)$$

Den Verrechnungssatz für die Vertriebsgemeinkosten haben wir mit einem Stern gekennzeichnet, da er keine Kosten des Fertigwarenlagers enthalten darf, die in Gleichung (186) explizit ausgewiesen sind.

Um die Abhängigkeit der Selbstkosten k_{sj} von der Seriengröße s_j zu verdeutlichen, wollen wir von offener Produktion und folgenden Daten ausgehen: k^*_{Hj} = 3,– DM/Stück, k_{Rj} = 320 DM/Serie, d_{Vw} = 2 %, d^*_{Vt} = 6 %, e_{Vt} = 0,40 DM/Stck, x_j = 32 000 Stück/Jahr, v_{Aj} = 240 Stck/Tag, v_{Pj} = 1 200 Stck/Tag und k_{Lj} = 0,40 DM/Stück und Jahr. Für diese Daten erhält man eine optimale Seriengröße von 8 000 Stück/Serie.[118] In Tabelle 98 haben wir die Selbstkosten pro Stück für unterschiedliche Seriengrößen kalkuliert.

Tabelle 98: Beispiel für Alternativkalkulationen unterschiedlicher Seriengrößen

Seriengröße [Stck/Serie]	Rüstkosten [DM/Stück]	Herstellkosten insgesamt [DM/Stück]	HK × 1,08 [DM/Stück]	Lagerkosten [DM/Stück]	Selbstkosten [DM/Stück]
2 000	0,160	3,160	3,413	0,010	3,823
4 000	0,080	3,080	3,326	0,020	3,746
6 000	0,053	3,053	3,297	0,030	3,727
8 000	0,040	3,040	3,283	0,040	3,723
10 000	0,032	3,032	3,275	0,050	3,725
12 000	0,027	3,027	3,269	0,060	3,729
14 000	0,023	3,023	3,265	0,070	3,735
16 000	0,020	3,020	3,262	0,080	3,742

116 Vgl. hierzu die Literatur über Modelle zur Bestimmung optimaler Seriengrößen, so z. B. *W. Kilger*, Optimale . . . , a.a.O., S. 394 ff.

117 In der Praxis kann man meistens darauf verzichten, die seriengrößenabhängigen Rüstkosten in die Bemessungsgrundlage der Verwaltungs- und Vertriebsgemeinkosten einzubeziehen.

118 Vgl. *W. Kilger*, Optimale . . . , a.a.O., Gleichung (262) auf S. 396 und die dort dargestellte Ableitung.

Die Tabelle zeigt, daß sich im Bereich des Optimums die Stückkosten nur wenig verändern.

In der laufenden Abrechnung genügt es beim Aufbau der Kalkulation meistens, von einer durchschnittlichen oder geplanten Seriengröße auszugehen. Dies gilt insbesondere für die Plankalkulation; weichen im Ist die effektiven von den geplanten Seriengrößen ab, so werden spezielle Rüstzeit- bzw. Seriengrößenabweichungen erfaßt.[119] Nur in besonderen Fällen ist es erforderlich, nach Seriengrößen differenzierte Alternativkalkulationen zu erstellen. So z. B. wenn man sichtbar machen will, wie sich bei Serienproduktion die Deckungsbeiträge pro Stück in Abhängigkeit von den Seriengrößen verändern. Bei zu weit vom Optimum abweichenden Seriengrößen und hohen Rüstkosten können die Deckungsbeiträge Null werden. Es ist zu empfehlen, in diesen Fällen kritische Seriengrößen zu berechnen, die nicht unter- oder überschritten werden dürfen.[120]

(3) *Spezielle Kalkulationsprobleme* treten weiterhin auf, *wenn beim Produktionsvollzug zwischen mehreren verfahrenstechnischen Alternativen gewählt werden kann.* Beispiele hierfür sind der wahlweise Einsatz von Fertigungsstellen mit unterschiedlichen Leistungsdaten und Kostensätzen, die Wahl zwischen Lohnarbeit und eigenen Arbeitsgängen, die Wahl zwischen Eigenerstellung und Fremdbezug von Vormaterial und Einzelteilen, wechselnde Bedienungssysteme bei Mehrstellenarbeit usw.

Beim Aufbau von Kalkulationen gibt es drei Möglichkeiten mit diesem Problem fertig zu werden. Erstens kann man *Alternativkalkulationen* erstellen, die der für eine Produktart oder einen Auftrag realisierten bzw. vorgesehenen Verfahrenswahl entsprechen. Dieses Verfahren ist für die laufende Abrechnung zu aufwendig; es erschwert insbesondere die Durchführung der kurzfristigen Erfolgsrechnung. Alternativkalkulationen kommen daher nur als Sonderkalkulationen in Frage, so z. B. für spezielle Vorkalkulationen oder die optimale Lösung von Verfahrenswahlproblemen[121] . Zweitens können *Mischkalkulationen* erstellt werden, in denen man die Kosten der nebeneinander realisierbaren Verfahrenswahlmöglichkeiten zu gewogenen Mittelwerten verdichtet. Ist z. B. vorgesehen, daß infolge von Engpaßwirkungen nur 70 % der Produktion eines Erzeugnisses über die kostengünstigste und 30 % über eine andere Fertigungsstelle laufen, so wird in die Kalkulation ein entsprechend gewogener Fertigungskostenbetrag pro Stück eingesetzt. Die Mischkalkulationen haben zwar den Vorteil, daß sie zu realistischen Durchschnittswerten führen, dafür werden aber die Kosten der Alternativen in den Kalkulationen nicht transparent. Weiterhin sind sie für die optimale Lösung von Verfahrenswahlproblemen nicht geeignet. Drittens können *Optimalkalkulationen* erstellt werden, d. h. Kalkulationen, bei denen grundsätzlich die kostengünstigste Wahlmöglichkeit der Produktionsvollzugsplanung berücksichtigt wird. Dieser Weg wird häufig beim Aufbau von Plankalkulationen beschritten. Er ist stets dann vorzuziehen, wenn sich nicht vorhersehen läßt, daß man beim späteren Produktionsvollzug auf kostenun-

119 Vgl. hierzu *W. Kilger*, Flexible Plankostenrechnung, a.a.O., S. 532 ff.

120 Vgl. *W. Kilger*, Optimale . . . , a.a.O., S. 398.

121 In Entscheidungsmodellen zur simultanen Lösung von Verfahrenswahlproblemen unter Bestimmung des optimalen Produktionsprogramms kann man zwar von Alternativkalkulationen ausgehen, besser bewährt hat sich aber der arbeitsgangweise Ausweis der verfahrenswahlabhängigen Kosten. Vgl. hierzu *W. Kilger*, Optimale . . . , a.a.O., S. 178 ff.

günstigere Alternativen ausweichen muß, also insbesondere, wenn man keine Engpaßwirkungen erwartet. Müssen später andere Verfahren eingesetzt werden, so erfaßt man im System der Plankostenrechnung entsprechende Verfahrensabweichungen.[122]

(4) Ein weiteres Kalkulationsproblem, das wir kurz behandeln wollen, ist die *kalkulatorische Verrechnung von Mengenverlusten, Abfällen, Ausschuß und Nacharbeit.*[123] Hierbei sind die beiden folgenden Fälle zu unterscheiden.

Bei *Fließgütern und einteiligen Stückgütern,* die in größeren Mengen hergestellt werden, berücksichtigt man Mengenverluste der Produktion unmittelbar in den Kalkulationen *mit Hilfe von Einsatzfaktoren,* wie wir das bereits in Kapitel 521 beschrieben haben.

Bei der *Herstellung von mehrteiligen Erzeugnissen,* also insbesondere im Maschinen-, Fahrzeug- und Apparatebau sowie vielen Zweigen der Elektroindustrie, werden fehlerhafte Produkte *mit Hilfe von Ausschußbelegen* erfaßt. Werden an einem Einzelstück oder einer Serie bei der Zwischen- oder Endkontrolle Mängel festgestellt, so wird die Weiterführung der Produktion unterbrochen und eine Ausschußmeldung erstattet. Kann der Ausschuß durch Nacharbeit brauchbar gemacht werden, so wird ein Nacharbeitsauftrag erteilt, andernfalls erfolgt Verschrottung. Im ersten Fall werden die Nacharbeitskosten, im zweiten die vom Ausschußstück oder von der Ausschußserie bisher verursachten Kosten kalkulatorisch ermittelt. Für die Weiterverrechnung der durch Nacharbeits- oder Ausschußbelege erfaßten Kosten gibt es zwei Möglichkeiten. Erstens kann man diese Kosten als Fertigungsgemeinkosten behandeln und sie den verursachenden Kostenstellen belasten. In die Kalkulationen gehen die Ausschuß- und Nacharbeitskosten hierbei über die Kalkulationssätze der Fertigungsstellen ein. In einer Plankostenrechnung erhalten die Fertigungskostenstellen entsprechende Vorgaben, die im Soll-Ist-Kostenvergleich zur Kontrolle der effektiv angefallenen Kosten für Ausschuß und Nacharbeit dienen. Zweitens kann man die Ausschuß- und Nacharbeitskosten kalkulatorisch als Sondereinzelkosten der Fertigung behandeln. In diesem Fall werden sie entweder dem betreffendem Erzeugnis in der Kalkulation direkt oder mit Hilfe prozentualer Zuschläge auf die Herstellkosten (ohne Ausschuß- und Nacharbeit) belastet.

Führen Mengenverluste und Ausschuß zu verkaufsfähigen oder *verwertbaren Abfällen,* so müssen die Abfallerlöse in den Kalkulationen durch entsprechende Erlösgutschriften berücksichtigt werden. Hierbei geht man so vor, daß man die Summe der während eines bestimmten Zeitraums entstandenen Abfallerlöse prozentual auf die zugehörigen Einzelmaterialkosten bezieht und mit diesen in den Kalkulationen die auf die Kalkulationseinheiten entfallenden Erlösgutschriften errechnet. Hierbei handelt es sich um eine Anwendung des Subtraktions- oder Restwertverfahrens, das wir in Kapitel 52321 beschrieben haben, wenn man den Abfall als „Kuppelprodukt" ansieht.

122 Vgl. *W. Kilger,* Flexible Plankostenrechnung, a.a.O., S. 542 ff.

123 Im übrigen vgl. zur Planung und Kontrolle der Ausschußkosten im System der Kostenrechnung *W. Kilger,* Flexible Plankostenrechnung, a.a.O., S. 303 ff.

(5) In Unternehmungen, die Forschungs- und Entwicklungsleistungen erbringen, wie z. B. die chemische Industrie, die Elektroindustrie, der Fahrzeug- und Flugzeugbau, ist dic *kalkulatorische Verrechnung der Forschungs- und Entwicklungskosten* ein weiteres schwieriges Kalkulationsproblem.

Üblicherweise wird die Tätigkeit des Forschungs- und Entwicklungsbereichs in Grundlagenforschung, Zweckforschung, Entwicklung, Erprobung und Versuchsfertigung unterteilt. Für jede funktional abgrenzbare Abteilung dieses Bereichs wird in der Kostenstellenrechnung eine gesonderte Kostenstelle eingerichtet, auf der die Istkosten erfaßt werden. In einer Plankostenrechnung werden diesen Stellen Plankosten vorgegeben, wobei es sich aber weniger um eine exakte Kostenplanung sondern eher um eine auf Schätzungen basierende „Budgetierung" handelt. Neben den über Kostenstellen erfaßten Forschungs- und Entwicklungskosten fallen für Forschungs- und Entwicklungsprojekte oft auch direkt zurechenbare Materialkosten, Kosten für Fremdleistungen und Sondereinzelkosten an.[124]

Wie unsere Ausführungen in Kapitel 133 gezeigt haben, lassen sich die Kosten des Forschungs- und Entwicklungsbereichs nicht ohne weiteres in fixe und proportionale Kosten unterteilen. Sie gehören vielmehr zu einer dritten Kostenkategorie, die wir als Vorleistungskosten bezeichnet haben. Bei den Kosten des Forschungs- und Entwicklungsbereichs kann man zwei Gruppen unterscheiden, erstens Bereitschaftskosten der Kostenstellen und zweitens Kosten, die sich unmittelbar oder mittelbar einzelnen Forschungs- und Entwicklungsprojekten zurechnen lassen. Zu der ersten Gruppe zählen z. B. die Leitungs- und Verwaltungskosten des Forschungs- und Entwicklungsbereichs, Kosten für Fachbibliotheken sowie die Bereitschaftskosten der Forschungseinrichtungen und -anlagen. Diese Kosten unterscheiden sich nicht von den fixen Kosten anderer Bereiche. Sie werden daher in einer Grenzplankostenrechnung monatlich in die Erfolgsrechnung ausgebucht. In einer Vollkostenrechnung gehen sie dagegen zusammen mit den übrigen Kosten in die kalkulatorischen Verrechnungssätze des Forschungs- und Entwicklungsbereichs ein. Zu den unmittelbar zurechenbaren Kosten gehören Material-, Fremdleistung- und Sondereinzelkosten (z. B. Abschreibungen für Spezialapparate, die speziell für ein Projekt benötigt werden). Als mittelbar zurechenbare Kosten wollen wir Personalkosten für Chemiker, Physiker, Ingenieure, Konstrukteure und sonstige Mitarbeiter des Forschungs- und Entwicklungsbereichs bezeichnen, die sich mit Hilfe von Stundenaufschreibungen einzelnen Forschungs- oder Entwicklungsprojekten zurechnen lassen. Solche Aufschreibungen werden zwar von den Betroffenen zunächst meistens als „unwürdige Kontrollmaßnahme" empfunden, man sollte sie aber davon überzeugen, daß diese Maßnahme überwiegend der verursachungsgerechten Verteilung der Personalkosten des Forschungs- und Entwicklungsbereichs dient, und nicht der individuellen Leistungskontrolle. Für die Mitarbeiterstunden werden zum Zwecke der Weiterverrechnung Stundensätze gebildet, die vor allem die Gehälter und die zugehörigen Personalnebenkosten enthalten. Jedem genehmigten Forschungs- und Entwicklungsprojekt wird eine Auftragsnummer zugeteilt. Auf den Forschungs- und Entwicklungsaufträgen werden die Aufgabenstellung, der voraussichtliche Zeitbedarf und die geschätzten Kosten

124 Einen Einblick in die Kostenstruktur des Forschungs- und Entwicklungsbereichs gibt z. B. *K. Mellerowicz*, Forschungs- und Entwicklungstätigkeit als betriebswirtschaftliches Problem, Freiburg 1958, S. 60 ff.

angegeben. Parallel zur Durchführung der Projekte werden den Auftragsnummern alle zurechenbaren Istkosten belastet, z. B. Materialkosten lt. Entnahmeschein oder Fremdrechnung, Fremdleistungen lt. Rechnung, Kosten für spezielle Geräte, Vorrichtungen oder Anlagen und die mit ihren Stundensätzen bewerteten Arbeitsstunden. In einer Vollkostenrechnung werden auch die fixen Bereitschaftskosten der Kostenstellen mit Hilfe von Schlüsseln auf die Auftragsnummern verteilt. Nach Abschluß des Projektes werden die Projektkosten addiert und mit den geschätzten oder budgetierten Kosten verglichen. Vom Standpunkt der Kalkulation handelt es sich bei den Auftragsnummern für Forschungs- und Entwicklungsprojekte um „*Vorkostenträger*". Da diese Projekte keine Sachgüter, sondern immaterielle Werte in Form von Nutzungspotentialen hervorbringen, werden sie auch als „immaterielle Kostenträger" bezeichnet.[125] Die Kosten solcher Vorkostenträger lassen sich für jedes Forschungs- und Entwicklungsprojekt ermitteln, auch für Projekte der Grundlagenforschung, die nicht zu unmittelbar verwertbaren Ergebnissen führen. Das *eigentliche Kalkulationsproblem* besteht darin, ob und wie sich die auf den Projektauftragsnummern gesammelten Kosten der Forschungs- und Entwicklungsprojekte auf die marktmäßig verwertbaren Erzeugnisse weiterverrechnen lassen.[126] Hierbei sind folgende Fälle zu unterscheiden.

Projekte der Grundlagenforschung haben meistens keine Beziehung zu den Erzeugnissen des laufenden Produktionsprogramms. Ob und welche Ergebnisse sie erzielen, und ob diese später zu neuen Produkten oder einer Verbesserung des laufenden Sortimentes führen, ist in hohem Grade unsicher. Man sollte die Kosten der Grundlagenforschung daher nicht in die Kalkulation einbeziehen, sondern sie jährlich en bloc der Erfolgsrechnung belasten.[127] In der Praxis, so z. B. in manchen Unternehmungen der chemischen Industrie, werden die Kosten der Grundlagenforschung aber häufig auch mit Hilfe globaler Zuschlagssätze auf die Herstellkosten den Produkten des laufenden Sortimentes belastet.

Bei *Projekten der Zweckforschung* lassen sich folgende Fälle unterscheiden.

Dient die Zweckforschung zur laufenden Verbesserung des Gesamtsortiments einer Unternehmung, so sind die für sie angefallenen Kosten (einschließlich der Kosten fehlgeschlagener Projekte) mit Hilfe prozentualer Zuschlagssätze auf die Herstellkosten des Umsatzes zu verrechnen. Ist die Belastung der einzelnen Kostenträgergruppen unterschiedlich, so sind diese Zuschlagssätze entsprechend zu differenzieren.

Ist dagegen die Zweckforschung darauf gerichtet, eine neue Produktgruppe zu entwickeln, so sind die hierfür angefallenen Kosten in der Kostenrechnung solange zu speichern, bis dieses Ziel erreicht oder gescheitert ist. Hierfür werden statistisch geführte Konten eingerichtet, auf die im Soll die Kosten der entsprechenden Forschungsaufträge verbucht werden. Wird kein verwertbares Ergebnis erzielt, oder die neue Produktgruppe nicht in das Sortiment aufgenommen, weil ihre Absatzchancen zu gering sind, so werden die Kosten sofort in die Erfolgsrechnung aus-

125 Diese Bezeichnungen verwendet *K. Mellerowicz*, Forschungs- und Entwicklungstätigkeit . . . , a.a.O., S. 217 und S. 218.

126 Vgl. *K. Mellerowicz*, Forschungs- und Entwicklungstätigkeit . . . , a.a.O., S. 218.

127 *K. Mellerowicz* schreibt hierzu: „Kosten der Grundlagenforschung sollen zwar nach Möglichkeit auch auf Kostensammelkarten festgehalten werden, sie werden aber nur während des Jahres der Entstehung (auf den gesamten Umsatz) verrechnet, niemals auf spätere Jahre übergerechnet". Vgl. Forschungs- und Entwicklungstätigkeit . . . , a.a.O., S. 219.

gebucht. Wird das Forschungsziel dagegen erreicht, so werden der Gesamtabsatz der neuen Produkte und ihr Herstellkostenwert geschätzt, und ein prozentualer Verrechnungssatz gebildet. Setzt der Umsatz der neuen Produkte ein, so werden monatlich die den Herstellkosten des Umsatzes entsprechenden Forschungskosten der zugehörigen Auftragsnummer gutgeschrieben. Werden die Umsatzerwartungen nicht erreicht, so entsteht eine Unterdeckung, andernfalls eine Überdeckung. Im letzten Fall sollte man den prozentualen Zuschlagssatz verringern. Die Unter- und Überdeckungen werden in die Erfolgsrechnung ausgebucht. Hat z. B. ein Auftrag der Zweckforschung zu Kosten in Höhe von 478 500 DM geführt und wird angenommen, daß in den nächsten 5 Jahren mit den hieraus resultierenden neuen Produkten ein Umsatz erzielt werden kann, dessen Herstellkosten 12 760 000 DM betragen, so ist mit einem Zuschlagssatz von 3,75 % zu rechnen.[128] Betragen in einem Monat die Herstellkosten des Umsatzes 324 840 DM, so werden dem Forschungskostenkonto zu Lasten der kurzfristigen Erfolgsrechnung 324 840 × 0,0375 = 12 182 DM gutgeschrieben. Führt die Zweckforschung nur zu *einem* Produkt, so kann man die Forschungskosten unmittelbar auf die Absatzmenge beziehen.

Für die *kalkulatorische Verrechnung von Entwicklungskosten* einschließlich der zugehörigen Erprobungs- und Versuchskosten gelten unsere Ausführungen über die Kosten der Zweckforschung analog. Dienen diese Kosten zur Erhaltung eines laufenden Sortimentes, so werden sie prozentual auf die zugehörigen Herstellkosten des Umsatzes verrechnet. Wird dagegen ein neues Produkt entwickelt, z. B. eine neue Kamera oder ein neues Kraftfahrzeug, das später in Serienproduktion hergestellt wird, so sind dessen Entwicklungskosten in gleicher Weise zeitlich abzugrenzen, wie wir das für die Zweckforschung beschrieben haben. In Unternehmungen mit Auftrags- und Einzelfertigung lassen sich die Entwicklungskosten jedem Kundenauftrag unmittelbar zurechnen, sofern die mit ihrer Hilfe gewonnenen Erkenntnisse nicht auch für andere Aufträge verwertbar sind.

In Kalkulationen, die ausschließlich betriebsinternen Zwecken dienen, steht es der Unternehmung frei, ob sie die *Forschungs- und Entwicklungskosten ganz oder teilweise zu den Herstellkosten rechnet.* Es ist aber empfehlenswert, hierbei die gleichen Grundsätze anzuwenden, die für die externen Bewertungszwecken dienenden Herstellungskosten dienen. Hiernach dürfen die Forschungs- und Entwicklungskosten nur dann in die Herstellungskosten einbezogen werden, wenn sie „in unmittelbarer Beziehung zur Produktion der zu aktivierenden Halb- und Fertigfabrikate" stehen.[129] Diese Voraussetzung ist z. B. erfüllt, wenn die Forschungs- und Entwicklungsleistungen dazu dienen, ein laufendes Sortiment zu verbessern und an den technischen Fortschritt anzupassen. Sie ist nicht erfüllt, wenn durch die Forschungs- und Entwicklungstätigkeit akquisitorische Potentiale geschaffen werden sollen, die erst späteren Produktionsprozessen zugute kommen. Da hierbei die Erfolgsaussichten immer mehr oder weniger unsicher sind, verstößt es aus Gründen der Vorsicht gegen die Grundsätze ordnungsmäßiger Buchführung, die durch solche Leistungen verursachten Kosten in die Herstellungskosten einzube-

128 In einer Grenzkostenrechnung wird man die proportionalen, in einer Vollkostenrechnung dagegen die vollen Herstellkosten als Verrechnungsbasis wählen.

129 Vgl. hierzu *G. Wöhe*, Bilanzierung . . . , a.a.O., S. 285.

ziehen[130]. Sie sollten daher in den Kalkulationen erst nach den Herstell- bzw. Herstellungskosten ausgewiesen werden, soweit man sie nicht von vornherein in die kurzfristige Erfolgsrechnung ausbucht.[131]

In Grenzkostenkalkulationen ist darauf zu achten, *daß Forschungs- und Entwicklungskosten niemals zu den Grenzkosten* der Erzeugnisse gehören, und zwar auch dann nicht, wenn sie dort formal als solche ausgewiesen werden, z. B. in Form prozentualer Zuschläge auf die Grenzherstellkosten oder als Kosten pro Mengeneinheit. Dies folgt daraus, daß sie Vorleistungskosten sind. Am zweckmäßigsten würde es sein, die Forschungs- und Entwicklungskosten in einer gesonderten Spalte auszuweisen. Dies ist jedoch bisher in der Praxis nicht üblich. Auf jeden Fall sind die Forschungs- und Entwicklungskosten bei der Bestimmung kurzfristiger Preisuntergrenzen zu eliminieren.[132]

(6) Bei der *kalkulatorischen Verrechnung von Lizenzkosten* sind Quoten- und Pauschallizenzen zu unterscheiden.

Quotenlizenzen legen Geldbeträge für die Mengeneinheiten von Produkten fest, die aufgrund eines Lizenzvertrages hergestellt werden. Beziehen sie sich unmittelbar auf die Produktmengeneinheit, so spricht man von *Stücklizenzen.* Werden dagegen auf die Verkaufspreise bezogene Prozentsätze festgelegt, so spricht man von *Wertlizenzen.* Stücklizenzen lassen sich unmittelbar in die Kalkulationen übertragen, Wertlizenzen werden ähnlich wie die Provisionen kalkuliert. Quotenlizenzen sind stets proportionale Kosten.

Bei *Pauschallizenzen* werden dagegen konstante Beträge für die Perioden der Nutzung, z. B. für Monate oder Jahre, festgelegt. Da diese Beträge von den Produktions- und Absatzmengen unabhängig sind, gehören Pauschallizenzen zu den fixen Kosten. In einer Vollkostenrechnung geht man meistens so vor, daß man den Pauschalbetrag durch eine geschätzte Produktmenge dividiert und den so erhaltenen Stückkostenbetrag in die Kalkulation übernimmt. Erstreckt sich die Pauschallizenz gleichzeitig auf mehrere Produktarten, so ist eine Zurechnung nur mit Hilfe von Schlüsseln möglich. Weichen die effektiven Produktmengen von den Planmengen ab, so fallen Unter- oder Überdeckungen an.

Handelt es sich bei den Lizenzen um Produktionslizenzen, werden sie also auf die hergestellten Mengen berechnet, so gehören die Lizenzkosten zu den Herstellkosten. Die Kosten für Verkaufslizenzen sind dagegen in die Vertriebskosten einzubeziehen.

130 Vgl. *W. Flume*, Die Forschungs- und Entwicklungskosten in der Handelsbilanz und Steuerbilanz, DB 1958, S. 1047 und *G. Wöhe*, Bilanzierung . . . , a.a.O., S. 285.

131 *K. Mellerowicz* fordert, grundsätzlich keine Forschungs- und Entwicklungskosten in die Herstell- bzw. Herstellungskosten einzubeziehen, vgl. Forschungs- und Entwicklungstätigkeit . . . , a.a.O., S. 222.

132 Bei der Bestimmung langfristiger Preisuntergrenzen, bei der die Entscheidung ansteht, ob und in welchem Umfange Forschungs- und Entwicklungsarbeiten durchgeführt werden sollen, müssen dagegen auch die relevanten Kosten der Forschungs- und Entwicklungsprojekte berücksichtigt werden. Folgen diese Projekte zeitlich aufeinander, so werden aber die Kosten der bereits durchgeführten Forschungs- und Entwicklungsarbeiten zu „sunk costs". Damit nimmt die Preisuntergrenze im Zeitablauf ab, bis sie nach Abschluß aller Forschungs- und Entwicklungsarbeiten mit den laufenden Grenzkosten übereinstimmt.

(7) In vielen Unternehmungen wird das Einzelmaterial in Form von *Rohstoffmischungen* eingesetzt, die in besonderen Mischungs- und Aufbereitungsanlagen hergestellt werden. Dies gilt z. B. für die Textil-, Gummi- und Lebensmittelindustrie sowie für die meisten Unternehmungen der chemischen Industrie. Werden die Rohstoffmischungen jeweils für mehrere oder gar viele Produktarten verwendet, so empfiehlt es sich, den eigentlichen Kalkulationen *Mischungskosten-Kalkulationen* vorzuschalten, in denen die Kosten pro Mischungseinheit (z. B. DM/kg oder DM/t) ermittelt werden. Hierzu gehören neben den Einzelmaterialkosten der Mischungsbestandteile auch die Fertigungskosten der Mischungs- und Aufbereitungsanlagen. Die Mischungskosten-Kalkulationen haben den Vorteil, daß in den Produktkalkulationen die kalkulatorische Berechnung der Mischungskosten nicht jeweils wiederholt zu werden braucht.

(8) In den üblichen Kalkulationen werden primäre Kostenarten explizit nur ausgewiesen, wenn es sich um Einzelkosten handelt. Die über Kostenstellen abgerechneten primären Gemeinkosten gehen dagegen in komplexe Kalkulationssätze ein, die nicht mehr erkennen lassen, aus welchen primären Kostenarten sie sich zusammensetzen. Wird z. B. ein Arbeitsgang mit einem Maschinenstundensatz kalkuliert, so lassen die in der Kalkulation ausgewiesenen Fertigungskosten nicht erkennen, wieviel Lohn-, Werkzeug-, Hilfsstoff-, Energiekosten usw. auf eine Kalkulationseinheit entfallen. Wie unsere Ausführungen über die Kalkulationsprobleme mehrstufiger Unternehmungen gezeigt haben, werden dort sogar die Herstellkosten vorgelagerter Stufen zu Materialkosten nachgelagerter Stufen, wodurch das Kostengefüge noch undurchsichtiger wird. Wir haben daher für mehrstufige Unternehmungen empfohlen, die Herstellkosten der Vorstufen nach Material- und Fertigungskosten zu differenzieren.

In neuerer Zeit ist vorgeschlagen worden, die Kalkulation so zu gestalten, daß die auf eine Kalkulationseinheit entfallenden primären Kostenarten transparent werden. Dieses Verfahren wird als *Primärkostenrechnung* bezeichnet und strebt in den Kalkulationen „ein Kostenstrukturbild in sozusagen reiner Form" an.[133] In der Literatur wird ausdrücklich darauf hingewiesen, daß die Primärkostenrechnung „kein selbständiges Kostenrechnungssystem" sein soll, sondern eine Zusatzrechnung, die im Grunde unabhängig davon ist, ob ein Betrieb mit einer Ist-, Normal- oder Plankostenrechnung bzw. mit einer Voll- oder Grenzkostenrechnung arbeitet.[134]

Für die Durchführung der Primärkostenrechnung werden zwei Verfahren vorgeschlagen, die beide auf der Matrizenrechnung basieren. Nach dem ersten Verfahren werden zunächst die üblichen Kalkulationssätze verwendet und anschließend die

133 Zum Begriff der Primärkostenrechnung vgl. *K. Ebbeken*, Primärkostenrechnung, Berlin 1973, S. 19 ff.; *W. Schubert*, Kostenträgerstückrechnung als (primäre) Kostenartenrechnung?, BFuP 1965, S. 358 ff.; *W. Schubert*, Das Rechnen mit stückbezogenen primären Kostenarten als Entscheidungshilfe, in: Das Rechnungswesen als Instrument der Unternehmensführung, hrsg. von *W. Busse von Colbe*, Bd. 6 der Bochumer Beiträge zur Unternehmungsführung und Unternehmensforschung, Bielefeld 1969, S. 57 ff.

134 Vgl. *W. Schubert*, Das Rechnen mit stückbezogenen primären Kostenarten . . . , a.a.O., S. 64.

kalkulierten Kosten in ihre primären Bestandteile aufgelöst[135]. Beim zweiten Verfahren wird von vornherein mit primären Kostenarten „durchgerechnet".[136] Alle Verfahren der Primärkostenrechnung sind in der Praxis sehr rechenaufwendig und erfordern den Einsatz elektronischer Datenverarbeitungsanlagen.

Der wichtigste Vorteil der Primärkostenrechnung besteht darin, daß sich die Kalkulationen und die mit ihrer Hilfe getroffenen Entscheidungen leicht an Preisschwankungen und Lohnerhöhungen anpassen lassen. Zugleich wird in einer Plankostenrechnung die nachträgliche Verteilung von Preis- und Lohnabweichungen erleichtert. Weiterhin lassen sich die kalkulatorischen Auswirkungen von Substitutionsvorgängen nachweisen.

Relativ leicht läßt sich die Primärkostenrechnung in Unternehmungen durchführen, die nur wenige Massenerzeugnisse herstellen, wie das z. B. bei manchen Betrieben der chemischen Industrie der Fall ist. Mit zunehmender Sortimentsbreite und Produktionstiefe wird ihre Durchführung aber immer rechenaufwendiger. Von besonders einfachen Fällen abgesehen, schlagen wir daher vor, auf die *totale Form der Primärkostenrechnung* zu verzichten, und sich darauf zu beschränken, die Einzelmaterialkosten, die Fertigungslöhne und höchstens ein oder zwei weitere wichtige Primärkostenarten in den Kalkulationen explizit auszuweisen. Mit diesen Kostenarten sollte aufgrund entsprechend differenzierter Kalkulationssätze in den Kalkulationen von Anfang an „durchgerechnet" werden. Diese *partielle Form der Primärkostenrechnung* dürfte für die Belange der Praxis in den meisten Fällen vollauf genügen.

(9) In Fällen, in denen es wirtschaftlich nicht gerechtfertigt ist, daß die liefernde Unternehmung das Risiko von Kostensteigerungen allein trägt, werden mit den Abnehmern sog. *Preisgleitklauseln* vereinbart.[137] Solche Vereinbarungen sind insbesondere bei langfristigen Sukzessivlieferverträgen und in der langfristigen Auftragsfertigung üblich. So ist z. B. bei Lieferverträgen zur Versorgung mit elektrischer Energie mit Laufzeiten von 20 bis 30 Jahren nicht vorhersehbar, wie sich die Kosten entwickeln werden. Bei Vertragsabschluß kann man daher nur einen Anfangspreis festlegen, der an die spätere Kostenentwicklung angepaßt werden muß.

135 Vgl. hierzu *P. Hecker* und *H. Scholz*, Die optimale Nutzung kalkulatorischer Möglichkeiten mit Hilfe der ADV, DB 1970, S. 122 ff., *W. Schubert*, Das Rechnen mit stückbezogenen primären Kostenarten ..., a.a.O., S. 57 ff. und *B. Neuefeind*, Betriebswirtschaftliche Produktions- und Kostenmodelle für die chemische Industrie, Diss. Köln 1968, S. 84 ff.

136 Vgl. *W. von Ramdohr*, Die Anwendung des Matrizenkalküls in der Kostenträger-Strukturrechnung, NB 1965, S. 38 ff. und *W. Schumann*, Integriertes Rechenmodell zur Planung und Analyse des Betriebserfolgs, in: Betriebswirtschaftliche Information, Entscheidung und Kontrolle, Festschrift für H. Münstermann, hrsg. von *W. Busse von Colbe* und *G. Sieben*, Wiesbaden 1969, S. 31 ff. Eine Weiterentwicklung dieser Verfahren findet man bei *K. Ebbeken*, Primärkostenrechnung, a.a.O., S. 54 ff.

137 Die betriebswirtschaftlichen Probleme der Festlegung von Preisgleitklauseln sind so vielgestaltig, daß wir uns hier auf einen kurzen Überblick beschränken müssen. Im übrigen sei auf folgende Literaturstellen verwiesen: Arbeitskreis Gubitz der Schmalenbach-Gesellschaft, Preisvorbehaltsklauseln, Formen und Anwendungsbereiche, ZfhF 1956, S. 181 ff.; *H. Böhrs*, Ermittlung des Einflusses der Veränderungen der Löhne, der Preise der Einsatzgüter und Produktivität auf die Kosten der Erzeugnisse, ZfB 1971, S. 153 ff. und S. 379 ff.; *H. Ernst, H. Kuppert* und *E. Reuter*, Beurteilung von Preisanpassungsklauseln, VIK-Bericht Nr. 180 Oktober 1970, *E. Falz*, Preisgleitklauseln, Voraus- und Staffelzahlungen und ihre volkswirtschaftliche Bedeutung, in: Probleme des Einkaufs, Heft 3 der Schriftenreihe: Der

Ähnliche Probleme treten auf, wenn Maschinenfabriken Verträge über Großprojekte abschließen, deren Fertigungsdauern mehrere Jahre betragen. Auch hier sind die Lohnsteigerungsraten und die Entwicklung der Materialpreise oft so unsichere Daten, daß man die Anpassung der Preise an spätere Kostensteigerungen vereinbart.

In Branchen, die Material mit stark schwankenden Preisen, z. B. an Börsen gehandelte Rohstoffe, wie Kupfer und andere NE-Metalle, verarbeiten, ist es üblich, die Risiken von Preisveränderungen durch entsprechende Vereinbarungen auf die Käufer zu übertragen. Hierzu werden die betreffenden Rohstoffkosten aus den Selbstkosten herausgelassen und bei der Bildung von Verkaufspreisen nicht berücksichtigt, d. h. die Unternehmung handelt zunächst so, als ob sie nur die Fertigungsleistung liefert. Die verbrauchten Rohstoffe werden aufgrund von *Tagespreisklauseln* gesondert in Rechnung gestellt. Meistens werden hierbei die Börsenpreise bestimmter Stichtage, z. B. der Lieferzeitpunkte vereinbart.

Bei langfristigen Lieferverträgen und in der langfristigen Auftragsfertigung werden Preisgleitklauseln festgelegt, die von Kostenbestandteilen der Selbstkosten ausgehen, und die man deshalb auch als *Kostenelementklauseln* bezeichnet. Nehmen wir an, daß sich die Selbstkosten eines Erzeugnisses oder Auftrages in $\nu = 1, \ldots, z$ Kostenarten zerlegen lassen, und bezeichnen wir die Ausgangskosten als k_0 sowie die darin enthaltenen Kostenartenbeträge als $k_{0\nu}$, so lassen sich folgende prozentuale Kostenanteile ermitteln:

$$\kappa_\nu = \frac{k_{0\nu}}{k_0} 100 \qquad (\nu = 1, \ldots, z) \tag{187}$$

Erweitert man die rechte Seite der Gleichung (187) mit dem Gewinnzuschlag $(1 + \frac{g}{100})$, so wird der Nenner zum Ausgangspreis p_0:

$$\kappa_\nu = \frac{k_{0\nu}\left(1 + \frac{g}{100}\right)}{p_0} 100 \qquad (\nu = 1, \ldots, z) \tag{188}$$

Preisgleitklauseln werden in der Praxis meistens auf Vollkostenbasis vereinbart. Dann sind die Größen $k_{0\nu}$ und k_0 Vollkosten; g gibt den Vollkosten-Gewinnzuschlagssatz an. Am formalen Aufbau der Preisgleitklauseln ändert sich aber nichts, wenn man von proportionalen Kosten ausgeht und g durch den Deckungsbeitragsprozentsatz ersetzt.

Bezieht man alle Kostenarten in die Preisgleitklauseln ein, so spricht man von *totalen Preisgleitklauseln* oder Vollgleitklauseln. Für die Zerlegung der Selbstkosten zur Formulierung totaler Preisgleitklauseln bildet die totale Primärkostenrechnung eine geeignete Grundlage. Bezeichnen wir die Preisindizes der Kostenarten am

industrielle Einkauf, Frankfurt 1956; *P. Finger*, Die mathematische Preisgleitklausel, DB 1970, S. 1865 ff.; *H. Kuppert*, Über Preisänderungsklauseln in Verträgen für die Stromversorgung von typischen Sonderabnehmern, VIK-Bericht Nr. 128, Essen 1962; *K. Mellerowicz*, Kosten- und Kostenrechnung, Bd. 2/2. Teil, a.a.O., S. 294 ff.; *H. Rump*, Preisvorbehalte und Gleitpreisklauseln für Industrieerzeugnisse, DB 1964, S. 1233 ff.; VDMA, Sonderveröffentlichung Nr. 2/71: Preisvorbehaltsklauseln in rechtlicher Sicht, Frankfurt 1971; VDMA, Sonderveröffentlichung Nr. 1/73: Preisgleitklauseln im Maschinenbau und ihre Ausgestaltung, Frankfurt 1962 und *L. Walg*, Mathematische Preisgleitklauseln, ZfB 1952, S. 624 ff.

Kalkulationszeitpunkt als $q_{0\nu}$ und zu einem späteren Stichtag als $q_{t\nu}$, so erhalten wir für den Preis am Stichtag t folgende Bestimmungsgleichung:

$$(189) \qquad p_t = p_0 \sum_{\nu=1}^{z} \frac{\kappa_\nu \, q_{t\nu}}{100 \, q_{0\nu}}$$

In der Praxis werden meistens nur *partielle Preisgleitklauseln* vereinbart. Hierunter versteht man Preisgleitklauseln, in die nur einige wichtige Kostenarten, z. B. Einzelmaterial-, Fertigungslohn- und Energiekosten einbezogen werden; sie werden auch als *Teilgleitklauseln* bezeichnet. Für die Zerlegung der Selbstkosten bei Teilgleitklauseln genügt eine partielle Primärkostenrechnung. Bezeichnen wir den prozentualen Anteil der nicht in die Preisanpassung einbezogenen Kostenarten als κ_B, so erhalten wir folgende Preisbestimmungsgleichung:

$$(190) \qquad p_t = p_0 \left[\frac{\kappa_B}{100} + \sum_{\nu=1}^{z^*} \frac{\kappa_\nu \, q_{t\nu}}{100 \, q_{0\nu}} \right]$$

Hierbei enthält der Summenausdruck nur die an Preisveränderungen angepaßten Kostenarten $\nu = 1, \ldots, z^*$. Wird nur ein Preisindex für die Material- und Lohnkosten festgelegt, so gilt z. B.:

$$(191) \qquad p_t = p_0 \frac{\kappa_B}{100} + \frac{\kappa_M \, q_{Mt}}{100 \, q_{Mo}} + \frac{\kappa_L \, q_{Lt}}{100 \, q_{Lt}}$$

In Tabelle 99 haben wir ein einfaches *Zahlenbeispiel* zur Berechnung eines an Kostenerhöhungen angepaßten Verkaufspreises wiedergegeben. Der ursprüngliche Verkaufspreis beträgt 120 000 DM/Stck. Bis zum Stichtag steigen die Materialkosten um 2 000 und die Lohnkosten um 3 000 DM/Stck, so daß der gewogene Kostensteigerungsfaktor 1,05 beträgt.

Tabelle 99: Beispiel einer partiellen Preisgleitklausel

Kostenart	DM/Stück	%	Index
Materialkosten	50 000	50 %	1,04
Lohn- u. Lohnnebenkosten	30 000	30 %	1,10
Restliche Kosten	20 000	20 %	–
Summe	100 000	100 %	1,05

Der zu zahlende Preis beträgt daher 120 000 X 1,05 = 126 000 DM/Stck. Zieht man hiervon die neuen Selbstkosten in Höhe von 105 000 DM/Stck ab, so erkennt man, daß der Gewinn ebenfalls um 5 % zugenommen hat (von 20 000 DM/Stck auf 21 000 DM/Stck).

Diese gewinnsteigernde Wirkung ist für die meisten in der Praxis verwendeten Preisgleitklauseln typisch; sie ist aber betriebswirtschaftlich nicht gerechtfertigt. Man sollte die Preisgleitklauseln vielmehr so gestalten, daß der ursprünglich festgelegte Stückgewinn (oder der Deckungsbeitrag pro Stück) unverändert bleibt. Hierbei muß man allerdings so vorgehen, daß der Gewinn- oder Deckungsbeitragsprozentsatz in der Preisgleichung nicht explizit erscheint, damit er dem Käufer nicht bekannt wird.

Soll der Stückgewinn (oder der Deckungsbeitrag pro Stück) durch Preiserhöhungen nicht beeinflußt werden, so muß p_t gleich der Summe aus p_0 und den Preiserhöhungen sein. Als Formel bei partieller Preisangleichung erhält man daher:

$$p_t = p_0 + \left[\frac{\kappa_B}{100} + \sum_{\nu=1}^{z^*} \frac{\kappa_\nu q_{t\nu}}{100\, q_{0\nu}} - 1\right] k_0 \tag{192}$$

Bedenkt man, daß $p_0 = k_0 \left(1 + \frac{g}{100}\right)$ ist, und klammert man p_0 aus, so gilt:

$$p_t = p_0 \left[1 + \frac{\kappa_B}{100\left(1 + \frac{g}{100}\right)} + \sum_{\nu=1}^{z^*} \frac{\kappa_\nu q_{t\nu}}{100\left(1 + \frac{g}{100}\right) q_{0\nu}} - \frac{1}{\left(1 + \frac{g}{100}\right)}\right] \tag{193}$$

Zieht man die konstanten Glieder in der eckigen Klammer zu $\frac{\kappa_B^*}{100}$ zusammen und ersetzt man $\frac{\kappa_\nu}{100\left(1 + \frac{g}{100}\right)}$ durch $\frac{\kappa_\nu^*}{100}$, so erhält man schließlich:

$$p_t = p_0 \left[\frac{\kappa_B^*}{100} + \sum_{\nu=1}^{z^*} \frac{\kappa_\nu^* q_{t\nu}}{100\, q_{0\nu}}\right] \tag{194}$$

Im Beispiel der Tabelle 99 ist $1 + \frac{g}{100} = 1{,}2$. Für $\frac{\kappa_B^*}{100}$ erhält man 0,33333, $\frac{\kappa_M \times 1{,}04}{100 \times 1{,}20}$ ist gleich 0,43333 und $\frac{\kappa_L \times 1{,}10}{100 \times 1{,}2}$ wird zu 0,27500. Addiert man diese Zahlen, so erhält man einen Preiserhöhungsfaktor von 1,04166, dem ein Preis von 125 000 DM/Stck entspricht. Der Gewinn in Höhe von 20 000 DM/Stck hat sich nicht geändert.

Die *praktische Handhabung von Preisgleitklauseln* ist um so schwieriger, je mehr Kostenbestandteile an Preisveränderungen angepaßt werden. Im Maschinenbau beschränkt man sich meistens darauf, die Kosten für legierte Stähle, Gußteile, Baustahl und Elektroteile sowie die Fertigungslöhne (einschließlich Lohnnebenkosten) in Preisgleitklauseln einzubeziehen. Zur Vereinfachung werden die Preisindizes der Materialgruppen häufig auf bestimmte Repräsentativmaterialien und der Lohnindex auf den Ecklohn des Facharbeitertarifs bezogen. Die Materialpreisindizes sollten möglichst objektiv ermittelt werden. Die Einstandspreise der Lieferfirmen sind nur bedingt geeignet; vorzuziehen sind Börsennotierungen oder von Wirtschaftsverbänden ermittelte Preisindizes. Ein weiteres Problem besteht darin, von welchen Stichtagen man in den Preisgleitklauseln ausgehen soll. Als Basiszeitpunkt 0 kommt der Zeitpunkt des Angebots oder des Vertragsabschlusses in Frage. Als Umrechnungszeitpunkt t werden die Zeitpunkte des Verbrauchs, der Lieferung oder der Bezahlung vorgeschlagen. Am geeignetsten erscheint uns der Lieferzeitpunkt. Bei langen Produktionsdauern muß berücksichtigt werden, daß Preise und Löhne erst im Zeitablauf das Niveau des Lieferzeitpunktes erreichen. Deshalb muß man in diesen Fällen mittlere Preis- und Lohnindizes verwenden.

Umstritten war lange Zeit, ob *Preisgleitklauseln als Wertsicherungsklauseln* anzusehen sind, die nach § 3 des Währungsgesetzes vom 20. 6. 1948 der Genehmigungspflicht durch die Deutsche Bundesbank unterliegen. Hierzu hat der Bundesgerichtshof in einer grundlegenden Entscheidung vom 21. 10. 1958 entschieden, daß Preisvorbehalte nicht als genehmigungspflichtige Wertsicherungsklauseln zu behandeln sind, weil sie nicht Schutz gegen die Gefahr eines Abgleitens der Währung bieten sollen, sondern weil andere, außerhalb der Währungspolitik liegende Verhältnisse der freien Marktwirtschaft für ihre Vereinbarung maßgeblich sind. Dieser Grundsatz, dem die Deutsche Bundesbank widersprochen hat, wurde durch eine Entscheidung des Oberlandesgerichts Köln vom 16. 12. 1971 bestätigt.

54. Die Durchführung der Kalkulation mit Hilfe der Datenverarbeitung

(1) Obgleich die Datenverarbeitung in steigendem Maße im Rechnungswesen der Unternehmen eingesetzt wird, erstellen die meisten Industriebetriebe ihre Kalkulationen heute noch manuell. Das hat den *Vorteil,* daß eine fallweise Anpassung an kalkulatorische Einzelfälle erfolgen kann. Sonderkalkulationen sowie Vorkalkulationen bei Auftrags- und Einzelfertigung wird man aus diesem Grunde immer manuell erstellen.[138] Bei der Erstellung von Plankalkulationen und laufenden Nachkalkulationen für ein größeres Produktionsprogramm haben manuell erstellte Kalkulationen aber schwerwiegende *Nachteile.*

Erstens ist die manuelle Durchführung der Kalkulation sehr *zeitaufwendig.* Dies wirkt sich insbesondere störend aus, wenn nach Abschluß der jährlichen Kostenplanung für alle Erzeugnisse neue Plankalkulationen erstellt werden müssen. Dies führt zu unliebsamen zeitlichen Verzögerungen, weil die Kalkulationsergebnisse für die Verkaufssteuerung dringend benötigt werden.[139]

Zweitens lassen sich die Kalkulationen bei manueller Durchführung nur *schwer an veränderte Kostendaten,* z. B. an Rohstoffpreis- und Lohnerhöhungen, *anpassen,* weil hierzu eine erneute Durchrechnung erforderlich ist.

Drittens ist bei manueller Durchführung der Kalkulation infolge des zu hohen Rechenaufwandes *keine genaue Zurechnung von Kostenabweichungen möglich.*

Aus diesen Gründen gehen immer mehr Unternehmungen dazu über, ihre *Kalkulationen mit Hilfe von Datenverarbeitungsanlagen zu erstellen.* Dies gilt insbesondere für Unternehmungen, die mit einer Plankostenrechnung arbeiten und für eine große Anzahl standardisierter Produkte Plankalkulationen erstellen müssen, oder die bei Auftrags- bzw. Einzelfertigung eine Standard-Nachkalkulation durchführen.

(2) Die *maschinelle Durchführung der Plankalkulation* setzt voraus, daß die Kalkulationsdaten der einzelnen Erzeugnisse in einem *Kalkulations-Stammsatz* gespeichert werden.[140] Die gespeicherten Daten ermöglichen nicht nur eine schnelle Erstellung

138 Vgl. *H. G. Plaut, H. Müller, W. Medicke,* Grenzplankostenrechnung und Datenverarbeitung, a.a.O., S. 203.

139 Vgl. *H. G. Plaut, H. Müller, W. Medicke,* Grenzplankostenrechnung und Datenverarbeitung, a.a.O., S. 221.

140 Vgl. *H. G. Plaut, H. Müller, W. Medicke,* Grenzplankostenrechnung und Datenverarbeitung, a.a.O., S. 220 ff.

der Plankalkulationen, sondern auch eine kurzfristige Anpassung an veränderte Kostendaten, z. B. an Preisschwankungen und Lohnerhöhungen sowie eine genaue Abweichungsverteilung. „Erst durch die vielseitigen Auswertungen des Stammsatzes ergibt sich ein wirtschaftlicher Effekt" gegenüber der manuellen Durchführung der Kalkulation.[141]

In Betrieben, die ein- oder mehrteilige Stückgüter herstellen, wie z. B. der Maschinen-, Apparate- und Fahrzeugbau sowie die Elektroindustrie, lassen sich die technischen Daten des Stammsatzes durch die Stücklisten und die Arbeitsablaufpläne der Arbeitsvorbereitung erfassen. Hierbei müssen die Ablaufpläne am meisten um zusätzliche Informationen, wie Rüstzeiten, Bedienungsrelationen und Mengenbezugsgrößen ergänzt werden, die für die Fertigungssteuerung nicht benötigt werden.[142] In Betrieben, die Fließgüter herstellen, wie z. B. Textilfabriken, Brauereien, Raffinerien und die chemische Industrie, liegen meistens keine kalkulatorisch verwertbaren Vollzugspläne vor, so daß für die Erfassung der technischen Daten besondere Kalkulationsdaten-Erfassungsblätter erforderlich werden.[143]

Nach der Erstellung und Komplettierung des Plankalkulationsstammsatzes werden die *Plankalkulationen auf der Datenverarbeitungsanlage tabelliert.*[144] Bei der maschinellen Erstellung der Plankalkulationen spielt der Rechenaufwand nur eine untergeordnete Rolle. Daher lassen sich leicht Parallelkalkulationen erstellen, in denen Voll- und Grenzkosten nebeneinander ausgewiesen werden. Weiterhin ist es ohne Schwierigkeiten möglich, in mehrstufigen Unternehmungen über alle Stufen getrennt die Material- und Fertigungskosten „durchzurechnen". Auch die Ausgestaltung der Plankalkulation als Primärkostenrechnung läßt sich maschinell weitaus leichter durchführen als manuell.

Für maschinelle geschriebene Plankalkulationen werden ähnliche *Kalkulationsformulare* verwendet wie für manuell erstellte Kalkulationen. Vgl. hierzu die von H. G. Plaut, H. Müller und W. Medicke wiedergegebenen Beispiele.[145]

Änderungen des Kalkulationsstammsatzes werden nur vorgenommen, wenn Veränderungen der Kostenstruktur eintreten, die längere Zeit wirksam sind.[146] Hierzu gehören die im Zuge der jährlichen Planungsüberholung vorgenommenen Kostenveränderungen, Änderungen des Festpreissystems und verfahrensbedingte Änderungen der technischen Daten. Kurzfristige, dispositionsbedingte Kostenänderungen führen dagegen nicht zu einer Anpassung der Plankalkulationen. Dies gilt

141 Vgl. *H. G. Plaut, H. Müller, W. Medicke*, Grenzplankostenrechnung und Datenverarbeitung, a.a.O., S. 221.

142 Vgl. *H. G. Plaut, H. Müller, W. Medicke*, Grenzplankostenrechnung und Datenverarbeitung, a.a.O., S. 228: „Die Arbeitsvorbereitung muß vom Rechnungswesen eingehende Richtlinien für die Ausgestaltung der Fertigungspläne erhalten".

143 Vgl. *H. G. Plaut, H. Müller, W. Medicke*, Grenzplankostenrechnung und Datenverarbeitung, a.a.O., S. 228.

144 Vgl. *H. G. Plaut, H. Müller, W. Medicke*, Grenzplankostenrechnung und Datenverarbeitung, a.a.O., S. 252 ff. Vgl. zur Erstellung von Kalkulationen mit der EDV auch *M. Ambos* Einsatz der elektronischen Datenverarbeitung in der Kostenrechnung, in: Handbuch der Kostenrechnung, hrsg. von *R. Bobsin*, München 1971, S. 453 ff.

145 Vgl. *H. G. Plaut, H. Müller, W. Medicke*, Grenzplankostenrechnung und Datenverarbeitung, a.a.O., S. 254 ff. und *M. Ambos*, Einsatz der elektronischen Datenverarbeitung . . . , a.a.O., S. 477.

146 Vgl. *H. G. Plaut, H. Müller, W. Medicke*, Grenzplankostenrechnung und Datenverarbeitung, a.a.O., S. 264 ff.

z. B. für den Einsatz außerplanmäßiger Fertigungsstellen in Engpaßsituationen, die vorübergehende Verwendung einer anderen Materialart, zufällige Schwankungen des Mengengefälles usw.

Ein besonderer Vorteil maschinell erstellter Plankalkulationen besteht darin, daß eine *genauere Verrechnung von Kostenabweichungen* auf die Kostenträger möglich ist.[147] Die Einzelmaterialkostenabweichungen, wozu insbesondere Materialverbrauchs-, Mischungs-, Rezept-, Gattierungs- und Preisabweichungen gehören, können deshalb leicht zugerechnet werden, weil bei maschineller Kalkulation die auf die Kalkulationseinheiten entfallenden Materialkomponenten getrennt ausgewiesen bzw. gespeichert werden können. Analog ist eine genaue Zuordnung der Kostenstellen-, Verfahrens-, Rüstkosten- und Bedienungsabweichungen möglich, weil die Fertigungskosten und die Kosten des Material-, Verwaltungs- und Vertriebsbereichs pro Kalkulationseinheit gespeichert sind.

(3) Auch die Erstellung *auftragsweiser Nachkalkulationen* in Unternehmungen mit Auftragsfertigung, insbesondere in Form von *Standard-Nachkalkulationen,* kann maschinell erfolgen. Dabei sind folgende Teilprobleme zu lösen.[148]

Erstens werden die *Standard-Herstellkosten und die zugehörigen Kostenabweichungen jedes Auftrages ermittelt,* indem alle Planmengen und Planbezugsgrößen mit ihren Planverrechnungssätzen auf Auftragsnummern kontiert und zugleich die zugehörigen Kostenabweichungen auftragsweise erfaßt werden. So werden z. B. für den Materialverbrauch durch die Arbeitsvorbereitung Sollmengen festgelegt, die bei der Materialentnahme um eventuelle Mehrverbrauchsmengen korrigiert werden. Die Bewertung erfolgt zunächst zu Planpreisen, diese werden aber gleichzeitig um Preisabweichungen korrigiert. Analog geht man bei den Fertigungskosten vor. Auch hier werden alle Arbeitsgänge zunächst mit Sollbezugsgrößen und Plankostensätzen kalkuliert, und die so erhaltenen Standardfertigungskosten um Vorgabekorrekturen und Kostenstellenabweichungen korrigiert.

Zweitens werden für jeden Auftrag gesondert und damit für die in Arbeit befindlichen Aufträge insgesamt *Nachkalkulationsbestände geführt.* Hierzu werden die Standard-Herstellkosten und anteiligen Abweichungen der Aufträge monatlich summiert und zu den vorhandenen Anfangsbeständen addiert.

Drittens werden nach Eingang der Fertigmeldung (Auftragsschlußkarte) die Herstellkostensummen der Aufträge durch die kalkulatorische Verrechnung der Verwaltungs- und Vertriebskosten zu *Selbstkosten* ergänzt.

147 Vgl. *H. G. Plaut, H. Müller, W. Medicke*, Grenzplankostenrechnung und Datenverarbeitung, a.a.O., S. 275 ff.

148 Vgl. *H. G. Plaut, H. Müller, W. Medicke*, Grenzplankostenrechnung und Datenverarbeitung, a.a.O., S. 292 ff.

6. Die kurzfristige Erfolgsrechnung

61. Grundbegriffe und Aufgaben der kurzfristigen Erfolgsrechnung

(1) Wie unsere Ausführungen in Kapitel 112 gezeigt haben, gehört es zu den Aufgaben der Finanzbuchhaltung, jährlich einmal den Erfolg einer Unternehmung als Saldo der Erträge und Aufwendungen zu ermitteln. *Für eine wirksame Erfolgskontrolle ist der Jahresgewinn der Finanzbuchhaltung aber aus folgenden Gründen ungeeignet.*[1] Erstens enthalten die Erträge und Aufwendungen Beträge, die aus neutralen Geschäftsvorfällen resultieren, im Mittelpunkt des Interesses steht aber der Betriebserfolg. Zweitens stimmt der Gesamtaufwand nicht mit den Gesamtkosten überein. Diese beiden Mängel lassen sich aber durch die von uns in Kapitel 12 beschriebenen neutralen und kalkulatorischen Abgrenzungen beheben, durch die der Leistungserfolg auf Kostenbasis vom Gesamterfolg der Finanzbuchhaltung abgespalten wird. Drittens ist auch der auf diese Weise bereinigte Erfolg für eine wirksame Erfolgsanalyse ungeeignet, da die Erträge nach Produktarten (= Kostenträgern) und die Gesamtkosten nach Produktionsfaktoren (= Kostenarten) gegliedert sind. Gewinnbeiträge einzelner Produktarten oder -gruppen lassen sich daher nicht ausweisen; hierin sollte aber die Hauptaufgabe der kurzfristigen Erfolgsrechnung bestehen. Viertens schließlich ist das als Abrechnungsperiode der Finanzbuchhaltung gewählte Rechnungsjahr für die Erfolgsanalyse zu lang. Eine aktive Beeinflussung des Erfolgs ist nur bei kürzeren Kontrollperioden möglich. Die Gewinn- und Verlustrechnung läßt sich zwar auch für kürzere Perioden durchführen, hierdurch entstehen aber zahlreiche Abgrenzungsprobleme, welche die Durchführung des Abschlusses erschweren. Weiterhin müssen am Ende jeder Abrechnungsperiode körperliche Inventuren der Halb- und Fertigfabrikatebestände durchgeführt werden, bei monatlicher Erfolgsermittlung z. B. zwölfmal im Jahr. Mit zunehmender Inventurhäufigkeit nehmen aber die Inventurkosten und die Inventurfehler unvertretbar stark zu.

(2) Die aufgezeigten Mängel der von der Finanzbuchhaltung erstellten Gewinn- und Verlustrechnung haben schon früh zur *Entstehung der kurzfristigen Erfolgsrechnung* geführt.[2] Hierunter versteht man Verfahren zur Ermittlung und Analyse

1 Vgl. *W. Kilger*, Kurzfristige Erfolgsrechnung, in: Die Wirtschaftswissenschaften, Reihe A Beitrag Nr. 36, hrsg. v. *E. Gutenberg*, Wiesbaden 1962, S. 25 ff.

2 Zur Entwicklung der Periodenerfolgsrechnung vom Eigenkapital- oder Bilanzvergleich zu den verschiedenen Formen der kurzfristigen Erfolgsrechnung auf Kostenbasis vgl. die grundlegenden Ausführungen von *Th. Beste*, Die kurzfristige Erfolgsrechnung, Grundriß der Betriebswirtschaftslehre, Bd. 5 B, Leipzig 1930 und insbesondere die 2., erw. Aufl., Köln und Opladen 1962, S. 17 ff.

des Periodenerfolgs für kürzere Abrechnungsperioden. Synonym werden hierfür die Bezeichnungen Betriebsergebnis- und Kostenträgerzeitrechnung verwendet.

Als *Abrechnungsperioden der kurzfristigen Erfolgsrechnung* werden analog zu den übrigen Teilen der Kostenrechnung die Kalendermonate gewählt.[3] Versuche, die zwölf Kalendermonate des Jahres wegen ihrer unterschiedlichen Länge durch 13 „Einheitsperioden“ zu ersetzen, haben sich in der Praxis nicht durchgesetzt. Manche Betriebe wählen aber kürzere Kontrollperioden, z. B. Dekaden, Wochen oder sogar Tage.

Alle *Verfahren der kurzfristigen Erfolgsrechnung gehen vom Leistungserfolg der Kostenrechnung aus,* dessen Grundgleichung (13) wir bereits in Kapitel 123 abgeleitet haben. Sie basieren daher auf den Ergebnissen der Kostenrechnung, insbesondere der Kalkulation, und sind davon abhängig, welches Verfahren der Kostenrechnung in einer Unternehmung angewandt wird. Bereits Th. Beste hat darauf hingewiesen, daß „die Leistungsfähigkeit der kurzfristigen Erfolgsrechnung“ fast allein vom „Inhalt der Kostenrechnung“ abhängt.[4]

Versuche, die kurzfristige Erfolgsrechnung in das Kontensystem der Finanzbuchhaltung einzugliedern, haben sich in der Praxis nicht durchgesetzt. Heute wird die kurzfristige Erfolgsrechnung in den meisten Betrieben nur noch in statistisch tabellarischer Form durchgeführt.[5]

(3) Ursprünglich war die *kurzfristige Erfolgsrechnung nur als nachträgliche Kontrollrechnung* konzipiert. Bei der nachträglichen Erfolgskontrolle werden den Isterlösen die Istselbstkosten der verkauften Erzeugnisse gegenübergestellt, damit man die Gewinnbeiträge der einzelnen Produkte oder Produktgruppen erkennt. Die Istselbstkosten lassen sich mit Hilfe von Nachkalkulationen bestimmen. Die ersten Formen der Erfolgskontrolle basierten auf Ist- oder Normalkostenrechnungen. Mit der Entstehung der Plankostenrechnung wurden die Istselbstkosten in der kurzfristigen Erfolgsrechnung in Planselbstkosten und anteilige Kostenabweichungen zerlegt; es entstand das Problem der richtigen Abweichungsverteilung. In allen Vollkostenrechnungen werden in der kurzfristigen Erfolgskontrolle Vollkostengewinne ausgewiesen. Erst mit dem Übergang zur Grenzplankostenrechnung wurde die nachträgliche Erfolgskontrolle zur Deckungsbeitragsrechnung weiterentwickelt.

Die nachträgliche Erfolgskontrolle ist zwar wichtig, sie wird aber erst effizient, wenn ihr eine Erfolgsplanung vorangeht. Die weitere Entwicklung hat daher dazu geführt, daß die *kurzfristige Erfolgsrechnung zur Vorschau- oder Planungsrechnung ausgebaut wurde.* Hiermit wurde sie in das System der betrieblichen Planung integriert.[6] In der kurzfristigen Erfolgsplanung werden die Verkaufspreise der betrieblichen Produkte und die Verkaufsmengen unter Berücksichtigung der geplanten Selbstkosten so festgelegt, daß der maximale Periodengewinn realisiert wird. Die Preis- und Mengenplanung sowie die darauf aufbauende Erlösplanung ist zugleich

3 Vgl. hierzu *Th. Beste*, Die kurzfristige Erfolgsrechnung . . . , a.a.O., S. 4 und *W. Kilger*, Kurzfristige Erfolgsrechnung, a.a.O., S. 27.

4 Zu den Zusammenhängen zwischen der kurzfristigen Erfolgsrechnung und der Kostenrechnung vgl. *Th. Beste*, Die kurzfristige Erfolgsrechnung . . . , a.a.O., S. 32 ff.

5 Vgl. hierzu *Th. Beste*, Die kurzfristige Erfolgsrechnung . . . , a.a.O., S. 277 ff. Im übrigen vgl. unsere Ausführungen im Kapitel 7.

6 Zum Aufbau und zur Zielsetzung der betrieblichen Planung vgl. *W. Kilger*, Optimale Produktions- und Absatzplanung, Opladen 1973, S. 15 ff.

Bestandteil der kurzfristigen Absatzplanung. Da diese für jeweils ein Jahr im voraus und zur Sichtbarmachung von Saisoneinflüssen nach Monaten differenziert erfolgt, wird auch die kurzfristige Gewinnplanung in dieser Weise gegliedert. Die zur Erfolgsplanung erforderlichen Planselbstkosten setzen die Durchführung einer Plankostenrechnung voraus. Wie bereits unsere Ausführungen in Kapitel 23 gezeigt haben, führt die auf Vollkosten basierende Plankostenrechnung infolge der für sie typischen künstlichen Proportionalisierung der fixen Kosten leicht zu Fehlentscheidungen über die Zusammensetzung des Verkaufsprogramms, die Eliminierung von „Verlustartikeln" (d. h. von solchen Artikeln, die ihre vollen Selbstkosten nicht decken) und die Annahme oder Ablehnung von Zusatzaufträgen. Die dispositiven Aufgaben der kurzfristigen Erfolgsrechnung lassen sich daher nur erfüllen, wenn eine Grenzplankostenrechnung zur Verfügung steht und die kurzfristige Erfolgsrechnung als Deckungsbeitragsrechnung durchgeführt wird.

Liegt in einer Unternehmung eine nach Produkten oder Produktgruppen differenzierte Erfolgsplanung vor, so läßt sich die nachträgliche Erfolgskontrolle zu einem *Soll-Ist-Vergleich des Periodenerfolgs* ausbauen. Gewinnabweichungen lassen sich auf Verkaufspreis-, Verkaufsmengen- und Kostenabweichungen zurückführen. Die Abweichungsanalyse des Periodenerfolgs führt zu Informationen, die sich beim Aufbau der Erfolgsplanung der nächsten Planungsperiode verwerten lassen.

62. Die kurzfristige Erfolgsrechnung als Planungsrechnung

621. Die Planung von Verkaufspreisen mit Hilfe von Solldeckungsbeiträgen

(1) In Unternehmungen mit standardisierten Erzeugnissen, die in einer Planungsperiode dem Markt angeboten werden sollen, besteht eine wichtige Aufgabe der Absatzplanung (und damit der Erfolgsplanung) darin, für alle Erzeugnisse Verkaufspreise festzulegen. Hierbei sind die Verkaufspreise so zu bemessen, daß sie der Zielsetzung der Unternehmung entsprechen. Orientiert sich die Unternehmung am Prinzip der Gewinnmaximierung, so sind die Preise so zu wählen, daß die bei diesen Preisen erwarteten Absatzmengen zu maximalen Deckungsbeiträgen führen.

Wie unsere Ausführungen in Kapitel 51221 gezeigt haben, lassen sich gewinnmaximale Verkaufspreise weder aus den geplanten Selbstkosten ableiten, noch mit Hilfe marginalanalytischer Verfahren bestimmen. Die Marginalanalyse könnte diese Aufgabe nur erfüllen, wenn die Preisabsatzfunktionen der betrieblichen Erzeugnisse bekannt sind.

In der Praxis ist der Verkauf daher weitgehend darauf angewiesen, die Verkaufspreise durch Schätzungen aus Marktdaten abzuleiten. Hierbei lassen sich durch das im folgenden beschriebene Verfahren der *Verkaufspreisplanung mit Hilfe von Solldeckungsbeiträgen* die Ermessensspielräume der Preisbildung derart eingrenzen, daß man „gute", d. h. nicht zu weit vom Optimum liegende Verkaufspreise erhält.

(2) Bei diesem Verfahren werden zunächst für diejenigen Produkte, die bereits im Vorjahr angeboten wurden, die durch die kurzfristige Erfolgsrechnung ermittelten Jahresdeckungsbeiträge zusammengestellt und dem Verkauf vorgelegt. Der

Verkauf muß unter Berücksichtigung aller verfügbaren Marktinformationen schätzen, ob sich die Absatzchancen der Produkte bzw. Produktgruppen verbessert haben, ob keine Veränderungen zu erwarten sind, oder ob mit einer Verschlechterung der Absatzlage gerechnet werden muß. Aufgrund dieser Schätzungen werden aus den Istdeckungsbeiträgen des Vorjahres durch Zu- oder Abschläge Solldeckungsbeiträge für das Folgejahr abgeleitet. K. Mellerowicz schreibt hierzu:[7] „Der Soll-Deckungsbeitrag orientiert sich an Vergangenheits-Deckungsbeiträgen der einzelnen Artikel und Artikelgruppen, abgeändert unter markt- und unternehmenspolitischen Gesichtspunkten."

Werden völlig neue Produkte in das Verkaufsprogramm aufgenommen, so liegen keine Istdeckungsbeiträge vor. Hier ist der Verkauf bei der Schätzung der jährlichen Solldeckungsbeiträge ausschließlich auf Marktinformationen angewiesen. Handelt es sich bei den neuen Produkten dagegen nur um verbesserte Ausführungen früherer Erzeugnisse, so können die bisherigen Istdeckungsbeiträge durchaus als Grundlage für die Schätzung zukünftiger Solldeckungsbeiträge dienen.

Liegen die Solldeckungsbeiträge für alle Erzeugnisse fest, so muß der Verkauf unabhängig hiervon, vier weitere Fragen beantworten:

1. Wie hoch ist der unter den zu erwartenden Marktverhältnissen vertretbare *Höchstpreis* ($p_{Max\,j}$) eines Erzeugnisses?
2. Wie hoch ist der unter den zu erwartenden Marktverhältnissen vertretbare *Mindestpreis* ($p_{Min\,j}$) eines Erzeugnisses?[8]
3. Welche *Mindestabsatzmenge* ($x_{Min\,j}$) kann erwartet werden?
4. Welche *Höchstabsatzmenge* ($x_{Max\,j}$) halten Sie für erreichbar?

Diese Fragen werden sich nicht leicht beantworten lassen, da die erfragten Größen von vielen Einflußgrößen abhängen, dennoch sollte ihre Beantwortung in der Praxis möglich sein.

Der nächste Schritt besteht darin, daß man die *Solldeckungsbeiträge der Produkte in Deckungsbeitragsisoquanten auflöst.* Bezeichnen wir den jährlichen Solldeckungsbeitrag einer Produktart j mit $D_j^{(s)}$, so gilt:

$$D_j^{(s)} = x_{Aj}\,(p_j - k_{pj}) \qquad (j = 1, \ldots, n) \tag{195}$$

Löst man diese Gleichungen nach p_j auf, so erhält man:

$$p_j = \frac{D_j^{(s)}}{x_{Aj}} + k_{pj} \qquad (j = 1, \ldots, n) \tag{196}$$

Die Gleichungen (196) sind der geometrische Ort für alle Preis-Mengen-Kombinationen, die zu den Solldeckungsbeiträgen $D_j^{(s)}$ führen; sie werden daher als Deckungs-

7 Vgl. *K. Mellerowicz*, Neuzeitliche Kalkulationsverfahren, 5. Auflage, Freiburg 1972, S. 143.

8 Der Mindestpreis ist nicht mit der Preisuntergrenze zu verwechseln. Während die Preisuntergrenze den kritischen Preis angibt, bei dessen Unterschreiten ein Produkt nicht mehr angeboten wird, handelt es sich bei dem Mindestpreis um den niedrigsten Verkaufspreis, den die Unternehmung von sich aus auf dem Markt verlangen würde. Dieser Mindestpreis kann über oder unter der Preisuntergrenze liegen.

beitragsisoquanten oder auch als „Iso-Deckungsbeitragskurven" bezeichnet.[9] Da der Solldeckungsbeitrag $D_j^{(s)}$ nur auf Schätzungen beruht, werden auch für einige höhere und niedrigere Deckungsbeiträge Deckungsbeitragsisoquanten bestimmt. Stellt man diese graphisch dar, so erhält man eine Schar von Hyperbeln, die sich asymptotisch den Grenzselbstkosten k_{pj} nähern. Im Beispiel der Abb. 35 betragen die Grenzselbstkosten 2,50 DM/Stck. Der Solldeckungsbeitrag wurde auf 15 000 DM/ Jahr festgesetzt; für vier weitere Deckungsbeiträge wurden Isoquanten gezeichnet.

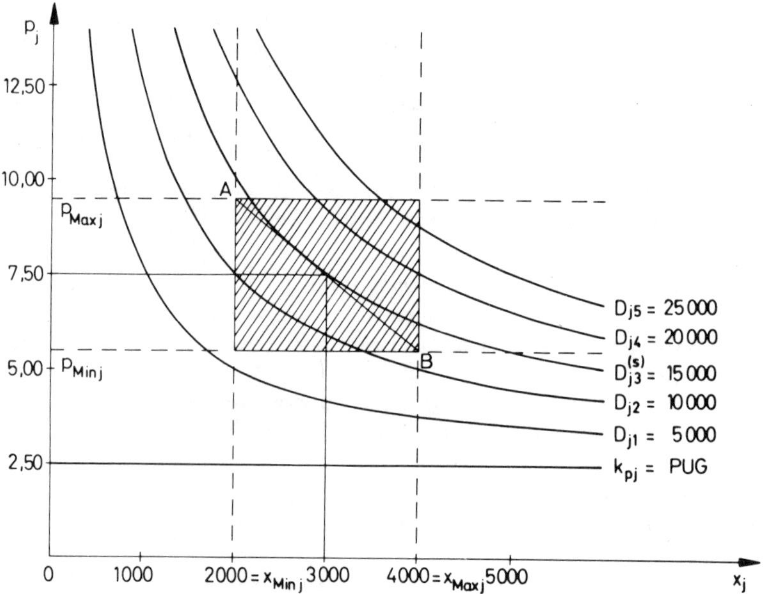

Abb. 35: Beispiel zur Verkaufspreisplanung mit Hilfe von Solldeckungsbeiträgen

Um den Bereich der *wählbaren Preis-Mengen-Kombinationen einzugrenzen*, werden in das Diagramm der Deckungsbeitragsisoquanten die geschätzten Höchst- und Mindestpreise sowie die geschätzten Höchst- und Mindestabsatzmengen eingetragen. Hierdurch erhält man das in der Abbildung 35 schraffierte Rechteck. Da für den Höchstpreis $p_{Max\,j}$ die Mindestmenge $x_{Min\,j}$ und für den Mindestpreis $p_{Min\,j}$ die Höchstmenge $x_{Max\,j}$ erwartet werden kann, läßt sich die Diagonale AB als Trennungslinie interpretieren, die das Feld der möglichen Preis-Mengenkombinationen in einen optimistischen und einen pessimistischen Bereich unterteilt. Oberhalb der Diagonalen AB liegen Preis-Mengenkombinationen, die aufgrund der zugrundegelegten Schätzungen eine optimistische Einschätzung der Entwicklung unterstellen. Unterhalb der Diagonalen AB befinden sich die Preis-Mengenkombinationen, die eine pessimistische Einschätzung der Zukunftsentwicklung beinhalten. Je weiter

9 Die Bezeichnung „Iso-Deckungsbeitragskurve" verwendet *A. Deyble*, Gewinnmanagement, 3. Aufl., München 1971, S. 77, vgl. auch S. 394 ff.

man sich von AB entfernt, desto weniger kann man damit rechnen, daß sich die betreffenden Preis-Mengenkombinationen auch wirklich realisieren lassen.

Für welchen Bereich man sich entscheidet, hängt erstens von der *Lage der Soll-Deckungsbeitragsisoquante* ab und zweitens von der Risikoneigung des Entscheidungsträgers. Schneidet diese den schraffierten Bereich nicht, so sind die Schätzungen nicht konsistent und müssen überprüft werden. Liegt die Soll-Deckungsbeitragsisoquante im optimistischen Bereich, so sollte man eine Preis-Mengen-Kombination oberhalb der Geraden AB wählen und umgekehrt.

Im Beispiel der Abb. 35 haben wir die Möglichkeit dargestellt, daß die Soll-Deckungsbeitragsisoquante die Gerade AB tangiert. Als Preis werden 7,50 DM/Stck und als Menge 3 000 Stck/Jahr festgesetzt. Damit wird der Solldeckungsbeitrag von 15 000 DM/Jahr genau erreicht. Ein optimistischer Verkauf könnte aber auch einen höheren Preis bzw. eine größere Absatzmenge festlegen.

Praxisnäher ist das in Abb. 36 wiedergegebene Beispiel, bei dem die realisierbaren Preis-Mengen-Kombinationen im flachen Bereich der Deckungsbeitragsisoquanten liegen.

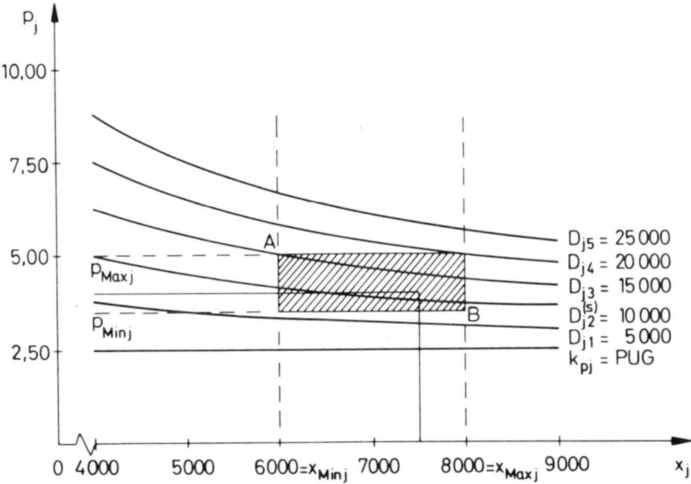

Abb. 36: Beispiel zur Verkaufspreisplanung mit Hilfe von Solldeckungsbeiträgen

Der Solldeckungsbeitrag beträgt hier 10 000 DM/Jahr. Der Verkauf legt als Preis 4,– DM/Stck und als Menge 7 500 Stck/Jahr fest. Der zugehörige Deckungsbeitrag beträgt 11 250 DM/Jahr und liegt damit um 12,5 % über dem ursprünglichen geschätzten Solldeckungsbeitrag.

Das Verfahren der Verkaufspreisplanung mit Hilfe von Solldeckungsbeiträgen enthält zwar Spielräume für subjektive Schätzungen, durch die Deckungsbeitragsisoquanten wird aber stets deutlich, wie die möglichen Planungsalternativen den Gewinn beeinflussen. A. Deyhle schreibt hierzu[10]: „Die Iso-Deckungsbeitragskurve

10 Vgl. *A. Deyhle*, Gewinnmanagement, a.a.O., S. 78.

bietet folglich eine dynamische, gesprächsoffene, zu Alternativen herausfordernde Zielsetzung in Richtung Gewinn.“ Er versucht das Verfahren dadurch zu verbessern, daß er in das Diagramm der Deckungsbeitragsisoquanten eine geschätzte Preisabsatzfunktion legt.[11] Liegen aber Schätzungen über den Verlauf von Preisabsatzfunktionen vor, so erscheint es uns sinnvoller, die Verkaufspreise marginalanalytisch zu bestimmen.

622. Die Planung optimaler Absatzmengen

6221. Nicht-simultane Verfahren zur Planung optimaler Absatzmengen

(1) Unsere Ausführungen über die Verkaufspreisplanung haben zwar gezeigt, daß die Preisplanung nicht unabhängig von der Mengenplanung erfolgen kann, die hierbei geschätzten Absatzmengen sind aber noch nicht endgültig, weil sie mit den übrigen Teilplänen, insbesondere mit der Produktionsplanung, abgestimmt werden müssen. Hierbei sind zwei Fälle zu unterscheiden. Können die geschätzten Jahresabsatzmengen produziert werden, ohne daß in einer Unternehmung mehr als ein Engpaß wirksam wird, so reichen für die endgültige Festlegung der geplanten Absatzmengen nicht-simultane Planungsverfahren aus. Treten mehrere Engpässe gleichzeitig auf, so sind dagegen simultane Planungsverfahren erforderlich.[12]

(2) Da die kurzfristige Planung nach Monaten differenziert aufgebaut wird, müssen die *geplanten Jahresabsatzmengen den einzelnen Monaten eines Jahres zugeordnet werden.* Hierbei sind Erzeugnisse mit konstanter und variabler Absatzgeschwindigkeit zu unterscheiden; als Absatzgeschwindigkeit wird die Absatzmenge pro Verkaufstag bezeichnet.

Bei Erzeugnissen mit *konstanter Absatzgeschwindigkeit* lassen sich die Jahresabsatzmengen zu etwa gleichen Teilen den Monaten zuordnen.

Variable Absatzgeschwindigkeiten können auf Trend-, Konjunktur und Saisoneinflüsse zurückzuführen sein. In der kurzfristigen Planung wirken sich insbesondere Saisonschwankungen aus. Hierunter versteht man nach M. Brunner „kurzwellige Bewegungen im Wirtschaftsablauf, die von Jahr zu Jahr als rhythmisch gebundene Schwingungen wiederkehren.“[13] Sie können auf Klimaeinflüsse, gesellschaftliche Institutionen, wie z. B. im Jahresablauf wiederkehrende Feste, und spezifische Kaufgewohnheiten zurückzuführen sein. Stark ausgeprägte Saisonschwankungen findet man in Unternehmungen, die Süßwaren, Eiscreme, Getränke oder Konserven herstellen. Auch der Absatz von Düngemitteln, landwirtschaftlichen Maschinen, Nähmaschinen, Autoreifen und Textilien zeigt starke jahreszeitliche Schwankungen. Für Erzeugnisse, deren Absatzmengen saisonabhängig sind, werden monatliche *Saisonkoeffizienten* geplant, die angeben, wieviel Prozent des Jahresabsatzes auf die einzelnen Monate entfallen.[14] Diese Koeffizienten haben den Vorteil, daß sie

11 Vgl. *A. Deyhle*, Gewinnmanagement, a.a.O., S. 399 ff.

12 Zu den Entscheidungskriterien der kurzfristigen Produktions- und Absatzplanung vgl. *W. Kilger*, Optimale . . . , a.a.O., S. 76 ff.

13 Vgl. *M. Brunner*, Planung in Saisonunternehmungen, Köln und Opladen 1962, S. 2 sowie *W. Kilger*, Optimale . . . , a.a.O., S. 30 ff.

14 Vgl. *W. Kilger*, Optimale . . . , a.a.O., S. 465.

in den meisten Fällen unabhängig von den Gesamtabsatzmengen des Saisonzyklus sind und sich relativ leicht von Konjunktur- und Trendbewegungen der Absatzmengen bereinigen lassen. Bei klimatisch bedingten Saisoneinflüssen muß allerdings im Ist mit Abweichungen gegenüber der geplanten Saisonstruktur gerechnet werden. Multipliziert man die geplante Jahresabsatzmenge eines Erzeugnisses mit den zugehörigen Saisonkoeffizienten, so erhält man die monatlichen Planabsatzmengen.

(3) Wird bei der Abstimmung der Absatzmengen mit der Produktionsplanung *kein Engpaß* wirksam, so können alle im Zuge der Preisplanung festgelegten Absatzmengen in das Produktionsprogramm aufgenommen werden, sofern ihre Deckungsbeiträge positiv sind. Als einziges Kriterium ist also zu beachten:

(197) $$p_j - k_{p_j} \geq 0 \qquad (j = 1, \ldots, n)$$

Diese Situation ist typisch für Zeiten schlechter Konjunktur und für Branchen mit Überkapazitäten.

Bei *Saisonschwankungen* müssen die monatlichen Produktions- und Absatzmengen unter Berücksichtigung der Lagermöglichkeiten aufeinander abgestimmt werden.[15] Hierbei sind zwei Fälle zu unterscheiden. Sind die Kapazitäten der Fertigung so groß, daß *auch in der Saisonspitze keine Engpässe* wirksam werden, so wird man die Produktion den Saisonschwankungen weitgehend anpassen um Lagerkosten zu vermeiden. Diese Art der Abstimmung zwischen Produktions- und Absatzmengen wird als *Synchronisation* bezeichnet. In den meisten Fällen reichen jedoch die vorhandenen Kapazitäten hierfür nicht aus, so daß *in der Saisonspitze zeitlich begrenzte Engpässe wirksam werden.* In diesen Fällen ist *Vorratsproduktion* erforderlich, damit die Lieferbereitschaft in der Saisonspitze nicht gefährdet wird. Da es sich nur um zeitlich begrenzte Engpässe handelt, können bei entsprechender Vorratsproduktion die geplanten Jahresmengen geliefert werden; Fehlmengen entstehen nicht. Die Vorratshaltung ist so zu planen, daß möglichst geringe Lagerkosten entstehen.

Auf die Produktionsprogrammplanung, in der die zu produzierenden Produktmengen festgelegt werden, folgt die *Produktionsvollzugsplanung.* Hier wird über die Wahlmöglichkeiten entschieden, die bei der Durchführung der Produktion bestehen. Treten im Produktionsbereich *keine Engpässe* auf, so lassen sich in jedem Einzelfall die kostengünstigsten Alternativen realisieren. Jeder Arbeitsgang wird dem Verfahren bzw. der Fertigungsstelle zugeordnet, bei der die niedrigsten Fertigungskosten pro Stück entstehen. Bei Wahlmöglichkeiten zwischen Eigenerstellung und Fremdbezug wird in jedem Fall die Alternative gewählt, bei der die Grenzkosten am niedrigsten sind. Bestehen Spielräume für intensitätsmäßige Anpassungsprozesse, so werden jeweils die kostenoptimalen Intensitäten festgelegt. Analog verfährt man bei allen sonstigen Wahlmöglichkeiten der Produktionsvollzugsplanung. Werden im Falle von Saisoneinflüssen *zeitlich begrenzte Engpässe* wirksam, so ist zu überprüfen, ob Anpassungsmaßnahmen der Produktionsvollzugsplanung, so z. B. der Einsatz von Mehrarbeitszeiten, kostengünstiger ist als Vorratsproduktion.

15 Ausführlich werden die Möglichkeiten einer optimalen Abstimmung zwischen Produktions- und Absatzmengen beschrieben bei *W. Kilger*, Optimale . . . , a.a.O., S. 455 ff.

(4) Wird bei der Abstimmung der Absatzmengen mit der Produktionsplanung *ein Engpaß* wirksam, so können nicht alle im Zuge der Preisplanung festgelegten Absatzmengen, deren Deckungsbeiträge positiv sind, in das Produktionsprogramm aufgenommen werden. In einer solchen Beschäftigungssituation sind diese Mengen vielmehr als *Absatzhöchstmengen* anzusehen, die um *geplante Fehlmengen* verringert werden müssen. Diese Situation ist typisch für Zeiten guter Konjunktur und für Branchen, deren Kapazitäten im Verhältnis zur Nachfrage zu gering sind. *Ein spezifischer Engpaß* tritt vor allem in Unternehmungen auf, in denen ein bestimmter Arbeitsgang relativ lange Bearbeitungszeiten erfordert und mit Hilfe kapitalintensiver Fertigungsverfahren durchgeführt wird. Typische Beispiele hierfür sind die Karden in einer Spinnerei, die Webstühle in einer Weberei und die Papiermaschine in einer Papierfabrik.

Nimmt man die Verkaufspreise als gegeben, d. h. „vorab geplant" an, und schließt man kapazitätserhöhende Anpassungsmaßnahmen der Produktionsvollzugsplanung aus, so lassen sich die in das Produktionsprogramm aufzunehmenden Absatzmengen wie folgt bestimmen.[16] Für alle Produktarten $j = 1, \ldots, n$ werden die absoluten Deckungsbeiträge $p_j - k_{Pj}$ durch die Einheiten der Engpaßbelastung t_{Ej} dividiert; die Größen t_{Ej} werden meistens in Min/Stück gemessen. Auf diese Weise erhält man die *relativen Deckungsbeiträge* der Erzeugnisse, die wir als w_j bezeichnen wollen:

$$(198) \qquad w_j = \frac{p_j - k_{Pj}}{t_{Ej}} \qquad (j = 1, \ldots, n)$$

Die relativen Deckungsbeiträge werden der Größe nach geordnet. In dieser Reihenfolge werden die Absatzhöchstmengen solange in das Produktionsprogramm aufgenommen, bis die Engpaßkapazität erreicht ist. Die letzte Produktart wollen wir als das *Grenzerzeugnis* bezeichnen; von der Absatzhöchstmenge des Grenzerzeugnisses wird nur der Teil in das Produktionsprogramm aufgenommen, der sich mit der Restkapazität produzieren läßt. Alle Produkte mit niedrigeren relativen Deckungsbeiträgen sind bei den obigen Prämissen aus dem Verkaufsprogramm zu streichen.

Bevor man jedoch Fehlmengen in Kauf nimmt und auf Deckungsbeiträge verzichtet, wird man folgende Maßnahmen in Erwägung ziehen. Zunächst wird man in einer Engpaßsituation überprüfen, ob sich die *Verkaufspreise höher ansetzen* lassen. Die mit Hilfe von Deckungsbeitragsisoquanten bestimmten Preismengenkombinationen werden noch einmal überprüft, wobei man die Preise erhöht und die Mengen verringert, sofern die Marktverhältnisse diese Möglichkeit zulassen.

Weiterhin wird man bei Durchführung der Produktionsvollzugsplanung überprüfen, *ob die Engpaßwirkung durch kapazitätserhöhende oder kapazitätsentlastende Maßnahmen verringert werden kann.*[17] So wird man z. B. den Einsatz von Überstunden, das Fahren von Nachtschichten und die Erhöhung der Intensität vorsehen, um die Engpaßkapazität zu erhöhen. Zugleich kann man versuchen, die Engpaßstelle dadurch zu entlasten, daß man Arbeitsgänge anderen Fertigungs-

16 Vgl. hierzu *W. Kilger*, Optimale . . . , a.a.O., S. 84.

17 Diese Möglichkeiten haben wir an anderer Stelle ausführlich dargestellt. Vgl. *W. Kilger*, Optimale . . . , a.a.O., S. 164 bis 339.

stellen zuordnet oder sie in Lohnarbeit vergibt. Stellt der Engpaß Einzelteile oder Vormaterialien her, die auch fremdbezogen werden können, so führt erhöhter Fremdbezug zur Engpaßentlastung. Jede kapazitätserhöhende oder kapazitätsentlastende Maßnahme der Produktionsvollzugsplanung führt zu Mehrkosten gegenüber den optimalen Fertigungskosten, wodurch die Deckungsbeiträge verringert werden. Sie wirken aber trotzdem gewinnerhöhend, solange die Deckungsbeiträge der Erzeugnisse positiv bleiben. In Gleichung (198) müssen die Plangrenzselbstkosten um die Mehrkosten erhöht und eventuell die Engpaßzeiten verändert werden. Hiervon abgesehen bleibt das Verfahren der Reihung relativer Deckungsbeiträge unverändert.

(5) Die nicht-simultane Planung optimaler Absatzmengen wollen wir durch das folgende *Zahlenbeispiel* veranschaulichen. Für 8 Produktarten, die in 4 Fertigungsstellen produziert werden, sind die in Tabelle 100 zusammengefaßten Daten gegeben. Die in der Summenzeile der Fertigungsstellen ausgewiesenen Minuten geben die Beschäftigungen an, die in den Fertigungsstellen realisiert werden müssen, damit die Absatzhöchstmengen produziert werden können. Sind die Kapazitäten groß genug, so werden die Absatzhöchstmengen in das Produktionsprogramm übernommen. Hierbei entsteht ein Gesamtdeckungsbeitrag von 1 362 384 DM/Jahr. Zieht man hiervon die fixen Kosten in Höhe von 865 000 DM/Jahr ab, so bleibt ein Gewinn von 497 384 DM/Jahr übrig.

Wir wollen nun aber annehmen, daß die Fertigungsstelle 2 zum Engpaß wird; ihre Kapazität möge 1 368 000 Min/Jahr betragen. In Tabelle 101 haben wir die relativen Deckungsbeiträge der Erzeugnisse angegeben und die Absatzhöchstmengen in der Rangfolge abnehmender relativer Deckungsbeiträge der Engpaßstelle zugeordnet. Hierbei wird das Erzeugnis 4 zum Grenzprodukt. Für dieses Produkt stehen nur 154 900 Min/Jahr zur Verfügung. Diese Restkapazität erlaubt die Produktion von $\frac{154\,900 \text{ Min/Jahr}}{12 \text{ Min/Stück}}$ = 12 908 Stück/Jahr. Die Produktart 6 kann nicht in das Produktionsprogramm aufgenommen werden. Die Engpaßwirkung führt dazu, daß sich der in Tabelle 100 ausgewiesene Gesamtdeckungsbeitrag wie folgt verringert:

Gesamtdeckungsbeitrag (ohne Engpässe)	=	1 362 384 DM/Jahr
Fehlmenge Produktart 4: 12 892 Stck/Jahr × 5,28 DM/Stck	= ./.	68 070 DM/Jahr
Fehlmenge Produktart 6: 16 000 Stck/Jahr × 5,25 DM/Stck	= ./.	84 000 DM/Jahr
Gesamtdeckungsbeitrag (bei Engpaß)	=	1 210 314 DM/Jahr

Um die Fehlmengen zu verringern, kann die Engpaßkapazität um folgende Mehrarbeitszeiten erhöht werden:

Kapazität bei Normalarbeitszeit	= 1 368 000 Min/Jahr
Mehrarbeitszeiten mit 25 % Lohnzuschlag	= 40 000 Min/Jahr
Mehrarbeitszeiten mit 50 % Lohnzuschlag	= 80 000 Min/Jahr
Kapazität bei Einsatz von Mehrarbeitszeiten	= 1 488 000 Min/Jahr

Tabelle 100: Beispiel zur Planung optimaler Absatzmengen (Ausgangsdaten)

Produktart	Absatz-Höchstmenge [Stck/Jahr]	Verkaufspreis [DM/Stck]	Grenzselbstkosten [DM/Stck]	Deckungsbeitrag		Fertigungsstelle 1		Fertigungsstelle 2		Fertigungsstelle 3		Fertigungsstelle 4	
				[DM/Stck]	[DM/Jahr]	[Min/Stck]	[Min/Jahr]	[Min/Stck]	[Min/Jahr]	[Min/Stck]	[Min/Jahr]	[Min/Stck]	[Min/Jahr]
1	18 000	21,60	14,40	7,20	129 600	5	90 000	8	144 000	4	72 000	1	18 000
2	22 500	24,60	15,60	9,–	202 500	3	67 500	15	337 500			3	67 500
3	36 000	18,30	12,–	6,30	226 800	8	288 000	6	216 000	3	108 000	2	72 000
4	25 800	18,38	13,10	5,28	136 224			12	309 600			1	25 800
5	14 200	40,10	24,80	15,30	217 260	10	142 000	18	255 600	4	56 800	4	56 800
6	16 000	21,95	16,70	5,25	84 000			15	240 000	5	80 000	2	32 000
7	30 000	19,80	13,20	6,60	198 000	4	120 000	4	120 000	10	300 000	3	90 000
8	17 500	25,70	16,10	9,60	168 000	7	122 500	8	140 000	8	140 000	1	17 500
Summe					1 362 384		830 000		1 762 700		756 800		379 600
Fixe Kosten					865 000								
Gewinn					497 384								

Tabelle 101: Beispiel zur Planung optimaler Absatzmengen (bei einem Engpaß)

Produktart	Relativer Deckungsbeitrag [DM/Min]	Absatzmenge [Stck/Jahr]	Engpaßbelastung [Min/Jahr]	
			pro Artikel	Kumuliert
7	1,65	30 000	120 000	120 000
8	1,20	17 500	140 000	260 000
3	1,05	36 000	216 000	476 000
1	0,90	18 000	144 000	620 000
5	0,85	14 200	255 600	875 600
2	0,60	22 500	337 500	1 213 100
4	0,44	12 908	154 900	1 368 000
6	0,35	–	–	1 368 000
Summe			1 368 000	

Der Kostensatz der Fertigungsstelle 2 beträgt 0,40 DM/Min, wovon 0,28 DM/Min auf die Fertigungslöhne einschließlich der zugehörigen Sozialkosten entfallen. Für die ersten 40 000 Minuten Mehrarbeitszeit erhöht sich daher der Fertigungskostensatz um 0,07 DM/Min und für die folgenden 80 000 Minuten Mehrarbeitszeit um 0,14 DM/Min. Die 120 000 Mehrarbeitsminuten reichen aus, um zusätzlich 120 000 Min/Jahr : 12 Min/Stck = 10 000 Stck/Jahr der Produktart 4 in das Produktionsprogramm aufzunehmen. Voraussetzung hierfür ist aber, daß der Deckungsbeitrag der Produktart 4 infolge der Mehrarbeitskosten nicht negativ wird. Diese Voraussetzung ist in unserem Beispiel erfüllt. Der Deckungsbeitrag der Produktart 4 verringert sich bei Mehrarbeitszeiten mit 25 % Zuschlag um 12 Min/Stck × 0,07 DM/Min = 0,84 DM/Stck, beträgt also immer noch 4,44 DM/Stck. Bei Mehrarbeitszeiten mit 50 % Zuschlag ist die Abnahme doppelt so hoch, so daß der Deckungsbeitrag 3,60 DM/Stck beträgt. Insgesamt verringert der Überstundeneinsatz die Fehlmenge der Produktart 4 auf 2 892 Stck/Jahr. Die Produktart 6 wird nicht in das Produktionsprogramm aufgenommen. Insgesamt entsteht folgender Deckungsbeitrag:

Gesamtdeckungsbeitrag (ohne Engpässe)	=	1 362 384 DM/Jahr
Fehlmenge Produktart 4: 2 892 Stck/Jahr × 5,28 DM/Stck	= ./.	15 270 DM/Jahr
Fehlmenge Produktart 6: 16 000 Stck/Jahr × 5,25 DM/Stck	= ./.	84 000 DM/Jahr
Mehrarbeitskosten:		
40 000 Min/Jahr × 0,07 DM/Min	= ./.	2 800 DM/Jahr
80 000 Min/Jahr × 0,14 DM/Min	= ./.	11 200 DM/Jahr
Gesamtdeckungsbeitrag (bei Engpaß und Mehrarbeitszeitensatz)	=	1 249 114 DM/Jahr

Analog lassen sich weitere Maßnahmen zur Auswertung oder Umgehung des Engpasses überprüfen, worauf wir jedoch hier verzichten wollen.

6222. Simultane Verfahren zur Planung optimaler Absatzmengen

(1) Werden bei der Abstimmung der Absatzmengen mit der Produktionsplanung *mehrere Engpässe* wirksam, so lassen sich die optimalen Absatzmengen nur mit Hilfe *simultaner Planungsverfahren* bestimmen. Besonders geeignet ist hierfür die lineare Programmierung. Unterliegen die Absatzmengen keinen oder nur geringfügigen Saisonschwankungen, so genügen *einperiodige simultane Planungsmodelle.* Bei variablen Absatzgeschwindigkeiten muß dagegen zugleich mit der Planung der Jahresmengen eine optimale Abstimmung der monatlichen Produktions- und Absatzmengen erfolgen. Hierfür sind *mehrperiodige simultane Planungsmodelle* erforderlich.

Die meisten simultanen Planungsmodelle zur Bestimmung optimaler Absatzmengen gehen von gegebenen (= vorab geplanten) Verkaufspreisen und vorgegebenen Absatzhöchstmengen aus. Es lassen sich aber auch Modelle für den *optimalen Einsatz des absatzpolitischen Instrumentariums,* insbesondere zur Bestimmung optimaler Verkaufspreise, formulieren. Die Anwendung dieser Modelle scheitert in der Praxis aber daran, daß die erforderlichen Daten, so z. B. Preisabsatzfunktionen, nicht zur Verfügung stehen.

Weiterhin lassen sich in simultane Planungsmodelle der Produktions- und Absatzplanung kapazitätserhöhende und kapazitätsentlastende *Maßnahmen der Produktionsvollzugsplanung* integrieren, so z. B. der Einsatz von Überstunden, intensitätsmäßige Anpassungsprozesse, der Einsatz anderer Verfahren, erhöhter Fremdbezug von Einzelteilen oder Vormaterial usw.

(2) Es würde im Rahmen dieses Buches zu weit führen, die zahlreichen Modelle der optimalen Produktions- und Absatzplanung zu behandeln[18]. Wir wollen uns vielmehr darauf beschränken, den *Standardansatz der linearen Programmierung* darzustellen, aus dem die meisten erweiterten Modelle entstanden sind. Dieses Modell wurde in der deutschsprachigen Literatur erstmalig 1958 beschrieben[19]; ihm liegen folgende Prämissen zugrunde:

- Es werden n einteilige Produktarten ($j = 1, \ldots, n$) hergestellt, bei denen es sich nicht um Kuppelprodukte handelt.
- Die Produkte durchlaufen nacheinander m Fertigungsabteilungen ($i = 1, \ldots, m$) mit gegebenen Kapazitäten T_i, die Stückzeiten sind t_{ij}.
- Es bestehen keine Wahlmöglichkeiten der Produktionsvollzugsplanung, oder über diese wurde bereits vorab entschieden.
- Es erfolgt keine Lagerung von Halb- und Fertigprodukten; in der Produktion wird kein Mengengefälle wirksam. Das bedeutet, daß die während der Planungsperiode von einer Produktart bearbeiteten Stückzahlen in allen Fertigungsstellen, die diese Produktart durchläuft, übereinstimmen.
- Konstante Werkstoffpreise und Lohnsätze
- Konstante Grenzselbstkosten k_{Pj}, die mit den variablen Durchschnittskosten übereinstimmen. Diese Prämisse folgt zwangsläufig aus den Prämissen 3 bis 5.
- Für alle Produkte sind die Verkaufspreise p_j konstant, d. h., über ihre Höhe wurde bereits entschieden. Das gleiche gilt für den Einsatz der übrigen absatzpolitischen Instrumente.
- Für alle Produktarten liegen die realisierbaren Absatzhöchstmengen x_{AHj} fest.
- Es bestehen keine festen Lieferverpflichtungen.
- Zwischen den Produktarten bestehen keine Verbundbeziehungen des Absatzes.
- Fehlmengen sind in unbegrenzter Höhe zulässig, ohne daß hierdurch Fehlmengenkosten entstehen.

Bei diesen Prämissen läßt sich das folgende lineare Planungsmodell aufstellen:

$$(199.0) \qquad G = \sum_{j=1}^{n} (p_j - k_{Pj})\, x_{Aj} \rightarrow \text{Max!}$$

$$(199.1) \qquad T_i \geq \sum_{j=1}^{n} t_{ij}\, x_{Aj} \qquad (i = 1, \ldots, m)$$

18 Wir haben diese Modelle an anderer Stelle ausführlich dargestellt. Vgl. *W. Kilger*, Optimale . . ., a.a.O.

19 Vgl. *T. Paulsson-Frenckner*, Bestimmung des Produktionsprogramms als Anwendungsbeispiel der Linearplanung, ZfhF 1958, S. 565 ff. Im übrigen vgl. *W. Kilger*, Optimale . . ., a.a.O., S. 95 ff.

(199.2) $x_{AHj} \geq x_{Aj}$ $(j = 1, \ldots, n)$

(199.3) $x_{Aj} \geq 0$ $(j = 1, \ldots, n)$

Die Gleichung (199.0) wird als *Zielfunktion* bezeichnet, sie gibt den Gesamtdeckungsbeitrag G in Abhängigkeit von den Absatzmengen x_{Aj} an. Die Zielgröße G wird durch die *Restriktionen* (199.1) und (199.2) begrenzt. Die Restriktionen (199.1) stellen sicher, daß alle Absatzmengenkombinationen ausgeschlossen werden, die sich mit den vorhandenen Kapazitäten nicht realisieren lassen; sie werden daher als *Kapazitätsrestriktionen* bezeichnet. Bei den Restriktionen (199.2) handelt es sich um *Absatzrestriktionen*, durch die eine Überschreitung der im Zuge der Preisplanung geschätzten Absatzhöchstmengen verhindert wird. Die Restriktionen (199.3) werden als *Nichtnegativitätsbedingungen* bezeichnet, da sie negative Absatzmengen ausschließen.

Die optimale *Lösung linearer Programme* erfolgt nach dem *Simplexverfahren*, das 1947 von G. B. Dantzig entwickelt, und seitdem mehrfach verbessert wurde.[20] Da dieses Verfahren iterativ, d. h. in mehreren Rechenschritten, vorgeht, erfordert es sehr viele Rechenoperationen und daher den Einsatz von Datenverarbeitungsanlagen.

Für die Kostenrechnung ergibt sich die Frage, *ob die mit Hilfe der Plankalkulation ermittelten Grenzselbstkosten* für die Zielfunktionen linearer Planungsmodelle *wirklich in allen Fällen die relevanten Kosten sind.* Dieses Problem haben wir an anderer Stelle ausführlich untersucht und sind dabei zu dem Ergebnis gekommen, daß das nur dann der Fall ist, wenn den Planungsmodellen die gleiche einjährige Planungsperiode zugrundeliegt wie der Plankalkulation.[21] Nur unter dieser Voraussetzung entsprechen die geplanten jährlichen Durchschnittspreise, die geplanten Lohnsätze und Gehälter sowie der für die Auflösung in fixe und proportionale Kosten gewählte Fristigkeitsgrad den Modellprämissen. Für kurzfristige Entscheidungsmodelle müssen die Grenzselbstkosten an die erwarteten Preise, Lohnsätze und Gehälter *kürzerer Perioden* angepaßt werden. Weiterhin muß die Aufteilung in fixe und proportionale Kosten revidiert werden, da sich mit abnehmender Länge der Planungsperiode immer weniger Kosten an Beschäftigungsschwankungen anpassen lassen.

Integriert man in Planungsmodelle zur Bestimmung optimaler Absatzmengen *Verfahrenswahlprobleme der Produktionsvollzugsplanung*, so sind die mit Hilfe der üblichen jahresbezogenen Plankalkulationen ermittelten Grenzselbstkosten nicht ohne weiteres als relevante Kosten verwendbar. Dies liegt daran, daß beim Aufbau der Plankalkulationen die Lösung aller Verfahrenswahlprobleme vorausgesetzt werden muß. Meistens werden die kostengünstigsten Alternativen kalkuliert. Diese lassen sich aber in Engpaßsituationen oftmals nicht realisieren. Will man mit Hilfe von Planungsmodellen simultan über die Absatzmengen und Wahlmöglich-

20 Vgl. *G. B. Dantzig*, Lineare Programmierung und Erweiterungen, Berlin, Heidelberg, New York 1966, S. 17 ff. Im Kapitel 2 gibt der Verfasser einen ausführlichen Überblick über die Ursprünge und die Entwicklung der linearen Programmierung. Im übrigen vgl. zur Lösungstechnik *W. Kilger*, Optimale . . . , a.a.O., S. 100 ff.

21 Vgl. *W. Kilger*, Die Entstehung und Weiterentwicklung der Grenzplankostenrechnung als entscheidungsorientiertes System der Kostenrechnung, in: Schriften zur Unternehmensführung, hrsg. von *H. Jacob*.

keiten der Produktionsvollzugsplanung entscheiden, so lassen sich die hierfür relevanten Kosten wie folgt bestimmen.[22] Entweder erstellt man für jede Variante der Produktionsvollzugsplanung eine besondere Plankalkulation, oder man löst die Grenzselbstkosten in mengen- und verfahrenswahlabhängige Kosten auf. Beim ersten Verfahren, das wir als *Alternativkalkulation* bezeichnen, ist die Zahl der Alternativen aber meistens so groß, daß es für die praktische Anwendung nicht in Frage kommt. Beim zweiten Verfahren, das als *arbeitsgangweise Kalkulation* bezeichnet wird, werden in der Zielfunktion und den Restriktionen linearer Programme neben den Endprodukten auch den wählbaren Alternativen der Produktionsvollzugsplanung Variablen und relevante Kosten zugeordnet. Es erfolgt eine Auflösung der Grenzselbstkosten in *relevante Kosten ersten und zweiten Grades.* Hierbei geben die relevanten Kosten ersten Grades diejenigen Bestandteile der Grenzkosten an, die nicht von den Entscheidungen der Produktionsvollzugsplanung, sondern nur von den Absatzmengen abhängig sind. Die relevanten Kosten zweiten Grades hängen dagegen zusätzlich auch von den Entscheidungen der Produktionsvollzugsplanung ab.

In *mehrperiodigen Planungsmodellen* der Produktions- und Absatzplanung müssen die Variablen x_{Aj} des Standardansatzes in produzierte, lagernde und abgesetzte Mengen der einzelnen Teilperioden aufgelöst werden. Als Koeffizienten der Zielfunktion sind den Absatzmengen die Deckungsbeiträge über die proportionalen Vertriebskosten, den produzierten Mengen die proportionalen Herstellkosten und den lagernden Mengen die proportionalen Lagerkosten pro Einheit und Teilperiode zuzuordnen. Auch für diese Modelle ist daher eine entsprechende Auflösung der Plankalkulationen erforderlich.

Wie wir an anderer Stelle ausführlich dargelegt haben, machen die Entscheidungsmodelle der kurzfristigen Produktions- und Absatzplanung eine Weiterentwicklung der Grenzplankostenrechnung in folgender Richtung erforderlich.[23] Erstens müssen die Plankalkulationen so gestaltet werden, daß sie kurzfristig an Preis- und Lohnschwankungen angepaßt werden können. Zweitens müssen sich die Plankalkulationen ohne Schwierigkeiten in relevante Kosten ersten und zweiten Grades auflösen lassen. Drittens müssen bei der Kostenplanung Grenzkostensätze für unterschiedliche Fristigkeitsgrade festgelegt werden. Da eine Kostenrechnung, die diesen Anforderungen entspricht, im Zeitablauf so flexibel ist, daß sie für nahezu alle Probleme der kurzfristigen Planung die entscheidungsrelevanten Kosten zur Verfügung stellen kann, haben wir sie als *dynamische Grenzplankostenrechnung* bezeichnet.

(3) Die Anwendungsmöglichkeiten der linearen Programmierung zur Bestimmung optimaler Absatzmengen wollen wir mit Hilfe des gleichen *Zahlenbeispiels* verdeutlichen, das wir bereits in Kapitel 6221 zugrunde gelegt haben; vgl. hierzu die Ausgangsdaten in Tabelle 100. Diese Daten werden durch folgende Kapazitätsangaben ergänzt. Es wird angenommen, daß jede Maschine an 250 Arbeitstagen pro Jahr zweischichtig eingesetzt werden kann und die Fertigungszeit 95 %

22 Vgl. *W. Kilger,* Die Entstehung und Weiterentwicklung der Grenzplankostenrechnung . . . , a.a.O., S. 16 ff. und *W. Kilger,* Optimale . . . , a.a.O., S. 179.

23 Vgl. *W. Kilger,* Die Entstehung und Weiterentwicklung der Grenzplankostenrechnung . . . , a.a.O., S. 31.

der Schichtzeit beträgt. Als Jahreskapazität einer Maschine erhält man daher 228 000 Ftg.Min. In Tabelle 102 haben wir die Anzahl der Maschinen und die Jahreskapazitäten der Fertigungsstellen angegeben. Wegen der verringerten Kapazitäten haben wir die fixen Kosten von 865 000 DM/Jahr auf 780 000 DM/Jahr gesenkt.

Tabelle 102: Beispiel zur Planung optimaler Absatzmengen (Ausgangsdaten)

Fertigungsstelle	Anzahl Maschinen	Kapazität [Ftg. Min/Jahr]
1	3	684 000
2	6	1 368 000
3	2	456 000
4	3	684 000

Tabelle 103: Beispiel zur Planung optimaler Absatzmengen (Ausgangsmatrix)

		Produktart →	1	2	3	4	5	6	7	8
		Zielfunktion G =	7,20	9,–	6,30	5,28	15,30	5,25	6,60	9,60
Kapazitätsrestriktionen der Fertigungsstellen	1	684 000 ≥	5	3	8		10		4	7
	2	1 368 000 ≥	8	15	6	12	18	15	4	8
	3	456 000 ≥	4		3		4	5	10	8
	4	684 000 ≥	1	3	2	1	4	2	3	1
Absatzrestriktionen der Produkte	1	18 000 ≥	1							
	2	22 500 ≥		1						
	3	36 000 ≥			1					
	4	25 800 ≥				1				
	5	14 200 ≥					1			
	6	16 000 ≥						1		
	7	30 000 ≥							1	
	8	17 500 ≥								1

Die Tabelle 103 enthält die Ausgangsmatrix des linearen Planungsmodelles, deren Koeffizienten zur maschinellen Lösung auf Datenträger (z. B. Lochkarten) übertragen werden. In Tabelle 104 haben wir die Lösungswerte zusammengefaßt und zugleich eine Kapazitätsauslastungskontrolle durchgeführt. Von den Produktarten 1, 2, 5 und 8 werden die Absatzhöchstmengen in das Produktionsprogramm aufgenommen, bei den übrigen Produktarten entstehen Fehlmengen; die Produktart 6 wird ganz aus dem Programm gestrichen. Der Gesamtdeckungsbeitrag beträgt 1 804 722 DM/Jahr. Die Fertigungsstellen 1, 2 und 3 werden zu Engpässen, in Fertigungsstelle 4 bleibt eine freie Restkapazität übrig.[24]

24 In den Fertigungsstellen 1 und 3 treten Rundungsfehler auf, die darauf zurückzuführen sind, daß wir die Absatzmengen auf ganzzahlige Werte auf- bzw. abgerundet haben.

Tabelle 104: Beispiel zur Planung optimaler Absatzmengen (Lösungswerte)

Produktart	Absatzmenge	Deckungsbeitrag		Fertigungsstelle 1		Fertigungsstelle 2		Fertigungsstelle 3		Fertigungsstelle 4	
	[Stck/Jahr]	[DM/Stck]	[DM/Jahr]	[Min/Stck]	[Min/Jahr]	[Min/Stck]	[Min/Jahr]	[Min/Stck]	[Min/Jahr]	[Min/Stck]	[Min/Jahr]
1	18 000	7,20	129 600	5	90 000	8	144 000	4	72 000	1	18 000
2	22 500	9,–	202 500	3	67 500	15	337 500			3	67 500
3	27 518	6,30	173 363	8	220 144	6	165 108	3	82 554	2	55 036
4	23 661	5,28	124 930			12	283 932			1	23 661
5	14 200	15,30	217 260	10	142 000	18	255 600	4	56 800	4	56 800
6		5,25				15		5		2	
7	10 465	6,60	69 069	4	41 860	4	41 860	10	104 650	3	31 395
8	17 500	9,60	168 000	7	122 500	8	140 000	8	140 000	1	17 500
Summe			1 084 722		684 004		1 368 000		456 004		269 892
Fixe Kosten			780 000								
Gewinne			304 722								

623. Die Planung von Preisuntergrenzen

(1) Da in marktwirtschaftlichen Wirtschaftssystemen die Verkaufspreise von Marktdaten abhängig sind und der Unternehmung häufig sogar vom Markt vorgegeben werden, ist die *Planung von Preisgrenzen* erforderlich, bei deren Unterschreiten aus wirtschaftlichen Gründen eine Produktart aus dem Produktionsprogramm eliminiert bzw. auf die Annahme eines Auftrags verzichtet werden muß. Solche Mindestpreise werden als *Preisuntergrenzen* bezeichnet.[25] In der betriebswirtschaftlichen Literatur werden erfolgswirksame und liquiditätswirksame bzw. finanzielle Preisuntergrenzen unterschieden.

Als *liquiditätswirksame Preisuntergrenzen* werden Mindestpreise für Erzeugnisse und Aufträge bezeichnet, deren Unterschreiten zur Zahlungsunfähigkeit führt. Da wir an anderer Stelle nachgewiesen haben, daß die Liquiditätskontrolle nicht zu den Aufgaben der Kostenrechnung gehören kann und sich stückbezogene, liquiditätswirksame Preisuntergrenzen nur in seltenen Fällen bestimmen lassen, wollen wir uns hier auf die Behandlung erfolgswirksamer Preisuntergrenzen beschränken.[26]

Als *erfolgswirksame Preisuntergrenzen* werden Mindestpreise für Erzeugnisse und Aufträge bezeichnet, bei deren Unterschreiten der Gesamterfolg einer Unternehmung vermindert wird. Wird die Preisuntergrenze gerade erreicht, so ist der Grenzgewinn der betreffenden Aktivität gleich Null.[27] Erfolgswirksame Preisuntergrenzen kann man für Entscheidungen berechnen, bei denen zugleich betriebliche Teilkapazitäten erweitert bzw. verringert werden und sie können sich auf unveränderte Kapazitäten beziehen. *Preisuntergrenzen bei veränderten betrieblichen Teilkapazitäten* werden mit Hilfe von Investitionsrechnungen aus Zahlungsströmen abgeleitet, wobei neben auszahlungswirksamen Grenzkosten auch die durch Kapazitätsveränderungen ausgelösten Zu- oder Abnahmen der auszahlungswirksamen Fixkosten relevant sind. Im einzelnen wollen wir hierauf jedoch nicht eingehen.[28] *Preisuntergrenzen bei unveränderten betrieblichen Teilkapazitäten* werden mit Hilfe der Kostenrechnung ermittelt. Da nur bei kurzfristigen Entscheidungen die Prämisse konstanter Kapazitäten erfüllt ist, bezeichnet man sie auch als *kurzfristige Preisuntergrenzen.*

25 Zur Bestimmung von Preisuntergrenzen vgl. *H. H. Böhm* und *F. Wille*, Deckungsbeitragsrechnung, Grenzpreisrechnung und Optimierung, 5. Aufl., München 1974, S. 213 ff.; *H. Hax*, Preisuntergrenzen im Ein- und Mehrproduktbetrieb. Ein Anwendungsfall der linearen Planungsrechnung, ZfhF 1961, S. 424 ff.; *W. Kilger*, Flexible Plankostenrechnung, 6. Aufl., Opladen 1974, S. 673 ff.; *H. Langen*, Dynamische Preisuntergrenzen, ZfbF 1966, S. 650; *H. Raffée*, Kurzfristige Preisuntergrenzen als betriebswirtschaftliches Problem, Köln und Opladen 1961; *T. Reichmann*, Kosten und Preisgrenzen, die Bestimmung von Preisuntergrenzen und Preisobergrenzen im Industriebetrieb, Wiesbaden 1973; *E. Schmalenbach*, Selbstkostenrechnung und Preispolitik, 6. Aufl., Leipzig 1934, S. 276; *C. E. Schulz*, Das Problem der Preisuntergrenze und ihre Arten, Annalen der Betriebswirtschaft 1927, S. 347 ff.

26 Vgl. *W. Kilger*, Flexible Plankostenrechnung, a.a.O., S. 674 ff.

27 Preisuntergrenzen werden daher auch als „erfolgsneutrale Preise" bezeichnet. Vgl. *H. H. Böhm* und *F. Wille*, Deckungsbeitragsrechnung, Grenzpreisrechnung und Optimierung, a.a.O., S. 213.

28 Zur Bestimmung erfolgswirksamer Preisuntergrenzen bei veränderten Kapazitäten vgl. *W. Kilger*, Flexible Plankostenrechnung, a.a.O., S. 683.

(2) Bei der *Berechnung kurzfristiger Preisuntergrenzen* muß man grundsätzlich von den geplanten oder vorkalkulierten Grenzselbstkosten der Erzeugnisse oder Aufträge ausgehen, da die fixen Kosten der vorhandenen Kapazitäten für kurzfristige Entscheidungen nicht relevant sind.[29] Hieraus folgt, daß die Bestimmung kurzfristiger Preisuntergrenzen die Durchführung einer Grenzplankostenrechnung voraussetzt.

Besonders häufig kommt es vor, daß in *Unternehmungen mit standardisierten Erzeugnissen kurzfristige Preisuntergrenzen für Zusatzaufträge* gebildet werden müssen. Gehört das Produkt, auf das sich der Zusatzauftrag bezieht, bereits zum Produktionsprogramm, so kann man bei der Bestimmung der Preisuntergrenze von der vorhandenen Plankalkulation ausgehen. Handelt es sich dagegen um eine Sonderanfertigung, so muß eine neue Plankalkulation erstellt werden. In beiden Fällen ist zu überprüfen, ob Veränderungen der Kostenstruktur eingetreten sind. Ist dies der Fall, so müssen die geplanten Materialpreise, Löhne und Kostensätze entsprechend revidiert werden.

In *Unternehmungen mit Auftragsfertigung* müssen *für alle Kundenanfragen kurzfristige Preisuntergrenzen* bestimmt werden, da nur so sichergestellt werden kann, daß bei Preisverhandlungen Aufträge zu Preisen hereingenommen werden, die den Gewinn nicht vermindern, sondern erhöhen.

In der Praxis findet man häufig die Ansicht, daß die Grenzselbstkosten eines Erzeugnisses oder Auftrages stets mit der kurzfristigen Preisuntergrenze übereinstimmen. Dies ist aber keineswegs richtig. Die *Grenzselbstkosten geben vielmehr nur die absolute Preisuntergrenze* an, die auf keinen Fall unterschritten werden darf. Damit für ein Erzeugnis oder einen Auftrag die absolute Preisuntergrenze gilt, müssen die folgenden beiden wichtigen *Voraussetzungen* erfüllt sein.

Erstens muß die Produktion eines zusätzlichen Auftrages mit Hilfe *freier Kapazitäten,* d. h. ohne *Engpaßwirkungen* möglich sein. Die Annahme des Auftrages darf weder kapazitätserhöhende Anpassungsprozesse erfordern noch zur Verdrängung anderer Produkte führen.

Zweitens dürfen zwischen dem Zusatzauftrag und den übrigen Lieferungen und Leistungen einer Unternehmung *keine Erlösinterdependenzen* bestehen. Die Annahme des Auftrages (zu einem relativ niedrigen Preis) darf nicht dazu führen, daß andere Kunden ebenfalls niedrigere Preise verlangen oder zur Konkurrenz abwandern.

Sind die beiden obigen Voraussetzungen nicht erfüllt, so sind die kurzfristigen Preisuntergrenzen höher als die Grenzselbstkosten.

Erfordert die Annahme eines Zusatzauftrages die *Durchführung kurzfristig realisierbarer kapazitätserhöhender Anpassungsprozesse,* so müssen die hierdurch verursachten Mehrkosten bei der Bestimmung von kurzfristigen Preisuntergrenzen berücksichtigt werden. Bezeichnen wir die Grenzselbstkosten (ohne Berücksichtigung der Mehrkosten des kapazitätserhöhenden Anpassungsprozesses) mit k_P, die Auftragsmenge als Δx_z und die Mehrkosten des kapazitätserhöhenden Anpassungsprozesses mit ΔK, so gilt für die kurzfristige Preisuntergrenze folgende Bestimmungsgleichung:

$$p_{Min} = k_P + \frac{\Delta K}{\Delta x_z} \tag{200}$$

29 Zur Bestimmung kurzfristiger Preisuntergrenzen vgl. *W. Kilger*, Flexible Plankostenrechnung, a.a.O., S. 677 ff.

Bei den Mehrkosten ΔK kann es sich z. B. um zusätzliche Personalkosten für Überstunden, um Kostenerhöhungen infolge intensitätsmäßiger Anpassungsprozesse und um zusätzliche Fertigungskosten infolge von Lohnarbeit, erhöhtem Fremdbezug oder das Ausweichen auf kostenungünstigere Verfahren handeln. In manchen Fällen können auch Fixkostensprünge als Mehrkosten auftreten, so z. B. wenn kurzfristig ein Lagerraum gemietet werden muß, um den Zusatzauftrag abwickeln zu können. In Gleichung (200) wird vorausgesetzt, daß sich die Kapazität soweit erhöhen läßt, daß die Annahme des Zusatzauftrages ohne Verdrängung anderer Aufträge möglich ist.

Wird einer Unternehmung ein Zusatzauftrag in einer Beschäftigungssituation angeboten, in der *ein Engpaß* wirksam wird, so kann der Auftrag nur angenommen werden, wenn man auf andere Aufträge verzichtet. In dieser Situation müssen daher bei der Berechnung kurzfristiger Preisuntergrenzen wegfallende Deckungsbeiträge als Opportunitätskosten berücksichtigt werden. Bezeichnen wir den Opportunitätskostensatz pro Einheit der Engpaßbelastung als w_E und die Fertigungszeit des Engpasses, die eine Einheit des Zusatzauftrages beansprucht mit t_E, so erhalten wir für die kurzfristige Preisuntergrenze folgende Bestimmungleichung:

$$p_{Min} = k_P + t_E\, w_E \tag{201}$$

Wird durch den Zusatzauftrag nur eine Produktart verdrängt, so ist der Opportunitätskostensatz gleich dem relativen Deckungsbeitrag des verdrängten Produktes. Müssen dagegen die Absatzmengen mehrerer Produktarten verringert werden, damit der Zusatzauftrag angenommen werden kann, so entspricht der Opportunitätskostensatz dem gewogenen Mittelwert der relativen Deckungsbeiträge der verdrängten Erzeugnismengen.

Werden *gleichzeitig mehrere Engpässe* wirksam, so muß die Gleichung (201) dahingehend erweitert werden, daß man dem Zusatzauftrag für jeden Engpaß gesonderte Opportunitätskosten belastet. Nehmen wir an, daß $i = 1, \ldots, m$ vom Zusatzauftrag beanspruchte Fertigungsstellen Engpässe sind, so gilt:

$$p_{Min} = k_P + \sum_{i=1}^{m} t_i w_i \tag{202}$$

Die praktische Anwendung der Gleichung (202) scheitert aber daran, daß sich im Falle mehrerer Engpässe die Opportunitätskostensätze nur mit Hilfe simultaner Planungsmodelle bestimmen lassen. Löst man ein lineares Planungsmodell zur Bestimmung gewinnmaximaler Absatzmengen, so werden (aufgrund der Dualitätsbeziehungen der linearen Programmierung) den Engpässen „Knappheitspreise" zugeordnet, die den Größen w_i in Gleichung (202) entsprechen.[30] Diese Opportunitätskostensätze gelten aber jeweils nur für die optimale Zusammensetzung des Produktionsprogramms. Wird ein Zusatzauftrag angenommen, so verändern sich die Engpaßrelationen und damit auch die Höhe der Opportunitätskostensätze. Berechnet man mit den Knappheitspreisen der linearen Programmierung nach Gleichung (202) die Preisuntergrenze eines Zusatzauftrages, so gibt es zwei Möglichkeiten. Ist der angebotene Preis niedriger als die Preisuntergrenze, so ist der

30 Vgl. hierzu *W. Kilger*, Optimale . . . , a.a.O., S. 138 ff.

Zusatzauftrag abzulehnen. Im umgekehrten Fall muß das gewinnmaximale Produktionsprogramm unter Berücksichtigung des Zusatzauftrages neu bestimmt werden.

Ist bei Annahme eines Zusatzauftrages damit zu rechnen, daß *Erlösinterdependenzen zu anderen Erzeugnissen und Aufträgen wirksam werden,* so müssen bei der Berechnung kurzfristiger Preisuntergrenzen wegfallende Deckungsbeiträge berücksichtigt werden. Diese können darauf zurückzuführen sein, daß andere Kunden ebenfalls niedrigere Preise verlangen, oder zur Konkurrenz abwandern. Nehmen wir an, daß die Annahme des Zusatzauftrages bei $j = 1, \ldots, n$ Produktarten zu Preissenkungen in Höhe von Δp_j führt, so gilt folgende Preisuntergrenze:

$$p_{Min} = k_P + \frac{\sum_{j=1}^{n} x_{Aj} \Delta p_j}{\Delta x_z} \tag{203}$$

In Gleichung (203) gibt der zweite Summand die Erlösverminderung an, die auf eine Einheit des Zusatzauftrages entfällt. Führt die Annahme des Zusatzauftrages dazu, daß bei $j = 1, \ldots, n$ Produktarten die Absatzmengen um Δx_{Aj} abnehmen, so erhält man als Preisuntergrenze:

$$p_{Min} = k_P + \frac{\sum_{j=1}^{n} \Delta x_{Aj} (p_j - k_{Pj})}{\Delta x_z} \tag{204}$$

In Gleichung (204) gibt der zweite Summand die wegfallenden Deckungsbeiträge an, die auf eine Einheit des Zusatzauftrages entfallen. Analog lassen sich kurzfristige Preisuntergrenzen bestimmen, wenn sowohl die „Preise verdorben werden" als auch Mengenverluste auftreten. Meistens werden Erlösinterdependenzen erst im Zeitablauf wirksam, so daß die Berechnung der Preisuntergrenzen mit Hilfe mehrperiodiger Modelle erfolgen muß, auf deren Wiedergabe wir hier jedoch verzichten. In der Praxis lassen sich Erlösinterdependenzen nur schwer quantifizieren. Aus Gründen der Vorsicht sollten sie eher zu hoch als zu niedrig angesetzt werden. Bei geringen Produktunterschieden, so z. B. bei nahezu homogenen Massenerzeugnissen, ist tendenziell mit relativ starken Erlösinterdependenzen zu rechnen. Hier genügt meistens bereits der Verdacht auf Erlösinterdependenzen um einen Zusatzauftrag abzulehnen. Je mehr sich der Zusatzauftrag qualitativ von den übrigen Produkten unterscheidet, desto geringer sind die zu erwartenden Erlösinterdependenzen. Bei Auftrags- und Einzelfertigung ist kaum mit Erlösinterdependenzen zu rechnen. Wird ein Auftrag zu einem relativ niedrigen Preis angenommen, so wird das wegen der Verschiedenheit der einzelnen Aufträge meistens nicht transparent.

Werden *gleichzeitig Engpässe und Erlösinterdependenzen* wirksam, so lassen sich die von uns angegebenen Gleichungen zur Bestimmung kurzfristiger Preisuntergrenzen entsprechend kombinieren.

Die Annahme von Zusatzaufträgen zu ungünstigen Preisen darf nicht zum Regelfall werden, da eine Unternehmung auf die Dauer nicht bestehen kann, wenn es ihr nicht gelingt, ihre fixen Kosten zu decken. Dennoch ist es nicht richtig, hieraus den Schluß zu ziehen, daß langfristig die Vollkosten als Preisuntergrenzen der betrieblichen Erzeugnisse anzusehen sind; denn erstens lassen sich die fixen Kosten den Erzeugnissen nicht verursachungsgemäß zuordnen und zweitens nimmt man der Verkaufspolitik die Möglichkeiten des kalkulatorischen Ausgleichs, wenn man Vollkosten als Preisuntergrenzen ansieht.

(3) Wir wollen nunmehr einige *Zahlenbeispiele* zur Berechnung von Preisuntergrenzen wiedergeben und hierbei von den Daten der Tabellen 100 bis 104 ausgehen. Der Unternehmung wird ein Zusatzauftrag angeboten, der die Fertigungsstellen 1 bis 4 wie folgt beansprucht:

Fertigungsstelle 1: 5 Min/Stck;
Fertigungsstelle 2: 10 Min/Stck;
Fertigungsstelle 3: 6 Min/Stck;
Fertigungsstelle 4: 4 Min/Stck.

Die Grenzselbstkosten betragen 15,– DM/Stck. Der Abnehmer will 12 000 Stck/Jahr beziehen und bietet als Preis 20,– DM/Stck.

Wird kein Engpaß wirksam und sind keine Erlösinterdependenzen zu erwarten, so beträgt die Preisuntergrenze des Zusatzauftrages 15,– DM/Stck. Seine Annahme erhöht den Deckungsbeitrag um 12 000 Stck/Jahr × 5 DM/Stck = 60 000 DM/Jahr.

Erfordert der Zusatzauftrag in der Fertigungsstelle 2 den Einsatz von Überstunden mit 25 %igem Mehrarbeitszuschlag, so erhöht sich die Preisuntergrenze um 0,07 × 10 Min/Stck = 0,70 DM/Stck. Bei Überstunden mit 50 %igem Mehrarbeitszuschlag würde sie um 1,40 DM/Stck. steigen. Auch in diesen Fällen würde es wirtschaftlich sein, den Zusatzauftrag anzunehmen. Der Deckungsbeitrag erhöht sich im ersten Fall um 51 600 DM/Jahr und im zweiten Fall um 43 200 DM/Jahr.

Läßt sich der Zusatzauftrag nur abwickeln, wenn ein Lagerraum für 14 400 DM/Jahr gemietet wird, so erhöht sich die Preisuntergrenze um 14 400 DM/Jahr : 12 000 Stck/Jahr = 1,20 DM/Stck. Als zusätzlichen Gewinn erhält man 45 600 DM/Jahr. Ist die Lagermiete von der Auftragsgröße unabhängig, so läßt sich die kritische Auftragsgröße berechnen, indem man den Mietbetrag durch den Deckungsbeitrag dividiert. Im Beispiel erhält man 14 400 DM/Jahr : 5 DM/Stck = 2 880 Stck/Jahr als Mindestauftragsgröße.

Wird, wie in Tabelle 101 angenommen, die Fertigungsstelle 2 zum Engpaß, so erhält man als Preisuntergrenze des Zusatzauftrages: 15 DM/Stck + 10 Min/Stck × 0,44 DM/Min = 19,40 DM/Stck. Auch in diesem Fall ist der Zusatzauftrag also anzunehmen. Der relative Deckungsbeitrag des Zusatzauftrages beträgt 0,50 DM/Min und ist daher um 0,06 DM/Min höher als der relative Deckungsbeitrag der verdrängten Produktart 4. Von dieser Produktart werden 120 000 Min/Jahr : 12 Min/Stck = 10 000 Stck/Jahr verdrängt. Durch die Annahme des Zusatzauftrages erhöht sich der Deckungsbeitrag um 120 000 Min/Jahr × 0,06 DM/Min = 7 200 DM/Jahr. Dieser Betrag läßt sich auch wie folgt berechnen:

Deckungsbeitrag des Zusatzauftrages	12 000 Stck/Jahr × 5,– DM/Stck	= 60 000 DM/Jahr
./. Wegfallender Deckungsbeitrag der Produktart 4	10 000 Stck/Jahr × 5,28 DM/Stck	= ./. 52 800 DM/Jahr
Gewinnzunahme		7 200 DM/Jahr

Würde die Absatzmenge des Zusatzauftrages höher als 15 490 Stck/Jahr sein, so würden im Falle der Annahme auch Mengeneinheiten der Produktart 2 verdrängt. Da der relative Deckungsbeitrag der Produktart 2 mit 0,60 DM/Min höher ist als der relative Deckungsbeitrag des Zusatzauftrages, wird man über 15 490 Stck/Jahr hinausgehende Mengen des Zusatzauftrages nach Möglichkeit nicht akzeptieren. Es kann aber sein, daß der Zusatzauftrag als unteilbare Einheit angeboten wird. In diesem Fall ist die Annahme wirtschaftlich, sofern die Mehrgewinne bei Produktart 4 größer sind als die Gewinneinbußen der Produktart 2. In unserem Beispiel läßt sich die kritische Auftragsgröße berechnen, für welche die Veränderung des Gesamtdeckungsbeitrages gerade Null ist. Die Verdrängung der Produktart 4 durch den Zusatzauftrag führt zu einer Erhöhung des Deckungsbeitrages von 154 900 Min/Jahr X 0,06 DM/Min = 9 294 DM/Jahr. Soll diese gerade der Abnahme des Deckungsbeitrages durch die Verdrängung von Produkt 2 entsprechen, so muß gelten: 9 294 DM/Jahr = (x_z − 15 490) Stck/Jahr X 10 Min/Stck X 0,10 DM/Min. Hieraus erhält man x_z = 24 784 Stck/Jahr. Die folgende Rechnung zeigt, daß sich bei dieser Stückzahl des Zusatzauftrages der Gesamtdeckungsbeitrag (abgesehen von einem Rundungsfehler) nicht verändert:

Deckungsbeitrag des Zusatzauftrages	24 784 Stck/Jahr X 5,– DM/Stck	= 123 920 DM/Jahr
./. Wegfallender Deckungsbeitrag der Produktart 4	12 908 Stck/Jahr X 5,28 DM/Stck	= ./. 68 154 DM/Jahr
./. Wegfallender Deckungsbeitrag der Produktart 2	6 196 Stck/Jahr X 9,– DM/Stck	= ./. 55 764 DM/Jahr
Rundungsdifferenz		2 DM/Jahr

Liegen die in Tabelle 102 angegebenen Kapazitäten vor und werden die Fertigungsstellen 1, 2 und 3 zu Engpässen, so erhält man mit Hilfe der linearen Programmierung folgende Opportunitätskosten des Zusatzauftrages:

Ftg. Stelle 1: 0,3247 DM/Min X 5 Min/Stck	= 1,62 DM/Stck
Ftg. Stelle 2: 0,4400 DM/Min X 10 Min/Stck	= 4,40 DM/Stck
Ftg. Stelle 3: 0,3541 DM/Min X 6 Min/Stck	= 2,12 DM/Stck
Summe	8,14 DM/Stck

Addiert man hierzu die Grenzselbstkosten des Zusatzauftrages, so erhält man als „Preisuntergrenze" 23,14 DM/Stck. Der Auftrag ist also abzulehnen; das lineare Planungsmodell braucht nicht neu gerechnet zu werden.

624. Spezialprobleme der kurzfristigen Erfolgsplanung

(1) In der anglo-amerikanischen Literatur wird seit langem vorgeschlagen, die kurzfristige Erfolgsplanung durch eine *Deckungspunkt-Analyse* (= Break-Even Analysis) zu ergänzen.[31] In Deutschland ist dieses Verfahren zuerst von J. F. Schär als „Be-

31 An anderer Stelle haben wir die Deckungspunkt-Analyse ausführlicher dargestellt. Vgl. *W. Kilger*, Flexible Plankostenrechnung, a.a.O., S. 648 ff. und die dort angegebene Literatur.

rechnung des toten Punktes" beschrieben worden.[32] Als Deckungspunkt wird diejenige Absatzmenge x_D bezeichnet, die gerade zur Vollkostendeckung führt. Im *Einproduktfall* erhält man hierfür:

(205) $$G = x\,(p - k_P) - K_F = 0$$

woraus folgt:

(206) $$x_D = \frac{K_F}{p - k_P}$$

Im *Mehrproduktfall* gilt analog:

(207) $$G = \sum_{j=1}^{n} x_{Aj}\,(p_j - k_{Pj}) - K_F = 0$$

Diese Gleichung läßt erkennen, daß sich bei mehreren Produktarten keine eindeutigen Deckungsabsatzmengen bestimmen lassen. Es gibt vielmehr beliebig viele Preis-Mengen-Kombinationen, die zur Vollkostendeckung führen. Um dennoch eine Deckungspunktanalyse durchführen zu können, geht man von konstanten (= vorab geplanten) Verkaufspreisen und unveränderten Mengenrelationen aus. Kennzeichnen wir die geplanten Größen mit einem (p) und die möglichen Istabsatzmengen mit einem (i), so muß daher für jede Produktart j gelten:

(208) $$\frac{x_{Aj}^{(i)}\,p_j^{(p)}}{\sum_{j=1}^{n} x_{Aj}^{(i)}\,p_j^{(p)}} = \frac{x^{(p)}\,p_j^{(p)}}{\sum_{j=1}^{n} x_{Aj}^{(p)}\,p_j^{(p)}} \qquad (j = 1, \ldots, n)$$

Hieraus folgt:

(209) $$\frac{x_{Aj}^{(i)}}{x_{Aj}^{(p)}} = \frac{\sum_{j=1}^{n} x_{Aj}^{(i)}\,p_j^{(p)}}{\sum_{j=1}^{n} x_{Aj}^{(p)}\,p_j^{(p)}} \qquad (j = 1, \ldots, n)$$

Da bei konstanten Mengenrelationen der Quotient auf der rechten Seite in Gleichung (209) ein konstanter Faktor ist, der angibt, wie sich die geplanten Deckungsbeiträge in Abhängigkeit vom Umsatz verändern, erhalten wir für die Bestimmung des Deckungsumsatzes U_D folgende Gleichung:

(210) $$\frac{\sum_{j=1}^{n} x_{Aj}^{(i)}\,p_j^{(p)}}{\sum_{j=1}^{n} x_{Aj}^{(p)}\,p_j^{(p)}} \sum_{j=1}^{n} x_{Aj}^{(p)}\,(p_j^{(p)} - k_{Pj}^{(p)}) = K_F$$

32 Vgl. *J. F. Schär*, Allgemeine Handelsbetriebslehre, 5. Aufl., Leipzig 1923, S. 169.

Hieraus erhält man nach einigen Umformungen für den *Deckungsumsatz*:

$$U_D = \frac{K_F}{1 - \frac{\sum_{j=1}^{n} x_{Aj}^{(p)} k_{Pj}^{(p)}}{\sum_{j=1}^{n} x_{Aj}^{(p)} p_j^{(p)}}} \tag{211}$$

Für das *Zahlenbeispiel*, dessen Ausgangsdaten wir in Tabelle 100 wiedergegeben haben, erhalten wir

$$U_D = \frac{865\,000}{1 - \frac{2\,677\,290}{4\,039\,674}} = \underline{\underline{2\,564\,863 \text{ DM/Jahr}}} \tag{212}$$

Der Quotient im Nenner gibt die durchschnittliche Relation zwischen den Grenzselbstkosten und den Erlösen an; sie liegt im Beispiel bei 66,3 %. Zieht man diese von 1 ab, so erhält man die durchschnittliche Relation der Deckungsbeiträge zu den Erlösen, die im Beispiel 33,7 % beträgt. Der Deckungsumsatz in Höhe von 2 564 863 DM/Jahr entspricht 63,5 % des Planungsumsatzes in Höhe von 4 039 674 DM/Jahr.

Die Deckungspunkt-Analyse ist eine nützliche Ergänzung der Erfolgsplanung. Ihr Aussagewert ist aber im Mehrproduktfall infolge der Annahme konstanter Mengenrelationen beschränkt.

(2) Normalerweise werden in der Erfolgsplanung die fixen Kosten den geplanten Deckungsbeiträgen global, d. h. in einer Summe gegenübergestellt. Man kann die kurzfristige Erfolgsplanung aber auch durch eine *stufenweise Fixkostendeckungsrechnung* ergänzen.[33] Bei diesem Verfahren, das von K. Agthe und K. Mellerowicz vorgeschlagen wird, erfolgt eine „möglichst weitgehende Aufspaltung des gesamten Fixkostenblocks in verschiedene Fixkostenschichten“, die sich durch ihre unterschiedliche „Erzeugnisnähe“ unterscheiden.[34] Bei der stufenweisen Fixkostendeckungsrechnung lassen sich folgende Fixkostenkategorien bilden:

Erzeugnis-Fixkosten
Erzeugnisgruppen-Fixkosten
Bereichs-Fixkosten
Unternehmungs-Fixkosten

33 Zur ausführlichen Darstellung der stufenweisen Fixkostendeckungsrechnung vgl. *W. Kilger*, Flexible Plankostenrechnung, a.a.O., S. 662 ff.

34 Vgl. *K. Aghte*, Stufenweise Fixkostendeckung im System des Direct costing, ZfB 1959, S. 404 ff. und *K. Mellerowicz*, Planung und Plankostenrechnung, Bd. I, Betriebliche Planung, Freiburg 1961, S. 473. Neben den von uns angegebenen Fixkostenkategorien verwenden die Verfasser noch die Bezeichnung „Kostenstellenfixkosten“. Diese Kategorie haben wir jedoch nicht übernommen, da alle fixen Kosten in irgendwelchen Kostenstellen anfallen.

Erzeugnis-Fixkosten lassen sich betrieblichen Teilkapazitäten zurechnen, die nur von einer Produktart beansprucht werden, so z. B. für Spezialaggregate. Entsprechend werden als *Erzeugnisgruppen-Fixkosten* die fixen Kosten von Kostenstellen oder Kostenstellengruppen bezeichnet, die nur zur Produktion bestimmter Erzeugnisgruppen dienen und von anderen Produktarten nicht beansprucht werden. Unter *Bereichs-Fixkosten* versteht man die Bereitschaftskosten spezieller Werksbereiche oder selbständiger Werke. Alle fixen Kosten, die für die Unternehmung insgesamt anfallen und sich nicht nach Erzeugnissen oder Erzeugnisgruppen differenzieren lassen, bezeichnet man als *Unternehmungs-Fixkosten.*

Die *Durchführung der stufenweisen Fixkostendeckungsrechnung* erfolgt so, daß man von den Deckungsbeiträgen der Einzelerzeugnisse zunächst die Erzeugnis-Fixkosten subtrahiert. Hierbei erhält man die Restdeckungsbeiträge I, die zu Erzeugnisgruppen verdichtet werden. Von diesen werden die zugehörigen Erzeugnisgruppen-Fixkosten abgezogen, wobei die Restdeckungsbeiträge II übrigbleiben. Diese wiederum werden werksweise zusammengefaßt und um die Bereichs-Fixkosten vermindert, wobei die Restdeckungsbeiträge III entstehen. Zieht man von deren Summe die Unternehmens-Fixkosten ab, so bleibt schließlich der geplante Gewinn übrig.

Die stufenweise Fixkostendeckungsrechnung soll erkennen lassen, bis zu welcher „Tiefe" die Erzeugnisse und Erzeugnisgruppen zur Fixkostendeckung beitragen. Versiegt die Fixkostendeckung bereits bei den Erzeugnis- oder Erzeugnisgruppen-Fixkosten, so muß durch eine Investitionsrechnung überprüft werden, ob und zu welchem Zeitpunkt eine Stillegung betrieblicher Teilbereiche durchzuführen ist.

(3) Wir haben bereits an anderer Stelle darauf hingewiesen, daß die Erfolgsplanung nach Monaten differenziert durchgeführt wird. Hierbei ergeben sich in Unternehmungen, deren *Absatzmengen von Saisoneinflüssen beeinflußt* werden, im Zeitablauf große Gewinnunterschiede. Die größten Deckungsbeiträge werden in der Saisonspitze erzielt, während die Deckungsbeiträge anderer Monate oftmals nicht einmal zur Fixkostendeckung ausreichen. Hieraus folgt, daß es bei Saisonschwankungen nicht sinnvoll ist, die Deckungsbeiträge der einzelnen Monate isoliert zu betrachten. Man sollte die Erfolgsplanung vielmehr durch eine *kumulierte Erfolgsanalyse* ergänzen.[35] Hierbei werden die Deckungsbeiträge zeitlich kumuliert und den ebenfalls kumulierten fixen Kosten gegenübergestellt. Man erkennt hierbei, in welchem Monat der geplante Saisonverlauf erstmalig zur Fixkostendeckung führt und wie sich der Gewinn im Zeitablauf entwickelt.

(4) Die *kurzfristige Erfolgsplanung in mehrstufen Unternehmungen*, deren Produktionsstufen marktgängige Zwischenprodukte erzeugen, muß stufenweise durchgeführt werden. Wie bereits unsere Ausführungen über die Kalkulationsprobleme mehrstufiger Unternehmungen gezeigt haben, lassen sich richtige Entscheidungen über die Zusammensetzung des Produktionsprogramms nur treffen, wenn man in der Kalkulation mit Grenzkosten „durchrechnet". Hieraus ergeben sich für den Aufbau der kurzfristigen Erfolgsplanung in mehrstufigen Unternehmungen folgende

35 Vgl. *W. Medicke*, Geschlossene Kostenträgerrechnung und Artikelergebnisrechnung in der Grenzplankostenrechnung, AGPLAN, Bd. 8, Wiesbaden 1964, S. 54 f. und *W. Kilger*, Flexible Plankostenrechnung, a.a.O., S. 654 ff.

Konsequenzen. Für jede Stufe werden in der Erfolgsplanung die Deckungsbeiträge der von ihr verkauften Erzeugnisse ausgewiesen. Da die Bewertung der weiterverarbeiteten Mengen zu Grenzherstellkosten erfolgt, stehen den Deckungsbeiträgen der Vorstufen die gesamten fixen Kosten dieser Stufen gegenüber, so daß sich im Regelfall negative Stufenerfolge ergeben. Dafür erhält man in der letzten Produktionsstufe entsprechend hohe Gewinne. Für die kurzfristige Erfolgsplanung ist dieser stufenweise Gewinnausweis erforderlich, damit die funktionalen Beziehungen zwischen Produktmengen, Erlösen, Kosten und Deckungsbeiträgen in allen Stufen transparent bleiben. Die negativen Stufenerfolge sind aber insofern problematisch als sie von den Geschäftsleitungen der Produktionsstufen nicht zu verantworten sind, denn die von ihnen bereitgehaltenen Kapazitäten sind ja zum großen oder sogar überwiegenden Teil für die Produktion in den Folgestufen erforderlich. Es ist daher zweckmäßig, die kurzfristige Erfolgsplanung mehrstufiger Unternehmungen dadurch zu ergänzen, daß man eine *stufenweise Fixkostenverteilung* vornnimmt.[36] Hierbei werden z. B. einer Produktionsstufe, die 20 % ihrer Gesamtproduktion verkauft und 80 % an die Folgestufe liefert, im Erfolgsplan nur 20 % ihrer fixen Kosten zugeordnet; 80 % werden der Folgestufe belastet. Die stufenweise Fixkostenverteilung dient in erster Linie zur Motivation der Stufenleiter. Für die Entscheidungen der kurzfristigen Produktions- und Absatzplanung ist sie ohne Relevanz.

Verfügen in einer mehrstufigen Unternehmung alle Stufen über *freie Kapazitäten,* so können die Absatzhöchstmengen sämtlicher Zwischen- und Endprodukte in das Produktionsprogramm aufgenommen werden. Für den Fremdbezug kommen nur solche Zwischenprodukte in Frage, deren Fremdbezugskosten pro Einheit unter den Herstellkosten pro Einheit liegen. Tritt nur *ein Engpaß* auf, so sind folgende Fälle zu unterscheiden. Liegt der Engpaß in der letzten Produktionsstufe, so werden die Endprodukte in der Reihenfolge ihrer relativen Deckungsbeiträge in das Produktionsprogramm aufgenommen bis die Kapazitätsgrenze erreicht ist. Liegt der Engpaß dagegen in einer Vorstufe, so sind zwei Verwendungsmöglichkeiten der Zwischenprodukte zu unterscheiden, erstens der Verkauf und zweitens die Weiterverarbeitung. Beide Verwendungsmöglichkeiten konkurrieren in einer Engpaßsituation miteinander. Man bezieht daher sowohl die Deckungsbeiträge als auch die Mehrkosten bei Fremdbezug auf die Einheit der Engpaßbelastung und ordnet die Zwischenprodukte in der Reihenfolge dieser Größen der Engpaßkapazität zu. Treten *mehrere Engpässe* auf, so erfordert die Erfolgsplanung in mehrstufigen Unternehmungen den Einsatz linearer Planungsmodelle.[37]

(5) In *Unternehmungen mit Kuppelproduktion* muß beim Aufbau der kurzfristigen Erfolgsplanung unbedingt darauf geachtet werden, daß die geplanten Produktions- und Absatzmengen den Kuppelrelationen entsprechen. Werden gewinngünstige Produktarten in das Produktionsprogramm aufgenommen, so fallen zwangsläufig auch Erzeungismengen an, die nur zu geringen Preisen verkauft oder sogar unter Aufwendung von Vernichtungskosten vernichtet werden müssen. Bei starren Mengenrelationen lassen sich die Kuppelprodukte beim Aufbau der kurzfristigen Erfolgsplanung zu ,,Kuppelprodukt-Päckchen" zusammenfassen. Bei variablen

36 Vgl. *W. Kilger*, Kurzfristige Erfolgsrechnung, a.a.O., S. 88.

37 Vgl. *W. Kilger*, Optimale . . . , a.a.O., S. 297 ff.

Mengenrelationen dagegen müssen diejenigen Prozeßbedingungen bestimmt werden, die unter Berücksichtigung der Absatzdaten und der variablen Kosten zu gewinnmaximalen Produktions- und Absatzmengen führen. Da bei Kuppelproduktion keine produktindividuellen Grenzkosten bestimmt werden können, ordnet man die variablen Kosten der Kuppelprozesse beim Aufbau der kurzfristigen Erfolgsplanung jeweils bestimmten Leiteinsatz- oder Leitausbringungsmengen zu, und stellt durch Restriktionen sicher, daß die Mengenrelationen eingehalten werden. Hierfür sind lineare Planungsmodelle besonders gut geeignet, auch wenn keine Kapazitätsengpässe auftreten.[38] Normalerweise werden in der kurzfristigen Erfolgsplanung keine über das Jahr hinausgehenden Bestandsveränderungen vorgesehen, so daß keine Bestände zu bewerten sind und somit auch keine produktindividuellen „Herstellkosten" der Kuppelprodukte geplant zu werden brauchen.

(6) Besonders schwierige Probleme treten bei der *kurzfristigen Erfolgsplanung in Unternehmungen mit langfristiger Einzelfertigung* auf. Bei langfristiger Einzelfertigung, so z. B. im Großmaschinen- und Anlagenbau, im Schiffsbau und der Bauindustrie, bewirken „der große Umfang des Einzelstückes und die geringe Zahl der im Laufe eines Jahres erledigten Aufträge", daß jeder einzelne Auftrag „eine wesentliche Bedeutung für das Gedeihen des Betriebes hat".[39] Hieraus folgt, daß bei langfristiger Einzelfertigung die Deckungsbeiträge oder Vollkostengewinne der einzelnen Aufträge im Mittelpunkt des Interesses stehen. Für die bereits erteilten Aufträge liegen die vereinbarten Erlöse sowie die vorkalkulierten Kosten und damit die geplanten Deckungsbeiträge bzw. Vollkostengewinne fest. Unter Berücksichtigung der Liefertermine läßt sich daher für den gegebenen Auftragsbestand eine nach Aufträgen und Teilperioden differenzierte Erfolgsplanung durchführen. Hierbei müssen noch nicht abgerechnete aber bereits begonnene Aufträge bestandsmäßig abgegrenzt werden. Soweit in den Kalkulationen noch keine Wagniskosten für Garantieverpflichtungen und Gewährleistungsrisiken berücksichtigt worden sind, müssen in der kurzfristigen Erfolgsplanung genügend große Rückstellungen gebildet und den Aufträgen belastet werden. Über den Auftragsbestand hinaus ist bei Auftragsfertigung nur eine globale Kosten-, Erlös- und Gewinnplanung möglich, bei der man von Erfahrungswerten und der erwarteten Absatzlage ausgehen muß.

Bei *freien Kapazitäten* kann eine Unternehmung mit langfristiger Einzelfertigung alle Aufträge annehmen, für die sich Verkaufspreise erzielen lassen, die über den Grenzkosten liegen. In *Engpaßsituationen* muß dagegen eine Auftragsselektion erfolgen. Hierbei treten aber erhebliche Schwierigkeiten auf, da man den zukünftigen Auftragseingang nicht kennt und die räumlichen und zeitlichen Arbeitsabläufe bei Einzelfertigung sehr kompliziert sind und weit in die Zukunft reichen. Dennoch wurden in neuerer Zeit Modelle zur optimalen Planung des Produktionsprogramms bei Einzelfertigung entwickelt.[40]

38 Vgl. *W. Kilger*, Optimale . . . , a.a.O., S. 340 ff.

39 Vgl. *F. Schmidt*, Das Rechnungswesen in Fabrikbetrieben mit langfristiger Einzelfertigung, Diss. Köln 1930, S. 1.

40 Vgl. *H. Jacob*, Zur optimalen Planung des Produktionsprogramms bei Einzelfertigung, ZfB 1971, S. 495 ff., *H. Laux*, Auftragsselektion bei Unsicherheit, ZfbF 1971, S. 164 ff. und *G. Czeranowsky*, Ein Lösungsansatz zur simultanen Programm- und Ablaufplanung bei Einzelfertigung, ZfB 1975, S. 353.

63. Die kurzfristige Erfolgsrechnung als Kontrollrechnung

631. Die Entwicklungsformen der kurzfristigen Erfolgsrechnung

6311. Das Gesamtkostenverfahren

(1) Wir haben bereits in Kapitel 61 darauf hingewiesen, daß die kurzfristige Erfolgsrechnung ursprünglich als nachträgliche Kontrollrechnung konzipiert war; die Weiterentwicklung zur Planungsrechnung konnte erst nach Entstehung der Plankostenrechnung einsetzen. Die älteren Formen der kurzfristigen Erfolgsrechnung entsprechen daher noch nicht dem Deckungsbeitragsprinzip, das wir bei unseren Ausführungen über die kurzfristige Erfolgsplanung vorausgesetzt haben.

Das älteste Verfahren der kurzfristigen Erfolgsrechnung ist unmittelbar aus der Gewinn- und Verlustrechnung der Finanzbuchhaltung durch die in Kapitel 12 beschriebene Abgrenzung neutraler Geschäftsvorfälle und die Abgrenzung der Kosten vom Aufwand hervorgegangen. Durch diese Abgrenzungen erhält man aus dem Erfolg der Finanzbuchhaltung den *Leistungserfolg der Kostenrechnung*. Hierfür gilt folgende Bestimmungsgleichung.[41]

$$(213) \qquad G = \sum_{j=1}^{n} p_j x_{Aj} + \sum_{j=1}^{n} k_{Hj} (x_{Pj} - x_{Aj}) - \sum_{\nu=1}^{z} K_\nu$$

Ermittelt man nach dieser Gleichung den monatlichen Gewinn, so erhält man eine Form der kurzfristigen Erfolgsrechnung, bei der die nach Kostenarten ($\nu = 1, \ldots, z$) differenzierten Gesamtkosten im Ergebnis erscheinen, und die daher als *Gesamtkostenverfahren* bezeichnet wird.[42]

In Gleichung (213) gibt der erste Summand die nach Produktarten ($j = 1, \ldots, n$) gegliederten Verkaufserlöse an, die durch die Fakturierung erfaßt werden. Der zweite Summand enthält die (ebenfalls nach Produktarten gegliederten) zu Herstellkosten bewerteten Bestandsveränderungen der Halb- und Fertigfabrikatebestände. Ihre Erfassung erfordert beim Gesamtkostenverfahren die monatliche Durchführung körperlicher Inventuren. Die Bewertung zu Herstellkosten setzt auch beim Gesamtkostenverfahren die Erstellung von Kalkulationen voraus.[43] Nach dem Niederstwertprinzip, dessen Einhaltung wir auch in der kurzfristigen Erfolgsrechnung unterstellen, sind die Herstellkosten durch die Verkaufspreise zu ersetzen, wenn diese niedriger sind. In Gleichung (213) wurde unterstellt, daß nur Bestandsveränderungen der Fertigerzeugnisse eingetreten sind. Treten auch bei den Halbfabrikaten Bestandsveränderungen auf, so sind diese mit den Teilen der Herstellkosten zu bewerten, die ihrem Reifegrad entsprechen. Die in Gleichung (213) enthaltenen Gesamtkosten lassen sich unmittelbar aus der Kostenartenrechnung entnehmen.

41 Diese Gleichung stimmt mit Gleichung (11) in Kapitel 123. überein.

42 Von Th. Beste wird das Gesamtkostenverfahren als „direkte kurzfristige Erfolgsrechnung" bezeichnet, da bei diesem Verfahren der wertmäßige Verzehr für Produktionsfaktoren den Erträgen unmittelbar gegenübergestellt wird. Vgl. *Th. Beste*, Die kurzfristige Erfolgsrechnung, a.a.O., S. 277.

43 Vgl. *Th. Beste*, Die kurzfristige Erfolgsrechnung, a.a.O., S. 313.

Theoretisch kann das Gesamtkostenverfahren als Ist-, Normal- oder Plankostenrechnung bzw. als Voll- oder Grenzkostenrechnung durchgeführt werden. In der Praxis liegt dem *Gesamtkostenverfahren* aber *meistens eine Istkostenrechnung* zugrunde. Hierbei werden die Bestandsveränderungen zu vollen Ist-Herstellkosten bewertet und die Kostenarten als Istkostenbeträge ausgewiesen. Im Falle einer Normal- oder Plankostenrechnung müßte die Bestandsbewertung zu Normal- oder Plan-Herstellkosten erfolgen und eine Aufteilung der Kostenartenbeträge in Normal- bzw. Plankosten und Kostenabweichungen vorgenommen werden. Hierauf wollen wir aber nicht weiter eingehen, weil das Gesamtkostenverfahren in Betrieben mit einer Normal- oder Plankostenrechnung nur selten angewandt wird.

(2) Die *Vorteile* des Gesamtkostenverfahrens resultieren aus der Einfachheit des rechnerischen Aufbaus. Das Gesamtkostenverfahren läßt sich leicht in das Kontensystem der Finanzbuchhaltung einfügen, oder in statistisch tabellarischer Form durchführen.[44] Diesem Vorteil stehen aber schwerwiegende *Nachteile* gegenüber.

Für die Durchführung *des Gesamtkostenverfahrens* wirkt sich nachteilig aus, daß monatlich die Bestandsveränderungen der Halb- und Fertigfabrikate erfaßt werden müssen. Hierfür sind körperliche Inventuren oder laufende Aufzeichnungen der Zu- und Abgänge erforderlich. In Unternehmungen mit differenzierten Produktionsprogrammen und mehrteiligen Erzeugnissen, die sich aus vielen Einzelteilen zusammensetzen, ist die Durchführung monatlicher Inventuraufnahmen oder laufender Aufzeichnungen so kompliziert und zeitaufwendig, daß sie sich praktisch infolge zu hohen Erfassungsaufwandes nicht realisieren läßt. Da der Betrieb während der Inventuraufnahme weiterproduzieren muß, lassen sich bei den Halbfabrikatebeständen Erfassungsfehler kaum vermeiden. Diese Fehler wirken sich in einer monatlichen Erfolgsrechnung viel stärker aus, als in der jährlichen Gewinn- und Verlustrechnung der Finanzbuchhaltung. Wegen dieser Schwierigkeiten kommt das Gesamtkostenverfahren nur für Unternehmungen mit relativ wenig Produktarten in Frage.

Besonders kritisch ist der *Aussagewert des Gesamtkostenverfahrens* zu beurteilen. Da zwar die Umsätze und Bestandsveränderungen nicht aber die Kosten nach Produktarten gegliedert werden, stehen sich auf der Ertrags- und der Kostenseite des Erfolgsausweises Größen einander gegenüber, die sich nicht miteinander vergleichen lassen. Aus diesem Grunde wird beim Gesamtkostenverfahren nicht erkennbar, welche Gewinnbeiträge auf die einzelnen Produkte und Produktgruppen entfallen. Da die Hauptaufgabe der kurzfristigen Erfolgsrechnung aber im Ausweis produktbezogener Erfolgsbeiträge besteht, die zur Eliminierung von Verlustartikeln und zur Verkaufssteuerung dienen sollen, kann das Gesamtkostenverfahren für die Mehrproduktunternehmung nicht als ein geeignetes Verfahren der kurzfristigen Erfolgskontrolle angesehen werden. Es kommt daher lediglich für Einproduktunternehmungen in Frage.

44 Zu den Vor- und Nachteilen der kurzfristigen Erfolgsrechnung vgl. *Th. Beste*, Die kurzfristige Erfolgsrechnung, a.a.O., S. 302 ff. und *W. Kilger*, Kurzfristige Erfolgsrechnung, a.a.O., S. 32 ff. Im Grunde gelten für das Gesamtkostenverfahren die gleichen Kritikpunkte, die wir bereits auf Seite 392 für die Gewinn- und Verlustrechnung der Finanzbuchhaltung hervorgehoben haben.

6312. Das Umsatzkostenverfahren

63121. Das Umsatzkostenverfahren als Vollkostenrechnung

(1) Aussagefähige Verfahren der kurzfristigen Erfolgskontrolle setzen voraus, daß in der Erfolgsrechnung die Kosten in gleicher Weise nach Produktarten gegliedert werden wie die Erträge. Es lag daher nahe, Formen der kurzfristigen Erfolgsrechnung zu entwickeln, die nicht von den Gesamtkosten ausgehen, sondern bei denen man den Erlösen unmittelbar die mit den kalkulierten Selbstkosten pro Einheit bewerteten Absatzmengen gegenüberstellt. Da hierbei nur die den Umsätzen entsprechenden Selbstkosten in den Erfolgsausweis eingehen, bezeichnet man diese Verfahren der kurzfristigen Erfolgsrechnung als *Umsatzkostenverfahren.*[45] Die Durchführung einer nach dem Umsatzkostenverfahren durchgeführten kurzfristigen Erfolgsrechnung hängt wesentlich davon ab, ob eine Unternehmung mit einer Voll- oder einer Grenzkostenrechnung arbeitet. In diesem Kapitel wollen wir das *Umsatzkostenverfahren auf Vollkostenbasis* beschreiben, da dieses Verfahren entwicklungsgeschichtlich älter ist und noch heute in vielen Unternehmungen angewendet wird.

Durch die folgende Rechnung kann man zeigen, daß sich das Umsatzkostenverfahren durch eine kostenträgerweise Aufgliederung der Gesamtkosten aus dem Gesamtkostenverfahren ableiten läßt und beide Verfahren zum gleichen Gesamterfolg führen müssen. In Gleichung (213) kann man die Gesamtkosten einer Abrechnungsperiode gedanklich in die Herstellkosten und die nicht zu den Herstellkosten zählenden Kosten zerlegen. Zu den letzteren zählen die Kosten der allgemeinen kaufmännischen Verwaltung und die Vertriebskosten einschließlich der Sondereinzelkosten des Vertriebs. Aktivierungsfähige Kosten der Betriebsverwaltung sind in den Herstellkosten enthalten. Während sich die Einzelkosten bereits mit Hilfe der Kostenartenrechnung den beiden genannten Kostengruppen zuordnen lassen, erfordert die Aufteilung der Gemeinkosten die Durchführung einer Kostenstellenrechnung. Bezeichnen wir die Gesamtkosten einer Abrechnungsperiode als K, die Herstellkosten mit K_H, die Verwaltungskosten mit K_{Vw} und die Vertriebskosten mit K_{Vt}, so gilt:

$$(214) \qquad K = K_H + K_{Vw} + K_{Vt}$$

Von den Gesamtkosten einer Abrechnungsperiode werden die Herstellkosten den produzierten und die (nicht aktivierungsfähigen) Verwaltungs- und Vertriebskosten den verkauften Produktmengen zugerechnet. Nehmen wir an, daß zum Produktionsprogramm einer Unternehmung $j = 1, \ldots, n$ Produktarten gehören, von denen während einer Abrechnungsperiode die Mengen x_{Pj} hergestellt und die Mengen x_{Aj} abgesetzt werden, und bezeichnen wir die den obigen Kostengruppen entsprechenden Stückkosten mit k_{Hj}, k_{Vwj} und k_{Vtj}, so lassen sich die Gesamtkosten einer Abrechnungsperiode wie folgt ausdrücken:

45 Th. Beste hat das Umsatzkostenverfahren als „indirekte kurzfristige Erfolgsrechnung" bezeichnet, da bei diesem Verfahren die Kosten zunächst auf die Kostenträger verrechnet werden müssen. Vgl. *Th. Beste*, Die kurzfristige Erfolgsrechnung, a.a.O., S. 277. Vgl. zum Umsatzkostenverfahren auch *W. Kilger*, Kurzfristige Erfolgsrechnung, a.a.O., S. 36 ff.

(215) $$K = \sum_{j=1}^{n} k_{Hj}\, x_{Pj} + \sum_{j=1}^{n} [k_{Vwj} + k_{Vtj}]\, x_{Aj}$$

Diese Gleichung verändert sich nicht, wenn man die Summe der mit den Herstellkosten pro Stück bewerteten Absatzmengen zugleich addiert und subtrahiert:

(216) $$K = \sum_{j=1}^{n} k_{Hj}\, x_{Pj} + \sum_{j=1}^{n} [k_{Vwj} + k_{Vtj}]\, x_{Aj} + \sum_{j=1}^{n} k_{hj}\, x_{Aj} - \sum_{j=1}^{n} k_{Hj}\, x_{Aj}$$

Hierin lassen sich die Stückkostenbeträge k_{Hj}, k_{Vwj} und k_{Vtj} zu den Selbstkosten k_j zusammenfassen:

(217) $$K = \sum_{j=1}^{n} k_j\, x_{Aj} + \sum_{j=1}^{n} k_{Hj}\, [x_{Pj} - x_{Aj}]$$

Die Gleichung (217) zeigt, daß sich die Gesamtkosten einer Abrechnungsperiode in die Selbstkosten der umgesetzten Erzeugnisse und die zu Herstellkosten bewerteten Lagerbestandsveränderungen zerlegen lassen. Ersetzt man in der Gewinngleichung des Gesamtkostenverfahrens (213) die Gesamtkosten durch die rechte Seite der Gleichung (217), so fallen die Lagerbestandsveränderungen heraus, und es bleibt folgender Ausdruck übrig:

(218) $$G = \sum_{j=1}^{n} (p_j - k_j)\, x_{Aj}$$

Diese Gleichung gibt die *Bestimmungsleichung des Periodenerfolgs nach dem Umsatzkostenverfahren auf Vollkostenbasis* wieder. Die Größen $(p_j - k_j)$ geben die *Vollkostenerfolge pro Einheit* der Produktarten $j = 1, \ldots, n$ an. Multipliziert man diese mit den zugehörigen Absatzmengen, so erhält man die *Vollkostenerfolge, die die Produktarten $j = 1, \ldots, n$ während der Abrechnungsperiode insgesamt erzielt haben.* Die Gleichung (218) läßt erkennen, daß sich nach dem Umsatzkostenverfahren die Erfolgsbeiträge der einzelnen Produktarten bestimmen lassen, ohne daß man eine körperliche Bestandsaufnahme der Halb- und Fertigfabrikate durchführen muß; denn Lagerbestandsveränderungen sind im Erfolgsausweis nicht mehr enthalten.

(2) Das Umsatzkostenverfahren auf Vollkostenbasis kann mit Hilfe einer Ist-, Normal- oder Plankostenrechnung durchgeführt werden.

Liegt dem Umsatzkostenverfahren eine *Istkostenrechnung* zugrunde, so gehen in die Gleichung (218) die durch Nachkalkulationen bestimmten Istselbstkosten der Erzeugnisse ein. Es ist zwar grundsätzlich richtig, in der kurzfristigen Erfolgskontrolle, den Umsätzen die effektiv angefallenen Selbstkosten der umgesetzten Erzeugnisse gegenüberzustellen, bei einer Istkostenrechnung kann man aber nicht erkennen, welche Kostenbestimmungsfaktoren die Istselbstkosten und damit den Periodenerfolg beeinflußt haben.[46]

46 Im übrigen vgl. unsere Kritik an der Istkostenrechnung in Kapitel 21.

Bei Anwendung einer *Normalkostenrechnung* werden den Verkaufserlösen Selbstkosten der umgesetzten Erzeugnisse gegenübergestellt, die mit Hilfe normalisierter Kostensätze kalkuliert worden sind. Die Abweichungen der Istkosten von den kalkulatorisch verrechneten Normalkosten werden in der Kostenstellenrechnung als Unter- oder Überdeckungen erfaßt.[47] Werden in einer Normalkostenrechnung bereits Festpreise für Roh-, Hilfs- und Betriebsstoffe verwendet, so fallen darüber hinaus auch Preisabweichungen an. Damit tritt in der Normalkostenrechnung erstmalig das Problem auf, wie Kostenabweichungen in der kurzfristigen Erfolgsrechnung zu behandeln sind. Nur wenn alle produzierten Mengen in der gleichen Periode verkauft werden, ist es richtig, die Kostenabweichungen dieser Periode in voller Höhe erfolgswirksam zu verrechnen. Treten dagegen Bestandsveränderungen der Halb- und Fertigfabrikate ein, so müssen die den Bestandsveränderungen entsprechenden Teile der Kostenabweichungen mit Hilfe von Bestandskonten vom Periodenerfolg abgegrenzt werden. Weiterhin erfordert eine genaue Erfolgskontrolle, daß man die Kostenabweichungen den einzelnen Erzeugnissen oder Erzeugnisgruppen nach dem Verursachungsprinzip zuordnet. In Betrieben mit einer Normalkostenrechnung verzichtet man meistens auf eine Abweichungsverteilung und bucht die Kostenabweichungen entweder monatlich oder am Jahresende global in die Erfolgsrechnung aus.

Wird in einer Unternehmung eine *als Vollkostenrechnung durchgeführte Plankostenrechnung* verwendet, so werden in der kurzfristigen Erfolgsrechnung den Verkaufserlösen die zu vollen Planselbstkosten bewerteten Absatzmengen gegenübergestellt. Hierdurch erkennt man, welche Vollkostenerfolge in einer Abrechnungsperiode auf die einzelnen Erzeugnisse oder Erzeugnisgruppen bei planmäßiger Kostenverursachung entfallen. In einer Plankostenrechnung fallen aber mindestens die folgenden Kostenabweichungen an[48]:

1. Preisabweichungen
   11. für Einzelmaterial
   12. für Gemeinkostenmaterial
2. Tarifabweichungen
   21. für Lohnempfänger in primären Kostenstellen
   22. für Lohnempfänger in sekundären Kostenstellen
   23. für Gehaltsempfänger
3. Einzelmaterialverbrauchsabweichungen
4. Verbrauchsabweichungen
   41. in primären Kostenstellen
   42. in sekundären Kostenstellen
5. Beschäftigungsabweichungen
   51. in primären Kostenstellen
   52. in sekundären Kostenstellen

Darüber hinaus können spezielle Abweichungen, so z. B. Verfahrens- und Seriengrößenabweichungen entstehen.[49] Auch in der Plankostenrechnung hat man zu-

47 Im übrigen vgl. zur Normalkostenrechnung unsere Ausführungen in Kapitel 22.
48 Im übrigen vgl. unsere Ausführungen zur Plankostenrechnung in Kapitel 23.
49 Zu den speziellen Kostenabweichungen vgl. *W. Kilger*, Flexible Plankostenrechnung, a.a.O., S. 532 ff.

nächst die Kostenabweichungen im Monat ihrer Entstehung in das Betriebsergebnis ausgebucht ohne sie auf Kostenträger zu verteilen. Hierdurch wurde der Aussagewert der kurzfristigen Erfolgsrechnung aber so stark beeinträchtigt, daß man schon bald dazu überging, Verfahren zur *Verrechnung der Kostenabweichungen in der kurzfristigen Erfolgsrechnung* zu entwickeln.[50] Hierbei ergaben sich schwierige Verrechnungsprobleme, auf die wir im einzelnen aber erst in Kapitel 633 eingehen werden. Eine genaue Abweichungsverrechnung muß zwei Voraussetzungen erfüllen. Erstens müssen die den Bestandsveränderungen der Halb- und Fertigfabrikate entsprechenden und die auf die verkauften Mengen entfallenden Kostenabweichungen exakt voneinander getrennt werden. Zweitens sind die Kostenabweichungen verursachungsgerecht den einzelnen Erzeugnissen oder Erzeugnisgruppen zuzurechnen. In der Praxis ist aber eine genaue Verrechnung der Kostenabweichungen meistens so kompliziert, daß man nur die wichtigsten Kostenabweichungen bestandsmäßig abgrenzen und den Kostenträgern in der Erfolgsrechnung zurechnen kann. Hierzu zählen die Preisabweichungen für Einzelmaterial, Tarifabweichungen des Fertigungslohns, Einzelmaterialverbrauchsabweichungen und die Verbrauchsabweichungen primärer Kostenstellen. Weniger stark ins Gewicht fallende Kostenabweichungen werden dagegen monatlich global in das Betriebsergebnis ausgebucht, so z. B. die Preisabweichungen für Gemeinkostenmaterial, Tarifabweichungen für Lohnempfänger in sekundären Kostenstellen und Verbrauchsabweichungen sekundärer Kostenstellen. Auf jeden Fall sollte man auch die Beschäftigungsabweichungen der Kostenstellen monatlich in das Betriebsergebnis ausbuchen, weil sie sich den Produktmengen nicht kausal zuordnen lassen.[51]

Bezeichnet man die auf eine Einheit der Produktart j insgesamt verrechneten Kostenabweichungen mit Δk_j und die Summe der nicht auf Kostenträger verteilten Abweichungen mit ΔK, so erhält man für die Gewinngleichung des Umsatzkostenverfahrens auf Vollkostenbasis folgenden Ausdruck:

$$G = \sum_{j=1}^{n} [p_j^{(i)} - k_j^{(p)} - \Delta k_j] \, x_{Aj}^{(i)} - \Delta K \tag{219}$$

Werden alle Kostenabweichungen den Erzeugnissen zugerechnet, so entsprechen die Stückkosten $k_j^{(p)} + \Delta k_j$ den nachkalkulierten Istkosten. Im Gegensatz zur Istkostenrechnung erkennt man aber, welche Kostenabweichungen die Kostenhöhe und damit den Erfolg beeinflußt haben. Beschränkt man sich bei der Abweichungsverteilung nur auf die wichtigsten Kostenabweichungen, so werden die Istkosten der Erzeugnisse nur angenähert ausgewiesen. In Unternehmungen mit standardisierten Erzeugnissen und einem breiten Fertigungsprogramm wird man auf einen Einzelausweis der Erzeugnisse in der kurzfristigen Erfolgsrechnung verzichten und sich mit einem zu Kostenträgergruppen verdichteten Erfolgsausweis begnügen.

50 Vgl. *W. Kilger*, Die Verteilung der Abweichungen auf die Kostenträger innerhalb der Plankostenrechnung, ZfB 1952, S. 503 ff. und *W. Kilger*, Flexible Plankostenrechnung, a.a.O., S. 608 ff.

51 Wir haben an anderer Stelle gezeigt, welche problematischen Ergebnisse entstehen, wenn man in der kurzfristigen Erfolgsrechnung Beschäftigungsabweichungen auf die Kostenträger verteilt. Vgl. *W. Kilger*, Die Verteilung der Abweichungen auf die Kostenträger innerhalb der Plankostenrechnung, ZfB 1952, S. 503 ff.

(3) Mit dem Umsatzkostenverfahren auf Vollkostenbasis wurde erstmalig die Möglichkeit geschaffen, die Erfolgsbeiträge einzelner Erzeugnisse oder Erzeugnisgruppen kurzfristig auszuweisen und zu kontrollieren. Bei Durchführung einer Plankostenrechnung kann dabei zugleich transparent gemacht werden, wie Abweichungen von den geplanten Kosten die Erfolgsbeiträge beeinflußt haben. Gegenüber dem Gesamtkostenverfahren hat das Umsatzkostenverfahren den weiteren Vorteil, daß es sich ohne körperliche Inventuren der Halb- und Fertigfabrikatebestände durchführen läßt. Diese Tatsache ist eine wichtige Voraussetzung dafür, daß der Periodenerfolg *kurzfristig* ermittelt werden kann. Die rechnerische Durchführung ist beim Umsatzkostenverfahren erheblich komplizierter als beim Gesamtkostenverfahren. Dies gilt insbesondere wenn bei Anwendung der Plankostenrechnung eine Abweichungsverteilung durchgeführt wird und wenn man das Umsatzkostenverfahren durch eine rechnerische Bestandsführung der Halb- und Fertigfabrikate mit den übrigen Teilen der Kostenrechnung abstimmt.[52]

Trotz aller Verbesserungen gegenüber dem Gesamtkostenverfahren ist *das nach dem Vollkostenprinzip durchgeführte Umsatzkostenverfahren für eine richtige Erfolgsanalyse unbrauchbar.* Durch die künstliche Proportionalisierung der fixen Kosten wird im Erfolgsausweis eine funktionale Beziehung zwischen Absatzmengen und Kosten vorgetäuscht, die in Wirklichkeit nicht besteht. Diese Tatsache verleitet immer wieder zu Fehlentscheidungen, so z. B. zur ersatzlosen Eliminierung von ,,Verlustartikeln" und der Bevorzugung von Erzeugnissen mit relativ hohen Vollkostengewinnen. Wird ein „Verlustartikel", d. h. ein Erzeugnis, dessen Preis die vollen Selbstkosten nicht deckt, aus dem Produktionsprogramm gestrichen, so entfallen die Erlöse zwar in voller Höhe, die Selbstkosten verringern sich aber nur um ihre proportionalen Bestandteile. Diese kann man aber in einer nach dem Vollkostenprinzip durchgeführten Erfolgsanalyse nicht erkennen. Aus dem gleichen Grund lassen sich auch keine richtigen Schlüsse in bezug auf Veränderungen der mengenmäßigen Zusammensetzung des Verkaufsprogramms aus der Erfolgsrechnung ableiten. Wie unsere Ausführungen in den Kapiteln 231 und 232 bereits gezeit haben, waren es nicht zuletzt die Mängel der Vollkostenrechnung in der kurzfristigen Erfolgsrechnung, die zur Entstehung der Grenzplankostenrechnung führten.

63122. Das Umsatzkostenverfahren als Grenzkostenrechnung (= Deckungsbeitragsrechnung)

(1) Wird in einer Unternehmung eine *Grenzplankostenrechnung* durchgeführt, so wird die kurzfristige Erfolgsrechnung zur Deckungsbeitragsrechnung. Beim *Umsatzkostenverfahren auf Grenzkostenbasis* werden den Verkaufserlösen die proportionalen Planselbstkosten der verkauften Produktmengen gegenübergestellt. Die fixen Kosten werden aus der Kostenstellenrechnung monatlich direkt in das Betriebsergebnis übernommen. Sie werden als Periodenkosten (= period costs) behandelt, da sie nicht durch die produzierten bzw. verkauften Produktmengen, sondern durch die Bereitstellung betrieblicher Teilkapazitäten verursacht worden sind. Im übrigen erfolgt in der Grenzplankostenrechnung die gleiche Verteilung von Kostenabweichungen wie wir sie bereits in Kapitel 63121 für die Vollkostenrechnung

52 Vgl. hierzu unsere Ausführungen in Kapitel 633.

beschrieben haben. Analog zu Gleichung (219) gilt daher für die *Bestimmung des Periodenerfolgs nach dem Umsatzkostenverfahren auf Grenzkostenbasis*[53]:

$$(220) \qquad G = \sum_{j=1}^{n} [p_j^{(i)} - k_{Pj}^{(p)} - \Delta k_{Pj}] \, x_{Aj}^{(i)} - \sum_{i=1}^{m} K_{Fi}^{(p)} - \Delta K$$

In Gleichung (220) geben die Differenzen $p_j - k_{Pj}^{(p)}$ die *Deckungsbeiträge pro Einheit* an, die den geplanten Grenzselbstkosten entsprechen. Stimmen die realisierten mit den geplanten Verkaufspreisen überein, erhält man die Plan-Deckungsbeiträge pro Einheit. Werden Preisnachlässe oder erhöhte Rabatte gewährt, so erhält man entsprechend niedrigere Deckungsbeiträge pro Einheit. Die Größen Δk_{Pj} zeigen, wie sich die Deckungsbeiträge pro Einheit infolge von Kostenabweichungen (die den Kostenträgern zugerechnet werden) verändert haben. Multipliziert man die Deckungsbeiträge pro Einheit mit den realisierten Absatzmengen, so erhält man die nach Erzeugnisarten gegliederten *Perioden-Deckungsbeiträge.* Werden von der Summe der Perioden-Deckungsbeiträge die fixen Kosten und die nicht auf Kostenträger verrechneten Kostenabweichungen abgezogen, so bleibt der *Periodengewinn* übrig.

Die *Vorteile* des Umsatzkostenverfahrens auf Grenzkostenbasis bestehen darin, daß bei der Erfolgskontrolle die funktionalen Beziehungen zwischen Erlösen, Kosten und Absatzmengen (= cost-volume-profit-relationship) transparent werden. Hierdurch lassen sich Fehlschlüsse in bezug auf die Gewinnerzielung der einzelnen Erzeugnisse vermeiden. Die Erfolgskontrolle erhält durch das Grenzkostenprinzip den gleichen Aufbau, der für eine optimale Durchführung der kurzfristigen Erfolgsplanung erforderlich ist.[54]

(2) Es läßt sich leicht zeigen, daß das Umsatzkostenverfahren als Grenzkostenrechnung zu *anderen Periodenerfolgen* führt als die nach dem Vollkostenprinzip durchgeführte Erfolgskontrolle. Unterstellen wir aus Vereinfachungsgründen in den Gleichungen (219) und (220), daß mit Ausnahme der (bei Durchführung einer Vollkostenrechnung unvermeidlichen) Beschäftigungsabweichungen keine Kostenabweichungen angefallen sind und subtrahieren wir beide Gleichungen voneinander, so erhalten wir folgenden *Erfolgsunterschied*[55]:

$$(221) \qquad \Delta G = \sum_{j=1}^{n} (p_j^{(i)} - k_j^{(p)}) \, x_{Aj}^{(i)} - \sum_{i=1}^{m} K_{Fi}^{(p)} \left(1 - \frac{B_i^{(i)}}{B_i^{(p)}}\right) - \sum_{j=1}^{n} (p_j^{(i)} - k_{Pj}^{(p)}) \, x_{Aj}^{(i)} + \sum_{i=1}^{m} K_{Fi}^{(p)}$$

53 Vgl. *W. Kilger*, Kurzfristige Erfolgsrechnung, a.a.O., S. 49 und *W. Kilger*, Flexible Plankostenrechnung, a.a.O., S. 626 ff.

54 Vgl. hierzu die Gleichung (131) im Kapitel 51221.

55 Vgl. *W. Kilger*, Kurzfristige Erfolgsrechnung, a.a.O., S. 59 ff. Zur Bestimmung der Beschäftigungsabweichungen, die in Gleichung (221) dem zweiten Summenausdruck entsprechen, vgl. Gleichung (52) in Kapitel 231.

Die fixen Kosten und die Beschäftigungsabweichungen sind nach den Kostenstellen $i = 1, \ldots, m$ gegliedert. Wie die Gleichung (221) erkennen läßt, können die Erlöse und die fixen Kosten gekürzt werden, so daß übrigbleibt:

$$(222) \qquad \Delta G = -\sum_{j=1}^{n} (k_j^{(p)} - k_{Pj}^{(p)})\, x_{Aj}^{(i)} + \sum_{i=1}^{m} K_{Fi}^{(p)} \frac{B_i^{(i)}}{B_i^{(p)}}$$

Der zweite Summenausdruck in Gleichung (222) gibt die kalkulatorisch verrechneten fixen Kosten an.[56] Die vollen Selbstkosten $k_j^{(p)}$ lassen sich in die vollen Herstellkosten $k_{Hj}^{(p)}$ und die vollen Verwaltungs- und Vertriebskosten $k_{Vj}^{(p)}$ auflösen. Entsprechend können die Grenzselbstkosten $k_{Pj}^{(p)}$ in die Grenzherstellkosten $k_{HPj}^{(p)}$ und die proportionalen Verwaltungs- und Vertriebskosten $k_{VPj}^{(p)}$ unterteilt werden. Weiterhin kann auch für die kalkulatorisch verrechneten fixen Kosten eine Unterteilung nach den Herstellkosten sowie den Verwaltungs- und Vertriebskosten erfolgen. Hierzu lösen wir m in $i = 1, \ldots, m_H$ Kostenstellen des Herstell- und in $i = m_{H+1}, \ldots, m$ Kostenstellen des Verwaltungs- und Vertriebsbereichs auf. Unter Berücksichtigung dieser Aufgliederungen erhält man:

$$(223) \qquad \Delta G = -\sum_{j=1}^{n} (k_{Hj}^{(p)} - k_{HPj}^{(p)})\, x_{Aj}^{(i)} + \sum_{i=1}^{m_H} K_{Fi}^{(p)} \frac{B_i^{(i)}}{B_i^{(p)}} - \sum_{j=1}^{n} (k_{Vj}^{(p)} - k_{VPj}^{(p)})\, x_{Aj}^{(i)} + \sum_{i=m_H+1}^{m} K_{Fi}^{(p)} \frac{B_i^{(i)}}{B_i^{(p)}}$$

Da die Differenzen $k_{Vj}^{(p)} - k_{VPj}^{(p)}$ gleich den auf die Einheit einer Produktart j verrechneten fixen Verwaltungs- und Vertriebskosten sind, muß deren Multiplikation mit den Absatzmengen gleich den kalkulatorisch verrechneten fixen Kosten des Verwaltungs- und Vertriebsbereichs sein. Die beiden letzten Summen in Gleichung (223) sind daher zusammen gleich Null. Zerlegt man weiterhin die vollen Herstellkosten $k_{Hj}^{(p)}$ in die proportionalen Herstellkosten $k_{HPj}^{(p)}$ und die fixen Herstellkosten pro Einheit, die wir als $k_{HFj}^{(p)}$ bezeichnen wollen, so bleibt folgender Ausdruck übrig:

$$(224) \qquad \Delta G = -\sum_{j=1}^{n} k_{HFj}^{(p)}\, x_{Aj}^{(i)} + \sum_{i=1}^{mH} K_{Fi}^{(p)} \frac{B_i^{(i)}}{B_i^{(p)}}$$

Bedenkt man, daß die Summe der kalkulatorisch verrechneten fixen Kosten des Herstellbereichs gleich der Summe der mit den zugehörigen Herstellkosten pro Stück multiplizierten Produktmengen sein muß, so erhält man schließlich für den Erfolgsunterschied:

$$(225) \qquad \Delta G = \sum_{j=1}^{n} k_{HFj}^{(p)}\, (x_{Pj}^{(i)} - x_{Aj}^{(i)})$$

56 Hierzu muß eine entsprechende Aufteilung der sekundären fixen Kosten erfolgen.

Die Gleichung (225) läßt erkennen, daß der Erfolgsunterschied zwischen der kurzfristigen Erfolgsrechnung nach dem Vollkostenprinzip und der Erfolgsanalyse nach dem Grenzkostenprinzip allein auf die unterschiedliche Behandlung der fixen Herstellkosten zurückzuführen ist. Im Falle der Vollkostenrechnung werden die fixen Herstellkosten bestandsmäßig abgegrenzt, in der Grenzkostenrechnung gehen sie dagegen monatlich in voller Höhe in das Betriebsergebnis ein. Hierdurch lösen Lagerbestandsveränderungen folgende Erfolgsunterschiede aus:

Lagerbestandszunahmen (Vorratsproduktion): $x_P > x_A$

$\Delta G > 0 \rightarrow$ Erfolg bei Vollkostenrechnung > Erfolg bei Grenzkostenrechnung

Lagerbestandsabnahmen (Lagerverkäufe): $x_P < x_A$

$\Delta G < 0 \rightarrow$ Erfolg bei Vollkostenrechnung < Erfolg bei Grenzkostenrechnung

Keine Lagerbestandsveränderungen: $x_P = x_A$

$\Delta G = 0 \rightarrow$ Erfolg bei Vollkostenrechnung = Erfolg bei Grenzkostenrechnung

In Abrechnungsperioden, in denen überwiegend auf Lager produziert wird, weist die Vollkostenrechnung einen höheren Gesamtgewinn aus, weil ein Teil der fixen Herstellkosten aktiviert wird. In Perioden mit Lagerverkäufen dagegen ist der mit Hilfe der Grenzkostenrechnung errechnete Gewinn größer, da in der Vollkostenrechnung neben den fixen Herstellkosten der lfd. Produktion auch die den Lagerabgängen entsprechenden fixen Herstellkosten (die in früheren Perioden aktiviert wurden) erfolgswirksam verrechnet werden. Besonders große Erfolgsunterschiede treten in Unternehmungen auf, deren Absatzmengen durch Saisonschwankungen beeinflußt werden. Da sich im Zeitablauf die Lagerbestandszu- und -abnahmen in etwa ausgleichen, tendieren die kumulierten Erfolgsunterschiede gegen Null.

(3) Wir wollen die Erfolgsunterschiede zwischen den beiden Varianten des Umsatzkostenverfahrens durch das folgende Zahlenbeispiel verdeutlichen. In einer Einproduktunternehmung liegen die in Tabelle 105 angegebenen Daten der Kostenplanung vor. Bei Monatsproduktion von 8 000 Stück handelt es sich um einen Jahresdurchschnitt. Die Absatzmengen der einzelnen Monate werden durch Saisonschwankungen beeinflußt.

Tabelle 105: Beispiel zum Erfolgsvergleich zwischen Voll- und Grenzkostenrechnung (Ausgangsdaten)

Bezeichnung	Kosten lt. Planung		
	Gesamt	Proportional	Fix
Herstellkosten [DM/Mon]	291 200	231 200	60 000
Verw. u. Vertriebskosten [DM/Mon]	75 200	32 800	42 400
Selbstkosten [DM/Monat]	366 400	264 000	102 400
Produktmenge [Stck/Monat]	8 000	8 000	8 000
Herstellkosten [DM/Stck]	36,40	28,90	7,50
Verw. u. Vertriebskosten [DM/Stck]	9,40	4,10	5,30
Selbstkosten [DM/Stck]	45,80	33,–	12,80
Gewinn/Deckungsbeitrag [DM/Stck]	4,20	17,–	
Verkaufspreis [DM/Stck]	50,–	50,–	

Tabelle 106: Beispiel zum Erfolgsvergleich zwischen Voll- und Grenzkostenrechnung (Ergebnisse)

Monat	Mengenangaben					
	Absatzmenge		Produzierte Menge		Lagerbestands-veränderung	Lagerbestand am Monatsende
	[Stck/Mon]	[%]	[Stck/Mon]	[%]	[Stck/Mon]	[Stck]
1	2 000	25,0	6 000	75,0	+ 4 000	4 000
2	4 000	50,0	6 000	75,0	+ 2 000	6 000
3	5 000	62,5	8 000	100,0	+ 3 000	9 000
4	8 000	100,0	8 000	100,0	–	9 000
5	10 000	125,0	12 000	150,0	+ 2 000	11 000
6	14 000	175,0	12 000	150,0	./. 2 000	9 000
7	20 000	250,0	12 000	150,0	./. 8 000	1 000
8	12 000	150,0	12 000	150,0	–	1 000
9	8 000	100,0	8 000	100,0	–	1 000
10	6 000	75,0	6 000	75,0	–	1 000
11	4 000	50,0	4 000	50,0	–	1 000
12	3 000	37,5	2 000	25,0	./. 1 000	–
Summe	96 000		96 000		–	–

In Tabelle 106 sind in den ersten 7 Spalten die Absatz-, Produktions- und Lagermengen angegeben. Die Prozentzahlen beziehen sich auf den Jahresdurchschnitt in Höhe von 8 000 Stck/Monat. Sie geben im Beispiel zugleich die Beschäftigungsgrade des Absatz- bzw. des Produktionsbereichs an. Die Deckungsbeiträge erhält man durch Multiplikation der Absatzmengen mit 17 DM/Stck. Werden hiervon die fixen Kosten in Höhe von 102 400 DM/Monat subtrahiert, so ergeben sich die Monatserfolge der Grenzkostenrechnung. Die Umsatzerfolge der Vollkostenrechnung lassen sich durch Multiplikation der Absatzmengen mit 4,20 DM/Stck errechnen. Hiervon müssen die Beschäftigungsabweichungen subtrahiert werden, damit man die Monatserfolge der Vollkostenrechnung erhält. Im Monat 1 beträgt z. B. die Beschäftigungsabweichung im Produktionsbereich (1–0,75) 60 000 DM/Monat = 15 000 DM/Monat und im Vertriebsbereich (1–0,25) 42 400 DM/Monat = 31 800 DM/Monat. Entsprechend lassen sich die Beschäftigungsabweichungen der übrigen Monate errechnen. In der Erfolgsrechnung werden die Beschäftigungsabweichungen abgezogen, so daß sich ihr Vorzeichen umkehrt. Die letzte Spalte der Tabelle 106 enthält die Erfolgsunterschiede, die genau den mit den fixen Herstellkosten von 7,50 DM/Stck multiplizierten Lagerbestandsveränderungen entsprechen. Der Jahresgewinn in Höhe von 403 200 DM stimmt bei beiden Verfahren überein, da sich die Lagerbestandsveränderungen über das ganze Jahr gesehen ausgleichen.

Grenzkostenrechnung		Vollkostenrechnung				Erfolgsunterschied
Deckungsbeitrag	Erfolg	Umsatzerfolg	./. Besch. Abw. [DM/Mon]		Erfolg	
[DM/Mon]	[DM/Mon]	[DM/Mon]	Produktion	Vertrieb	[DM/Mon]	[DM/Mon]
34 000	./. 68 400	8 400	./. 15 000	./. 31 800	./. 38 400	+ 30 000
68 000	./. 34 400	16 800	./. 15 000	./. 21 200	./. 19 400	+ 15 000
85 000	./. 17 400	21 000	–	./. 15 900	5 100	+ 22 500
136 000	33 600	33 600	–	–	22 600	–
170 000	67 600	42 000	+ 30 000	+ 10 600	82 500	+ 15 000
238 000	135 600	58 800	+ 30 000	+ 31 800	120 600	./. 15 000
340 000	237 600	84 000	+ 30 000	+ 63 600	177 600	./. 60 000
204 000	101 600	50 400	+ 30 000	+ 21 200	101 600	–
136 000	33 600	33 600	–	–	33 600	–
102 000	./. 400	25 200	./. 15 000	./. 10 600	./. 400	–
68 000	./. 34 400	16 800	./. 30 000	./. 21 200	./. 34 400	–
51 000	./. 51 400	12 600	./. 45 000	./. 26 500	./. 58 900	./. 7 500
1 632 000	403 200	403 200	–	–	403 200	–

632. *Die Durchführung der kurzfristigen Erfolgskontrolle als Deckungsbeitragsrechnung*

6321. Die geschlossene Kostenträgerzeitrechnung

(1) Unsere Ausführungen über die Entwicklungsformen der kurzfristigen Erfolgsrechnung haben gezeigt, daß nur mit Hilfe der Deckungsbeitragsrechnung eine wirksame Erfolgskontrolle möglich ist. Wir wollen daher nunmehr die Durchführung der kurzfristigen Erfolgsrechnung nach dem Umsatzkostenverfahren auf Grenzkostenbasis im einzelnen darstellen. Hierbei sind *zwei Grundformen* zu unterscheiden. Nach W. Medicke kann die kurzfristige Erfolgskontrolle „grundsätzlich organisiert werden:

1. als geschlossene Kostenträgerrechnung
2. als Artikelergebnisrechnung (nicht geschlossene Kostenträgerrechnung)[57]

Der Unterschied beider Verfahren besteht darin, daß die Erfolgskontrolle bei der *geschlossenen Kostenträgerzeitrechnung* um eine rechnerische Bestandsführung der Halb- und Fertigfabrikatebestände ergänzt wird, die bei der *nicht geschlossenen Kostenträgerzeitrechnung* entfällt.

57 Vgl. *W. Medicke*, Geschlossene Kostenträgerrechnung und Artikelergebnisrechnung in der Grenzplankostenrechnung, a.a.O., S. 37; *H. G. Plaut, H. Müller, W. Medicke*, Grenzplankostenrechnung und Datenverarbeitung, 3. Aufl., München 1973, S. 307 und *W. Kilger*, Flexible Plankostenrechnung, a.a.O., S. 627 ff.

An sich erfordert das Umsatzkostenverfahren weder körperliche Inventuren noch eine rechnerische Erfassung der Halb- und Fertigfabrikatebestände, da der Erfolg retrograd aus den Absatzmengen abgeleitet wird. Aus folgenden Gründen ist es aber zweckmäßig, die kurzfristige Erfolgskontrolle durch eine rechnerische Bestandsführung zu ergänzen.

Erstens fehlen ohne eine rechnerische Bestandsführung in den einzelnen Abrechnungsperioden Informationen über die vorhandenen Halb- und Fertigfabrikatebestände; es sei denn man führt zeitaufwendige körperliche Inventuren durch. Auch eine Kontrolle der Bestandsveränderungen im Zeitablauf ist nicht durchführbar.

Zweitens kann die kurzfristige Erfolgsrechnung ohne eine rechnerische Bestandsführung der Halb- und Fertigerzeugnisse nicht mit den übrigen Teilgebieten der Kostenrechnung abgestimmt werden. Die einzige Verbindung zwischen einer nicht geschlossenen Erfolgsrechnung und den übrigen Teilgebieten ist die Kalkulation. Ob die den hergestellten und verkauften Produktmengen entsprechenden kalkulatorisch verrechneten Kostenbeträge mit den zugehörigen Beständen der Kostenarten- und Kostenstellenrechnung übereinstimmen, kann nicht kontrolliert werden.

Drittens ist ohne eine rechnerische Ermittlung von Halb- und Fertigfabrikatebeständen keine genaue Verteilung der Kostenabweichungen möglich, da diese jeweils anteilig den Lagerzugangs- und den Absatzmengen zugerechnet werden müssen.

Wegen der oben aufgeführten Gründe sollte die kurzfristige Erfolgskontrolle grundsätzlich als geschlossene Kostenträgerzeitrechnung durchgeführt werden.[58] Hierauf hat bereits H. G. Plaut im Jahre 1953 hingewiesen.[59]

Die *geschlossene Kostenträgerzeitrechnung* besteht aus den folgenden drei Teilen[60]:

a) der Betriebsleistungsrechnung
b) der Bestandsrechnung
c) der Erfolgsrechnung

Hiervon dient nur der dritte Teil der eigentlichen Erfolgskontrolle. In Übersicht 20 haben wir den Aufbau der geschlossenen Kostenträgerzeitrechnung als Schema dargestellt.

(2) Die *Betriebsleistungsrechnung* dient dazu, die proportionalen Herstellkosten, die den Istproduktionsmengen einer Abrechnungsperiode entsprechen, mit den übrigen Teilen der Plankostenrechnung abzustimmen und sie den einzelnen Erzeugnissen oder Erzeugnisgruppen zuzuordnen. Hierbei erfolgt eine Trennung in geplante Kosten und zugehörige Abweichungen.

Multipliziert man die produzierten Istmengen einer Abrechnungsperiode mit den Plangrenzherstellkosten pro Einheit lt. Plankalkulation, so erhält man einen Betrag, den wir als *Sollgrenzherstellkosten der Istproduktion* oder als *Sollgrenz-*

58 Der Vollständigkeit halber sei darauf hingewiesen, daß sich die geschlossene Kostenträgerzeitrechnung grundsätzlich auch als Vollkostenrechnung durchführen läßt. Hierauf werden wir aber nicht näher eingehen.

59 Vgl. *H. G. Plaut*, Die Grenz-Plankostenrechnung, ZfB 1953, S 359.

60 Zum Aufbau der geschlossenen Kostenträgerzeitrechnung vgl. *W. Medicke*, Geschlossene Kostenträgerrechnung . . . , a.a.O., S. 38 ff.; *H. G. Plaut, H. Müller, W. Medicke*, Grenzplankostenrechnung und Datenverarbeitung, a.a.O., S. 308 ff. und *W. Kilger*, Flexible Plankostenrechnung, a.a.O., S. 628 ff.

Übersicht 20: Aufbau der geschlossenen Kostenträgerzeitrechnung

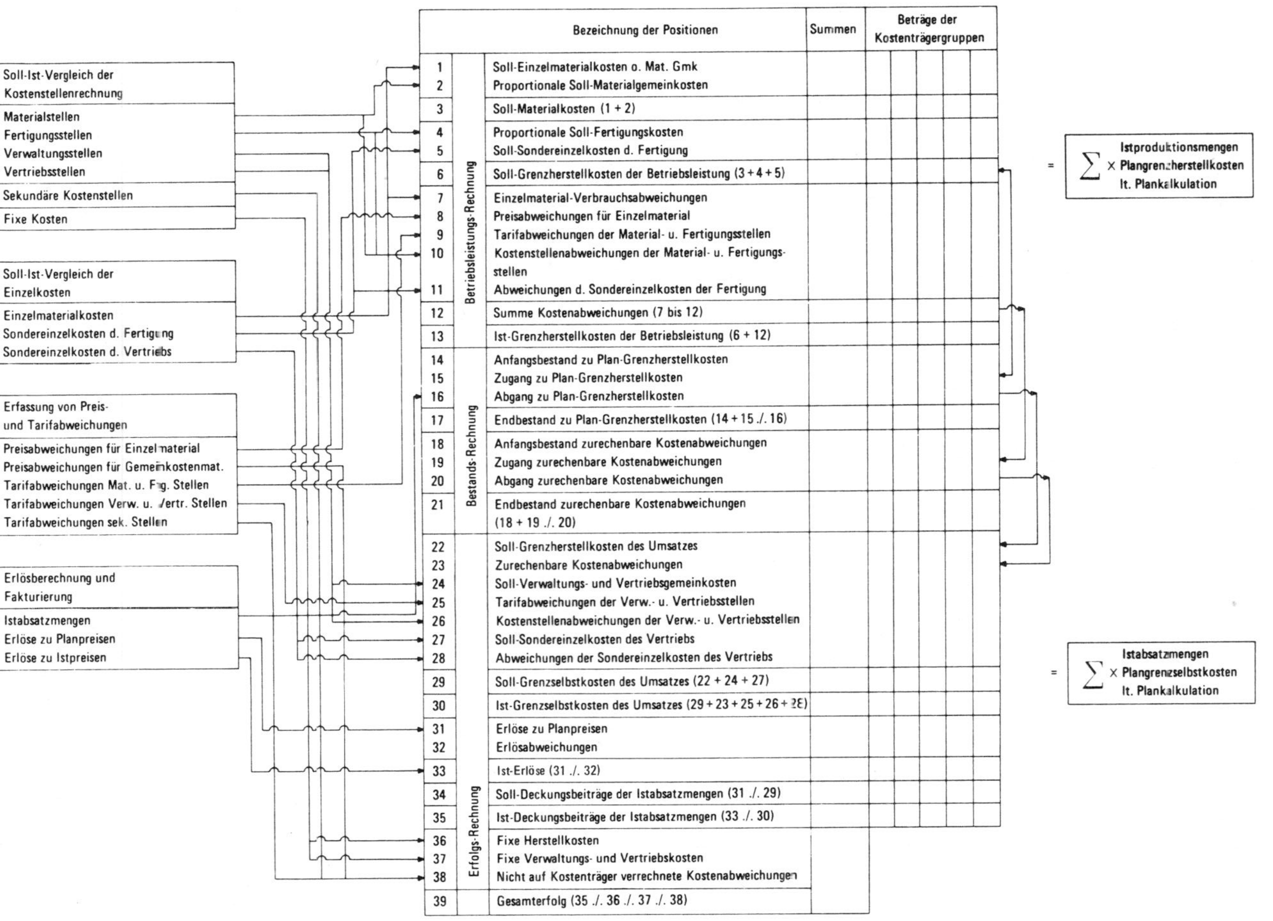

herstellkosten der Betriebsleistung bezeichnen wollen.[61] Dieser Betrag muß übereinstimmen mit der Summe aus den Soll-Einzelmaterialkosten, den proportionalen Soll-Materialgemeinkosten, den proportionalen Soll-Fertigungskosten und den Soll-Sondereinzelkosten der Fertigung. Wie die Übersicht 20 erkennen läßt, lassen sich die proportionalen Sollkosten der Kostenstellen des Material- und des Fertigungsbereichs aus dem Soll-Ist-Kostenvergleich der Kostenstellenrechnung entnehmen. Entsprechend erhält man die Soll-Einzelmaterialkosten und die Soll-Sondereinzelkosten der Fertigung aus dem Soll-Ist-Vergleich für die Einzelkosten. Sie werden dort errechnet, indem man die Istproduktionsmengen mit den betreffenden Planeinzelkosten pro Einheit multipliziert. Die zweifache Errechnung der Sollgrenzherstellkosten der Betriebsleistung führt nur zu den gleichen Beträgen, wenn der *Grundsatz von der Kostenidentität* eingehalten wird. Hierunter ist nach W. Medicke die Übereinstimmung zwischen allen Bezugsgrößen der Kostenkontrolle und den Kalkulationsbezugsgrößen der Plankalkulation zu verstehen.[62] So müssen z. B. die Arbeitsgänge einer Fertigungsstelle, deren Sollkosten im Soll-Ist-Kostenvergleich proportional zu den geleisteten Vorgabezeiten an die Beschäftigung angepaßt werden, in den Plankalkulationen ebenfalls mit Vorgabezeiten kalkuliert werden. Für eine Serie von 600 Stück gehen bei einer Vorgabezeit von 4 Min/Stück 2 400 Minuten in die Istbezugsgröße einer Kostenstelle ein. Beträgt der Grenzfertigungskostensatz 0,40 DM/Min, so resultieren hieraus Sollkosten in Höhe von 960 DM. In der Plankalkulation werden für die betreffende Produktart 4 Min/Stück X 0,40 DM/Min = 1,60 DM/Stück ausgewiesen. Multipliziert man diesen Betrag mit 600 Stück, so erhält man ebenfalls 960 DM. Bei der Verwendung von Vorgabezeiten ist die Kostenidentität meistens zwangsläufig gewahrt. Es gibt aber auch Bezugsgrößen, bei denen die Kostenidentität zwischen Betriebsleistung und Plankalkulation nicht immer besteht. In diesen Fällen treten *Abweichungen zwischen dem Soll-Ist-Kostenvergleich und der Kostenträgerzeitrechnung* auf.[63] Hierfür wollen wir folgende Fälle betrachten.

Wird infolge eines Engpasses oder wegen Terminschwierigkeiten eine Serie zur Bearbeitung einer Fertigungsstelle B zugeteilt, für die planmäßig die Fertigungsstelle A vorgesehen ist, so müssen im Soll-Ist-Kostenvergleich die geleisteten Bezugsgrößeneinheiten der Stelle B gutgeschrieben werden. Damit gehen in die proportionalen Sollkosten der Fertigungsstellen andere Grenzfertigungskosten ein als in die Plankalkulation. Wird z. B. eine Serie von 600 Stück umdisponiert, beansprucht eine Produkteinheit 4,5 Min/Stück und beträgt der Fertigungskostensatz der Stelle B 0,45 DM/Min, so gehen in die proportionalen Sollkosten der Fertigungsstellen 600 Stück X 4,5 Min/Stück X 0,45 DM/Min = 1 215 DM ein. Bei einer Vorgabezeit in der Fertigungsstelle A von 4 Min/Stück und einem Kostensatz von 0,40 DM/Min stehen (für diese Serie) diesem Betrag in der Kostenträgerzeitrechnung lt. Plankalkulation nur 600 Stück X 4 Min/Stück X 0,40 DM/Min = 960 DM

61 In der Praxis werden hierfür auch die Bezeichnungen „Plangrenzherstellkosten der Betriebsleistung" oder „Standardgrenzherstellkosten" verwendet. Da es sich um Herstellkosten handelt, denen Istproduktmengen zugrunde liegen, handelt es sich aber um Soll- und nicht um Plankosten.

62 Vgl. *W. Medicke*, Geschlossene Kostenträgerrechnung . . . , a.a.O., S. 38.

63 Vgl. *W. Medicke*, Geschlossene Kostenträgerrechnung . . . , a.a.O., S. 40 und *H. G. Plaut, H. Müller, W. Medicke*, Grenzplankostenrechnung und Datenverarbeitung, a.a.O., S. 313 ff. und *W. Kilger*, Flexible Plankostenrechnung, a.a.O., S. 629 ff.

gegenüber. Die Differenz in Höhe von 255 DM wird als *Verfahrens- oder Arbeitsablauf-Abweichung* bezeichnet.[64]

Weichen in Betrieben mit Serienproduktion die Ist-Seriengrößen von den beim Aufbau der Plankalkulation berücksichtigten Plan-Seriengrößen ab, so ist ebenfalls der Grundsatz von der Kostenidentität durchbrochen. In diesem Fall entstehen *Kostenabweichungen infolge außerplanmäßiger Seriengrößen.*[65]

Entsprechend entstehen *Kostenabweichungen infolge außerplanmäßiger Bedienungsrelationen,* wenn bei Mehrstellenarbeit im Ist eine andere Maschinenzuteilung (z. B. 2 Maschinen pro Arbeiter) gewählt wird als in der Plankalkulation (z. B. 3 Maschinen pro Arbeiter).[66]

Werden in einer Fertigungsstelle die Istbezugsgrößen nicht retrograd aus der Istproduktion abgeleitet, sondern unmittelbar gemessen, z. B. durch Tourenzähler oder Laufzeitmeßgeräte, so stimmen sie häufig nicht mit den kalkulatorisch verrechneten Bezugsgrößeneinheiten überein. Hat z. B. eine Fertigungsstelle 8 000 Stück der Produktart 1 und 7 500 Stück der Produktart 2 hergestellt und werden in der Plankalkulation Standardzeiten von 6 Min/Stück für Produktart 1 und 4 Min/Stück für Produkt 2 festgelegt, so geht bei einem Grenzfertigungskostensatz von 0,35 DM/Min folgender Betrag in die Kostenträgerzeitrechnung ein: (8 000 Stück X 6 Min/Stck + 7 500 Stück X 4 Min/Stck) 0,35 DM/Min – 27 300 DM. Diesem Betrag entsprechen 78 000 Ftg.Min/Monat bzw. 1 300 Ftg.Std./Monat. Bei planmäßiger Leistung müßte die Istbezugsgröße der Stelle ebenfalls 1 300 Ftg.Std./Monat betragen. War die Leistung aber um 10 % niedriger und werden der Stelle im Soll-Ist-Kostenvergleich die geleisteten Ist-Stunden als Bezugsgröße gutgeschrieben, so beträgt die Ist-Bezugsgröße 1 444 Ftg.Std./Monat. In diesem Fall ist die Kostenidentität nicht gewahrt. Es entsteht eine *Leistungsabweichung* in Höhe von (1 444 Std./Monat ./. 1 300 Std./Monat) 0,35 DM/Min = 50 DM.[67]

In allen Fällen, in denen die Kostenidentität nicht gewahrt ist, müssen spezielle Kostenabweichungen erfaßt und in der Kostenträgerzeitrechnung ausgewiesen werden. In Übersicht 20 haben wir zur Vereinfachung auf den Ausweis solcher Abweichungen verzichtet.

Der zweite Teil der Betriebsleistungsrechnung besteht darin, die den Istproduktionsmengen entsprechenden Kostenabweichungen zu erfassen und sie den Kostenträgern bzw. Kostenträgergruppen zuzuordnen. Addiert man die den Istproduktionsmengen zurechenbaren Kostenabweichungen zu den Soll-Grenzherstellkosten, so erhält man die *Ist-Grenzherstellkosten der Betriebsleistung.* In Übersicht 20 werden den Kostenträgern folgende Kostenabweichungen zugerechnet: Einzelmaterial-Verbrauchsabweichungen, Preisabweichungen für Einzelmaterial, Tarifabweichungen der Material- und Fertigungsstellen, Kostenstellenabweichungen der Material- und Fertigungsstellen und die Abweichungen der Sondereinzelkosten der Fertigung. Die Übersicht 20 zeigt, wo diese Abweichungen im System der Plankostenrechnung erfaßt werden. Die zurechenbaren Kostenabweichungen sind auf die Kostenträger im Verhältnis der zugehörigen Sollkosten zu verteilen.

64 Zur Errechnung von Verfahrensabweichungen vgl. *W. Kilger*, Flexible Plankostenrechnung, a.a.O., S. 542 ff.

65 Vgl. *W. Kilger*, Flexible Plankostenrechnung, a.a.O., S. 532 ff.

66 Vgl. *W. Kilger*, Flexible Plankostenrechnung, a.a.O., S. 537 ff.

67 Vgl. *W. Kilger*, Flexible Plankostenrechnung, a.a.O., S. 547 ff. und *H. G. Plaut, H. Müller, W. Medicke*, Grenzplankostenrechnung und Datenverarbeitung, a.a.O., S. 313–316.

Entfallen z. B. auf eine Kostenträgergruppe 6,5 % der Soll-Einzelmaterialkosten einer Materialart, so werden ihr auch 6,5 % der zugehörigen Einzelmaterial-Verbrauchs- und Preisabweichungen zugeteilt. Gehen in eine Kostenträgergruppe 15 % der Sollkosten einer Fertigungskostenstelle ein, so wird ihr der gleiche prozentuale Anteil der zugehörigen Tarif- und Kostenstellenabweichungen zugeteilt. Eine genaue Verteilung der Kostenabweichungen auf Kostenträger bzw. Kostenträgergruppen erfordert sehr viel Rechenarbeit und läßt sich meistens nur mit Hilfe von Datenverarbeitungsanlagen durchführen.[68] Die nicht auf Kostenträger verteilten Kostenabweichungen gehen global in das Betriebsergebnis ein. Hierzu gehören in Übersicht 20 die Kostenstellen- und Tarifabweichungen der sekundären Kostenstellen und die Preisabweichungen für Gemeinkostenmaterial. Bei Einsatz von Datenverarbeitungsanlagen ist es aber ohne Schwierigkeiten möglich, diese Abweichungen den primären Kostenstellen zuzuordnen und sie damit zu Bestandteilen der zurechenbaren Abweichungen zu machen.[69]

(3) Der zweite Teil der geschlossenen Kostenträgerzeitrechnung, die *kalkulatorische Bestandsrechnung,* dient zur rechnerischen Ermittlung der Halb- und Fertigfabrikatebestände. Auch hier erfolgt eine Untergliederung nach Sollkosten und anteiligen Kostenabweichungen.

Die durch die Betriebsleistungsrechnung ermittelten Soll-Grenzherstellkosten der Betriebsleistung entsprechen den zu Plangrenzherstellkosten bewerteten Zugangsmengen der Halb- und Fertigfabrikatebestände. Sie werden daher (differenziert nach Kostenträgern bzw. Kostenträgergruppen) von der Betriebsleistungsrechnung als Zugänge in die Bestandsrechnung übernommen. Bewertet man die durch die Erlösberechnung erfaßten Istabsatzmengen mit den Plangrenzherstellkosten, so erhält man den wertmäßigen Lagerabgang, der in die Erfolgsrechnung zu übertragen ist. Nach der Gleichung: Anfangsbestand + Zugang ./. Abgang = Endbestand wird monatlich der (nach Kostenträgern bzw. Kostenträgergruppen gegliederte) zu Plangrenzherstellkosten bewertete Endbestand der Halb- und Fertigfabrikate ermittelt. Die gleiche Bestandsrechnung wird für die zurechenbaren Kostenabweichungen durchgeführt. Faßt man die zu Plangrenzherstellkosten bewerteten Bestände mit den zugehörigen Abweichungen zusammen, so erhält man die zu Istgrenzherstellkosten bewerteten Bestände.

Die Bestandsführung der geschlossenen Kostenträgerzeitrechnung ermittelt *rechnerische Bestände,* d. h. Bestände, die nicht auf körperlichen Inventuren beruhen. Diese Bestände müssen mindestens einmal jährlich durch Inventuraufnahmen überprüft werden. Hierbei treten häufig *Inventurdifferenzen* auf, die auf Lagerverluste oder Abrechnungsfehler zurückzuführen sind. Als Folge von Abrechnungsfehlern entstehen Inventurdifferenzen immer dann, wenn der Grundsatz von der Kostenidentität durchbrochen wird, ohne daß man diesen Fehler durch entsprechende Kostenabweichungen korrigiert. Wird z. B. im Ist ein Arbeitsgang in einer anderen als der geplanten Fertigungsstelle durchgeführt, ohne daß eine ent-

68 Zur kostenträgerweisen Verteilung der Abweichungen vgl. *W. Kilger*, Flexible Plankostenrechnung, a.a.O., S. 610 ff. und *W. Medicke*, Geschlossene Kostenträgerrechnung . . . , a.a.O., S. 40 ff.

69 Vgl. *H. G. Plaut, H. Müller, W. Medicke*, Grenzplankostenrechnung und Datenverarbeitung, a.a.O., S. 309, Anm. 44.

sprechende Verfahrensabweichung erfaßt wird, so gehen die proportionalen Sollfertigungskosten der ausführenden Fertigungsstelle in den Halb- und Fertigfabrikatebestand ein. Der zugehörige Abgang wird aber mit Grenzherstellkosten bewertet, in denen die proportionalen Planfertigungskosten der geplanten Fertigungsstelle enthalten sind. Dadurch entsteht eine Inventurdifferenz in Höhe der Verfahrensabweichung.

(4) Der dritte Teil der geschlossenen Kostenträgerzeitrechnung ist die *Erfolgskontrolle.*

Zunächst werden die mit Plangrenzherstellkosten bewerteten Istabsatzmengen von der Bestandsrechnung in die Erfolgsrechnung übernommen und dort als Sollgrenzherstellkosten des Umsatzes ausgewiesen. Die gleiche Umbuchung wird für die zurechenbaren Abweichungen der Herstellkosten durchgeführt. Damit sind die Istgrenzherstellkosten des Umsatzes erfolgswirksam verbucht. Addiert man zu den Sollgrenzherstellkosten des Umsatzes die Soll-Verwaltungs- und Vertriebsgemeinkosten sowie die Soll-Sondereinzelkosten des Vertriebs, so erhält man die *Sollgrenzselbstkosten des Umsatzes.* Diese müssen nach dem Grundsatz von der Kostenidentität mit der Summe der mit den Plangrenzselbstkosten lt. Plankalkulation bewerteten Istabsatzmengen übereinstimmen. Weiterhin werden die Tarif- und Kostenstellenabweichungen der Verwaltungs- und Vertriebsstellen sowie die Abweichungen der Sondereinzelkosten des Vertriebs in die Kostenspalten der Erfolgsrechnung übernommen. Faßt man diese mit den Sollgrenzselbstkosten des Umsatzes zusammen, so erhält man schließlich die *Istgrenzselbstkosten des Umsatzes.* Bei den Abweichungen der Sondereinzelkosten des Vertriebs handelt es sich vorwiegend um Abweichungen der Verpackungsmaterialkosten der Verkaufsprovisionen und der Ausgangsfrachten, die darauf zurückzuführen sind, daß sich diese Kostenarten in den Plankalkulationen meistens nur mit geplanten Durchschnittswerten kalkulieren lassen, da im Zeitpunkt der Kalkulation noch nicht feststeht, welche Verpackungsart angewandt, welche Art der Provisionsberechnung zum Zuge kommt und welcher Kunde beliefert wird.

Bei der Erlösberechnung werden die Istabsatzmengen mit den Istverkaufspreisen (= Rechnungspreise abzüglich Erlösschmälerungen) bewertet, wobei man die *Isterlöse* erhält. Parallel zur Erfassung der Isterlöse sollte man die Istabsatzmengen mit den zugehörigen Planverkaufspreisen multiplizieren. Subtrahiert man die zu Planverkaufspreisen bewerteten Istabsatzmengen von den Isterlösen, so erhält man die auf Preisnachlässe zurückzuführenden *Erlösabweichungen.*

Subtrahiert man von den Erlösen zu Planpreisen die Plangrenzselbstkosten des Umsatzes, so erhält man die *Soll-Deckungsbeiträge der Istabsatzmengen.* Als Differenzen aus den Isterlösen und den Istgrenzselbstkosten des Umsatzes erhält man die *Ist-Deckungsbeiträge der Istabsatzmengen.* Ein Vergleich beider Deckungsbeiträge läßt erkennen, wie Preisnachlässe und Kostenabweichungen den Gewinn beeinflußt haben.

Schließlich werden vom Gesamtdeckungsbeitrag der Abrechnungsperiode die fixen Kosten und die nicht auf Kostenträger verteilten Kostenabweichungen abgezogen, wodurch man den *Gesamterfolg* erhält.

Die Erfolgskontrolle sollte dadurch ergänzt werden, daß man die Istdeckungsbeiträge prozentual auf die Istgrenzselbstkosten bezieht. Hierdurch gewinnt man Anhaltspunkte für die Preisbestimmung mit Hilfe von Solldeckungsbeiträgen.

Tabelle 107: Beispiel zur geschlossenen Kostenträgerzeitrechnung

Firmenbezeichnung			Geschlossene Kostenträgerrechnung			Monat: Jahr:	
Nr.		Bezeichnung	Summe	Nicht auf Kostenträger verrechnete Kosten	Kostenträgergruppen		
					20	30	40
1	Betriebsleistungs-Rechnung	Soll-Einzelmaterialkosten	139 593		42 260	70 333	27 000
2		Sollkosten für fremdbezogene Teile	66 926		19 665	36 225	11 036
3		Prop. Sollkosten der Materialstellen	5 582		1 675	2 875	1 032
4		Summe Soll-Materialkosten (1 bis 3)	212 101		63 600	109 433	39 068
5		Prop. Sollkosten der Fertigungsstellen	288 788		83 188	129 025	76 575
6		Soll-Sondereinzelkosten der Fertigung	7 970		855	4 945	2 170
7		Soll-Typenkosten	7 486		1 329	4 625	1 532
8		Soll-Grenz-Fertigungskosten (5 bis 7)	304 244		85 372	138 595	80 277
9		Soll-Grenz-HK der Istproduktion (4 + 8)	516 345		148 972	248 028	119 345
10		Einzelmaterial-Verbrauchsabweichungen	3 490		1 352	1 593	545
11		Verbrauchsabweichungen für fremdbezogene Teile	1 004		320	247	437
12		Preisabweichungen für Einzelmaterial	9 039		2 153	5 557	1 329
13		Preisabweichungen für fremdbezogene Teile	./. 3 012		./. 885	./. 1 630	./. 497
14		Preisabweichungen für Hilfs- u. Betriebsstoffe	2 013	2 013			
15		Tarifabweichungen	13 602	2 867	3 092	4 796	2 847
16		Kostenstellenabweichungen	11 288	2 812	2 442	3 787	2 247
17		Verfahrensabweichungen	402		116	180	106
18		Seriengrößenabweichungen	495		143	221	131
19		Summe Abweichungen (10 bis 18)	38 321	7 692	8 733	14 751	7 145
20		Fixe Herstellkosten	158 221	158 221			
21		Ist-Herstellkosten (9 + 19 + 20)	712 887	165 913	157 705	262 779	126 490

22	Bestands-Rechnung	Anfangs-Bestand zu Plan-Grenz-HK	423 206		117 317	220 209	85 680
23		Zugang zu Plan-Grenz-HK (9)	516 345		148 972	248 028	119 345
24		Summe (22 + 23)	939 551		266 289	468 237	205 025
25		Abgang zu Plan-Grenz-HK	500 429		129 115	265 323	105 991
26		Ausschuß (Umb. in Kostenstellenrechnung)	5 052		1 173	1 917	1 962
27		End-Bestand zu Plan-Grenz-HK (24 ./. 25 ./. 26)	434 070		136 001	200 997	97 072
28		Anfangs-Bestand zurechenbare Abweichungen	25 309		6 240	13 198	5 871
29		Zugang zurechenbare Abweichungen (19)	30 629		8 733	14 751	7 145
30		Summe (28 + 29)	55 938		14 973	27 949	13 016
31		Abgang zurechenbare Abweichungen	29 826		7 256	15 840	6 730
32		End-Bestand zurechenbare Abweichungen	26 112		7 717	12 109	6 286
33	Erfolgs-Rechnung	Soll-Grenz-HK des Umsatzes (25)	500 429		129 115	265 323	105 991
34		Zurechenbare Abweichungen (31)	29 826		7 256	15 840	6 730
35		Soll-Verwaltungs- u. Vertriebsgemeinkosten	25 564		4 864	15 884	4 816
36		Tarifabweichungen d. Verwaltungs- u. Vertriebsstellen	550	120	81	268	81
37		Kostenstellenabweichungen d. Verwaltungs- u. Vertriebsstellen	570		107	356	107
38		Soll-Sondereinzelkosten des Vertriebs	61 796		14 069	34 472	13 255
39		Abweichungen Sondereinzelkosten des Vertriebs	2 163		492	1 207	464
40		Ist-Grenz-Selbstkosten des Umsatzes	620 778	120	155 984	333 350	131 444
41		Erlöse	988 100		224 100	545 600	218 400
42		Deckungsbeitrag	367 322	120	68 116	212 250	86 956
43		Deckungsbeitrag in % der GSK	59,1 %		43,7 %	63,7 %	66,2 %
44		Fixe Herstellkosten	158 221				
45		Fixe Verwaltungs- und Vertriebskosten	121 099				
46		Nicht verrechnete Abweichungen	7 812				
47		Gesamtergebnis	80 190				

(5) Die *Durchführung einer geschlossenen Kostenträgerzeitrechnung* ist grundsätzlich für jede Unternehmung von Vorteil, da nur mit ihrer Hilfe eine Bestandskontrolle möglich ist und eine Abstimmung mit den übrigen Teilgebieten der Kostenrechnung herbeigeführt werden kann. Dies gilt nicht nur für Unternehmungen mit standardisierten Erzeugnissen sondern gerade auch für solche mit Auftrags- und Einzelfertigung, da hier ein Überblick über die Halbfabrikatebestände besonders wichtig ist. Nur in Unternehmungen mit wenig Erzeugnissen ist es möglich, die einzelnen Produktarten oder Aufträge in der geschlossenen Kostenträgerzeitrechnung einzeln auszuweisen. Meistens ist eine *Zusammenfassung zu Kostenträgergruppen* erforderlich. Die in einer Gruppe zusammengefaßten Kostenträger müssen in etwa die gleiche Ergebnisstruktur aufweisen, damit größere Ergebnissaldierungen vermieden werden.[70]

Die von uns dargestellte Form der geschlossenen Erfolgsrechnung läßt sich nicht in allen Unternehmungen durchführen, da sie an folgende *Voraussetzungen* geknüpft ist.[71] Erstens müssen alle proportionalen Kosten im Zeitpunkt des Anfalls eindeutig einem Kostenträger zugerechnet werden können und zweitens müssen sich Artikelgruppen mit ähnlicher Ergebnisstruktur bilden lassen. Die erste Bedingung ist vor allem in Betrieben mit einer geschlossenen Stücklisten- und Fertigungsplanungsorganisation erfüllt. Sie ist nach W. Medicke nicht erfüllt, wenn

1. im Zeitpunkt der Kostenverursachung der endgültige Kostenträger noch nicht feststeht
2. während der Produktion eine Aufspaltung von Zwischenerzeugnissen zu Enderzeugnissen erfolgt, oder
3. zwischen aufeinander folgenden Arbeitsgängen ein nicht meßbares Mengengefälle auftritt

Für diese Fälle hat W. Medicke aber *Sonderformen der geschlossenen Kostenträgerzeitrechnung* entwickelt, auf die wir jedoch hier nicht näher eingehen wollen.[72]

Ein großer *Nachteil* der geschlossenen Kostenträgerzeitrechnung besteht darin, daß sie kompliziert ist, viel Rechenaufwand erfordert und daher oft der Geschäftsleitung erst relativ spät zur Verfügung gestellt werden kann.

(6) Wir wollen die geschlossene Kostenträgerzeitrechnung durch das in Tabelle 107 wiedergegebene *Zahlenbeispiel* verdeutlichen. In diesem Beispiel wurden drei Kostenträgergruppen (20, 30 und 40) gebildet. Gegenüber der Übersicht 20 sind folgende Besonderheiten hervorzuheben. Neben dem Einzelmaterial werden auch zugekaufte Teile eingesetzt, für die ebenfalls Verbrauchs- und Preisabweichungen anfallen. Weiterhin gehören zu den Fertigungskosten sog. Typenkosten, bei denen es sich um anteilig verrechnete Kosten für Spezialwerkzeuge, Modelle und Vorrichtungen handelt. Vor den Spalten der Kostenträgergruppen wird eine Spalte „nicht auf Kostenträger verrechnete Kosten" geführt. In diese Spalte gehen die Preisabweichungen für das Gemeinkostenmaterial sowie die Tarif- und Kosten-

70 Vgl. *W. Medicke*, Geschlossene Kostenträgerrechnung ..., a.a.O., S. 50.
71 Vgl. *W. Medicke*, Geschlossene Kostenträgerrechnung ..., a.a.O., S. 50.
72 Vgl. *H. G. Plaut, H. Müller, W. Medicke*, Grenzplankostenrechnung und Datenverarbeitung, a.a.O., S. 325 ff.

stellenabweichungen der sekundären Kostenstelllen ein. Als spezielle Abweichungen zur Korrektur von Verstößen gegen den Grundsatz der Kostenidentität werden Verfahrens- und Seriengrößenabweichungen ausgewiesen. Eine weitere Besonderheit besteht darin, daß die fixen Herstellkosten mit den Ist-Grenzherstellkosten der Betriebsleistung zu den gesamten Ist-Herstellkosten zusammengezogen werden. Da im Beispiel der angefallene Ausschuß den verursachenden Kostenstellen belastet wird, werden in Zeile 26 die Ausschußkosten vom Bestand in die Kostenstellenrechnung umgebucht.

In der Erfolgsrechnung wird ein Deckungsbeitrag von insgesamt 367 322 DM/Monat ausgewiesen, was 59,2 % der Grenzselbstkosten entspricht. Der Gesamtgewinn beträgt 80 190 DM/Monat.

6322. Die nicht geschlossene Kostenträgerzeitrechnung (= Artikelergebnisrechnung)

(1) Die Erfolgskontrolle mit Hilfe der *nicht geschlossenen Kostenträgerzeitrechnung* unterscheidet sich im formalen Aufbau von der Erfolgsrechnung der geschlossenen Kostenträgerzeitrechnung nicht. Auch hier werden den Verkaufserlösen zunächst die Sollgrenzselbstkosten des Umsatzes und anschließend die zurechenbaren Abweichungen gegenübergestellt. Der wesentliche Unterschied besteht darin, daß die vorgeschaltete Betriebsleistungs- und die Bestandsrechnung fehlen. Aus diesem Grunde lassen sich weder die Sollgrenzselbstkosten des Umsatzes noch die anteiligen Kostenabweichungen mit dem Soll-Ist-Kostenvergleich abstimmen. Bei der nicht geschlossenen Kostenträgerzeitrechnung können daher die Sollgrenzselbstkosten des Umsatzes nur retrograd aus den Istabsatzmengen abgeleitet werden, indem man diese mit den zugehörigen Grenzselbstkosten pro Einheit lt. Plankalkulation multipliziert. W. Medicke bezeichnet diese Form der kurzfristigen Erfolgsrechnung als eine „Artikelergebnisrechnung", die als „Umsatz- und Verkaufsergebnisrechnung" durchgeführt wird.[73]

Während sich die Sollgrenzselbstkosten des Umsatzes ohne Schwierigkeiten ermitteln lassen, treten bei der verursachungsgemäßen Zurechnung der Abweichungen auf die Produkte erhebliche Probleme auf. Diese resultieren daraus, daß die Einzelmaterial-Verbrauchsabweichungen, die Preisabweichungen für Einzelmaterial, die Tarif- und Kostenstellenabweichungen der Fertigungskostenstellen sowie alle sonstigen Kostenabweichungen des Produktionsbereichs anteilig auf die Bestandsveränderungen der Halb- und Fertigerzeugnisse entfallen. Da in einer nicht geschlossenen Kostenträgerzeitrechnung aber keine rechnerische Bestandsführung existiert, lassen sich die zu den Bestandsveränderungen gehörenden Abweichungsanteile nicht genau von den erfolgswirksamen Teilen trennen. Man muß sich daher bei der Abweichungsverteilung in der nicht geschlossenen Kostenträgerzeitrechnung auf Näherungsverfahren beschränken.[74] Hierbei geht man so vor, daß man die Abweichungen und die zugehörigen Bezugsgrundlagen, z. B. die Einzelmaterial-Preisabweichungen und die Solleinzelmaterialkosten, für mehrere Abrechnungsperioden zusammenfaßt, in denen sich die Zu- und Abnahmen der Halb- und Fertigfabrikatebestände in etwa ausgleichen, und auf diese Weise „normalisierte" oder „durch-

73 Vgl. *W. Medicke*, Geschlossene Kostenträgerrechnung . . . , a.a.O., S. 46.
74 Vgl. *W. Kilger*, Flexible Plankostenrechnung, a.a.O., S. 640.

schnittliche Abweichungsprozentsätze" bildet. Die mit Hilfe solcher Prozentsätze durchgeführte Abweichungsverteilung ist ungenauer als die Abweichungsverteilung in einer geschlossenen Kostenträgerzeitrechnung. Dies gilt insbesondere, wenn die Kostenabweichungen im Zeitablauf größeren Schwankungen ausgesetzt sind. Bei den Kostenabweichungen des Verwaltungs- und Vertriebsbereichs treten die oben genannten Schwierigkeiten der Abweichungsverrechnung nicht auf, weil für sie keine bestandsmäßige Abgrenzung erforderlich ist.

(2) Der wesentliche *Vorteil der nicht geschlossenen Kostenträgerzeitrechnung* besteht darin, daß dieses Verfahren weit weniger Erfassungs-, Abstimmungs- und Rechenaufwand erfordert als die geschlossene Form der kurzfristigen Erfolgsrechnung.[75] Die nicht geschlossene Erfolgskontrolle steht daher *viel schneller* zur Verfügung. Weiterhin ermöglicht sie eine *differenziertere Deckungsbeitragsanalyse.*

Normalerweise wird die Artikelergebnisrechnung monatlich durchgeführt. Man kann sie aber ohne Schwierigkeiten auch wöchentlich oder in kritischen Geschäftssituationen sogar täglich erstellen.[76] Weiterhin ist es möglich, die Artikelergebnisrechnung nicht nur für die fakturierten Umsätze, sondern bereits für den täglichen Auftragseingang durchzuführen. Diese von W. Medicke als *Verkaufsergebnisrechnung* bezeichnete Form der kurzfristigen Erfolgsanalyse hat den Vorteil, „daß die Geschäfts- und Verkaufsleitung zeitnahe Informationen über die Ergebnissituation erhält" und im Falle ungünstiger Entwicklungstendenzen schnell eingreifen kann.[77]

Ein weiterer Vorteil der nicht geschlossenen Kostenträgerzeitrechnung besteht darin, daß die Deckungsbeiträge stärker nach Kostenträgern differenziert werden können, als das bei der geschlossenen Form der Erfolgsrechnung möglich ist, die wegen ihres komplizierten Aufbaus fast immer auf die Bildung größerer Kostenträgergruppen angewiesen ist. In der Artikelergebnisrechnung kann der Deckungsbeitrag jeder einzelnen Produktart ausgewiesen werden. In Unternehmungen mit einer großen Produktzahl wird man hierauf aber verzichten und eine Verdichtung zu kleineren Kostenträgergruppen vornehmen, deren Erzeugnisarten die gleiche Ergebnisstruktur aufweisen. Hierdurch werden die in der geschlossenen Kostenträgerzeitrechnung unvermeidbaren Ergebnissaldierungen weitgehend ausgeschlossen. Eine weitere Möglichkeit, den Umfang der Artikelergebnisrechnung zu reduzieren, besteht darin, sie *selektiv* zu gestalten.[78] Hierbei geht man nach dem Grundsatz des "management by exception" vor, und weist in der Erfolgskontrolle nur solche Artikel gesondert aus, deren prozentuale Deckungsbeiträge unter bzw. über bestimmten Grenzwerten liegen, z. B. unter 20 % und über 40 % der Grenzselbstkosten. Zugleich können Mindestumsätze, z. B. 10 000 DM/Monat, festgelegt werden, da prozentuale Deckungsbeiträge den Gesamtgewinn natürlich nur wesentlich beeinflussen können, wenn ihnen entsprechende Umsätze zugrunde liegen.

75 Vgl. *W. Kilger*, Flexible Plankostenrechnung, a.a.O., S. 642 und *H. G. Plaut, H. Müller, W. Medicke*, Grenzplankostenrechnung und Datenverarbeitung, a.a.O., S. 332 ff.

76 Vgl. *H. G. Plaut*, Die Grenzplankostenrechnung in der Diskussion und ihrer weiteren Entwicklung, ZfB 1958, S. 266.

77 Vgl. *H. G. Plaut, H. Müller, W. Medicke*, Grenzplankostenrechnung und Datenverarbeitung, a.a.O., S. 334.

78 Vgl. *W. Kilger*, Flexible Plankostenrechnung, a.a.O., S. 642 und *H. G. Plaut, H. Müller, W. Medicke*, Grenzplankostenrechnung und Datenverarbeitung, a.a.O., S. 334.

Tabelle 108: Beispiel zur nicht geschlossenen Kostenträgerzeitrechnung (= Artikelergebnisrechnung)

Artikel-Nr.	Absatzmenge [Stck/Monat]	Erlöse		Soll-Grenzselbstkosten des Umsatzes		Kostenab-weichungen	Ist-GSK des Umsatzes	Deckungsbeitrag		
		[DM/Stck]	[DM/Monat]	[DM/Stck]	[DM/Monat]	[DM/Monat]	[DM/Monat]	[DM/Stck]	%	[DM/Monat]
21	1 200	27,67	33 204	19,50	23 400	624	24 024	7,65	38,2	9 180
22	950	29,–	27 549	24,10	22 895	978	23 873	3,87	15,4	3 676
23	2 480	22,96	56 951	14,38	35 662	1 273	36 935	8,07	54,2	20 016
24	1 200	49,52	59 429	30,76	36 912	1 578	38 490	17,45	54,4	20 939
25	1 420	17,52	24 879	10,78	15 308	2 450	17 758	5,02	40,1	7 121
26	1 050	21,04	22 088	13,21	13 871	1 033	14 904	6,84	48,2	7 184
Summe 20	8 300		224 100		148 048	7 936	155 984		43,7	68 116
31	1 040	44,80	46 592	30,20	31 408	680	32 088	13,95	45,2	14 504
32	800	77,36	61 887	41,73	33 384	1 620	35 004	33,60	76,8	26 883
33	3 200	47,–	150 401	23,48	75 136	4 450	79 586	22,13	89,0	70 815
34	2 370	39,64	93 944	25,10	59 487	2 120	61 607	13,64	52,5	32 337
35	2 350	37,43	87 963	20,80	48 880	3 200	52 080	15,27	68,9	35 883
36	1 000	27,95	27 950	18,60	18 600	850	19 450	8,50	43,7	8 500
37	560	56,70	31 750	38,90	21 784	1 875	23 659	14,45	34,2	8 091
38	1 080	41,77	45 113	25,–	27 000	2 876	29 876	14,11	51,0	15 237
Summe 30	12 400		545 600		315 679	17 671	333 350		63,7	212 250
41	1 200	50,83	60 997	28,11	33 732	1 690	35 422	21,31	72,2	25 575
42	2 360	43,16	101 862	23,38	55 176	3 210	58 386	18,42	74,5	43 476
43	800	32,35	25 883	22,01	17 608	1 607	19 215	8,34	34,7	6 668
44	1 240	23,92	29 658	14,15	17 546	875	18 421	9,06	61,0	11 237
Summe 40	5 600		218 400		124 062	7 382	131 444		66,2	86 956
Summe	26 300		988 100		587 789	32 989	620 778		59,2	367 322
Fixe Kosten										279 320
Nicht zurechenbare Kostenabweichungen										7 812
Gesamtergebnis										80 190

Weiterhin ist die Artikelergebnisrechnung *flexibel in bezug auf die Auswertungsmöglichkeiten* der Erfolgsanalyse. So lassen sich z. B. die Deckungsbeiträge nicht nur nach Produktarten, sondern darüber hinaus nach Absatzgebieten (z. B. In- und Ausland, Ländern und Regionen), Vertreterbezirken und Kundengruppen gliedern. Die nach Vertreterbezirken differenzierte Deckungsbeitragsanalyse kann zugleich als Grundlage eines Provisiossystems dienen, bei dem die Provisionssätze nach der Höhe der erzielten Deckungsbeiträge gestaffelt werden.[79]

Den oben aufgeführten Vorteilen der Artikelergebnisrechnung stehen als *Nachteile* die fehlenden Abstimmungsmöglichkeiten und die Ungenauigkeiten der Abweichungsverteilung gegenüber. Unternehmungen, in denen die Durchführung einer geschlossenen Kostenträgerzeitrechnung zu aufwendig ist, sind trotz dieser Nachteile allein auf die Artikelergebnisrechnung angewiesen. Wegen ihrer vielseitigen Auswertungsmöglichkeiten und der Tatsache, daß ihre Ergebnisse relativ schnell zur Verfügung stehen, ist es aber auch für solche Unternehmungen von Vorteil, eine Artikelergebnisrechnung durchzuführen, in denen sich eine geschlossene Kostenträgerzeitrechnung aufbauen läßt. Beide Verfahren der kurzfristigen Erfolgskontrolle lassen sich vorteilhaft miteinander kombinieren. Die Artikelergebnisrechnung liefert schnelle, vielseitig auswertbare Ergebnisse, die wegen der Mängel der Abweichungsverteilung aber Ungenauigkeiten enthalten. Die erst später vorliegende geschlossene Kostenträgerzeitrechnung stimmt die Erfolgsanalyse mit dem Soll-Ist-Kostenvergleich ab, gibt einen Überblick über die Halb- und Fertigfabrikatebestände und liefert Informationen zur Bildung von Abweichungsprozentsätzen für die Artikelergebnisrechnung.

(3) In Tabelle 108 haben wir die Artikelergebnisrechnung für das gleiche *Zahlenbeispiel* wiedergegeben, für das wir in Tabelle 107 die geschlossene Kostenträgerzeitrechnung dargestellt haben.

Während in Tabelle 107 nur die Deckungsbeiträge der drei Kostenträgergruppen 20, 30 und 40 ausgewiesen werden, sind in Tabelle 108 alle Erzeugnisarten einzeln aufgeführt. Ein Vergleich der Deckungsbeitragsprozentsätze (die im Beispiel auf die Istgrenzselbstkosten des Umsatzes bezogen wurden) der einzelnen Erzeugnisse mit den Durchschnittswerten der Gruppen zeigt, daß innerhalb der Kostenträgergruppen z. T. erhebliche Ergebnisunterschiede bestehen, die in der geschlossenen Erfolgsrechnung nicht erkennbar sind. Im Beispiel haben wir den Kostenträgergruppen bei beiden Formen der kurzfristigen Erfolgsrechnung die gleichen Abweichungsbeträge zugeteilt, damit das gleiche Gesamtergebnis entsteht. In praktischen Fällen führen aber die Ungenauigkeiten der Abweichungsverteilung in der Artikelergebnisrechnung zu etwas anderen Abweichungsbeträgen.

6323. Spezialprobleme der kurzfristigen Erfolgskontrolle

(1) Es ist zweckmäßig, die kurzfristige Erfolgskontrolle zu einem *Soll-Ist-Vergleich des Periodenerfolgs* auszubauen.[80] Hierunter versteht man die monatliche Gegen-

79 *A. Deyhle* bezeichnet solche Provisionen als „Nutzenprovisionen“, vgl. Gewinn Management, a.a.O., S. 139 ff.

80 Vgl. *A. Deyhle,* Gewinn Management, a.a.O., S. 347 ff. und *S. Unterguggenberger,* Kybernetik und Deckungsbeitragsrechnung, Wiesbaden 1974, S. 173.

überstellung der Isterfolge und der geplanten Erfolge sowie die Analyse der Erfolgsabweichungen. Die Erfolgsabweichungen können auf Abweichungen der Absatzmengen, der Nettoverkaufspreise und der Kosten zurückzuführen sein. Die Durchführung eines Soll-Ist-Kostenvergleichs des Periodenerfolgs setzt eine nach Monaten untergliederte Erfolgsplanung voraus. Wie unsere Ausführungen in den Kapiteln 6321 und 6322 gezeigt haben, werden in Unternehmungen, die mit einer Plankostenrechnung arbeiten die Kostenabweichungen zwar bereits in der kurzfristigen Erfolgskontrolle ausgewiesen, vollständige Soll-Ist-Vergleiche des Periodenerfolgs fehlen heute in der Praxis aber meistens noch.

Nehmen wir an, daß sich die fixen Kosten gegenüber der Planung nicht verändert haben und daß alle Kostenabweichungen auf die Kostenträger verrechnet werden, so gilt für den Soll-Ist-Vergleich des Periodenerfolgs die folgende Grundformel:

$$\Delta G = \sum_{j=1}^{n} \left[(x_{Aj}^{(i)} - x_{Aj}^{(p)})(p_j^{(p)} - k_{pj}^{(p)}) + (p_j^{(i)} - p_j^{(p)})\, x_{Aj}^{(i)} - (k_{pj}^{(i)} - k_{pj}^{(p)})\, x_{Aj}^{(i)} \right] \tag{226}$$

Der erste Summand in der eckigen Klammer gibt die zu den Plandeckungsbeiträgen pro Stück bewerteten Absatzmengenabweichungen an. Sie können auf Konjunktur- und Saisoneinflüsse oder auf unzureichende bzw. besonders intensive Verkaufsaktivitäten zurückzuführen sein. Der zweite Summand entspricht den durch Preisnachlässe und erhöhte Rabatte verursachten Erlösabweichungen und der dritte Summand zeigt, wie sich die Deckungsbeiträge infolge von Kostenabweichungen verändert haben. Treten Fixkostenabweichungen auf, oder wird ein Teil der Kostenabweichungen nicht auf die Kostenträger verrechnet, so müssen die nach Gleichung (226) ermittelten Erfolgsabweichungen ΔG um diese Beträge erhöht bzw. vermindert werden.

Ein Soll-Ist-Vergleich des Periodenerfolgs läßt sich sowohl bei Anwendung der geschlossenen Kostenträgerzeitrechnung als auch mit Hilfe der Artikelergebnisrechnung durchführen. Bei der geschlossenen Form der Erfolgsrechnung können die Halb- und Fertigfabrikatebestände in den Soll-Ist-Vergleich einbezogen werden. Da jedoch die Durchführung der geschlossenen Kostenträgerzeitrechnung sehr zeitaufwendig ist, wird man sich in der Praxis beim Soll-Ist-Vergleich des Periodenerfolgs meistens auf die Artikelergebnisrechnung beschränken. Diese hat den Vorteil, daß die Abweichungen der Deckungsbeiträge weitgehend nach Kostenträgern und darüber hinaus nach Absatzgebieten, Vertreterbezirken und Kundengruppen differenziert werden können

(2) Die von uns für die Erfolgsplanung beschriebene *stufenweise Fixkostendeckungsrechnung* läßt sich auch in der kurzfristigen Erfolgskontrolle durchführen. Wird hierbei in mehreren aufeinanderfolgenden Abrechnungsperioden festgestellt, daß die Deckungsbeiträge einiger Produktgruppen so niedrig sind, daß sie nicht einmal die Erzeugnis- und Erzeugnisgruppen-Fixkosten decken, so muß durch eine Investitionsrechnung überprüft werden, ob die Stillegung der betreffenden Produktionsbereiche wirtschaftlicher ist als die Fortführung der Produktion.

(3) Bei *Saisonschwankungen der Absatzmengen* lassen sich in der kurzfristigen Erfolgskontrolle die Ergebnisse der aufeinanderfolgenden Monate nicht miteinander vergleichen. Hier müssen vielmehr jeweils die Ergebnisse der Vorjahresmonate als Vergleichsgrundlage gewählt werden. Weiterhin sind die Monatserfolge kumuliert darzustellen. Hierbei erkennt man, in welcher Periode die kumulierten Istdeckungsbeiträge die fixen Kosten überschreiten, also ab wann positive Gesamtgewinne entstehen. Bei Durchführung eines Soll-Ist-Vergleichs wird deutlich, ob und inwieweit sich die effektiven von den geplanten Saisoneinflüssen unterscheiden. Hierdurch können erhebliche Deckungsbeitragsabweichungen verursacht werden, so z. B. in der Reifenindustrie, wenn ein milder Winter das Winterreifengeschäft ungünstig beeinflußt oder in der Getränkeindustrie, wenn ein kühler Sommer den Getränkeabsatz reduziert.

(4) Wie bereits unsere Ausführungen in Kapitel 624 gezeigt haben, erfordert der Grundsatz von den relevanten Kosten in *mehrstufigen Unternehmungen* mit marktgängigen Vor- und Zwischenprodukten, daß beim Aufbau der kurzfristigen Erfolgsplanung mit Grenzkosten „durchgerechnet" wird. Das gleiche gilt für die kurzfristige Erfolgskontrolle. Wird diese nach dem Grenzkostenprinzip durchgeführt, so werden den Vorstufen jeweils nur die Deckungsbeiträge der von ihnen verkauften Erzeugnisse zugerechnet und die weiterverarbeiteten Mengen zu Grenzherstellkosten bewertet. Die Deckungsbeiträge der Vorstufen reichen meistens nicht aus, die fixen Kosten der Vorstufenbetriebe zu decken, so daß für sie „Verluste" ausgewiesen werden. Hieran nehmen die Leiter der Vorstufenbetriebe mit der Begründung Anstoß, daß die Kapazitäten ihrer Betriebe zum großen Teil für die nachfolgenden Produktionsstufen vorgehalten werden. Will man diesen Mangel aus Gründen der Motivation ausschalten, so gibt es hierfür die folgenden drei Möglichkeiten. Erstens kann man die von uns bereits in Kapitel 624 vorgeschlagene stufenweise Fixkostenverteilung vornehmen, bei der die Fixkostenblöcke der Vorstufen im Verhältnis der verkauften und der weiterverarbeiteten Mengen aufgeteilt werden und der den letzteren entsprechende Teil der Folgestufe belastet wird. Zweitens besteht die Möglichkeit, die kurzfristige Erfolgskontrolle mehrstufiger Unternehmungen parallel nach dem Voll- und dem Grenzkostenprinzip durchzuführen. Drittens schließlich ist vorgeschlagen worden, die weiterverarbeiteten Mengen nachträglich auf Marktpreise umzuwerten und den Vorstufen zu Lasten der weiterverarbeitenden Stufen entsprechende „Deckungsbeiträge" zuzurechnen.[81] Gegen die beiden zuletzt genannten Verfahren ist einzuwenden, daß sie nicht dem Grundsatz von den relevanten Kosten entsprechen und daher für dispositive Auswertungen der kurzfristigen Erfolgskontrolle ungeeignet sind. Die stufenweise Fixkostenverteilung hat dagegen den Vorteil, das Deckungsbeitragsprinzip nicht zu beeinträchtigen.

(5) In Unternehmungen mit *Kuppelproduktion* müssen auch bei der Auswertung der kurzfristigen Erfolgskontrolle die Einflüsse beachtet werden, die aus den Mengenrelationen der Kuppelprodukte resultieren. Während bei der jährlichen Erfolgsplanung angenommen werden kann, daß die erzeugten Mengen innerhalb der Planungsperiode abgesetzt werden, treten in den monatlichen Abrechnungsperioden Lagerbestandsveränderungen der Kuppelprodukte auf, die eine Bestandsbewertung

81 Vgl. *W. Kilger*, Kurzfristige Erfolgsrechnung a.a.O., S. 90–91.

erfordern. Da bei Kuppelproduktion keine dem Verursachungsprinzip entsprechende kalkulatorische Ermittlung der Herstellkosten pro Stück möglich ist, kann auch die bestandsmäßige Abgrenzung der Herstellkosten nicht dem Verursachungsprinzip entsprechen. Es müssen vielmehr Wertansätze verwendet werden, die sich am Tragfähigkeitsprinzip orientieren, also mit Hilfe von Marktpreisäquivalenzziffern oder kumulierter Verwendungsüberschüsse ermittelt worden sind.

(6) In *Unternehmungen mit langfristiger Einzelfertigung* ist die Erfolgsermittlung „zunächst weniger auf den Zeitraum als auf den einzelnen Auftrag abgestellt“[82], da die Einzelprojekte vielfach umfangreich sind und den Gesamterfolg wesentlich beeinflussen, so daß auf ihren individuellen Erfolgsausweis nicht verzichtet werden kann. Trotzdem ist auch bei langfristiger Einzelfertigung die Durchführung einer periodischen Erfolgskontrolle erforderlich. Wegen der großen Bedeutung von Halbfabrikatebeständen in Form noch nicht abgeschlossener Aufträge kommt hierfür nur die geschlossene Form der Kostenträgerzeitrechnung in Frage. Bei monatlicher Durchführung der kurzfristigen Erfolgskontrolle wird es immer wieder Monate geben, in denen nur wenige Aufträge erfolgswirksam abzurechnen sind, während in anderen Monaten eine überdurchschnittliche Anzahl von Aufträgen fertiggestellt wird. Hierdurch treten insbesondere bei Anwendung des Grenzkostenprinzips starke periodische Erfolgsschwankungen auf, so daß es erforderlich ist, die Periodenerfolge im Zeitablauf zu kumulieren.

Für die *auftragsbezogene Erfolgskontrolle* bei langfristiger Einzelfertigung ist die Durchführung einer Standardnachkalkulation besonders vorteilhaft, weil sie erkennen läßt, wie der Auftragserfolg durch Kostenabweichungen beeinflußt worden ist. Weiterhin sind die Istselbstkosten mit den vorkalkulierten Selbstkosten zu vergleichen, damit man eventuelle Kalkulationsfehler erkennt. In Tabelle 109 haben wir ein *Zahlenbeispiel* für die auftragsweise Erfolgskontrolle bei langfristiger Einzelfertigung wiedergegeben, bei dem sowohl Grenz- als auch Vollkosten kalkuliert werden. Die Selbstkosten lt. Planung ermittelt man für einen Auftrag nach Fertigstellung der Konstruktionszeichnungen, Stücklisten und Arbeitsablaufpläne. Für den Materialverbrauch werden aus den Stücklisten Vorgabemengen abgeleitet. Mehrverbrauchsmengen, die z. B. auf Konstruktionsänderungen, abweichende Materialeigenschaften und Ausschuß zurückzuführen sein können, erfaßt man durch Zusatzbelege. Durch die Arbeitsablaufplanung werden für alle Arbeitsgänge der Fertigung und der Montage Vorgabezeiten festgelegt. Führen Konstruktionsänderungen oder andere Gründe zu abweichenden Vorgabezeiten, so werden die hieraus resultierenden Kostenabweichungen erfaßt und den Aufträgen belastet. Weiterhin werden den Aufträgen die auf sie entfallenden Preis-, Tarif- und Kostenstellenabweichungen zugerechnet. Als sonstige Kostenabweichungen können Abweichungen der Sondereinzelkosten der Fertigung, der Verwaltungs- und Vertriebsstellen und der Sondereinzelkosten des Vertriebs auftreten. Im Beispiel der Tabelle 109 erhöhen die Kostenabweichungen die geplanten Vollkosten um insgesamt 41 165 DM (= 5,0 %) und die geplanten Grenzkosten um 39 659 DM (= 6,1 %). Gegenüber den vorkalkulierten Selbstkosten haben sich die Ist-Vollkosten um 27 485 DM (= 3,3 %) und die Ist-Grenzkosten um 34 409 DM (= 5,21 %) erhöht. Der Auftrag

82 Vgl. *A. Müller*, Grundzüge der industriellen Kosten- und Leistungserfolgsrechnung, Köln und Opladen 1955, S. 311.

Tabelle 109: Beispiel zur auftragsweisen Erfolgskontrolle bei langfristiger Einzelfertigung

	Kostenbezeichnung	Vollkosten [DM/Auftrag]	Grenzkosten [DM/Auftrag]
1	Selbstkosten lt. Vorkalkulation	830 000	660 000
2	Selbstkosten lt. Planung	816 320	654 750
3	Einzelmaterialverbrauchsabw.	12 428	12 428
4	Einzelmaterialpreisabweichungen	7 410	7 410
5	Vorgabezeitabw. d. Fertigung	4 425	3 256
6	Tarifabw. d. Fertigung	5 216	5 216
7	Kostenstellenabw. d. Fertigung	3 200	3 200
8	Vorgabezeitabw. d. Montage	1 820	1 483
9	Tarifabw. d. Montage	1 450	1 450
10	Kostenstellenabw. d. Montage	827	827
11	Sonstige Kostenabweichungen	4 389	4 389
12	Summe Kostenabweichungen	41 165	39 659
13	Ist-Selbstkosten	857 485	694 409
14	Abw. gegenüber Vorkalkulation	+ 27 485	+ 34 409
15	Nettoerlös	912 000	912 000
16	Gewinn/Deckungsbeitrag	54 515	217 591

führt zu einem Vollkostengewinn von 54 515 DM (= 6,4 % der Ist-Vollkosten) und zu einem Deckungsbeitrag von 217 591 DM (= 31,3 % der Ist-Grenzkosten). Bei der Erfolgsanalyse in Unternehmungen mit langfristiger Einzelfertigung spielt das *Risiko der Inanspruchnahme infolge von Garantieverpflichtungen* eine wesentliche Rolle. Der Hersteller haftet meistens aufgrund des Kaufvertrages dafür, daß die von ihm gelieferten Anlagen störungsfrei funktionieren und ist verpflichtet, die innerhalb der Garantiefrist auftretenden Mängel kostenlos zu beseitigen. Hierfür werden kalkulatorische Kosten in die Kalkulation einbezogen und entsprechende Rückstellungen gebildet. Erst nach Ablauf der Garantiefrist stehen die Istkostenbeträge der Garantie-Inanspruchnahme und damit der endgültige Gewinn fest. Enthalten im obigen Beispiel die Kosten einen Betrag von 65 000 DM zur kalkulatorischen Deckung der Garantieverpflichtungen und werden effektiv nur 25 000 DM in Anspruch genommen, so erhöht sich der Gewinn bzw. der Deckungsbeitrag nachträglich um 40 000 DM. Wird die Vorgabe von 65 000 DM im Ist überschritten, so nimmt der Gewinn bzw. der Deckungsbeitrag entsprechend ab.

Als weiteres Problem der Erfolgskontrolle bei langfristiger Einzelfertigung ist die Frage zu klären, *zu welchem Zeitpunkt ein Auftrag erfolgswirksam abgerechnet werden kann.* Bei Aufträgen, die eine funktionale Einheit darstellen, d. h. die nur in ihrer Gesamtheit funktionsfähig sind, dürfen der Gesamterlös und die Istkosten des Gesamtauftrags erst in die Erfolgsrechnung übernommen werden, wenn die Gesamtanlage funktionsfähig an den Abnehmer übergeben worden ist. Bis zu diesem Zeitpunkt sind eventuelle Vorauszahlungen als Verbindlichkeiten und die angefallenen Herstellkosten als Halbfabrikatebestände zu führen. Typische Beispiele solcher Aufträge sind Krananlagen, Walzwerke, funktional verbundene Fabrikanlagen, Schiffe, Gebäude usw. Teile oder Bauabschnitte solcher Aufträge dürfen nicht erfolgswirksam abgerechnet werden. Die erfolgswirksame Abrechnung von Teilaufträgen ist nur bei Aufträgen zulässig, die sich in funktional selbständige Teile zerlegen lassen, für die gesonderte Preise vereinbart wurden. Typische Beispiele hierfür sind funktional voneinander unabhängige Fabrikanlagen, Aufträge über mehrere gesonderte Gebäude, Teilabschnitte von Autobahnen usw.

633. *Die Durchführung der kurzfristigen Erfolgskontrolle mit Hilfe der Datenverarbeitung*

(1) Die kurzfristige Erfolgskontrolle zählt zu den Teilgebieten der Kosten- und Leistungsrechnung, die sich nur in kleineren Unternehmungen mit relativ wenig Erzeugnissen *manuell* durchführen läßt. Mit zunehmender Erzeugniszahl erhöht sich der Rechenaufwand der kurzfristigen Erfolgskontrolle so sehr, daß eine *maschinelle* Durchführung erforderlich wird.[83] Dies gilt insbesondere bei Anwendung der Plankostenrechnung, weil hierbei die Istselbstkosten des Umsatzes in Plankosten und anteilige Kostenabweichungen aufgelöst werden müssen. Durch die maschinelle Durchführung der kurzfristigen Erfolgskontrolle werden die Auswertungsmöglichkeiten des Periodenerfolges gegenüber der manuell durchgeführten Erfolgsrechnung erheblich verbessert. Wird eine jährliche Erfolgsplanung aufgebaut, so kann die kurzfristige Erfolgskontrolle zu einem maschinell durchgeführten Soll-Ist-Vergleich des Periodenerfolgs weiterentwickelt werden. Die maschinelle Durchführung der kurzfristigen Erfolgskontrolle ist organisatorisch mit den übrigen maschinell durchgeführten Teilgebieten der Kosten- und Leistungsrechnung abzustimmen, so daß man auf bereits erfaßte und gespeicherte Daten zurückgreifen kann. Dies gilt insbesondere für die Erfassung von Preis- und Tarifabweichungen, den Soll-Ist-Kostenvergleich des Einzelmaterials und der Kostenstellen, die Plan- bzw. Standardnachkalkulation und die Fakturierung.

(2) Wegen der vorgeschalteten Betriebsleistungsrechnung und der kalkulatorischen Bestandsführung läßt sich die *geschlossene Kostenträgerzeitrechnung* nur in sehr einfach gelagerten Fällen manuell durchführen. Bereits von etwa 50 bis 100 Artikeln an ist der Einsatz von Datenverarbeitungsanlagen erforderlich. Hierbei kann die Betriebsleistungsrechnung auf die Daten der maschinell durchgeführten Kostenkontrolle zurückgreifen.[84] Für die Erfassung spezieller Kostenabweichungen, so z. B. von Verfahrens-, Seriengrößen- und Leistungsabweichungen, die zur Korrektur von Verstößen gegen den Grundsatz der Kostenidentität dienen, ist ein „Vorberei-

83 Zur maschinellen Durchführung der Kostenträgerzeitrechnung vgl. *M. Ambos*, Einsatz der elektronischen Datenverarbeitung in der Kostenrechnung, in: Handbuch der Kostenrechnung, hrsg. von *R. Bobsin*, München 1971, S. 468 ff.; *R. Bobsin*, Elektronische Deckungsbeitragsrechnung, München 1969, S. 85 ff.; *P. Mertens*, Industrielle Datenverarbeitung, Bd. I, 2. Aufl., Wiesbaden 1972, S. 282 ff. und *H. G. Plaut, H. Müller, W. Medicke*, Grenzplankostenrechnung und Datenverarbeitung, a.a.O., S. 335 ff.

84 Vgl. *H. G. Plaut, H. Müller, W. Medicke*, Grenzplankostenrechnung und Datenverarbeitung, a.a.O., S. 335 ff.

tungsprogramm zur Betriebsleistungsrechnung" erforderlich.[85] Die Bestandsrechnung setzt bei der erstmaligen Durchführung einer geschlossenen Kostenträgerzeitrechnung die inventurmäßige Erfassung der Anfangsbestände und deren Übernahme auf Datenträger voraus. Erst bei der lfd. Durchführung lassen sich rechnerische Anfangsbestände ermitteln. Bei der Bestandsbewertung greift die Bestandsrechnung auf die gespeicherten Grenzherstellkosten der Plankalkulationen bzw. der Standardnachkalkulationen zurück. Grundlage für die Erfassung der Abgangsmengen sind die zum Zwecke der Fakturierung auf Datenträger, z. B. Umsatz-Lochkarten, übernommene Versandmengen. Diese dienen zugleich als Grundlage für den Erlösausweis in der Erfolgsrechnung. Bei standardisierten Erzeugnissen werden die Absatzmengen mit den Grenzselbstkosten lt. Plankalkulation bewertet. Die Zurechnung anteiliger Kostenabweichungen erfolgt gesondert. Bei Auftrags- und Einzelfertigung kann man bei der Bewertung der Abgangsmengen unmittelbar auf die gespeicherten Ergebnisse der Standard-Nachkalkulation zurückgreifen.

Die geschlossene Kostenträgerzeitrechnung kann entweder mit Hilfe einer kartenorientierten Datenverarbeitung oder durch Einsatz von Datenverarbeitungsanlagen mit peripheren Speichern (z. B. Magnetplatten oder Magnetbändern) durchgeführt werden. Hierbei liegen nach W. Medicke die Vorteile der Verwendung peripherer Speicher in der schnelleren Verarbeitung, einer genaueren Verrechnung der Kostenabweichungen und einer differenzierten Aufbereitung der Zahlen.[86] Im übrigen lassen sich für die maschinelle Durchführung der geschlossenen Kostenträgerzeitrechnung „keine allgemein und für jede Branche gültigen Regeln" aufstellen, da „gerade die Kostenträgerrechnung von Branche zu Branche und von Betrieb zu Betrieb unterschiedlich zu lösen ist. Mit der datenverarbeitungsmäßigen Lösung ist der betriebswirtschaftlich richtigen Konzeption zu folgen."[87]

(3) Wegen ihres einfachen rechnerischen Aufbaus kann die *nicht geschlossene Kostenträgerzeitrechnung (= Artikelergebnisrechnung)* auch bei relativ vielen Erzeugnisarten noch manuell durchgeführt werden. Von etwa 500 bis 1 000 Einzelartikeln an ist aber der Einsatz von Datenverarbeitungsanlagen erforderlich. Dies gilt insbesondere, wenn die Erfolgsanalyse nicht nur nach Erzeugnissen oder Erzeugnisgruppen differenziert werden soll, sondern darüber hinaus nach Inland, Ausland, Absatzgebieten, Vertreterbezirken und Kundengruppen.

Die Artikelergebnisrechnung kann allein oder mit der geschlossenen Kostenträgerzeitrechnung kombiniert durchgeführt werden.[88] In beiden Fällen bilden die durch die Fakturierung erfaßten Umsatzdaten und die gespeicherten Plan- bzw. Standardnachkalkulationen die Ausgangsdaten der maschinellen Durchführung. Bei alleiniger Durchführung werden die Absatzmengen mit den Grenzselbstkosten

85 Vgl. *H. G. Plaut, H. Müller, W. Medicke*, Grenzplankostenrechnung und Datenverarbeitung, a.a.O., S. 341 ff.

86 Vgl. *H. G. Plaut, H. Müller, W. Medicke*, Grenzplankostenrechnung und Datenverarbeitung, a.a.O., S. 357 ff.

87 Vgl. *H. G. Plaut, H. Müller, W. Medicke*, Grenzplankostenrechnung und Datenverarbeitung, a.a.O., S. 358. Im übrigen vgl. das dort auf S. 360 und S. 361 wiedergegebene Flußdiagramm der Geschlossenen Kostenträgerzeitrechnung.

88 Vgl. *H. G. Plaut, H. Müller, W. Medicke*, Grenzplankostenrechnung und Datenverarbeitung, a.a.O., S. 378 ff.

lt. Kalkulation bewertet, bei der kombinierten Form liegen dagegen die Plangrenzherstellkosten des Umsatzes bereits vor, da sie schon bei der Berechnung der Abgänge in der Bestandsrechnung erfaßt wurden. Hier werden die Absatzmengen daher nur noch mit den fehlenden Verwaltungs- und Vertriebskosten bewertet. Die Verteilung der Kostenabweichungen erfolgt mit Hilfe gespeicherter Abweichungsprozentsätze, die in bestimmten Abständen an die zeitliche Entwicklung der einzelnen Abweichungsarten angepaßt werden müssen. Soll eine selektive Auswertung der Artikelergebnisrechnung erfolgen, so ist hierfür ein besonderes Analysenprogramm erforderlich.

7. Die Abstimmung der Kosten- und Leistungsrechnung mit der Finanzbuchhaltung

71. Das Einkreissystem

711. Das Einkreissystem in Kontenform

(1) Das betriebliche Rechnungswesen wird organisatorisch in die Finanzbuchhaltung und die Kosten- und Leistungsrechnung gegliedert. Obwohl diese beiden Teilgebiete des betrieblichen Rechnungswesens unterschiedliche Aufgaben erfüllen, sind sie keineswegs unabhängig voneinander. Für beide sind zum großen Teil die gleichen Geschäftsvorfälle relevant. Hieraus ergeben sich zwei *organisatorische Grundsätze.* Erstens muß die Zusammenarbeit zwischen Finanzbuchhaltung und Kosten- und Leistungsrechnung so gestaltet werden, daß bei der belegmäßigen Erfassung und Auswertung der Geschäftsvorfälle Doppelarbeit vermieden wird. Zweitens müssen die erzielten Ergebnisse mit einander abgestimmt werden, soweit sie sich auf gleiche Tatbestände beziehen; eventuelle Unterschiede sind zu erklären und aus den unterschiedlichen Rechenzwecken abzuleiten. Dies gilt insbesondere für den Periodenerfolg der Unternehmung, der sowohl auf dem Gewinn- und Verlustkonto der Finanzbuchhaltung als auch mit Hilfe der kurzfristigen Erfolgsrechnung ermittelt wird. Grundsätzlich gilt auch heute noch die Forderung E. Schmalenbachs, „daß das gesamte Rechnungswesen eines Betriebes in allen seinen Teilen ein Ganzes bilden muß."[1] Für die praktische Realisierung dieser Forderung sind mehrere *Organisationsformen* entwickelt worden, die wir nunmehr betrachten wollen.[2]

Wird die Kosten- und Leistungsrechnung vollständig in das Kontensystem der Finanzbuchhaltung integriert, so spricht man vom *Einkreissystem* oder vom *Monismus.* Werden hierbei sowohl die Kostenartenrechnung als auch die Kostenstellen- und die Kostenträgerrechnung in Kontenform durchgeführt, so liegt ein *reines Einkreissystem* oder *radikaler Monismus* vor. Nimmt man dagegen Teile der Kosten-

1 Vgl. *E. Schmalenbach*, Der Kontenrahmen, 4. Aufl., Leipzig 1935, S. 5.

2 Vgl. *A. Angermann*, Industrie-Kontenrahmen (IKR) und Gemeinschafts-Kontenrahmen (GKR) in der Praxis, Berlin 1937; *Bundesverband der Deutschen Industrie*, Industrie-Kontenrahmen – IKR, Bergisch Gladbach 1971; *K. F. Bussmann,* Industrielles Rechnungswesen, Stuttgart 1963, S. 187; *J. Greifzu*, Das Rechnungswesen, 12. Aufl., Hamburg 1971, S. 522 ff.; *K. W. Hennig*, Zur praktischen Handhabung des Kontenrahmens in der Industrie, BFuP 1949, S. 265 ff.; *H. Jost*, Kosten- und Leistungsrechnung, Wiesbaden 1974, S. 120 ff.; *E. Kosiol*, Kostenrechnung und Kalkulation, 2. Aufl., Berlin, New York 1972, S. 81 ff.; *K. Mellerowicz*, Kosten- und Kostenrechnung, Band 2, 1. Teil, 4. Aufl., Berlin 1966, S. 77 ff.; *D. Moews*, Die Betriebsbuchhaltung im Industrie-Kontenrahmen (IKR), Berlin 1973; *E. Schneider*, Einführung in die Grundlagen des Industriellen Rechnungswesens, Kopenhagen 1939, S. 145 ff.

rechnung, so z. B. die Kostenstellenrechnung und die Kalkulation, aus dem Kontensystem heraus, um sie in tabellarischer Form durchzuführen, so spricht man von einem *Einkreissystem mit tabellarisch ausgegliederten Teilen der Kostenrechnung* oder von *gemäßigtem Monismus.*

Wird die Finanzbuchhaltung und die Kosten- und Leistungsrechnung organisatorisch selbständig durchgeführt, so bezeichnet man dieses Verfahren als *Zweikreissystem* oder als *Dualismus.* Hierbei kann die Kosten- und Leistungsrechnung entweder in einem eigenen Kontensystem oder in tabellarischer Form durchgeführt werden. Die Verbindung beider Verrechnungskreise erfolgt mit Übergangs- oder Spiegelkonten.

(2) Da die Finanzbuchhaltung das ältere Teilgebiet des betrieblichen Rechnungswesens ist, lag der Versuch nahe, die später hinzukommende Kosten- und Leistungsrechnung in das Kontensystem der Finanzbuchhaltung zu integrieren. Man versuchte daher zunächst das *Einkreissystem in Kontenform* zu realisieren.

Die Entwicklung des Einkreissystems steht in engem Zusammenhang mit der Schaffung von Kontenrahmen, denen das Prozeßgliederungsprinzip zugrunde liegt. Unter einem *Kontenrahmen* versteht man „eine vollständige Übersicht der in der Buchhaltung der Unternehmungen möglicherweise auftretenden Konten, wobei die Konten regelmäßig nach materiellen Gesichtspunkten in sog. Kontenklassen eingeordnet sind“[3]. Für die Numerierung der Kontenklassen wird meistens das Dezimalsystem verwendet. Als *Prozeßgliederungsprinzip* wird eine Anordnung der Kontenklassen bezeichnet, die weitgehend den für die Erstellung und den Verkauf der betrieblichen Leistungen erforderlichen Funktionsabläufen entspricht. Die ersten Klassen enthalten Bestands- und Kapitalkonten, die für die Vorratshaltung und deren Finanzierung erforderlich sind. Es folgen Kontenklassen, in denen der bewertete Verbrauch von Produktionsfaktoren erfaßt und auf Kostenstellen bzw. Kostenträger weiterverrechnet wird. Diese Kontenklassen sollen den Aufgaben der Kostenrechnung dienen. Anschließend folgen im Kontenrahmen nach dem Prozeßgliederungsprinzip Bestandskonten für Halb- und Fertigerzeugnisse, Erlöskonten und in der letzten Klasse die Abschlußkonten, mit deren Hilfe die Periodenerfolge und die Schlußbilanzen ermittelt werden.

Die *Entwicklung von Kontenrahmen nach dem Prozeßgliederungsprinzip* wurde von E. Schmalenbach mit seinem 1927 erschienenen Buch „Der Kontenrahmen“ eingeleitet.[4] In den folgenden Jahren wurden solche Kontenrahmen in viele Unternehmen eingeführt. Es entstanden der Normalkontenrahmen des VDMA und der RKW-Kontenrahmen von 1936.[5] Nach 1936 führte eine verstärkte Einflußnahme des Staates auf die Wirtschaft zur Vereinheitlichung des betrieblichen Rechnungswesens. Am 11. 11. 1937 wurden die „Richtlinien für die Organisation der Buchhaltung“ erlassen. Sie enthielten den sog. *Erlaß-, Einheits- oder Reichskontenrahmen,* der streng nach dem Prozeßgliederungsprinzip aufgebaut ist. Hierdurch

3 Vgl. *H. H. Schulze*, Stichwort: Kontenrahmen und Kontenplan, in: Handwörterbuch des Rechnungswesens, hrsg. von *E. Kosiol*, Stuttgart 1970, Sp. 840.

4 Vgl. *E. Schmalenbach*, Der Kontenrahmen, a.a.O., S. 14 ff.

5 Vgl. *Bundesverband der Deutschen Industrie*, Industrie-Kontenrahmen – IKR –, a.a.O., Vorwort; VDMA = Verein Deutscher Maschinenbauanstalten; RKW = Rationalisierungs-Kuratorium der Deutschen Wirtschaft e.V.

wird das damalige Interesse des Staates an der Kostenrechnung deutlich, die als Instrument zur Bestimmung von Selbstkostenerstattungspreisen angesehen wurde. Die Richtlinien und der Einheitskontenrahmen ,,waren maßgebend für die von den Wirtschaftsgruppen aufzustellenden Branchenkontenrahmen, die mit Genehmigung durch den Reichswirtschaftsminister für die jeweilige Wirtschaftsgruppe verbindlich wurden.''[6]

Nach dem zweiten Weltkrieg wurden die Bemühungen zur Verbesserung des Kontenrahmens fortgesetzt. Im Jahre 1947 entstand in Berlin in Zusammenarbeit der Humboldt-Universität und der Technischen Universität Berlin der *Einheitskontenrahmen für die Industrie* (EKRI). Hieran hat auch der ostdeutsche Zentralausschuß für das industrielle Rechnungswesen (ZAFIR) mitgewirkt. Am 27. 12. 1948 wurde der EKRI in Ostdeutschland für verbindlich erklärt. Er war ursprünglich für ganz Deutschland bestimmt. In Westdeutschland setzte der Ausschuß Betriebswirtschaft Industrieller Verbände die Bemühungen fort, den Kontenrahmen an die veränderte wirtschaftliche Situation anzupassen.[7] Er veröffentlichte 1949 die ,,Gemeinschafts-Richtilinien für die Buchführung'' in Verbindung mit einem *Gemeinschaftskontenrahmen der Industrie* (GKR). Diese Vorschläge wurden 1951 vom Betriebswirtschaftlichen Ausschuß des Bundesverbandes der Deutschen Industrie aufgegriffen und als Teil I der ,,Grundsätze und Gemeinschafts-Richtlinien für das Rechnungswesen, Ausgabe Industrie (GRB)'' veröffentlicht. Viele Unternehmungen haben seitdem ihr Kontensystem nach dem Gemeinschaftskontenrahmen gegliedert. Da dieser jedoch im Gegensatz zum Reichskontenrahmen nicht verbindlich ist, findet man in der Praxis zahlreiche Abweichungen und Ergänzungen der im Gemeinschaftskontenrahmen vorgesehenen Kontenklassen.

(3) Der Gemeinschaftskontenrahmen entspricht wie die meisten früheren deutschen Kontenrahmen dem Prozeßgliederungsprinzip. Im einzelnen sind die folgenden *Kontenklassen* vorgesehen:

Klasse 0: Anlagevermögen und langfristiges Kapitel
Klasse 1: Finanz-Umlaufvermögen und kurzfristige Verbindlichkeiten
Klasse 2: Neutrale Aufwendungen und Erträge
Klasse 3: Stoffe-Bestände
Klasse 4: Kostenarten
Klasse 5: Kostenstellen
Klasse 6: Kostenstellen
Klasse 7: Bestände an halbfertigen und fertigen Erzeugnissen
Klasse 8: Erträge
Klasse 9: Abschluß

Für die Durchführung des Einkreissystems ist die *Kontenklasse 2* von entscheidender Bedeutung, da hier die Abgrenzung neutraler Geschäftsvorfälle von der Kosten- und Leistungsrechnung erfolgt. Weiterhin wird in der Klasse 2 die kalkulatorische Abgrenzung, d. h. die Ersetzung des nicht als Kosten verrechneten Zweckaufwands

6 Vgl. *Bundesverband der Deutschen Industrie*, Industrie-Kontenrahmen – IKR –, a.a.O., Vorwort.

7 Vgl. *Bundesverband der Deutschen Industrie*, Industrie-Kontenrahmen – IKR –, a.a.O., Vorwort.

durch kalkulatorische Kostenarten durchgeführt. Daher ist es besser, der Kontenklasse 2 die Bezeichnung *Abgrenzungskonten* zuzuordnen, so wie das im Reichskontenrahmen vorgesehen war. Die Konten der Klasse 2 liegen wie ein „Sieb" vor den nachfolgenden Konten der Kosten- und Leistungsrechnung. Durch die *Siebfunktion der Kontenklasse 2* wird sichergestellt, daß auf die Kostenartenkonten nur Beträge verbucht werden können, die den Grundsätzen einer ordnungsgemäßen Kostenrechnung entsprechen, und daß die kurzfristige Erfolgsrechnung von neutralen Aufwendungen und Erträgen freigehalten wird.

Der Gemeinschaftskontenrahmen läßt die Möglichkeit offen, die Kosten- und Leistungsrechnung vollständig in das Kontensystem der doppelten Buchführung zu integrieren. Hierfür sind die Kontenklassen 4 bis 7 vorgesehen. Die *Kontenklasse 4* enthält die Kostenartenkonten und entspricht damit der Kostenartenrechnung. Die hier erfaßten Einzelmaterial- und Sondereinzelkosten der Fertigung werden von der Klasse 4 direkt auf Kostenträger-Bestandskonten in der Klasse 7 übernommen. Die Sondereinzelkosten des Vertriebs werden direkt der monatlichen Betriebsergebnisrechnung belastet. Die in der Klasse 4 erfaßten Gemeinkosten müssen auf die Kostenstellenkonten der Klassen 5 und 6 umgebucht werden. Die Konten dieser Klassen übernehmen damit die Aufgaben des Betriebsabrechnungsbogens. Zweckmäßigerweise ordnet man der Klasse 5 die sekundären und der Klasse 6 die primären Kostenstellen zu. Die innerbetriebliche Leistungsverrechnung erfolgt so, daß die Kosten der sekundären Kostenstellen (unter Berücksichtigung der Interdependenz des Leistungsaustausches) auf die primären Kostenstellen umgebucht werden. Die primären Kostenstellen werden zu folgenden Gruppen zusammengefaßt: Materialstellen, Fertigungsstellen, Verwaltungs- und Vertriebsstellen. Die Kosten der Material- und der Fertigungsstellen werden auf Kostenträgerkonten der Klasse 7 als Halbfabrikatezugang gebucht. Die Kosten der Verwaltungs- und Vertriebsstellen gehen unmittelbar (möglichst nach Kostenträgern differenziert) auf die Sollseite des Betriebsergebniskontos in Klasse 9. Nach Fertigstellung der Erzeugnisse werden die betreffenden Herstellkosten in Klasse 7 von den Halb- auf Fertigfabrikatebestandskonten der Kostenträger umgebucht. Werden Fertigerzeugnisse verkauft, so werden die Herstellkosten der verkauften Mengen auf die Sollseite des Betriebsergebniskontos übernommen und dem entsprechenden Bestandskonto gutgeschrieben. Nach diesen Buchungen stehen auf der Sollseite des Betriebsergebniskontos die Selbstkosten der verkauften Erzeugnisse. In der Kontenklasse 8 werden die Erlöse erfaßt und (nach Kostenträgern differenziert) auf die Habenseite des Betriebsergebniskontos übernommen. Dieses Konto entspricht dann der kurzfristigen Erfolgsrechnung nach dem Umsatzkostenverfahren.

Die Salden der Abgrenzungskonten in Klasse 2 werden auf ein Abgrenzungssammelkonto in Kontenklasse 9 übernommen.

Im übrigen enthält die Klasse 9 das Gewinn- und Verlustkonto und das Schlußbilanzkonto der Finanzbuchhaltung. Der auf dem Gewinn- und Verlustkonto ausgewiesene Erfolg unterscheidet sich vom Betriebsergebnis der Kosten- und Leistungsrechnung um den Saldo des Abgrenzungssammelkontos. Weitere Erfolgsunterschiede können daraus resultieren, daß in der Finanzbuchhaltung die Halb- und Fertigfabrikatebestände anders bewertet werden als auf den Kostenträgerkonten der Klasse 7.

Das *reine Einkreissystem* ist in der Praxis *nur selten realisiert* worden, da das Kontensystem der doppelten Buchführung insbesondere für die Durchführung der Kostenstellenrechnung und der Kalkulation zu unübersichtlich ist. Dies gilt insbesondere für Unternehmungen, die mit einer Plankostenrechnung arbeiten, da hier eine Auflösung der Istkosten in geplante Kosten und Abweichungen erfolgt. Die Kostenstellenrechnung ist in der Praxis (von wenigen Ausnahmen abgesehen) stets als tabellarische Übersicht (Betriebsabrechnungsbogen) durchgeführt worden. Entsprechend wurden für die Kostenträgerstückrechnung von Anfang an Kalkulationsformulare verwendet.

712. Das Einkreissystem mit tabellarisch ausgegliederter Kostenstellenrechnung und Kalkulation

(1) Die buchungstechnischen Schwierigkeiten des reinen Einkreissystems haben schon sehr bald zu dem Versuch geführt, „eine Überbeanspruchung der Buchhaltung dadurch zu verhindern, daß Rechnungszweige, die den Rahmen der Buchhaltung sprengen würden, grundsätzlich in die kontenfreie Rechnungsform verwiesen werden".[8] Der erste Schritt in diese Richtung bestand darin, daß die Kostenstellenrechnung und die Kalkulation tabellarisch durchgeführt wurden und die Kontenform nur für die in Klasse 4 enthaltene Kostenartenrechnung und die Kostenträgerzeitrechnung in den Klassen 7 und 9 beibehalten wird. Damit bleiben die Kontenklassen 5 und 6 ungenutzt. Noch heute findet man in den Kontenrahmen vieler Unternehmungen in diesen Kontenklassen daher den Vermerk „frei für Zwecke der Kostenrechnung."

Beim Einkreissystem mit tabellarisch ausgegliederter Kostenstellenrechnung und Kalkulation bleibt die Abgrenzungsfunktion der Kontenklasse 2 erhalten. Auch an den Bestandskonten in Klasse 7, den Ertragskonten in Klasse 8 und den Abschlußkonten in Klasse 9 ändert sich nichts. Der wesentliche Unterschied gegenüber dem reinen Einkreissystem besteht vielmehr darin, daß zwischen die Kontenklasse 4 und die Konten der Kostenträgerzeitrechnung in den Klassen 7 (= Bestandskonten für Halb- und Fertigerzeugnisse) und 9 (= Betriebsergebniskonten) die tabellarisch duchgeführte Kostenstellenrechnung und die Kalkulation treten. Für die Abstimmung der tabellarischen und der kontenmäßigen Teile der Kosten- und Leistungsrechnung gibt es buchtechnisch mehrere Möglichkeiten, von denen wir jedoch im folgenden nur eine beschreiben wollen.

Die Salden der Kostenartenkonten werden in zweifacher Weise weiterverrechnet. Erstens werden sie als Gesamtkosten der Abrechnungsperiode auf die Sollseite des Gewinn- und Verlustkontos der Finanzbuchhaltung in Klasse 9 gebucht. Zweitens werden sie entweder als Einzelkosten direkt in die Kalkulationen und damit in die Kostenträgerzeitrechnung übernommen oder sie gehen zunächst als Gemeinkosten in die Kostenstellenrechnung ein. Von hier werden sie dann mit Hilfe der für die Hauptkostenstellen gebildeten Kalkulationssätze in die Kalkulationen weiterverrechnet, über die sie ebenfalls in die kontenmäßig geführte Kostenträgerzeitrechnung zurückfließen. Die Herstellkosten werden zunächst auf einem Fabrikationskonto gesammelt und von dort auf die nach Kostenträgern oder Kostenträgergruppen differenzierten Bestandskonten der Halb- und Fetigerzeugnisse in

8 Vgl. *K. Mellerowicz*, Kosten und Kostenrechnung, a.a.O., S. 90 ff.

Klasse 7 gebucht. Die Verwaltungs- und Vertriebskosten werden unmittelbar der Sollseite des Betriebsergebniskontos in Klasse 9 belastet.[9] Werden Erzeugnisse verkauft, so müssen die Herstellkosten der verkauften Mengen auf dem zugehörigen Bestandskonto als Abgang erscheinen und dem Betriebsergebniskonto belastet werden.

Der Periodenerfolg wird auf dem Betriebsergebniskonto monatlich nach dem Umsatzkostenverfahren ermittelt. Parallel hierzu wird der Periodenerfolg der Finanzbuchhaltung entweder ebenfalls monatlich oder jährlich einmal auf dem Gewinn- und Verlustkonto nach dem Gesamtkostenverfahren ausgewiesen. Hierbei wird der Saldo des Abgrenzungssammelkontos auf das Gewinn- und Verlustkonto übertragen, wodurch die neutralen Geschäftsvorfälle berücksichtigt und die Gesamtkosten auf den Gesamtaufwand zurückgeführt werden.

(2) Die *buchtechnische Durchführung des Einkreissystems mit tabellarisch ausgegliederter Kostenstellenrechnung und Kalkulation* hängt von der Art der Kostenrechnung ab. Sie ist am einfachsten bei einer reinen Istkostenrechnung, weil hier keine Kostenabweichungen auftreten. Bei Durchführung einer Plankostenrechnung müssen die Sollkosten und die zugehörigen Kostenabweichungen getrennt verrechnet werden, was den Buchungsablauf erschwert. Die Grenzplankostenrechnung erfordert darüber hinaus eine getrennte Verbuchung der fixen Kosten. Da in der Finanzbuchhaltung nur pagatorische Istkosten berücksichtigt werden, wird bei Durchführung einer Plankostenrechnung zugleich die Abstimmung zwischen den Periodenerfolgen der Finanzbuchhaltung und der kurzfristigen Erfolgsrechnung erschwert.

Wir wollen nunmehr die buchtechnische Durchführung des Einkreissystems mit tabellarisch ausgegliederter Kostenstellenrechnung und Kalkulation mit Hilfe eines *Zahlenbeispiels* verdeutlichen. Hierbei gehen wir davon aus, daß eine Grenzplankostenrechnung durchgeführt wird, und die Unternehmung vier standardisierte Produkte herstellt. In Übersicht 21 haben wir die für den Buchungsablauf relevanten Konten dargestellt.

Auf den Konten 200 und 210 werden zunächst die neutralen Aufwendungen und Erträge erfaßt. Die Salden dieser Konten werden am Ende der Abrechnungsperiode auf das Abgrenzungssammelkonto 910 gebucht. Die Konten 220 bis 241 dienen der Abgrenzung des nicht als Kosten verrechneten Zweckaufwands von den kalkulatorischen Kostenarten. Im Beispiel werden die Abschreibungen, die Zinsen und der Sozialaufwand kalkulatorisch abgegrenzt. Beim Sozialaufwand ist die Abgrenzung erforderlich, weil in der Finanzbuchhaltung monatlich der effektive Sozialaufwand verbucht wird, während in der Kostenrechnung konstante prozentuale Verrechnungssätze verwendet werden. Im Beispiel werden 60 % auf die Lohnkosten und 40 % auf die Gehälter verrechnet. Auch die Salden der Konten 220 bis 241 werden am Periodenende auf das Abgrenzungssammelkonto 910 übernommen.

In Klasse 3 werden die Materialbestandskonten (= Stoffebestände) geführt. Zur Vereinfachung haben wir angenommen, daß nur eine Rohstoffart eingesetzt wird.

9 Häufig werden in der Kontenklasse 5 Verrechnungskonten geführt, auf denen die Kostenbeträge gruppenweise gesammelt werden, bevor sie auf das Fabrikationskonto oder in die Betriebsergebnisrechnung weiterverbucht werden. Vgl. hierzu *K. W. Hennig*, Zur praktischen Handhabung des Kontenrahmens . . . , a.a.O., S. 272.

Übersicht 21: Beispiel zum Einkreissystem (Konten-Übersicht)

Klasse 2 – Abgrenzungs-Konten

200 Neutraler Aufwand

Klasse 1	2 658	910 Saldo	2 658

210 Neutrale Erträge

910 Saldo	3 278	Klasse 1	3 278

220 Bilanz-Abschreibungen

Klasse 0	5 822	910 Saldo	5 822

230 Buch-Zinsen

Klasse 1	1 476	910 Saldo	1 476

240 Effektiver Sozialaufwand

Klasse 1	18 113	910 Saldo	18 113

221 Kalkulatorische Abschreibungen

910 Saldo	8 190	481	8 190

231 Kalkulatorische Zinsen

910 Saldo	6 644	482	6 644

241 Kalkulatorische Sozialkosten

910 Saldo	22 785	441	16 352
		442	6 433
	22 785		22 785

Klasse 3 – Material-Bestandskonten

310 Einzelmaterialbestandskonto

AB	12 000	410 Abgang Sollkosten	56 390
311 Zugang zu Planpreisen	70 000	410 Abgang Abw.	2 480
		EB	23 130
	82 000		82 000

311 Preisabweichungen Einzelmaterial

AB	720	310 Zugang zu Planpreisen	70 000
Klasse 1 Zugang zu Istpreisen	75 840	410 Preisabweichungen	4 710
		EB	1 850
	76 560		76 560

350 Hilfs- u. Betriebsstoffbestandskonten

AB	16 715	421 Abgang zu Planpreisen	2 444
351 Zugang zu Planpreisen	4 280	EB	18 551
	20 995		20 995

351 Preisabw. Hilfs- u. Betriebsstoffe

AB	1 670	350 Zugang zu Planpreisen	4 280
Klasse 1 Zugang zu Istpreisen	4 710	421 Preisabweichungen	244
		EB	1 856
	6 380		6 380

370 Werkzeugbestandskonto

AB	18 744	422 Abgang zu Istpreisen	935
Klasse 1 Zugang zu Istpreisen	2 317	EB	20 126
	21 061		21 061

Klasse 4 – Kostenarten-Konten

410 Einzelmaterialkosten

310	56 390	700 Sollkosten	56 390
310	2 480	701 Verbr. Abw.	2 480
311	4 710	701 Preisabw.	4 710
	63 580		63 580

419 Sondereinzelkosten der Fertigung

Klasse 1	15 134	700 Sollkosten	15 134

431 Fertigungslöhne

Klasse 1	18 506	Istkosten BAB	17 215
		Tarifabw. BAB	1 291
	18 506		18 506

432 Hilfslöhne

Klasse 1	8 747	Istkosten BAB	8 137
		Tarifabw. BAB	610
	8 747		8 747

435 Gehälter

241	16 352	Istkosten BAB	15 211
		Tarifabw. BAB	1 141
	16 352		16 352

441 Sozialkosten für Arbeiter

Klasse 1	16 082	Istkosten BAB	14 960
		Tarifabw. BAB	1 122
	16 082		16 082

442 Sozialkosten für Angestellte

241	6 433	Istkosten BAB	5 984
		Tarifabw. BAB	449
	6 433		6 433

Fortsetzung S. 459.

Klasse 4

Kostenarten-Konten

421 Hilfs- u. Betriebsstoffkosten

350	2 444	Istkosten BAB	2 444
351	244	Preisabw. BAB	244
	2 688		2 688

422 Werkzeugkosten

370	935	Istkosten BAB	935

450 Reparaturkosten

Klasse 1	4 701	Istkosten BAB	4 701

461 Steuern, Gebühren, Beiträge

Klasse 1	3 768	Istkosten BAB	3 768

462 Versicherungsprämien

Klasse 1	1 746	Istkosten BAB	1 746

471 Büromaterial- u. Postkosten

Klasse 1	2 454	Istkosten BAB	2 454

472 Werbe- und Reisekosten

Klasse 1	1 055	Istkosten BAB	1 055

481 Kalkulatorische Abschreibungen

221	8 190	Istkosten BAB	8 190

482 Kalkulatorische Zinsen

231	6 644	Istkosten BAB	6 644

479 Sondereinzelkosten des Vertriebs

Klasse 1	15 422	Sollkosten:	
		901 Produkt 1	3 339
		902 Produkt 2	3 250
		903 Produkt 3	3 875
		904 Produkt 4	3 150
Abweichungen:		Abweichungen:	
901 Produkt 1	420	902 Produkt 2	1 680
904 Produkt 4	450	903 Produkt 3	998
	16 292		16 292

Klasse 7 – Bestandskonten für Erzeugnisse

700 Fabrikationskonto Sollkosten

410 Soll-Einzelmaterialkosten	56 390	710 Produkt 1	30 400
BAB Prop. Soll-Material-Gmk	2 143	720 Produkt 2	24 799
BAB Prop. Soll-Fertigungs-Gmk	42 968	730 Produkt 3	31 055
419 Soll-Sondereinzelk. d. Ftg.	15 134	740 Produkt 4	30 381
	116 635		116 635

701 Fabrikationskonto Abweichungen

410 Einzelmaterial-Verbrauchsabw.	2 480	711 Produkt 1	3 532
410 Einzelmaterial-Preisabw.	4 710	721 Produkt 2	1 952
BAB Fertigungs-Kostenabw.	4 631	731 Produkt 3	3 059
		741 Produkt 4	3 278
	11 821		11 821

710 Bestand zu Plankosten Produkt 1

AB	7 040	901 Abgang	25 440
700 Zugang	30 400	EB	12 000
	37 440		37 440

711 Abweichungsbestand Produkt 1

AB	748	901 Abgang	2 910
701 Zugang	3 532	EB	1 370
	4 280		4 280

720 Bestand zu Plankosten Produkt 2

AB	5 424	902 Abgang	25 830
700 Zugang	24 799	EB	4 393
	30 223		30 223

721 Abweichungsbestand Produkt 2

AB	420	902 Abgang	2 025
701 Zugang	1 952	EB	347
	2 372		2 372

Klasse 8 – Ertragskonten

800 Erlöse zu Planpreisen

820	207 700	Klasse 1 Produkt 1	47 700
		Klasse 1 Produkt 2	42 500
		Klasse 1 Produkt 3	65 000
		Klasse 1 Produkt 4	52 500
	207 700		207 700

810 Erlösschmälerungen

Klasse 1 Produkt 1	3 277	820	11 212
Klasse 1 Produkt 2	995		
Klasse 1 Produkt 3	4 135		
Klasse 1 Produkt 4	2 805		
	11 212		11 212

820 Ist-Erlöse

901 Produkt 1	44 423	800	207 700
902 Produkt 2	41 505		
903 Produkt 3	60 865		
904 Produkt 4	49 695		
810	11 212		
	207 700		207 700

890 Bestandsveränderungen Finanzbuchhaltung

790 Produkt 2	1 228	790 Produkt 1	6 220
930	13 592	790 Produkt 3	4 262
		790 Produkt 4	4 338
	14 820		14 820

Klasse 9 – Abschluß-Konten

901 Deckungsbeitrag Produkt 1

710 Plan GHK	25 440	820 Isterlös	44 423
711 HK Abw.	2 910		
BAB VuV.-Gmk	1 959		
479 So. Einzelk. d.V.	2 919		
900 Deckungsbeitrag	11 195		
	44 423		44 423

902 Deckungsbeitrag Produkt 2

720 Plan GHK	25 830	820 Isterlös	41 505
721 HK Abw.	2 025		
BAB VuV.-Gmk	1 993		
479 So. Einzelk. d.V.	4 930		
900 Deckungsbeitrag	6 727		
	41 505		41 505

903 Deckungsbeitrag Produkt 3

730 Plan GHK	27 725	820 Isterlös	60 865
731 HK Abw.	2 644		
BAB VuV.-Gmk	2 129		
479 So. Einzelk. d.V.	4 873		
900 Deckungsbeitrag	23 494		
	60 865		60 865

904 Deckungsbeitrag Produkt 4

740 Plan GHK	26 805	820 Isterlös	49 695
741 HK Abw.	2 925		
BAB VuV.-Gmk	2 066		
479 So. Einzelk. d.V.	2 700		
900 Deckungsbeitrag	15 199		
	49 695		49 695

900 Betriebsergebnis-Konto

BAB Nicht verr. Kostenabw.	3 115	901 Produkt 1	11 195
BAB Fixe Kosten	37 297	902 Produkt 2	6 727
Gewinn	16 203	903 Produkt 3	23 494
		904 Produkt 4	15 199
	56 615		56 615

Klasse 7	Klasse 8	Klasse 9
Bestandskonten für Erzeugnisse	Ertragskonten	Abschluß-Konten

730 Bestand zu Plankosten Produkt 3

AB	8 207	903 Abgang	27 725
700 Zugang	31 055	EB	11 537
	39 262		39 262

731 Abweichungsbestand Produkt 3

AB	685	903 Abgang	2 644
701 Zugang	3 059	EB	1 100
	3 744		3 744

740 Bestand zu Plankosten Produkt 4

AB	6 433	904 Abgang	26 805
700 Zugang	30 381	EB	10 009
	36 814		36 814

741 Abweichungsbestand Produkt 4

AB	738	904 Abgang	2 925
701 Zugang	3 278	EB	1 091
	4 016		4 016

790 Bestandskonto Finanzbuchhaltung

Anfangsbestände:		Endbestände:	
Produkt 1	8 690	Produkt 1	14 910
Produkt 2	6 473	Produkt 2	5 245
Produkt 3	10 168	Produkt 3	14 430
Produkt 4	7 909	Produkt 4	12 247
Bestandsveränderungen:		Bestandsveränderungen:	
890 Produkt 1	6 220	890 Produkt 2	1 228
890 Produkt 3	4 262		
890 Produkt 4	4 338		
	48 060		48 060

910 Abgrenzungssammel-Konto

200 Neutr. Aufw.	2 668	210 Neutr. Ertr.	3 278
220 Bilanz Abschr.	5 822	221 Kalk. Abschr.	8 190
230 Buch-Zinsen	1 476	231 Kalk. Zinsen	6 644
240 Eff. Soz. Aufw.	18 113	241 Kalk. Soz. Aufw.	22 785
930 Saldo	12 828		
	40 897		40 897

930 Gewinn- u. Verlustkonto

Klasse 4 Gesamtkosten	192 437	820 Isterlös	196 488
Klasse 0 Gewinn	30 471	910 Abgrenzungs-Saldo	12 828
		890 Bestandsveränderungen	13 592
	222 908		222 908

	Gewinn Finanzbuchhaltung	=	30 471
./.	Abgrenzungssaldo	= ./.	12 828
./.	Bewertungsdifferenz	= ./.	1 440
=	Gewinn Kurzfristige Erfolgsrechnung	=	16 203

Tabelle 110: Beispiel zum Einkreissystem (Betriebsabrechnungsbogen)

Kostenarten-		Summe Istkosten	Sekundäre Kostenstellen							
			Hilfskostenstelle 1		Hilfskostenstelle 2		Hilfskostenstelle 3		Sa Hilfskostenstellen	
- Nr.	- Bezeichnung		Ist	Soll	Ist	Soll	Ist	Soll	Ist	Soll
431	Fertigungslöhne	17 215								
432	Hilfslöhne	8 137	3 890	3 216	280	215	1 295	1 335	5 465	4 766
441	Sozialkosten für Arbeiter	15 211	2 334	1 930	168	129	777	801	3 279	2 860
435	Gehälter	14 960	1 000	1 000			800	800	1 800	1 800
442	Sozialkosten für Angestellte	5 984	400	400			320	320	720	720
421	Hilfs- u. Betriebsstoffkosten	2 444	62	150	1 330	1 059	15	98	1 407	1 307
422	Werkzeugkosten	935	103	47	70	15	30	41	203	103
450	Reparaturkosten	4 701	397	675	317	225	22	115	736	1 015
461	Steuern, Gebühren, Beiträge	3 768	972	1 062	40	40	75	75	1 087	1 177
462	Versicherungsprämien	1 746	820	820					820	820
471	Büromaterial- u. Postkosten	2 454								
472	Werbe- u. Reisekosten	1 055								
481	Kalkulatorische Abschreibungen	8 190	1 340	1 340	337	337	317	317	1 994	1 994
482	Kalkulatorische Zinsen	6 644	1 006	1 006	215	215	213	213	1 434	1 434
Summe	Primäre Kostenarten	93 444	12 324	11 646	2 757	2 235	3 864	4 115	18 945	17 996
491	Sekundärkostenart 1	8 170	120	120	370	370	400	400	890	890
492	Sekundärkostenart 2	2 220	255	175			345	305	600	480
493	Sekundärkostenart 3	3 762			95	75	60	118	155	193
499	Sekundäre Fixkosten	6 051	109	109	206	206	329	329	644	644
Summe	Sekundäre Kostenarten	20 203	484	404	671	651	1 134	1 152	2 289	2 207
Summe	Kostenarten insgesamt	113 647	12 808	12 050	3 428	2 886	4 998	5 267	21 234	20 203
Summe	Kostenstellenabweichungen			758		542		./. 269		1 031
Summe	Tarifabweichungen	4 613	572		34		239		845	
Summe	Preisabweichungen	244	6		133		1		140	
Summe	Istkosten insgesamt	118 504	13 386		3 595		5 238		22 219	
Summe	Fixe Kosten			3 880		666		1 505		6 051
Summe	Proportionale Kosten			8 170		2 220		3 762		14 152
	Istbezugsgrößeneinheiten			1 634		22 220		313,5		
	Bezugsgrößenart			ME		ME		ME		
	Beschäftigungsgrad in %			105,5		110,5		106		
	Kalkulationssatz, Proportional			5,–		0,10		12,–		
	Kalkulationssatz, Gesamt									

Hierfür sind das Einzelmaterialbestandskonto 310 und das zugehörige Preisabweichungsbestandskonto 311 vorgesehen. Der Planpreis beträgt 10 DM/ME. In der Abrechnungsperiode werden 5 887 ME verbraucht. Der Soll-Istkostenvergleich des Einzelmaterials ergibt, daß hiervon 5 639 ME dem Sollverbrauch entsprechen und 248 ME auf Einzelmaterial-Verbrauchsabweichungen entfallen. Daher werden dem Einzelmaterialbestandskonto 56 390 DM Sollkosten und 2 480 DM Kostenabweichungen gutgeschrieben und dem Einzelmaterialkostenkonto 410 belastet. Addiert man zu dem Anfangsbestand des Preisabweichungsbestandskonto die zu Istpreisen bewerteten Zugänge und subtrahiert man hiervon die zu Planpreisen bewerteten Zugänge, so erhält man eine Preisabweichung von 6 560 DM. Der Preisabweichungsprozentsatz beträgt daher (6 560 DM : 82 000 DM) × 100 = 8 %. Dem Materialverbrauch entsprechen Preisabweichungen in Höhe von 58 870 DM × 0,08 = 4 710 DM. Dieser Betrag wird vom Soll des Preisabweichungsbestandskontos

Primäre Kostenstellen											
Materialkostenstelle		Fertigungsstelle 1		Fertigungsstelle 2		Verwaltungskostenstelle		Vertriebskostenstelle		Sa Hauptkostenstellen	
Ist	Soll	Ist	Soll	Ist	Soll	Ist	Soll	Ist	Soll	Ist	Soll
		8 815	8 608	8 400	8 400					17 215	17 008
970	780	8 710	825	992	697					2 672	2 302
582	468	5 715	5 660	5 635	5 458					11 932	11 586
		2 000	2 000	2 800	2 800	3 920	3 585	4 440	4 260	13 160	12 645
		800	800	1 120	1 120	1 568	1 434	1 776	1 704	5 264	5 058
45	20	882	424	110	276					1 037	720
32	17	395	278	305	418				18	732	731
118	44	1 907	1 425	1 920	1 320		150	20	68	3 965	3 007
61	61					2 620	2 490			2 681	2 551
110	110					816	816			926	926
95	138					1 329	851	1 030	1 010	2 454	1 999
						110	305	945	2 315	1 055	2 620
218	218	2 330	2 330	2 610	2 610	418	418	620	620	6 196	6 196
525	525	1 740	1 740	1 473	1 473	320	320	1 152	1 152	5 210	5 210
2 756	2 381	25 294	24 090	25 365	24 572	11 101	10 369	9 983	11 147	74 499	72 559
650	650	1 810	1 810	2 075	2 075	820	820	1 925	1 925	7 280	7 280
90	120	575	480	715	910	45	45	195	185	1 620	1 740
		1 012	1 232	1 998	1 917			597	420	3 607	3 569
345	345	1 497	1 497	2 026	2 026	404	404	1 135	1 135	5 407	5 407
1 085	1 115	4 894	5 019	6 814	6 928	1 269	1 269	3 852	3 665	17 914	17 996
3 841	3 496	30 188	29 109	32 179	31 500	12 370	11 638	13 835	14 812	92 413	90 555
	345		1 079		679		732		./. 977		1 858
116		1 353		1 421		412		466		3 768	
5		88		11						104	
3 962		31 629		33 611		12 782		14 301		96 285	
	353		7 981		9 660		8 993		9 310		37 297
	2 143		21 128		21 840		2 645		5 502		53 258
	56 390		782,5		700		105 800		105 800		
	DM		Ftg.Std.		Ftg.Std.		DM		DM		
	107,5		108		112		100		100		
	3,8 %		27,–		31,20		2,5 %		5,2 %		
	6,2 %		37,20		45,–		11 %		14 %		

auf die Habenseite des Einzelmaterialkontos gebucht. Die Isteinzelmaterialkosten betragen 63 580 DM.

Auch für die Hilfs- und Betriebsstoffe haben wir zur Vereinfachung nur ein Bestandskonto angenommen. Die zu Planpreisen bewerteten Istverbrauchsmengen betragen insgesamt 2 444 DM. Dieser Betrag wird vom Haben des Kontos 350 auf die Sollseite des Kontos 121 gebucht. Der Preisabweichungsprozentsatz beträgt 10 %. Als Preisabweichungen für Hilfs- und Betriebsstoffe fallen daher 244 DM an. Dieser Betrag wird ebenfalls vom Preisabweichungsbestandskonto 351 auf das Kostenkonto 421 übernommen.

Als drittes Bestandskonto wird in der Kontenklasse 3 das Werkzeugbestandskonto 370 geführt. Zur Vereinfachung haben wir angenommen, daß die Werkzeuge nicht mit Plan- sondern mit Istpreisen bewertet werden. Die Istwerkzeugkosten der Abrechnungsperiode betragen 935 DM. Dieser Betrag wird vom Haben des Kontos 370 auf die Sollseite des Werkzeugkostenkontos 422 gebucht.

Das Konto 419 enthält die Sondereinzelkosten der Fertigung. Für diese Kosten wurde angenommen, daß weder Preis- noch Verbrauchsabweichungen entstehen.

Auf den Konten 431 bis 442 werden die von der Lohn- und Gehaltsabrechnung erfaßten Personalkosten verbucht. Wie die Konten 431, 432 und 435 erkennen lassen, ist eine Tarifabweichung von 7,5 % (bezogen auf das bisherige Lohnniveau) eingetreten. In die Kostenstellenrechnung gehen zunächst nur die den Plantarifsätzen entsprechenden Löhne und Gehälter als Istkosten ein, damit die Tarifabweichungen den Soll-Ist-Kostenvergleich nicht beeinflussen. Die Tarifabweichungen werden gesondert ausgewiesen. Wie das Konto 431 zeigt, betragen die effektiven Fertigungslöhne 18 506 DM. Den geplanten Lohnsätzen entspricht ein Bruttolohnbetrag von 17 215 DM. Die zugehörige Tarifabweichung beträgt daher 17 215 X 7,5 % = 1 291 DM. Die Sozialkosten für Lohnempfänger auf Konto 441 erhält man, indem man die Beträge der Lohnkostenkonten 431 und 432 zusammenfaßt und mit dem Sozialkostenfaktor in Höhe von 0,60 multipliziert. Entsprechend erhält man die Sozialkosten für Angestellte auf Konto 442 durch Multiplikation der Beträge auf dem Gehaltskonto 435 mit dem Sozialkostenfaktor von 0,4. Die Sozialkosten werden in die den Planlohnsätzen entsprechenden und die auf Tarifabweichungen entfallenden Bestandteile aufgelöst.

Das Konto 450 enthält die Reparaturkosten. Zur Vereinfachung haben wir angenommen, daß nur Fremdreparaturkosten anfallen, da sonst ein Teil der Reparaturkosten aus sekundären Kostenarten besteht, wodurch die Reparaturkosten-Abrechnung komplizierter würde.[10]

Die Istkosten der Konten 461, 462, 471 und 472 werden zum großen Teil von der Finanzbuchhaltung erfaßt, wobei bei einigen Kostenarten, so z. B. den Versicherungsprämien und den Kostensteuern zeitliche Abgrenzungen erforderlich sind.

Die Konten 481 und 482 enthalten die kalkulatorischen Abschreibungen und die kalkulatorischen Zinsen. Bei den kalkulatorischen Abschreibungen stimmen die Istkosten mit den Sollkosten überein. Im Beispiel gilt das auch für die kalkulatorischen Zinsen, da auf eine Erfassung der effektiven Kapitalbindung verzichtet wird.

Dem Konto 479 werden die Sondereinzelkosten des Vertriebs belastet. Zur Vereinfachung wurde nur eine Sondereinzelkostenart angenommen. Wie das Konto 479 zeigt, werden die Sondereinzelkosten in Sollkosten und Abweichungen unterteilt.

Die Salden der Kostenartenkonten betragen zusammen 192 437 DM. Dieser Betrag wird en bloc auf die Sollseite des Gewinn- und Verlustkontos 930 gebucht. Unabhängig hiervon wird er in der Kosten- und Leistungsrechnung wie folgt verrechnet.

Die Salden der Kostenartenkonten 431 bis 482 werden in die Summenspalte des in Tabelle 110 dargestellten Betriebsabrechnungsbogens übernommen. Hierbei werden die Tarifabweichungen und die Preisabweichungen der Hilfs- und Betriebsstoffe „unter dem Strich" ausgewiesen.

10 Weiterhin wird im Beispiel vernachlässigt, daß die Beträge noch nicht abgerechneter Werkaufträge für Reparatur- und Instandhaltungsarbeiten auf Bestandskonten gespeichert werden müssen.

Die Summe der primären Kostenarten beträgt 93 444 DM. Dieser Betrag wird nach Kostenarten differenziert auf drei (aus Vereinfachungsgründen nicht näher spezifizierte) Hilfskosten- und fünf Hauptkostenstellen verteilt. Den Istkostenbeträgen werden die aus der Kostenplanung abgeleiteten Sollkosten gegenübergestellt. Die innerbetriebliche Leistungsverrechnung erfolgt zu Grenzkostensätzen, wird aber durch eine sekundäre Fixkostenverteilung ergänzt. Die Istkostenbeträge der Sekundärkostenarten 491 bis 493 stimmen daher mit den proportionalen Sollkosten der Hilfskostenstellen 1 bis 3 überein. Der Fixkostenblock dieser Stellen in Höhe von

Tabelle 111: Beispiel zum Einkreissystem (Plankalkulationen)

111 a

Plankalkulation: Produkt 2	[ME/Stck]	Kostensätze		[DM/Stck]	
		Gesamt	Prop.	Gesamt	Prop.
Einzelmaterialkosten	2,80	10,–	10,–	28,–	28,–
Materialgemeinkosten		6,2 %	3,8 %	1,74	1,06
Materialkosten				29,74	29,06
Fertigungsstelle 1	20	0,62	0,45	12,40	9,–
Fertigungsstelle 2	15	0,75	0,52	11,25	7,80
Sondereinzelkosten der Fertigung				5,80	5,80
Fertigungskosten				29,45	22,60
Herstellkosten				59,19	51,66
Verwaltungsgemeinkosten		11 %	2,5 %	6,51	1,29
Vertriebsgemeinkosten		14 %	5,2 %	8,29	2,69
Sondereinzelkosten des Vertriebs				6,50	6,50
Selbstkosten				80,49	62,14
Gewinn/Deckungsbeitrag				4,51	22,86
Verkaufspreis				85,–	85,–

111 b

Plankalkulation: Produkt 1	[ME/Stck]	Kostensätze		[DM/Stck]	
		Gesamt	Prop.	Gesamt	Prop.
Einzelmaterialkosten	1,45	10,–	10,–	14,50	14,50
Materialgemeinkosten		6,2 %	3,8 %	0,90	0,55
Materialkosten				15,40	15,05
Fertigungsstelle 1	15	0,62	0,45	9,30	6,75
Fertigungsstelle 2	10	0,75	0,52	7,50	5,20
Sondereinzelkosten der Fertigung				5,–	5,–
Fertigungskosten				21,80	16,95
Herstellkosten				37,20	32,–
Verwaltungsgemeinkosten		11 %	2,5 %	4,09	0,80
Vertriebsgemeinkosten		14 %	5,2 %	5,21	1,66
Sondereinzelkosten des Vertriebs				4,20	4,20
Selbstkosten				50,70	38,66
Gewinn/Deckungsbeitrag				9,30	21,34
Verkaufspreis				60,–	60,–

111 c

Plankalkulation: Produkt 4	[ME/Stck]	Kostensätze		[DM/Stck]	
		Gesamt	Prop.	Gesamt	Prop.
Einzelmaterialkosten	1,95	10,–	10,–	19,50	19,50
Materialgemeinkosten		6,2 %	3,8 %	1,21	0,74
Materialkosten				20,71	20,24
Fertigungsstelle 1	14	0,62	0,45	8.68	6,30
Fertigungsstelle 2	10	0,75	0,52	7,50	5,20
Sondereinzelkosten der Fertigung				4,–	4,–
Fertigungskosten				20,18	15,50
Herstellkosten				40,89	35,74
Verwaltungsgemeinkosten		11 %	2,5 %	4,50	0,89
Vertriebsgemeinkosten		14 %	5,2 %	5,72	1,86
Sondereinzelkosten des Vertriebs				4,20	4,20
Selbstkosten				55,31	42,69
Gewinn/Deckungsbeitrag				14,69	27,31
Verkaufspreis				70,–	70,–

111 d

Plankalkulation: Produkt 3	[ME/Stck]	Kostensätze		[DM/Stck]	
		Gesamt	Prop.	Gesamt	Prop.
Einzelmaterialkosten	0,90	10,–	10,–	9,–	9,–
Materialgemeinkosten		6,2 %	3,8 %	0,56	0,34
Materialkosten				9,56	9,34
Fertigungsstelle 1	8	0,62	0,45	4,96	3,60
Fertigungsstelle 2	12	0,75	0,52	9,–	6,24
Sondereinzelkosten der Fertigung				3,–	3,–
Fertigungskosten				16,96	12,84
Herstellkosten				26,52	22,18
Verwaltungsgemeinkosten		11 %	2,5 %	2,92	0,55
Vertriebsgemeinkosten		14 %	5,2%	3,71	1,15
Sondereinzelkosten des Vertriebs				3,10	3,10
Selbstkosten				36,25	26,98
Gewinn/Deckungsbeitrag				15,75	25,02
Verkaufspreis				52,–	52,–

6 051 DM entspricht dem Betrag der Kostenart 499 (= Sekundäre Fixe Kosten). Da auf den Hilfskostenstellen insgesamt Kostenstellenabweichungen in Höhe von 1 031 DM anfallen, die nicht auf die Hauptkostenstellen weiterverrechnet werden, erhalten wir für die Hauptkostenstellen als Istkostensumme nur 93 444 DM ./. 1 031 DM = 92 413 DM.

In den Tabellen 111a bis d haben wir die Plankalkulationen der Produktarten 1 bis 4 wiedergegeben, in denen Gesamt- und Grenzkosten nebeneinander ermittelt werden. Die Kostensätze (mit Ausnahme des Materialpreises in Höhe von 10 DM/ME) wurden den letzten beiden Zeilen des Betriebsabrechnungsbogens entnommen.

Kalkulationen und Betriebsabrechnungsbogen enthalten die Kostendaten, die erforderlich sind, um die Kostenartenkonten der Klasse 4 mit den Bestandskonten der Halb- und Fertigerzeugnisse in Klasse 7 und dem Betriebsergebniskonto in Klasse 9 abzustimmen. Als weitere Daten der Abrechnungsperiode sind in Tabelle 112 die Produktions-, Absatz- und Lagermengen angegeben. Es wird angenommen, daß zu Beginn und am Ende der Abrechnungsperiode nur fertige Erzeugnisse lagern.[11]

Tabelle 112: Beispiel zum Einkreissystem (Mengenangaben)

Produktart	Anfangsbestand	Produzierte Menge	Abgesetzte Menge	Endbestand
1	220	950	795	375
2	105	480	500	85
3	370	1 400	1 250	520
4	180	850	750	280

In Tabelle 113 wird die Abstimmung der proportionalen Herstellkosten durchgeführt, und zwar getrennt nach Sollkosten und anteiligen Kostenabweichungen.[12]

Die proportionalen Soll-Herstellkosten der Abrechnungsperiode in Höhe von 116 635 DM werden im Soll des Fabrikationskontos 700 verbucht. Dieser Betrag setzt sich aus folgenden Beträgen zusammen. Er enthält 56 390 DM Soll-Einzelmaterialkosten (Gegenbuchung im Haben des Kontos 410), 2 143 DM proportionale Materialgemeinkosten (die mit den proportionalen Sollkosten der Materialkostenstelle im Betriebsabrechnungsbogen Tabelle 110 übereinstimmen), 42 968 DM proportionale Fertigungskosten (die mit den proportionalen Sollkosten der Fertigungsstellen 1 und 2 im Betriebsabrechnungsbogen Tabelle 110 übereinstimmen) und 15 134 DM Sondereinzelkosten der Fertigung (Gegenbuchung im Haben des Kontos 419). In Tabelle 113 werden die proportionalen Soll-Herstellkosten den Produktarten 1 bis 4 zugeordnet. Da die hierbei ermittelten Beträge den Zugangsmengen der Produkte entsprechen, werden sie vom Fabrikationskonto 700 auf die (zu Planherstellkosten geführten) Bestandskonten 710, 720, 730 und 740 verbucht und dem Fabrikationskonto gutgeschrieben.

Die den Herstellkosten entsprechenden Kostenabweichungen werden auf das Fabrikationskonto 701 gebucht, und zwar Überschreitungen im Soll und Einsparungen im Haben. Im Beispiel treten nur Sollbuchungen in Höhe von 11 821 DM auf, die sich aus 2 480 DM Einzelmaterial-Verbrauchsabweichungen (Gegenbuchung im Haben des Kontos 410), 4 710 DM Einzelmaterial-Preisabweichungen (Gegen-

11 Ist diese Voraussetzung nicht erfüllt, so müssen bei der Bestandsbewertung der nicht fertigen Erzeugnisse Herstellkosten pro Einheit verwendet werden, die den bereits eingesetzten Einzelmaterialmengen und den bereits ausgeführten Arbeitsgängen entsprechen.

12 Bei der im folgenden dargestellten Abstimmung der Kostenartenkonten mit den Bestands- und Betriebsergebniskonten treten geringfügige Rundungsdifferenzen auf, auf die wir im Text nicht gesondert hinweisen. Die Beträge wurden stets so gerundet, daß sie mit den abzustimmenden Beträgen übereinstimmen.

Tabelle 113: Beispiel zum Einkreissystem (Abstimmung der proportionalen Herstellkosten)

Produktart	Produkt-Menge [Stck/Monat]	Proportionale Soll-Herstellkosten								
		Einzelmaterialkosten		Prop. Material-Gmk		Prop. Fertigungskosten		Sondereinzelko. d. Ftg.		Sum[illegible]
		[DM/Stck]	[DM/Monat]	[%]	[DM/Monat]	[DM/Stck]	[DM/Monat]	[DM/Stck]	[DM/Monat]	[DM/M[illegible]
1	950	14,50	13 775	3,8	523	11,95	11 352	5,–	4 750	30 4[illegible]
2	480	28,–	13 440	3,8	511	16,80	8 064	5,80	2 784	24 7[illegible]
3	1 400	9,–	12 600	3,8	479	9,84	13 776	3,–	4 200	31 0[illegible]
4	850	19,50	16 575	3,8	630	11,50	9 776	4,–	3 400	30 3[illegible]
Summe			56 390		2 143		42 968		15 134	116 6[illegible]

buchung im Haben des Kontos 410) und 4 631 DM Fertigungskostenabweichungen bestehen. Letztere werden dem Betriebsabrechnungsbogen (Tabelle 110) entnommen. In Tabelle 114 ist die Zusammensetzung der Fertigungskostenabweichungen angegeben.

Tabelle 114: Beispiel zum Einkreissystem (Ermittlung der Fertigungskosten-Abweichungen)

Fertigungs-stelle	Kostenstellen-abweichungen	Tarifabweichungen	Preisabweichungen	Summe
1	1 079	1 353	88	2 520
2	679	1 421	11	2 111
Summe	1 758	2 774	99	4 631

Die Herstellkosten-Abweichungen werden in Tabelle 113 auf die Produktarten 1 bis 4 verteilt. Die Zuordnung der Einzelmaterial-Verbrauchsabweichungen erfolgt mit Hilfe von Abweichungsprozentsätzen, die beim Soll-Istkostenvergleich des Einzelmaterials ermittelt wurden. Die Einzelmaterialpreisabweichungen betragen 8 % der Soll-Einzelmaterialkosten und der Einzelmaterial-Verbrauchsabweichungen. Die in Tabelle 113 angegebenen Verteilungsprozentsätze der Fertigungskosten-Abweichungen entsprechen der zeitlichen Inanspruchnahme der Fertigungsstellen durch die Produktarten. Die auf die Produktarten 1 bis 4 entfallenden Abweichungsbeträge entsprechen den Zugangsmengen. Sie werden daher vom Fabrikationskonto 701 auf die Abweichungsbestandskonten 711, 721, 731 und 741 übertragen.

Bewertet man die in Tabelle 112 angegebenen Absatzmengen mit den proportionalen Herstellkosten lt. Plankalkulation, so erhält man die dem Umsatz entsprechenden proportionalen Planherstellkosten der Produktarten 1 bis 4. Für Produkt 1 erhält man z. B. 795 Stück/Monat × 32 DM/Stück = 25 440 DM/Monat. Dieser Betrag wird im Haben des Bestandskontos 710 als Abgang verbucht und auf die Sollseite des Deckungsbeitragskontos 901 übernommen. Entsprechend werden die zu Plangrenzherstellkosten bewerteten Abgänge der übrigen Produktarten verbucht.

Herstellkosten-Abweichungen						
zelmat. Verbr. Abw.		Einzelmat. Preisabw.		Abw. d. Fertigungsstelle		Summe
%]	[DM/Monat]	[%]	[DM/Monat]	[%]	[DM/Monat]	[DM/Monat]
99	1 100	8,0	1 190	10,94	1 242	3 532
	–	8,0	1 075	10,88	877	1 952
4	560	8,0	1 053	10,50	1 446	3 059
5	820	8,0	1 392	10,90	1 066	3 278
	2 480		4 710		4 631	11 821

In Tabelle 115 haben wir errechnet, welche durchschnittlichen Abweichungsbeträge man pro Stück erhält, wenn man die Anfangsbestände und die Zugänge der Herstellkostenabweichungen auf die zugehörigen Mengen bezieht. Multipliziert man diese Beträge mit den Absatzmengen, so erhält man die Abweichungsbeträge, die den Absatzmengen entsprechen. Diese werden im Haben der Abweichungsbestandskonten 711, 721, 731 und 741 als Abgänge verbucht und auf die Sollseite der Deckungsbeitragskonten 901 bis 904 übertragen. Mit diesen Buchungen sind die Konten der Klasse 7 abgeschlossen, die zur Kosten- und Leistungsrechnung gehören.

Tabelle 115: Beispiel zum Einkreissystem (Ermittlung der Herstellkosten-Abweichungen der Abgangsmengen)

Produktart	Anfangsbestand + Zugang		Durchschnittliche Abw. [DM/Stck]	Abgang	
	DM Abweichungen	Menge		Menge	DM Abweichungen
1	4 280	1 170	3,66	795	2 910
2	2 372	585	4,05	500	2 025
3	3 744	1 770	2,115	1 250	2 644
4	4 016	1 030	3,90	750	2 925

Auf die Deckungsbeitragskonten 901 bis 904 werden nunmehr noch die proportionalen Verwaltungs- und Vertriebskosten übernommen.

Die proportionalen Sollkosten der Verwaltungs- und Vertriebsstellen betragen lt. Betriebsabrechnungsbogen (Tabelle 110) insgesamt 8 147 DM. Multipliziert man die auf den Konten 901 bis 904 verbuchten Plangrenzherstellkosten des Umsatzes mit dem zusammengefaßten proportionalen Zuschlagssatz der Verwaltungs- und Vertriebsstellen (= 7,7 %), so erhält man die den Produkten 1 bis 4 zuzurechnenden proportionalen Sollkosten des Verwaltungs- und Vertriebsbereichs. Für Produkt 1 beträgt der Anteil 25 440 DM $\times$ 7,7 % = 1 959 DM. Dieser Betrag wird auf die Sollseite des Kontos 901 gebucht. Entsprechend geht man bei den übrigen Produkten vor. Damit ist der Betriebsabrechnungsbogen von den proportionalen Sollkosten der Verwaltungs- und Vertriebsstellen entlastet. Die Kostenstellenabweichungen dieser Stellen werden im Beispiel wegen ihrer Geringfügigkeit nicht auf die Kostenträger verrechnet.

Für die Sondereinzelkosten des Vertriebs wird ein Soll-Istkostenvergleich durchgeführt. Die Sollkosten erhält man durch Multiplikation der Absatzmengen mit den Sondereinzelkosten pro Stück lt. Plankalkulation. Für Produkt 1 erhält man z. B. 795 Stück/Monat X 4,20 DM/Stück = 3 339 DM/Monat. Als Ist-Sondereinzelkosten des Vertriebs sind für dieses Produkt nur 2 919 DM/Monat angefallen, so daß eine Einsparung von 420 DM/Monat entsteht. Der Istbetrag wird von Konto 479 auf die Sollseite des Deckungsbeitragskontos 901 gebucht. Entsprechende Buchungen werden für die Produktarten 2, 3 und 4 vorgenommen.

Nach Durchführung der bisher beschriebenen Buchungen stehen auf den Sollseiten der Deckungsbeitragskonten 901 bis 904 die proportionalen Istselbstkosten des Umsatzes.

In der Kontenklasse 8 werden die durch die Fakturierung erfaßten Erlöse der Produktarten 1 bis 4 verbucht. Auf Konto 800 sind die den Planpreisen entsprechenden Erlöse ausgewiesen, das Konto 810 zeigt die Erlösschmälerungen. Beide Konten geben ihre Salden an das Konto 820 Ist-Erlöse ab. Von hier werden die Ist-Erlöse auf die Habenseiten der Deckungsbeitragskonten 901 bis 904 übernommen. Für Produkt 1 beträgt z. B. der dem Planpreis entsprechende Erlös 795 DM/Monat X 60 DM/Stück = 47 700 DM/Monat. Hiervon gehen 3 277 DM/Monat Erlösschmälerungen ab, so daß ein Isterlös von 44 423 DM/Monat übrigbleibt.

Nunmehr können die Deckungsbeitragskonten 901 bis 904 abgeschlossen werden, wobei man als Salden die Ist-Deckungsbeiträge der Produktarten 1 bis 4 erhält. Diese werden auf das Betriebsergebniskonto 900 übernommen. Auf die Sollseite dieses Kontos werden die nicht auf Kostenträger verrechneten Kostenabweichungen und die fixen Kosten gebucht. Im Beispiel können die folgenden nicht auf Kostenträger verrechneten Kostenabweichungen dem Betriebsabrechnungsbogen (Tabelle 110) entnommen werden:

Kostenstellen-, Tarif- und Preisabweichungen der:		DM/Monat
a) Sekundären Kostenstellen	=	2 016
b) Materialkostenstellen	=	466
c) Verwaltungskostenstelle	=	1 144
d) Vertriebskostenstelle	=	./. 511
Summe	=	3 115

Tabelle 116: Beispiel zum Einkreissystem (Bestimmung der Herstellungskosten zur Bewertung der Lagerbestände in der Finanzbuchhaltung)

Produktart	Herstellungskosten der AB [DM/Stck]				Anfangsbestände [DM]	Herstellungskosten des Zugangs [DM/Stck]			
	Volle Plan HK	Abweichungen	Korrektur	Summe		Volle Plan HK	Abweichungen	Korrektur	Summ
1	2	3	4	5	6	7	8	9	10
1	37,20	3,40	./. 1,10	39,50	8 690	37,20	3,72	./. 1,10	39,8
2	59,19	4,–	./. 1,54	61,65	6 473	59,19	4,07	./. 1,54	61,7
3	26,52	1,85	./. 0,89	27,48	10 168	26,52	2,19	./. 0,89	27,8
4	40,89	4,10	./. 1,05	43,94	7 909	40,89	3,86	./. 1,05	43,7

Die fixen Kosten der Hauptkostenstellen betragen zusammen 37 297 DM/Monat. Hierin sind infolge der sekundären Fixkostenverteilung die fixen Kosten der Hilfskostenstellen enthalten. Als Saldo wird auf dem Betriebsergebniskonto ein Gewinn von 16 203 DM/Monat ausgewiesen.

Unabhängig von der Gewinnermittlung auf dem Betriebsergebniskonto wird der Periodenerfolg der Finanzbuchhaltung auf dem Gewinn- und Verlustkonto 930 bestimmt. Hierbei wird das Gesamtkostenverfahren angewandt. Auf die Sollseite haben wir bereits die Gesamtkosten der Abrechnungsperiode in Höhe von 192 437 DM/Monat gebucht. Auf die Habenseite werden die Isterlöse in Höhe von 196 488 DM/Monat übernommen. Weiterhin wird der Saldo des Abgrenzungssammelkontos auf die Habenseite des Kontos 930 übertragen. Es müssen nun noch die bewerteten Bestandsveränderungen der Halb- und Fertigerzeugnisse ermittelt werden. Hierbei geht die Finanzbuchhaltung von inventurmäßig erfaßten Anfangs- und Endbeständen aus. Wir wollen zur Vereinfachung annehmen, daß diese mit den in Tabelle 112 angegebenen Beständen übereinstimmen. Weiterhin verwendet die Finanzbuchhaltung pagatorische Istherstellkosten als Wertansätze. Diese können zwar nach vorherrschender Ansicht auch Grenzkosten sein, im Beispiel wollen wir aber davon ausgehen, daß Vollkosten verwendet werden.

In Tabelle 116 sind in der zweiten Spalte die vollen Planherstellkosten lt. Plankalkulation (Tabelle 111) angegeben. Hierzu sind die zurechenbaren Kostenabweichungen pro Stück zu addieren, die man erhält, indem man die auf den Konten 711, 721, 731 und 741 ausgewiesenen Anfangsbestände der Kostenabweichungen durch die zugehörigen Anfangsmengen lt. Tabelle 112 dividiert. Die in der vierten Spalte enthaltenen negativen Korrekturbeträge dienen dazu, die in den Herstellkosten enthaltenen kalkulatorischen Abschreibungen und Zinsen, die im Beispiel zusammen 14 834 DM betragen, durch die Bilanzabschreibungen und die Buchzinsen von zusammen 7 298 DM zu ersetzen. Auf die Darstellung der Berechnung wollen wir verzichten. Eine pagatorische Korrektur der Sozialkosten wurde nicht vorgenommen, weil es sich bei der Verwendung kalkulatorischer Verrechnungssätze im Grunde nur um eine zeitliche Abgrenzung handelt. Bewertet man die mengenmäßigen Anfangsbestände mit den Herstellungskosten lt. Spalte 5, so erhält man die in Spalte 6 ausgewiesenen Anfangsbestände der Finanzbuchhaltung, die auf der Sollseite des Kontos 790 zu verbuchen sind. In den Spalten 7 bis 10 werden die Herstellungskosten pro Einheit für den Zugang berechnet. Sie unterscheiden sich im Beispiel von den Herstellungskosten pro Einheit der Anfangsbestände nur um die Kostenabweichungen. Diese erhält man, indem man die auf den Konten 711, 721, 731 und 741 ausgewiesenen Abweichungszugänge durch die produzierten Mengen (vgl. Tabelle 112) dividiert. In Spalte 11 sind die mit den Herstellungs-

Zugang	Anfangsbestand + Zugang		Herst. Ko. der EB [DM/Stck]	
[DM]	[DM]	[Stück]	[DM/Stck]	[DM]
11	12	13	14	15
37 829	46 519	1 170	39,76	14 910
29 626	36 099	585	61,70	5 245
38 948	49 116	1 770	27,75	14 430
37 145	45 054	1 030	43,74	12 247

kosten lt. Spalte 10 bewerteten Zugänge ausgewiesen. Um die gewogenen durchschnittlichen Herstellungskosten der Abrechnungsperiode zu erhalten, werden die bewerteten Anfangsbestände zu den bewerteten Zugängen addiert und durch die zugehörigen Stückzahlen dividiert. Hierdurch erhält man die in Spalte 14 ausgewiesenen Herstellungskosten pro Stück. Multipliziert man hiermit die mengenmäßigen Endbestände, so ergeben sich die in Spalte 15 angegebenen bewerteten Endbestände. Diese werden auf die Habenseite des Kontos 790 gebucht. Der Saldo dieses Kontos wird (differenziert nach Produktarten) als Ertrag auf das Konto 890 gebucht und von dort auf das Gewinn- und Verlustkonto in Klasse 9 übertragen.

Schließt man das Gewinn- und Verlustkonto 930 ab, so erhält man einen Gewinn von 30 471 DM. Dieser Gewinn ist um 14 268 DM höher als der Gewinn der kurzfristigen Erfolgsrechnung. Von der Differenz entfallen 12 828 DM auf den Saldo des Abgrenzungssammelkontos und 1 440 DM auf die unterschiedliche Bewertung der Fertigerzeugnisbestände.

Im Beispiel haben wir angenommen, daß in der Finanzbuchhaltung das Gewinn- und Verlustkonto monatlich abgeschlossen wird. In den meisten Unternehmungen ermittelt die Finanzbuchhaltung aber den Erfolg nur jährlich einmal. Im Buchungsablauf ändert sich hierdurch nichts. Am Jahresende sind lediglich die zwölf Monatsergebnisse der kurzfristigen Erfolgsrechnung mit dem Jahresgewinn des Gewinn- und Verlustkontos zu vergleichen.

(3) Das *Einkreissystem mit tabellarischer Ausgliederung der Kostenstellenrechnung und der Kalkulation* hat zwar gegenüber dem reinen Einkreissystem erhebliche Vorteile, hat sich aber aus folgenden Gründen *in der Praxis nicht bewährt.*

Ersten ist die *Durchführung der geschlossenen Kostenträgerzeitrechnung in Kontenform unübersichtlich und rechentechnisch schwerfällig.* In unserem Beispiel mit nur vier Produktarten ist die Zahl der erforderlichen Konten und die Anzahl der Buchungen zwar relativ gering, so daß es hier nicht schwer fällt, trotz der Kontenform den Überblick zu behalten. In der Praxis ist die Zahl der Produktarten aber meistens weitaus größer. Weiterhin treten Vor- und Zwischenprodukte auf. Bereits von einer relativ geringen Produktzahl an ist es vorteilhafter, die geschlossene Kostenträgerzeitrechnung tabellarisch durchzuführen.[13] Um diese Vorteile zu verdeutlichen, haben wir die in Übersicht 21 auf den Konten 700 bis 741 und 900 bis 904 durchgeführte Kostenträgerzeitrechnung in Tabelle 117 in tabellarischer Form dargestellt. Ein Vergleich zeigt, daß die tabellarische Form erheblich übersichtlicher ist. In Unternehmungen mit einem breiten Produktionsprogramm ist die kontenmäßige Durchführung der geschlossenen Kostenträgerzeitrechnung so kompliziert, daß sie praktisch undurchführbar wird.

Gliedert man auch die Kostenträgerzeitrechnung aus dem Kontensystem der Finanzbuchhaltung aus, so bleibt nur noch die Kostenartenrechnung in Klasse 4 übrig. Die auf Konten durchgeführte Erfolgsrechnung beschränkt sich auf das Gesamtkostenverfahren.

Zweitens wird beim Einkreissystem der *Erfolgsausweis der Finanzbuchhaltung den Zielen der Kosten- und Leistungsrechnung untergeordnet.* Die Gewinn- und Verlustrechnung der Finanzbuchhaltung ist eine reine Aufwands- und Ertrags-

13 Vgl. hierzu unsere Ausführungen in Kapitel 6321.

Tabelle 117: Beispiel zum Einkreissystem (tabellarisch ausgegliederte Kostenträgerzeitrechnung)

Bezeichnung				Summe	Produktart			
					1	2	3	4
1	Betriebsleistungsrechnung	Soll-Einzelmaterialkosten		56 390	13 775	13 440	12 600	16 575
2		Proportionale Soll-Materialgemeinkosten		2 143	523	511	479	630
3		Soll-Materialkosten	(1 + 2)	58 533	14 298	13 951	13 079	17 205
4		Proportionale Soll-Fertigungskosten		42 968	11 352	8 064	13 776	9 776
5		Soll-Sondereinzelkosten der Fertigung		15 134	4 750	2 784	4 200	3 400
6		Soll-Grenzherstellkosten	(3 + 4 + 5)	116 635	30 400	24 799	31 055	30 381
7		Einzelmaterial-Verbrauchsabweichungen		2 480	1 100	–	560	820
8		Einzelmaterial-Preisabweichungen		4 710	1 190	1 075	1 053	1 392
9		Kostenstellenabweichungen der Fertigung		4 631	1 242	877	1 446	1 066
10		Ist-Grenzherstellkosten	(6 + 7 + 8 + 9)	128 456	33 932	26 751	34 114	33 659
11	Bestandsrechnung	Anfangsbestand zu Plan-Grenzherstellkosten		27 104	7 040	5 424	8 207	6 433
12		Zugang zu Plan-Grenzherstellkosten	(6)	116 635	30 400	24 799	31 055	30 381
13		Abgang zu Plan-Grenzherstellkosten	(19)	105 800	25 440	25 830	27 725	26 805
14		Endbestand zu Plan-Grenzherstellkosten		37 939	12 000	4 393	11 537	10 009
15		Anfangsbestand Abweichungen		2 591	748	420	685	738
16		Zugang Abweichungen	(7 + 8 + 9)	11 821	3 532	1 952	3 059	3 278
17		Abgang Abweichungen	(23)	10 600	2 910	2 025	2 647	2 925
18		Endbestand Abweichungen		3 908	1 370	347	1 100	1 091
19	Erfolgsrechnung	Soll-Grenzherstellkosten des Umsatzes	(13)	105 800	25 440	25 830	27 725	26 805
20		Prop. Soll-Verw.- u. Vertriebsgmk.		8 147	1 959	1 993	2 129	2 066
21		Soll-Sondereinzelkosten des Vertriebs		13 614	3 339	3 250	3 875	3 150
22		Soll-Grenzselbstkosten des Umsatzes	(19 + 20 + 21)	127 561	30 738	31 073	33 729	32 021
23		Abweichungen der Herstellkosten		10 504	2 910	2 025	2 644	2 925
24		Abweichungen der Sondereinzelk. d. Vertr.		1 808	./. 420	1 680	998	./. 450
25		Ist-Grenzselbstkosten des Umsatzes	(22 + 23 + 24)	139 873	33 228	34 778	37 371	34 496
26		Erlöse zu Planpreisen		207 700	47 700	42 500	65 000	52 500
27		Erlösabweichungen		./. 11 212	./. 3 277	./. 995	./. 4 135	./. 2 805
28		Ist-Erlöse	(26 ./. 27)	196 488	44 423	41 505	60 865	49 695
29		Ist-Deckungsbeitrag	(28 ./. 25)	56 615	11 195	6 727	23 494	15 199
30		Ist-Deckungsbeitrag in % der Selbstk.		40,48	33,69	19,34	62,87	44,06
31		Nicht auf Kostenträger verr. Abweichungen		3 115				
32		Fixe Kosten		37 297				
33		Gewinn	(29 ./. 31 ./. 32)	16 203				

rechnung, die den aktienrechtlichen Gliederungsvorschriften nach § 157 AktG entsprechen soll. Beim Einkreissystem werden dem Gewinn- und Verlustkonto aber zunächst die Gesamtkosten der Abrechnungsperiode belastet, um eine Abstimmung mit der Kosten- und Leistungsrechnung herbeizuführen. Hierin sind auch die kalkulatorischen Kostenarten enthalten. Dieser Fehler wird zwar durch übertragen des Saldos vom Abgrenzungssammelkonto korrigiert, hierbei werden aber die über Klasse 2 abgegrenzten Positionen des Zweckaufwandes, z. B. die Bilanzabschreibungen und die Buchzinsen nicht sichtbar. Das gleiche gilt für die neutralen Erträge. Um die Gewinn- und Verlustrechnung in ihre ursprüngliche Form zurückzuführen, sind daher ergänzende Buchungen erforderlich, für die Spiegelbildkonten vorgeschlagen worden sind.[14]

14 Vgl. *K. W. Hennig*, Zur praktischen Handhabung des Kontenrahmens . . . , a.a.O., S. 280 und 281.

Wird auch die Kostenträgerzeitrechnung aus dem Kontensystem der Finanzbuchhaltung ausgegliedert, so sollte die Gewinn- und Verlustrechnung nicht nach dem Gesamtkostenverfahren, sondern von vornherein als Aufwands- und Ertragsrechnung durchgeführt werden.

72. Das Zweikreissystem

(1) Unsere Ausführungen zum Einkreissystem haben gezeigt, daß von sehr einfachen Fällen abgesehen, nur die Kostenartenrechnung für die Durchführung in Kontenform geeignet ist. Aus diesem Grunde hat sich die Kosten- und Leistungsrechnung organisatorisch immer mehr von der Finanzbuchhaltung gelöst.[15] Diese Tendenz wurde durch die Entwicklung leistungsfähigerer und damit komplizierterer Formen der Kostenrechnung, wie z. B. der Plankosten- und Deckungsbeitragsrechnung, verstärkt. Sie hat dazu geführt, daß heute überwiegend das Zweikreissystem angewendet wird.

Für die *Durchführung des Zweikreissystems* gibt es mehrere Möglichkeiten.

Erstens kann die Kosten- und Leistungsrechnung in einem eigenen Kontensystem durchgeführt werden, das durch Übergangs- oder Spiegelkonten mit dem Kontensystem der Finanzbuchhaltung abgestimmt wird. Diese Möglichkeit hat aber praktisch keine Bedeutung, da die Erfahrungen mit dem Einkreissystem gezeigt haben, daß die Kontenform für die Kosten- und Leistungsrechnung zu unübersichtlich ist.

Zweitens kann die Kosten- und Leistungsrechnung vollständig in tabellarischer Form durchgeführt werden. Diese Möglichkeit entspricht dem Aufbau der Kosten- und Leistungsrechnung am besten. Für die Finanzbuchhaltung sind hierbei zwei Unterfälle denkbar:

a) die Finanzbuchhaltung behält die im Kontenrahmen nach dem Prozeßgliederungsprinzip vorgesehenen Abgrenzungskonten der Klasse 2 und die Kostenartenkonten in Klasse 4 bei, führt im übrigen die Gewinn- und Verlustrechnung aber als reine Aufwands- und Ertragsrechnung durch.
b) die Finanzbuchhaltung verzichtet auf die Abgrenzung neutraler Geschäftsvorfälle, die Abstimmung zwischen dem Zweckaufwand mit den kalkulatorischen Kostenarten und die Führung von Kostenartenkonten und wird als reine Aufwands- und Ertragsrechnung durchgeführt.

Der unter a) aufgezeigte Weg hat den Vorteil, daß die Abstimmung der Finanzbuchhaltung mit der Kosten- und Leistungsrechnung erleichtert wird. Weiterhin werden die neutralen Erträge und Aufwendungen sichtbar gemacht. Die unter b) angegebene Möglichkeit führt die Finanzbuchhaltung in ihre ursprüngliche Form zurück, so daß sie ohne Rücksicht auf die Belange der Kosten- und Leistungsrechnung an den Erfordernissen des Jahresabschlusses ausgerichtet werden kann.

(2) Mit der zunehmenden organisatorischen Trennung der Kosten- und Leistungsrechnung von der Finanzbuchhaltung setzte eine verstärkte *Kritik am Prozeßgliederungsprinzip* des Kontenrahmens ein. Dieses Prinzip entspricht dem Einkreissystem

15 Vgl. *A. Angermann*, Industrie-Kontenrahmen (IKR) . . . , a.a.O., S. 42.

und ist stärker auf die Erfordernisse der Kosten- und Leistungsrechnung zugeschnitten als auf die Belange der Finanzbuchhaltung. Für die Aufgaben der Finanzbuchhaltung ist es zweckmäßiger, den Kontenrahmen nach dem *Abschlußgliederungsprinzip* zu gliedern. Hierunter versteht man eine Einteilung der Kontenklassen nach der Reihenfolge, in der die Posten der Bilanz und der Gewinn- und Verlustrechnung beim Jahresabschluß zu berücksichtigen sind.[16] Beim Abschlußgliederungsprinzip beginnen die Kontenklassen mit den nach Anlage- und Umlaufvermögen gegliederten Aktivkonten, es folgen die Passivkonten, die Aufwands- und Ertragskonten und schließlich die Abschlußkonten.

In Deutschland hat der Betriebswirtschaftliche Ausschuß des Bundesverbandes der Deutschen Industrie (BDI) 1971 einen neuen Kontenrahmen veröffentlicht, der dem Abschlußgliederungsprinzip entspricht, und ihn als Industrie-Kontenrahmen (IKR) bezeichnet.[17] Dieser Kontenrahmen enthält folgende Kontenklassen:

Bilanzkonten:
- Klasse 0: Sachanlagen und immaterielle Anlagewerte
- Klasse 1: Finanzanlagen und Geldkonten
- Klasse 2: Vorräte, Forderungen und aktive Rechnungsabgrenzungsposten
- Klasse 3: Eigenkapital, Wertberichtigungen und Rückstellungen
- Klasse 4: Verbindlichkeiten und passive Rechnungsabgrenzungsposten

Erfolgskonten:
- Klasse 5: Erträge
- Klasse 6: Material- und Personalaufwendungen, Abschreibungen und Wertberichtigungen
- Klasse 7: Zinsen, Steuern und sonstige Aufwendungen

Eröffnung und Abschluß:
- Klasse 8: Eröffnungsbilanz, Abschluß der Gewinn- und Verlustrechnung und Schlußbilanz

Kosten- und Leistungsrechnung:
- Klasse 9: frei für Kosten- und Leistungsrechnung

Die Konten des Industriekontenrahmens kann man in zwei Regelkreise einteilen.[18]

Der *Regelkreis I* enthält die Kontenklassen 0 bis 8 und ist ausschließlich für die Aufgaben der Finanzbuchhaltung vorgesehen. Er entspricht dem Abschlußgliederungsprinzip unter Wahrung der Mindestgliederungsvorschriften der §§ 151 bis 157 AktG 1965. Durch die Saldenzeilen führt der Regelkreis I ohne weiteres zum Jahresabschluß. Die Klassen 0 bis 4 ergeben die Bilanz und die Klassen 5 bis 7 die Gewinn- und Verlustrechnung.

Der *Regelkreis II* besteht nur aus der Kontenklasse 9 und soll eine freie Gestaltung der Kosten- und Leistungsrechnung ermöglichen. Hierbei werden vom Betriebswirtschaftlichen Ausschuß des BDI zwei Teilaufgaben der Kontenklasse 9

16 Vgl. hierzu *H. H. Schulze*, Stichwort: Kontenrahmen und Kontenplan, a.a.O., Sp. 843.

17 Vgl. *Bundesverband der Deutschen Industrie*, Industrie-Kontenrahmen – IKR, a.a.O.; *A. Angermann*, Industrie-Kontenrahmen (IKR) . . . , a.a.O.; *H. Degenhard*, Der neue Industrie-Kontenrahmen, WPg 1971, S. 497 ff. und *D. Moews*, Die Betriebsbuchhaltung im Industrie-Kontenrahmen (IKR), a.a.O.

18 Vgl. *A. Angermann*, Industrie-Kontenrahmen (IKR) . . . , a.a.O., S. 6 ff.

unterschieden[19]: „Dieser Kontenklasse kommt eine Doppelfunktion zu: Sie dient einmal der Verbindung zwischen Geschäftsbuchführung und Kosten- und Leistungsrechnung, zum anderen bildet sie den Organisationsrahmen für den Aufbau einer branchen bzw. betriebsindividuellen Kosten- und Leistungsrechnung." In der Kontengruppe 9 dienen die Untergruppen 90 und 91 der Abstimmung zwischen der Finanzbuchhaltung und der Kosten- und Leistungsrechnung. Die übrigen Konten sind für die Durchführung der Kosten- und Leistungsrechnung vorgesehen. In der Kontengruppe 90 werden die neutralen Erträge und Aufwendungen eliminiert. Die Kontengruppe 91 ist für „kostenrechnerische Korrekturen", insbesondere für die Abstimmung des nicht als Kosten verrechneten Zweckaufwands mit den kalkulatorischen Kostenarten und für die Berücksichtigung von Bewertungsunterschieden der Halb- und Fertigerzeugnisbestände vorgesehen.[20] Damit erfüllen diese beiden Klassen die Aufgaben der Abgrenzungskonten des nach dem Prozeßgliederungsprinzip gegliederten Kontenrahmens.

(3) Der Übergang zum Abschlußgliederungsprinzip und die Einführung des Industriekontenrahmens sind überwiegend positiv zu beurteilen, da hierdurch Konsequenzen aus der in den letzten Jahrzehnten immer größer gewordenen organisatorischen Abgrenzung der Kosten- und Leistungsrechnung von der Finanzbuchhaltung gezogen werden, die für die Arbeit der Finanzbuchhaltung von Vorteil sind. Die Anlehnung der Kontenklassen 0 bis 8 an die aktienrechtlichen Gliederungsvorschriften „erlaubt die Bilanz und Gewinn- und Verlustrechnung unmittelbar durch Ziehen der Salden ohne jede Umadressierung und Umgruppierung zu erstellen".[21] Im Gegensatz zum Gemeinschafts-Kontenrahmen ist der Industrie-Kontenrahmen weitgehend unabhängig von branchenspezifischen Unterschieden. Weiterhin deckt sich die Konzeption des Industrie-Kontenrahmens mit der Konzeption des europäischen Kontenrahmens (Techniques Comptables), so daß er zugleich ein Schritt zur Vereinheitlichung des Rechnungswesens im EWG-Raum ist.[22] Obwohl die Umstellungskosten für den Übergang vom Gemeinschafts- zum Industrie-Kontenrahmen in allen größeren Unternehmungen erheblich sein werden, ist damit zu rechnen, daß sich in den nächsten Jahrzehnten das Abschlußgliederungsprinzip in der Finanzbuchhaltung immer mehr durchsetzen wird.[23]

Die Tatsache, daß die Kosten- und Leistungsrechnung bereits heute in der Mehrzahl aller Unternehmungen vollständig als kontenfreie Rechnung durchgeführt wird, wird aber dazu führen, daß die Konten der Klasse 9 in Zukunft ebensowenig benutzt werden, wie im Gemeinschafts-Kontenrahmen die Klassen 5 und 6. Der Betriebswirtschaftliche Ausschuß des BDI veröffentlicht zwar ein Zahlenbeispiel, das die Vorteile der Klasse 9 für die Kosten- und Leistungsrechnung verdeutlichen soll[24], aber trotz weitgehender Vereinfachungen bestätigt gerade dieses Beispiel,

19 Vgl. *Bundesverband der Deutschen Industrie*, Industrie-Kontenrahmen – IKR, a.a.O., S. 78.

20 Vgl. *Bundesverband der Deutschen Industrie*, Industriekontenrahmen – IKR, a.a.O., S. 80.

21 Vgl. *A. Angermann*, Industrie-Kontenrahmen (IKR) . . . , a.a.O., S. 108.

22 Vgl. *A. Angermann*, Industrie-Kontenrahmen (IKR) . . . , a.a.O., S. 109.

23 Im übrigen vgl. zur Kritik am Industrie-Kontenrahmen *A. Angermann*, Industrie-Kontenrahmen (IKR) . . . , a.a.O., S. 110 ff. und die dort ausgewertete Literatur.

24 Vgl. *Bundesverband der Deutschen Industrie*, Industrie-Kontenrahmen – IKR, a.a.O., S. 78 ff.

daß die Kontenform für die Kosten- und Leistungsrechnung ungeeignet ist. Lediglich die Kontengruppen 90 und 91, die für Abstimmung der Finanzbuchhaltung mit der Kosten- und Leistungsrechnung vorgesehen sind, kommen für eine praktische Nutzung in Frage. Wir glauben aber, daß sich auch diese Abstimmung übersichtlicher in tabellarischer Form durchführen läßt. In Tabelle 118 haben wir die dem Beispiel in Übersicht 21 entsprechende Abstimmung tabellarisch dargestellt. Solche *tabellarischen Abstimm-Übersichten* können durch Konten- bzw. Kostenartenangaben und Kontierungshinweise ergänzt werden. Sie sind so flexibel, daß mit ihrer Hilfe auch in weitaus komplizierteren Fällen der Erfolgsunterschied zwischen der Kostenträgerzeitrechnung und dem Gewinn- und Verlustkonto analysiert und auf seine Ursachen zurückgeführt werden kann.

Tabelle 118: Beispiel zur tabellarischen Abstimmung der Finanzbuchhaltung mit der Kosten- und Leistungsrechnung

	Bezeichnung	Beträge der Finanzbuchhaltung	Beträge der Kosten- u. Leistungsrechnung	Mehrgewinn der Finanzbuchhaltung
1	Einzelmaterialkosten	63 580	63 580	
2	Sondereinzelkosten der Fertigung	15 134	15 134	
3	Personalkosten	61 448		4 672
4	Fertigungslöhne		18 506	
5	Hilfslöhne		8 747	
6	Sozialkosten für Arbeiter		16 352	
7	Gehälter		16 082	
8	Sozialkosten für Angestellte		6 433	
9	Hilfs- und Betriebsstoffkosten	2 688	2 688	
10	Werkzeugkosten	935	935	
11	Reparaturkosten	4 701	4 701	
12	Steuern, Gebühren, Beiträge	3 768	3 768	
13	Versicherungsprämien	1 746	1 746	
14	Büromaterial- u. Postkosten	2 454	2 454	
15	Werbe- und Reisekosten	1 055	1 055	
16	Abschreibungen	5 822	8 190	2 368
17	Zinsen	1 476	6 644	5 168
18	Sondereinzelkosten des Vertriebs	15 422	15 422	
19	Summe 1 bis 18	180 229	192 437	12 208
20	Neutraler Aufwand	2 658		./. 2 658
21	Neutrale Erträge	3 278		3 278
22	Erlöse	196 488	196 488	
23	Veränderungen der Halb- und Fertigerzeugnisbestände	13 592	12 152	1 440
24	Summe 19 bis 23			14 268
25	Erfolg	30 471	16 203	14 268

Abkürzungsverzeichnis

AGPLAN	Schriftenreihe der Arbeitsgemeinschaft Planungsrechnung e.V.
BB	Der Betriebs-Berater
BFuP	Betriebswirtschaftliche Forschung und Praxis
DB	Der Betrieb
HdB	Handwörterbuch der Betriebswirtschaft
NAA	National Association of Accountants
N.A.C.A.	National Association of Cost Accountants
NB	Neue Betriebswirtschaft
REFA	Verband für Arbeitsstudien e.V.
RKW	Rationalisierungs-Kuratorium für Deutsche Wirtschaft e.V.
VDI	Verein Deutscher Ingenieure
VDMA	Verein Deutscher Maschinenbauanstalten
WPg	Die Wirtschaftsprüfung
ZfB	Zeitschrift für Betriebswirtschaft
ZfbF	Zeitschrift für betriebswirtschaftliche Forschung
ZfhF	Zeitschrift für handelswissenschaftliche Forschung

Verzeichnis der oft verwendeten Kurzzeichen

Kleine lateinische Buchstaben

a	Akkordlohn
b	Mengenbezugsgröße in Mehrproduktunternehmungen
c	Fixkostenverrechnungssatz einer sekundären Kostenstelle
d	Variable Stückkosten pro Bezugsgrößeneinheit
d	Kalkulationssatz
$d_{\emptyset}$	Durchschnittskostensatz
d_L	Lohnzuschlagssatz in % auf den Fertigungslohn
d_M	Materialgemeinkostenzuschlag in % der Einzelmaterialkosten
d_{Vt}	Vertriebsgemeinkostenzuschlag in % der Herstellkosten
d_{Vw}	Verwaltungsgemeinkostenzuschlag in % der Herstellkosten
e_{Ftg}	Sondereinzelkosten der Fertigung pro Produkteinheit
e_V	Sondereinzelkosten des Vertriebs pro Produkteinheit
f	Gesamteinsatzfaktor
f'	Einsatzfaktor einer Fertigungsstelle
g_P	Deckungsbeitragsprozentsatz
g_V	Prozentualer Gewinnzuschlag auf die Vollkosten
h	Vollkosten pro Bezugsgrößeneinheit (= gesamte Durchschnittskosten)
i	Kalkulationszinsfuß
k	Selbstkosten pro Produkteinheit
Δk	Kalkulationsfehler
k_F	Fixe Selbstkosten
k_f	Fixe Kosten pro Bezugsgrößeneinheit
k_{Ftg}	Fertigungskosten pro Produkteinheit
k_H	Herstellkosten pro Produkteinheit
k_{HF}	Fixe Herstellkosten pro Produkteinheit
k_{HP}	Grenzherstellkosten pro Produkteinheit (an anderer Stelle wird dafür auch das Symbol k_{vH} verwendet)

k_P	Grenzselbstkosten pro Produkteinheit
k_v	Variable Stückkosten
k_{vH}	Variable Herstellkosten pro Produkteinheit (an anderer Stelle wird dafür auch das Symbol k_{HP} verwendet)
k_{Vt}	Vertriebskosten pro Produkteinheit
k_{Vw}	Verwaltungskosten pro Produkteinheit
k_{VN}	Proportionale Vernichtungskosten pro Produkteinheit eines Nebenproduktes einer Charge oder Partie
k_{VP}	Proportionale Verwaltungs- und Vertriebskosten pro Produkteinheit (Summarische Betrachtung der beiden Kostengruppen)
l	Lohnsatz pro Stunde
m	Materialverbrauchsmenge pro Produkteinheit
p	Nettoverkaufspreis pro Produkteinheit
q	Faktorpreis pro Faktoreinheit
r	Verbrauchte Produktionsfaktormenge einer Abrechnungsperiode
r_v	Beschäftigungsabhängige Verbrauchsmengen innerbetrieblicher Leistungen einer Abrechnungsperiode
s	Seriengröße (= Anzahl Produkteinheiten pro Serie)
t_a	Auftragszeit pro Produkteinheit
t	Fertigungszeit pro Produkteinheit
t_e	Ausführungszeit pro Produkteinheit
t_r	Rüstzeit pro Produkteinheit
v	Auflegungshäufigkeit
x	Produktmenge
x_A	Absatzmenge einer Periode
x_D	Deckungspunkt (Absatzmenge, die gerade zur Vollkostendeckung führt)
x_H	Ausbringungsmenge des Hauptprodukts einer Charge oder Partie
x_N	Ausbringungsmenge des Nebenprodukts einer Charge oder Partie
x_P	Produktionsmenge einer Periode
x_Z	Produktmenge eines Zusatzauftrags
w	Relativer Deckungsbeitrag eines Erzeugnisses

Große lateinische Buchstaben

A	Anschaffungskosten bzw. Herstellungskosten eines Betriebsmittels
AZ	Auszahlungen einer Periode
B	Beschäftigung
B^*	Maximal realisierbare Beschäftigungs- bzw. Nutzungseinheiten eines Betriebsmittels während seiner gesamten Nutzungsdauer

B_k	Kritische Beschäftigung
ΔB	Beschäftigungsabweichung
D	Gesamtdeckungsbeitrag einer Periode
E	Ertrag einer Abrechnungsperiode
EZ	Einzahlungen einer Periode
G	Leistungserfolg einer Abrechnungsperiode
K	Gesamtkosten einer Periode
ΔK	Gesamte Kostenabweichung
K_A	Abschreibungsbetrag einer Abrechnungsperiode
K_{AG}	Abschreibungsbetrag einer Abrechnungsperiode bei Gebrauchsverschleiß
K_{AZ}	Abschreibungsbetrag einer Abrechnungsperiode bei Zeitverschleiß
K_F	Fixe Kosten einer Abrechnungsperiode
K_{Ftg}	Fertigungskosten einer Abrechnungsperiode
K_H	Herstellkosten einer Abrechnungsperiode
K_{HU}	Herstellkosten des Umsatzes einer Abrechnungsperiode
K_L	Bruttolohn einer Abrechnungsperiode
ΔK_L	Lohnkostenabweichung
K_M	Materialkosten einer Abrechnungsperiode
K_P	Proportionale Kosten einer Abrechnungsperiode
K_R	Auflagefixe Rüstkosten einer Serie
K_V	Verwaltungs- und Vertriebskosten einer Abrechnungsperiode (Summarische Betrachtung der beiden Kostengruppen)
K_V^*	Verwaltungs- und Vertriebskosten einer Abrechnungsperiode ohne Sondereinzelkosten des Vertriebs
K_{Vt}	Vertriebskosten einer Abrechnungsperiode
K_{Vw}	Verwaltungskosten einer Abrechnungsperiode
K_{vPr}	Summe der beschäftigungsabhängigen primären Kosten einer sekundären Kostenstelle
K_Z	Kalkulatorische Zinsen einer Abrechnungsperiode nach dem Restwertverfahren
$K_{Z\emptyset}$	Kalkulatorische Zinsen einer Abrechnungsperiode nach dem Durchschnittswertverfahren
L	Nettoliquidationserlös eines Betriebsmittels
L_F	Fiktiver Restwert eines Betriebsmittels
M	Materialverbrauchsmenge einer Abrechnungsperiode
N	Anzahl homogener Betriebsmittel in einem betrieblichen Teilbereich
R	Restbuchwert eines Betriebsmittels
S	Anzahl Schichten einer Fertigungsstelle während einer Periode

T	Fertigungszeit bzw. Arbeitszeit während einer Abrechnungsperiode
U	Gesamtumsatz bzw. Gesamterlös einer Abrechnungsperiode
U_D	Deckungsumsatz
U_N	Umsatz bzw. Erlös einer Abrechnungsperiode aus neutralen Geschäftsvorfällen
ΔV	Verbrauchsabweichungen
Z	Zeitwert eines Betriebsmittels

Griechische Buchstaben

α	Äquivalenzziffer
β	Fehlerprozentsatz
ν	Abschreibungsprozentsatz
λ	Intensität einer Fertigungsstelle bzw. eines Betriebsmittels
$\lambda_{\emptyset}$	Durchschnittlicher Zeit- oder Leistungsgrad
μ	Fertigungszeitgrad
ω	Hilfsvariable für $\frac{b_1}{b_2}$
ρ	Teilebedarfsmengen pro Produkteinheit
κ	Prozentualer Kostenanteil

Indizes

i	Index zur Kennzeichnung der Kostenstellen $i = 1, \ldots, m$
j	Index zur Kennzeichnung der Produktarten $j = 1, \ldots, n$
t	Index zur Kennzeichnung der Teilperioden $t = 1, \ldots, T$
ν	Index zur Kennzeichnung der Faktorarten $\nu = 1, \ldots, Z$
ν, μ	Kostenstellenindizes der sekundären Kostenstellen (die jeweils als leistende und empfangende Stellen auftreten können) $\nu = 1, \ldots, S$ $\mu = 1, \ldots, S$
η	Index zur Kennzeichnung der Arbeiter (Arbeiternummer)

Literaturverzeichnis

Adam, D., Entscheidungsorientierte Kostenbewertung, Wiesbaden 1970.

–, Produktions- und Kostentheorie bei Beschäftigungsänderungen, Tübingen 1974.

Adamowsky, S., Die Organisation des Rechnungswesens. In: Organisation. TFB-Handbuchreihe, Erster Band, hrsg. von *E. Schnaufer* und *K. Agthe*, Berlin/Baden-Baden 1961, S. 839.

Adler/Düring/Schmaltz, Rechnungslegung und Prüfung der Aktiengesellschaft, Bd. 1., 4. Aufl., Stuttgart 1968.

Agthe, K., Stufenweise Fixkostendeckung im System des Direct Costing, Zeitschrift für Betriebswirtschaft 1959, S. 404 ff.

Albach, H., Bewertungsprobleme des Jahresabschlusses nach dem Aktiengesetz 1965, Der Betriebsberater 1966, S. 380 ff.

–, Die degressive Abschreibung, Wiesbaden 1967.

–, Innerbetriebliche Lenkpreise als Instrument dezentraler Unternehmensführung, Zeitschrift für betriebswirtschaftliche Forschung 1974, S. 216 ff.

–, Rechnungslegung im neuen Aktienrecht, Neue Betriebswirtschaft 1966.

Albrecht, K., Verbundene Kosten, Diss. Berlin 1934.

Altmann, C. H., Das öffentliche Auftragswesen, Stuttgart 1960.

Ambos, M., Einsatz der elektronischen Datenverarbeitung in der Kostenrechnung, in: Handbuch der Kostenrechnung, hrsg. von *R. Bobsin*, München 1971, S. 453 ff.

Angermann, A., Industrie-Kontenrahmen (IKR) und Gemeinschaftskontenrahmen (GKR) in der Praxis, Berlin 1937.

Arbeitskreis *Gubitz* der Schmalenbach-Gesellschaft, Preisvorbehaltsklauseln, Formen und Anwendungsbereiche, Zeitschrift für handelswissenschaftliche Forschung 1956, S. 181 ff.

Banse, K., Abschreibung, in: Handwörterbuch des Rechnungswesens, hrsg. von *E. Kosiol*, Stuttgart 1970, Sp. 35 ff.

–, Vertriebs- (Absatz-)politik, in: Handwörterbuch der Betriebswirtschaft, Bd. 4, 3. Aufl., Stuttgart 1962, Sp. 5988.

BDI (Hrsg.), Gemeinschaftsrichtlinien für die Buchführung (G.R.B.). In: Grundsätze und Gemeinschafts-Richtlinien für das Rechnungswesen, bearbeitet von *G. Dirks*, Frankfurt 1951.

Berger, K. H., Grundsätze und Richtlinien für das Rechnungswesen der Unternehmungen, in: Handwörterbuch des Rechnungswesens, hrsg. von *E. Kosiol*, Stuttgart 1970, Sp. 646 ff.

Beste, Th., Die kurzfristige Erfolgsrechnung, Grundriß der Betriebswirtschaftslehre, Bd. 5 B, Leipzig 1930.

–, Die kurzfristige Erfolgsrechnung, Grundriß aus Betriebswirtschaftslehre, Bd. 5 B, 2. erw. Aufl., Köln und Opladen 1962.

Betriebswirtschaftlicher Ausschuß des Verbandes der chemischen Industrie e.V. (Hrsg.), Kostenrechnung in der chemischen Industrie, Wiesbaden 1962.

Bobsin, R., Elektronische Deckungsbeitragsrechnung, München 1969.

Böhm, H. H./Wille, F., Deckungsbeitragsrechnung, Grenzpreisrechnung und Optimierung, 5. Aufl., München 1974.

Böhrs, H., Ermittlung des Einflusses der Veränderungen der Löhne, der Preise der Einsatzgüter und Produktivität auf die Kosten der Erzeugnisse, Zeitschrift für Betriebswirtschaft 1971, S. 153 ff. u. 379 ff.

Boelke, W., Die Bewertungsvorschriften des AktG 1965 und ihre Geltung für die Unternehmen in anderer Rechtsform, Berlin 1970.

Börner, D., Leistungsverrechnung, innerbetriebliche, in: Handwörterbuch des Rechnungswesens, hrsg. von *E. Kosiol*, Stuttgart 1970, Sp. 1017 ff.

Breinlinger, K. H., Die Äquivalenzziffern in der Kostenrechnung industrieller Unternehmungen, Zeitschrift für handelswissenschaftliche Forschung 1928, S. 49 ff.

Brink, H. J., Zur Planung des optimalen Fertigungsprogramms, Köln/Berlin/Bonn/München 1966.

Brink, H. J./Fabry, P., Die Planung von Arbeitszeiten unter besonderer Berücksichtigung der Systeme vorbestimmter Zeiten, Wiesbaden 1974.

Brückner, R., Betriebswirtschaftliche Analyse der preisrechtlichen Vorschriften für öffentliche Aufträge in der Bundesrepublik Deutschland und den USA, Diss. Saarbrücken 1972.

Brunner, M., Planung in Saisonunternehmungen, Köln und Opladen 1962.

Bundesverband der Deutschen Industrie, Industrie-Kontenrahmen-IKR, Bergisch-Gladbach 1971.

Bussmann, K. F., Industrielles Rechnungswesen, Stuttgart 1963.

Chmielewicz, K., Betriebliches Rechnungswesen, Band 2, Erfolgsrechnung, Hamburg 1973.

Czeranowsky, G., Ein Lösungsansatz zur simultanen Programm- und Ablaufplanung bei Einzelfertigung, Zeitschrift für Betriebswirtschaft 1975, S. 353 ff.

Dantzig, G. B., Lineare Programmierung und Erweiterungen, Berlin/Heidelberg/New York 1966.

Dauenhauer, E., Einführung in die Buchführung, 2. Aufl., Braunschweig 1968.

Degenhard, H., Der neue Industriekontenrahmen, Wirtschaftsprüfung 1971, S. 497 ff.

Deyhle, A., Gewinnmanagement, 3. Aufl., München 1971.

Diederich, H., Der Kostenpreis bei öffentlichen Aufträgen, Heidelberg 1961.

–, Leitsätze für die Preisermittlung aufgrund von Selbstkosten (LSP), in: Handwörterbuch des Rechnungswesens, hrsg. von *E. Kosiol*, Stuttgart 1970, Sp. 1023 ff.

Döllerer, G., Anschaffungskosten und Herstellungskosten nach dem neuen Aktienrecht unter Berücksichtigung des Steuerrechts, Der Betriebsberater 1966, S. 1406 ff.

Drumm, H. J., Entscheidungsorientiertes Rechnungswesen, Zeitschrift für betriebswirtschaftliche Forschung 1972, S. 121 ff.

Ebbeken, K., Primärkostenrechnung, Berlin 1973.

Ebisch, H./Gottschalk, J., Preise und Preisprüfungen bei öffentlichen Aufträgen. Erläuterungsbuch, 2. Aufl., Berlin und Frankfurt 1969.

Engelhardt, W./Raffée, H., Grundzüge der doppelten Buchhaltung, 2. Aufl., Wiesbaden 1971.

Ernst, H./Kuppert, H./Reuter, E., Beurteilung von Preisanpassungsklauseln, VIK-Bericht Nr. 180, Oktober 1970.

Eßer, J., Gliederungsvorschriften, Bewertung, Gewinnverwendung und Pflichtangaben nach dem AktG 1965, in: Die Aktiengesellschaft 1965, S. 310 ff.

Falterbaum, H., Buchführung und Bilanz, 4. Aufl., Achim bei Bremen 1969.

Falz, E., Preisgleitklauseln, Voraus- und Staffelzahlungen und ihre volkswirtschaftliche Bedeutung, in: Probleme des Einkaufs, Heft 3 der Schriftenreihe: Der industrielle Einkauf, Frankfurt 1956.

Finger, P., Die mathematische Preisleitklausel, Der Betrieb 1970, S. 1865 ff.

Fischer, G., LSÖ-LSP Preis und Kosten, 2. Aufl., Heidelberg 1954.

Flume, W., Die Forschungs- und Entwicklungskosten in der Handelsbilanz und Steuerbilanz, Der Betrieb 1958, S. 1045 ff.

Forster, K.-H., Neue Pflichten des Abschlußprüfers nach dem Aktiengesetz von 1965, Wirtschaftsprüfung 1965, S. 585 ff.

Frank, D., Zur Ableitung der aktivierungspflichtigen „Herstellungskosten" aus der kalkulatorischen Buchhaltung, Der Betriebsberater 1967, S. 177 ff.

Gau, E., Handbuch der praktischen Betriebsabrechnung, Stuttgart 1965.
Gelbmacher, E., Betriebswirtschaftslehre, 2. Aufl., Berlin und Leipzig 1927.
Greifzu, J., Das Rechnungswesen, 12. Aufl., Hamburg 1971.
Grochla, E., Grundlagen der Materialwirtschaft, 2. Aufl., Wiesbaden 1973.
Gutenberg, E., Grundlagen der Betriebswirtschaftslehre, 1. Bd. Die Produktion, 18. Aufl., Berlin/Heidelberg/New York 1971.
–, Grundlagen der Betriebswirtschaftslehre, 2. Bd., Der Absatz, 14. Aufl., Berlin/Heidelberg/New York.
Hahn, D., Direct Costing und die Aufgaben der Kostenrechnung, Neue Betriebswirtschaft 1965, S. 8 ff.
Harris, J. N., What Did We Earn Last Month? N.A.C.A.-Bulletin 1936.
Hax, H., Bewertungsprobleme bei der Formulierung von Zielfunktionen für Entscheidungsmodelle, Zeitschrift für betriebswirtschaftliche Forschung 1967, S. 749 ff.
–, Investitionstheorie, Würzburg und Wien 1970.
–, Preisuntergrenzen im Ein- und Mehrproduktbetrieb, Zeitschrift für handelswissenschaftliche Forschung 1961, S. 424 ff.
Hax, K., Die Substanzerhaltung der Betriebe, Köln und Opladen 1957.
–, Konzernprobleme und Aktienrechtsreform in theoretischer Sicht, in: Betriebsgröße und Unternehmungskonzentration, Nürnberger Abhandlung Heft 10, Nürnberg 1959.
Hecker, P./Scholz, H., Die optimale Nutzung kalkulatorischer Möglichkeiten mit Hilfe der ADV, Der Betriebsberater 1970, S. 122 ff.
Heinen, E., Betriebswirtschaftliche Kostenlehre, Kostentheorie und Kostenentscheidungen, 3. Aufl., Wiesbaden 1970.
–, Das Zielsystem der Unternehmung, Wiesbaden 1966.
–, Zum Problem des Zinses in der industriellen Kostenrechnung, Köln/Berlin/Bonn/München 1952.
Hennig, K. W., Kalkulationsformen in der Industrie, Betriebswirtschaftliche Forschung und Praxis 1950, S. 66 ff.
–, Zur praktischen Handhabung des Kontenrahmens in der Industrie, Betriebswirtschaftliche Forschung und Praxis 1974, S. 120 ff.
Henzel, F., Die Kostenrechnung, 4. Aufl., Essen 1964.
Herrman, C./Heuer, G., Kommentar zur Einkommenssteuer und Körperschaftssteuer einschließlich Nebengesetze, Bd. II, 16. Aufl., Köln–Marienburg 1974.

Jacob, H., Zur optimalen Planung des Produktionsprogramms bei Einzelfertigung, Zeitschrift für Betriebswirtschaft 1971, S. 495 ff.
Jost, H., Kosten- und Leistungsrechnung, Wiesbaden 1974.

Käfer, K., Standardkostenrechnung, 2. Aufl., Zürich und Stuttgart 1964.
Kalveram, W., Industrielles Rechnungswesen, 6. Aufl., Wiesbaden 1968.
Kilger, W., Betriebliches Rechnungswesen, in: Allgemeine Betriebswirtschaftslehre in programmierter Form, hrsg. von *H. Jacob*, Wiesbaden 1969, S. 837 ff.
–, Die quantitative Ableitung polypolistischer Preisabsatzfunktionen aus den Heterogenitätsbedingungen atomistischer Märkte, in: Zur Theorie der Unternehmung, Festschrift für *E. Gutenberg*, Wiesbaden 1962, S. 269 ff.
–, Die Verrechnung von Material-, Verwaltungs- und Vertriebsgemeinkosten in Kalkulationen zur Bestimmung von Selbstkostenpreisen für Aufträge mit atypischer Kostenstruktur, Zeitschrift für Betriebswirtschaft 1969, S. 477 ff.
–, Die Verteilung der Abweichungen auf die Kostenträger innerhalb der Plankostenrechnung, Zeitschrift für Betriebswirtschaft 1952, S. 503 ff.
–, Flexible Plankostenrechnung, 6. Aufl., Opladen 1974.

–, Kurzfristige Erfolgsrechnung, in: Die Wirtschaftswissenschaften, Reihe A, Beitrag Nr. 36, hrsg. v. *E. Gutenberg*, Wiesbaden 1962.

–, Optimale Produktions- und Absatzplanung, Opladen 1973.

–, Produktions- und Kostentheorie, Wiesbaden 1958.

–, Schmalenbachs Beitrag zur Kostenlehre, Zeitschrift für betriebswirtschaftliche Forschung 1973, S. 522 ff.

–, Die Entstehung und Weiterentwicklung der Grenzplankostenrechnung als entscheidungsorientiertes System der Kostenrechnung, in Schriften zur Unternehmensführung, Band 21, hrsg. von *H. Jacob*, Neuere Entwicklungen in der Kostenrechnung, Wiesbaden 1976.

Knayer, M., Taktische Kosten, eine neue Kostengruppe, Kostenrechnungspraxis 1971, S. 19 ff.

Knoblauch, H., Die Kostenstellen – Umlageverfahren, Zeitschrift für handelswissenschaftliche Forschung 1954, S. 327 ff.

Koch, H., Die industrielle Kostenkalkulation als Stufenrechnung, ein Beitrag zur Theorie der Kalkulationsformen, Diss. Hannover 1948.

–, Grundprobleme der Kostenrechnung, Köln und Opladen 1966.

Kofahl, G., Bilanzpolitische Gedanken zur Aktienrechtsreform, Neue Betriebswirtschaft 1965, S. 194 ff.

Kormann, B., Die Bewertungsprobleme des neuen Aktiengesetzes, Der Betriebsberater 1966, S. 1277 ff.

Kosiol, E., Divisionsrechnung, Frankfurt 1949.

–, Kalkulatorische Buchhaltung (Betriebsbuchhaltung), 5. Aufl., Wiesbaden 1953.

–, Kostenrechnung, Wiesbaden 1964.

–, Kostenrechnung und Kalkulation, 2. Aufl., Berlin/New York 1972.

–, Leistungsgerechte Entlohnung, 2. Aufl., Wiesbaden 1962.

–, Verrechnung innerbetrieblicher Leistungen, Wiesbaden 1951.

–, Zur Theorie und Systematik des Rechnungswesens, in: Analysen zur Unternehmenstheorie, Festschrift für L. L. Illetschko, hrsg. von *K. Lechner*, Berlin 1972.

Krelle, W., Produktionstheorie, Tübingen 1969.

Kronenberg, R., Bewertung der Bestandsveränderungen der halbfertigen und fertigen Erzeugnisse in Handels- und Steuerbilanz, Der Betrieb 1952, S. 913 ff.

Kube, V., Die Grenzplankostenrechnung, Wiesbaden 1974.

Kuppert, H., Über Preisänderungsklauseln in Verträgen für die Stromversorgung von typischen Sonderabnehmern, VIK-Bericht Nr. 128, Essen 1962.

Langen, H., Dynamische Preisuntergrenzen, Zeitschrift für betriebswirtschaftliche Forschung 1966, S. 649 ff.

–, Gedanken zu einer betriebswirtschaftlichen Dispositionsrechnung, Mitteilungen der Gesellschaft der Freunde der Wirtschaftshochschule Mannheim e.V., 1965, Nr. 2.

Laux, H., Auftragsselektion bei Unsicherheit, Zeitschrift für betriebswirtschaftliche Forschung 1971, S. 164 ff.

Lehmann, M. R., Die industrielle Kalkulation, 1. Aufl., Berlin/Wien 1925.

–, Die Problematik der Preispolitik auf Grenzkosten- und Vollkostenbasis, Zeitschrift für Betriebswirtschaft 1950, S. 332 ff.

–, Industrie-Kalkulation, 5. Aufl., Stuttgart 1964.

Littmann, E., Das Einkommenssteuerrecht, 9. Aufl., Stuttgart 1969.

Lücke, W., Die kalkulatorischen Zinsen im betrieblichen Rechnungswesen, Zeitschrift für Betriebswirtschaft 1965, Ergänzungsheft, S. 3 ff.

–, Finanzplanung und Finanzkontrolle in der Industrie, Wiesbaden 1965.

–, Produktions- und Kostentheorie, Würzburg und Wien 1969.

Lücke, W./Hautz, U., Bilanzen aus Zukunftswerten, Wiesbaden 1973.

Mahlert, A., Die Abschreibungen in der entscheidungsorientierten Kostenrechnung, Diss. Saarbrücken 1975.

Martin, H., Die Umlegung der Hilfskostenstellen im Betriebsabrechnungsbogen, Zeitschrift für handelswissenschaftliche Forschung 1949, S. 227 ff.

Medicke, W., Geschlossene Kostenträgerrechnung und Artikelergebnisrechnung in der Grenzplankostenrechnung, AGPLAN, Bd. 8, Wiesbaden 1964, S. 43 ff.

Mellerowicz, K., Forschungs- und Entwicklungstätigkeit als betriebswirtschaftliches Problem, Freiburg 1958.

–, Kosten und Kostenrechnung, Band 2, 1. Teil, 5. Aufl., Berlin/New York 1974.

–, Kosten und Kostenrechnung, Band 2, 1. Teil, und 2. Teil, 4. Aufl., Berlin 1968.

–, Neuzeitliche Kalkulationsverfahren, 5. Aufl., Freiburg 1972.

–, Planung und Plankostenrechnung, Bd. I, Betriebliche Planung, Freiburg 1961.

–, Planung und Plankostenrechnung, Band I, Betriebliche Planung, 2. Aufl., Freiburg 1970.

Menrad, S., Der Kostenbegriff, Berlin 1965.

Merian, H. R., Die betriebswirtschaftliche Preisbildung der Kuppelprodukte, Zeitschrift für handelswissenschaftliche Forschung 1931, S. 225 ff.

Mertens, P., Industrielle Datenverarbeitung, Bd. I, 2. Aufl., Wiesbaden 1972.

Michaelis, H./Rhösa, C. A., Preisbildung bei öffentlichen Aufträgen einschließlich Beschaffungswesen. Kommentar, 2. Aufl., Stuttgart 1968.

Moews, D., Die Betriebsbuchhaltung im Industrie-Kontenrahmen (IKR), Berlin 1973.

Moxter, A., Die Bestimmung des Kalkulationszinsfußes bei Investitionsentscheidungen, Zeitschrift für handelswissenschaftliche Forschung 1961, S. 186 ff.

–, Offene Probleme der Rechnungslegung bei Konzernunternehmen, Zeitschrift für handelswissenschaftliche Forschung 1961, S. 641 ff.

–, Zur Bestimmung der optimalen Nutzungsdauer von Anlagegegenständen, in: Produktionstheorie und Produktionsplanung, Festschrift zum 65. Geburtstag von *K. Hax*, Köln und Opladen 1966, S. 75 ff.

Müller, A., Grundzüge der industriellen Kosten- und Leistungserfolgsrechnung, Köln und Opladen 1955.

N.A.A.-Research Report 37, Current Application of Direct Costing, New York 1961.

N.A.C.A.-Bulletin, 1953 (4), No. 23, Section 3, S. 1079 ff.

Neuefeind, B., Betriebswirtschaftliche Produktions- und Kostenmodelle für die chemische Industrie, Diss. Köln 1968.

Norden, H., Der Betriebsabrechnungsbogen, 3. Aufl., Berlin 1949.

–, Saubere Kostenarten, Der praktische Betriebswirt 1940, S. 578 ff.

Nürnberger, C., Stichwort Lohn- und Gehaltsabrechnung, in: Handwörterbuch des Rechnungswesens, hrsg. von *E. Kosiol*, Stuttgart 1970, Sp. 1054 ff.

Paulsson-Frenckner, T., Bestimmung des Produktionsprogramms als Anwendungsbeispiel der Linearplanung, Zeitschrift für handelswissenschaftliche Forschung 1958, S. 565 ff.

Pieper, W., Steuerliche Herstellungskosten, Wiesbaden 1975.

Plaut, H. G., Die Grenz-Plankostenrechnung, Zeitschrift für Betriebswirtschaft 1953, S. 347 ff. und 402 ff.

–, Die Grenz-Plankostenrechnung, Zeitschrift für Betriebswirtschaft 1955, S. 25 ff.

–, Die Plankostenrechnung in der Praxis des Betriebes, Zeitschrift für Betriebswirtschaft 1951, S. 531 ff.

–, Unternehmenssteuerung mit Hilfe der Voll- oder Grenzplankostenrechnung, Zeitschrift für Betriebswirtschaft 1961, S. 460 ff.

Plaut, H. G./Müller, H./Medicke, W., Grenzplankostenrechnung und Datenverarbeitung, 3. Aufl., München 1973.

Pressmar, D. B., Kosten- und Leistungsanalyse im Industriebetrieb, Wiesbaden 1971.

Pribilla, M. E., Kostenrechnung und Preisbildung. Das Recht der Preisbildung bei öffentlichen Aufträgen, Kommentar, München 1967.

Raffée, H., Kurzfristige Preisuntergrenzen als betriebswirtschaftliches Problem, Köln und Opladen 1961.
Ramdohr, W. von, Die Anwendung des Matrizenkalküls in der Kostenträger-Strukturrechnung, Neue Betriebswirtschaft 1965, S. 38 ff.
REFA, Methodenlehre des Arbeitsstudiums, Teil 2, Datenermittlung, München 1971.
Reichmann, T., Kosten und Preisgrenzen, die Bestimmung von Preisuntergrenzen und Preisobergrenzen im Industriebetrieb, Wiesbaden 1973.
Riebel, P., Die Kuppelproduktion, Betriebs- und Marktprobleme, Köln und Opladen 1955.
–, Die Preiskalkulation auf Grundlage von „Selbstkosten" oder von relativen Einzelkosten und Deckungsbeiträgen, Zeitschrift für betriebswirtschaftliche Forschung 1964, S. 550 ff.
–, Einzelkosten- und Deckungsbeitragsrechnung, Opladen 1972.
–, Kalkulation der Kuppelprodukte, in: Handwörterbuch des Rechnungswesens, hrsg. von *E. Kosiol*, Stuttgart 1970, Sp. 994 ff.
Riebel, P./Paudtke, H./Zscherlich, W., Verrechnungspreise für Zwischenprodukte, Opladen 1973.
RKW (Hrsg.), Allgemeine Grundsätze der Kostenrechnung, 1939.
Rummel, K., Einheitliche Kostenrechnung, 3. Aufl., Düsseldorf 1967.
–, Proportionale Abschreibung, Archiv für das Eisenhüttenwesen 1937/38.
Rump, H., Preisvorbehalte und Gleitpreisklauseln für Industrieerzeugnisse, Der Betrieb 1964, S. 1233 ff.
Seischab, H., Demontage des Gewinnes durch unzulässige Ausweitung des Kostenbegriffs, Zeitschrift für Betriebswirtschaft 1952, S. 19 ff.
Suverkrüp, F., Die Abbaufähigkeit fixer Kosten, Berlin 1968.
Swoboda, P., Investition und Finanzierung, Göttingen 1971.
Schär, J. F., Allgemeine Handelsbetriebslehre, 5. Aufl., Leipzig 1923.
Schmalenbach, E., Buchführung und Kalkulation im Fabrikgeschäft, unveränderter Nachdruck aus der Deutschen Metallindustriezeitung 15. Jg., 1899, Leipzig 1928.
–, Der Kontenrahmen, 4. Aufl., Leipzig 1935.
–, Die fixen Kosten und ihre Wirkungen, Saar-Wirtschaftszeitung, 33. Jg., Völklingen 1928.
–, Dynamische Bilanz, 12. Aufl., Köln und Opladen 1956.
–, Kostenrechnung und Preispolitik, 8. Aufl., bearbeitet von *E. Bauer*, Köln und Opladen 1963.
–, Pretiale Wirtschaftslenkung, Band 1: Die optimale Geltungszahl, Bremen 1948.
–, Selbstkostenrechnung I, Zeitschrift für handelswissenschaftliche Forschung 1919, S. 257 ff. und 321 ff.
–, Selbstkostenrechnung und Preispolitik, 6. Aufl., Leipzig 1934.
Schmidt, F., Das Rechnungswesen in Fabrikbetrieben mit langfristiger Einzelfertigung, Diss. Köln 1930.
–, Der Wiederbeschaffungspreis des Umsatztages in Kalkulation und Volkswirtschaft, Berlin 1923.
–, Die organische Tageswertbilanz, Nachdruck der 3. Aufl., Wiesbaden 1951.
Schmidt, H., Buchführung und Steuerbilanz, Wiesbaden 1974.
Schneider, D., Die wirtschaftliche Nutzungsdauer von Anlagengütern als Bestimmungsgrund der Abschreibungen, Köln und Opladen 1961.
–, Investition und Finanzierung, 3. Aufl., Opladen 1974.
–, Kostentheorie und verursachungsgemäße Kostenrechnung, Zeitschrift für handelswissenschaftliche Forschung 1961, S. 700 ff.
Schneider, E., Die innerbetriebliche Leistungsverrechnung in der Kostenarten- und Kostenstellenrechnung, Zeitschrift für handelswissenschaftliche Forschung 1941, S. 253 ff.
–, Einführung in die Grundlagen des industriellen Rechnungswesens, Kopenhagen 1939.
–, Industrielles Rechnungswesen, 5. Aufl., Tübingen 1969.

Schnettler, A., Das Rechnungswesen industrieller Betriebe, 4. Aufl., Wolfenbüttel 1949.

–, Die Rechnung mit Äquivalenzziffern in der Praxis, Zeitschrift für handelswissenschaftliche Forschung 1932, S. 310 ff.

Schönfeld, H. M., Kostenrechnung, Teil I, 5. Aufl., Stuttgart 1970.

Schubert, W., Das Rechnen mit stückbezogenen primären Kostenarten als Entscheidungshilfe, in: Das Rechnungswesen als Instrument der Unternehmungsführung, hrsg. von *W. Busse von Colbe*, Bd. 6 der Bochumer Beiträge zur Unternehmungsführung und Unternehmungsforschung, Bielefeld 1969, S. 57 ff.

–, Kostenträgerrechnung als primäre Kostenartenrechnung? Betriebswirtschaftliche Forschung und Praxis 1965, S. 358 ff.

Schulz, C. E., Das Problem der Preisuntergrenze und ihre Arten, Ausnahme der Betriebswirtschaft 1927.

Schulze, H. H., Kontenrahmen und Kontenplan, in: Handwörterbuch des Rechnungswesens, hrsg. von *E. Kosiol*, Stuttgart 1970, Sp. 839 ff.

Schumann, W., Integriertes Rechenmodell zur Planung und Analyse des Betriebserfolgs, in: Betriebswirtschaftliche Information, Entscheidung und Kontrolle, Festschrift für H. Münstermann, hrsg. von *W. Busse von Colbe* und *G. Sieben*, Wiesbaden 1969, S. 31 ff.

Schwantag, K., Zinsen als Kostenfaktor, Zeitschrift für Betriebswirtschaft 1953, S. 483 ff.

Schwarz, H., Herstellungskosten, in: Handwörterbuch der Betriebswirtschaft, Stuttgart 1958, Sp. 2679.

Schweitzer, M./Küpper, H. U., Produktions- und Kostentheorie der Unternehmung, Hamburg 1974.

Stein, P., Die Buchführung eines Syndikates der Eisenindustrie, Zeitschrift für handelswissenschaftliche Forschung 1907, S. 401 ff.

Tillmann, K. H., Die Bewertung von marktpreislosen Kuppelprodukten in der Kostenrechnung der chemischen Industrie, Zeitschrift für handelswissenschaftliche Forschung 1954, S. 156 ff.

Unterguggenberger, S., Kybernetik und Deckungsbeitragsrechnung, Wiesbaden 1974.

VDMA, Sonderveröffentlichung Nr. 1/73: Preisgleitklauseln im Maschinenbau und ihre Ausgestaltung, Frankfurt 1973.

–, Sonderveröffentlichung Nr. 2/71: Preisvorbehaltsklauseln in rechtlicher Sicht, Frankfurt 1971.

Vormbaum, H., Kalkulationsarten und Kalkulationsverfahren, 2. Aufl., Stuttgart 1970.

Walg, L., Mathematische Preisgleitklauseln, Zeitschrift für Betriebswirtschaft 1952, S. 624 ff.

Walther, A., Einführung in die Wirtschaftslehre der Unternehmung, Band 1: Der Betrieb, Zürich 1947.

Weber, H. K., Betriebswirtschaftliches Rechnungswesen, München 1974.

Weblus, B., Produktionseigenarten der chemischen Industrie, ihr Einfluß auf Kalkulation und Programmgestaltung, Berlin 1958.

Wittmann, W., Produktionstheorie, Berlin/Heidelberg/New York 1968.

Wöhe, G., Betriebswirtschaftliche Steuerlehre, Band I, 3. Aufl., München 1972.

–, Betriebswirtschaftliche Steuerlehre, Band II, 2. Halbband, 2. Aufl., Berlin und Frankfurt 1965.

–, Bilanzierung und Bilanzpolitik, München 1971.

–, Einführung in die Allgemeine Betriebswirtschaftslehre, 11. Aufl., München 1973.

Wohlgemuth, M., Die Planherstellkosten als Bewertungsmaßstab der Halb- und Fertigfabrikate, Berlin 1969.

Zeidler, F., Betrachtungen über eine Kostenart: Kalkulatorische Zinsen, Zeitschrift für handelswissenschaftliche Forschung 1949, S. 572 ff.

Zeiger, K., Öffentlicher Auftrag und LSP-Kalkulation, Hamburg 1959.

Namenverzeichnis

Sachverzeichnis

Werke von Wolfgang Kilger

Flexible Plankostenrechnung und Deckungsbeitragsrechnung

8., völlig neu bearbeitete Auflage
1980, 834 Seiten

Optimale Produktions- und Absatzplanung

Entscheidungsmodelle für den Produktions- und Absatzbereich industrieller Betriebe
1973, 624 Seiten

Betriebliches Rechnungswesen

Sonderdruck aus:
Allgemeine Betriebswirtschaftslehre in programmierter Form
Herausgeber H. Jacob
3. Auflage 1976, 126 Seiten